"十三五"国家重点图书出版规划项目

中国互联网金融研究丛书

丛书主编 裴平

中国互联网金融发展的理论与实践

裴平 等著

南京大学出版社

图书在版编目(CIP)数据

中国互联网金融发展的理论与实践 / 裴平等著. --
南京：南京大学出版社，2024.1
(中国互联网金融研究丛书)
ISBN 978 - 7 - 305 - 27265 - 3

Ⅰ. ①中… Ⅱ. ①裴… Ⅲ. ①互联网络－应用－金融
－经济发展－研究－中国 Ⅳ. ①F832.35 - 39

中国国家版本馆 CIP 数据核字(2023)第 170260 号

出版发行　南京大学出版社
社　　　址　南京市汉口路 22 号　　　　　邮　编　210093
丛 书 名　中国互联网金融研究丛书
丛书主编　裴　平
书　　　名　中国互联网金融发展的理论与实践
　　　　　　ZHONGGUO HULIANWANG JINRONG FAZHAN DE LILUN YU SHIJIAN
著　者　裴　平　等
责任编辑　徐　媛

照　　　排　南京南琳图文制作有限公司
印　　　刷　南京新世纪联盟印务有限公司
开　　　本　787 mm×1092 mm　1/16　印张 53　字数 820 千
版　　　次　2024 年 1 月第 1 版　　印　次　2024 年 1 月第 1 次印刷
ISBN 978 - 7 - 305 - 27265 - 3
定　　　价　228.00 元

网址：http://www.njupco.com
官方微博：http://weibo.com/njupco
官方微信号：njupress
销售咨询热线：(025) 83594756

裴平 管理学博士，1993—2004年担任南京大学商学院金融与保险学系主任，2004—2015年担任南京大学商学院副院长，2013—2017年受聘为教育部高等院校金融学类专业教学指导委员会委员。现为南京大学国际金融管理研究所所长，二级教授，博士生导师，南京大学教学名师，赵世良讲座教授，江苏省优秀研究生导师，国家社会科学基金重大项目"互联网金融的发展、风险与监管研究"首席专家，国家级一流课程"国际金融"和国家级一流本科专业金融学负责人，享受国务院特殊津贴。兼任中国金融学年会理事、中国保险学会理事、中国国际金融学会理事、江苏省国际金融学会副会长、江苏省保险学会副会长、江苏省数字金融协会常务理事、江苏省上市公司协会独立董事专门委员会主任等。2007年取得中国上市公司独立董事任职资格（证书号：00966），先后担任南京银行和东吴证券等上市公司的独立董事。

主持省校级以上科研项目10多个，已出版《中国货币政策传导研究》《美国次贷风险引发的国际金融危机研究》《互联网+金融：金融业的创新与重塑》和《国际金融学》等著作、教材30多部，在《经济研究》《管理世界》《金融研究》《经济学家》和《国际金融研究》等期刊上发表论文300多篇，30多次获省校级以上教学科研优秀成果奖。曾赴比利时、美国、墨西哥、奥地利、日本、新加坡等国家，以及中国台湾和澳门地区攻读学位或从事学术交流。

主要研究方向：金融理论与政策，国际金融，互联网金融，中国涉外金融。

总　序

一

1994 年 4 月,中国国家计算机与网络设施(The National Computing and Networking Facility of China,简称 NCFC)通过美国移动运营商(SPRINT)全功能接入国际互联网 64K 专线,从而拉开了中国与世界互联互通的历史帷幕。1997 年 7 月,中国银行在互联网上建立专门网页介绍银行的主要业务,这标志着中国互联网金融开始萌芽。2013 年 6 月,以阿里巴巴网络技术有限公司推出"余额宝"为标志,中国进入"互联网金融元年"。

2014 年 3 月,国务院总理李克强在十二届全国人民代表大会的政府工作报告中指出"要促进互联网金融健康发展",这引起理论界和实务部门对互联网金融的高度重视。互联网金融是指基于互联网,采用先进信息和通信技术,实现支付、结算、投融资和中介服务的新型金融业务模式。为推进互联网金融的理论探索和业务实践,国家社会科学基金于 2014 年初发布了中国第一个以"互联网金融"为研究主题的重大项目。2014 年 7 月,经过充分论证和认真准备申报材料,我作为首席专家,带领以南京大学教授和博士生为主的课题组成功获得"互联网金融的发展、风险与监管研究"重大项目(14ZDA043)的立项。

几年来,课题组成员积极投入到重大项目的研究之中,如多次举办高层次互联网金融论坛,到阿里巴巴等互联网公司的互联网金融平台和工商银行等各类金融机构的互联网金融部门深入调研,并且还组织和参与了互联网金融的创业实践。截至 2021 年年初,课题组提交的 3 份决策咨询报告得到了副省级以上领导的肯定性批示,在《经济研究》等期刊公开发表了标注项目编号的论文 78 篇,出版了《互联网＋金融:金融业的创新与重塑》等著作 4 部,完成了与互联网金融相关的博士学位论文 7 篇,而且还与江苏广播电视总台等单位联合录制了《互联网金融风云人物访谈》(1—4),多次获互联网金融方面的优秀成果奖。为不断推进互联网金融研究,课题组决定撰写和出版"中国互联网金融研究丛书"。经申报和评审,"中国互联网金融研究丛书"顺利入选"十三五"国家重点图书出版规划项目。2021 年 2 月 9 日,"互联网金融的发展、风险与监管研究"重大项目(14ZDA043)通过全国哲学社会科学工作办公室组织的审核,准予结项。

二

回顾历史,以蒸汽机发明与应用为代表的第一次工业革命使人类社会进入蒸汽机时代,以发电机发明与应用为代表的第二次工业革命使人类社会进入电气时代,以计算机发明与应用为代表的第三次工业革命使人类社会进入信息时代,以网络技术发明与应用为代表的第四次工业革命使人类社会进入互联网时代。第一次工业革命前,以现金和网点为主要特征的传统金融十分活跃。经历了蒸汽机时代、电气时代、信息时代,特别是在迈进互联网时代后,资金融通的底层技术构架在不断创新与升级。随着互联网、大数据、云计算、人工智能和区块链等先进信息技术与金融服务的深入融合,互联网金融的科技含量已经远远超过传统金融的科技含量。尽管如此,互联网金融的支付、结算、投融资和中介服务等基本功能并没有因为科技进步而发生根本变化,互联网金融的本质还是金融。

近十年来,互联网支付、网络借贷、股权众筹、互联网保险、互联网基金、互联网信托,以及互联网消费金融等业务模式各异的互联网金融呈现井喷式发展,不仅明显降低了融资成本、提高了金融效率、改善了客户体验,而且还推动了金融业的创新与重塑,进而为社会经济发展提供了强有力的金融支持。如今,中国已成为拥有 10 多亿网民的互联网金融第一大国。

　　但是,由于社会信用缺失和金融监管不到位等原因,中国互联网金融发展过程中也出现了一些问题和挫折,如不少 P2P 网络借贷平台侵犯投资者权益等行为严重损害了互联网金融的声誉。在不少场景中,互联网金融被贴上非法集资和危害社会稳定的标签,人们甚至羞于讨论源于中国的"互联网金融",而是较多地讨论源于美国的"金融科技"。其实,这是历史虚无主义和缺乏道路自信的表现。第一,中国的互联网金融萌芽于接入国际互联网后中国银行的网上金融业务介绍,发轫于阿里巴巴等互联网公司跨界进入金融领域;而美国的金融科技则萌芽于硅谷科技公司为银行业提供性能较好的打票机等设备,发轫于金融机构采用先进信息技术全面提升金融效率,中国互联网金融产生与发展的背景不同于美国金融科技产生和发展的背景。第二,中国互联网金融的基因是"互联网＋金融",美国金融科技的基因是"科技＋金融"。事实上,当代金融科技也是基于互联网底层技术架构的,即互联网＋(大数据、云计算、人工智能和区块链等)。离开了互联网,就没有当代金融科技,当代金融科技在很大程度上可被视为互联网金融的升级版。第三,不论是互联网金融还是金融科技,它们都是金融与科技深度融合的产物,其本质也都还是金融。中国对互联网金融进行清理整顿是必要的,但不能在倒"洗澡水"时,把"婴儿"也倒掉。因此,课题组认为,中国的"互联网金融"无须改名换姓为美国的"金融科技"。

　　为互联网金融正名,坚持中国发展互联网金融的道路自信。课题组不会因互联网金融发展过程中的问题和挫折而在思想认识上摇摆不定,更不会将"中国互联网金融研究丛书"改名为"中国金融科技研究丛书"。课题组始终立足于中国的理论探索和业务实践,通过深入思考和勤奋写作,力争使"中国互联网金融研究丛书"具有较高的学术和应用价值,并且能够在世界金融发展史上留下深刻和闪亮的印记。

三

互联网金融的历史渊源、主要实践和重大影响都根植于中国大地,互联网金融在很大程度上就是中国的著名品牌,中国应该有一部准确记载和科学分析互联网金融历史演进的编年史。课题组有责任肩负起这一使命,即借鉴历史学研究的理论和方法,在广泛收集和认真考证历史资料的基础上,追本溯源,梳理发展脉络、记录重大事件、总结经验教训,并且预测互联网金融的发展趋势,撰写一部具有编年史意义的著作。这不仅有利于为中国互联网金融树碑立传,而且也有利于以史为鉴,指引中国互联网金融的稳健发展。

互联网金融以不同于传统金融的经营理念和业务模式推动着金融业的创新与重塑,而且能够为实体经济发展提供强有力的金融支持。课题组基于“开放、平等、协作、分享和透明”的互联网精神,研究互联网金融“用户中心、体验至上”的经营理念;研究互联网支付、网络借贷、股权众筹、互联网保险、互联网基金、互联网信托,以及互联网消费金融等业务模式;研究传统金融机构互联网化和互联网公司跨界进入金融领域的路径与策略;研究互联网金融时代中国普惠金融发展等,力求使所做研究具有较高的理论价值和可操作性。

互联网金融借助先进信息技术,对实体经济、金融机构,以及不同社会群体都具有强大的渗透力和影响力。课题组重视互联网金融发展对经济增长、金融机构、小微企业和中低收入群体,以及货币政策有效性等重要方面的影响,并且对这些重要影响进行经济学分析和实证检验,希望所做研究能够为政策制定和企业决策提供科学依据。

互联网金融不仅面临传统金融的信用风险、流动性风险、市场风险、操作风险和合规风险,而且还面临与互联网金融特征相关的征信风险、道德风险、技术风险、“长尾”风险 和声誉风险。这些风险一旦产生,就会在互联网上迅速传播,能够在短时间内造成较大经济损失并诱发社会不稳定事件。针对互联网金融风险的复杂性和特殊性,课题组在对互联网金融风险进行识别的同时,研究互联网金融风险的形成与传导机制,探讨以大数据征信和风险控制为核心的互联网金融风险管理理论与方法,进而为防范互联网金融风险提供有益的借鉴与参考。

互联网金融在中国异军突起,一方面互联网金融产品和服务创新层出不穷,但其中也混杂着不少资质低下,或超出经营许可范围的不规范行为;另一方面互联网金融监管的法律法规不健全,分业监管模式和传统监管手段还不能对互联网金融进行有效监管。针对互联网金融监管存在的问题,课题组研究互联网金融监管的法律法规体系,探索互联网金融监管的新模式,提出大数据监管和"监管沙盒"等监管创新的对策性建议。课题组还研究互联网金融的行业自律机制,进而为形成政府监管与行业自律相辅相成的互联网金融监管架构贡献智慧与方案。

在互联网金融平台,数据已成为最重要的生产要素,而且获取数据的机会成本很低;同样的数据还可以反复使用,原始数据交叉组合又会自动生成新数据……,数据可谓是取之不尽、用之不竭的"金矿"。课题组认为,迅速发展的互联网金融已经动摇了主流经济学"资源稀缺性"的假设前提,并且向主流经济学的"边际革命"理论、货币需求理论,以及厂商理论等发起了挑战,实践呼唤着理论创新。课题组把握理论创新的重要机遇,从互联网金融主要实践中抽象和概括出一些重要规律,争取在修正主流经济学局限性和拓展经济学理论框架的同时,为发展具有中国特色的经济学,特别是互联网金融学做出原创性贡献。

中国互联网金融发展还面临不少理论与实践问题,如互联网金融的社会责任、投资者教育,以及知识产权和隐私权保护等问题也都需要研究和解决。随着大数据、云计算、人工智能和区块链等先进信息技术与金融服务的进一步融合,互联网金融未来的发展趋势更令人关注。课题组还以更加广阔和长远的眼光,加倍努力和坚持不懈地推进对互联网金融,特别是对中国互联网金融发展的研究。

四

"中国互联网金融研究丛书"的出版是以国家社科基金重大项目(14ZDA043)课题组所做研究为基础的,其理论分析框架是比较宏大和严密的,其研究内容也是比较丰富和具有典型意义的。丛书中每一本著作都应该是作者潜心研究和认真写作的结晶。

作为国家社会科学基金重大项目(14ZDA043)的首席专家,我不仅要继续投身于互联网金融的研究和写作,而且还要精心组织、写作、修改和编撰丛书中的每一本著作,力争使"中国互联网金融研究丛书"成为相关研究领域中的扛鼎之作。

我并代表课题组感谢所有关心和支持"中国互联网金融研究丛书"出版的专家学者和各界朋友,特别是感谢所有参考文献和相关资料的作者们。同时,"中国互联网金融研究丛书"中的每一本著作都会存在这样或那样的不足之处,敬请广大读者提出批评和建议。

2023 年 1 月 30 日

前　言

　　2013年6月阿里巴巴网络技术有限公司推出互联网金融产品"余额宝"后,随着互联网、大数据、云计算、人工智能和区块链等信息技术的不断进步及其与金融业务的深度融合,中国互联网金融迅速发展。2015年3月,第十二届全国人民代表大会的政府工作报告将"互联网+"行动计划提高到国家发展战略的高度。同年7月,国务院《关于积极推进"互联网+"行动的指导意见》提出了"互联网+"行动的时间进度表和重点领域。金融是国民经济的核心。"互联网+金融",即互联网金融是"互联网+"行动计划的引领者,也是"互联网+"行动计划的推进者。目前,中国网民规模已超过11亿,其中绝大多数网民都涉及互联网金融的产品与服务,中国是当今世界无可争议的互联网金融第一大国。

　　2014年7月,我作为首席专家,带领研究团队成功获得国家社会科学基金第一个以"互联网金融"为研究主题的重大项目"互联网金融的发展、风险与监管研究"(14ZDA043)的立项。2016年5月,由我担任主编的"中国互联网金融研究丛书"又被列入"十三五"国家重点图书出版规划项目。经过不懈努力,国家社会科学基金重大项目(14ZDA043)于2021年2月顺利结项。截至2022年9月,南京大学出版社出版了"中国互联网金融研究丛书"中的5部著作,分别是《中国互联网金融发展研究》(裴平主编,蒋彧副主编,2017年4月)、《中国互联网金融的历史演进》(印文、裴平著,2021年5月)、《中国互联网支付发展研究》(吴心弘、裴平著,2022年1月)、《互联网金融冲击下的主流经济学——基于中国实践的理论探索》(章安辰、裴平著,2022年6月)和《互联网金融时代中国普惠金融发展研究》(查华超、裴平著,2022年9月)。

　　中国互联网金融发展不是一帆风顺的,如一些P2P网络借贷平台侵犯投资者权益等行为使互联网金融被污名化。近几年来,不少人唯互联网金融而避之,或是热衷于概念异化或新概念炒作。在新闻媒体和期刊杂志上,互联网金融的词频迅速降低,大数据金融、区块链金融、智慧金融、金融科技和数字金融等的词频迅速增加。各级政府、金融机构所制定或实施的互联网金融发展战略在人们的视线中忽隐忽现,互联网金融的概念甚至也逐步为人们所淡忘。

我认为,唯互联网金融而避之,这是历史虚无主义的表现。中国互联网金融起源于阿里巴巴等互联网科技公司跨界进入金融领域,发展于具有中国特色的历史背景和基本国情。作为国家社会经济发展的重大战略之一,发展互联网金融不仅为中国式现代化建设提供了强有力的金融支持,而且也使中国成为世界互联网金融第一大国。切断中国互联网金融发展的历史渊源,碎片化中国互联网金融发展的宏大叙事,对中国互联网金融发展的成就视而不见,纠结于中国互联网金融发展中的一些问题与挫折,进而不认同中国互联网金融,这样的历史虚无主义是不科学的,而且也是有害的。

我认为,热衷于概念异化或新概念炒作,这是缺乏理论自信的表现。中国互联网金融的历史渊源、主要实践和重大影响都根植于中国大地,中国互联网金融就是中国的故事和中国的品牌。我们不应该在中国互联网金融发展遇到一些问题与挫折时就放弃使用曾经国人皆知的互联网金融概念,更不应该热衷于含混不清的概念异化,或是牵强附会地用外国的相关概念替代中国的互联网金融概念。相反,我们应该在认真总结中国互联网金融伟大实践的基础上,提炼中国的互联网金融概念,形成具有中国特色的互联网金融基本理论和业务模式,讲好中国故事,打造中国品牌,进一步增强理论自信。

我还认为,中国互联网金融发展的道路自信有其坚实基础。与以美国为代表的外国金融科技发展不同,中国互联网金融源于互联网科技公司跨界进入金融领域,而且互联网科技公司一直是互联网金融实践的先行者和领军者。互联网金融的最底层技术架构是互联网,所谓的大数据金融、区块链金融、智慧金融、金融科技和数字金融也都是以互联网为最底层技术架构的。以近几年来受到热捧的金融科技和数字金融为例,它们的最底层技术架构还是互联网,是在互联网上增加了大数据、云计算、人工智能和区块链等信息技术的应用,然后再与金融业务深度融合。没有互联网这条信息高速公路,金融科技和数字金融就无从谈起。不论是金融科技还是数字金融,它们的最底层技术架构与互联网金融的最底层技术架构是一样的,都是互联网;它们的本质与互联网金融的本质也是一样的,都是金融。从这个角度看,金融科技和数字金融等可被视为互联网金融的升级版,都属于互联网金融范畴。因此,我们要增强道路自信,继续走具有中国特色的互联网金融发展之路。

坚持历史唯物主义,增强理论自信和道路自信,遵循学术研究基本逻辑和学术规范,都有必要为中国互联网金融正名。正是基于这样的思考,我主编的"中国互联网金融研究丛书"不会改名为"中国金融科技研究丛书"或"中国数字金融研究丛书",眼前这部著作的书名就是《中国互联网金融发展的理论与实践》。为适应当下互联网金融发展的具体实践,特别是为方便读者的阅读和理解,《中国互联网金融发展的理论与实践》这部著作中也会提及金融科技、保险科技、区块链金融和数字金融等概念及其内涵,建议读者把这些概念及其内涵理解为互联网金融升级版的应有之意。

与"中国互联网金融研究丛书"中已出版的5部著作不同,《中国互联网金融发展的理论与实践》这部著作是对我本人,以及与我指导的博士生或硕士生等合作发表的论文和研究报告进行重新梳理而形成的结晶,其主要亮点体现在三方面:(1)这部著作中的内容集中反映了我,特别是我和研究生所撰写的研究论文或研究报告在互联网金融研究方面取得的重要成果。已出版的5部著作是跨越较长历史时期,系统和深入研究中国互联网金融发展的某个重大主题或重要业务模式,而研究论文和研究报告中所做的研究则是基于某时点或样本,系统和深入研究中国互联网金融发展的某一具体但重要的理论或实践问题。同时,这些研究论文和研究报告的许多内容也没有反映在已经出版的5部著作中,如近2年发表论文和研究报告的内容就没有反映在已经出版的五部著作之中,而且这些研究成果是与时俱进的,更接近相关研究领域的前沿。(2)这部著作中的内容大多是经过严格检验的"干货",具有较高的学术水平和应用价值。例如，在学术期刊发表的论文都是经过编辑部初审、同行专家匿名评审、编辑部退回修改，直至编辑部终审决定录用的；几份研究报告提交后，都得到了副省级以上领导的肯定性批示，且以文件形式发送有关部门研究和落实；还有一些没有公开发表的研究论文和研究报告也得到好评，已被编入课题研究总报告（通过评审，顺利结项），或正在向学术期刊投稿。（3）这部著作中的内容大多是按照学术论文的研究范式和体例撰写的，不仅有规范的文献综述、理论分析和实证检验，而且还提出了有价值的理论观点和可资借鉴的对策性建议。特别是这些研究论文和研究报告的研究方法比较合理，如在做文献梳理、理论分析的基础上提出研究假设和构建计量模型，通过问卷调查、现场访谈和文本挖掘等方法获取第一手资料，从具有权威性的统计部门和数据库选取大量样本数据，采用统计分析软件或自己编写计算机程序对样本数据进行实证检验，等等。

《中国互联网金融发展的理论与实践》这本著作是本人所做研究，以及我与我指导的博士生或硕士生合作研究的结晶。多年来，我与研究生朝夕相处，亦师亦友，几乎全身心地投入到国家社会科学基金重大项目（14ZDA043）研究之中。在与研究生等的合作研究中，我的主要工作是确定研究主题（论文题目）和研究思路，指导他们阅读国内外文献、构建理论模型、选取样本数据和做实证检验，对论文初稿做认真修改，为向学术期刊投稿的论文定稿，以及为根据编辑部返修意见进行完善后的论文定稿。研究生的主要工作是在我的指导下梳理国内外文献和做经济学分析，并在此基础上构建计量模型，选取代理变量和样本数据，进行实证检验，完成论文初稿，根据我的意见反复修改论文，最后按照编辑部要求对投稿论文进行排版。我们难以清晰界定彼此在合作研究成果中的具体贡献，因为这些研究成果中的每一段文字、每一个公式和每一张图表都融汇了我和研究生的深入思考与艰辛写作。

除一些期刊为扩大影响而要求以导师为第一作者，或期刊编辑部直接提出署名建议，在与研究生合作发表的论文中我大多以第二作者署名。尽管研究生在论文初稿中大都把我列为第一作者，但我在论文定稿时还是尽可能地把研究生列为第一作者。我的想法是：指导研究生是导师的本职工作，研究生完成学业必须发表若干篇署名为第一作者的论文（大多数高校的规定），研究生毕业后找工作和评职称必须有以第一作者署名的"硬成果"，而且研究生发展得好也是导师的期盼和骄傲，我把自己列为第二作者的正效应更加显著。南京大学商学院《科研成果绩效分认定细则》规定：对学生以南京大学为第一作者、导师为第二作者的期刊论文，导师可视同第一作者进行奖励。其实，我并不在乎发表期刊论文能够获得多少奖励，同时我也赞成这样的细则，因为这样的细则有利于研究生培养和师生之间良性互动。

感谢郭永济、张科、印文、章安辰、吴心弘、傅顺、孙明明、朱桂宾、查华超、占韦威和孙杰等博士生，蔡越、方毅、师晓亮、蔡雨茜和陈楚等硕士生，以及我指导的几位本科毕业生。没有你们在中国互联网金融研究方面所做的努力和贡献，国家社会科学基金重大项目"互联网金融的发展、风险与监管研究"（14ZDA043）就不能顺利结项，"十三五"国家重点图书出版规划项目"中国互联网金融研究丛书"也不会顺利出版。

感谢关心和支持我们研究中国互联网金融的专家学者，感谢南京大学出版社对本著作出版给予的重要帮助，感谢占韦威和孙杰两位博士生对本著作所做的文字校对。

限于篇幅，本著作中无法将所有参考文献及其作者一一列出，但我要向所有参考文献的作者表达由衷的谢意。

我期盼《中国互联网金融发展的理论与实践》能够与已出版的 5 部著作交相辉映，进而为"中国互联网金融研究丛书"能够添列于中国互联网金融研究的扛鼎之作做出重要贡献。

裴　平

2023 年 7 月 30 日

目　录

上篇　理论探索与政策效应

中篇　主要实践及其社会经济影响

下篇　风险防范与社会责任

上篇

理论探索与政策效应

互联网金融与经济学"边际革命"

摘要:通过本文所做的研究,作者认为:(1) 在互联网时代,数据已成为基本生产要素之一,它不仅能够自动产生和累积,而且还能在很大程度上节约或替代土地、资本、劳动和企业家才能等基本生产要素,进而动摇了经济学资源稀缺性约束的假设前提;(2) 在互联网金融平台上,金融消费者①的边际效用不是递减,而是呈明显的递增趋势;(3) 互联网金融平台的运作同时表现出边际产量递增、边际成本递减和边际利润递增等规律,而且互联网金融平台不存在厂商利润最大化的"最优生产规模"。而这一切都是非互联网时代经济学"边际革命"所没有触及,或不能做出合理解释的,因此经济学"边际革命"必须与时俱进,不断深化与发展。

关键词:互联网金融;经济学"边际革命";资源稀缺性

一、引 言

19 世纪 70 年代初,卡尔·门格尔、威廉·斯坦利·杰文斯和里昂·瓦尔拉斯三位经济学家提出了主观边际效用价值理论和边际分析方法,从而颠覆了古典经济学的价值理论和传统分析方法,引发了影响深远的经济学"边际革命"。随着技术进步与社会变迁,经济学"边际革命"从未停止,专家学者不断

---

① 在互联网金融平台上,金融消费者既包括借款人,也包括贷款人。

地将实践经验上升为理论成果,其中较为重要的是基于资源稀缺性约束假设前提的边际效用递减规律、边际产量递减规律、边际成本递增规律和边际利润递减规律。

进入 21 世纪后,现代信息技术与经济活动深度融合,特别是互联网金融[①]异军突起,明显地改变了过往社会经济活动的方式与内容,而且也呼唤着理论创新,经济学"边际革命"又悄然前行。与此同时,在高度货币化的当今世界,几乎所有的资源配置和社会交易都离不开货币媒介,金融是经济的核心。为使本文所做的研究不受旁枝末节干扰,更具理论与学术价值,作者以互联网金融为切入点,采用规范经济学的分析方法探讨互联网金融对经济学"边际革命"重要理论成果,如边际效用递减规律、边际产量递减规律、边际成本递增规律和边际利润递减规律的冲击,进而提出互联网金融异军突起背景下经济学"边际革命"进一步深化与发展的理论见解。

二、文献回顾

(一)经济学"边际革命"

1871—1874 年,以卡尔·门格尔(Carl Menger,1871)所著的《国民经济学原理》、威廉·斯坦利·杰文斯(William Stanley Jevons,1871)所著的《政治经济学理论》,以及里昂·瓦尔拉斯(Léon Walras,1874)所著的《纯粹政治经济学要义》为起点,经济学理论与方法上的"边际革命"拉开帷幕,并对后来的经济学发展产生了深远影响。

在资源稀缺性约束的假设前提[②]下,卡尔·门格尔、威廉·斯坦利·杰文

---

① 中国人民银行等十部委于 2015 年 7 月 18 日颁布的《关于促进互联网金融健康发展的指导意见》将互联网金融定义为,利用互联网和现代通信技术实现资金融通、支付、投资和信息中介服务的新型金融业务模式。

② 资源稀缺性约束是指,相对于人们无限的需求,资源总是有限的。莱昂纳尔·罗宾斯(Lionel Robbins,1932)在《经济科学的性质和意义》中首次提出资源稀缺性约束是经济学最基本的假设前提。

斯和里昂·瓦尔拉斯都认为经济学研究应从人们的消费活动和心理欲望出发,并将经济学研究的重心从供给、生产和分配转移到需求、消费和效用上。在此基础上,他们提出边际效用概念,即消费者对某种物品的消费每增加一单位所获得的额外满足程度。

卡尔·门格尔(Carl Menger,1871)指出,人们对于价值的衡量具有主观任意性,一件物品对不同的人可能具有不同的价值,价值高低完全取决于个人的主观评价。为了解释和研究边际效用,他采用抽象演绎法将复杂的经济现象还原为各种简单要素,再对这些简单要素进行观察,认为在一定时间内,随着对某种物品消费的增加,消费者从该物品连续增加的每一单位消费中所获得的效用增量是逐步递减的。例如,当一个人在饥饿时获得第一块面包,他获得的满足感是最大的,此时的边际效用最大;当获得第二块面包时,他获得的边际效用就会递减,因为第一块面包已经减轻了他的饥饿感,吃第二块面包的边际效用会低于吃第一块面包的边际效用。在卡尔·门格尔看来,用数学方法去"精确"衡量消费者心理活动是不合适的,只能采取抽象演绎法对边际效用进行合理描述与解释。威廉·斯坦利·杰文斯(William Stanley Jevons,1871)虽然与卡尔·门格尔同样采用了抽象演绎法解释边际效用,但他还主张使用数理分析法对边际效用进行严密的推理和论证。他认为,随着购买物品数量的增加,消费者从该物品中获得的满足感会逐渐减弱,即该物品的"最后效用程度"呈递减趋势。在威廉·斯坦利·杰文斯看来,"最后效用程度"作为价值尺度可用来衡量边际效用的大小。里昂·瓦尔拉斯比威廉·斯坦利·杰文斯更加注重数理分析法,他认为经济学都应该采用数学方法对理论进行阐述。里昂·瓦尔拉斯指出,物品满足人们欲望的强度是物品数量的函数,它随物品数量的增加而递减,最后一单位物品满足人们欲望的强度就是"稀少性"(rareté),"稀少性"即边际效用。

约翰·贝茨·克拉克(John Bates Clark,1899)认为,人们在经济生活中都是利用自然物质来为自己服务的,边际效用递减规律是消费中的普遍规律,生产要素的边际产量递减规律是生产中的普遍规律。他还指出,土地、资本和劳动共同创造了价值和财富,这些要素都可投入生产,是价值和财富的源泉,应该从生产成果中获取相应份额的回报;土地、资本和劳动的边际产量都是随投入的增加而递减的。弗里德利希·冯·维塞尔(Friedrich von Wieser,1914)指出,价值的根源在于人们主观的心理评价,不存在客观的交换价值。因此,他认为消费者从某物品中获得的边际效用等于最后一单位该物品所带来的效用增量,且当需求不变、供给增加时,边际效用递减;而当需求增加、供给不变时,边际效用递增。

由卡尔·门格尔等人发起的经济学"边际革命"具有划时代意义,基于资源稀缺性约束假设前提的边际效用递减规律奠定了新古典经济学的理论基础,同时也为 20 世纪"边际革命"的深入与发展提供了理论视角和研究方法。

(二)异军突起的互联网金融

进入 21 世纪后,依托互联网、大数据、云计算和人工智能等信息技术的互联网金融异军突起,这不仅改变了原有金融格局,提高了金融体系效率,而且也对社会经济发展和人们的交易行为产生了深刻影响。奥佛尔等人(Afuah et al.,2005)指出,互联网时代的商业环境已发生重要变化,互联网将相互依存的个体联系起来消除了时空的局限,可以作为信息产品销售和传播的渠道,具备无限的虚拟容量,降低了信息不对称,减少了交易成本,具备网络外部性[①],深刻影响企业的协调与沟通等市场行为,使越来越多的商业模式创新成为可能。奇什蒂等人(Chishti et al.,2016)认为,科技进步使金融与科技的融合成为必然趋势,能够全方位提升金融机构风险控制、市场营销和产品设计等能力。谢平、邹传伟和刘海二(2015)指出,互联网金融具有 7 大核心特征,如低交易成本、缓解信息不对称问题、拓展交易可能性集合、去中介化、支付变革和金融产品货币化、金融模式边界模糊以及融合金融和非金融因素。霍兵和

---

① 网络外部性是指,对于某种物品,某个消费者从该物品中得到的效用,随着消费该产品的其他消费者人数的增加而增加。

张延良(2015)指出,互联网金融的优势主要是更丰富的信息获取方式和渠道、低廉的交易成本和更高的资金配置效率、操作便捷、无时空约束,以及更低的信息不对称程度。李继尊(2015)认为,互联网金融的核心竞争力在于缓解信息不对称的功能强大,由于数据是信息的载体,互联网金融的核心竞争力主要来源于数据的采集、处理和应用。

结合互联网金融的特征与优势,专家、学者还从理论上探讨了互联网金融实践的普遍规律和发展趋势。邹积超(2015)和李凌(2015)指出,互联网金融具有双边市场①的交叉网络外部性②,容易造成马太效应③,会导致互联网金融市场出现"垄断"现象。皮天雷和赵铁(2014)以金融功能为理论视角,分析了互联网金融平台"点对点"的平等交互与信息分享,认为互联网金融能够更有效地解决交易中的信息不对称和交易成本高等问题。汪桥红(2015)构建互联网金融超网络模型④,发现各互联网金融平台为追求利润最大化,必将呈现集群化发展趋势。王馨(2015)认为,互联网金融具有外部经济、规模经济和范围经济三重效应,能够促使金融资源流向传统金融无法涉及或不完全涉及的普惠金融领域,有利于解决小微企业信息不对称问题,降低小微企业融资成本,提高金融机构防范信贷风险的能力。黄建康和赵宗瑜(2016)的研究表明,互联网金融通过应用大数据等信息技术,可以迅速扩大"交易可能性集合",进而使互联网金融平台具有扩大业务规模的动力。

在资源稀缺性约束的假设前提下,通过对当时社会经济活动的观察、分析和抽象,非互联网时代的经济学"边际革命"产生了边际效用递减规律、边际产量递减规律、边际成本递增规律和边际利润递减规律等重要的理论成果。然而,在互联网时代,尤其是互联网金融的异军突起,非互联网时代经济学"边际

---

① 双边市场是指,市场中有两种不同类型的用户群体,它们通过一个中介机构或平台来发生作用或进行交易,而且一边用户的决策会依赖或影响另一边用户的决策。

② 交叉网络外部性是指,在双边市场中,一边市场消费者的效用会随着另一边市场消费者的数量增长而提高。

③ 马太效应:强者愈强,弱者愈弱的现象。

④ 超网络是指,节点众多,网络中含有网络的系统,互联网就是一种超网络。

革命"资源稀缺性约束的假设前提出现了根本性动摇。同时,互联网金融的实践也对边际效用递减规律、边际产量递减规律、边际成本递增规律和边际利润递减规律形成了巨大冲击。因此,非互联网时代的经济学"边际革命"正面临着新的挑战,需要与时俱进。

三、互联网金融动摇了经济学资源稀缺性约束的假设前提

21世纪前的经济学"边际革命"主要是以资源稀缺性约束为假设前提的。进入21世纪后,互联网逐渐成为生产制造、社会交易和日常生活中必不可少的工具,人们在互联网上留下的数据与土地、资本、劳动和企业家才能一样,都是经济活动,特别是生产函数中的基本要素。互联网金融平台依托互联网、大数据、云计算和人工智能等信息技术对数据进行采集、处理和应用,能够提供大量个性化、低成本、高效率的金融产品和服务,这使互联网金融平台能够明显摆脱资源稀缺性约束。

(1)数据产生的自动化。在互联网时代,借助高度发达的移动通信技术、传感器技术和虚拟现实技术(Virtual Reality)等,几乎所有的经济活动和社会交往都能被转化为数据,并自动留存在互联网上。同时,大数据、云计算和人工智能等技术的应用又能自动地收集和处理各种数据,并将这些数据重新整合后再自动地产生新的数据。数据产生的自动化使得数据规模成爆炸式增长[1],日益庞大的数据交易市场已成为越来越重要的生产要素市场。特别是借助数据产生自动化的天然优势,互联网金融平台的数据资源取之不尽,其所面临的资源稀缺性约束因此而得到缓解。

---

　　① 根据国际数据公司(IDC)统计,全球的数据储量在2011年就已达到1.8 ZB,2016年全球数据储量为12ZB,预计到2020年,全球的数据储量将超过40 ZB。其中,1 PB相当于5 000个国家图书馆的信息量总和,而1 ZB更是等于10 242个PB(1 PB = 10 244 KB,数据量单位换算公式:1 XB = 1 024 CB = 1 0242 DB = 10 243 NR = 10 244 BR = 10 245 YB = 10 246 ZB = 10 247 EB = 10 248 PB = 10 249 TB = 102 410 GB = 102 411 MB = 102 412 KB = 102 413 B)。

（2）数据使用的机会成本①极低。首先，在技术条件允许的情况下，同样的数据可以被无成本、无数次地复制和使用。无论以多少种方式使用数据，互联网金融平台都能在不损耗数据自身价值的情况下获得数据在不同使用方式中所带来的收益。其次，在互联网金融平台，数据的采集、处理和应用不受时空限制，互联网金融平台可以在同一时间和不同空间使用相同的数据以达到不同的目的。因此，互联网金融平台使用数据的机会成本几乎为零。

（3）数据对其他基本生产要素的替代。在互联网时代，数据在虚拟空间中产生并投入使用，其对物理空间的需求很小，一台或数台计算设备就可以完成对海量数据的采集、处理和应用，这能够大量节约或替代土地资源。作为一种新的经济资产，数据能够增强企业的创新和竞争能力，可被视为资本投入的重要组成部分。通过大数据、云计算和人工智能等技术对数据的采集、处理和应用，不仅能替代简单而机械的劳动，也能替代复杂和精细的劳动，从而大量节约或替代劳动和企业家才能的投入。

在互联网时代，数据不仅是重要的基本生产要素，而且能够在很大程度上节约或替代土地、资本、劳动和企业家才能等基本生产要素，再加上数据取之不尽、用之不竭，这就动摇了非互联网时代经济学"边际革命"资源稀缺性约束的假设前提。基于这样的判断，本文进一步分析互联网金融对非互联网时代经济学"边际革命"重要理论成果所产生的巨大冲击。

---

① 弗里德利希·冯·维塞尔（Friedrich von Wieser，1914）提出机会成本概念，将生产成本转变成一种主观心理的成本，即在资源稀缺性约束的假设前提下，任何人或组织在采用一种方法使用某种资源时，就必然放弃了用其他方法使用该资源所能获得的收益，其中失去的最高收益被称为机会成本。

四、互联网金融对非互联网时代经济学
"边际革命"理论成果的冲击

在互联网时代，数据已经成为日益重要的基本生产要素，而且可以在很大程度上节约或替代土地、资本、劳动和企业家才能等基本生产要素，这必然会冲击建立在资源稀缺性约束假设前提下的经济学"边际革命"理论成果，边际效用递减规律、边际产量递减规律、边际成本递增规律和边际利润递减规律不再能清晰地解释互联网时代的许多社会经济现象，已呈现明显的局限性。

（一）互联网金融对边际效用递减规律的冲击

边际效用递减规律是指在资源稀缺性约束的假设前提下，随着对某种物品消费的增加，消费者从该物品连续增加的每一单位消费中所得到的效用增量是递减的。但在互联网时代，边际效用递减规律受到质疑，已不能完全成立。

（1）随着在互联网金融平台上的"消费"次数增加，金融消费者留下的数据就会自动增加和更加完备。互联网金融平台利用大数据、云计算和人工智能等技术对这些数据进行采集、处理和应用，就能够不断挖掘金融消费者更深层次的需求，进而向他们提供更多个性化、低成本、高效率的金融产品和服务。因此，随着金融消费者不断增加在互联网金融平台上的"消费"，他们所获得的满足程度是不断提升的，即金融消费者在互联网金融平台上每增加一单位的消费（消费时间或产品、服务），其所产生的边际效用不是递减的，而是递增的，甚至会"消费成瘾"。

（2）互联网金融平台为借款人和贷款人两个群体提供对接通道，具有双边市场特征。因此，互联网金融平台运作具有明显的网络外部性，即贷款人在互联网金融平台上所能获得的收益取决于该互联网金融平台上借款人的数量,反之亦然。随着互联网金融平台上的贷款人和借款人数量增加,来自这两个群体的金融消费者都能获得更大的收益,从而产生更强的满足感。从这个角度看,在互联网金融平台上,随着金融消费者人数及其消费的增加,金融消费者的边际效用也不是递减,而是递增的。

图 1 中,在以金融产品和服务的消费 D 为横轴,边际效用 MU 为纵轴的坐标系内,曲线 MU 为非互联网时代金融消费者的边际效用曲线,曲线 MU' 为互联网时代金融消费者的边际效用曲线。假设金融消费者最初获取 D_1 单位消费的边际效用为 MU_1,那么在非互联网时代,受边际效用递减规律的影响,曲线 MU 向右下方延伸,即金融消费者每增加一单位消费,其所获得的边际效用是递减的。而在互联网时代,金融消费者的边际效用则呈递增趋势,曲线 MU' 向右上方延伸,即金融消费者在互联网金融平台上每增加一单位消费,其所获得的边际效用是递增的。

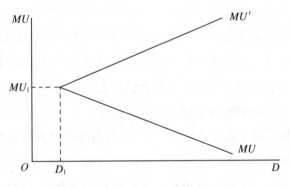

图 1　不同时代的边际效用曲线

(二)互联网金融对边际产量递减规律的冲击

非互联网时代厂商在生产过程中会受到边际产量递减规律的影响,即在技术水平和固定生产要素,如土地、厂房和机器设备等投入保持不变的情况下,不断增加某种可变生产要素的投入,如劳动而导致的边际产量呈现先递增、后递减的特征。在互联网时代,资源稀缺性约束的假设前提不再完全成立,数据这一可变生产要素的规模与作用越来越大,土地、厂房和机器设备等固定生产要素投入占互联网金融平台所投入生产要素中的比例越来越小。在这样的背景下，互联网金融平台运作呈现出的不再是边际产量先递增后递减，而是边际产量持续递增。

（1）互联网金融平台的数据越多越全面，其所带来的价值就越大。互联网金融平台在构建个人征信信息库时，不仅需要个人的身份信息数据，而且还需要个人的网络购物数据和移动通信数据等，数据越多越全面，互联网金融平台构建的个人征信信息库就更有价值。同时，人们在互联网金融平台浏览或搜索金融产品和服务的行为会被数字化，并被互联网金融平台自动收集，虽然在短时间内这些数据并不一定能为互联网金融平台带来收益，但随着数据积少成多，互联网金融平台能够根据大数据分析的结果实现精准营销，这有利于向金融消费者提供更多的金融产品和服务。另外，互联网金融平台将旧数据和新数据组合之后投入运作过程，也能够产生新的价值。互联网金融平台的数据越多越全面所带来的价值越大，这会驱使互联网金融平台越来越重视数据的获取及其带来的业务流量。互联网金融平台的数据投入与土地、厂房和机器设备等固定生产要素投入在理论上没有最佳比例，较多的数据投入意味着互联网金融平台能够提供更多更有价值的金融产品和服务，因此互联网金融平台的边际产量能够持续递增。

（2）互联网金融平台的市场份额越大，其所带来的网络价值就越大。根据梅特卡夫法则（Metcalfe's Law），网络的价值等于网络节点数的平方，即网络价值以用户数量平方的速度增长。互联网金融平台的金融消费者越多，其提供的金融产品和服务的价值越大，金融消费者就更愿意在互联网金融平台上获取金融产品和服务。随着互联网金融平台的市场份额扩大，金融消费者就会在互联网金融平台上留下更多的数据，而数据的增加又会使互联网金融平台的边际产量增加。

图 2 中，在以可变生产要素 f 为横轴，边际产量 MP 为纵轴的坐标系内，曲线 MP_f 为非互联网时代厂商的边际产量曲线。在非互联网时代，厂商生产的最初阶段（0 到 f_1 阶段）所投入的可变生产要素相对于固定生产要素要少，

固定生产要素尚没有得到充分利用,故随着可变生产要素投入的增加,其所带来的边际产量递增,边际产量曲线 MP_f 向右上方倾斜,直至可变生产要素与固定生产要素的投入达到最佳比例,边际产量曲线 MP_f 达到最高点 F,此时可变生产要素 f 的投入为 TC,边际产量为 TVC;如果再继续增加可变生产要素投入,可变生产要素与固定生产要素会越来越偏离最佳比例,固定生产要素过度使用所导致的维修、管理和更新等问题也会越来越多,边际产量开始呈递减趋势,即边际产量曲线 MP_f 在到达最高点 F 后开始向右下方倾斜。

在互联网时代,图 2 中的曲线 MP_f' 为互联网金融平台的边际产量曲线,数据作为互联网金融平台的重要可变生产要素,它的投入与固定生产要素的投入几乎不存在最佳比例,虽然随着数据投入的增加会受到如电子设备和计算能力等的限制,但数据投入增加所带来的价值会大大超过产量增加所造成损失。因此,随着数据投入的增加,互联网金融平台的边际产量一直呈现递增趋势,即边际产量曲线 MP_f' 表现为始终向右上方延伸的曲线。

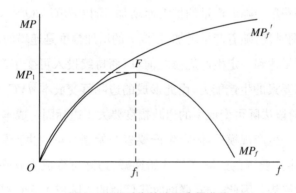

图 2　不同时代的边际产量曲线

（三）互联网金融对边际成本递增规律的冲击

非互联网时代经济学"边际革命"中资源稀缺性约束,使得厂商在生产过程中呈现出边际成本递增规律,即当固定成本[①]不变时,生产初期的可变成本

---

① 厂商在生产过程中投入固定生产要素所需费用为固定成本,投入可变生产要素所需费用为可变成本。

占总成本比例较低,随着产量的增加,会出现边际成本递减;但随着可变成本不断增加,在达到一定生产规模后,厂商的边际成本就会呈现递增趋势。而在互联网时代,互联网金融平台的运作以数据作为重要的可变生产要素,数据的自动化产生,数据使用的机会成本极低,数据还能节约或替代土地、资本、劳动和企业家才能等基本生产要素,这使得互联网金融平台能够明显摆脱资源稀缺性约束。因此,随着数据投入增加,互联网金融平台提供的金融产品与服务会越来越多,互联网金融平台的边际成本因此而呈现出持续递减趋势。

根据经济学的一般定义,非互联网时代厂商的边际成本可用数学公式表示为:

$$MC = \frac{dTC}{dQ} = \frac{d(FC+VC)}{dQ} \tag{1}$$

式(1)中,MC 为非互联网时代厂商的边际成本,TC 为总成本,FC 为固定成本,VC 为可变成本,且 $TC = FC + VC$,Q 为产量。因为固定资产的折旧、维修和管理等费用会随着产量的扩大而增加,所以 $dFC/dQ = c$,且 $c > 0$。同时,在非互联网时代,随着产量增加,厂商 c 的增加幅度是递增的,即 $dc/dQ > 0$。另外,在产量达到一定生产规模之前,厂商持续投入可变生产要素会不断激发固定生产要素的生产能力,由此形成的边际可变成本 dVC/dQ 呈递减趋势,且在这一阶段边际可变成本的递减幅度要大于边际固定成本的递增幅度;当产量超过这一生产规模后,固定生产要素开始制约可变生产要素的生产能力,导致可变生产要素的边际产量开始递减,边际可变成本 dVC/dQ 受此影响则会呈递增趋势。因此,非互联网时代厂商的边际成本 MC 受 dFC/dQ 持续递增和 dVC/dQ 先递减后递增的影响,会呈现出先递减后递增的趋势。假设非互联网时代厂商的可变生产要素 f 仅包括劳动,其工资为 w_f,且 w_f 固定不变,可得可变成本 $VC = w_f \cdot f$,故式(1)可转化为:

$$MC = \frac{dFC}{dQ} + \frac{d(w_f \cdot f)}{dQ} = c + w_f \cdot \frac{df}{dQ} = c + \frac{w_f}{MP_f} \tag{2}$$

式(2)中,MP_f 为非互联网时代厂商可变生产要素 f(劳动)的边际产量,

$MP_f = dQ/df$,边际成本 MC 与 c 呈同向变动,而与 MP_f 呈反向变动关系,因此非互联网时代厂商的边际成本 MC 受 c 不断递增以及边际产量 MP_f 先递增后递减的影响而呈现出先递减后递增的趋势。

互联网时代互联网金融平台的边际成本可用数学公式表示为:

$$MC' = \frac{dTC'}{dQ} = \frac{d(FC' + VC')}{dQ} \tag{3}$$

式(3)中,MC' 为互联网时代互联网金融平台的边际成本,TC' 为总成本,FC' 为固定成本,VC' 为可变成本,且 $TC' = FC' + VC'$,Q 为产量。因为固定资产的折旧、维修和管理等费用会随着产量的扩大而增加,所以 $dFC'/dQ = c'$,且 $c' > 0$。然而在互联网时代,受摩尔定律①影响,随着金融产品和服务的供给增加,互联网金融平台 c' 的增加幅度是递减的,即 $dc'/dQ < 0$。另外,由于数据是其重要的可变生产要素,数据投入的增加能够带来更强的生产能力,与之相伴的边际可变成本会呈现出递减趋势。可以认为,互联网金融平台的边际成本受 dFC'/dQ 和 dVC'/dQ 持续递减的影响,会呈现出始终递减的趋势。在互联网时代,假设互联网金融平台的可变生产要素仅包括数据 f',其价格为 w'_f(包括数据购买、交换、清洗和建模等价格),且 w'_f 固定不变,可得可变成本 $VC' = w'_f \cdot f'$,故式(3)可转化为:

$$MC' = \frac{dFC'}{dQ} + \frac{d(w'_f \cdot f')}{dQ} = c' + w'_f \cdot \frac{df'}{dQ} = c' + \frac{w'_f}{MP'_f} \tag{4}$$

式(4)中,MP'_f 为互联网金融平台数据投入 f' 的边际产量,$MP'_f = dQ/df'$。因为 MC' 与 c' 呈同向变动,而与 MP'_f 呈反向变动关系,所以互联网时代互联网金融平台的边际成本 MC' 受 c' 持续递减和边际产量 MP'_f 持续递增的影响而始终呈现递减趋势。

图3中,在以产量 Q 为横轴,成本 C 为纵轴的坐标系内,曲线 MC 为非互联网时代厂商的边际成本曲线。在生产初始阶段(0 到 Q_1 阶段),由于固定资

---

① 摩尔定律是指,电子通信设备的性能每隔18个月提高一倍,而价格下降一半。

产折旧、维修和管理等费用的增加幅度要小于边际可变成本的减小幅度,曲线 MC 呈递减趋势,当产量 Q 达到 Q_1 时,曲线 MC 达到最低点 G;当产量超过 Q_1 时,由于固定资产折旧、维修和管理等费用的增加幅度会逐步提升,以及边际产量递减使得曲线 MC 呈递增趋势,故曲线 MC 表现出先递减后递增的 U 形特征。

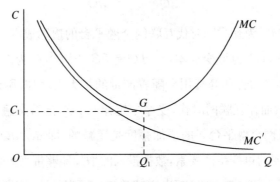

图3 不同时代的边际成本曲线

在互联网时代,图3中的曲线 MC' 为互联网金融平台的边际成本曲线。由于数据的自动产生、数据使用的机会成本极低,以及数据能够节约或替代土地、资本、劳动和企业家才能等基本生产要素,而且数据投入增加还能增加金融产品和服务的供给,因此互联网金融平台提供的产品和服务越多,与其相伴而生的边际成本越低,曲线 MC' 呈现持续递减趋势。与此同时,互联网金融平台的固定资产,如电子设备的折旧、维修和管理等费用的增加幅度是不断递减的,即 $c'>0,dc'/dQ<0$,这意味着互联网金融平台数据投入增加,平台所提供的金融产品和服务就越多,其边际成本曲线 MC' 也会呈现出持续递减趋势。

(四)互联网金融对边际利润递减规律的冲击

按照经济学常规,厂商的利润为产品价格与产量的乘积减去总成本,假定产品价格不变,那么利润就取决于产量和成本的变化。在非互联网时代,厂商边际产量的先递增后递减，以及边际成本的先递减后递增，会使得边际利润呈现出先递增后递减的趋势。在互联网时代，互联网金融平台的边际产量呈现出持续递增的趋势，而边际成本则呈现出持续递减的趋势，故互联网金融平台的边际利润只增不减。

在非互联网时代，厂商的边际利润可用数学公式表示为：

$$MPRO = \frac{d(P \cdot Q - FC - VC)}{dQ} = P - \frac{dFC}{dQ} - \frac{d(w_f \cdot f)}{dQ}$$

$$= P - c - w_f \cdot \frac{df}{dQ} = P - c - \frac{w_f}{MP_f} \tag{5}$$

式（5）中，$MPRO$ 为非互联网时代厂商的边际利润，P 为产品价格，假设 P 固定不变，Q 为产量，FC 为固定成本，$dFC/dQ = c$，$VC = w_f \cdot f$ 为可变成本，且 w_f 固定不变，故厂商的总利润为 $P \cdot Q - FC - w_f \cdot f$，边际产量 $MP_f = dQ/df$。由式（5）可见，$MPRO$ 与 c 呈反比，与 MP_f 呈正比，故非互联网时代厂商的边际利润 $MPRO$ 受 c 持续递增（初始阶段 c 增加幅度要小于边际产量 MP_f 递增幅度）和边际产量 MP_f 先递增后递减的影响，会呈现出先递增后递减的趋势。

在互联网时代，互联网金融平台的边际利润可用数学公式表示为：

$$MPRO' = \frac{d(P' \cdot Q - FC' - VC')}{dQ} = P' - \frac{dFC'}{dQ} - \frac{d(w_f' \cdot f')}{dQ}$$

$$= P' - c' - w_f' \cdot \frac{df'}{dQ} = P' - c' - \frac{w_f'}{MP_f'} \tag{6}$$

式（6）中，$MPRO'$ 为互联网金融平台的边际利润，P' 为金融产品和服务的价格，假设 P' 固定不变，Q 为产量，FC' 为固定成本，$dFC'/dQ = c'$，$VC' = w_f' \cdot f'$ 为可变成本，且 w_f' 固定不变，故互联网金融平台的总利润为：$P' \cdot Q - FC' - w_f' \cdot f'$，边际产量 $MP_f' = dQ/df'$。由式（6）可见，$MPRO'$ 与 c' 呈反比，与 MP_f' 呈正比，故互联网金融平台的边际利润 $MPRO'$ 受 c' 持续递减和边际产量 MP_f' 持续递增的影响，会呈现出始终递增的趋势。

图 4 中,在以产量 Q 为横轴,边际利润 $MPRO$ 为纵轴的坐标系内,曲线 $MPRO$ 为非互联网时代厂商的边际利润曲线。在生产的初始阶段(0 到 Q_1 阶段),由于 c 递增(初始阶段 c 增加幅度要小于边际产量 MP_f 增加幅度)和边际产量 MP_f 递增,曲线 $MPRO$ 呈递增趋势,当产量 Q 达到 Q_1 时,曲线 $MPRO$ 达到最高点 H;当产量超过 Q_1 时,曲线 $MPRO$ 呈递减趋势,故曲线 $MPRO$ 表现出先递增后递减的特征。在互联网时代,图 4 中的 $MPRO'$ 为互联网金融平台的边际利润曲线。受摩尔定律影响,互联网金融平台的固定资产折旧、维修和管理等费用增加幅度是逐步递减的,即 $c > 0$, $dc/dQ < 0$。同时,数据成为互联网金融平台运作的重要可变生产要素。随着数据投入增加,互联网金融平台的边际产量增加得更快,边际产量增加带来的收益会明显超过边际产量增加而产生的费用,因此互联网金融平台的运作呈现边际利润递增趋势,曲线 $MPRO'$ 始终为一条向右上方倾斜的曲线。

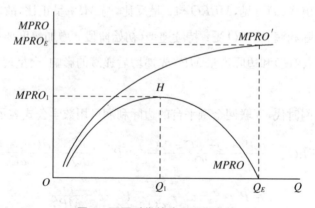

图 4　不同时代的边际利润曲线

图 4 还可显示,在利润最大化理念的支配下,非互联网时代厂商的边际利润曲线 $MPRO$ 必然与横轴相交,此时 $MPRO = 0$,由此可得厂商的"最优生产规模"为 Q_E;而在互联网时代,互联网金融平台的边际利润曲线 $MPRO'$ 一直向右上方延伸,不存在厂商的"最优生产规模",即互联网金融平台的"生产规模"越大,其所获得的利润也就越大。

五、结论与启示

本文研究得出的结论是,在互联网时代,特别是互联网金融异军突起,非互联网时代经济学"边际革命"的假设前提——资源稀缺性约束已得到缓解,边际效用递减规律、边际产量递减规律、边际成本递增规律和边际利润递减规律等非互联网时代经济学"边际革命"的重要理论成果受到了巨大冲击,已表现出明显的局限性,经济学"边际革命"必须与时俱进,不断深化与发展。

之所以得出这样的结论,主要有以下原因。(1)数据产生的自动化、数据使用的机会成本极低,以及数据能够节约或替代土地、资本、劳动和企业家才能等基本生产要素,这使得数据成为取之不尽、用之不竭的基本生产要素,经济学"边际革命"的资源稀缺性约束假设前提因此而不再完全成立。(2)由于数据已成为金融消费者和互联网金融平台在资金融通过程中的重要资源,数据投入增加所带来的金融产品和服务的价值能够使金融消费者的边际效用不断增加,呈现出边际效用递增规律。同时,数据投入增加还会不断提升互联网金融平台的生产能力和收益水平,边际产量递增、边际成本递减和边际利润递增正在成为互联网金融平台运作的一般规律。(3)互联网金融平台的运作不存在非互联网时代经济学"边际革命"中厂商生产的"最优生产规模",互联网金融平台在资金融通过程中的最优策略就是"拼流量",即不断增加金融产品和服务的供给。

从本文的研究中可以得到三个启示。(1)不能僵硬地固守非互联网时代经济学"边际革命"资源稀缺性约束的假设前提,特别是不能盲目地照搬边际效用递减规律、边际产量递减规律、边际成本递增规律和边际利润递减规律等非互联网时代经济学"边际革命"的重要理论,而是要清晰地认识到非互联网时代经济学"边际革命"的局限性,加强对互联网时代的经济学理论研究,从而避免跌入理论落后于实践的困境。(2)要高度重视数据的自动化产生、数据使用的机会成本极低,以及数据能够节约或替代土地、资本、劳动和企业家才能等基本生产要素的特征,尽快形成正确的大数据思维,自觉地以与时俱进的经济学"边际革命"理论成果指导社会经济实践。(3)促进大数据、云计算、区块链和人工智能等技术与实体经济的深度融合,大力发展数字经济,在更高层次上推进供给侧结构性改革,实现社会经济的可持续发展。

主要参考文献

[1] 弗里德利希·冯·维塞尔.社会经济学[M].浙江:浙江大学出版社,2012.

[2] 黄建康,赵宗瑜.互联网金融发展对商业银行的影响及对策研究——基于价值体系的视域[J].理论学刊,2016,(01):61-68.

[3] 霍兵,张延良.互联网金融发展的驱动因素和策略——基于长尾理论视角[J].宏观经济研究,2015,(02):86-93,108.

[4] 卡尔·门格尔.国民经济学原理[M].上海:上海人民出版社,2013.

[5] 莱昂纳尔·罗宾斯.经济科学的性质与意义[M].北京:商务印书馆,2000.

[6] 李继尊.关于互联网金融的思考[J].管理世界,2015,(07):1-7,16.

[7] 李凌.平台经济发展与政府管制模式变革[J].经济学家,2015,(07):27-34.

[8] 里昂·瓦尔拉斯.纯粹经济学要义[M].北京:商务印书馆,2013.

[9] 皮天雷,赵铁.互联网金融:逻辑、比较与机制[J].中国经济问题,2014,(04):98-108.

[10] 汪桥红.基于超网络型的互联网金融产业生态化发展研究[J].湖南科技大学学报社会科学版,2015,(06):97-102.

[11] 王馨.互联网金融助解"长尾"小微企业融资难问题研究[J].金融研究,2015,(09):128-139.

[12] 威廉·斯坦利·杰文斯.政治经济学理论[M].北京:商务印书馆,2012.

[13] 谢平,邹传伟,刘海二.互联网金融的基础理论[J].金融研究,2015,(08):1-12.

[14] 约翰·贝茨·克拉克.财富的分配[M].北京:人民日报出版社,2010.

[15] 邹积超.互联网金融竞争秩序的规制策略——基于双边市场理论的分析[J].经济体制改革,2015,(02):178-182.

[16] Allan Afuah. , et al. Business Models: A Strategic Management Approach. [M]. Boston, Massachusetts: McGraw-Hill, 2003.

[17] Susanne Chishti, Janos Barberis. The Fintech Book: The Financial Technology Handbook for Investors, Entrepreneurs and Visionaries[M]. Hoboken: Wiley, 2016.

(与章安辰合作,《南京社会科学》2018年第6期)

凯恩斯货币需求理论在
互联网金融时代的局限性

摘要:本文通过分析微观经济主体的持币动机,发现凯恩斯货币需求理论在互联网金融时代已呈现明显局限性。(1)在互联网金融时代,交易性货币需求、预防性货币需求和投机性货币需求对短期金融产品市场利率的敏感性均有较大提升,这种变化将加大中央银行制定和实施货币政策的难度。(2)电子货币[①]收益率与交易性货币需求、预防性货币需求和投机性货币需求呈同方向变动,而且电子货币收益率的不确定性会造成货币需求曲线和货币市场均衡曲线的波动,中央银行应将电子货币因素纳入货币政策制定和宏观经济调控之中。(3)凯恩斯对交易性货币需求、预防性货币需求和投机性货币需求所做的清晰界定在互联网金融时代已经不能成立,现实中交易性货币需求、预防性货币需求和投机性货币需求之间的边界已经含糊不清,甚至基于三个动机的货币需求之间也可以迅速转换,进而在很大程度上动摇了凯恩斯货币需求理论的基石。为完善中央银行的货币政策,本文还有针对性地提出了政策建议。

关键词:凯恩斯货币需求理论;互联网金融;电子货币

---

① 巴塞尔委员会(BIS)于1998年对电子货币做出解释:"电子货币是指在零售支付机制中,通过销售终端、不同的电子设备之间以及在公开网络(如Internet)上执行支付的储值和预付支付机制。"根据电子货币的载体和支付特征,电子货币可分为借记卡型电子货币、贷记卡型电子货币、预付卡型电子货币、类预付卡型电子货币和虚拟货币(印文和裴平,2016)。

一、引　言

　　长期以来,对货币需求的研究始终在西方经济学界占据重要一席。从马克思到凯恩斯以及后来的弗里德曼等经济学家对货币需求理论的形成与发展做出了积极贡献,特别是凯恩斯货币需求理论对 20 世纪 40 年代后许多国家的货币政策制定与实施发挥了重要的指导作用。然而近十年来,互联网金融异军突起,并以更低的交易成本、更便捷的交易程序、更多样化的金融产品和服务以及更快的普及速度猛烈冲击了传统金融的基本格局,也对长期在货币政策领域占重要地位的凯恩斯货币需求理论提出了挑战。本文以微观经济主体的持币动机为切入点,主要从电子货币和电子支付层面,分析凯恩斯货币需求理论在互联网金融时代的局限性,目的是完善中央银行的货币政策。

二、凯恩斯货币需求理论的历史流变

　　货币伴随着人类交易方式的进步而出现,是在交易与支付以及债务偿还中被普遍接受的特殊商品。货币需求是指人们对货币的需要。凯恩斯将人们对货币需求的动机划分为交易动机、预防动机和投机动机,进而提出基于持币动机的货币需求理论。随后,一些专家学者又对该理论进行了修正和拓展,逐渐形成了影响深远的凯恩斯货币需求理论学派。

　　Keynes(1936)提出,人们之所以持有货币,主要是出于交易动机、预防动机和投机动机。交易动机是指为完成日常交易而持有货币,预防动机是指为预防意外支出而持有货币,二者都只与国民收入 y^s 有关,且与 y^s 呈同方向变动,可表示为 $L_1(y^s)$。将投机动机引入货币需求理论分析框架是凯恩斯对货币理论发展的最大贡献。投机动机是指人们相信自己对未来行情的了解比其他人更精确,并企图从中牟利而持有货币。基于投机动机的货币需求与短期债券市场利率 r 成反向变动关系,可表示为 $L_2(r)$。因此,凯恩斯提出的货币

总需求公式为 $M^d = L_1(y^s) + L_2(r)$，其中货币总需求 M^d 与国民收入 y^s 呈同方向变动，与短期债券市场利率 r 呈反方向变动。根据货币流通速度计算公式 $V = Py^s/M^d$，其中 $M^d = L_1(y^s) + L(r)$，P 为一般价格水平，故货币流通速度 V 在短期内不再是一个常量，而是随着短期债券市场利率 r 的波动而变化。

在货币需求的交易动机方面，Baumol(1952) & Tobin(1956) 深化了凯恩斯货币需求理论，提出鲍莫尔-托宾模型。他们用"最优存货控制理论"将短期债券市场利率 r 引入微观经济主体的交易性货币需求，并得到了著名的"平方根定律"，即 $m_1 = \sqrt{yB/2r}$，其中 m_1 为交易性货币需求，y 为给定时间内的个人收入，B 为短期债券变现时所必须支付的手续费，r 为短期债券市场利率，且交易性货币需求 m_1 对 y 的弹性为 $1/2$，对 r 的弹性为 $-1/2$。Romer (1986) 认为，将短期债券兑换为货币所需时间的内生性会对鲍莫尔-托宾模型的结论造成很大影响，只要通货膨胀率相对低且人们经常去银行，通货膨胀对交易性货币需求的长期影响是轻微的。

在货币需求的预防动机方面，Whalen(1966) 继凯恩斯之后，较早建立了预防性货币需求模型，即惠伦模型。他认为，预防性货币需求主要产生于人们对未来收入和支出的不确定性，其影响因素包括非流动性成本、持有现金余额的机会成本以及支出和收入平均值及其变化。Whalen 建立的预防性货币需求模型为 $m_2 = \sqrt[3]{2S\sigma^2/r}$，即"立方根定律"，其中 m_2 为预防性货币需求，S 为每次因现金不足而受到的损失，σ 为个人净支出①分布的标准差，r 为短期债券市场利率，且预防性货币需求 m_2 与 S 成正比；与支出和收入的平均值成正比②；与 r 成反比，且弹性为 $-1/3$。

在货币需求的投机动机方面，Tobin(1958) 支持财富仅由货币和短期债

---

① 个人净支出是指个人在给定时间内，每一次支出和收入的差额。

② 根据"立方根定律"，预防性货币需求 m_2 与 σ^2 的立方根成正比，而由于支出和收入的平均值越大会导致支出和收入之间的差异越大，故 σ^2 与支出和收入的平均值呈同方向变化，因此预防性货币需求 m_2 与支出和收入的平均值成正比。

券构成的假设,提出货币需求的资产组合理论。他认为,货币是无风险的"安全资产",微观经济主体持有货币和短期债券的最优比例不仅由短期债券市场利率 r 决定,而且还取决于微观经济主体对风险与收益的效用评价,即通过效用最大化得到持有货币和短期债券的最优组合,进而决定投机性货币需求。

由以上文献所支撑的凯恩斯货币需求理论体系有三大特征。(1)货币的不同职能是人们产生货币需求不同动机的前提,基于不同动机对货币需求的研究铺就了凯恩斯货币需求理论的基石。(2)收入和短期债券市场利率在凯恩斯货币需求理论的历史流变中始终是最重要的两个变量,且货币总需求与国民收入呈同方向变动,与短期债券市场利率呈反方向变动。(3)人们交易方式的制度安排、短期债券市场利率以及收入水平变化会改变货币流通速度,而且货币流通速度的稳定性会对微观经济主体的货币需求产生重要影响。时过境迁,形成于非互联网金融时代的凯恩斯货币需求理论受到了来自理论与实践两方面的挑战。本文采用规范经济学的分析方法,结合互联网金融时代重要特征,重新审视凯恩斯货币需求理论。

三、互联网金融对凯恩斯货币需求理论的冲击

Friedman(2000)认为,信息技术的迅速发展将会改变货币的需求结构,尤其是电子货币的应用将使人们对现金的需求逐步减少。事实表明,互联网金融的基础是电子支付,电子支付的重要载体是电子货币。由于电子货币具有较低的交易成本、较高的收益性以及较好的流动性,其对流通中的现金产生了巨大的替代效应,进而会影响人们出于不同动机而产生的货币需求。例如"支付宝"作为中国领先的第三方支付平台,为人们提供了便捷的电子支付方式,用户可以使用"支付宝"在各种场景进行消费和支付,同时"支付宝"的衍生品"余额宝"也可使电子货币获得高于银行活期存款利息的收益,人们因此也更愿意将货币存放在"支付宝"或"余额宝"里。随着移动终端的普及,移动支

付和电子货币的网络规模效应①会不断提高，人们将充分享受移动支付所带来的低交易成本等优越性，这也会减少对现金的需求（谢平和刘海二，2013）。可以断言，电子货币和电子支付对人们货币需求动机的影响将越来越大，产生于非互联网金融时代的凯恩斯货币需求理论必然会受到明显冲击。

（一）互联网金融时代的交易性货币需求

为深入分析互联网金融时代的交易性货币需求，本文结合鲍莫尔-托宾模型与互联网金融实践，提出以下四个假设前提：

（1）个人收入包括两种形式：一是货币，分为现金和电子货币，对现金不支付利息，对电子货币至少支付活期存款利息②，收益率为 r_1；二是短期金融产品（如短期债券等），市场利率为 r，且 $r > r_1$。

（2）在给定时间 t 内，$t \in [0,1]$，$t=0$ 时个人收入为 y，可以在货币与短期金融产品之间进行自由分配，其中货币可以直接用于支出，而短期金融产品则需在兑换为货币后才能进行支出，且个人支出和收入的时间安排或数量是确定的。

（3）在给定时间 t 内，个人会均匀地将其收入以货币形式用于支出，并持有这一支出所需的货币（包括现金和电子货币）。

（4）在给定时间 t 内，个人会均匀地将其拥有的短期金融产品兑换为 w 元的货币，其中现金占比 α，电子货币占比 $1-\alpha$；每次兑换都有一定的兑换成本，包括兑换为现金的固定成本 B 和兑换为每一元现金的可变成本 B_1 以及兑换为电子货币的固定成本 B^e 和兑换为每一元电子货币的可变成本 B_1^e，且 $B > B^e$，$B_1 > B_1^e$。因此，将短期金融产品兑换为 w 元货币的总成本为 $(B + \alpha w B_1) + [B^e + (1-\alpha)w B_1^e]$。

---

① 网络规模效应是指，随着网络参与人数的增加，即网络规模越大，单个参与者获得的效用越高。

② 在互联网金融时代，以"余额宝"为代表的电子货币，与天弘基金对接，不仅能直接用于交易，且能够获得高于活期存款的收益。

　　在 $t=0$ 时,理性的个人为获得最大收益会将收入 y 全部以短期金融产品的形式持有,并在给定时间 t 内均匀地将其兑换为货币以满足支出的需要。因此,在给定时间 t 内,个人的平均收入为 $\int_0^1 y(1-t)dt = y/2$。由于个人分批将部分短期金融产品兑换为 w 元的货币,并均匀地用于支出,那么个人在给定时间 t 内的平均支出额为 $q=w/2$,且兑换次数为 $n=y/w=y/2q$。在将短期金融产品兑换为货币并用于支出的过程中会产生两种成本,一是将短期金融产品兑换为货币的兑换成本 c_1,可用公式表示为 $c_1=n\{(B+\alpha wB_1)+[B^e+(1-\alpha)wB_1^e]\}$;二是持有货币的机会成本 c_2,可用公式表示为 $c_2=\alpha rq+(1-\alpha)(r-r_1)q=[\alpha r+(1-\alpha)(r-r_1)]q$。将 $w=2q$ 代入 c_1 和 c_2 式,可得个人持有交易性货币的总成本 C 为:

$$C=c_1+c_2=n\{(B+\alpha 2qB_1)+[B^e+(1-\alpha)2qB_1^e]\}+q[\alpha r+(1-\alpha)(r-r_1)] \tag{1}$$

　　出于经济人理性,个人会追求持有交易性货币的总成本 C 最小化,故将 $n=y/w=y/2q$ 代入式(1)后,求 C 对 q 的偏导数,并令其等于 0,可得式(2):

$$\frac{\partial C}{\partial q}=[\alpha r+(1-\alpha)(r-r_1)]-\frac{y}{2q^2}(B+B^e)=0 \tag{2}$$

通过数学推导可得式(3):

$$q^*=\sqrt{\frac{y(B+B^e)}{2[r-(1-\alpha)r_1]}} \tag{3}$$

　　式(3)中, q^* 是使个人在给定时间 t 内总成本 C 最小的平均支出额。由于最优的个人交易性货币需求是在总成本 C 最小化前提下,为满足个人支出所需要持有的货币,故式(3)中的 q^* 就等于互联网金融时代的交易性货币需求 m_1',即

$$m_1'=q^*=\sqrt{\frac{y(B+B^e)}{2[r-(1-\alpha)r_1]}} \tag{4}$$

　　式(4)是互联网金融时代的"新平方根公式",表明互联网金融时代的交易

性货币需求 m'_1 与在给定时间 t 内的个人收入 y 成正比，弹性 $E_{m'_1 y}=1/2$；与将短期金融产品兑换为货币过程中的固定成本 $(B+B^e)$ 成正比，弹性 $E_{m'_1(B+B^e)}=1/2$；与短期金融产品市场利率 r 成反比，弹性 $E_{m'_1 r}=-r/2[r-(1-\alpha)r_1]$；与电子货币收益率 r_1 成正比，弹性 $E_{m'_1 r_1}=(1-\alpha)r_1/2[r-(1-\alpha)r_1]$。

"新平方根公式" $m'_1=\sqrt{y(B+B^e)/2[r-(1-\alpha)r_1]}$ 并没有改变鲍莫尔-托宾模型的基本结论，交易性货币需求 m'_1 仍然与给定时间 t 内的个人收入 y 成正比，且弹性为 $1/2$。但是，由于电子货币较高的收益率及其对现金的迅速替代，现金、活期存款和短期金融产品相互间的界限越发模糊，这使得互联网金融时代的交易性货币需求 m'_1 对短期金融产品市场利率 r 的变动更加敏感，即弹性更大。另外，将电子货币变量引入"新平方根公式"，这也是鲍莫尔-托宾模型所不可能做到的。特别需要指出，在互联网金融时代，交易性货币需求 m'_1 与电子货币收益率 r_1 成正比，即随着电子货币收益率 r_1 提高，人们会有更强烈的交易性货币需求。

（二）互联网金融时代的预防性货币需求

为深入分析互联网金融时代的预防性货币需求，本文结合惠伦模型与互联网金融实践，提出以下五个假设前提：

（1）个人收入包括两种形式：一是货币，包括现金和电子货币，对现金不支付利息，对电子货币至少支付活期存款利息，收益率为 r_1；二是短期金融产品（如短期债券等），市场利率为 r，且 $r>r_1$。

（2）在给定时间 t 内，$t\in[0,1]$，$t=0$ 时个人收入为 y，可以在货币与短期金融产品之间进行自由分配，其中货币可以直接用于支出，而短期金融产品则需在兑换为货币后才能进行支出，且个人支出和收入的时间安排或数量是不确定的。

（3）个人在给定时间 t 内，每一次支出与收入的差额，即个人净支出 N 服从正态分布，$N\sim N(0,\sigma^2)$，即 N 的均值为 0，标准差为 σ。

（4）个人是风险厌恶型取向。

（5）在给定时间 t 内，个人会均匀地将其拥有的短期金融产品兑换为 w 元的货币，其中现金占比 α，电子货币占比 $1-\alpha$；每次兑换都有一定的成本，包括兑换为现金的固定成本 B 和兑换为每一元现金的可变成本 B_1 以及兑换为电子货币的固定成本 B^e 和兑换为每一元电子货币的可变成本 B_1^e，且 $B>B^e$，$B_1>B_1^e$。因此，将短期金融产品兑换为 w 元货币的总成本为 $(B+\alpha wB_1)+[B^e+(1-\alpha)wB_1^e]$。

为使收益最大化，在 $t=0$ 时，理性的个人会将收入 y 全部以短期金融产品的形式持有，并在给定时间 t 内均匀地将其兑换为货币以满足支出的需要。因此，在给定时间 t 内，个人的平均收入为 $\int_0^1 y(1-t)dt=y/2$。由于个人分批将部分短期金融产品兑换为 w 元的货币，并均匀地用于支出，那么个人在给定时间 t 内的平均支出额为 $q=w/2$，且兑换次数为 $n=y/w=y/2q$。在将短期金融产品兑换为货币并用于支出的过程中会产生三种成本，即兑换成本、机会成本（持有货币而放弃的利息收入）和惩罚成本，其中前两种成本与交易性货币需求的成本类似，兑换成本 $c_1=n\{(B+\alpha wB_1)+[B^e+(1-\alpha)wB_1^e]\}$，机会成本 $c_2=[\alpha r+(1-\alpha)(r-r_1)]q$。而惩罚成本 c_3 则是由于个人的支出和收入存在不确定性，为应对出乎意料的支出，个人将尚未到期的短期金融产品提前兑换为货币，由此造成的损失可用公式表示为 $c_3=Sp(N>q)$。在给定时间 t 内，个人将短期金融产品兑换为货币并用于支出的总成本 C 为：

$$C=c_1+c_2+c_3=n\{(B+\alpha wB_1)+[B^e+(1-\alpha)wB_1^e]\}+$$
$$[\alpha r+(1-\alpha)(r-r_1)]q+Sp(N>q) \tag{5}$$

式（5）中，平均支出额 q 包括交易性和预防性货币支出额，N 为个人净支出；$p(N>q)$ 为个人净支出 N 大于平均支出额 q 的概率；S 为平均支出额 q 小于个人净支出 N 时的损失。为计算惩罚成本，可根据切比雪夫不等式[①]，构建

---

① 切比雪夫不等式：19 世纪俄国数学家切比雪夫在研究统计规律中发现，任意一个数据集中，位于其平均数 k 个标准差范围内的比例（或部分）总是至少为 $1-1/k^2$，即 $p(\mu-k\sigma<X<\mu+k\sigma)\geqslant1-1/k^2$，其中 μ 为 X 的均值，σ 为 X 的标准差。

出将 $p(N>q)$ 与 q 相关联的函数。同时,按照切比雪夫不等式的原理,个人净支出 N 偏离其均值的幅度超过其标准差 σ 的 k 倍之概率为 $p(|N|>k\sigma)\leqslant 1/k^2$,即有 $p(N>k\sigma)\leqslant 1/k^2$(为保证 $p\leqslant 1$,假设 $k\geqslant 1$),由此可假定平均支出额 q 为:

$$q=k\sigma \tag{6}$$

式(6)中,k 表示平均支出额 q 对标准差 σ 的倍数,即个人净支出 N 偏离均值的程度。根据式(6),可得 $p(N>k\sigma)=p(N>q)\leqslant 1/k^2$。根据个人是风险厌恶型取向的假设前提,个人净支出 N 大于平均支出额 q 的概率是 $p(N>q)$ 的最大值,即 $p(N>q)=1/k^2$。再根据式(6)得到的 $k=q/\sigma$,在给定时间 t 内,可使个人将短期金融产品兑换为货币并用于支出的总成本 C 转化为:

$$C=n\{(B+\alpha w B_1)+[B^e+(1-\alpha)w B_1^e]\}+[\alpha r+(1-\alpha)(r-r_1)]q+S\frac{\sigma^2}{q^2} \tag{7}$$

为使式(7)中的总成本 C 最小化,在将 $n=y/2q$,$w=2q$ 代入式(7)后,求 C 对 q 的偏导数,且令其等于零,可得式(8):

$$\frac{\partial C}{\partial q}=[\alpha r+(1-\alpha)(r-r_1)]-\frac{y}{2q^2}(B+B^e)-\frac{2S\sigma^2}{q^3}=0 \tag{8}$$

由于式(8)是一个关于 q 的三次函数,为便于求解,假设个人将短期金融产品兑换为货币的手续费 $(B+B^e)=0$[①],式(8)因此可转化为:

$$\frac{\partial C}{\partial q}=\alpha r+(1-\alpha)(r-r_1)-\frac{2S\sigma^2}{q^3}=0 \tag{9}$$

通过数学推导可得式(10):

$$q^*=\sqrt[3]{\frac{2S\sigma^2}{r-(1-\alpha)r_1}} \tag{10}$$

---

① 这里借鉴惠伦模型中所采取的方法。

由于假设 $(B+B^e)=0$，所以就排除了交易性货币需求因素。因此，在式 (10) 中，能使总成本 C 最小化的平均支出额 q^* 仅取决于预防性货币需求因素，即

$$m_2'=q^*=\sqrt[3]{\frac{2S\sigma^2}{r-(1-\alpha)r_1}}\tag{11}$$

式 (11) 是互联网金融时代的"新立方根公式"，表明预防性货币需求 m_2' 与损失 S 成正比，弹性 $E_{m_2'S}=1/3$；与支出和收入的平均值成正比；与短期金融产品市场利率 r 成反比，弹性 $E_{m_2'r}=-r/3[r-(1-\alpha)r_1]$；与电子货币收益率 r_1 成正比，弹性 $E_{m_2'r_1}=(1-\alpha)r_1/3[r-(1-\alpha)r_1]$。

与非互联网金融时代的预防性货币需求 $m_2=\sqrt[3]{2S\sigma^2/r}$（惠伦模型）相比可以发现，在引入电子货币变量后，预防性货币需求 m_2' 对短期金融产品市场利率 r 的弹性增加了，表示预防性货币需求 m_2' 对短期金融产品市场利率 r 的变动更加敏感。另外，"新立方根公式"与惠伦模型的最大不同在于，电子货币成为预防性货币需求中不可缺少的部分，此时预防性货币需求 m_2' 与电子货币收益率 r_1 成正比，即随着电子货币收益率 r_1 的提高，基于预防动机，人们也会持有更多的货币。

（三）互联网金融时代的投机性货币需求

凯恩斯假定人们持有货币和短期债券两种资产，并基于自身对短期债券市场的利率和价格变化之预期来决定对短期债券的买卖。在凯恩斯货币需求理论中，投机性货币需求与短期债券市场利率成反比，可表示为：

$$m_3=f(r)\tag{12}$$

式 (12) 中，m_3 为非互联网金融时代的投机性货币需求，r 为短期债券市场利率，f 是一个减函数，即短期债券市场利率 r 越高，其投机性货币需求越低。

如前所述，电子货币、电子支付以及短期金融产品市场利率都会影响人们

的投机性货币需求,由此可得:

$$m_3' = f'(r, r_1) \tag{13}$$

式(13)中,m_3'为互联网金融时代的投机性货币需求,r为短期金融产品(如短期债券等)市场利率,r_1为电子货币收益率,$f'(r, r_1)$为互联网金融时代的投机性货币需求函数。可以认为,互联网金融时代的投机性货币需求m_3'是短期金融产品市场利率r的减函数,是电子货币收益率r_1的增函数。

互联网、大数据和云计算等技术的进步与应用,能开发出更多符合人们不同风险偏好的短期金融产品,增加人们的投资机会;能拓展人们获取信息的渠道,减少由信息不对称造成的逆向选择和道德风险;能降低资金供需双方的搜寻成本和交易成本,增加交易机会;能在很大程度上克服时空限制,便于在任何时间、任何地点进行金融活动;能缩小不同短期金融产品之间的流动性差异,加快短期金融产品的同质化。因此在式(13)中,投机性货币需求m_3'不仅对短期金融产品市场利率r具有更大的弹性,而且在短期金融产品市场利率相同的条件下,身处互联网金融时代的个人会更多地持有投机性货币,如图1所示:

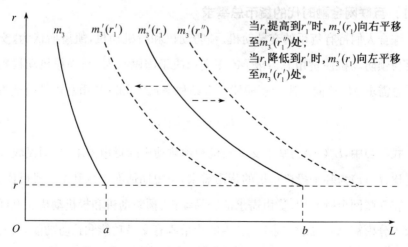

图1　非互联网金融时代和互联网金融时代的投机性货币需求

图 1 中,在以货币量 L 为横轴和短期金融产品市场利率 r 为纵轴的坐标系内,曲线 m_3 为非互联网金融时代的投机性货币需求曲线,是一条向右下方倾斜的曲线。当短期金融产品市场利率 r 降低到 r' 时,该曲线成为水平线,此时人们手中无论持有多少货币都宁愿将其储存起来,也不愿意持有短期债券,即出现所谓的"流动性陷阱",表示宽松的货币政策不再有效。

图 1 中,曲线 $m_3'(r_1)$ 为互联网金融时代的投机性货币需求曲线,也是一条向右下方倾斜的曲线,但与曲线 m_3 相比,有三点不同。一是曲线 $m_3'(r_1)$ 更加平坦,因为互联网金融时代的投机性货币需求对于短期金融产品市场利率 r 更加敏感,弹性更大。二是在短期金融产品市场利率 r 相同的条件下,曲线 $m_3'(r_1)$ 的横坐标值更大($b > a$),因为互联网金融增加了投资机会,人们倾向于持有较多的货币进行投机活动。三是曲线 $m_3'(r_1)$ 与电子货币收益率 r_1 呈同方向变动,当电子货币收益率 r_1 提高到 r_1'' 时,曲线 $m_3'(r_1)$ 向右平移至曲线 $m_3'(r_1'')$ 处,投机性货币需求 m_3' 增加;当电子货币收益率 r_1 降低到 r_1' 时,$m_3'(r_1)$ 曲线向左平移至曲线 $m_3'(r_1')$ 处,投机性货币需求 m_3' 减少。

（四）互联网金融时代的货币总需求

综合人们持有货币的交易动机、预防动机和投机动机,凯恩斯认为,交易动机与预防动机使货币总需求 M^d 正向取决于国民收入 y^s;而投机动机则使货币总需求 M^d 负向取决于短期债券市场利率 r。因此,货币总需求公式为:

$$M^d = L_1(y^s) + L_2(r) \tag{14}$$

式(14)中,$L_1(y^s)$ 为基于交易动机和预防动机的货币需求,与国民收入 y^s 成正比;$L_2(r)$ 为基于投机动机的货币需求,与短期债券市场利率 r 成反比。

在互联网金融时代,货币需求的交易动机、预防动机和投机动机相互间的界限十分模糊,如存放在"余额宝"内的货币既有交易功能和预防功能,又有投机功能;由于电子货币对现金的替代及其导致的短期金融产品(如短期债券等)同质化,基于交易动机、预防动机和投机动机的货币需求对短期金融产品

市场利率 r 的弹性会更大;相对于其他因素,电子货币收益率 r_1 对货币需求的影响也在不断增强。因此,本文引入互联网金融,特别是电子货币变量对式(14)进行拓展,提出互联网金融时代的货币总需求,即交易性、预防性和投机性货币需求之和的货币总需求公式:

$$M^{d\prime}=f(y^s,r,r_1) \tag{15}$$

式(15)中,y^s 为国民收入,与货币总需求 $M^{d\prime}$ 成正比;r 为短期金融产品市场利率,与 $M^{d\prime}$ 成反比;r_1 为电子货币收益率,与 $M^{d\prime}$ 成正比。本文借鉴 $IS\text{-}LM$ 模型[①],通过图2解析互联网金融时代货币总需求公式所对应的货币总需求曲线和货币市场均衡曲线及其发生的变化。

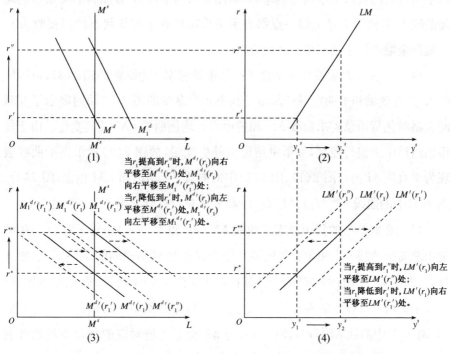

图2　不同时代的货币总需求曲线和货币市场均衡曲线及其变化

---

① $IS\text{-}LM$ 模型是 Hicks(1937)建立的,用来解释在物价水平给定前提下短期金融产品市场利率和总产出是如何决定的,其中 LM 曲线解释的是货币市场均衡,IS 曲线解释的是产品市场均衡。

以货币量 L 为横轴和短期金融产品市场利率 r 为纵轴的图 2(1)，以国民收入 y^s 为横轴和短期金融产品市场利率 r 为纵轴的图 2(2)共同展示了在非互联网金融时代，货币市场均衡曲线 LM 的推导过程。首先，由于货币供给量为外生变量，故货币供给曲线在图 2(1)中表现为垂直线 M^s。其次，根据式(14)，因为货币总需求 M^d 与短期金融产品(如短期债券等)市场利率 r 成反比，所以图 2(1)中的货币总需求曲线 M^d 向右下方倾斜。同时，货币总需求 M^d 与国民收入 y^s 成正比，当图 2(2)中的国民收入从 y^s_1 增加到 y^s_2 时，图 2(1)中的货币总需求曲线 M^d 向右平移至曲线 M^d_1 处，此时货币市场均衡所对应的短期金融产品市场利率将从图 2(1)中的 r' 提高到 r''，连接不同国民收入水平所对应的货币市场均衡利率，可得图 2(2)中向右上方倾斜的货币市场均衡曲线 LM，曲线 LM 上每一点都表示货币市场处于均衡状态的国民收入 y^s 和短期金融产品市场利率 r 之组合。

以货币量 L 为横轴和短期金融产品市场利率 r 为纵轴的图 2(3)，以国民收入 y^s 为横轴和短期金融产品市场利率 r 为纵轴的图 2(4)共同展示了互联网金融时代货币总需求曲线 $M^{d'}$ 和货币市场均衡曲线 LM' 及其变化。由于货币供给被中央银行控制，货币供给量为外生变量，故图 2(3)货币供给曲线表现为垂直线 M^s。与图 2(1)、图 2(2)中的曲线 M^d、M^d_1 和 LM 相比，图 2(3)、图 2(4)中的曲线 $M^{d'}(r_1)$、$M^{d'}_1(r_1)$[①]和 $LM'(r_1)$ 有以下明显的不同之处：

(1) 图 2(3)中的货币总需求曲线 $M^{d'}(r_1)$ 和 $M^{d'}_1(r_1)$ 相对于图 2(1)中的货币总需求曲线 M^d 和 M^d_1 在短期金融产品市场利率相同的条件下，会更加靠右，即图 2(3)中曲线 $M^{d'}(r_1)$ 的横截距大于图 2(1)中曲线 M^d 的横截距，图 2(3)中曲线 $M^{d'}_1(r_1)$ 的横截距也大于图 2(1)中曲线 M^d_1 的横截距。受此影响，图 2(3)中曲线 $M^{d'}(r_1)$、$M^{d'}_1(r_1)$ 与 M^s 交点处所对应的货币市场均衡利率水平 r^*、r^{**} 将会提高，即 $r^* > r'$，$r^{**} > r''$。由于互联网金融增加了人们的

---

① 与图 2(1)中的货币总需求曲线 M^d 和曲线 M^d_1 类似，图 2(3)中的货币总需求曲线 $M^{d'}(r_1)$ 和曲线 $M^{d'}_1(r_1)$ 分别代表了在国民收入 y^s_1 与 y^s_2 时的货币总需求曲线。

投资机会,以及电子货币的使用模糊了现金、活期存款和短期金融产品相互间的界限,人们会为了较高的收入持有更多的货币,货币市场均衡利率水平 r^* 和 r^{**} 所对应的国民收入仍然是 y_1^* 和 y_2^*,图 2(4)中货币市场均衡曲线 $LM'(r_1)$ 相对于图 2(2)中的货币市场均衡曲线 LM 要更加靠左。

(2) 图 2(3)中的货币总需求曲线 $M^{d'}(r_1)$ 和 $M_1^{d'}(r_1)$ 相对于图 2(1)中的货币总需求曲线 M^d 和 M_1^d 更加平坦,即货币总需求曲线 $M^{d'}(r_1)$ 和 $M_1^{d'}(r_1)$ 对短期金融产品市场利率 r 的变动更加敏感,弹性更大,由此推导出的货币市场均衡曲线 $LM'(r_1)$ 也比图 2(2)中的货币市场均衡曲线 LM 更加平坦。货币市场均衡曲线 $LM'(r_1)$ 更加平坦具有重要的含义,即中央银行调整货币供给的宏观经济调控效果会被削弱①。

(3) 图 2(3)中的货币总需求曲线 $M^{d'}(r_1)$ 和 $M_1^{d'}(r_1)$ 相对于图 2(1)中的货币总需求曲线 M^d 和 M_1^d,存在明显的不确定性。根据式(15),货币总需求 $M^{d'}$ 与电子货币收益率 r_1 成正比,图 2(3)中,当电子货币收益率从 r_1 提高到 r_1'' 时,货币总需求曲线 $M^{d'}(r_1)$ 向右平移至曲线 $M^{d'}(r_1'')$ 处,曲线 $M_1^{d'}(r_1)$ 向右平移至曲线 $M_1^{d'}(r_1'')$ 处;当电子货币收益率从 r_1 降低到 r_1' 时,货币总需求曲线 $M^{d'}(r_1)$ 向左平移至曲线 $M^{d'}(r_1')$ 处,曲线 $M_1^{d'}(r_1)$ 向左平移至曲线 $M_1^{d'}(r_1')$ 处。此时,图 2(4)中货币市场均衡曲线 $LM'(r_1)$ 也会变化,当电子货币收益率从 r_1 提高到 r_1'' 时,货币市场均衡曲线 $LM'(r_1)$ 向左平移至曲线 $LM'(r_1'')$ 处;当电子货币收益率从 r_1 降低到 r_1' 时,货币市场均衡曲线 $LM'(r_1)$ 向右平移至曲线 $LM'(r_1')$ 处。电子货币的随取随用、低手续费等特点使得电子货币收益率 r_1 具有不确定性,因此会造成货币总需求曲线,以及货币市场均衡曲线的左右波动,这是产生于非互联网金融时代的凯恩斯货币需求理论所没有,或也不能解释的。

---

① 根据 IS-LM 模型,当 LM 曲线更加平坦时,通过直接调整货币供给(如再贴现、存款准备金,以及公开市场业务等)所造成的短期金融产品市场利率 r 变化幅度将会变小,在其他情况既定的条件下,中央银行调整货币供给对宏观经济调控的效果将会被削弱。

四、结论与建议

本文所做研究的主要结论有以下三个。（1）在互联网金融时代，基于交易动机、预防动机和投机动机的货币总需求对短期金融产品市场利率更加敏感，即货币总需求对短期金融产品市场利率的弹性更大，由此形成的货币市场均衡曲线会变得更加平坦。受此影响，中央银行调整货币供给对宏观经济调控的有效性会被削弱。（2）本文在货币需求公式中引入电子货币变量后，发现电子货币收益率的提高（降低），将促使交易性货币需求、预防性货币需求和投机性货币需求同时增加（减少），而且电子货币收益率的不确定性还会造成货币总需求曲线和货币市场均衡曲线的左右波动。这是凯恩斯所不曾观察到的，同时也要求中央银行按照互联网金融，特别是电子货币的特性，开创性地构建互联网金融时代货币政策的目标与工具体系。（3）按照凯恩斯货币需求理论，出于交易动机、预防动机和投机动机的货币需求之间有明确界限。而在互联网金融时代，这种界限已变得含糊不清。凯恩斯货币需求理论不能清晰界定互联网金融时代出于不同动机的货币需求，因此不能再作为中央银行制定和实施货币政策的重要依据。

凯恩斯货币需求理论在互联网金融时代因其局限性而"失灵"。本文提出如下三个建议。（1）在互联网金融时代，因电子货币收益率的不确定性，货币总需求曲线和货币市场均衡曲线都成左右波动之势。在这样的背景下，中央银行以货币供给作为货币政策中介目标的货币政策体系就必须加以改进。中央银行甚至可放弃将货币供给作为货币政策的中介目标，直接盯住能够更清晰反映国民经济运行状况的重要指标，如通货膨胀等。（2）在互联网金融时代，货币需求对短期金融产品市场利率的敏感性增强，短期金融产品市场利率作为一种经济风向标的作用愈发突显，中央银行因此要密切关注短期金融产品市场利率的决定与变化，并把调节短期金融产品市场利率作为重要的货币政策工具。（3）在互联网金融时代，虽然电子货币为交易与支付带来诸多便利,但也给中央银行划分货币层次、测算货币需求与供给以及实施货币政策带来不少困难。中央银行要尽快对电子货币做出合理定义,确定发行电子货币机构的准入标准,并且加大对电子货币合法性和流动性的监管力度。

主要参考文献

[1] 凯恩斯. 就业、利息与货币通论[M]. 李欣全,译. 北京:北京联合出版公司,2015.

[2] 马克思. 资本论(第一卷)[M]. 中共中央马克思恩格斯列宁斯大林著作编译局,译. 北京:人民出版社,2004.

[3] 谢平,刘海二. ICT、移动支付与电子货币[J]. 金融研究,2013(10):1-14.

[4] 印文,裴平. 电子货币的货币供给创造机制与规模[J]. 国际金融研究,2016(12):3-12.

[5] BIS. Risk Management for Electronic Banking and Electronic Money Activities[R]. Working Paper,1998.

[6] ANDO A,MODIGLIANI F,SHELL K. Some Reflections on Describing Structures of Financial Sectors[M]. New York:American Elsevier,1975.

[7] BAUMOL W J. The Transactions Demand for Cash:An Inventory Theoretic Approach[J]. Quarterly Journal of Economics,1952(66):545-586.

[8] BERENTSEN A. Monetary Policy Implication of Digital Money[J]. Kyklos,1998(51):89-118.

[9] CLOWER R W. A Reconsideration of the Microfoundations of Monetary Theory[J]. Western Economic Journal,1967(6):1-8.

[10] CUTHBERTSON K,MARK P T. The Operation and Regulation of Financial Markets[M]. Oxford:Palgrave Macmillan,1987.

[11] FISCHER S. Towards an Understanding of the Costs of Inflation[J]. Carnegie-Rochester Conference on Public Policy,1981(15):5-42.

[12] FISHER I. The Purchasing of Money[M]. New York:Macmillan,1911.

[13] FRIEDMAN B M. Decoupling at the Margin:the Threat to Monetary Policy from the Electronic Revolution in Banking[J]. International Finance,2000(3):261-272.

[14] HICKS J R. Mr. Keynes and the "Classics":A Suggested Interpretation[J]. Econometrica,1937(5):147-159.

［15］LUCAS R E. Equilibrium in a Pure Currency Economy［J］. Economic inquiry，1980
　　　（18）：203－220.

［16］PIGOU A C. The Value of Money［J］. Quarterly Journal of Economics，1917（32）：
　　　38－65.

［17］ROMER D. A Simple General Equilibrium Version of the Baumol-Tobin Model［J］.
　　　Quarterly Journal of Economics，1986（101）：663－686.

［18］SPRENKLE C M，MILLER M H. The Precautionary Demand for Narrow and Broad
　　　Money［J］. Economica，1980（47）：407－421.

［19］TOBIN J. The Interest-elasticity of Transactions Demand for Cash［J］Review of
　　　Economics and Statistics，1956（38）：65－86.

［20］TOBIN J. Liquidity Preference as Behavior Toward Risk［J］. Review of Economic
　　　Studies，1958（25）65－86.

［21］WHALEN E L. A Rationalization of the Precautionary Demand for Cash［J］.
　　　Quarterly Journal of Economics，1966（80）：545－552.

（与章安辰合作,《学海》2018 年第 3 期）

金融科技、全要素生产率与数字经济增长

　　摘要:本文研究金融科技、全要素生产率与数字经济增长之间的关系,主要结论是:金融科技推进业态创新,加快数据要素积累,提升全要素生产率,促进数字经济增长。政府采取支持金融科技发展和数据要素积累的政策,能够产生推动数字经济增长的政策效应。直接政策效应(经济数字化效应)的机制是,金融科技扩散程度与数据要素价值挖掘外溢程度直接决定数字经济的全要素生产率外部性大小,即外部性越大,数字经济增长就越迅速。间接政策效应(人口覆盖效应)的机制是,基于金融科技充分挖掘中国大量人口潜在数据要素价值,进而在数字经济条件下增加数字经济参与人口占总人口的比重,比在传统经济条件下增加科研人员占总人口的比重更有利于间接推动经济增长,也更具有可操作性和可行性。

　　关键词:金融科技;数据要素;全要素生产率;数字经济;数字经济增长

一、引　言

　　金融科技是数字经济增长的重要创新驱动力。在金融产业领域,以数字技术为底层构架,金融产品、业务流程、商业模式、金融业态以及金融监管等实现了数字化重构。金融科技能够解决传统金融在服务传统经济时存在的"痛点",促进数据要素积累,提升全要素生产率,赋能数字经济增长,助力数字经

济高质量发展。数据要素是指嵌入数字经济生产函数中的一种新型生产要素。数据要素产生于数字经济本身,以数字设备为载体,在数字技术条件下,经过收集、筛选、清洗、加工、匹配和提炼后,重新应用于数字经济运行各个环节;同时,作为"养料"的数据要素也能够对数字技术和金融科技起到促进作用。那么,金融科技、全要素生产率与数字经济增长的关系是怎样的? 金融科技与数据要素如何促进数字经济增长? 政府应采取何种政策才能对数字经济增长起到推动作用?

　　本文聚焦于数字经济增长,通过经济学理论分析,界定金融科技、全要素生产率和数字经济的基本内涵及其关系;通过构建和检验包含金融科技和数据要素的数字经济增长模型,揭示数字经济增长的内在规律,为理解数字经济增长提供一个新的理论分析框架,为产生促进数字经济增长的政策效应提供明晰的政策路径,这对于数字经济的探索性研究具有重要的理论意义和实践意义。

　　本文余下内容安排如下:第二部分是文献综述;第三部分是理论模型构建与拓展,将金融科技和数据要素引入生产函数,改进传统内生增长模型的外部性参数设置和劳动力分配模式,分析全要素生产率的动态学特征,为探索数字经济增长提供一个基础性理论框架和研究视角;第四部分是参数校准与数值模拟,验证数字经济增长模型的合理性;第五部分是结论与建议。

二、文献回顾

(一) 金融科技与数字经济增长

　　对于数字经济较为权威且时间相对较早的定义来自二十国集团(G20)2016年峰会文件《二十国集团数字经济发展与合作倡议》:数字经济是指"以使用数字化的知识和信息作为关键生产要素、以现代信息网络作为重要载体、以信息通信技术的有效使用作为效率提升和经济结构优化的重要推动力的一系列经济活动"。专家学者从不同侧重点给出了对于数字经济内涵的理解,即数字经济内涵主要包括以数字技术构成的主导技术体系、用字节取代实体的"去物质化"、大数据处理技术和随之产生的企业歧视性定价等。戈德法布和塔克(Goldfarb & Tucker,2019)指出,数字经济研究需要一个不同的侧重点,可重点关注成本(包括搜寻成本、复制成本、运输成本、跟踪成本和验证成本)大幅下降甚至接近于零时,标准经济模型会如何变化。为了更加全面综合地衡量数字经济内涵,经济合作与发展组织、欧盟、世界经济论坛、国际电信联盟等国际组织使用多维度数据编制了数字经济指数,进一步丰富了数字经济的内涵。巴克特和黑克斯(Bukht & Heeks,2017)指出,数字经济内涵由小到大包括三层:数字部门,例如硬件制造、软件与信息技术咨询、电信;狭义数字经济,例如数字服务、平台经济;广义数字(化)经济,例如工业4.0、算法经济。上述观点说明,数字经济的内涵仍在不断发展变化,并非固定不变。

金融科技在很大程度上助推着数字经济高效率运转,能够助力数字经济高质量发展。G20下设的金融稳定理事会(Financial Stability Board, 2017)将金融科技定义为:以技术手段推动的,能够通过新的业务模式、应用、流程或产品对金融服务产生重要影响的金融创新。本文将金融科技定义为以大数据、云计算、区块链、人工智能为代表的数字技术与金融的深度融合。周全和韩贺洋(2020)认为,金融科技有利于增加长尾消费、投资转换和信用资本积累,拓展可贸易范围,进而促进数字经济增长。王智新等(2021)认为,金融科技促进数字经济发展的内在机理体现在创造效应、信息效应、普惠效应、长尾效应和安全效应五个方面。孟振全(2021)指出,金融科技是数字经济发展的重要驱动力。

在金融科技促进数字经济增长的具体路径方面,王馨(2015)分析了金融科技在解决小微企业融资难问题上的可行性,认为金融科技有利于合理配置金融资源,促进数字经济增长。谢绚丽等(2018)指出,金融科技能够为小微企业和欠发达地区提供普惠金融服务,助力创业和创新,从而促进数字经济增长。上述研究均指出金融科技有助于实现包容性增长,这也与张勋等(2019)的结论相一致。除此以外,刘森等(2016)认为,云计算技术颠覆了现有技术的使用模式，能显著节约企业成本和降低企业信息化门槛，进而有利于数字经济增长。陈彦斌等（2019）构建了动态一般均衡模型，认为应用人工智能可较好应对老龄化对经济增长的不利影响。

（二）金融科技与数据要素

金融科技代表了大数据、云计算、区块链、人工智能等数字技术与金融的深度融合。数据要素产生于数字经济本身，金融科技能够充分收集、挖掘、筛选、清洗、加工、匹配、提炼、存储和应用数据要素，将其重新应用于金融科技与数字经济运行的各个环节。何大安（2018）指出，大数据、云计算、人工智能等金融科技的普及与应用使人类社会进入"数据与数据对话"的时代，这会改变微观主体行为。于立和王建林（2020）认为，数字经济条件下，数据要素是第一生产要素，但是数据要素无法脱离金融科技和数字技术而单独发挥效力。金融科技大幅降低了数据要素在大规模收集和利用等环节的成本，促进数据要素积累，支持金融业态创新。王谦和付晓东（2021）指出，金融科技对数据要素的挖掘与应用，不仅是一个技术过程，还是一个相互作用和适应的经济、社会过程。

金融科技收集和利用的数据要素对数字经济增长具有重要价值，数据要素能够对数字经济增长产生正向效应。杨汝岱（2018）认为，数据可作为生产要素直接进入生产函数，并从优化企业决策（信息维度）和加速资源流转速度（时间维度）两个方面促进企业成长和数字经济增长。徐翔和赵墨非（2020）将数据化的生产要素定义为数据资本，首次在经济增长模型中引入数据资本，得到数据资本稳态增速高于其他类型资本及总产出稳态增速的结论，并提供了一种测度数据资本存量的创新性方法。王胜利和樊悦（2020）指出，数据要素对数字经济增长的贡献主要通过提高劳动生产率、缩短生产和流通时间、降低生产和流通成本来实现。徐翔等（2021）总结了数据要素的最新研究进展，指出目前该领域还可以向数据要素的溢出效应、实证研究、跨国分析和社会福利等方面拓展。

（三）数字经济条件下全要素生产率的提升

数字经济条件下的全要素生产率研究具有理论溯源依据和历史沿革。经济增长理论经历了从早期新古典增长理论到后期内生增长理论的转变,内生增长理论已成为当下经济增长的主流理论。新古典增长理论强调经济增长源于外生的全要素生产率提高。新古典增长理论向内生增长理论的转型,是伴随着对全要素生产率的解构而展开的,全要素生产率与经济增长相关研究能够为本文提供借鉴。琼斯和沃尔拉特(Jones & Vollrath,2013)指出,内生增长理论的"内生"通常有两种解释:一是指政策变化能够永久性地影响增长率,即政策具有增长效应而非水平效应[①];二是指经济增长内在因素的变化对经济的影响。第二种解释是对"内生"更好的表述方式。全要素生产率(TFP)通常是指全部生产要素转化为产出的有效性,是全部生产要素的综合生产率。韦尔(Weil,2005)认为,全要素生产率可被分解为技术和效率两部分。在一些研究中,全要素生产率也等同于知识。新古典增长理论认为全要素生产率是外生的,将全要素生产率对经济增长的影响视为外生冲击。内生增长理论则将全要素生产率内生化,并关注全要素生产率的动态学特征[②]及其对经济增长的影响。

全要素生产率的动态学研究可分为两个层面。一是从理论层面研究全要素生产率的构成要素、表达形式和参数设置,即将全要素生产率表示为劳动力、资本以及全要素生产率本身的函数,并且与研发投入和中间品生产等微观主体行为相关联,进而使宏观经济理论具备微观基础,相关研究主要包括罗默(Romer,1990)、格罗斯曼和赫尔普曼(Grossman & Helpman,1991)、阿吉翁和豪伊特(Aghion & Howitt,1992)。二是从技术层面对全要素生产率进行分解并测算具体数值,其结果因所使用的宏微观数据、分解项目、生产函数、回归模型设定以及测算方法等方面的不同而有一定差异,相关研究主要包括李

---

① 增长效应指政策变化能够永久性地提高增长率;水平效应指政策变化只能先短暂地提高增长率,而后增长率又回到政策变化之前的数值。需要指出的是,水平效应能够永久性地提高人均产出。

② 动态学特征是指变量随时间推移而变化的轨迹特征。

平(2016)、田友春等(2017)。同时,在全要素生产率的动态学理论研究中,全要素生产率函数的参数设置与"规模效应"问题相关联。"规模效应"是指经济增长率与人口规模成正比,罗默(1990)、格罗斯曼和赫尔普曼(1991)、阿吉翁和豪伊特(1992)等构建的经济增长模型中均存在"规模效应",但现实数据并不支持"规模效应"的存在。琼斯(Jones,1995)通过改变全要素生产率函数的参数设置解决了"规模效应"问题,他发现经济增长率与人口规模没有关系,而与人口增长率成正比。阿吉翁和豪伊特(2009)通过改变最终品生产函数,使得相关模型中部门增加速度等于人口增加速度,发现人口规模增长不能带来每个部门研发人员的增加,从而消除了"规模效应"问题。严成樑等(2010)的研究表明,相较于罗默(1990)的全要素生产率函数,中国经济数据更支持琼斯(1995)的全要素生产率函数,即中国不存在"规模效应"问题。虽然数字经济增长模式与传统经济增长模式有显著不同,但数字经济增长模式仍需考虑现实中可能存在的"规模效应"问题。

数字经济条件下,金融科技促进了金融业态和商业模式创新,有助于数据要素积累,全要素生产率产生结构性变化并向数字化转型,进而能够发挥出优于传统经济条件下全要素生产率的重要作用。关于数字经济条件下全要素生产率的提升的相关文献主要分为三类:

第一类文献关注金融科技对全要素生产率的提升效应。裴长洪等(2018)分析了数字经济这一"更高级"的经济形态,认为金融科技相关行业的无形资产投资驱动了数字经济增长,促进了全要素生产率的提升。侯层和李北伟(2020)、江红莉和蒋鹏程(2021)、陈中飞和江康奇(2021)的研究结论均支持金融科技对全要素生产率具有提升效应。

第二类文献关注数据要素对全要素生产率的提升效应。法布迪和韦尔德坎普(Farboodi&Veldkamp,2021)认为,数据要素可以成为全要素生产率的组成部分,他们基于数字经济增长模型研究发现,数据要素累积能够帮助企业减少不确定性,并提高企业营利能力与全要素生产率。李治国和王杰(2021)指出,数字经济增长具有优化数据要素配置和提升制造业生产率的双重效应,数据开发应用和数据传播共享在数字经济增长提升制造业生产率过程中具有显著的渠道效应。宋炜等(2022)通过实证检验发现,数据要素与资本、劳动的深度融合能够显著提升工业全要素生产率,并且数据要素对资本密集型工业全要素生产率的改善作用显著优于劳动密集型工业。

第三类文献关注数字经济对全要素生产率的提升效应。荆文君和孙宝文(2019)指出,数字经济可以通过三条路径促进经济增长:新的投入要素、新的资源配置效率和新的全要素生产率。郭吉涛和梁爽(2021)、万晓榆和罗焱卿(2022)通过实证检验发现,数字经济发展显著提升了全要素生产率。此外,部分学者关注到数字经济条件下数字化人才对全要素生产率、数字经济增长的提升效应。

在借鉴国内外文献基础上,特别是针对相关研究在构建数字经济增长模型等方面的不足,本文以内生增长为理论视角,构建包含金融科技和数据要素的数字经济增长模型,并通过参数校准和数值模拟的方法,对数字经济增长的动态学特征、效果以及政策效应等进行分析,进而提出促进数字经济增长的对策性建议。

三、理论模型构建与拓展

(一)数字经济增长模型的构建

为体现数字经济与传统经济的差别,在理论模型的构建过程中,本文将金融科技与数据要素引入生产函数,设定数据要素的动态学方程,改进传统内生增长模型的外部性参数设置范围和劳动力分配模式,使理论模型更加符合数字经济增长的现实特征。数字经济增长模型中的最终品部门采用被普遍认同且有利于得出解析解的柯布-道格拉斯生产函数形式进行生产,同时,消费者行为可采用消费函数进行刻画:

$$Y = K^{1-\alpha}(\tilde{A}L_{\tilde{A}})^{\alpha} \tag{1}$$

$$C = Y - c = Y - sY \tag{2}$$

$$\dot{K} = sY - \delta K \tag{3}$$

式(1)是最终品部门的生产函数，Y 代表数字经济产出，K 代表资本，$\tilde{A}$ 代表数字全要素生产率[①]，$L_{\tilde{A}}$ 为数字经济参与人口。K 和 $L_{\tilde{A}}$ 为竞争性生产要素，其平均使用数量随着使用者增多而减少。在产出形式方面，数字经济与传统经济并无区别。数字经济虽然是一种新型经济形态，但其"新"主要是指"新的数要素"和"新的经济增长模式"，这种"新"蕴含在制造产出的过程中。从最终品角度看，数字经济产出形式归根结底与传统经济无异，数字经济产出在名称上可能存在新的称呼，但其依然能够被划分到传统经济的统计框架内并被合理归类与核算[②]。从经济总量的角度来看，国内生产总值(GDP)既包含了数字经济产出，又包含了传统经济产出。

式(2)是消费函数，C 代表消费，S 和 s 分别代表储蓄和储蓄率。数字经济产出 Y 用于消费 C 和储蓄 S。数字经济的消费方式与传统经济的消费方式存在区别：一是金融科技使得消费者在消费过程中所使用的硬件和软件相较于传统经济会更先进，消费者消费的产品种类将更加多样化，用户体验更好；二是数字经济条件下金融科技能以网络借贷、支付、金融信息服务等形式更好地支持消费方式转型升级；三是数字经济条件下，消费者的消费行为和偏好等结构化与非结构化数据能够被更好地记录、存储和应用，从而作为数据要素进入生产函数中创造价值。但是，上述区别并不能直接体现在消费函数式

---

① 为便于与传统经济条件下的全要素生产率相区分，本文将数字经济条件下的全要素生产率简称为数字全要素生产率。

② 2021年6月，国家统计局发布的《数字经济及其核心产业统计分类(2021)》表明，新兴的数字经济产业名称和分类均可以与《国民经济行业代码及名称(2017)》相匹配。正因为如此，数字经济产出性质与传统经济产出性质也无差别。数字经济产出是否具备非排他性等产出性质，与数字经济产出在国民经济行业中的具体分类有关，因为不同行业分类对应的产出性质有所不同，所以不能笼统地认为数字经济产出整体上具有或不具有"非排他性"。"非排他性"等产出性质还涉及产权、使用权、消费权等微观层面权利和交易机制的问题，这并非本文所要关注的重点。虽然数字经济产出形式与传统经济无异，但有学者指出，数字经济中新兴的商业模式形态多样且变化迅速，未来相关的统计标准、核算方法、数据来源及其采集方式等仍需及时更新，以便与不断发展变化的数字经济产业相匹配。

(2)中,即无法直接改变消费函数式(2),消费者依然需要将收入划分为储蓄和消费两部分,因此本文在消费函数式(2)的使用上沿用了传统经济的消费函数形式。

式(3)是资本积累方程,$\dot{K}$ 为资本 K 的变化率[①],δ 代表资本折旧率。$\dot{K}$ 等于作为新增投资的储蓄 sY 与资本折旧 δK 的差值。数字经济产出的资本积累方式并未改变,数字经济的资本积累方程式(3)在形式上也与传统经济无异。唯一可能改变的是资本积累方程式(3)中的资本折旧率 δ 的具体取值,其原因在于:在数字经济条件下,资本折旧率 δ 有可能随着数字经济运行效率的提高、运行模式的改变以及运行结构的优化而变化。而且,传统经济往往只关注物质资本,数字经济中资本的类型可能被进一步细分,例如徐翔和赵墨非(2020)将数字经济中的资本划分为传统物质资本、信息与通信技术(ICT)资本和数据资本,他们认为 ICT 资本折旧率较高,而数据资本折旧率相对较低。但是,本文的研究重点并非对资本积累形式和资本种类进行划分,在建模过程中只需要一个宏观意义上的平均资本折旧率即可,且资本折旧率的具体取值改变并不能直接影响资本积累方程式(3)的形式,只会影响后续的数值模拟结果,因此,式(3)可以反映数字经济产出的资本积累形式。

在数字经济条件下,全要素生产率必然产生结构性变化并向数字化转型,这种变化离不开金融科技发展和数据要素融入。金融科技能够推进金融业态和商业模式创新,助力数据要素积累,提升全要素生产率,促进数字经济增长。海量的、多维度的数据本身无法直接产生任何经济价值,只有数字技术与金融深度融合所产生的金融科技才能够充分挖掘、匹配和发挥数据的潜在经济价值,数据也只有与金融科技相结合才能发挥"生产要素"的功能。金融科技与数据要素互相交叉、相辅相成,更加符合数字经济的现实特征。基于这样的经济学逻辑,本文将数字全要素生产率表示为:

---

① 变量 $X(t)$ 的变化率为 $\dot{X}(t)=dX(t)/dt$,变量 $X(t)$ 的增长率为 $g_{x(t)}=\dot{X}(t)/X(t)=d\ln X(t)/dt$,$X(t)$ 在本文中具体指资本 K、总人口 L、数字全要素生产率 $\bar{A}$ 等变量。

$$\tilde{A}=F\times D \tag{4}$$

式(4)中,数字全要素生产率 $\tilde{A}$ 是金融科技 F 与数据要素 D 的乘积,金融科技 F 代表数字技术与金融的深度融合。金融科技 F、数据要素 D 和数字全要素生产率 $\tilde{A}$ 均为非竞争性生产要素,其平均使用数量不随着使用者增多而减少。对于式(4)中的金融科技 F 和数据要素 D,将其动态学方程设定为[①]:

$$\dot{F}=\theta L_F^{\lambda}F^{\phi} \tag{5}$$

$$\dot{D}=\delta L_D^{\eta}D^{\mu} \tag{6}$$

式(5)中, L_F 代表参与数字经济的科研人员、金融科技从业人员、数据要素生成人口等, λ 表示 L_F 对金融科技变化率的外部性, ϕ 表示 F 对其本身变化率的外部性, λ 和 ϕ 大于零表示正外部性,小于零表示负外部性,等于零表示不存在外部性。式(5)表明,金融科技 F 的增长依赖于 LF 的各类活动,以及 F 自身存量所带来的外部性[②]。

式(6)中, LD 代表数据生成人口等人口, η 表示 LD 对数据要素变化率的外部性, μ 表示 D 对其本身变化率的外部性, η 和 μ 大于零表示正外部性,小于零表示负外部性,等于零表示不存在外部性。式(6)表明,数据要素 D 的产生依赖于 LD 的各类活动以及 D 自身存量所带来的外部性,这在经济学上符合数据要素的产生和变化规律,并与金融科技 F 具有相似的动态学特征。基于金融科技 F 和数据要素 D 的动态学特征,本文设置数字全要素生产率 A 的动态学方程为:

$$\dot{\tilde{A}}=\varepsilon L_{\tilde{A}}^{\omega}\tilde{A}^{\rho} \tag{7}$$

式(7)中,数字全要素生产率的变化率 $\dot{\tilde{A}}$ 由数字经济参与人口 $L_{\tilde{A}}$ 和数字全要素生产率 $\tilde{A}$ 共同决定; ε 为比例系数, ω 为更多数字经济参与人口融入数

---

① 式(5)和式(6)的设定参考了罗默(1990)、琼斯(1995)、琼斯和沃尔拉特(2013)等相关文献。

② 对传统经济增长的研究假设是 $\phi=1$ 或 $\phi<1$,这决定了"规模效应"的存在与否。由于数字经济增长在现阶段已体现出明显的正外部性特点,本文创新性地放宽体现外部性的指数变量取值范围限制,以使模型的构建更加符合经济学逻辑和数字经济增长特征。

字经济后对数字经济所产生的外部性，ρ 为数字全要素生产率增量对数字全要素生产率提高所产生的外部性，$\omega>0$ 和 $\rho>0$ 表示正外部性，$\omega<0$ 和 $\rho<0$ 表示负外部性，$\omega=0$ 和 $\rho=0$ 表示无外部性。

数字经济的人口构成为：

$$L=L_{\tilde{A}}+L_{\tilde{Y}}, L_{\tilde{A}}=s_{\tilde{A}}L, \dot{L}/L=n \tag{8}$$

式(8)中，总人口 L 分为数字经济参与人口 $L_{\tilde{A}}$ 和非数字经济参与人口 $L_{\tilde{Y}}$，只有数字经济参与人口 $L_{\tilde{A}}$ 创造数字经济产出；数字经济参与人口占总人口的比重为 $s_{\tilde{A}}$，数字经济参与人口 $L_{\tilde{A}}$ 包括参与数字经济的科研人员、金融科技从业人员、数据要素生成人口等，连接这些人群并使其真正成为数字经济参与人口的关键在于相关技术、设备载体的普及范围和应用程度，以及基于这些技术和设备载体的商业模式创新和应用场景优势[①]；非数字经济参与人口 $L_{\tilde{Y}}$ 指较少或几乎不参与数字经济产出创造的人口；总人口变化率 $\dot{L}=dL/dt$，总人口增长率 $\dot{L}/L=n$。随着数字经济的快速增长，数字经济参与人口 $L_{\tilde{A}}$ 的覆盖面将会不断扩大，数字经济参与人口占总人口的比重 $s_{\tilde{A}}$ 将会不断提高。

数字经济条件下的数字全要素生产率 $\tilde{A}$ 与传统经济条件下的全要素生产率 A 有两个重要区别：一是金融科技 F 能够提高数字经济运行效率、降低运行成本、改善数字经济参与人口的体验，从而更好地支持数字经济高效运行，传统金融在服务实体经济时所面临的许多困难迎刃而解；二是数据 D 作为新型生产要素投入，改变了生产要素的范畴和数字全要素生产率的构成，金融科技与数据要素广泛而高度融合的结构性变化极大地释放了经济增长的潜能和活力，带动了数字全要素生产率的提升。因此，数字全要素生产率 $\tilde{A}$ 在经济学含义上比全要素生产率 A 更加丰富，且在数值上大于全要素生产率 A。

---

① 以往对传统经济增长的研究通常将总人口划分为科研人员和最终品生产人口，但这样的划分难以体现数字经济人口划分的特征，因为金融科技改变了传统经济增长模式和劳动力分配模式。同时，由于数字经济增长的主要动力之一来自数字经济参与人口，非数字经济参与人口对数字经济增长的贡献可以忽略不计，所以模型中非数字经济参与人口不创造数字经济产出。相对于以往研究，本文在这两点上做了改进。

（二）数字经济增长的动态学分析

数字经济增长的动态学分析主要是研究数字经济增长过程中,数字全要素生产率$\tilde{A}$、资本K和数字经济产出Y等主要变量随时间推移而发生的动态变化,本文将这些变量动态变化的轨迹称为路径。路径分为收敛和发散,收敛是指在充分长的时间内,随着时间推移,主要变量的增长率能够自动达到不变(包括为零)的固定值,此时数字经济处于稳态;发散是指在充分长的时间内,主要变量的增长率不能随时间推移自动达到不变的固定值,通常是指主要变量的增长率随时间推移不断变大。动态学分析的意义在于,在确定了哪些因素会影响数字经济增长的动态学特征后,就可以通过改变这些因素以产生符合需求与预期的数字经济增长效果。将式(7)左右两边同时除以$\tilde{A}$,可得:

$$g_{\tilde{A}} = \frac{\dot{\tilde{A}}}{\tilde{A}} = \varepsilon \frac{L_{\tilde{A}}^{\omega}}{\tilde{A}^{1-\rho}} \qquad (9)$$

对式(9)左右两边取对数并对时间求导,可得数字全要素生产率的增长率$g_{\tilde{A}}$变化率$\dot{g}_{\tilde{A}}$为:

$$\dot{g}_{\tilde{A}} = \omega n g_{\tilde{A}} + (\rho - 1)(g_{\tilde{A}})^2 \qquad (10)$$

式(10)中,$\dot{g}_{\tilde{A}}$(数字全要素生产率的增长率$g_{\tilde{A}}$对时间的导数)受ω、n、$g_{\tilde{A}}$和ρ的共同影响。为便于分析,定义数字有效劳动平均资本量$\tilde{k} = K/\tilde{A}L$,并结合式(3),可得数字有效劳动平均资本量的变化率$\dot{\tilde{k}}$的表达式:

$$\dot{\tilde{k}} = s s_{\tilde{A}}^{\alpha} \tilde{k}^{1-\alpha} - (n + \delta + g_{\tilde{A}})\tilde{k} \qquad (11)$$

式(11)中,$\dot{\tilde{k}}$受s、$s_{\tilde{A}}$、$\tilde{k}$、n、δ和$g_{\tilde{A}}$的共同影响。由于式(10)右边包含$g_{\tilde{A}}$,故不应单独分析式(10)或式(11),而应将式(10)和式(11)所组成的方程组作整体动态学分析,进而刻画出数字经济增长的动态学特征。

（三）数字经济增长的政策效应

数字经济增长的政策效应是指政府采取支持金融科技发展和数据要素积累的政策,从而对数字经济增长产生积极的推动效应,政策效应分为直接政策效应和间接政策效应。

1. 直接政策效应（经济数字化效应）

直接政策效应又称经济数字化效应，是指政府采取政策支持金融科技扩散程度与数据要素价值挖掘外溢程度的高低，直接决定了数字经济的全要素生产率外部性大小（$\rho < 1$、$\rho > 1$ 和 $\rho = 1$），进而决定数字经济增长的动态学特征、数字经济增长效果与经济数字化程度。

（1）数字经济增长收敛（$\rho < 1$）

当式（10）中的 $\rho < 1$ 时，数字经济增长收敛，具有稳定结点均衡，即式（10）中的 $g_{\widetilde{A}}$ 和式（11）中的 $\widetilde{k}$ 均能够自动收敛于各自变化率等于零的均衡点（$g_{\widetilde{A}}^*$，$\widetilde{k}^*$）。此时，数字经济处于稳态，数字全要素生产率的增长率 $g_{\widetilde{A}}$ 不变，式（9）左边 $g_{\widetilde{A}} = \dot{\widetilde{A}} / \widetilde{A}$ 为常数。对式（9）两边取对数并对时间求导，可得：

$$0 = \omega \frac{\dot{L}_{\widetilde{A}}}{L_{\widetilde{A}}} - (1 - \rho) \frac{\dot{\widetilde{A}}}{\widetilde{A}} \tag{12}$$

当数字经济处于稳态时，由于数字经济参与人口 $L_{\widetilde{A}}$ 是总人口 L 的组成部分，且数字经济参与人口的变化率 $\dot{L}_{\widetilde{A}} = dL_{\widetilde{A}} / dt$，故数字经济参与人口的增长率 $\dot{L}_{\widetilde{A}} / L_{\widetilde{A}}$ 必须等于总人口增长率 $\dot{L}/L$，根据式（8），则有 $\dot{L}_{\widetilde{A}} / L_{\widetilde{A}} = \dot{L}/L = n$。将 $\dot{L}_{\widetilde{A}} / L_{\widetilde{A}} = n$ 代入式（12），可得：

$$g_{\widetilde{A}}^* = \frac{\dot{\widetilde{A}}^*}{\widetilde{A}^*} = \frac{\omega n}{1 - \rho} \tag{13}$$

式（13）中，数字全要素生产率的稳态增长率 $g_{\widetilde{A}}^*$ 受到数字全要素生产率 $\widetilde{A}$ 相关的两个外部性参数 ω 和 ρ 以及总人口增长率 n 的影响。$g_{\widetilde{A}}^*$ 与 ω、ρ 和 n 成正比，ω、ρ 和 n 越大，则数字全要素生产率的稳态增长率 $g_{\widetilde{A}}^*$ 越高，就越有利于数字经济增长。式（13）右边不含人口数量绝对值，只有人口增长率 n，因此数字经济增长模型，即式（13）解决了"规模效应"问题。当数字经济处于稳态时，令劳动平均资本量 $k = K/L$、劳动平均产出 $y = Y/L$，则数字经济增长率 g 等于劳动平均资本量增长率，或劳动平均产出增长率，或数字全要素生产率的增长率,即 $g=g_k=g_y=g_{\tilde{A}}^*$。

　　除了数字全要素生产率 $\tilde{A}$ 以外,还需要研究资本 K 和数字经济产出 Y 这两个主要变量的动态学特征。为便于分析,定义数字有效劳动平均资本量 $\tilde{k}=K/\tilde{A}L$,数字有效劳动平均产出 $\tilde{y}=Y/\tilde{A}L=s_{\tilde{A}}^{\alpha}\tilde{k}^{1-\alpha}$。当数字经济处于稳态时,数字全要素生产率 $\tilde{A}$、资本 K 和总人口 L 的增长率不变,且 $\tilde{k}=K/\tilde{A}L=k/\tilde{A}$,所以 $g_{\tilde{k}}=\dot{\tilde{k}}/\tilde{k}=g_k-g_{\tilde{A}}=0$,进而式(11)左边 $\dot{\tilde{k}}=0$。基于此,可计算出数字有效劳动平均资本量的稳态值 $\tilde{k}^*$ 为:

$$\tilde{k}^* = (\frac{s s_{\tilde{A}}^{\alpha}}{n+\delta+g_{\tilde{A}}^*})^{1/\alpha} \tag{14}$$

　　式(14)中,数字有效劳动平均资本量的稳态值 $\tilde{k}^*$ 与储蓄率 s、数字经济参与人口占总人口的比重 $s_{\tilde{A}}$ 成正比,与总人口增长率 n、资本折旧率 δ、数字全要素生产率的稳态增长率 $g_{\tilde{A}}^*$ 成反比。将式(14)代入数字有效劳动平均产出 $\tilde{y}=Y/\tilde{A}L=s_{\tilde{A}}^{\alpha}\tilde{k}^{1-\alpha}$ 中,可得数字有效劳动平均产出的稳态值 $\tilde{y}^*$,还可得劳动平均产出的稳态值 y^*。$\tilde{y}^*$ 和 y^* 的表达式如下:

$$\tilde{y}^* = (\frac{s}{n+\delta+g_{\tilde{A}}^*})^{(1/\alpha)/\alpha} s_{\tilde{A}} \tag{15}$$

$$y^* = \tilde{y}^* \tilde{A}^* (\frac{s}{n+\delta+g_{\tilde{A}}^*})^{(1-\alpha)/\alpha} s_{\tilde{A}} (\frac{\varepsilon s_{\tilde{A}}^{\omega} L^{\omega}}{g_{\tilde{A}}^*})^{1/(1-\rho)} \tag{16}$$

　　式(15)和式(16)中,$\tilde{y}^*$ 和 y^* 均与储蓄率 s、数字经济参与人口占总人口的比重 $s_{\tilde{A}}$ 成正比,与总人口增长率 n、资本折旧率 δ、数字全要素生产率的稳态增长率 $g_{\tilde{A}}^*$ 成反比。式(16)中,对于数字经济体而言,其总人口 L 越多、数字经济参与人口占总人口的比重 $s_{\tilde{A}}$ 越大,则劳动平均产出的稳态值 y^* 就越大。

　　在数字经济增长过程中,除了各变量的稳态值,收敛速度也很重要。收敛速度反映了变量向自身稳态值收敛的快慢,决定了数字经济增长达到稳态所需要的时间长短。本文以数字全要素生产率的增长率 $g_{\tilde{A}}$ 为例,参照已有研究

的计算方法,得到式(10)中的 $g_{\widetilde{A}}$ 从初始值向稳态值收敛的速度为:

$$\frac{d\ln g_{\widetilde{A}}}{dt} \approx -\omega n(\ln g_{\widetilde{A}} - \ln g_{\widetilde{A}}^*) \tag{17}$$

式(17)中, $g_{\widetilde{A}}$ 在其稳态邻域内的收敛速度为 ωn , $g_{\widetilde{A}}$ 的收敛速度受 ω 和 n 的影响, ω 和 n 越大,则 $g_{\widetilde{A}}$ 的收敛速度越快。因此,当数字经济增长收敛时,政府通过政策推动金融科技扩散程度与数据要素价值挖掘外溢程度越高, ρ 就越大,则数字经济增长率 g 等于数字全要素生产率的稳态增长率 $g_{\widetilde{A}}^*$ 就越大,所产生的直接政策效应就越显著。当然,式(10)和式(11)中其他参数和变量也会影响数字经济增长的动态学特征,以及数字经济增长的效果。政府可根据基本国情和发展阶段,调整数字经济中可控参数 s 、 $s_{\widetilde{A}}$ 、 n 和 δ 等的取值,与支持金融科技发展和数据要素积累的政策协调与配合,以实现符合需求和预期的数字经济增长效果。

(2) 数字经济增长发散($\rho>1$)

当式(10)中的 $\rho>1$ 时,会出现非稳定结点均衡或鞍点均衡这两种情况。非稳定结点均衡是指式(10)中的 $g_{\widetilde{A}}$ 和式(11)中的 $\widetilde{k}$ 均背离均衡点($g_{\widetilde{A}}^*$, $\widetilde{k}^*$),属于发散情形;鞍点均衡是指式(10)中的 $g_{\widetilde{A}}$ 和式(11)中的 $\widetilde{k}$ 在某些路径上能够自动收敛于均衡点($g_{\widetilde{A}}^*$, $\widetilde{k}^*$),但在另一些路径上则背离均衡点($g_{\widetilde{A}}^*$, $\widetilde{k}^*$),其在总体上属于发散情形。由于式(10)中的 $\rho>1$,故对于取任意正数的 $g_{\widetilde{A}}$, $\dot{g}_{\widetilde{A}} = dg_{\widetilde{A}}/dt$ 始终为正数,这意味着 $g_{\widetilde{A}}$ 是时间 t 的增函数,增大后的 $g_{\widetilde{A}}$ 会使 $\dot{g}_{\widetilde{A}}$ 随时间 t 的推移进一步提高。数字全要素生产率的增长率 $g_{\widetilde{A}}$ 不断增大,不能够自动达到某一不变的稳态值,因此在 $\rho>1$ 时,数字经济增长发散,具有非稳定结点均衡或鞍点均衡。政府通过政策推动金融科技扩散程度与数据要素价值挖掘外溢程度越高, ρ 就越大,则数字经济增长率 $g_{\widetilde{A}}$ 就越高,数字经济增长也就越迅速,这使数字经济增长理论模型更具有政策上的可行性。

(3) 数字经济增长发散($\rho=1$)

当式(10)中的 $\rho=1$ 时,式(10)变为 $\dot{g}_{\widetilde{A}} = \omega n g_{\widetilde{A}}$,对于取任意正数的 $g_{\widetilde{A}}$, $\dot{g}_{\widetilde{A}} = dg_{\widetilde{A}}/dt$ 始终为正数,这意味着 $g_{\widetilde{A}}$ 是时间 t 的增函数,增大后的 $g_{\widetilde{A}}$ 会使

$\dot{g}_{\widetilde{A}}$ 随时间 t 的推移进一步提高。数字全要素生产率的增长率 $g_{\widetilde{A}}$ 不断增大,数字经济增长发散。相较于 $\rho < 1$,政府通过政策推动金融科技扩散程度与数据要素价值挖掘外溢程度升高,进而使得 $\rho = 1$,数字经济增长也就越迅速。

2. 间接政策效应(人口覆盖效应)

间接政策效应又称人口覆盖效应,是指政府实施支持金融科技发展和数据要素积累相关政策,基于金融科技充分挖掘中国大量人口潜在数据要素价值,吸引并将更多人口纳入数字经济范畴,通过增加数字经济参与人口占总人口的比重 $s_{\widetilde{A}}$,间接推动数字经济增长,不断弥补"数字鸿沟"。结合式(7)和式(8)可得:

$$g_{\widetilde{A}} = \frac{\dot{\widetilde{A}}}{\widetilde{A}} = \varepsilon \frac{(s_{\widetilde{A}} L)^{\omega}}{\widetilde{A}^{1-\rho}} \tag{18}$$

式(18)是数字全要素生产率的增长率 $g_{\widetilde{A}}$ 的表达式,表明当数字经济参与人口占总人口的比重 $s_{\widetilde{A}}$ 增加时,$g_{\widetilde{A}}$ 也会随之提高,但由此产生的政策效应因数字全要素生产率的外部性参数 ρ 取值不同而有差异。

(1) 数字经济增长收敛($\rho < 1$)

当式(18)中的 $\rho < 1$,即数字经济增长收敛时,增加 $s_{\widetilde{A}}$ 对数字经济增长不具有增长效应,只具有水平效应。增加 $s_{\widetilde{A}}$ 的政策出台,式(18)中的 $g_{\widetilde{A}}$ 会随着 $s_{\widetilde{A}}$ 的增加而提高。由于数字经济条件下 $g_{\widetilde{A}}$ 的稳态值 $g_{\widetilde{A}}^* = \omega n / 1 - \rho$ 不受 $s_{\widetilde{A}}$ 的影响,即 $g_{\widetilde{A}}^*$ 保持不变,所以已经提高的 $g_{\widetilde{A}}$ 会逐渐降至稳态值 $g_{\widetilde{A}}^*$,最终增长率仍为 $g_{\widetilde{A}}^*$,故增加 $s_{\widetilde{A}}$ 的政策出台对数字经济增长不具有增长效应。但是,$g_{\widetilde{A}}$ 相较 $g_{\widetilde{A}}^*$ 短暂升高,使得增加 $s_{\widetilde{A}}$ 所产生的新路径上数字全要素生产率的绝对值大于未增加 $s_{\widetilde{A}}$ 时的原路径上数字全要素生产率的绝对值,故增加 $s_{\widetilde{A}}$ 的政策出台对数字经济增长也只具有水平效应。

还需要指出,虽然 $\rho < 1$ 时数字经济增长和传统经济增长均收敛,但数字经济条件下通过增加数字经济参与人口占总人口的比重 $s_{\widetilde{A}}$ 以促进数字经济增长,比传统经济条件下通过增加科研人员占总人口的比重 s_R 以促进传统经

济增长具有更好的政策效应。以传统经济增长模型为参照系,根据式(1)、式(7)和式(8)可得:

$$Y = K^{1-\alpha}(AL_Y)^{\alpha} \tag{19}$$

$$\dot{A} = \varepsilon L_R^{\omega} A^{\rho} \tag{20}$$

$$L = L_R + L_Y, L_R = s_R L, \dot{L}/L = n \tag{21}$$

式(19)是传统经济条件下的最终品生产函数。式(20)是全要素生产率 A 的动态学方程,表示全要素生产率的变化率 $\dot{A}$ 由科研人员 L_R 和全要素生产率 A 共同决定。式(21)表示总人口 L 由科研人员 L_R 和最终品生产人口 L_Y 构成,s_R 表示科研人员占总人口的比重,只有最终品生产人口 L_Y 参与最终品生产。根据式(19)、式(20)和式(21)可得:

$$\hat{y}^* = \left(\frac{s}{n+\delta+g_A^*}\right)^{(1-\alpha)/\alpha}(1-s_R)\left(\frac{\varepsilon s_R^{\omega} L^{\omega}}{g_A^*}\right)^{1/(1-\rho)} \tag{22}$$

将式(22)中传统经济条件下劳动平均产出的稳态值 $\hat{y}^*$ 与式(16)中数字经济条件下劳动平均产出的稳态值 y^* 进行比较可知:在式(22)所表示的传统经济条件下,提高科研人员占总人口的比重 s_R 对劳动平均产出的稳态值 $\hat{y}^*$ 的影响具有不确定性。一方面,科研人员占比 s_R 增加有利于提高全要素生产率 A,对 $\hat{y}^*$ 有正向影响,这表现在式(22)中 s_R^{ω} 这一项的变化上;另一方面,增加科研人员占比 s_R 意味着最终品生产人口占比 $1-s_R$ 下降,最终品生产人口减少、产出降低,对 $\hat{y}^*$ 有负向影响,这体现在式(22)中 $1-s_R$ 这一项的变化上。增加科研人员占比 s_R 的最终结果取决于正向影响 s_R^{ω} 和负向影响 $1-s_R$ 的共同作用,具有不确定性。在式(16)所表示的数字经济条件下,提高数字经济参与人口占总人口的比重 $s_{\tilde{A}}$ 有利于提高劳动平均产出的稳态值 y^*,且具备双重正向影响,这表现在式(16)中的 $s_{\tilde{A}}$ 和 $s_{\tilde{A}}^{\omega}$ 两项的变化上。相较于传统经济,数字经济条件下提高数字经济参与人口占总人口的比重 $s_{\tilde{A}}$ 是一种新的政策效应。基于本文的理论模型和解释框架,传统经济条件下增加科研人员占比 s_R 的政策效应不确定性,被数字经济条件下提高数字经济参与人口占总人

口的比重 $s_{\tilde{A}}$ 这一新的政策效应所替代。数字经济条件下的政策效应对劳动平均产出的稳态值产生了确定性的双重正向影响,政府政策对数字经济增长的把控力得以有效增强,数字经济高质量发展成为可能。因此,数字经济条件下增加数字经济参与人口占总人口的比重 $s_{\tilde{A}}$,比传统经济条件下增加科研人员占总人口的比重 s_R 具有更好的政策效应。

(2) 数字经济增长发散($\rho>1$)

当式(18)中的 $\rho>1$ 时,数字经济增长发散,增加 $s_{\tilde{A}}$ 对数字经济增长具有增长效应。由式(10)和式(18)可知,当 $s_{\tilde{A}}$ 增加时,式(18)中的 $g_{\tilde{A}}^*$ 增大会导致式(10)中的 $g_{\tilde{A}}$ 提高,$g_{\tilde{A}}$ 提高又会进一步增大 $g_{\tilde{A}}^*$。增加 $s_{\tilde{A}}$ 最终能使数字全要素生产率的增长率 $g_{\tilde{A}}$ 提高,故 $s_{\tilde{A}}$ 对数字经济增长具有增长效应。当式(18)中的 $\rho>1$ 时,作为参照系的传统经济也发散,增加科研人员占总人口的比重 s_R 对传统经济增长同样具有增长效应。但由于数字经济参与人口的范围更广,数字经济参与人口 $L_{\tilde{A}}$ 包括参与数字经济的科研人员、金融科技从业人员、数据要素生成人口等,数字经济条件下增加数字经济参与人口占总人口的比重 $s_{\tilde{A}}$,比传统经济条件下增加科研人员占总人口的比重 s_R 更具可操作性与可行性,从而具有更好的政策效应。

(3) 数字经济增长发散($\rho=1$)

当式(18)中的 $\rho=1$ 时,数字经济增长发散,增加 $s_{\tilde{A}}$ 对数字经济增长具有增长效应。当式(18)中的 $\rho=1$ 时,作为参照系的传统经济也发散,增加科研人员占总人口的比重 s_R 对传统经济增长同样具有增长效应,但范围更广的数字经济参与人口能够使数字经济条件下增加数字经济参与人口占总人口的比重 $s_{\tilde{A}}$ 具有更好的政策效应。

四、参数校准与数值模拟

由于金融科技、数据要素和数字经济的经验数据积累不足,目前还难以测算数字经济增长模型中相关变量的具体数值。目前,采用计量检验方法来验证数字经济增长模型的合理性面临较大困难。为尽可能地克服困难，本文采用参数校准和数值模拟的方法，对数字经济增长的动态学特征、增长效果以及政策效应进行数值解分析，并以此验证数字经济增长模型的合理性。

（一）参数校准

综合考虑国内相关研究的合理性、权威性和时效性，数字经济增长模型中劳动的产出弹性 α 参考金春雨等（2018）的校准结果，将其设为 $\alpha=0.659$；人口增长率 n 采用 2020 年中国人口自然增长率，设定为 1.45‰，数据来自国家统计局；储蓄率 s 采用 2020 年底中国境内总储蓄率，设定为 45.708%，数据来自司尔亚司数据信息有限公司（CEIC Data）。

目前，尚无文献对数字经济条件下的资本折旧率进行专门研究，本文参考相关领域的权威文献，并以此作为参数校准的依据。张军等（2004）对资本折旧率的计算结果为 9.6%。王维等（2017）测算出的资本折旧率是 14.38%，并指出由于资本种类、具体方法和口径差异，不同学者测算的平均资本折旧率范围基本在 5.65%～13.92%。徐翔和赵墨非（2020）认为，传统物质资本采用的折旧率通常是 5%，但中国近年来资本存量测算类研究采用的折旧率普遍在 10% 左右；另外，他们将资本划分为传统物质资本、ICT 资本和数据资本，认为这三种资本折旧率由大到小依次是 ICT 资本（20%）、传统物质资本（5%）、数据资本（约为 0）。本文认为，在数字经济条件下，根据国家统计局 2021 年 6 月公布的《数字经济及其核心产业统计分类（2021）》，生产函数中的资本构成会更多地集中于 ICT 资本，所以平均资本折旧率 δ 应比常用的传统物质资本折旧率要高，但应低于 ICT 资本折旧率。因此，综合考虑张军等（2004）、王维等（2017）、徐翔和赵墨非（2020）的研究结论，本文将数字经济条件下的资本折旧率 δ 设置为 15%。

综合比较各个数据源和学术文献对科研人员占总人口比重 s_R 这一指标的计算方法可知，目前国际上衡量科技人力投入的最常用和认可度最高的可比指标是"研究与试验发展人员全时当量(万人年)"[①]。中国 2020 年研究与试验发展人员全时当量是 509.19(万人年),中国 2020 年末总人口是 141 178 万人,数据均来自国家统计局。因此,本文将中国科研人员占总人口比重 s_R 校准为 509.19/141 178＝0.361％。

对于数字经济参与人口占总人口的比重 $s_{\tilde{A}}$ 而言,数字经济参与人口 $L_{\tilde{A}}$ 包括参与数字经济的科研人员、金融科技从业人员、数据要素生成人口等,这几类人在一定程度上存在重复交叉,因此很难准确测算 $s_{\tilde{A}}$ 的具体数值。本文认为,中国互联网普及率是相对最合理的指标。在不影响验证数字经济增长模型合理性的前提下,数字经济参与人口占总人口的比重 $s_{\tilde{A}}$ 采用 2020 年底中国互联网普及率,设定为 70.4％,数据来自中国互联网络信息中心。

在经济增长过程中,数字经济增长模型中的参数 ω 和 ρ 存在多种组合形式。因为 ω 和 ρ 是与数字全要素生产率 A 相关的外部性参数,数字经济条件下外部性的经济学含义在一定程度上限制了 ω 和 ρ 的取值范围,ω 和 ρ 不具有负外部性,即在数字经济条件下有 $\omega, \rho \geqslant 0$。同时,式(10)表明参数 ρ 的分界点为 1,所以本文只考虑 $\rho < 1$、$\rho > 1$ 和 $\rho = 1$ 三种情况下的典型组合形式。如前文所述,在不影响验证数字经济增长模型合理性的前提下,ω 和 ρ 的典型组合形式能够反映数字经济增长的动态学特征和效果。

当 $\rho < 1$ 时,数字经济增长收敛。为便于分析,不妨令式(13)中数字全要素生产率的稳态增长率 $g_{\tilde{A}}^{*}$ 取固定值并等于总人口增长率 n,此时 $\omega + \rho = 1$,ω 和 ρ 呈相反方向变化关系,(ω, ρ) 按照 ω 递增和 ρ 递减的方式取 $(0.100, 0.900)$、$(0.250, 0.750)$、$(0.500, 0.500)$、$(1.000, 0.000)$ 这四种典型组合[②],并以此检验模型的稳健性。

---

① 国家统计局官网对此指标的解释是:"研究与试验发展(R&D)人员全时当量指全时人员数加非全时人员按工作量折算为全时人员数的总和。例如:有两个全时人员和三个非全时人员(工作时间分别为 20％、30％和 70％),则全时当量为 2+0.2+0.3+0.7=3.2 人年。"

② $(0.100, 0.900)$ 和 $(1.000, 0.000)$ 代表端点值,$(0.250, 0.750)$ 代表四分位数,$(0.500, 0.500)$ 代表二分位数。ω 和 ρ 的这四种典型组合形式能够反映数字经济增长的动态学特征和效果。

当 $\rho>1$ 时，数字经济增长发散。ω 表示更多数字经济参与人口融入数字经济后对数字经济所产生的外部性。以目前数字经济所处的发展阶段来看，更多的数字经济参与人口会同时产生异质性与同质性数据，异质性数据对数字经济增长具有较大价值，有利于增强外部性；而同质性数据对数字经济增长的价值较小，其中一部分甚至会成为冗余且占用大数据处理能力，不利于增强外部性。因此，$\omega\in[0,1]$，本文取中间值 $\omega=0.500$。ρ 表示数字全要素生产率增量对数字全要素生产率提高所产生的外部性，因为数字经济所处的发展阶段决定了 $\rho\in(1,2)$，即外部性还很难达到 $\rho=2$ 的水平，所以本文取中间值 $\rho=1.500$。不妨令 ω 为 0.500、ρ 为 1.500，即 (ω,ρ) 的典型组合为 $(0.500,1.500)$。

当 $\rho=1$ 时，数字经济增长发散。考虑到更多的数字经济参与人口会同时产生异质性与同质性数据，因此 $\omega\in[0,1]$，本文取中间值 $\omega=0.500$。不妨令 ω 为 0.500、ρ 为 1.000，即 (ω,ρ) 的典型组合为 $(0.500,1.000)$。

在进行数值模拟之前，还需确定数字全要素生产率的增长率 $g_{\tilde{A}}$ 和数字有效劳动平均资本量 $\tilde{k}$ 的初始值。考虑到数据可得性和量纲合理性，以及已有研究仅局限于传统经济等方面的限制，本文在借鉴国内外相关文献基础上，对 $g_{\tilde{A}}$ 和 $\tilde{k}$ 的初始值进行设定，当然，本文的设定不影响对数字经济增长模型合理性的验证。张军和金煜（2005）计算发现 2001 年中国各省份全要素生产率的增长率在 0.07%～7.15%，杨汝岱（2015）计算发现 1998—2007 年中国制造业整体全要素生产率的增长率在 2%～6%。根据前文的分析，数字全要素生产率的增长率 $g_{\tilde{A}}$ 比传统经济条件下的全要素生产率的增长率 g_A 要高一些，即 $g_{\tilde{A}}$ 应比张军和金煜（2005）的 7.15% 或杨汝岱（2015）的 6% 要高一些，所以本文设定 $g_{\tilde{A}}$ 的初始值为 $g_{\tilde{A}}(0)=0.080$。在分析数字经济增长模型时，本文关注数字有效劳动平均资本量 $\tilde{k}$ 的动态学特征，但因目前还无法测度 $\tilde{A}$，也就不能根据 $\tilde{k}=K/\tilde{A}L$ 计算出 $\tilde{k}$ 的具体数值，所以本文在不影响验证数字经济增长模型合理性的前提下，设定 $\tilde{k}$ 的初始值为 $\tilde{k}(0)=1$。

（二）数值模拟

根据对数字经济增长模型的动态学特征和政策效应的分析，以及所做的参数校准，本文依次对数字经济增长的直接政策效应和间接政策效应进行数值模拟。

1. 直接政策效应（经济数字化效应）

(1) 数字经济增长收敛($\rho<1$)

当数字全要素生产率增量对数字全要素生产率所产生的外部性参数$\rho<1$时，数字经济增长收敛。如果不同国家在除了ω和ρ以外的，能够体现基本国情和发展阶段的其他参数和变量上具有相似性，则ω和ρ的不同组合会造成这些国家数字经济增长的动态学差异。根据参数校准的分析，参数(ω,ρ)分别取(0.100,0.900)、(0.250,0.750)、(0.500,0.500)和(1.000,0.000)这四种组合时的数值模拟结果分别由图1至图4显示。为展现数字经济增长收敛的全过程，令时间t尽可能后延，将时间t的区间设为[0,5 000]。需要说明的是，为了精确体现(ω,ρ)在不同取值下经济系统的动态学特征，便于观察、比较和分析结果，避免人为统一设置时间段造成时间段截取过短或过长的问题，本文依据数值模拟实际结果来截取最能反映动态学特征完整情况的时间范围（事实上可以输出任意时间段的图形进行局部分析），这将导致相关的数值模拟时间取值范围不同。这不仅不会影响数值模拟结果的准确性和说服力，反而能够体现数字经济在收敛时的转型动态情况和在发散时的动态学特征，也将验证和强化数字经济增长模型的合理性。

图1(a)显示了(ω,ρ)取(0.100,0.900)时，数字全要素生产率的增长率$g_{\widetilde{A}}$的动态学特征。$g_{\widetilde{A}}$从初始值0.080开始快速下降，约在$t=4\ 000$时达到稳态值，之后保持基本不变。图1(b)显示了数字有效劳动平均资本量$\widetilde{k}$的动态学特征。$\widetilde{k}$从初始值1开始上升，约在$t=4\ 000$时达到稳态值，之后保持基本不变。

图2(a)显示了(ω,ρ)取(0.250,0.750)时，数字全要素生产率的增长率$g_{\widetilde{A}}$的动态学特征。$g_{\widetilde{A}}$从初始值0.080开始下降，约在$t=3\ 000$时达到稳态值，之后保持基本不变。图2(b)显示了数字有效劳动平均资本量$\widetilde{k}$的动态学

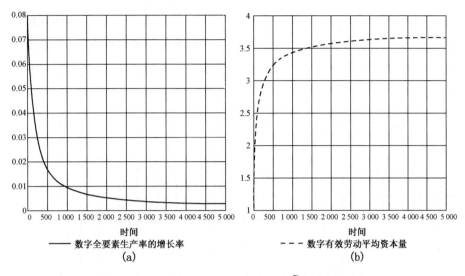

图 1　(ω,ρ)取$(0.100,0.900)$时 $g_A^{\sim}$ 和 $\tilde{k}$ 的动态学特征

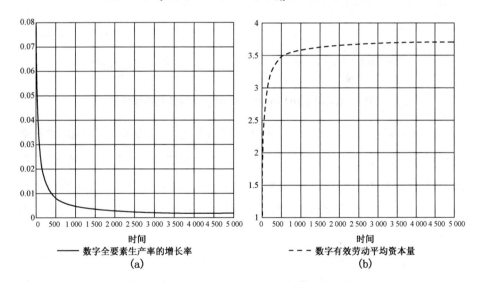

图 2　(ω,ρ)取$(0.250,0.750)$时 $g_A^{\sim}$ 和 $\tilde{k}$ 的动态学特征

特征。$\tilde{k}$从初始值1开始上升,约在 $t=3\,000$ 时达到稳态值,之后保持基本不变。

图 3(a)显示了(ω,ρ)取$(0.500,0.500)$时,数字全要素生产率的增长率

$g_{\widetilde{A}}$的动态学特征。$g_{\widetilde{A}}$从初始值 0.080 开始下降,约在 $t=2\,000$ 时达到稳态值,之后保持基本不变。图 3(b)显示了数字有效劳动平均资本量 $\widetilde{k}$ 的动态学特征。$\widetilde{k}$ 从初始值 1 开始上升,约在 $t=2\,000$ 时达到稳态值,之后保持基本不变。

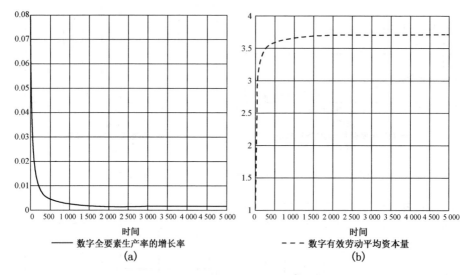

图3 (ω,ρ)取$(0.500,0.500)$时 $g_{\widetilde{A}}$ 和 $\widetilde{k}$ 的动态学特征

图 4(a)显示了(ω,ρ)取$(1.000,0.000)$时,数字全要素生产率的增长率 $g_{\widetilde{A}}$的动态学特征。$g_{\widetilde{A}}$从初始值 0.080 开始下降,约在 $t=1\,000$ 时达到稳态值,之后保持基本不变。图 4(b)显示了数字有效劳动平均资本量 $\widetilde{k}$ 的动态学特征。$\widetilde{k}$ 从初始值 1 开始上升,约在 $t=1\,000$ 时达到稳态值,之后保持基本不变。

对比图 1 至图 4 可知,随着 ω 越大、ρ 越小,$g_{\widetilde{A}}$ 和 $\widetilde{k}$ 收敛至各自稳态值的时间越短,即收敛速度越快。这就验证了式(17)的合理性,说明 $g_{\widetilde{A}}$ 在其稳态邻域内的收敛速度为 ωn,ω 越大则收敛速度越快。$g_{\widetilde{A}}$ 和 $\widetilde{k}$ 各自稳态值的一致性也验证了式(13)和式(14)的合理性,即 $g_{\widetilde{A}}^{*} = \dot{\widetilde{A}}^{*}/\widetilde{A}^{*} = \omega n/(1-\rho)$ 和 $\widetilde{k}^{*} = [s \times s_{\widetilde{A}}^{a}/n+\delta+g_{\widetilde{A}}^{*}]^{1/a}$。

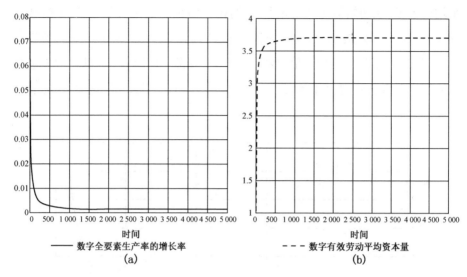

图 4 (ω,ρ)取$(1.000,0.000)$时$g_{\tilde{A}}$和$\tilde{k}$的动态学特征

图 1 至图 4 还显示,当$\rho<1$时,$g_{\tilde{A}}$和$\tilde{k}$具有各自的稳态值,数字经济增长收敛。如果假设图 1 至图 4 分别对应四个具备相似基本国情且处于相同发展阶段的国家,那么对比图 1 至图 4 可知,数字经济参与人口外部性更高(即ω更大)且数字全要素生产率外部性更小(即ρ更小)的国家,其数字经济增长能以更快的收敛速度达到稳态。

(2) 数字经济增长发散($\rho>1$)

当数字全要素生产率增量对数字全要素生产率所产生的外部性参数$\rho>1$时,数字经济增长发散。令(ω,ρ)取$(0.500,1.500)$,$g_{\tilde{A}}$和$\tilde{k}$的动态学特征见图5。受数字经济增长发散以及软件和数值模拟计算方法的限制,本文设定时间t的区间为$[0,24]$[①]。

图 5 显示,数字全要素生产率的增长率$g_{\tilde{A}}$从初始值 0.080 开始不断上升,在$t=20$时开始以指数形式增长,在$t=24$时达到最大值。数字有效劳动

---

① $\rho>1$时数字经济增长发散,在$t=24$时已呈现指数形式增长,没有必要截取更长的时间进行分析,否则会出现数字全要素生产率的增长率增加到无穷的极端情况。

平均资本量$\tilde{k}$从初始值 1 开始先上升,约在 $t=9$ 时达到最大值,之后不断减小并在 $t=24$ 时达到最小值。这表明,当 $\rho>1$ 时,数字全要素生产率的增长率 $g_{\tilde{A}}$ 不断增大,不收敛于稳态值,数字经济增长发散。同时,$g_{\tilde{A}}$ 的迅速增大也会使数字全要素生产率 $\tilde{A}$ 不断增大,由于 $\tilde{k}=K/\tilde{A}L$,因此 $\tilde{k}$ 最终减小至接近于零。

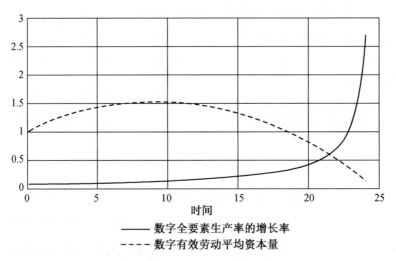

图5　(ω,ρ)取$(0.500,1.500)$时 $g_{\tilde{A}}$ 和 $\tilde{k}$ 的动态学特征

（3）数字经济增长发散（$\rho=1$）

当数字全要素生产率增量对数字全要素生产率所产生的外部性参数 $\rho=1$ 时,数字经济增长发散。令(ω,ρ)取$(0.500,1.000)$,$g_{\tilde{A}}$ 和 $\tilde{k}$ 的动态学特征见图6。为更清晰地反映 $g_{\tilde{A}}$ 和 $\tilde{k}$ 的动态学特征,设定时间 t 的区间为$[0,5\ 000]$。

图 6 显示,数字全要素生产率的增长率 $g_{\tilde{A}}$ 从初始值 0.080 开始以指数形式增长,在 $t=5\ 000$ 时达到最大值。数字有效劳动平均资本量 $\tilde{k}$ 从初始值 1 开始先上升,约在 $t=45$ 时达到最大值,之后不断减小并在 $t=5\ 000$ 时达到最小值。这表明,当 $\rho=1$ 时,数字全要素生产率的增长率 $g_{\tilde{A}}$ 不断增大,不收敛于稳态值,数字经济增长发散。同时,$g_{\tilde{A}}$ 的迅速增大也会使 $\tilde{A}$ 不断增大,由于 $\tilde{k}=K/\tilde{A}L$,因此 $\tilde{k}$ 最终减小至接近于零。

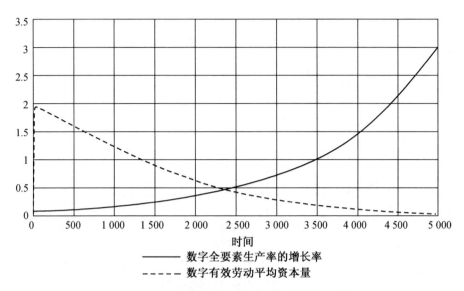

图 6 (ω,ρ)取$(0.500,1.000)$时 $g_{\tilde{A}}$ 和 $\tilde{k}$ 的动态学特征

2. 间接政策效应(人口覆盖效应)

根据前文所述,在数字经济增长收敛时,对(ω,ρ)进行参数校准,可取$(0.100,0.900)$、$(0.250,0.750)$、$(0.500,0.500)$和$(1.000,0.000)$四种组合。为清晰地说明政策效应在传统经济和数字经济条件下的差异,且又能简化本文所做的分析,这里只以(ω,ρ)取$(0.500,0.500)$为例。假设传统经济和数字经济在初始时均处于稳态,政策效应以 s_R 和 $s_{\tilde{A}}$ 均增加一百分点作为冲击变量,即传统经济中的科研人员占比 s_R 从 0.361% 升为 1.361%,数字经济中的数字经济参与人口占比 $s_{\tilde{A}}$ 从 70.4% 升为 71.4%。传统经济条件下的间接政策效应见图 7,数字经济条件下的间接政策效应见图 8。

图 7 显示,传统经济条件下的有效劳动平均资本量 $\tilde{k}=K/\tilde{A}L$ 的初始稳态值为 5.249,当科研人员占比 s_R 从 0.361% 升为 1.361% 时,有效劳动平均资本量 $\tilde{k}$ 开始不断下降,约在 $t=60$ 时达到最小值,之后保持这一稳态值基本不变。这表明,在传统经济条件下,增加科研人员占总人口的比重 s_R 将导致最终品生产人口占总人口的比重下降,产出降低,进而资本积累减少,所以有效

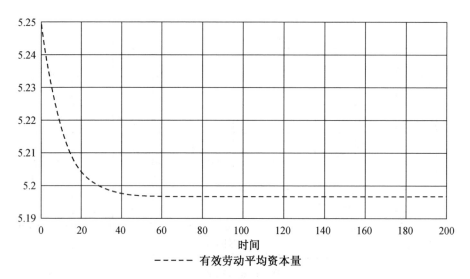

图 7　传统经济条件下的间接政策效应

劳动平均资本量 $\hat{k}$ 会下降至新的稳态值。

图 8 显示,数字经济条件下的数字有效劳动平均资本量 $\tilde{k}=K/\tilde{A}L$ 的初始稳态值为 3.709,当数字经济参与人口占比 $s_{\tilde{A}}$ 从 70.4％升为 71.4％时,数字有效劳动平均资本量 $\tilde{k}$ 开始不断上升,约在 $t=60$ 时达到最大值,之后保持这一稳态值基本不变。这表明,在数字经济条件下,增加数字经济参与人口占总人口的比重 $s_{\tilde{A}}$ 将导致产出增加,资本积累增多,所以数字有效劳动平均资本量 $\tilde{k}$ 会上升至新的稳态值。

对比图 7 和图 8 可知,在传统经济条件下增加科研人员占总人口的比重 s_R 会降低有效劳动平均资本量 $\hat{k}$,而在数字经济条件下增加数字经济参与人口占总人口的比重 $s_{\tilde{A}}$ 则会提高数字有效劳动平均资本量 $\tilde{k}$。同时,传统经济条件下劳动平均产出的稳态值与数字经济条件下劳动平均产出的稳态值之间的差异也可表明,在传统经济条件下增加科研人员占总人口的比重 s_R 可能会降低劳动平均产出,但在数字经济条件下增加数字经济参与人口占总人口的比重 $s_{\tilde{A}}$ 只会提高劳动平均产出。因此,在数字经济条件下增加数字经济参与人口占总人口的比重 $s_{\tilde{A}}$,比在传统经济条件下增加科研人员占总人口的比重

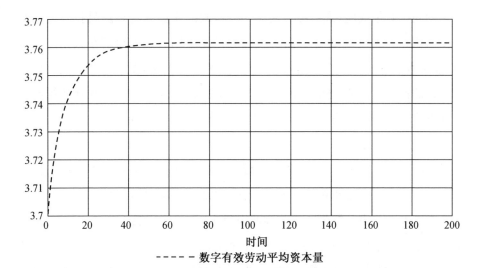

图 8　数字经济条件下的间接政策效应

s_R，在促进经济增长方面具有更明显的政策效应。

五、结论与建议

本文的主要结论包括三个。一是金融科技是数字技术与金融的深度融合。金融科技能够推进业态创新，加快数据要素积累，提升全要素生产率，促进数字经济增长。金融科技给数字经济的全要素生产率带来结构性变化，促进全要素生产率的数字化转型，能够极大释放数字经济增长的潜力和活力。二是政府采取支持金融科技发展和数据要素积累的政策，能够产生推动数字经济增长的政策效应。直接政策效应（经济数字化效应）表明，金融科技扩散程度与数据要素价值挖掘外溢程度直接决定了数字经济的全要素生产率外部性大小，进而决定数字经济增长的动态学特征，以及数字经济增长的效果。反映数字经济条件下全要素生产率的外部性参数 ρ 是推动数字经济增长最重要的因素；$\rho<1$ 时数字经济增长收敛，$\rho\geqslant1$ 时数字经济增长发散，ρ 越大，数字经济增长就越迅速，直接政策效应（经济数字化效应）就越强。三是数字经济

增长的间接政策效应(人口覆盖效应)表明,政府实施支持金融科技发展和数据要素积累相关政策,基于金融科技充分挖掘中国大量人口潜在数据要素价值,能够吸引并将更多人口纳入数字经济范畴,通过增加数字经济参与人口占总人口的比重 $s_{\bar{A}}$,间接推动数字经济增长,弥补"数字鸿沟",这比在传统经济条件下增加科研人员占总人口的比重更具有可操作性和可行性。

本文的建议主要有:一是加快金融科技扩散与应用,如鼓励大数据、云计算、移动互联、区块链、物联网和人工智能等数字技术与金融业深度融合,推动先进数字技术在金融机构的开发与应用,以加大金融科技对数字经济发展的支持力度。二是重视数据要素积累政策指引,如利用金融科技充分挖掘、整合全社会数据要素资源,打破数据壁垒和建立数据资源共享机制,以提高数据要素的利用率,增强数字经济的全要素生产率的正外部性。三是提升数字经济参与人口占总人口的比重,如基于中国大量人口潜在数据要素价值,大力培养高端研发人才,扩大数字设备和载体的普及范围,通过金融科技创新金融业态和商业模式,充分发挥应用场景多样性优势,以将更多人口转化成为数字经济参与人口,不断弥补"数字鸿沟"。

主要参考文献

[1] 中华人民共和国国家互联网信息办公室. 二十国集团数字经济发展与合作倡议[EB/OL].(2016 - 09 - 29)[2021 - 10 - 26]. http://www.cac.gov.cn/2016 - 09 /29/c_1119648520.htm.

[2] 刘淑春. 中国数字经济高质量发展的靶向路径与政策供给[J]. 经济学家,2019(6):52 - 61.

[3] 李海舰,李燕. 对经济新形态的认识:微观经济的视角[J]. 中国工业经济,2020(12):159 - 177.

[4] 王世强,陈逸豪,叶光亮. 数字经济中企业歧视性定价与质量竞争[J]. 经济研究,2020(12):115 - 131.

[5] GOLDFARB A,TUCKER C. Digital economics[J]. Journal of Economic Literature,2019,57(1):3 - 43.

[6] BUKHT R, HEEKS R. Defining, conceptualising and measuring the digital economy [Z]. Development Informatics Working Paper No. 68, 2017.

[7] FINANCIAL STABILITY BOARD. Financial stability implications from FinTech: supervisory and regulatory issues that merit authorities' attention [R]. Basel: FSB, 2017.

[8] 周全, 韩贺洋. 数字经济时代下金融科技发展、风险及监管[J]. 科学管理研究, 2020 (5): 148-153.

[9] 王智新, 郭家琛, 朱文卿, 等. 金融科技创新促进数字经济发展研究综述与展望[J]. 科学管理研究, 2021(6): 132-138.

[10] 孟振全. 数字金融服务数字经济发展[J]. 中国金融, 2021(18): 35-36.

[11] 王馨. 互联网金融助解"长尾"小微企业融资难问题研究[J]. 金融研究, 2015(9): 128-139.

[12] 谢绚丽, 沈艳, 张皓星, 等. 数字金融能促进创业吗？——来自中国的证据[J]. 经济学, 2018(4): 1557-1580.

[13] 张勋, 万广华, 张佳佳, 等. 数字经济、普惠金融与包容性增长[J]. 经济研究, 2019 (8): 71-86.

[14] 刘森, 刘渊, 杨洋. 云计算技术扩散与经济增长——基于 DSGE 的模型分析[J]. 科研管理, 2016(9): 49-58.

[15] 陈彦斌, 林晨, 陈小亮. 人工智能、老龄化与经济增长[J]. 经济研究, 2019(7): 47-63.

[16] 何大安. 互联网应用扩张与微观经济学基础——基于未来"数据与数据对话"的理论解说[J]. 经济研究, 2018(8): 177-192.

[17] 于立, 王建林. 生产要素理论新论——兼论数据要素的共性和特性[J]. 经济与管理研究, 2020(4): 62-73.

[18] 蔡跃洲, 马文君. 数据要素对高质量发展影响与数据流动制约[J]. 数量经济技术经济研究, 2021(3): 64-83.

[19] 王谦, 付晓东. 数据要素赋能经济增长机制探究[J]. 上海经济研究, 2021(4): 55-66.

[20] 杨汝岱. 大数据与经济增长[J]. 财经问题研究, 2018(2): 10-13.

[21] 徐翔, 赵墨非. 数据资本与经济增长路径[J]. 经济研究, 2020(10): 38-54.

[22] 王胜利, 樊悦. 论数据生产要素对经济增长的贡献[J]. 上海经济研究, 2020(7): 32-

39,117.

[23] 徐翔,厉克奥博,田晓轩. 数据生产要素研究进展[J]. 经济学动态,2021(4)：142 - 158.

[24] JONES C I, VOLLRATH D. Introduction to economic growth[M]. 3rd ed. New York:W. W. Norton & Company,2013.

[25] WEIL D N. Economic growth[M]. New York:Pearson Education,2005.

[26] SOLOW R M. A contribution to the theory of economic growth[J]. The Quarterly Journal of Economics,1956,70(1):65 - 94.

[27] ROMER P M. Endogenous technological change[J]. Journal of Political Economy,1990,98(5):S71 - S102.

[28] GROSSMAN G M, HELPMAN E. Innovation and growth in the global economy [M]. Cambridge,MA:The MIT Press,1991.

[29] GROSSMAN G M, HELPMAN E. Quality ladders and product cycles[J]. The Quarterly Journal of Economics,1991,106(2):557 - 586.

[30] GROSSMAN G M, HELPMAN E. Quality ladders in the theory of growth[J]. The Review of Economic Studies,1991,58(1):43 - 61.

[31] AGHION P, HOWITT P. A model of growth through creative destruction[J]. Econometrica,1992,60(2):323 - 351.

[32] 李平. 提升全要素生产率的路径及影响因素——增长核算与前沿面分解视角的梳理分析[J]. 管理世界,2016(9):1 - 11.

[33] 田友春,卢盛荣,靳来群. 方法、数据与全要素生产率测算差异[J]. 数量经济技术经济研究,2017(12):22 - 40.

[34] JONES C I. R & D-based models of economic growth[J]. Journal of Political Economy,1995,103(4):759 - 784.

[35] AGHION P, HOWITT P. The economics of growth[M]. Cambridge,MA: The MIT Press,2008.

[36] 严成樑,周铭山,龚六堂. 知识生产、创新与研发投资回报[J]. 经济学,2010(3)：1051 - 1070.

[37] 裴长洪,倪江飞,李越. 数字经济的政治经济学分析[J]. 财贸经济,2018(9):5 - 22.

[38] 侯层,李北伟. 金融科技是否提高了全要素生产率——来自北京大学数字普惠金融指数的经验证据[J]. 财经科学,2020(12):1-12.

[39] 江红莉,蒋鹏程. 数字金融能提升企业全要素生产率吗?——来自中国上市公司的经验证据[J]. 上海财经大学学报,2021(3):3-18.

[40] 陈中飞,江康奇. 数字金融发展与企业全要素生产率[J]. 经济学动态,2021(10):82-99.

[41] FARBOODI M, VELDKAMP L. A growth model of the data economy[Z]. NBER Working Paper No. 28427,2021.

[42] 李治国,王杰. 数字经济发展、数据要素配置与制造业生产率提升[J]. 经济学家,2021(10):41-50.

[43] 宋炜,张彩红,周勇,等. 数据要素与研发决策对工业全要素生产率的影响——来自2010—2019年中国工业的经验证据[J]. 科技进步与对策,2022(2):40-48.

[44] 荆文君,孙宝文. 数字经济促进经济高质量发展:一个理论分析框架[J]. 经济学家,2019(2):66-73.

[45] 郭吉涛,梁爽. 数字经济对中国全要素生产率的影响机理:提升效应还是抑制效果?[J]. 南方经济,2021(10):9-27.

[46] 万晓榆,罗焱卿. 数字经济发展水平测度及其对全要素生产率的影响效应[J]. 改革,2022(1):101-118.

[47] 范合君,吴婷. 新型数字基础设施、数字化能力与全要素生产率[J]. 经济与管理研究,2022(1):3-22.

[48] 金星晔,伏霖,李涛. 数字经济规模核算的框架、方法与特点[J]. 经济社会体制比较,2020(4):69-78.

[49] BARRO R J, SALA-I-MARTIN X I. Economic growth[M]. 2nd ed. Cambridge, MA: The MIT Press,2003.

[50] 金春雨,张龙,贾鹏飞. 货币政策规则、政策空间与政策效果[J]. 经济研究,2018(7):47-58.

[51] 张军,吴桂英,张吉鹏. 中国省际物质资本存量估算:1952—2000[J]. 经济研究,2004(10):35-44.

[52] 王维,陈杰,毛盛勇. 基于十大分类的中国资本存量重估:1978—2016年[J]. 数量经

济技术经济研究,2017(10):60-77.

[53] 张军,金煜. 中国的金融深化和生产率关系的再检测:1987—2001[J]. 经济研究,
　　 2005(11):34-45.

[54] 杨汝岱. 中国制造业企业全要素生产率研究[J]. 经济研究,2015(2):61-74.

（与吴心弘合作,《经济与管理研究》2022 年第 7 期）

金融科技服务实体经济的传导机制研究

摘要:本文在界定金融科技和实体经济概念的基础上,研究了金融科技服务实体经济的传导机制。基于金融功能观,传统金融服务实体经济的传导一般是通过融通资金、集中资本和分割股份、支付、提供信息和形成价格、管理风险、缓解信息不对称和委托代理问题这六条路径来实现,但其传导机制并不顺畅。金融科技服务实体经济的传导目前主要通过融通资金、支付和管理系统性风险这三条路径来实现,相比传统金融对实体经济的传导具有更高的效率、更低的成本以及更好的用户体验,进而纾解传导阻塞。最后,本文做了总结并有针对性地提出了建议。

关键词:金融科技;实体经济;传导机制

一、引 言

金融科技[①](Financial Technology,简称 FinTech)是技术驱动的金融创新,大数据、云计算、移动互联、区块链和人工智能等新技术的应用使得金融科技在应对传统金融服务实体经济所面临的局限时能够提供新的传导路径,或是在现有传导路径上强化相应金融功能的实现,使得金融服务实体经济的效率更高、成本更低、用户体验度更好。同时,金融科技所具有的诸多新特性使

---

① 部分研究也将金融科技称为数字金融(Digital Finance),下文做了辨析。

得传导机制可能出现许多新的特征,且传导机制会因金融科技的不断发展而产生动态演进,识别这些新特征并研究其中所蕴含的新规律,对于提高掌控金融科技服务实体经济的能力具有重要意义。

二、金融科技的基本内涵

（一）金融科技的定义与本质

　　目前,对于如何定义金融科技尚未形成共识。主流观点认为,金融科技是金融和科技的融合,是技术驱动下的金融创新。二十国集团(G20)合作机制下的金融稳定理事会(FSB,2016)给出的定义为:金融科技为通过技术手段推动金融创新,形成对金融市场、机构及金融服务产生重大影响的业务模式、技术应用以及流程和产品。巴塞尔银行业监管委员会(BCBS)认同金融稳定理事会(FSB)的定义(BCBS,2017)。中国人民银行(2017)定义金融科技为技术驱动的金融创新。中国香港特区金融科技督导小组(2016)认为,金融科技泛指利用资讯及通信科技提供金融服务。徐忠等(2017)强调,金融科技是金融与技术的融合发展,狭义定义强调金融机构对新技术新方法的运用,广义定义还包括各类金融机构的金融科技开发与应用以及金融科技对金融业态和金融运营模式所产生的影响。除此以外,部分学者将金融科技定义为一种新的金融业态,即"新金融"。亚洲金融合作协会筹建工作组的杨再平(2016)指出,新金融是基于高新科技手段的金融,或借助于高新科技跟金融相关的金融系列。万建华(2017)认为,新金融是指金融科技这类相对于传统金融而言的概念。

　　对于金融科技本质的讨论焦点在于其本质究竟是金融还是科技。大部分专家学者认为金融科技的本质是金融。例如,李东荣(2017)认为,金融科技本质是金融,技术只是载体和手段,金融科技并未脱离金融的功能属性和风险属性。朱民(2017)认为,金融科技和科技金融的本质都是金融,但金融和科技谁是主导仍是争议。本文认为,金融科技中的技术仅是方式、手段、途径,金融才是目的、需求、本质。在金融科技领域,任何先进的技术都是在基于某种金融原理并为了实现某种金融功能和满足一定的金融需求的情况下而研发的,技术本身是中性的,金融才能赋予技术的价值导向和现实意义。金融科技在实际应用过程中,有时强调金融因素,有时则强调科技因素,但这都不能改变金融科技的金融本质。

(二) 金融科技的起源及发展

能体现出金融科技雏形的事物很多,而且早已有之,例如,1439 年出现的使得钞票印刷成为可能的印刷机,1934 年 Frederick Lincoln Fuller 在纽约发明的用于处理支票的 IBM801 银行打样机,20 世纪 50 年代诞生的信用卡等。这些事物均体现了技术驱动下的金融创新这一金融科技的显著特征,但还不足以催生金融科技概念的形成。

具有明确记载的"FinTech"起源于 1985 年 8 月 11 日英国 *The Sunday Times* 上的文章"Telecom's Open Secret",但当时的"fintech"并非指今日的"Financial Technology",而是指一种改变了邮箱的程序。20 世纪 80 年代,FinTech 一词出现于美国硅谷及华尔街,并开始包含科技和金融要素。与当前含义最接近的"FinTech"来源于 20 世纪 90 年代早期,由花旗公司(花旗集团前身)所发起的一个名为"Financial Services Technology Consortium"的项目[①],"FinTech"即代表这个项目的名称。同时,美国的一些大投行也相继成立了 FinTech 部门。Google Trends 提供的全球 Google 网页搜索结果显示,"FinTech"的搜索热度从 2015 年起便开始大幅提高,近几年来随着信息通信技术不断取得突破性进展,金融科技得以迅速发展。

---

① 该项目英文名称与 1993 年成立的美国金融服务技术联合会(FSTC)相同,但尚无资料明确表明二者之间的关联。

（三）金融科技底层技术、分类及应用主体

金融科技底层技术主要包括大数据、云计算、区块链和人工智能，其他技术还涉及智能合约、深度学习和生物识别等。通常，相关研究主要基于四种主要的底层技术对金融科技进行分类。区块链技术相对于其他三种底层技术较为独立，而人工智能则是区块链、大数据、云计算，以及深度学习的有机融合。另一种观点认为，按照金字塔的结构，从下往上、由低阶到高阶的技术层次依次是大数据、云计算、区块链和人工智能，这几种技术之间相互依赖、相互促进。

金融科技的应用主体可分为两大类，即传统金融机构和金融科技企业。传统金融机构凭借自身科技实力，或与金融科技企业合作来研发和应用金融科技；金融科技企业则可通过为传统金融机构提供技术支持，或自己取得相关金融业务牌照来研发和应用金融科技。当下，传统金融机构和金融科技企业合作共赢逐渐成为一种主流模式。

三、传统金融服务实体经济的局限性

传统金融是指相对于新金融而言的原有金融体系，传统金融和以金融科技为代表的新金融共同构成了现有金融体系。关于实体经济的定义和范畴，学界并未统一，且对实体经济的研究往往还伴随着对虚拟经济和符号经济的讨论。一般认为，经济体系分为实体经济和虚拟经济，实体经济指商品和服务的生产和流通所形成的经济活动和经济关系的总和；虚拟经济指独立于实体经济运行的非生产性经济活动和经济关系的总和。彼得·德鲁克(1988)将整个经济体系分为实体经济和符号经济，实体经济指产品和服务的流通，符号经济指资本的运动、外汇率和信用流通。金融业属于服务业，即第三产业。以产业划分为视角，更有利于厘清金融与实体经济之间的关系(图1)。

经济体系	第一产业（农、林、牧、渔业）		实体经济	符号经济
	第二产业（采矿业，制造业，电力、热力、燃气及水生产和供应业，建筑业）			
	第三产业（除第一产业、第二产业以外的其他行业）	第三产业中的各行业（不包括金融业和房地产业）		
		金融业和房地产业中的生产性部分		
		金融业和房地产业中的非生产性部分	虚拟经济	

图1　金融与实体经济、虚拟经济、符号经济的范畴

资料来源：作者根据国家统计局《三次产业划分规定》整理后自行绘制。

图1显示，整个经济体系按产业进行划分，可分为第一、第二、第三产业。同时，按经济活动和经济关系的性质进行划分，可分为实体经济和虚拟经济。金融科技的本质是金融，金融业属于第三产业，因此对金融科技与实体经济关系的讨论属于对金融与实体经济关系讨论的范畴。金融服务实体经济需要明确三个问题。一是不能简单地认为金融业仅属于实体经济或虚拟经济，金融业作为一个特殊行业，本身可分为生产性和非生产性两部分，分别属于实体经济和虚拟经济。生产性部分属于实体经济，既直接贡献了GDP（例如金融业作为一个产业自身可以创造生产总值），又服务了实体经济中的其他部分（例如为实体经济中的第一、第二产业等提供资金融通）。非生产性部分属于虚拟经济，虽然非生产性部分作为金融业的一部分也计入GDP，但计入GDP不代表属于实体经济，因为这一部分不具备生产性，本身不创造实际财富也不服务实体经济，例如虚高的金融服务咨询费或是金融业和房地产业①中的资产价格泡沫等。二是生产性和非生产性只能作为定性区别，不能作为定量区分。例如，一项金融产品或金融服务，其价格由市场决定，如果其同时具备生产性和非生产性，非生产性部分究竟在价格中占比多少，或者说泡沫有多大，难以

---

① 房地产业中的非生产性部分具有金融产品的特性，此处归为一类讨论。

量化核算。三是金融科技属于金融业中具备生产性的部分,不仅自身贡献了GDP,而且能够服务实体经济。金融科技服务实体经济,指的就是金融科技服务第一、第二产业以及第三产业中除了金融业以外的具备生产性的行业。

有关金融服务实体经济的研究主要集中于金融中介理论、金融发展理论和金融功能学说,其中以 Merton & Bodie(1995)的金融功能学说所做的论述影响较大。金融的六大功能是:融通资金、集中资本和分割股份、支付、提供信息和形成价格、管理风险、缓解信息不对称和委托代理问题(Merton & Bodie,1995)。金融的六大功能是对金融服务实体经济的概括。传统金融在服务实体经济的过程中,虽已较多地实现这六大功能,但在当下的中国乃至全球范围内,仍有诸多局限性难以突破,如社会资金融通不顺畅、资本投资智能化程度较低、支付效率不高、价格形成机制不完善、信息不对称,以及由此带来的风险管理成本高等问题。究其原因,主要是现有的金融技术手段和业务模式对上述金融六大功能所能起到的边际贡献已越来越小,甚至为零。例如,中小企业和长尾人群的征信和贷款,仅依靠现有技术手段和金融业务模式难以解决征信成本高与贷款收益低且风险大之间的矛盾,而中小企业恰恰是我国实体经济的重要组成部分。李扬(2017)也认为,所谓"金融要服务实体经济",根本的要求就是有效发挥其媒介资源配置的功能;所谓为实体经济提供更好的金融服务,就是降低资金流通的成本,提高金融的中介效率和分配效率。因此,以金融科技进步为契机,依靠新的技术手段,创新金融业务模式,拓展金融服务实体经济的新路径,是突破传统金融服务实体经济局限性的必由之路。

四、金融科技服务实体经济的传导机制

金融科技服务实体经济,是指金融科技对实体经济所能够产生的正向影响。金融科技的本质是金融,不论强调的是金融因素还是科技因素,大部分金

融科技属于第三产业中具有生产性的金融行业①。因此,金融科技服务实体经济,除了直接贡献 GDP 以外,本质上仍离不开对金融功能观的讨论。金融科技服务实体经济的传导机制目前主要是通过融通资金、支付、管理系统性风险这三条路径来实现。金融科技所包含的诸如大数据、云计算、区块链和人工智能等技术在服务实体经济时并不是互相割裂的,不同的技术可以交叉融合进行应用,进而比传统金融条件下的传导具有更高的效率、更低的成本,以及更好的用户体验,能够在很大程度上纾解金融科技服务实体经济传导机制中的阻塞、扭曲、失灵和脱节等困难局面。

(一) 融通资金

资金的融通主要通过贷款、债券和股权这三条路径,金融科技服务实体经济的传导机制目前主要通过贷款和股权这两条路径来起到提高效率和降低成本的作用,能够在很大程度上纾解社会资金供需双方的匹配问题。

1. 金融科技支持银行发放企业贷款

传统金融服务实体经济在融通社会资金方面的短板主要体现在对中小企业的融资支持上。由于债市和股市等直接融资路径存在较高的门槛,所以中小企业往往只能选择银行贷款方式。银行在对中小企业提供贷款时,中小企业的特征决定了每笔贷款的收益相较于提供给信誉好的大型企业的贷款要低,而银行在风控阶段对数量众多中小企业的信用状况进行调查时却需要花费较高的成本,这导致银行不愿意做中小企业贷款业务,由此也衍生出高利贷等社会问题。要解决问题,关键在于提高对中小企业的征信效率,并降低融资成本,然后通过大规模地为中小企业提供贷款来弥补单个企业微薄利差收入的盈利缺陷。中小企业征信与个人征信不同,企业的信用情况除了与其本身的财务报表有关外,还涉及商业银行、税务、水电、法院、社保、环保、质检、媒

---

① 金融科技中的智能投顾领域有可能演化成金融行业的非生产性部分,从而助长投机和套利活动,同质化的算法所造成的"羊群效应"甚至可能导致系统性风险。

体,甚至企业家精神等。要想汇总来自不同部门的数据,民营征信机构和市场都没有能力完成,必须由政府建立专门的企业征信机构才可以做到,以规模效应来降低总成本和边际成本,否则会造成"征信数据碎片化"。目前,我国相关机构在数据采集方面已比较完善,但在金融科技实际应用方面则有待加强。

　　理论上,金融科技中的大数据、云计算、区块链和人工智能的逐渐成熟和普及能够有效缓解甚至解决中小企业融资难问题。其中,大数据主要用于采集、筛选、整理数据;云计算主要用于数据存储和提高数据处理效率;区块链主要用于解决信息不对称问题;人工智能主要用于分析与决策。征信机构和银行均可以基于自身业务需要研发自己的金融科技指标体系或技术系统,以实现实时或快速审核,并减少人工成本。对于人工智能无法解释因果关系、风控流程要求、线上数据和结果无法满足需求,以及企业家精神等问题,可适当增加线下人工审核环节作为补充。在业务实现流程上,征信机构利用金融科技及时更新企业信用数据,当企业需要向银行融资时,需向征信机构付费购买征信报告,并将其提交给银行,银行再对包括征信报告在内的各类企业状况进行调查,最终决定是否发放贷款(图2)。

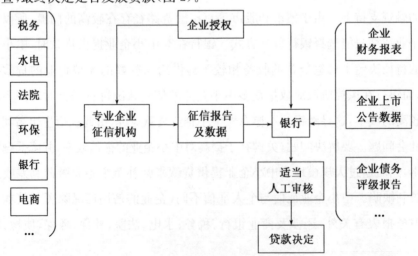

图2　金融科技服务企业的融资体系

资料来源:作者自行绘制。

2. 网络借贷

网络借贷包括个体网络借贷(即 P2P 网络借贷)和网络小额贷款[1],其平台的根本属性是信息中介,而非信用中介,因此可将网络借贷看作去中介化的直接融资。金融科技服务实体经济需触达中小企业和长尾人群,对此,银行和网络借贷平台应有不同的分工,互为补充:银行主要解决中小企业较大额融资问题,直达实体经济的痛点;网络借贷平台则主要解决长尾人群较小额融资问题,间接通过刺激长尾人群消费来带动经济增长。

网络借贷相较于银行的创新之处在于弱化了传统金融的中介作用,使得借贷双方的小额资金需求更易快速得到满足。但网络借贷平台本身的征信能力远远弱于银行,甚至没有征信能力,故更需依赖征信机构的支持才能正常开展业务。例如,2019 年 9 月 2 日,互联网金融风险专项整治工作领导小组、网贷风险专项整治工作领导小组联合发布《关于加强 P2P 网贷领域征信体系建设的通知》,要求 P2P 网贷机构将全面接入央行征信系统,这意味着网络借贷与征信系统的联系更加紧密。个人征信与企业征信并无本质区别,但个人征信的一大特点是其更依赖个人偏好和行为特征,此类数据的收集需场景化支持,由市场自行解决效率更高、成本更低。因此,个人征信领域应更提倡民营机构参与,官方和民营机构相互补充,提供差异化征信产品。同时,个人融资需求也比企业融资需求更加多样化,异质性也更强,多样化的融资需求对应多样化的征信产品,由市场自发完成匹配,从而实现新型融资模式。

3. 股权众筹融资

股权众筹融资主要是指通过互联网形式进行公开小额股权融资的活动,须通过中介机构平台进行,融资方主要是小微企业。[2] 从技术层面看,目前股权众筹融资主要应用了互联网技术,而未使用较新的区块链等技术。从相关业务运行情况看,股权众筹融资为达不到目前资本市场融资门槛,又因各种原

---

[1]　该定义取自《关于促进互联网金融健康发展的指导意见》(银发〔2015〕221 号)。

[2]　同上。

因无法获取其他渠道融资的小微企业提供了新的直接融资渠道。股权众筹融资能够通过给众多创新型小微企业提供融资支持,进而促进经济结构转型和实体经济发展。

随着区块链技术日臻成熟,使用区块链作为股份记账方式可推广用于中小企业直接融资。对于不满足现有资本市场上市门槛,又难以获得银行贷款和风投支持的中小企业,可通过正规区块链平台发行股份。此时的上市流程类似于注册制,可在一定程度上弱化投资银行的作用,且区块链所具有的独特共识机制、可追溯、不可篡改等优良特性也降低了监管的难度和成本。

(二)支付

支付是实体经济运行的重要基础。按照国际清算银行(BIS)下设的支付和市场基础设施委员会(CPMI)的定义,支付是付款人向收款人转移可接受货币债权的过程;清算是传递、调解,以及在某些情况下先于结算确认交易的过程;结算是按照合同条款履行货币债权转移义务。一般来讲,支付的范畴最大,依次包括了交易、清算、结算三个过程,支付的服务主体主要包括企业和个人。金融科技在支付领域的创新能够对服务实体经济起到提高效率、降低成本、提高用户体验度的作用。

1. 金融科技改善传统支付模式

金融科技用于改进传统支付模式,能够提高效率、降低成本和改善用户体验。金融科技用于改进传统支付模式的例子包括互联网支付、移动(扫码)支付和近场支付等,其技术基础包括互联网技术、大数据、云计算和近场通信(NFC)等。这些金融科技既应用于整个支付流程中与客户最为接近的交易环节,也应用于清算和结算环节(比如虚拟账户、大数据分析、云计算等)。虽然相较于现金支付、银行卡支付等方式,包括第三方支付在内的各种支付属于新型支付方式,但从本质上来讲,金融科技在这些支付方式上的应用并未彻底改变支付业务的模式,只是提高了支付各个流程的效率,降低了成本,同时在与客户最为接近的交易环节丰富了场景化应用种类、满足了用户体验。从传导机制来讲，金融科技所起到的提高效率和降低成本的功能可直接作用于实体经济，使实体经济运转得更加流畅、摩擦更小；场景化和满足用户体验则是通过提高客户黏性、扩大市场份额等方式来间接促进实体经济高效运转。

2. 金融科技创造新型支付模式

金融科技能够创新出新型支付模式，其技术基础是区块链，实现桥梁是数字货币，目前主要应用于跨国支付领域。这类基于区块链的新型支付模式的创新之处不仅在于能通过区块链分布式技术和中介货币来提高跨国支付的效率、降低跨国支付的成本，更重要的是突破了现有跨国支付体系的局限，并依托区块链建立了新型信任机制下的点对点跨国高效支付体系。目前，区块链之所以主要应用于跨国支付，主要有两个原因：一是区块链的整个支付确认时间较长，虽远远比不上现有国内支付方式的效率，但比现有跨国支付的效率却要高得多；二是跨国支付相较国内支付更需要解决信任度问题，传统跨国支付模式的低效率和高信任度是此消彼长的关系，但区块链的诸多优良特性使得这类新型跨国支付模式在不使用传统跨国支付信任机制的情况下建立了全新的信任机制，并能够高效运转。传统跨国支付模式与金融科技支持下的新型跨国支付模式的比较见表1。

表1　不同跨国支付模式比较

跨国支付模式	时间	成本	参与者	技术基础	网络模式	支付媒介
传统跨国支付模式	一般0～5天；紧急汇款速度快，但成本高	电汇、信用证、银行卡等不同方式成本不同，整体成本较高	汇款人、收款人、商业银行、外汇管理部门、SWIFT等	互联网	中心化	各国法定货币

（续表）

跨国支付模式		时间	成本	参与者	技术基础	网络模式	支付媒介
基于区块链的新型跨国支付模式	Ripple模式	一般几秒钟	一般可比传统模式缩减42%	商业银行、做市商、支付发起人、收款人	区块链	点对点	瑞波币（XRP，中心化数字货币，在支付网关内流通）
	Abra模式	实时收款，1小时之内（通常10分钟）取现	免费	汇款人、收款人、商业银行或"Abra柜员"	比特币区块链＋人体ATM	点对点	比特币
	Circle模式	不同情况下，最快即时完成，最慢4个工作日	免费（信用卡账户除外）	汇款人、收款人、Circle（充当经纪商角色）	区块链	点对点	比特币

资料来源：作者根据互联网及徐忠等（2017）补充和修改后绘制。

　　表1中，基于区块链的新型跨国支付模式能够实现的关键在于绕过了现有烦琐的跨境支付流程，以更高效的共识和信任机制取而代之，而这个新的机制主要依靠区块链来构建支付网络和数字货币作为支付媒介。但就目前我国的外汇管理体制而言，基于区块链的跨国支付完全不需要通过外汇管理部门及其指定的外汇交易商进行外汇买卖操作，绕过了监管，以类似比特币的通用数字货币作为不同法定货币的兑换中介会在一定程度上冲击我国的汇率政策和货币政策，甚至造成系统性风险，更谈不上服务实体经济了。同时，比特币等数字货币本身价格波动剧烈，且未来未必能够一直被正常使用，故其并不适合作为不同法币的兑换媒介。因此，上述新型跨国支付模式还需在未来被进一步改进。

　　一种可行的适用于在未来大规模推广的新型跨国支付模式，应坚持保留各国外汇管理部门的监管职能，依托金融科技对支付意图进行监管并提供可供选择的在支付网络网关内的中介货币①来进一步提升支付效率,以半中心化为设计目标,以改良的具备高并发性能区块链(非比特币目前使用的低效且耗时长的区块链)作为跨国支付网络的技术基础并建立类似于 SWIFT 的各国银行间区块链支付网络协议联盟,通过商业银行为客户提供差异化软件支持。当支付发起方发起一笔支付指令时,外汇管理部门可依托大数据、人工智能等金融科技迅速判断支付方的支付意图,对于需进一步审核的支付指令则转入传统审核流程,对于不需进一步审核的支付指令则转入跨国区块链支付网络进行快速支付,用户可根据自身偏好、实时效率和成本选择由支付网络提供的包括 SDR、各国法定货币、比特币等通用数字货币来进一步提升支付效率。当然,也可以选择正常兑换所需货币而不使用中介货币来完成整个支付流程。半中心化框架下的外汇管理部门作为一个主要节点,仅在必要时通过区块链的可追溯和不可篡改特性进行监管,这就简化了监管流程。正如我国法定数字货币与现有普通法定货币在未来某段时期可能存在双轨并行的情况一样,新型跨国支付系统也可能因各国实际推广情况不同而与现有的跨国支付系统双轨并行一段时间。另外,SWIFT 和 Ripple 的定位分别是大额和小额支付,二者在未来或许可以互补共存,提供差异化服务。新型跨国支付模式未来可主要应用于国际贸易领域,其对实体经济的促进作用具有较大的正外部性,可以从技术角度在一定程度上缓解当下中美贸易战对贸易及实体经济所带来的负面冲击。

值得一提的是,鉴于支付对实体经济的重要性,各国政府部门及大型机构均在加紧研发部署基于新型支付模式的数字货币,例如近期呼之欲出的中国央行数字货币(DC/EP),以及 Facebook 以其庞大的社交网络为基础并在全球推动的 Libra 数字货币等。各类数字货币之间的博弈将成为影响未来支付体系变革的重要因素。

---

① 支付网络内分布在不同地区有多个网关,网关内指定的中介货币可以在各个网关兑换各国法币,做市商提供兑换比率并赚取差价。这种设计结构来源于 Ripple 模式,可提高换汇支付效率。

（三）管理系统性风险

　　各国出现的"实体经济金融化"趋势,导致金融风险对实体经济运行的影响越来越大。金融业本身发展迅速,风险的传染性高、隐蔽性强,一旦造成系统性风险,则会严重破坏金融稳定,进而冲击实体经济。因此,对系统性风险进行有效监管,维护金融稳定,也是金融科技服务于实体经济。监管科技是未来应对系统性风险的可行选项。

　　监管科技(RegTech)是技术驱动的金融监管创新[①],实质上是金融科技的一个子集,其技术基础与金融科技并无二致。防范系统性风险、维护金融稳定需要从两方面着手:一是构建监管框架,二是从技术上实现监管框架的目标。监管科技所要助力的是后者,其主要起到提高监管效率、降低监管成本,并在现有监管框架下创新监管模式的作用。我国当前系统性风险来源、政策选择及监管科技应用的对应关系见图3。

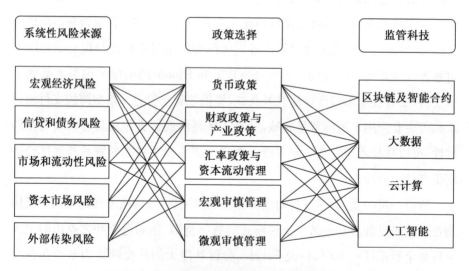

图3　系统性风险来源、政策选择及监管科技应用

资料来源:作者根据廖岷等(2014)补充和修改后绘制。

---

　　① 对监管科技还有另外两种理解:被监管的金融机构利用技术手段使自己符合监管要求;仅针对金融科技所进行的专门监管。这些不在本文的讨论范围内。

当前我国系统性风险主要来源于：宏观经济风险、信贷和债务风险、市场和流动性风险、资本市场风险和外部传染风险。这五个方面风险来源不同，却又在一定程度上相互交叉。宏观经济风险包括产出、就业、物价波动等；信贷和债务风险包括政府、企业、个人信贷和负债风险等；市场和流动性风险包括各金融市场短期资金情况等；资本市场风险包括股市和债市的非理性繁荣或下跌等；外部传染风险包括国际贸易不平衡、国际资本冲击、各国政策外溢效应等。针对不同的系统性风险来源，有不同的政策工具可供选择，监管科技可以在相应的政策领域发挥积极作用。

区块链及智能合约可应用于货币政策、财政政策与产业政策。目前应用于比特币的区块链必须通过改良才能应用于我国的实际情况，具体包括设置并增强中心化功能、提高交易确认效率、实名验证便于监管等。对于货币政策而言，由货币当局发行基于改良区块链的法定数字货币、数字票据等金融工具可提升货币政策传导效率、降低摩擦和损耗。同时，数字货币或数字票据等更有利于货币政策的实施和目标的实现，结合智能合约则可更加精准地调解货币供应量和货币结构资源配置，以便更好地服务实体经济。对于财政政策和产业政策而言，政府基于区块链及智能合约技术进行相应的财政资金划拨和使用可提升审批效率，区块链的不可篡改和可追溯特性有利于后期审计，智能合约有利于确定资金的用量、用途、时间等，这些对于政府性债务资金以及精准扶贫资金的规范使用尤其重要，使得政府对实体经济的调控更加精准、及时、有效。

大数据和云计算可用于几乎所有的政策选择。大数据和云计算具有较强的耦合性，大数据主要用于对数据的收集、整理、清洗和分析，云计算主要用于对数据进行高效的存储和计算，二者可在一个共同的体系中建设使用，优势互补。对于各类政策工具，大数据和云计算可实时大规模全样本地汇总、清洗、分析各类金融和经济数据，为政策提供精准的数据支撑，快速反馈各类政策的实施效果，做到对系统性风险的及时预警，维护金融稳定和实体经济的正常运行。

人工智能同样具有较强的通用性。人工智能在各类数据和软硬件的支持下,依靠自身逻辑和模型对金融、经济运行提供风险识别、预测和分析。但就目前来看,人工智能的普及应用还有两个短板:一是人工智能的主要基础是大数据、云计算、深度学习,作为基础的这三者尚未发展成熟,人工智能的成熟就需要更长的时间;二是人工智能只能作为一种决策辅助,很难完全解释清楚其判断的机制,故利用人工智能应更加注重人机交互而非完全依赖它,否则反而会起到与监管目标相反的效果。

五、结论与建议

金融科技是技术驱动的金融创新,其本质是金融,技术只是载体。金融科技一般按照技术分类包括大数据、云计算、区块链和人工智能等。本文在对金融科技与实体经济等概念进行辨析的基础上,研究了金融科技服务实体经济的传导机制。金融科技服务实体经济,是指金融科技对实体经济所能够产生的正向影响。基于金融功能观,传统金融服务实体经济的传导机制一般通过融通资金、集中资本和分割股份、支付、提供信息和形成价格、管理风险、缓解信息不对称和委托代理问题这六条路径来实现,但传统金融对实体经济的传导并不顺畅。金融科技服务实体经济的传导机制目前主要通过融通资金、支付、管理系统性风险这三条路径来实现,但比传统金融对实体经济的传导具有更高的效率、更低的成本,以及更好的用户体验,进而纾解传导机制中的阻塞、扭曲、失灵、脱节等情况。基于上述研究结论,本文提出两条针对性建议:

一是引导金融科技服务实体经济。金融科技具有非常光明的前景,但现阶段仍处于发展的早期,只有部分技术趋于成熟,未来仍有很长的发展与迭代过程。做好金融科技服务实体经济的顶层制度设计工作,鼓励实质性创新成果,使其实现服务于实体经济的根本目标,同时也要坚决打击短期炒作金融科技概念、制造泡沫、圈钱跑路的行为。

二是相关政府部门应在市场自主创新的基础上,适度参与金融科技服务实体经济的发展历程。一方面,以市场为金融科技的研发主体才能做到最大限度地激发自主创新的活力。另一方面,金融科技服务实体经济中某些功能的实现需要国家相关部门的适度参与,这既包括跨部门的征信数据整合、基于国家信用的区块链基础设施和上层建筑的建设等,也包括制定相关行业规范、技术标准等以解决行业内部分存在的"散、乱、小"的发展局面,以及公众数据垄断问题。以此来促进并规范金融科技,使其能够更好地服务实体经济。

主要参考文献

[1] 彼得·德鲁克. 管理的前沿[M]. 许斌,译. 北京:企业管理出版社, 1988.

[2] 京东金融研究院. 2017 金融科技报告:行业发展与法律前沿[M]. 北京:法律出版社,2017.

[3] 李东荣. 金融科技的本质是金融,技术只是载体和手段[EB/OL]. 上海证券报,2017(9).

[4] 李扬. "金融服务实体经济"辨[J]. 经济研究,2017(6):4-16.

[5] 廖岷,孙涛,丛阳. 宏观审慎监管研究与实践[M]. 北京:中国经济出版社,2014.

[6] 万建华. 金融业的科技进化历程[A]. 黄卓等主编. 金融科技的中国时代:数字金融 12 讲[C]. 北京:中国人民大学出版社,2017:1-17.

[7] 徐忠,孙国峰,姚前. 金融科技:发展趋势与监管[M]. 北京:中国金融出版社,2017.

[8] 杨再平. 期待新金融展现"金融帕累托大改进"[EB/OL]. 中国社会科学网,2016(12).

[9] 中国人民银行. 中国人民银行成立金融科技(FinTech)委员会[EB/OL]. 中国人民银行网站,2017(5).

[10] 中国香港特区金融科技督导小组. 金融科技督导小组报告[R]. 2016(2).

[11] 朱民. 主导金融科技的是金融还是科技?[EB/OL]. 凤凰网,2017(10).

[12] MARILIA A. The History of Fintech:Infographic[EB/OL]. https://b-hive.eu/news-full/2017/4/13/the-history-of-fintech-infographic, 2017(5).

[13] BCBS. Sound Practices:Implications of Fintech Developments for Banks and Bank Supervisors[R]. Basel Committee on Banking Supervision, 2017(8).

[14] DESAI F. The Evolution of Fintech. Forbes[EB/OL]. https://www. forbes. com/sites/falgunidesai/2015/12/13/the-evolution-of-fintech/#5bcd8f617175，2015(12).

[15] FSB. Fintech：Describing the Landscape and a Framework for Analysis[R]. Financial Stability Board，2016(3).

[16] HEPBURN G. Who coined the term "fintech"? [EB/OL] https://www. quora. com/Who-coined-the-term-fintech，2016(6).

[17] HOCHSTEIN M. BankThink Fintech（the Word，That Is）Evolves[EB/OL]. American Banker，https://www. americanbanker. com/opinion/fintech-the-word-that-is-evolves，2015(10).

[18] MERTON R C, ZVI B. Financial Infrastructure and Public Policy：A Functional Perspective[J]. Social Science Electronic Publishing，1995.

[19] WORD SPY. Fintech[EB/OL]. http://www. wordspy. com/index. php? word = fintech，2014(11).

[20] WRAPIOUS. The History of FinTech[EB/OL]. http://wrapious. com/news/09_02_2017/，2017(2).

（与吴心弘、何涛合作,《江苏国际金融》2020 年第 2 期）

数字普惠金融与包容性增长

摘要:数字普惠金融和包容性增长都强调公平。随着数字普惠金融快速发展,其对包容性增长产生的实际影响令人关注。本文以经济增长与城乡收入差距为理论视角,选取 2011—2018 年中国省际面板数据,运用固定效应模型和调节效应模型,实证检验了数字普惠金融对包容性增长的影响。研究发现,数字普惠金融发展可以显著促进包容性增长;数字普惠金融的覆盖广度对包容性增长的影响最大,使用深度的影响次之,数字化程度的影响最小;数字普惠金融对包容性增长的影响存在明显地区差异,即在中西部地区,数字普惠金融发展能够显著促进包容性增长,而在东部地区,数字普惠金融发展促进包容性增长的效果并不显著。研究还发现,教育水平强化了数字普惠金融发展对包容性增长的促进作用。基于所做研究,本文还提出了对策性建议。

关键词:数字普惠金融;包容性增长;城乡收入差距

一、引　言

包容性增长的概念由亚洲开发银行在 2007 年首次提出。与单纯追求经济增长不同,包容性增长最基本的内涵是公平合理地分享经济增长带来的福利,旨在让经济增长惠及更多的人群和地区,其中最主要的就是缩小收入分配差距,倡导机会平等的增长。在当代中国,只有保持经济增长,同时又缩小城乡收入差距,才能实现包容性增长。数字普惠金融是普惠金融的升级版,强调运用互联网、大数据、云计算、人工智能和区块链等信息技术,以合理的成本为社会大众,特别是弱势群体提供便利的金融服务。近十年来,中国数字普惠金融快速发展,在增强普惠金融触达性和穿透性,特别是在缓解农村金融抑制、精准扶贫和缩小城乡收入差距等方面发挥了积极的作用,并且已经产生了较大的国际影响。因此,深入研究中国数字普惠金融对包容性增长的影响具有重要的理论和现实意义。

本文以经济增长与城乡收入差距为理论视角,在对数字普惠金融与包容性增长之间关系进行理论分析的基础上提出研究假设,然后选取 2011—2018 年中国省际面板数据,运用固定效应模型和调节效应模型,实证检验了数字普惠金融对包容性增长的影响,目的是拓展相关领域的理论研究,并且为包容性增长的实践提供现实指引。

本文的边际贡献是:(1)在借鉴相关国内外文献的基础上,以经济增长与城乡收入差距为理论视角,用每单位经济增长所对应的城乡收入差距来衡量包容性增长水平,进而构建起独到的理论分析框架,这在很大程度上丰富了相关领域所做的研究,具有创新意义和学术价值;(2)实证检验了数字普惠金融与包容性增长之间的关系及其存在的地区差异,同时分析了教育水平的调节效应,这不仅验证了数字普惠金融对包容性增长的实际影响,而且还得出了有理论和应用价值的结论;(3)提出的对策性建议可为相关决策部门提供借鉴与参考。

二、文献回顾

包容性增长是当代社会经济发展追求的重要目标。长期以来,关于包容性增长的文献多为定性分析,重点是围绕包容性增长的理念、内涵和意义等展开研究。但随着相关研究的逐渐深入,专家学者也开始对包容性增长及其影响因素进行实证研究。张勋和万广华(2016)指出,包容性增长就是在追求收入增长的同时,尤其要关注收入分配问题,若某种因素既能促进收入的增长,又能缩小收入分配差距,那么则称该因素带来了包容性增长。他们还把影响收入的因素所带来的增长效应和收入分配效应置于同一个研究框架中,首次评估了中国农村基础设施对包容性增长的影响,发现座机电话、自来水等农村基础设施不仅可以缩小城乡收入差距,而且还可以改善农村内部的收入分配不平等状况。徐强和唐侃(2017)选择 2013—2016 年的样本数据,运用广义 Bonferroni 曲线和社会包容度指数对中国包容性增长水平进行测度,并运用面板回归模型实证检验了中国包容性增长的影响因素,发现金融深化、人均 GDP、人力资本和产业结构等因素有利于促进包容性增长,而失业率和通货膨胀则会抑制包容性增长。何宗樾和宋旭光(2018)基于中国家庭营养与健康调查(CHNS)2000—2011 年的样本数据,运用双向固定效应模型实证检验了公共教育投入对包容性增长的影响,研究发现低收入群体能够从公共教育投入中获利更多,进而促进包容性增长。

数字普惠金融是传统普惠金融的升级版。贝多广(2018)认为,与传统普惠金融相比,数字普惠金融依靠信息技术手段可以兼顾普惠性和商业可持续性,从而促进普惠金融的发展。黄益平和黄卓(2018)认为,数字金融展现出的最大优势就是支持普惠金融发展,为克服传统普惠金融的天然困难提供了一种可行的解决方案。郭峰等(2020)认为,数字普惠金融依靠信息技术手段使其具有较强的触达能力和地理穿透性,拓展了金融服务的覆盖范围和使用深度,并很大程度上缓解了信息不对称和降低了交易成本。

随着数字普惠金融发展,特别是数字普惠金融和包容性增长都强调公平的理念,近年来专家学者开始关注数字普惠金融对包容性增长的影响。Beck et al. (2018)通过构建一般均衡模型进行实证分析,发现肯尼亚的移动支付发展有利于创业,从而促进包容性增长。黄倩(2019)基于 2011—2015 年中国省际面板数据,实证检验了数字普惠金融对减贫的影响,发现收入增长和收入分配改善是数字普惠金融发展促进减贫的重要机制,贫困群体能从数字普惠金融发展中获益更多。张勋等(2019)将数字普惠金融指数与中国家庭追踪调查(CFPS)数据相结合,采用双向固定效应模型实证检验了数字普惠金融对包容性增长的影响及其传导机制,发现数字普惠金融发展有利于缩小区域和城乡的收入差距,从而促进包容性增长。他们还发现,数字普惠金融可以通过创业作用于包容性增长,农村居民比城镇居民在创业中获利更多,并且数字普惠金融发展能够提高农村低收入家庭和低社会资本家庭创业的概率,这有利于改善农村内部收入不均等的状况。任碧云和李柳颖(2019)基于 2017 年京津冀 2 114 位农村居民的调查数据,采用结构方程模型实证检验了数字普惠金融对包容性增长的影响,发现数字支付和数字借贷对包容性增长具有直接的促进作用,而数字投资对包容性增长的影响不显著。周利等(2020)根据北京大学数字金融研究中心发布的数字普惠金融指数与中国劳动力追踪数据,运用分位数回归的 MM 分解方法,实证检验了数字普惠金融对城乡收入差距的影响,发现数字普惠金融发展有利于缩小城乡收入差距,并且对低收入群体的边际效应更大。马德功和滕磊(2020)基于 2011—2018 年省际面板数据,运用双向固定效应模型和系统 GMM 估计进行实证检验,发现数字普惠金融发展有利于促进包容性增长,数字普惠金融发展还可以缓解创业主体的融资约束,特别是对城镇化率低和社会资本少的地区创业活动更有裨益。

上述文献为本文研究提供了有益的借鉴与参考。但是,在中国数字普惠金融快速发展和社会经济发展应追求包容性增长已成共识的今天,关于数字普惠金融发展促进包容性增长的实际效果和作用机制方面的研究还不够深入。本文以经济增长与城乡收入差距为理论视角,运用固定效应模型和调节效应模型,选取 2011—2018 年中国省际面板数据,深入研究数字普惠金融对包容性增长的影响,目的是丰富相关领域的研究成果,并且为相关实践提供现实指引。

三、理论分析与研究假设

包容性增长的核心要义是在追求经济增长的同时，注重改善收入分配结构，即兼顾效率与公平。城乡收入差距大是当今中国社会经济发展中需要解决的重要问题之一。本文把包容性增长定义为经济增长和城乡收入差距缩小的同时实现。若某因素只能带来经济增长，而不能缩小城乡收入差距，则该因素不能促进包容性增长；若某因素只能缩小城乡收入差距，而不能带来经济增长，则该因素也不能促进包容性增长；只有当某因素有利于同时实现经济增长和城乡收入差距缩小时，该因素才能够促进包容性增长。中国包容性增长的关键在于发展"三农"经济，缩小城乡收入差距。2004—2021 年，连续 18 年中央一号文件都以"三农"为主题，强调了解决"三农"问题是中国现代化建设中的"重中之重"。近几年来，农业供给侧改革、脱贫攻坚和乡村振兴等战略的实施，就是要通过提高农村居民收入水平，缩小城乡收入差距，进而促进包容性增长。

数字普惠金融的发展能够通过提供支付便利和缓解流动性约束来刺激居民消费，同时在很大程度上缓解了小微企业的融资难、融资贵问题，进而对促进经济增长产生了重要作用。更重要的是，数字普惠金融的发展有利于缩小城乡收入差距，主要表现为：第一，数字普惠金融的发展降低农村居民获得金融服务的门槛和成本，使其能够获得信贷资金从事生产经营活动，进而提高农村居民的经营性收入，这样有助于缩小城乡收入差距；第二，数字普惠金融发展具有很好的减贫效应，随着互联网借贷、互联网基金和互联网理财等在农村的推广普及，农村居民有机会获得财产性收入，进而可以减少农村贫困人口；第三，数字普惠金融能够发挥"涓滴效应"，即数字普惠金融通过促进城镇经济的发展，创造更多的就业岗位，引导农民工进城，增加其工资性收入，进而通过间接作用缩小城乡收入差距。数字普惠金融发展能够在促进经济增长的同时缩小城乡收入差距。因此，本文提出研究假设 1。

假设 1:数字普惠金融发展有利于促进包容性增长。

无论是从理论还是从实践上看,都可按覆盖广度、使用深度和数字化程度这三个维度考察数字普惠金融对包容性增长的影响。数字普惠金融覆盖广度主要用数字账户的覆盖率来衡量,反映了金融服务的供给,高覆盖广度不仅有助于储蓄形成,将更多社会闲散资金转化为投资,而且也有助于为居民消费提供支付便利。数字普惠金融使用深度主要用支付、货币基金、信贷、保险、投资,以及信用等业务人均规模来衡量,反映了金融需求得到满足的程度,高使用深度有助于居民和小微企业的金融需求得到满足。数字化程度主要用数字普惠金融移动化、实惠化、信用化和便利化等程度来衡量,反映了金融服务的效率,高数字化程度有助于提高普惠金融的覆盖广度和使用深度。数字普惠金融三个维度都能够在促进经济增长的同时,缩小城乡收入差距,进而促进包容性增长。但是,数字普惠金融的覆盖广度、使用深度和数字化程度对包容性增长的影响会存在差异。因此,本文提出研究假设 2。

假设 2:提高数字普惠金融的覆盖广度、使用深度和数字化程度,都有利于促进包容性增长,但不同维度产生的影响会存在差异。

据统计,2011 年全国数字普惠金融指数的均值为 40.00,2018 年为 300.21,实现了 7.5 倍的增长;2011 年东、中、西部地区数字普惠金融指数的均值分别为 59.16、33.01 和 24.57,到 2018 年分别为 327.78、293.12 和 278.44[①],这说明我国东、中、西部地区数字普惠金融都取得了较快发展,但数字普惠金融发展程度在地区间仍然存在明显差距。因为东部地区金融发达,金融体系较为完善,传统金融机构覆盖广度和密度较高,金融产品较为丰富,居民和企业能够获得较好的金融服务。所以,东部地区数字普惠金融发展对缩小城乡收入差距的边际效应较小,进而对包容性增长的影响不明显。与此同时,中西部地区金融发展滞后,特别是交通基础设施较差使金融机构与服务难以覆盖农村地区,受教育程度较低的农民也容易受到传统金融机构排斥,中西部地区数字

① 数据来源:北京大学数字金融研究中心发布的数字普惠金融指数(2011—2018 年)。

普惠金融发展对缩小城乡收入差距的边际效应较大,进而对包容性增长的影响也比较明显。另外,中西部地区"三农"经济较为发达,在 GDP 中占比较高,数字普惠金融具有高触达性和广覆盖性等优势,更有利于促进中西部地区"三农"经济的发展,进而缩小城乡收入差距,促进包容性增长。因此,本文提出研究假设 3。

假设 3:与东部地区相比,数字普惠金融发展更能够促进中西部地区包容性增长。

随着知识经济和科技时代的到来,人力资本作为新的生产要素对社会经济发展的作用日益重要。教育水平是人力资本的重要体现,也是影响居民进入金融市场的潜在因素之一。数字普惠金融是互联网、大数据、云计算、人工智能和区块链等信息技术在金融领域的应用,无论是金融科技的应用,还是金融服务的获取,都要求城乡居民拥有较高的受教育水平。例如支付宝、微信支付等第三方支付、各种"宝宝"类互联网基金以及基于各类电商平台的消费信贷等,都要求居民在线上或者移动端消费这些数字金融产品,而数字金融产品的消费必须具备一定的科技和金融知识。教育水平越高,居民对数字普惠金融的认知和使用会更加充分,数字普惠金融发展对包容性增长的促进作用也就越大。因此,本文提出研究假设 4。

假设 4:教育水平能够强化数字普惠金融发展对包容性增长的促进作用。

四、研究设计

（一）变量选取

1. 被解释变量

包容性增长(IG)是本文实证检验模型中的被解释变量。关于包容性增长的衡量指标,目前还没有形成普遍共识。本文在借鉴相关文献和认真思考后,用城乡收入差距与经济增长之比来衡量包容性增长水平。城乡收入差距与经济增长的比值越小,即单位经济增长所对应的城乡收入差距越小,则包容性增长水平越高;反之,则说明单位经济增长所对应的城乡收入差距越大,包容性增长水平越低。包容性增长(IG)＝城乡收入差距/经济增长,其中,城乡收入差距的计算公式为城乡收入差距(GAP)＝城镇居民人均可支配收入/农村居民人均纯收入;经济增长用人均实际国内生产总值来衡量,人均实际国内生产总值等于人均名义国内生产总值剔除物价水平变动的影响,因此计算公式为经济增长(GDP)＝人均名义国内生产总值/消费者物价指数。考虑到量纲统一的要求,本文对经济增长指标进行自然对数处理。

2. 解释变量

数字普惠金融(DIF)是本文实证检验模型中的解释变量。在相关研究文献中,专家学者大多采用北京大学数字金融研究中心发布的数字普惠金融指数[①]来衡量数字普惠金融的发展。该指数包括覆盖广度、使用深度和数字化程度三个维度,分别反映数字账户的覆盖程度、数字金融产品和服务的真实使用情况以及金融服务的便利化、实惠化和信用化等客户体验情况,共有 33 个具体指标。因为“北京大学数字普惠金融指数”是目前可获得,且比较系统和权威的数字普惠金融指数,所以本文也采用该指数衡量数字普惠金融的发展。考虑到量纲统一的要求,本文对数字普惠金融指数及其三个维度的指数进行自然对数处理。

3. 控制变量

根据经济增长理论和收入分配理论,特别是借鉴 Zhang et al. (2012)、陈斌开和林毅夫(2013)等的研究,本文选择的控制变量是以下 6 个。(1) 政府作用(GOV),用财政支农占 GDP 的比重来衡量。财政支农比例的增加体现了政府财政支出向支持“三农”经济倾斜,有利于缩小城乡收入差距,促进包容性增长。(2) 投资水平(INV),用农村固定资产投资占 GDP 的比重来衡量。农村固定资产投资比重的增加有利于提高“三农”的生产力和缩小城乡收入差

---

① 该指数是在利用蚂蚁金服数以亿计的大数据基础上,通过指标体系的构建、指标无量纲化处理和层次分析法指标赋权,最终合成指数。具体编制过程详见:郭峰,王靖一,王芳,等.测度中国数字普惠金融发展:指数编制与空间特征[J].经济学(季刊),2020,19(4):1401-1418。

距,促进包容性增长。(3) 城镇化水平(URB),用城镇人口占总人口的比重来衡量。城镇化主要指农业人口向非农人口的转变,这有利于缩小城乡居民收入差距,促进包容性增长。(4) 产业结构(IND),用第三产业增加值占 GDP 的比重来衡量。第三产业增加值占比越高,说明大量资源流向非农部门,进而不利于包容性增长。(5) 对外开放程度(OPEN),用外商投资占 GDP 的比重来衡量。与外商投资相关的产业主要集中在城镇,对外开放程度的提升主要有利于城镇居民收入的提高(唐礼智等,2008),进而对包容性增长产生不利影响。(6) 教育水平(EDU),用劳动力的平均受教育年限来衡量。教育水平的提高可以积累人力资本,促进居民增收。但是,如果教育资源过度集中于城市,这就将拉大农村与城镇教育水平的差距,阻碍城乡收入差距的缩小,进而不利于包容性增长。

4. 调节变量

被解释变量与解释变量之间的关系受另一个变量的影响,则称该变量为调节变量。调节变量本质上是一种通过与解释变量交乘而对被解释变量产生间接影响的变量,其可以选自控制变量,也可以选自外部变量。数字普惠金融发展促进包容性增长作用的发挥会受到居民所掌握科技和金融知识的间接影响,受教育程度越高的居民,其掌握的科技与金融知识越多,他们在数字普惠金融发展促进包容性增长中发挥的积极作用也就越大。本文选取教育水平(EDU)为调节变量,其来自控制变量,这是因为教育水平在对包容性增长产生直接影响的同时,还会间接影响数字普惠金融发展促进包容性增长作用的发挥。梁双陆和刘培培(2018)的研究也表明,居民对数字普惠金融的使用存在教育约束,他们发现数字普惠金融发展对城乡收入差距的收敛效应存在明显的教育门槛。因此,本文选取的调节变量,即教育水平(EDU)可用劳动力平均受教育年限来衡量。

(二) 数据来源

本文的解释变量数字普惠金融的数据来源于北京大学数字金融研究中心

编制的数字普惠金融指数。本文的被解释变量、调节变量和控制变量的数据
主要来源于国家统计局和 Wind 数据库。数字普惠金融指数的编制始于 2011
年,目前只更新到 2018 年,鉴于数据的可得性和各样本期间的统一性要求,本
文选取的样本期间为 2011—2018 年,并且以 31 个省市自治区的年度数据为
研究样本。

(三)模型设定

为研究数字普惠金融对包容性增长的影响,本文以包容性增长为被解释
变量,以数字普惠金融为解释变量,并加入相关控制变量,并在借鉴 Levine
(2006)、陈斌开和林毅夫(2013)所做研究的基础上,构建实证检验模型。另
外,考虑到省级个体不随时间变化的异质性特征,本文选择固定效应模型,其
函数表达式如下:

$$IG_{it} = \alpha_0 + \alpha_1 DIF_{it} + \alpha_2 GOV_{it} + \alpha_3 INV_{it} + \alpha_4 URB_{it} + \alpha_5 IND_{it} +$$
$$\alpha_6 OPEN_{it} + \alpha_7 EDU_{it} + \mu_i + e_{it} \tag{1}$$

式(1)中,各变量的下标 i 和 t 分别表示省份和年份;被解释变量 IG 表示
包容性增长;解释变量 DIF 表示数字普惠金融;控制变量分别为政府作用
(GOV)、投资水平(INV)、城市化水平(URB)、产业结构(IND)、对外开放程
度($OPEN$)和教育水平(EDU);α_0 为常数项;α_1 为数字普惠金融对包容性增
长的影响系数,$\alpha_1 < 0$ 说明数字普惠金融发展有利于促进包容性增长,$\alpha_1 > 0$
说明数字普惠金融发展不利于包容性增长;$\alpha_2, \cdots, \alpha_7$ 为各控制变量对包容性
增长的影响系数;μ_i 表示不随时间变化的省份个体异质性特征;e_{it} 表示随机误
差项。

为进一步检验教育水平是否会强化数字普惠金融对包容性增长的影响,
本文构建调节效应模型,其函数表达式如下 :

$$IG_{it} = \gamma_0 + \gamma_1 DIF_{it} + \gamma_2 DIF_{it} \times EDU_{it} + \gamma_3 EDU_{it} + \gamma_4 GOV_{it} +$$
$$\gamma_5 INV_{it} + \gamma_6 URB_{it} + \gamma_7 IND_{it} + \gamma_8 OPEN_{it} + \mu_i + e_{it} \tag{2}$$

式(2)中,各变量的下标 i 和 t 分别表示省份和年份;$DIF_{it} \times EDU_{it}$ 表示数字普惠金融与教育水平的交乘项,调节变量为教育水平(EDU)。对式(2)中的 DIF 求偏导可得数字普惠金融对包容性增长的影响系数为($\gamma_1 + \gamma_2 EDU$);若 $\gamma_2 < 0$ 且统计上显著,说明教育水平越高,数字普惠金融发展对包容性增长的促进作用越大;若 $\gamma_2 > 0$ 且统计上显著,说明教育水平越高,数字普惠金融发展对包容性增长的促进作用越小。式(2)中其他变量和系数的含义与式(1)中相同,在此不再赘述。

五、实证检验及其结果

(一)数字普惠金融对包容性增长的影响

为研究数字普惠金融发展对包容性增长的影响,本文选取 2011—2018 年 31 个省的面板数据,对式(1)进行回归。考虑到同一省份不同时期随机误差项之间可能存在自相关和不同省份随机误差项之间可能存在异方差,本文在回归分析中采用省级层面的聚类稳健标准误。回归结果如表1列(1)所示。

表1 数字普惠金融发展对包容性增长的影响及其稳健性检验

变量	(1) IG	(2) IG	(3) IG	(4) IG
DIF	−0.011 4*** (0.004 0)	−0.013 4*** (0.003 7)	−0.016 1*** (0.003 9)	−0.020 9*** (0.004 7)
GOV	−0.134 0*** (0.042 7)	−0.143 0*** (0.038 6)	−0.134 0*** (0.045 0)	−0.088 3*** (0.014 2)
INV	−0.026 6*** (0.006 9)	−0.018 6*** (0.006 0)	−0.023 9*** (0.006 5)	−0.000 7 (0.002 1)
URB	−0.318 0*** (0.094 6)	−0.163 0* (0.086 9)	−0.218 0* (0.113 0)	−0.082 9** (0.041 2)
IND	0.082 0** (0.035 5)	0.072 6** (0.032 4)	0.116 0*** (0.034 7)	0.018 0 (0.015 2)

（续表）

变量	(1)	(2)	(3)	(4)
	IG	IG	IG	IG
OPEN	0.010 5 (0.007 3)	0.009 7* (0.005 7)	0.006 9 (0.006 9)	0.000 1 (0.001 9)
EDU	0.012 5 (0.030 6)	−0.014 2 (0.025 5)	0.002 4 (0.031 0)	−0.001 8 (0.001 5)
个体固定效应	YES	YES	YES	YES
样本量	248	217	216	155
R^2	0.748	0.690	0.769	0.767
工具变量滞后期数	—	—	—	L(0/3)
内生性检验(P 值)	—	—	—	0.006 3
弱工具变量检验(F 值)	—	—	—	151.705
Hansen J 检验(P 值)	—	—	—	0.441 7

注:表 1 中,括号内列出的是省级层面聚类稳健标准误;***、**和*分别表示回归系数在 1%、5%和 10%的统计水平上显著;内生性检验列出的是 P 值;弱工具变量检验列出是 Cragg-Donald F 统计量;过度识别 Hansen J 检验列出的是 P 值。

表 1 列(1)显示,数字普惠金融(DIF)对包容性增长的影响系数为−0.011 4,在 1%的统计水平上显著,说明数字普惠金融发展对包容性增长具有显著的促进作用。这是因为数字普惠金融发展能够降低农村居民获得金融服务的门槛和成本,并且提高农村居民的收入水平,进而在促进经济增长的同时缩小城乡收入差距,有利于包容性增长。因此,研究假设 1 成立,即数字普惠金融发展有利于促进包容性增长。

表 1 列(1)还显示,控制变量如政府作用(GOV)、投资水平(INV)和城镇化水平(URB)对包容性增长的影响系数分别为−0.134 0、−0.026 6 和−0.318 0,均在 1%的统计水平上显著,说明财政支农比例、农村固定资产投资比例和城镇化率的提高均能显著促进包容性增长;产业结构(IND)对包容性增长的影响系数为 0.082 0,在 5%的统计水平上显著,说明第三产业占比

增加使大量资源流向非农部门,不利于促进包容性增长;对外开放程度
(*OPEN*)对包容性增长的影响系数为 0.010 5,在 10% 的统计水平上不显著,
说明对外开放程度对包容性增长的影响不显著;教育水平(*EDU*)对包容性增
长的影响系数为 0.012 5,在 10% 的统计水平上不显著,说明教育水平对包容
性增长的直接影响不显著,但教育水平可能会通过数字普惠金融间接影响包
容性增长。

(二)稳健性检验

为保证对研究假设 1 所做实证检验具有稳健性,本文采用对解释变量做
滞后一期处理、剔除特殊样本以及处理内生性等方法,对数字普惠金融与包容
性增长之间的关系进行稳健性检验。

1. 解释变量滞后一期处理

数字普惠金融会影响当期包容性增长,当期包容性增长不可能影响上一
期数字普惠金融,而可能会影响下一期数字普惠金融发展,因此本文对解释变
量数字普惠金融作滞后一期处理,重新对式(1)进行回归。表 1 列(2)显示,数
字普惠金融对包容性增长的影响系数为 -0.013 4,在 1% 的统计水平上显著,
说明数字普惠金融发展有利于促进包容性增长。

2. 剔除特殊样本

由于上海、北京、天津和重庆 4 个直辖市在我国行政区划中存在特殊性,
本文从 31 个省份样本中剔除 4 个直辖市的样本,重新对式(1)进行回归。表
1 列(3)显示,数字普惠金融对包容性增长的影响系数为 -0.016 1,在 1% 的
统计水平上显著,说明数字普惠金融发展有利于促进包容性增长。

3. 工具变量估计

为尽可能解决解释变量数字普惠金融(*DIF*)的内生性问题,本文借鉴张
杰等(2017)和宋敏等(2021)构造工具变量的思路,采用与某一省份人均实际
GDP 最接近三个省份的数字普惠金融指数均值作为该省数字普惠金融的工
具变量。一方面,人均实际 GDP 相近省份的经济金融发展水平、产业布局等

较为接近，从而其数字普惠金融发展水平存在较强的相关性；另一方面，在中国省域之间存在较为明显的地域分割特征，人均 GDP 相近三个省份的数字普惠金融发展水平很难直接影响某一省份的包容性增长。因此，本文重新构造的工具变量在一定程度上符合相关性和外生性的假定[①]。本文采用两阶段最小二乘法(2SLS)进行估计，首先，对解释变量数字普惠金融(DIF)进行 DWH 内生性检验，P 值为 0.006 3，表明式(1)中的变量 DIF 为内生解释变量；其次，弱工具变量检验的 F 值为 151.705，说明数字普惠金融(DIF)与工具变量存在较强的相关性；最后，Hansen J 检验的 P 值为 0.441 7，说明估计过程中工具变量的选取是合理的。表 1 列(4)显示，数字普惠金融对包容性增长的影响系数为 -0.020 9，在 1% 的统计水平上显著，说明在考虑内生性问题后，数字普惠金融发展有利于促进包容性增长的结论依然成立。

4. 被解释变量分指标检验

考虑到用单位经济增长所对应的城乡收入差距来衡量包容性增长(IG)可能存在一定的偏差，本文分别以城乡收入差距(GAP)和经济增长(GDP)为被解释变量对式(1)进行回归，检验数字普惠金融发展分别对城乡收入差距和经济增长的影响，以确保本文所做数字普惠金融发展促进包容性增长实证检验的稳健性。表 2 列(1)显示，数字普惠金融对城乡收入差距的影响系数为 -0.106 1，在 1% 的统计水平上显著，说明数字普惠金融发展有利于缩小城乡收入差距；表 2 列(2)显示，数字普惠金融对经济增长的影响系数为 0.142 1，在 1% 的统计水平上显著，说明数字普惠金融发展有利于促进经济增长。因此，数字普惠金融发展具有缩小城乡收入差距和促进经济增长的双重作用，进而有利于促进包容性增长。

---

① 考虑到方法论和数据获取等方面的可行性，本文构建的数字普惠金融工具变量可能不是最优，今后可做进一步改进。

表 2　数字普惠金融发展分别对城乡收入差距和经济增长的影响①

变量	(1)	(2)
	GAP	GDP
DIF	−0.106 1***	0.142 1***
	(0.026 6)	(0.022 8)
控制变量	YES	YES
个体固定效应	YES	YES
样本量	248	248
R^2	0.650	0.871

注:表 2 中,括号内列出的是省级层面聚类稳健标准误;***、** 和* 分别表示回归系数在 1%、5% 和 10% 的统计水平上显著。

概言之,稳健性检验的结果都说明数字普惠金融对包容性增长影响系数的方向和显著性与表 1 列(1)相比,均未发生明显变化,即数字普惠金融发展有利于促进包容性增长的实证检验具有稳健性。

(三)数字普惠金融各维度对包容性增长的影响

为分析数字普惠金融覆盖广度、使用深度和数字化程度对包容性增长的影响,本文分别以数字普惠金融的覆盖广度(BRE)、使用深度(DEP)和数字化程度(DIG)为解释变量,对式(1)再次进行回归,其结果如表 3 所示。

表 3　数字普惠金融各维度对包容性增长的影响

变量	(1)	(2)	(3)
	IG	IG	IG
BRE	−0.012 9***		
	(0.004 4)		

---

① 限于篇幅,表 2 未列出控制变量的回归结果,留存备索。下表同。

（续表）

变量	（1）	（2）	（3）
	IG	*IG*	*IG*
DEP		−0.009 1*** （0.001 8）	
DIG			−0.008 2*** （0.001 9）
控制变量	YES	YES	YES
个体固定效应	YES	YES	YES
样本量	248	248	248
R^2	0.749	0.717	0.763

注:表3中,括号内列出的是省级层面聚类稳健标准误;***、** 和* 分别表示回归系数在1%、5%和10%的统计水平上显著。

表3显示,数字普惠金融覆盖广度（*BRE*）、使用深度（*DEP*）和数字化程度（*DIG*）对包容性增长的影响系数分别为−0.012 9、−0.009 1和−0.008 2,均在1%的统计水平上显著,说明数字普惠金融覆盖广度、使用深度和数字化程度的提高都有利于促进包容性增长。从影响系数的绝对值来看,数字普惠金融覆盖广度对包容性增长的影响最大,使用深度的影响次之,数字化程度的影响最小。之所以如此,主要是因为覆盖广度从供给侧反映了居民和企业获得金融服务的可能性,这是普惠金融最基本的要求。特别是数字普惠金融覆盖广度越高,其触达能力和穿透性也就越好,进而有利于促进包容性增长。因此,研究假设2成立,即提高数字普惠金融的覆盖广度、使用深度和数字化程度,都有利于促进包容性增长,但不同维度产生的影响会存在差异。

（四）数字普惠金融影响包容性增长的地区差异

为考察数字普惠金融影响包容性增长的地区差异,本文将研究样本分成东、中、西部地区①三个子样本,再次对式(1)进行回归,其结果如表 4 所示。

表 4　数字普惠金融影响包容性增长的地区差异

地区	东部	中部	西部
变量	(1)	(2)	(3)
	IG	IG	IG
DIF	−0.004 5	−0.013 6***	−0.031 0***
	(0.006 5)	(0.004 9)	(0.008 4)
控制变量	YES	YES	YES
个体固定效应	YES	YES	YES
样本量	88	72	88
R^2	0.680	0.795	0.831

注:表 4 中,括号内列出的是省级层面聚类稳健标准误;***、**和*分别表示回归系数在 1%、5%和 10%的统计水平上显著。

表 4 列(1)显示,数字普惠金融(DIF)对东部地区包容性增长的影响系数为−0.004 5,但在 10%统计水平上不显著,说明数字普惠金融发展对促进东部地区包容性增长的作用不显著。其主要原因是东部地区金融较为发达,居民和企业面临的融资约束总体上较低,数字普惠金融发展对缩小城乡收入差距的边际效应较小。

表 4 列(2)和列(3)显示,数字普惠金融(DIF)对中部地区包容性增长的影响系数为−0.013 6,对西部地区包容性增长的影响系数为−0.031 0,均在 1%的统计水平上显著,说明数字普惠金融发展能够显著促进中西部地区包容性增长。其主要原因是中西部地区存在较为严重的金融抑制②。同时,中西

---

①　东部地区包括北京、上海、天津、江苏、浙江、广东、福建、海南、山东、辽宁和河北。中部地区包括安徽、河南、湖南、湖北、江西、山西、吉林、黑龙江和重庆。西部地区包括陕西、甘肃、宁夏、内蒙古、新疆、西藏、青海、云南、贵州、广西和四川。

②　本文借鉴吕冰洋和毛捷(2014)的研究,用金融机构贷款余额占 GDP 比重来衡量各省金融抑制(RF),该比重越小,表示该省金融抑制程度越高。经计算,中西部地区金融抑制程度比东部地区高。同时,在式(1)引入数字普惠金融与金融抑制的交乘项进行回归,发现金融抑制程度越高,数字普惠金融发展对包容性增长的促进作用越大,这也证实了数字普惠金融发展更能促进中西部地区包容性增长的原因是中西部地区存在较为严重的金融抑制。限于篇幅,正文中未写出具体的实证回归及其结果,留存备索。

部地区"三农"经济相对发达,数字普惠金融有效发挥了其支持"三农"经济的作用,对缩小城乡收入差距的贡献较大,进而能更有效地促进中西部地区包容性增长。因此,研究假设 3 成立,即与东部地区相比,数字普惠金融发展更能够促进中西部地区包容性增长。

（五）教育水平对数字普惠金融影响包容性增长的调节效应

为研究教育水平在数字普惠金融影响包容性增长过程中发挥的调节效应,本文选取 2011—2018 年 31 个省的面板数据对式(2)进行回归,其结果如表 5 列(1)所示。

表 5　教育水平的调节效应

变量	(1)	(2)
	IG	IG
DIF	−0.059 2** (0.02 30)	−0.055 2** (0.021 0)
DIF×EDU	−0.004 4** (0.002 0)	−0.003 8** (0.001 8)
EDU	−0.000 4 (0.002 9)	0.003 0 (0.002 7)
控制变量	YES	YES
个体固定效应	YES	YES
样本量	248	217
R^2	0.775	0.722

注:表 5 中,括号内列出的是省级层面聚类稳健标准误;***、** 和 * 分别表示回归系数在 1%、5%和 10%的统计水平上显著。

表 5 列(1)显示,数字普惠金融与教育水平的交乘项($DIF×EDU$)的系数为−0.004 4,在 5%的统计水平上显著,说明教育水平强化了数字普惠金融发展对包容性增长的促进作用,即教育水平越高,数字普惠金融发展促进包容

性增长的作用越大；反之，数字普惠金融发展促进包容性增长的作用越小。这是因为数字普惠金融是互联网、大数据、云计算、人工智能和区块链等信息技术在金融领域的应用，要求居民具备较高的教育水平。因此，研究假设4成立，即教育水平能够强化数字普惠金融发展对包容性增长的促进作用。

考虑到包容性增长可能会反向影响当期数字普惠金融，而当期包容性增长不可能影响上一期数字普惠金融，本文对数字普惠金融（DIF）做了滞后一期处理，再对式（2）进行回归分析，以验证教育水平强化了数字普惠金融发展对包容性增长促进作用的稳健性。表5列（2）显示，数字普惠金融与教育水平的交乘项系数为−0.055 2，在5％的统计水平上显著，与列（1）相比，列（2）交乘项系数的符号和显著性均未发生明显变化。因此，教育水平强化了数字普惠金融发展对包容性增长促进作用的实证检验具有稳健性。

六、结论与建议

本文在借鉴国内外相关文献的基础上，以经济增长和城乡收入差距为理论视角，综合运用固定效应模型和调节效应模型，采用2011—2018年中国省级面板数据，实证检验了数字普惠金融对包容性增长的影响。其主要结论如下。（1）数字普惠金融发展有利于促进包容性增长。（2）提高数字普惠金融的覆盖广度、使用深度和数字化程度都能够促进包容性增长，但其影响程度存在差异，即数字普惠金融覆盖广度对促进包容性增长的作用最大，使用深度的作用次之，数字化程度的作用最小。（3）数字普惠金融对包容性增长的影响存在明显的地区差异，即在中西部地区，数字普惠金融发展能够显著促进包容性增长；在东部地区，数字普惠金融发展对促进包容性增长的影响不显著。（4）教育水平强化了数字普惠金融对包容性增长的促进作用，即教育水平越高，数字普惠金融发展对包容性增长的促进作用越大；反之，教育水平越低，数字普惠金融发展对包容性增长的促进作用越小。

数字普惠金融发展可以在促进经济增长的同时缩小城乡收入差距，进而促进包容性增长。为更好地发挥数字普惠金融在促进包容性增长中的作用，本文提出的主要建议如下。（1）政府部门应做好顶层设计，出台一系列支持数字普惠金融发展的政策措施，如为数字普惠金融发展提供公平竞争的市场环境，明确各类机构开展数字普惠金融业务的边界，给予数字普惠金融支持"三农"和"小微"等方面以税收优惠，鼓励传统金融机构与金融科技公司、互联网平台合作等。（2）政府应加大教育投入，提高居民教育水平，特别是提高欠发达地区和农村地区居民的教育水平；同时还应加强数字普惠金融相关知识宣传，为低文化程度群体或老龄人群提供数字普惠金融相关培训，不断提高弱势群体科技和金融的认知水平，努力消除社会群体中的"数字鸿沟"，进而拓展数字普惠金融的覆盖范围和使用深度。（3）政府部门和金融机构要重视数字普惠金融覆盖广度、使用深度和数字化程度的协同发展。在目前数字普惠金融覆盖广度较高的情况下，积极推动数字普惠金融向纵深发展，提高数字普惠金融的使用深度和数字化程度，如提供多样化的金融产品、提高线上平台使用率以及优化客户体验等，让更多用户享受实惠和便捷的数字普惠金融服务。（4）要践行以客户为中心的发展理念，努力改善线上 App 的客户体验，积极创新数字金融产品与服务，加快数字普惠金融业务向农村地区和小微企业下沉，支持"三农"经济和小微企业发展。（5）传统金融机构应与互联网平台展开深度合作，实现金融与科技等方面的优势互补，特别是充分利用互联网平台上用户社交、购物和旅游等活动留下的海量数据，运用大数据技术实现精准营销，合理定价和风险控制，有效发挥数字普惠金融促进包容性增长的积极作用。

主要参考文献

[1] BECK T, PAMUK H, RAMRATTAN R, et al. Payment Instruments, Finance and Development[J]. Journal of Development Economics,2018(133):162-186.

[2] ZHANG J, WANG L, WANG S. Financial development and economic growth: Recent evidence from China[J]. Journal of Comparative Economics, 2012,40(3):393-412.

[3] LEVINE R. Finance and Growth: Theory and Evidence[M]. Handbook of Economic Growth, Amsterdam: Elsevier, 2006.

[4] 贝多广. 金融发展的次序——从宏观金融、资本市场到普惠金融[J]. 中国城市金融, 2018(06):80.

[5] 陈斌开,林毅夫. 发展战略、城市化与中国城乡收入差距[J]. 中国社会科学,2013(04): 81-102,206.

[6] 郭峰,王靖一,王芳,等. 测度中国数字普惠金融发展:指数编制与空间特征[J]. 经济学 (季刊),2020,19(04):1401-1418.

[7] 何宗樾,宋旭光. 公共教育投入如何促进包容性增长[J]. 河海大学学报(哲学社会科学 版),2018,20(05):42-49,91.

[8] 黄倩,李政,熊德平. 数字普惠金融的减贫效应及其传导机制[J]. 改革,2019(11): 90-101.

[9] 黄益平,黄卓. 中国的数字金融发展:现在与未来[J]. 经济学(季刊),2018,17(04): 1489-1502.

[10] 梁双陆,刘培培. 数字普惠金融、教育约束与城乡收入收敛效应[J]. 产经评论,2018,9 (02):128-138.

[11] 吕冰洋,毛捷. 金融抑制和政府投资依赖的形成[J]. 世界经济,2013(7):48-67.

[12] 马德功,滕磊. 数字金融、创业活动与包容性增长[J]. 财经论丛,2020(09):54-63.

[13] 任碧云,李柳颖. 数字普惠金融是否促进农村包容性增长——基于京津冀2114位农 村居民调查数据的研究[J]. 现代财经(天津财经大学学报),2019,39(04):3-14.

[14] 宋敏,周鹏,司海涛. 金融科技与企业全要素生产率——"赋能"和信贷配给的视角 [J]. 中国工业经济,2021(04):138-155.

[15] 唐礼智,刘喜好,贾璇. 我国金融发展与城乡收入差距关系的实证研究[J]. 农业经济 问题,2008(11):44-48.

[16] 徐强,陶侃. 基于广义 Bonferroni 曲线的中国包容性增长测度及其影响因素分析[J]. 数量经济技术经济研究,2017,34(12):93-109.

[17] 张杰,郑文平,新夫. 中国的银行管制放松、结构性竞争和企业创新[J]. 中国工业经 济,2017(10):118-136.

[18] 张勋,万广华. 中国的农村基础设施促进了包容性增长吗?[J]. 经济研究,2016,51

(10):82 - 96.

[19] 张勋,万广华,张佳佳,等.数字经济、普惠金融与包容性增长[J].经济研究,2019,54
　　　(08):71 - 86.

[20] 周利,冯大威,易行健.数字普惠金融与城乡收入差距:"数字红利"还是"数字鸿沟"
　　　[J].经济学家,2020(05):99 - 108.

（与占韦威合作,《南大商学评论》2022 年第 6 期）

电子货币的货币供给创造机制与规模

摘要：电子货币对流通中纸币替代所产生的货币供给创造效应，使中国数量型货币政策工具的操作环境更加复杂。本文所做的研究表明，中国电子货币对流通中纸币的替代一方面扩大了中国人民银行监控下的货币供给，另一方面也扩大了中国人民银行监控外的货币供给。本文还选取 1995—2015 年的数据测算了中国电子货币替代流通中纸币的货币供给创造规模，进而为增强中国货币政策的有效性提供理论依据和决策参考。

关键词：电子货币；纸币；货币供给创造

一、引　言

在当前"中央银行—商业银行"二级银行体系下，中国电子货币对流通中纸币的替代产生了独特的货币供给创造机制，这一方面表现为电子货币对流通中纸币的替代扩大了中国人民银行监控下的货币供给[①]，另一方面表现为电子货币对流通中纸币的替代扩大了中国人民银行监控外的货币供给，这都使中国的数量型货币政策面临更加复杂的操作环境。因此，深入研究中国电子货币的货币供给创造机制和货币供给创造规模，对提高中国货币政策有效性具有重要的理论与现实意义。

---

① 如没有特别说明，本文所指的货币供给均为广义货币供给。

二、文献回顾

　　根据巴塞尔委员会(1998)的定义,电子货币是通过销售终端、电子设备以及在公开网络(如 Internet)上执行支付功能的"储值"和"预支付机制"[①]。电子货币是现代科技进步的产物,其区别于纸币的独特性质以及凭借现代科技进行支付的独特支付方式,对传统纯纸币环境下的货币供给产生了严重冲击。Friedman(2000)认为,电子货币会改变货币乘数,增加中央银行运用传统信用创造理论控制货币供给的难度。Berk(2002)认为,在信息技术发展基础上产生的电子货币会对中央银行发行的纸币形成替代,进而削弱中央银行作为整个金融体系结算中心的地位,但中央银行可以通过新的金融工具来调节商业银行存放在中央银行的准备金规模,以达到影响市场利率和调控经济的目的。Sullivan(2002)认为,电子货币的广泛使用会加快货币流通速度,减少中央银行的铸币税收入,改变货币乘数,削弱中央银行控制货币供给的能力。Reddy(2002)认为,电子货币替代中央银行发行的纸币,势必对货币统计和货币供给产生重大影响,中央银行应强化对电子货币的监管,在允许商业银行在中央银行监管下发行电子货币的同时,限制非银行机构发行电子货币。Owen & Fogelstrom(2005)认为,电子货币并没有对活期存款形成替代,相反,以智能卡为载体的电子货币持有者往往也会持有大量活期存款。

　　随着电子货币对流通中纸币的替代程度越来越高,中国学者对电子货币及其影响的研究也取得了较大进展。尹龙(2000)将电子货币视为电子资金转移系统(EFTs)的一个组成部分,并将电子资金转移分为三类:一是金融电子数据交换(EDI),主要应用于大额、批量或批发业务支付清算数据的传输与交

---

　　① "储值"是指保存在物理介质(如智能卡、多功能信用卡等)中可用来支付的价值。这种介质亦被称为"电子钱包",当其储存的价值被使用后,可以通过特定设备向其追储价值。"预支付机制"则是指存在于特定软件或网络中的一组可以传输并可用于支付的电子数据,亦被称为"数字现金"或"代币"(token),通常由一组二进制数据和数字签名组成,可以直接在网络上使用。

换,如银行对银行、自动柜员机(ATM)的资金转移以及"家庭银行"服务等;二是传统零售业务支付,包括以信用卡、借记卡等方式进行的店头支付等,这类支付实际上是一种预结算,支付完成后还需要用户同银行、商户同银行进行再结算;三是电子货币支付,主要用于以各种卡介质为基础的小额消费,采用直接扣除方式进行结算。谢平和尹龙(2001)指出,电子货币的使用会降低交易费用,进而使交易动机的边界不再明显,投资结构的可变性大大增加,基础货币和货币乘数这两个货币供给的基本变量也会受到影响。陈雨露和边卫红(2002)的研究发现,电子货币对流通中纸币的替代会使中央银行面临丧失货币发行权和损失铸币税收入的风险,进而削弱中央银行主导的货币供给机制。周光友(2007)通过构建计量模型进行实证检验,结果表明,电子货币对现金的替代会降低现金漏损率和放大货币乘数。谢平和刘海二(2013)认为,在交易成本无限趋近于零时,电子货币有可能完全替代现金。王亮等(2014)的实证检验显示,中国电子货币对流通中货币 M_0 的替代程度较高,这提高了货币流通速度;而对狭义货币供给 M_1 的替代程度较低,这又降低了货币流通速度;从整体看,当前中国电子货币发展仍处于使货币流通速度下降的阶段。周光友和施怡波(2015)将电子货币引入货币需求分析框架,对惠伦模型进行修正,建立了基于电子货币的货币需求模型,并对电子货币与预防性货币需求的相关性进行了实证检验,结果表明,电子货币的发展不仅会对预防性现金需求产生替代,而且还会加速不同层次货币之间的转化,从而减少预防性货币需求。

本文认为,由于货币载体电子化和支付渠道信息化,电子货币具有独特的货币供给创造机制,进一步清晰地划分中国电子货币的类型,深入研究中国电子货币的货币供给创造机制与规模,不仅能够完善货币供给理论,而且能够为提高中国货币政策有效性做出贡献。

三、中国电子货币的货币供给创造机制

根据电子货币的载体和支付特征,本文将中国的电子货币分为五类:(1) 以借记卡为载体的代表实际货币的电子货币以及第三方支付账户中沉淀的代表实际货币的电子货币,统称为借记卡型电子货币;(2) 以信用卡和准信用卡为载体的代表实际货币的电子货币,统称为贷记卡型电子货币;(3) 以预付卡为载体的代表实际货币的电子货币,如公交卡、校园卡和购物卡等实物卡中储存代表实际货币的电子货币,统称为预付卡型电子货币;(4) 以预付卡为载体的由实际货币转换而来的电子货币以及网络账户中储存的由实际货币转换而来的电子货币(如以人民币购买的 Q 币),统称为类预付卡型电子货币;(5) 与实际货币无关的虚拟电子货币,如网络游戏中通过完成任务赚得的虚拟金币,统称为虚拟货币。本文以电子货币对流通中纸币的替代为切入点,分别从总体和分类的角度,研究中国电子货币的货币供给创造机制。

(一) 电子货币对流通中纸币的替代

电子货币能够执行货币职能,并且比使用纸币更为便捷,这就会降低公众对纸币的需求。同时,电子货币的使用以及自动柜员机等金融设施的普及使公众获得纸币的交易成本下降,这进一步降低了公众对纸币的需求。此外,银行卡中储存的电子货币常常以活期存款的形式存在,能够产生一定的利息,而与第三方支付绑定的余额宝等互联网货币市场基金的出现,更是提高了电子货币的生息利率,实际利率水平的提高加大了公众持有纸币的机会成本,从而会降低公众对纸币的需求。

在现实生活中,中国货币电子化主要表现为各种银行卡和第三方支付账户内存储并代表真实资金的电子货币的使用,再考虑到消费与货币支付的直接关联性,因此可采用银行卡消费量占 GDP 的百分比作为衡量中国货币电子化程度的指标。在经济学研究中,公众对纸币的需求程度通常以流通中纸币

M_0 占广义货币供给 M_2 的比例来表示。

从货币创造乘数理论的视角,电子货币对纸币的替代会使得现金漏损率下降,进而对货币供给产生影响。设传统银行体系[①]的存款总量为 D,流通中纸币 M_0 占传统银行体系内存款总量的比例为 k,即纸币漏损率为 k,传统银行体系内的准备金率为 $r(0{<}r{<}1)$,基础货币量为 H,法定准备金量为 R,则有:

$$M_0 = k \cdot D \tag{1}$$

$$R = r \cdot D \tag{2}$$

$$M_2 = M_0 + D = (1+k) \cdot D \tag{3}$$

$$H = M_0 + R = (k+r) \cdot D \tag{4}$$

设广义货币乘数为 m,由 $M_2 = m \times H$ 可得:

$$m = \frac{M_2}{H} = \frac{(1+k) \cdot D}{(k+r) \cdot D} = \frac{1+k}{k+r} \tag{5}$$

式(5)两边对 k 求导得:

$$\frac{dm}{dk} = \frac{r-1}{(k+r)^2} \tag{6}$$

由 $0{<}r{<}1$,$(k+r)^2{>}0$ 可知 $(r-1)/(k+r)^2{<}0$,因此 $dm/dk{<}0$,这表明,随着纸币漏损率 k 的不断下降,广义货币乘数 m 会不断上升,广义货币乘数增加会进一步扩大广义货币供给。电子货币对流通中纸币的替代会引起纸币漏损率的下降,并且增加广义货币乘数,进而扩大传统银行体系内的广义货币供给量。

---

    ①   传统银行体系由从事传统存贷业务的存款类金融机构组成,主要包括银行、信用社和财务公司等。

（二）总体视角下的货币供给创造机制

中国人民银行主要是通过直接控制基础货币的发放来调控社会经济中的货币供给的,基础货币由流通中纸币和传统银行体系的准备金构成①。传统银行体系的准备金又由传统银行体系的库存纸币、法定准备金以及超额准备金构成,传统银行体系的准备金占存款总额的比率即为传统银行体系的准备金率。在监管约束和风险收益权衡下,传统银行体系会维持一个稳定的准备金率②,进而使存贷规模达到平衡状态。从总体上看,电子货币对流通中的纸币形成替代,被替代的纸币会被存入传统银行体系,传统银行体系获得这部分存款后,库存纸币相应增加,实际准备金率偏离稳定状态,存贷规模的平衡状态也因此被打破。于是,传统银行体系在对这部分存款提取一定比例的准备金后,将剩余纸币资金贷放出去和购买其他金融资产③,贷放出去和购买其他金融资产的纸币资金又会以存款形式存回传统银行体系(假定这一过程没有纸币的漏损),传统银行体系再对新的存款提取一定比例准备金,并将剩余纸币资金再贷放出去,这个过程会循环进行,直到传统银行体系在各种监管约束和风险收益权衡下的实际准备金率再次达到稳定状态。经由"存款—贷款和其他金融资产—存款"的循环信用创造后,传统银行体系内的存款和贷款都相应增加,被电子货币替代的纸币全部转化为传统银行体系的准备金。

设传统银行体系内的实际准备金率为 $r'(0 < r' < 1)$,稳定的准备金率为 $r(0 < r < 1)$。当社会经济中没有使用电子货币时,传统银行体系在维持稳定的准备金率前提下,经"存款—贷款和其他金融资产—存款"的循环信用创造后达到平衡状态,即传统银行体系内的实际准备金率 r' 等于稳定的准备金率 r。设此时流通中的纸币总量为 C,传统银行体系内的存款总量为 D,则传统银行

---

① 严格说来,基础货币包含中国人民银行发行的纸币和硬币。由于硬币只是一种辅币,而且发行数量有限,为便于研究电子货币对流通中纸币的替代,这里忽略硬币的发行。

② 稳定的准备金率是传统银行体系在特定的监管约束和风险收益权衡下所确定的最优准备金率。在短期内,由于监管约束和社会经济状况基本不变,传统银行体系内的准备金率是稳定的。

③ 虽然传统银行体系的资金运用方向主要是贷款业务,但出于业务和资金保值增值的需要,传统银行体系也会购买一部分其他金融资产,如政府债券等。

体系内准备金为 $R=r\times D$,贷款和其他金融资产为 $(1-r)\times D$,中国人民银行监控下的货币供给 $M=C+D$。若此时社会经济中开始使用电子货币并迅速达到一定的普及率,电子货币的使用就会对流通中的纸币形成替代,并因此打破上述平衡状态,进行新的信用创造,直至达到新的平衡状态。电子货币替代流通中纸币的货币供给创造机制如图 1 所示。

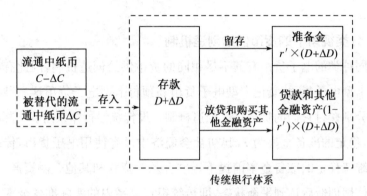

图 1　电子货币替代流通中纸币的货币供给创造机制

图 1 中,电子货币的使用减少了流通中的纸币 $\Delta C(\Delta C<C)$,纸币 ΔC 被公众存入传统银行体系,经"存款—贷款和其他金融资产—存款"的循环信用创造后,传统银行体系内的存款增加 ΔD 且存贷规模达到新的平衡状态,传统银行体系内的实际准备金率 r' 等于稳定的准备金率 r。由于已假定上述循环信用创造过程中不存在纸币的漏损,则被电子货币替代的纸币 ΔC 全部转化为传统银行体系的准备金,传统银行体系内总的准备金变为 $R+\Delta C=r\times(D+\Delta D)$。因为 $R=r\times D$,则有 $\Delta C=\Delta D\times r$,进而可得 $\Delta D=\Delta C/r$。此时,中国人民银行监控下的货币供给 $M'=C-\Delta C+D+\Delta D=C+D+(1/r-1)\times\Delta C$。由于 $0<r<1$,则 $1/r-1>0$,进而可得 $M'>M$,即电子货币使用后,中国人民银行监控下的货币供给 M' 大于电子货币使用前中国人民银行监控下的货币供给 M,电子货币对流通中纸币的替代增加了货币供给 ΔM,且有:

$$\Delta M=\left(\frac{1}{r}-1\right)\times\Delta C \qquad (7)$$

由式(7)可知,电子货币替代流通中纸币所产生的货币供给创造规模 ΔM 与准备金率 r 呈反向变化关系,与纸币被替代规模 ΔC 呈正向变化关系。在纸币被替代规模一定时,准备金率越低,电子货币替代流通中纸币所产生的货币供给创造规模越大,反之则越小。在准备金率一定时,纸币被替代规模越大,电子货币替代流通中纸币所产生的货币供给创造规模越大,反之则越小。

(三)分类视角下的货币供给创造机制

不同种类的电子货币有其不尽相同的货币供给创造机制,因此有必要针对借记卡型电子货币、贷记卡型电子货币和预付卡型电子货币这三种主要电子货币分别探讨它们的货币供给创造机制。设传统银行体系内的实际准备金率为 r',稳定的准备金率为 r,起初社会经济中没有使用电子货币,传统银行体系在维持稳定的准备金率前提下,经"存款—贷款和其他金融资产—存款"的循环信用创造后达到平衡状态,即传统银行体系内的实际准备金率 r' 等于稳定的准备金率 r。设此时流通中的纸币总量为 C,传统银行体系内的存款总量为 D,则准备金 $R=r\times D$,贷款和其他金融资产为 $(1-r)\times D$,中国人民银行监控下的货币供给为 $M=C+D$,M 同时也是社会经济中的货币供给。

1. 借记卡型电子货币的货币供给创造机制

借记卡型电子货币主要表现为借记卡中存放的活期存款和第三方支付账户中存放的款项,其支付过程与银行活期存款账户存在实时对应关系,并且其支付额度只能以借记卡或第三方支付账户对应的存款账户内的金额为限,不能透支。设某一时刻社会经济中开始使用借记卡型电子货币且达到一定的普及率,同时只有借记卡型这一种电子货币,则借记卡型电子货币的使用会对流通中的币形成替代,并因此打破电子货币使用前传统银行体系内存贷规模的平衡状态,从而进行新的信用创造,直至达到新的平衡状态。借记卡型电子货币的货币供给创造机制如图 2 所示。

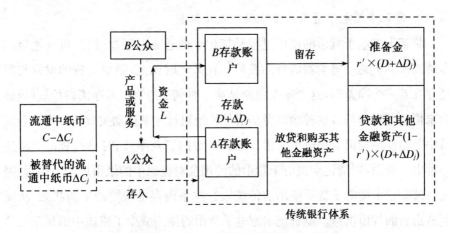

图2 借记卡型电子货币的货币供给创造机制

图2中,借记卡型电子货币的使用减少了流通中的纸币 ΔC_j($\Delta C_j < C$),纸币 ΔC_j 被公众存入传统银行体系,经"存款—贷款和其他金融资产—存款"的循环信用创造后,传统银行体系内的存贷规模达到新的平衡状态,传统银行体系内的实际准备金率 r' 等于稳定的准备金率 r,传统银行体系内的存款增加 ΔD_j,总存款变为 $D + \Delta D_j$,准备金变为 $R + \Delta C_j = r \times (D + \Delta D_j)$,贷款和其他金融资产变为 $(1-r) \times (D + \Delta D_j)$,且有 $\Delta D_j = 1/r \times \Delta C_j$,中国人民银行监控下的货币供给变为 $M_j = C - \Delta C_j + D + \Delta D_j = C + D + (1/r - 1) \times \Delta C_j$。同时,A 公众基于借记卡或第三方支付账户向 B 公众支付一笔款项 L 用以购买 B 公众提供的产品或服务,A 存款账户对应着 A 公众,B 存款账户对应着 B 公众。资金 L 从传统银行体系内的 A 存款账户转移到 B 存款账户,这笔资金 L 的所有权从 A 公众转移给 B 公众,同时 B 公众提供的产品或服务的所有权也转移给 A 公众。在这一过程中,变化的只是资金 L 的所有权,而资金 L 始终处于传统银行体系内,并没有影响整个银行体系内的存款 $D + \Delta D_j$,中国人民银行监控下的货币供给始终为 $M_j = C + D + (1/r - 1) \times \Delta C_j$,$M_j$ 同时也是社会经济中的货币供给。货币供给 M_j 比借记卡型电子货币使用前社会经济中的货币供给 $M = C + D$ 有所增加,增量为 $\Delta M_j = M_j - M = (1/r - 1) \times \Delta C_j$。

2. 贷记卡型电子货币的货币供给创造机制

贷记卡型电子货币的使用过程是贷记卡的透支与还款过程,每一笔贷记卡透支实际上是一笔消费信贷的发放。在某一时刻上,消费信贷的发放与归还存在着一个净差额,这个净差额便是这一时刻上的贷记卡净消费信贷(或称为未偿还消费信贷),这种净消费信贷是传统银行体系被动发放的。设社会经济中开始使用贷记卡型电子货币且达到一定的普及率,同时只有贷记卡型这一种电子货币,则贷记卡型电子货币的使用会对流通中的纸币形成替代,并因此打破贷记卡型电子货币使用前传统银行体系内存贷规模的平衡状态,从而创造出新的货币供给。设贷记卡型电子货币的使用减少了流通中的纸币 ΔC_c ($\Delta C_c < C$),纸币 ΔC_c 被公众存入传统银行体系,并全部转化为传统银行体系的准备金,同时贷记卡使用产生的净消费信贷为 T。贷记卡净消费信贷 T 对应着公众现实中的消费支出,这笔消费支出是银行运用超额准备金替公众垫付的,因此在传统银行体系内形成对公众的贷款 T。传统银行体系替公众垫付消费支出时,是将金额为 T 的超额准备金划拨到商家在传统银行体系内的存款账户,这在传统银行体系内形成商家的存款 T,接着传统银行体系又将这笔存款 T 全部提做准备金,因而准备金的总额保持不变。

在上述过程中,流通中的纸币被替代并存入传统银行体系与贷记卡中的净消费信贷形成是同时发生的。设贷记卡的净消费信贷 T 产生后传统银行体系内的实际准备金率为 r',则有 $r' = (R + \Delta C_c)/(D + \Delta C_c + T)$。贷记卡的净消费信贷 T 产生后,存入传统银行体系内的存款 ΔC_c 是否会进行"存款—贷款和其他金融资产—存款"的循环信用创造,取决于实际准备金率 r' 与稳定的准备金率 r 之间的大小关系。由于 $r = R/D$,将 r' 与 r 相减可得:

$$r' - r = \frac{[(1-r) \times \Delta C_c - r \times T]D}{D \times (D + \Delta C_c + T)} \tag{8}$$

式(8)中,由于 D 和 $D + \Delta C_c + T$ 均为正数,则实际准备金率 r' 与稳定的准备金率 r 之间的大小关系取决于 $(1-r) \times \Delta C_c - r \times T$ 的正负号。对 $(1-r) \times \Delta C_c - r \times T$ 进一步化简可知,$(1-r) \times \Delta C_c - r \times T$ 的正负号取决于 $\Delta C_c/$

（$\Delta C_c + T$）与 r 之间的大小，即取决于流通中纸币减少量占流通中纸币减少量与贷记卡净消费信贷总和的比例与稳定的准备金率之间的大小。

（1）当 $\Delta C_c / (\Delta C_c + T) > r$ 时，$(1-r) \times \Delta C_c - r \times T > 0$，进而有 $r' > r$，即净消费信贷 T 产生后传统银行体系内的实际准备金率大于稳定的准备金率，传统银行体系内存贷规模的平衡状态被打破。传统银行体系会将部分超额准备金贷放出去，进行"存款—贷款和其他金融资产—存款"的循环信用创造，进而引起实际准备金率的下降，直至实际准备金率 r' 下降至稳定的准备金率 r，这种循环信用创造才结束。$\Delta C_c / (\Delta C_c + T) > r$ 时，贷记卡型电子货币的货币供给创造机制如图 3 所示。

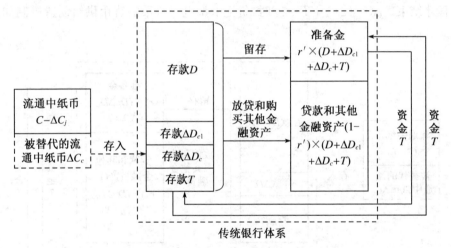

图 3　贷记卡型电子货币的货币供给创造机制（$\Delta C_c / (\Delta C_c + T) > r$ 时）

图 3 中，贷记卡型电子货币的使用所减少的流通中纸币 ΔC_c 被存入传统银行体系，贷记卡净消费信贷 T 的产生使传统银行体系内的存款和贷款同时增加 T，由于此时传统银行体系内的实际准备金率 r' 大于稳定的准备金率 r，传统银行体系进行"存款—贷款和其他金融资产—存款"的循环信用创造，进而引起实际准备金率的下降，直至实际准备金率 r' 下降至稳定的准备金率 r，传统银行体系内的存贷规模达到新的平衡状态。设这一循环信用创造使存款增加 ΔD_{c1}，则有 $\Delta C_c / (\Delta C_c + T + \Delta D_{c1}) = r$，中国人民银行监控下的货币供给

变为 $M_{c1}=C-\Delta C_c+D+\Delta C_c+T+\Delta D_{c1}=C+D+(1/r-1)\times\Delta C_c$，$M_{c1}$ 同时也是社会经济中的货币供给。货币供给 M_{c1} 比贷记卡型电子货币使用前社会经济中的货币供给 $M=C+D$ 有所增加，增量为 $\Delta M_{c1}=M_{c1}-M=(1/r-1)\times\Delta C_c$。

（2）当 $\Delta C_c/(\Delta C_c+T)<r$ 时，$(1-r)\times\Delta C_c-r\times T<0$，进而有 $r'<r$，即净消费信贷 T 产生后传统银行体系内的实际准备金率小于稳定的准备金率，传统银行体系内存贷规模的平衡状态被打破。传统银行体系会因此缩减贷记卡净消费信贷以外的贷款和其他金融资产，进而引起存款的减少和实际准备金率的上升，直至实际准备金率 r' 上升至稳定的准备金率 r，这种信用收缩过程才结束。$\Delta C_c/(\Delta C_c+T)<r$ 时，贷记卡型电子货币的货币供给创造机制如图 4 所示。

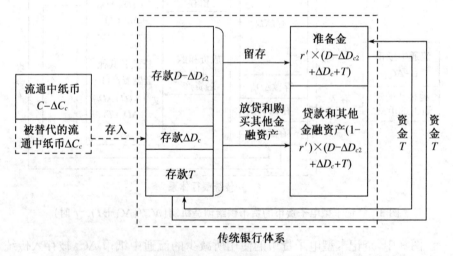

图4　贷记卡型电子货币的货币供给创造机制（$\Delta C_c/(\Delta C_c+T)<r$ 时）

图 4 中，贷记卡型电子货币的使用所减少的流通中纸币 ΔC_c 被存入传统银行体系，贷记卡净消费信贷 T 的产生使传统银行体系内的存款和贷款同时增加 T，由于此时传统银行体系内的实际准备金率 r' 小于稳定的准备金率 r，传统银行体系将会缩减贷记卡净消费信贷以外的贷款和其他金融资产，这会引起存款的减少，从而使实际准备金率 r' 上升，直至实际准备金率 r' 上升至稳

定的准备金率 r,传统银行体系内的存贷规模达到新的平衡状态。设减少的存款量为 ΔD_{c2},则有 $(D \times r + \Delta C_c)/(D - \Delta D_{c2} + \Delta C_c + T) = r$,中国人民银行监控下的货币供给变为 $M_{c2} = C - \Delta C_c + D - \Delta D_{c2} + \Delta C_c + T = C + D + (1/r - 1) \times \Delta C_c$,$M_{c2}$ 同时也是社会经济中的货币供给。货币供给 M_{c2} 比贷记卡型电子货币使用前社会经济中的货币供给 $M = C + D$ 有所增加,增量为 $\Delta M_{c2} = M_{c2} - M = (1/r - 1) \times \Delta C_c$。

(3) 当 $\Delta C_c/(\Delta C_c + T) = r$ 时,$(1 - r) \times \Delta C_c - r \times T = 0$,进而有 $r' = r$,即净消费信贷 T 产生后传统银行体系内的实际准备金率等于稳定的准备金率,传统银行体系内的存贷规模恰好达到平衡状态,不会进行"存款—贷款和其他金融资产—存款"的循环信用创造。此时,中国人民银行监控下的货币供给变为 $M_{c3} = C - \Delta C_c + D + \Delta C_c + T = C + D + (1/r - 1) \times \Delta C_c$,$M_{c3}$ 同时也是社会经济中的货币供给。货币供给 M_{c3} 比贷记卡型电子货币使用前社会经济中的货币供给 $M = C + D$ 有所增加,增量为 $\Delta M_{c3} = M_{c3} - M = (1/r - 1) \times \Delta C_c$。

3. 预付卡型电子货币的货币供给创造机制

预付卡型电子货币的使用过程是,公众将一笔资金支付给预付卡公司,预付卡公司在公众持有的预付卡中充入等额的电子货币,公众利用储备有电子货币的预付卡购买特定商品或服务,电子货币又随着商品或服务的购买而被注销。设社会经济中开始使用预付卡型电子货币且达到一定的普及率,同时只有预付卡型这一种电子货币,则预付卡型电子货币的使用会对流通中纸币形成替代,并因此打破预付卡型电子货币使用前传统银行体系内存贷规模的平衡状态,从而进行新的信用创造,直至达到新的平衡状态。预付卡型电子货币的货币供给创造机制如图 5 所示。

图 5 中,预付卡型电子货币的使用减少了流通中的纸币 $\Delta C_p (\Delta C_p < C)$,纸币 ΔC_p 被公众存入传统银行体系,经"存款—贷款和其他金融资产—存款"的循环信用创造后,传统银行体系内的存款增加 ΔD_p 且存贷规模达到新的平衡状态,此时传统银行体系内的实际准备金率 r' 等于稳定的准备金率 r,总存款变为 $D + \Delta D_p$,准备金变为 $R + \Delta C_p = r \times (D + \Delta D_p)$,贷款和其他金融资产

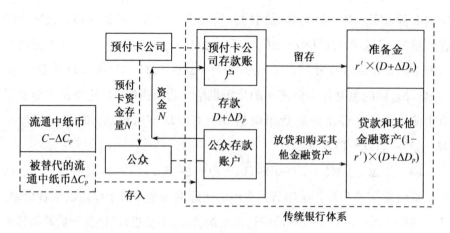

图 5　预付卡型电子货币的货币供给创造机制

变为 $(1-r) \times (D+\Delta D_p)$。因为 $R=r \times D$，则有 $r \times \Delta D_p = \Delta C_p$，中国人民银行监控下的货币供给变为 $M_p = C - \Delta C_p + D + \Delta D_p = C + D + (1/r - 1) \times \Delta C_p$。同时，公众将其银行账户中的 N 资金量的存款通过银行转账方式转给预付卡公司，从而获得预付卡公司充入预付卡中的 N 资金量的电子货币。这一转账过程使公众在传统银行体系内的存款 N 转化为预付卡公司在传统银行体系内的存款 N，整个传统银行体系内的存款总量不变，仍为 $D+\Delta D_p$，中国人民银行监控下的货币供给依然为 $M_p = C + D + (1/r - 1) \times \Delta C_p$。货币供给 M_p 比预付卡型电子货币使用前社会经济中的货币供给 $M = C + D$ 有所增加，增量为 $\Delta M_p = M_p - M = (1/r - 1) \times \Delta C_p$。公众持有的预付卡中储存的电子货币 N 可以用来购买商品和服务，本身也构成货币供给，并且处在中国人民银行监控外，这就使得社会经济中的货币供给进一步增加为 $M'_p = C + D + (1/r - 1) \times \Delta C_p + N$，大于中国人民银行监控下的货币供给 M_p。因此，预付卡型电子货币的使用，在扩大中国人民银行监控下货币供给的同时，也在中国人民银行监控外增加了货币供给，使得社会经济中的货币供给进一步增加，并且预付卡型电子货币的使用在中国人民银行监控外增加的货币供给等于预付卡中储存的电子货币量。

　　类预付卡型电子货币通常不是储存在真实的卡介质里面的，而是储存在某一网络账户中,其购买和使用过程类似于预付卡型电子货币。因此,在网络账户中储存的类预付卡型电子货币同样在中国人民银行监控外增加了货币供给。虚拟货币的产生过程通常是由网络公司制定规则,公众根据规则进行网络活动,从而获取一定数量的虚拟货币。虚拟货币是完全由网络公司发行的电子货币,这也会在中国人民银行监控外增加货币供给。类预付卡型电子货币和虚拟货币产生于网络世界,服务于网络世界,它们对实体经济的影响还十分有限,因此,本文不再对其货币供给创造机制做详尽分析。

四、中国电子货币替代流通中纸币的货币供给创造规模

电子货币对流通中纸币的替代势不可挡,在互联网时代更是如此。电子货币对流通中纸币的替代会降低纸币在货币供给中的占比,同时增加社会经济中的货币供给,进而使中国人民银行以货币数量控制为主的货币政策工具面临更加复杂的操作环境。因此,还有必要对中国电子货币替代流通中纸币的货币供给创造规模进行测算。

假定这一比例的下降完全是由电子货币使用程度的提高引起的,则每年由于电子货币使用程度的提高而对纸币的替代量可由以下公式求得:

$$\Delta C_i = (l_{i-1} - l_i) \times M_i \tag{9}$$

$$l_i = \frac{C_i}{M_i} \tag{10}$$

式(9)和式(10)中,ΔC_i表示第i年电子货币对流通中纸币的替代量;l_{i-1}表示第$i-1$年流通中纸币占广义货币供给的比率;l_i表示第i年流通中纸币占广义货币供给的比率;M_i表示第i年中国人民银行监控下的广义货币供给;C_i表示第i年流通中的纸币。每年电子货币使用程度的提高所引起的累积纸币替代量可由以下公式求得:

$$AC_0 = \Delta C_0 \tag{11}$$

$$AC_i = AC_{i-1} + \Delta C_i \tag{12}$$

式(11)和式(12)中，AC_0 表示基期的累积纸币替代量；ΔC_0 表示基期的纸币替代量；AC_i 表示第 i 年的累积纸币替代量；AC_{i-1} 表示第 $i-1$ 年的累积纸币替代量。每年电子货币对纸币替代所产生的累积货币供给创造规模和货币供给创造规模增量可由以下公式求得：

$$AM_i = \left(\frac{1}{r_i} - 1\right) \times AC_i \tag{13}$$

$$r_i = \frac{H_i - C_i}{M_i - C_i} \tag{14}$$

$$\Delta M_0 = AM_0 \tag{15}$$

$$\Delta M_i = AM_i - AM_{i-1} \tag{16}$$

式(13)～式(16)中，AM_i 表示第 i 年电子货币对纸币替代所产生的累积货币供给创造规模；r_i 表示第 i 年的准备金率；H_i 表示第 i 年的基础货币量；ΔM_0 表示基期电子货币对纸币替代所产生的货币供给创造规模增量；AM_0 表示基期电子货币对纸币替代所产生的累积货币供给创造规模；ΔM_i 表示第 i 年电子货币对纸币替代所产生的货币供给创造规模增量；AM_{i-1} 表示第 $i-1$ 年电子货币对纸币替代所产生的累积货币供给创造规模。1995 年前，中国电子货币的使用量很小，其对纸币的替代量基本可以忽略。因此，本文将 1995 年确定为基期，从中国人民银行网站获取相关数据，经整理和计算后，代入式(9)～式(16)，得到 1995—2015 年电子货币对纸币替代所产生的货币供给创造规模相关变量值(表 1)。

表 1　1995—2015 年电子货币对纸币替代所产生的货币供给创造规模相关变量值

年份	准备金率 r(%)	累积纸币替代量 AC (亿元)	累积货币供给创造规模 AM(亿元)	累积货币供给创造规模占广义货币供给比率(%)	货币供给创造规模增量 ΔM(亿元)
1995	24.35	1 551.04	4 817.83	7.93	4 817.83
1996	26.42	2 777.89	7 737.29	10.01	2 919.45

（续表）

年份	准备金率 r(%)	累积纸币替代量 AC（亿元）	累积货币供给创造规模 AM(亿元)	累积货币供给创造规模占广义货币供给比率(%)	货币供给创造规模增量 ΔM(亿元)
1997	25.42	2 925.03	8 579.66	9.47	842.38
1998	21.58	3 455.61	12 558.85	12.02	3 979.18
1999	18.94	2 854.92	12 215.69	10.19	−343.16
2000	17.65	3 729.85	17 397.56	12.57	5 181.87
2001	16.94	4 806.02	23 559.84	14.88	6 162.28
2002	16.61	5 863.44	29 436.73	15.91	5 876.89
2003	16.43	6 777.73	34 483.42	15.59	5 046.69
2004	16.13	7 910.33	41 119.99	16.24	6 636.57
2005	14.67	9 208.76	53 549.33	17.92	12 429.34
2006	15.91	9 934.16	52 492.01	15.19	−1 057.31
2007	19.09	11 202.35	47 485.52	11.77	−5 006.49
2008	21.55	12 714.20	46 297.38	9.74	−1 188.15
2009	18.49	18 412.34	81 187.07	13.30	34 889.69
2010	20.65	19 278.30	74 072.27	10.20	−7 114.80
2011	21.71	20 888.93	75 312.25	8.84	1 239.97
2012	21.50	24 281.75	88 660.67	9.10	13 348.43
2013	20.27	27 794.12	109 306.58	9.88	20 645.91
2014	20.02	27 794.12	111 051.40	9.04	1 744.82
2015	16.04	27 794.12	145 502.62	10.45	34 451.22

数据来源：根据中国人民银行网站(http://www.pbc.gov.cn)的相关数据进行整理和计算得到。

表 1 显示，1995 年中国传统银行体系内准备金率高达 24.35%，接下来几年准备金率整体呈现下降趋势，到 2005 年下降到 14.67%，2005 年后传统银

行体系内准备金率略有上升,但基本在 20％上下小幅度波动,2015 年随着经济下行压力的增大,中国人民银行开始实行宽松的货币政策,连续几次降准降息,受此影响,2015 年中国传统银行体系内准备金率降为 16.04％;电子货币对纸币的累积替代量从 1995 年的 1 551.04 亿元持续增加到 2015 年的 27 794.12 亿元,增加了近 17 倍;电子货币对纸币替代所产生的累积货币供给创造规模从 1995 年的 4 817.83 亿元持续增加到 2015 年的 145 502.62 亿元,增加了 29 倍;电子货币对纸币替代所产生的累积货币供给创造规模占广义货币供给的比例从 1995 年的 7.93％一直提高到 2005 年的 17.92％,2005 年后该比率略微下降,基本维持在 10％左右。可以认为,电子货币对纸币替代产生的累积货币供给创造规模受传统银行体系内准备金率的影响较大。

表 1 还显示,每年电子货币对纸币替代所产生的货币供给创造规模增量整体上呈现出持续增加的趋势,1999 年、2006 年、2007 年、2008 年和 2010 年五个年份则是例外。需要进一步说明:1999 年电子货币对纸币替代所产生的货币供给创造规模增量为负,这是由于 1999 年累积纸币替代量 2 854.92 亿元相对其前一年累积纸币替代量 3 455.61 亿元大幅缩减引起的。2006 年、2007 年、2008 年和 2010 年的电子货币对纸币替代所产生的货币供给创造规模增量为负,是因为这四年的累积纸币替代量分别为 9 934.16 亿元、11 202.35 亿元、12 714.2 亿元和 19 278.3 亿元,相对各自前一年的累积纸币替代量 9 208.76 亿元、9 934.16 亿元、11 202.35 亿元和 18 412.34 亿元变化不大;同时,准备金率分别为 15.91％、19.09％、21.55％和 20.65％,相对其各自前一年的准备金率 14.67％、15.91％、19.09％和 18.49％出现大幅提高。

还需要专门指出,预付卡型电子货币、类预付卡型电子货币和虚拟货币的使用不仅对纸币形成替代,而且在中国人民银行监控外增加了货币供给。同时,由于缺少有效的统计和监控,预付卡型电子货币、类预付卡型电子货币和虚拟货币的使用在中国人民银行监控外增加的货币供给规模很难准确测算,这就加大了中国人民银行有效掌控社会经济中货币供给的难度。

五、结　论

中国的电子货币正在替代流通中的纸币,理论与数据分析表明,这种替代使得纸币漏损率下降,货币创造乘数增加,进而扩大了中国人民银行监控下的货币供给。在此基础上,本文深入研究了中国电子货币的货币供给创造机制,并对中国电子货币替代流通中纸币所产生的货币供给创造规模进行了测算。总体视角下的研究表明,中国电子货币通过对流通中纸币的替代扩大了中国人民银行监控下的货币供给,电子货币替代流通中纸币所产生的货币供给创造规模与传统银行体系的准备金率成反向变化关系,与纸币被替代规模成正向变化关系。分类视角下的研究表明,借记卡型电子货币和贷记卡型电子货币对纸币的替代,这样的货币替代扩大了中国人民银行监控下的货币供给;预付卡型电子货币对纸币的替代不仅扩大了中国人民银行监控下的货币供给,而且扩大了中国人民银行监控外的货币供给;另外,类预付卡型电子货币和虚拟货币也扩大了中国人民银行监控外的货币供给,但这样的货币供给创造主要作用于网络世界,对实体经济的影响还十分有限。

中国电子货币替代流通中纸币所产生的货币供给创造规模测算结果表明,电子货币对纸币替代所产生的累积货币供给创造规模从 1995 年的4 817.83 亿元持续增加到 2015 年的 145 502.62 亿元,增加了 29 倍;电子货币对纸币替代所产生的累积货币供给创造规模占广义货币供给的比例从 1995年的 7.93% 一直提高到 2005 年的 17.92%,2005 年后该比率略微下降,基本维持在 10% 左右;电子货币对纸币替代所产生的累积货币供给创造规模受传统银行体系内准备金率的影响较大。

中国电子货币对流通中纸币的替代,不仅扩大了中国人民银行监控下的货币供给,而且也扩大了中国人民银行监控外的货币供给,进而使中国人民银行的数量型货币政策面临更加复杂的操作环境。为提高货币政策的有效性,中国人民银行要充分考虑电子货币对流通中纸币替代所产生的货币供给创造效应,并且要清楚识别不同类型电子货币对流通中纸币替代所形成的货币供给创造机制,进而制定合理的标准和规则来引导电子货币的发展,增强对社会经济中货币供给的控制能力。由于预付卡型电子货币、类预付卡型电子货币和虚拟货币对电子货币的替代不仅能够扩大中国人民银行监控下的货币供给,而且还能在中国人民银行监控外增加货币供给,因此,中国人民银行还要密切关注预付卡型电子货币、类预付卡型电子货币和虚拟货币替代纸币对货币供给的影响,规范类预付卡型电子货币和虚拟货币二级市场①的发展,防止类预付卡型电子货币和虚拟货币交易与真实货币实现大规模转换对实体经济产生严重冲击。

主要参考文献

[1] 陈雨露,边卫红.电子货币发展与中国人民银行面临的风险分析[J].国际金融研究,2002(1):53-58.

[2] 王亮,纪明明,张茜.电子货币、货币流通速度和货币政策有效性[J].金融理论与实践,2014(5):70-74.

[3] 谢平,刘海二.ICT、移动支付与电子货币[J].金融研究,2013(10):1-14.

[4] 谢平,尹龙.网络经济下的金融理论与金融治理[J].经济研究,2001(4):24-31.

[5] 尹龙.电子货币对中国人民银行的影响[J].金融研究,2000(4):34-41.

[6] 周光友.电子货币发展、货币乘数变动与货币政策有效性[J].经济科学,2007(1):34-43.

[7] 周光友,施怡波.互联网金融发展、电子货币替代与预防性货币需求[J].金融研究,2015(5):67-82.

[8] OWEN A L, FOGELSTROM C. Monetary Policy Implications of Electronic Currency: An Empirical Analysis [J]. Applied Economics Letters, 2005 (12): 419-423.

---

① 类预付卡型电子货币和虚拟货币二级市场是指用实际货币买卖类预付卡型电子货币和虚拟货币的市场,随着网络世界的发展,类预付卡型电子货币和虚拟货币在网络中的使用规模越来越大,类预付卡型电子货币和虚拟货币的二级市场也随之出现在一些网络平台上。

[9] BCBS. Risk Management for Electronic Banking and Electronic Money Activities[R], Basle Committee on Banking Supervision Working Paper, 1998.

[10] BERK J M. Central Banking and Financial Innovation: A Survey of the Modern Literature[J]. Banca Nazionale Quarterly Review, 2002(222): 263 - 297.

[11] FRIEDMAN M. Monetary Policy Implementation: Past, Present and Future-Will the Advent of Electronic Money Lead to the Demise of Central Banking? [J]. International Finance, 2000(3): 221 - 227.

[12] DORN J A. The Future of Money in the Information Age[M]. Washington D. C: Cato Institute, 1997.

[13] REDDY Y V. Report of the Working Group on ElectronIC Money[R]. Reserve Bank of India, 2002.

[14] SULLIVAN S M. Electronic Money and Its Impact on Central Banking and Monetary Policy[R]. Hamilton College Working Paper, 2002.

（与印文合作,《国际金融研究》2016 年第 12 期,《新华文摘》2017 年第 5 期全文转载）

中国影子银行的信用创造及其规模测算

摘要:本文根据影子银行的基本属性,将中国影子银行划分为金融机构类影子银行和民间融资类影子银行,并且深入分析了这两类影子银行的信用创造机制。在此基础上,本文选取2003—2012年的样本数据,测算了中国影子银行的信用创造规模。针对中国影子银行信用创造规模迅速扩大所产生的影响,本文还提出了政策建议。

关键词:中国影子银行;信用创造;规模测算;政策建议

一、引 言

随着中国货币供给不断增加,大量资金充斥于经济体之中,一方面通货膨胀持续走高使部分闲置资金急于寻求银行存款外的增值渠道,另一方面银行等金融机构想方设法绕过金融监管部门的贷存比例限定,募集闲置资金并进行再投放以获取更多利润。在利益驱使下,理财产品等银行表外融资工具纷纷出现,同时民间借贷等非正规金融活动也活跃起来。银行表外融资工具和民间借贷等非正规金融活动游离于传统银行体系[①]之外,缺乏有效监管,形成了规模庞大的影子银行(Shadow Banking)。中国影子银行在传统银行体系外进行信用创造,这在一定程度上缓解了中小企业融资困难,为国内金融市场

[①] 传统银行体系主要由从事传统存贷业务的存款类金融机构构成,主要包括银行、信用社和财务公司等。

注入了活力,但也加大了金融监管的难度,削弱了货币政策的有效性,甚至还对国民经济的发展与安全构成潜在威胁。因此,研究中国影子银行的信用创造及其规模具有重要的理论和现实意义。

二、文献回顾

影子银行由来已久,最早可追溯到 20 世纪 70 年代美国住房按揭贷款的证券化,但直到 2007 年美国次贷危机爆发并引发全球金融危机后,学术界与实务部门才开始重视对影子银行的研究。在 2007 年美联储年度会议上,美国太平洋投资管理公司首席执行官 Paul McCulley 将影子银行定义为非银行投资渠道、工具和结构性产品杠杆化的组合[1]。纽约联储行长 Geithner(2008)指出在传统银行体系之外有一个非银行运营的融资系统,他将其称为"平行银行体系"[2]。纽约联储的研究报告(2010)认为,"影子银行是所有缺少监管、不直接监管或者没有监管的金融中介活动,这些金融中介活动从事期限和流动性转换,但不能得到中央银行流动性担保或公共部门信贷担保"[3]。美国金融稳定委员会(FSB,2011)强调,影子银行是"传统银行体系之外的信贷中介机构和活动,这些信贷中介通过期限和流动性转换、有瑕疵的信用风险转移,以及杠杆化等活动逃避监管,进行套利并诱发系统性风险"[4]。国际银行业联合会(IBFed,2011)同意美国金融稳定委员会对影子银行的表述,但不赞同将已经纳入监管的银行信贷活动,如资产抵押商业票据和回购交易等归于影子银

---

① McCulley, 2007, "Teton Reflections, Global Central Bank Focus".

② Geithner, 2008, "Reducing Systemic Risk in a Dynamic Financial System", Federal Reserve Bank of New York.

③ Pozsar, Adrian, Ashcraft and Boesky, 2010, "Shadow Banking", Federal Reserve Bank of New York Staff Reports.

④ FSB, 2011, "Shadow Banking: Scoping the Issues", Background Note of the Financial Stability Board.

行[①]。中国人民银行调查统计司与成都分行调查统计处联合课题组(2012)对国外影子银行的定义是:"在银行系统之外进行资产证券化活动,尤其是从事或促进杠杆和转换类活动的金融中介,它们不受监管,不能得到公共部门直接的流动性支持。"这些金融中介机构不仅包括投资银行、对冲基金、货币市场基金、债券保险公司、结构性投资载体、资产支持商业票据、金融控股公司、政府融资平台,而且还包括银行、担保人、承保人、信用违约风险保护卖方,以及为影子银行体系提供流动性支持的信用评级机构。

中国的金融市场落后于发达国家的金融市场,其金融创新水平较低,资产证券化也不够深入,因此影子银行的发展尚处在初级阶段。范琨(2012)认为,中国影子银行采用的是与传统银行类似的组织方式,其融资功能和资金运用模式是服务于实体经济的,有利于解决金融供给效率问题,而不同于西方国家叠加型金融衍生产品的无限放大。何文彬(2012)将中国影子银行分为三类:委托贷款和银信合作产品等银行表外融资业务;小贷公司、担保公司、典当行和财务公司等非银行机构,以及地下钱庄和亲友间的借贷;尚在起步阶段的私募基金和货币市场基金等。卢川(2012)指出,影子银行不仅涉及具备独立法人资格的金融机构,而且还涵盖各种类似或替代传统银行业务的业务部门和金融工具。基于此,他将中国影子银行分为两部分:一是银行业内较少受监管的银信合作业务、委托贷款和非银行金融机构进行的融资业务等;二是不受监管的地下钱庄、民间借贷和典当行等民间金融。中国人民银行调查统计司与成都分行调查统计处联合课题组(2012)对中国影子银行的定义是:"从事金融中介活动,具有与传统银行类似的信用、期限或流动性转换功能,但未受巴塞尔协议Ⅲ或同等监管制度监管的实体或准实体。"符合该定义的影子银行主要包括银行表外理财产品、证券公司集合理财产品、基金公司专户理财产品、证券投资基金、投资与保险一体化资金账户、产业投资基金、创业投资基金、私募股权基金、企业年金、住房公积金、小额贷款公司、非银行融资租赁公司、专业

---

① IBFed, 2011. "A Reply To Background Note of the Financial Stability Board".

保理公司、金融控股公司、典当行、担保公司、票据公司、具有储值和预付机制的第三方支付公司、农村资金互助社,以及有组织的民间借贷等融资机构。

对影子银行的定义与内涵进行分析的文献较多,但对影子银行信用创造,特别是对中国影子银行信用创造进行深入研究的文献较少。Gurley & Shaw (1960)较早关注非银行金融机构的信用创造,并基于"内在货币—外在货币"的理论框架分析了非银行金融机构的信用创造过程。Gorton & Metrick (2009)通过实证检验,总结出以回购协议为中心的影子银行信用创造机制。彭兴韵和包敏丹(2005)以货币统计口径为切入点,探讨了金融创新与金融发展对货币统计与货币层次划分的影响,认为中国的金融创新活动在很大程度上就是影子银行的信用创造。李建军(2010)从借款人角度对中国人民银行未监控到的信贷规模进行测算,虽然未监控到的信贷规模不能代表中国影子银行的全部,但他的研究为测算民间融资类影子银行的信用创造规模提供了思路。李波和伍戈(2011)将传统商业银行表内融资模式与影子银行表外融资模式进行比较,并以美国次贷危机中次级贷款证券化为例,分析了影子银行的信用创造过程。周莉萍(2011)将影子银行的信用创造机制区分为金融产品和金融机构所构成的影子银行信用创造机制,以及第三方支付体系所构成的影子银行信用创造机制。

在借鉴国内外文献后,本文认为,与中国金融市场的发展水平相适应,目前中国影子银行主要是由各种银行表外融资工具构成,这些表外融资工具依托正规金融机构而发挥着信用创造功能,本文将其称为金融机构类影子银行,包括银行表外理财产品、信托理财产品、证券公司集合理财产品、基金公司专户理财产品等。但是,只有规模较大、与银行等金融机构关系密切的国有企业,以及少部分利润率高、资信良好的私营企业能够通过金融机构类影子银行获得资金支持。对于农户、大部分私营企业以及个体工商户等中小经济主体而言,由于它们信贷规模小且信用风险大,银行等正规金融机构往往不愿意向它们发放贷款,也没有动力为它们发行理财产品进行融资。存在资金缺口的中小经济主体主要通过民间非正规金融机构获得资金支持,本文将这些民间非正规金融机构及其产品称为民间融资类影子银行,包括小额贷款公司、地下钱庄、民间借贷和典当行等。基于这样的分类,本文将深入研究中国影子银行的信用创造机制,并且测算中国影子银行的信用创造规模。

三、中国影子银行的信用创造机制

中国影子银行的信用创造虽然不像欧美发达国家影子银行的信用创造那样复杂,但其基本原理是相似的。欧美发达国家影子银行的信用创造主要是通过资产证券化,即将缺乏流动性但具有稳定未来现金流的资产作为基础资产,通过结构重组和信用增级,发行可在资本市场交易的证券,其信用创造机制最初是由某个金融机构对某项原始金融资产如次级贷款进行打包并构建资产池,一些金融机构发行基于该资产池的资产支持证券并用所募集来的资金购买资产池中的金融资产,还有一些金融机构又发行基于该资产支持证券的新资产支持证券并用所募集来的资金购买该资产支持证券,如此循环下去,实现信用的不断创造。随着中国资产证券化市场的发展,中国影子银行的信用创造将越来越接近于欧美发达国家影子银行的信用创造。但在目前,中国影子银行还主要由以银行表外理财产品为代表的金融机构类影子银行和以民间借贷为代表的民间融资类影子银行构成,这两类影子银行的信用创造机制既相似又有区别。

(一)金融机构类影子银行的信用创造机制

在实体经济资金需求大,社会闲置资金保值增值欲望强,金融监管部门对贷存比例加以限定的背景下,金融机构理财产品和其他创新金融工具在中国金融市场上不断涌现,最常见的就是银行表外理财产品、信托理财产品,以及证券公司集合理财产品。尽管这些金融工具种类繁多,但其本质上都是正规金融机构在传统银行体系外募集社会闲置资金并进行投资,其运作本身仍然与正规金融机构紧密相连。以整个传统银行体系为研究对象,假定居民和企业不持有现金,所有交易都通过传统银行体系完成,存款总量为 D,金融监管部门将贷存比例上限设定为 0.75[①],且整个传统银行体系已经达到该比例上限,则传统银行体系内的存款总量 D 中有 0.75D 用于发放贷款,余下的 0.25D 作为准备金存放或购买其他短期金融资产,此时存款总量 D 即为经济体中的货币供给。当企业仍存在未满足的资金需求时,企业便与银行签订融资计划与还款协议,由银行发行理财产品,以绕过贷存比例限定,间接地为企业提供资金支持,这里假定银行发行并最终被公众购买的理财产品规模为 L。理财产品的预期收益率通常高于银行存款利率,在高利率的诱导下,公众从传统银行体系提取存款 L,并用这笔资金购买银行发行的理财产品,银行将所募集的资金量 L 贷放给企业,企业又将这笔资金存到自己在传统银行体系内开立的账户中,同时获取相应的存款凭证。由于现代金融科技发达,资金量 L 的流转可以全部通过传统银行体系完成,而且所用时间很短,其对传统银行体系内的存款总量和贷款总量的影响不大。表面上看,传统银行体系向全社会提供的货币总量没有发生什么变化,大致仍为存款总量 D,但银行通过发行理财产品,使得资金在传统银行体系外流转,产生了新的债权债务关系,进而创造了信用,这样的信用创造机制如图 1 所示。

图 1 中,资金量 L 对于公众来讲是巨大的,所以公众需分批次提取存款,即将资金量 L 细分成规模较小的资金量 $L_1, L_2, \cdots, L_n(n>1)$ 来陆续完成资金流转过程。只要每次提取的资金量 L_i 满足 $L_i < 0.25D(i=1, 2, \cdots, n)$,传统银行体系内的存款总量和贷款总量在经历每次资金流转后都会保持稳定,最终资金量 L 的流转便能在基本不改变传统银行体系内的存款总量和贷款总量的情况下顺利实现。由资金量 $L = \sum_{i=1}^{n} L_i(n>1)$ 可以看出,理财产品发行规模的理论上限取决于传统银行体系内最初公众储蓄存款量 S_1,若最初公众储蓄存款量 $S_1 = 0.5D$,则理财产品发行规模的理论上限即为 0.5D。然而,由

---

① 1995 年颁布的《中华人民共和国商业银行法》规定商业银行贷款余额与存款余额的比例不得超过 75%。

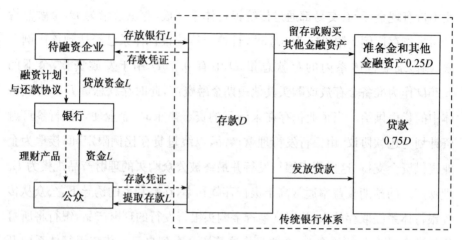

注：实线代表资金流向，虚线代表金融资产流向。

图1　银行表外理财产品的信用创造

于个人偏好和其他原因，并不是所有公众都会购买理财产品，通常只有那些高净值公众有需求和能力购买理财产品，这就限制了理财产品的最终发行规模。设理财产品最终发行规模 $L=0.1D$，上述资金流转过程使得传统银行体系内的公众储蓄存款转化为流转较快的企业存款等其他存款，传统银行体系内公众储蓄存款减少量 0.1D 被搬离到传统银行体系外购买理财产品，并在银行资产负债表外形成了新的资产与负债（表1）。

表1　银行资产负债表外的资产与负债

资产		负债	
贷款	0.1D	理财产品	0.1D
合计	0.1D	合计	0.1D

表1中，银行发行理财产品所构成的负债可以看成是客户储蓄存款的另一种形式，具有较强的货币性特征。如以全社会存款为货币供给的统计口径，发行理财产品实质上是在传统银行体系之外创造了货币供给 0.1D，使得货币供给扩大为 1.1D，大于原先的货币供给 D。为防范金融风险，国家禁止银行表外理财产品投向委托贷款、信托转让和信贷资产转让，但银行总是想方设法

通过其他渠道,如银信合作[1]和银证信合作[2]等方式绕过监管规定,金融机构类影子银行的信用创造机制并没有发生根本变化,只不过是增加了一两个过桥中介而已。

（二）民间融资类影子银行的信用创造机制

与金融机构类影子银行不同,民间融资类影子银行不是依托正规金融机构进行资金募集与再投放,而是通过私下的直接借贷活动在传统银行体系外产生新的债权债务关系,实现了信用创造。民间融资类影子银行的信用创造机制如图 2 所示。

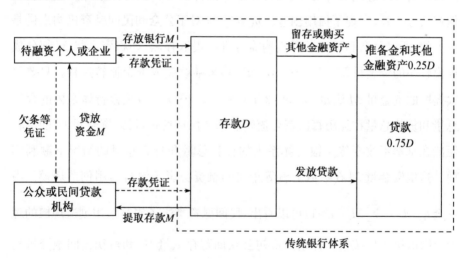

注:实线代表资金流向,虚线代表金融资产流向。

图 2　民间融资类影子银行的信用创造

---

① 银信合作是银行通过信托理财产品的方式,绕过监管规定,为企业提供贷款。例如,某企业如需贷款,可以将相关的项目由信托公司"打包"处理成理财产品,然后经由银行出售给投资者。另外,银行发行的自有理财产品所募集的资金也会部分投向信托计划。

② 银证信合作是指,银行将发行理财产品所募集的资金投向证券公司资产管理计划,证券公司又将资产管理计划所募集的资金投向信托计划,最终由信托公司将资金贷放给资金需求方。

　　图 2 中,存在资金缺口的个人或企业因无法通过正规金融机构获得资金支持而转向公众或民间融资机构①借款。出于亲朋好友的情面或更高利率的诱导,公众或民间融资机构凭存款凭证到银行提取存款 M 贷放给需要资金的借款人或企业,同时获得借款人或企业开立的欠条等凭证。借款人或企业将获得的资金量 M 存到自己在传统银行体系内开立的账户中,同时获取相应的存款凭证。由于现代金融科技发达,资金量 M 的流转可以全部通过传统银行体系完成,而且所用时间很短,其对传统银行体系内的存款总量和贷款总量的影响不大。表面上看,传统银行体系对全社会的货币供给没有发生什么变化,大致仍为存款总量 D,但民间融资类影子银行在传统银行体系外产生了新的债权债务关系,实现了信用创造。资金量 M 对于公众和民间融资机构来讲是巨大的,所以公众和民间融资机构需分批次提取存款,即将资金量 M 细分成规模较小的资金量 $M_1, M_2, \cdots, M_n (n>1)$ 来陆续完成资金流转过程。只要每次提取的资金量 M_i 满足 $M_i < 0.25D(i=1,2,\cdots,n)$,传统银行体系内的存款总量和贷款总量在经历每次资金流转后都会保持稳定,最终资金量 M 的流转便能在基本不改变传统银行体系内的存款总量和贷款总量的情况下顺利实现。这里资金量 M 在数值上就等于民间融资类影子银行信用创造规模。由资金量 $M = \sum_{i=1}^{n} M_i (n>1)$ 可以看出,民间融资类影子银行信用创造规模的理论上限取决于传统银行体系内最初公众储蓄存款量 S_1 和最初民间融资机构存款量 S_2,若最初公众储蓄存款量 $S_1 = 0.5D$,最初民间融资机构存款量 $S_2 = 0.1D$,则民间融资类影子银行信用创造规模的理论上限即为 0.6D。同样,由于个人偏好和其他原因,公众和民间融资机构并不会将所有存款取出并进行再投放,设民间融资类影子银行最终信用创造规模 $M = 0.1D$,则全社会货币供给就会增加 0.1D。

　　需要进一步说明,虽然按照本文对中国影子银行的划分,未贴现银行承兑

---

① 这里的民间贷款机构主要包括小额贷款公司和典当行等。

汇票应划归为金融机构类影子银行,但其信用创造机制与金融机构类影子银行理财产品的信用创造机制有所不同。银行承兑汇票是由在承兑银行开立存款账户的存款人出票,向开户银行申请并经银行审查同意承兑的,保证在指定日期无条件支付确定的金额给收款人或持票人的票据。大多数未贴现银行承兑汇票可以作为支付手段背书转让,具有很强的货币性特征,美国已将其纳入货币统计口径。从这个角度考察,未贴现银行承兑汇票可被视为传统银行体系以其自身和大中型企业的信用为保障,在银行资产负债表外新创造的信用。由于在银行承兑汇票到期前,出票企业只需在承兑银行账户内保持一定比例出票金额的保证金,到期再将剩余金额补足即可,因此,在某一时点上,未贴现银行承兑汇票金额的理论上限可达大中型企业在传统银行体系内存款量的数倍,具体倍数取决于承兑银行规定的保证金比例。设大中型企业在传统银行体系内的存款量为 S_3,银行允许企业开具的银行承兑汇票金额上限平均为这一存款量的 k 倍,则经济体中未贴现的银行承兑汇票规模的理论上限即为 $k \cdot S_3$。由于中国影子银行同时包括金融机构类影子银行和民间融资类影子银行,则综合而言,中国影子银行信用创造规模的理论上限为传统银行体系内最初公众储蓄存款量、最初民间融资机构存款量,以及 k 倍大中型企业存款量三者之和,即为 $S_1 + S_2 + k \cdot S_3$。

四、中国影子银行的信用创造规模

随着中国影子银行信用创造规模迅速扩大,以及影子银行对社会融资和货币政策的影响日益突显,金融监管部门已经意识到加强对影子银行监控与管理的重要性,其举措之一就是中国人民银行按月统计包含信托贷款等主要金融机构类影子银行资金投放业务在内的社会融资规模,并且公布了 2002—2012 年的社会融资规模(表 2)。

表2 2002—2012年社会融资规模 （单位:亿元）

年份	社会融资规模	人民币贷款	外币贷款(折合人民币)	委托贷款	信托贷款	未贴现银行承兑汇票	企业债券	非金融企业境内股票融资
2002	20 112	18 475	731	175	—	−695	367	628
2003	34 113	27 652	2 285	601	—	2 010	499	559
2004	28 629	22 673	1 381	3 118	—	−290	467	673
2005	30 008	23 544	1 415	1 961	—	24	2 010	339
2006	42 696	31 523	1 459	2 695	825	1 500	2 310	1 536
2007	59 663	36 323	3 864	3 371	1 702	6 701	2 284	4 333
2008	69 802	49 041	1 947	4 262	3 144	1 064	5 523	3 324
2009	139 104	95 942	9 265	6 780	4 364	4 606	12 367	3 350
2010	140 191	79 451	4 855	8 748	3 865	23 346	11 063	5 786
2011	128 286	74 715	5 712	12 962	2 034	10 271	13 658	4 377
2012	157 606	82 035	9 163	12 837	12 888	10 498	22 498	2 508

注:① 表中的"社会融资规模"是指一定时期内(本表为一年)实体经济通过正规金融机构和金融机构类影子银行获得的新增融资金额,是增量概念;② 表中的"—"表示数据缺失,或数据值很小,可以忽略不计。

数据来源:《2012年第四季度中国货币政策执行报告》。

表2中,社会融资规模是所在年份实体经济通过正规金融机构和金融机构类影子银行获得的新增融资金额;委托贷款、信托贷款、未贴现银行承兑汇票是金融机构类影子银行的主要资金投放工具;另外,在银行放贷受限的情况下,很多企业选择通过发行企业债券①进行融资,其中包括地方政府融资平台

---

① 企业债券(Enterprise Bond)通常又称为公司债券,是企业依照法定程序发行,约定在一定期限内还本付息的债券。公司债券的发行主体通常是股份公司,但也可以是非股份公司的企业。所以,股份公司发行的债券和非股份公司的企业发行的债券可统称为企业债券。

为基础设施建设项目发行的城投债[①],目前,企业债券已成为金融机构类影子银行所募集资金的重要投放对象。2002 年前,中国金融市场上的创新金融工具很少,同时中国人民银行发布的相关数据又始于 2002 年,因此本文在这里对 2002—2012 年金融机构类影子银行的信用创造规模进行测算。

对所在年份 t 年金融机构类影子银行新增的委托贷款、信托贷款、未贴现银行承兑汇票和企业债券持有量进行加总,可得 t 年金融机构类影子银行信用创造规模的增量 ΔG_t。以 2002 年为基期,则 2002—2012 年各年金融机构类影子银行信用创造规模的测算公式为:

$$G_i = \sum_{t=2\,002}^{i} \Delta G_t (i = 2\,002,2\,003,\cdots,2\,012) \tag{1}$$

其中, G_i 表示所在年份 i 年金融机构类影子银行信用创造规模; ΔG_t 表示所在年份 t 年金融机构类影子银行信用创造规模的增量。

2007 年前中国的企业债券市场规模小,交易不活跃。2007 年 9 月 27 日,中国人民银行发布公告,对企业债券在银行间债券市场发行、交易流通和登记托管等事项做出具体规定,从而打开了银行间债券市场的大门。但由于普通公众不能参与银行间债券市场的交易,且正规金融机构参与银行间债券市场的自有资金量有限,正规金融机构便通过发行债券型理财产品等融资工具吸收社会闲置资金,扩大其投资于债券市场的资金量,以获取更多利润。基于这样的国情,本文假定 2008 年前企业债券全是由公众和正规金融机构自有资金直接购买的,从 2008 年起才有金融机构类影子银行开始持有企业债券,即设2002—2007 年各年金融机构类影子银行持有的企业债券规模为 0。取2005—2007 年三年企业债券融资规模占社会融资规模的比重平均值[②]作为2008—2012 年各年公众和正规金融机构自有资金直接购买的企业债券占

---

① 城投债,又称"准市政债",是以地方政府融资平台为发行主体,公开发行企业债券和中期票据,所募集资金主要用于地方基础设施建设或公益性项目。

② 由于 2005 年前企业债券市场规模很小,交易不活跃,不能反映公众和正规金融机构对企业债券的真实需求,因此这里忽略不计 2005 年前企业债券融资规模占社会融资规模的比重。

社会融资规模的比重，则 2008—2012 年各年企业债券融资规模占社会融资规模的比重超出 2005—2007 年比重平均值的部分便可视为金融机构类影子银行持有企业债券所占的比重，再将该比重乘以对应年份社会融资规模，就能得到 2008—2012 年各年金融机构类影子银行新增的企业债券持有量估计值。

根据以上思路，将所在年份 t 年金融机构类影子银行新增的委托贷款、信托贷款、未贴现银行承兑汇票和企业债券持有量估计值加总，可得该年金融机构类影子银行信用创造规模增量 ΔG_t；再以 2002 年为基期，根据公式（1）求得 2002—2012 年各年金融机构类影子银行信用创造规模 G_t。在实际测算中，2002 年金融机构类影子银行信用创造规模增量 $\Delta G_{2\,002}$ 为绝对值很小的负值，为较准确地测算 2003 年后金融机构类影子银行信用创造规模，本文设 $\Delta G_{2\,002}=0$。2003—2012 年金融机构类影子银行信用创造规模的测算值见表 3。

表 3　2003—2012 年金融机构类影子银行信用创造规模　（单位：亿元）

年　份	2003	2004	2005	2006	2007
金融机构类影子银行信用创造规模	2 611.00	5 439.00	7 424.00	12 444.00	24 218.00
年　份	2008	2009	2010	2011	2012
金融机构类影子银行信用创造规模	34 502.95	55 230.41	94 805.12	126 915.26	177 263.85

注：根据《2012 年第四季度中国货币政策执行报告》的相关数据计算。

本文对民间融资类影子银行信用创造规模的测算是基于这样的经济学逻辑：实现一定规模的国内生产总值（GDP）需要有相应规模的信贷支持，则正规金融机构和金融机构类影子银行对实体经济单位 GDP 的信贷支持度 $R_{YL}=$（当期全社会未偿还银行贷款＋当期金融机构类影子银行信用创造）/当期实体经济 GDP。由于农户、私营企业、个体工商户等中小经济主体的单笔信贷规模小且信用风险大，正规金融机构对它们的信贷支持度较低，同时也没有积极性为它们的融资而发行理财产品。因此,存在资金缺口的中小经济主体只能转向民间融资类影子银行寻求资金支持。正规金融机构对私营企业及个体工商户单位 GDP 的信贷支持度 R_{EL} =当期私营企业及个体工商户未偿还银行贷款/当期私营企业及个体工商户 GDP[①]。由于购置固定资产占企业资金投入的大部分,不妨假定企业的固定资产投资额与其资金需求量成正比,则所在年份民间融资类影子银行信用创造规模的测算公式可以表示为:

$$G_E = \left(R_{YL} \times \frac{F_E}{F_Y} - R_{EL} \right) \times \mathrm{GDP}_E \tag{2}$$

其中, G_E 表示所在年份民间融资类影子银行的信用创造规模; R_{YL} 表示所在年份正规金融机构和金融机构类影子银行对实体经济单位 GDP 的信贷支持度; R_{EL} 表示所在年份正规金融机构对私营企业及个体工商户单位 GDP 的信贷支持度; F_E 表示所在年份私营企业及个体工商户固定资产投资总额减去房地产业和建筑业中私营企业及个体工商户固定资产投资额后的剩余固定资产投资额[②]; F_Y 表示所在年份实体经济固定资产投资总额; GDP_E 表示所在年份私营企业及个体工商户实现的产值,其计算公式为 GDP_E =私营企业及个体工商户就业人数占第二和第三产业合计就业人数的比重×(第二和第三产业的产值-房地产业和建筑业的产值)。需要说明的是,房地产业和建筑业中

---

① 在我国,农户的生产方式简单,通过民间融资类影子银行获得的资金量很小,且缺乏相关的统计数据。因此,在测算民间融资类影子银行信用创造规模时只考虑私营企业和个体工商户。同时,wind 数据库只提供了截至 2009 年私营企业及个体工商户未偿还银行贷款的数据,且私营企业及个体工商户未偿还银行贷款是划归到短期贷款名下的。本文利用双指数平滑法对 1994—2009 年私营企业及个体工商户未偿还银行贷款占对应年份短期贷款比重进行指数平滑,估计出 2010—2012 年私营企业及个体工商户未偿还银行贷款占对应年份短期贷款的比重,然后将估计出的比重乘以对应年份的短期贷款,得到 2010—2012 年私营企业及个体工商户未偿还银行贷款的估计值。

② 房地产业和建筑业属于高利润行业,且与地方经济发展关系密切,大多含有地方政府的隐性担保,其资金需求通常可以由正规金融机构及金融机构类影子银行来满足。因此,将这些行业中私营企业及个体工商户的固定资产投资额从私营企业及个体工商户的固定资产投资总额中减去,能较为准确地测算出民间融资类影子银行的信用创造规模。这里房地产业和建筑业中私营企业及个体工商户的固定资产投资额,是用房地产业和建筑业合计固定资产投资额乘以私营企业及个体工商户固定资产投资总额占实体经济固定资产投资总额的比重得到的。

的部分私营企业及个体工商户也会通过民间融资类影子银行进行融资,同时其他行业的部分私营企业及个体工商户也会通过金融机构类影子银行进行融资,这里假定这两类融资规模相当。根据式(2),可得 2003—2012 年民间融资类影子银行信用创造规模的测算值(表 4)。

表 4　2003—2012 年民间融资类影子银行信用创造规模　　(单位:亿元)

年　份	2003	2004	2005	2006	2007
民间融资类影子银行信用创造规模	4 375.01	5 661.72	8 804.48	13 189.77	18 027.51
年　份	2008	2009	2010	2011	2012
民间融资类影子银行信用创造规模	24 099.83	35 179.38	49 447.29	70 215.10	91 794.02

注:根据 wind 数据库和中经网经济统计数据库的相关数据计算。

综合整理和计算表 3 和表 4 中的数据,可得 2003—2012 年中国影子银行信用创造规模的测算值(表 5)。

表 5　2003—2012 年中国影子银行信用创造的规模

年　份	中国影子银行信用创造规模(亿元)	金融机构类影子银行信用创造规模(亿元)	民间融资类影子银行信用创造规模(亿元)	金融机构类影子银行信用创造规模占比(%)	民间融资类影子银行信用创造规模占比(%)
2003	6 986.01	2 611.00	4 375.01	37.37	62.63
2004	11 100.72	5 439.00	5 661.72	49.00	51.00
2005	16 228.48	7 424.00	8 804.48	45.75	54.25
2006	25 633.77	12 444.00	13 189.77	48.55	51.45
2007	42 245.51	24 218.00	18 027.51	57.33	42.67
2008	58 602.78	34 502.95	24 099.83	58.88	41.12
2009	90 409.79	55 230.41	35 179.38	61.09	38.91
2010	144 252.41	94 805.12	49 447.29	65.72	34.28
2011	197 130.37	126 915.26	70 215.10	64.38	35.62
2012	269 057.87	177 263.85	91 794.02	65.88	34.12

　　表 5 显示,中国影子银行信用创造规模不断扩大,从 2003 年的 6 986.01 亿元扩大到 2012 年的 269 057.87 亿元,10 年间扩大了近 38 倍;金融机构类影子银行信用创造规模从 2003 年的 2 611 亿元扩大到 2012 年的 177 263.85 亿元,10 年间扩大了近 67 倍,其占中国影子银行信用创造规模的比重也从 2003 年的 37.37% 上升到 2012 年的 65.88%;民间融资类影子银行信用创造规模占中国影子银行信用创造规模的比重虽然从 2003 年的 62.63% 下降到 2012 年的 34.12%,但其规模却持续扩大,到 2012 年已达 91 794.02 亿元,是 2003 年 4 375.01 亿元的近 21 倍。

五、结论与建议

　　根据影子银行的基本属性,本文将中国影子银行分为金融机构类影子银行和民间融资类影子银行。在公众不持有现金,所有交易都通过传统银行体系完成的假定条件下,两类影子银行均没有改变传统银行体系内的货币供给,但它们都在传统银行体系外产生了以金融资产为媒介的债权债务关系,实现了信用创造。金融机构类影子银行通过发行货币属性较强的理财产品募集社会闲置资金,并通过委托贷款、信托贷款、未贴现银行承兑汇票和购买企业债券等方式,绕过金融监管部门的贷存比例限定向全社会注入资金,这就在传统银行体系外增加了货币供给。民间融资类影子银行则是通过私下的直接借贷活动在传统银行体系外产生了新的债权债务关系,实现了信用创造。进一步分析表明,中国影子银行信用创造规模的理论上限为传统银行体系内最初公众储蓄存款量、最初民间融资机构存款量,以及 k 倍大中型企业存款量三者之和。根据本文测算,2003—2012 年以来,金融机构类影子银行和民间融资类影子银行的信用创造规模都在迅速扩大,从而使中国影子银行的信用创造规模从 2003 年的 6 986.01 亿元扩大到 2012 年的 269 057.87 亿元;同时,中国影子银行的信用创造结构也发生了明显变化,2006 年前是以民间融资类影子银行的信用创造为主,之后则是以金融机构类影子银行的信用创造为主。

　　中国影子银行及其信用创造规模迅速扩大虽然缓解了中小企业融资困难,为国内金融市场注入了活力,但也对国民经济的发展与安全产生了一些消极影响。例如,金融机构类影子银行通过理财产品募集的资金大多流向房地产等高利润行业,这不利于金融资源在各行业的优化配置;民间融资类影子银行的资金放贷利率高,中小企业在获得资金的同时也承受着巨大的还款压力;影子银行不受准备金和贷存比例等的限定与监管,其不规范运作会加大金融市场的系统风险;影子银行缺少国家信用的支持和最后贷款人的保障,其在遭受外部冲击时很容易面临挤兑和流动性危机;影子银行在传统银行体系外进行信用创造,这不仅会加大通货膨胀的压力,而且还会使全社会货币供给的统计失真,进而削弱货币政策的有效性。

　　中国影子银行既有积极作用又有消极影响,因此必须以辩证的态度,趋利避害,确保影子银行的健康发展。第一,中央银行有必要将未贴现银行承兑汇票等具有较强货币性的影子银行资产纳入货币供给统计口径,提高货币供给统计的精准度,使其能真实反映实体经济中的货币供给状况。第二,有关部门要加强对金融机构类影子银行的监管,完善相关信息披露制度,对理财产品的投资去向加以引导,控制其杠杆化程度,及时化解理财产品的潜在风险;还要建立专门针对金融机构类影子银行产品的信用评级机制,只有符合一定信用等级的产品才能批准发行,并且将相关评级结果及时公布于众。第三,有关部门要加强对民间融资类影子银行的规范与管理,将私下的借贷活动纳入经常性的金融监管,有效打击非法集资活动,促进民间融资类影子银行的阳光化运作。第四,还要通过对影子银行开放中央银行贴现窗口,建立专门针对影子银行的存款保险制度,为陷入困境的影子银行提供流动性支持,以防范影子银行资金链断裂及其引发的金融风险。

主要参考文献

[1] Gurley J G. and E. S. Shaw, 1960"Money in A Theory of Finance", The Brookings Institution, Washington. D. C..

[2] Gorton G. and A. Metrick, 2009, "The Run on Repo and the Panic of 2007—2008", Yale Working Paper.

[3] 中国人民银行调查统计司与成都分行调查统计处联合课题组. 影子银行体系的内涵及外延[J]. 金融发展评论,2012(8):61-76.

[4] 范琨. 影子银行系统成因、现状、问题和治理监管策略[J]. 科学咨询(科技·管理),2012(4):19-21.

[5] 何文彬. 我国影子银行体系的风险解析和金融监管困境[J]. 现代管理科学,2012(11):68-70.

[6] 卢川. 中国影子银行运行模式研究——基于银信合作视角[J]. 金融发展评论,2012(1):55-62.

[7] 彭兴韵,包敏丹. 改进货币统计与货币层次划分的研究[J]. 世界经济,2005(11):10-18.

[8] 李建军. 中国未观测信贷规模的变化:1978—2008年[J]. 金融研究,2010(4):40-49.

[9] 李波,伍戈. 影子银行的信用创造功能及其对货币政策的挑战[J]. 金融研究,2011(12):77-84.

[10] 周莉萍. 影子银行体系的信用创造:机制、效应和应对思路[J]. 金融评论,2011(4):37-53.

(与印文合作,《经济管理》2014年第3期)

中国 P2P 网络借贷规模对货币乘数的影响

摘要:通过构建 TVP - VAR 模型,选取中国 2014 年 1 月至 2019 年 3 月的月度样本数据,实证检验中国 P2P 网络借贷规模的变化对货币乘数产生的影响。结果表明:P2P 网络借贷规模的扩大会导致货币乘数的增加,同时这种影响呈现时变性特征。P2P 网络借贷规模的变化对货币乘数产生的影响,特别是这种影响呈现的时变性特征会降低货币政策的可测性和可控性,进而削弱货币政策的有效性。基于此,本文提出了建立 P2P 网络借贷行业统计分析制度、提高数量型货币政策的有效性和强化价格型货币政策的作用的对策建议。

关键词:P2P 网络借贷;货币乘数;货币政策;TVP - VAR 模型

一、引　言

中国人民银行实施货币政策的目标是保持价格水平的稳定,并以此促进充分就业和经济增长。货币政策包括数量型货币政策和价格型货币政策。其中,数量型货币政策通过调节经济系统货币供给,影响经济运行中的货币总量,进而影响宏观经济变量,调节宏观经济运行;价格型货币政策通过调节资产价格,影响经济主体的成本和收入预期,进而影响宏观经济变量,影响宏观经济运行。当前,在中国人民银行的货币政策框架中,数量型货币政策占主体地位,即中国人民银行主要通过调节货币供给,影响宏观经济运行。在经济过热时,中国人民银行实施紧缩的货币政策,通过减少经济系统的货币数量,缓释经济过热;相反,在经济萧条时,中国人民银行实施宽松的货币政策,通过增加经济系统的货币数量,刺激经济发展。货币政策传导是货币政策从执行到结果产生的完整过程。裴平等(2009)对货币政策传导机制进行了梳理,认为货币政策的实施就是通过操作目标①、中介目标②的传导,到最终目标③实现的过程,其中货币供给是货币政策的重要中介目标之一。货币供给是基础货币与货币乘数的乘积,以货币供给为中介目标的数量型货币政策效果受到货币乘数的影响。

在互联网金融时代,P2P 网络借贷行业的发展有利于优化居民金融资产结构,但居民金融资产结构的调整会引起货币乘数的变化,这会降低数量型货币政策的可测性和可控性,进而削弱货币政策的有效性。因此,研究中国 P2P 网络借贷规模的变化对货币乘数的影响,分析 P2P 网络借贷规模对货币乘数影响的动态变化过程,对提高中国人民银行控制和测度货币政策效果有重要的理论价值和参考意义。

二、文献回顾

当前,直接研究 P2P 网络借贷规模的变化对货币乘数产生的影响的文献尚不多见,但国内外学者对电子货币、网络支付等与货币政策的有效性的关系做了不少研究,其中一些文献对本文所做研究具有借鉴意义。Boeschoten & Hebbink(1996)认为,电子货币的发展会影响经济运行中基础货币需求数量和货币乘数的大小,进而弱化中央银行对经济系统运行过程中货币供给的控制力,降低货币政策的有效性。Solomon(1997)指出,电子货币的使用和推广会影响经济系统中的货币供给,使得货币乘数偏离其真实值,并据此建议将电

---

① 操作目标包括:基础货币、超额准备金率、同业拆借利率。
② 中介目标包括:货币供给和利率。
③ 最终目标包括:经济增长、物价稳定、充分就业和国际收支平衡。

子货币的发行量计入央行在测度经济系统货币总量,从而缩减货币乘数偏离其真实值的幅度。Mervyn King(1999)认为,随着网络支付的发展,商业银行的账户结算将不再需要基础货币,这会影响中央银行利用货币政策调节影响宏观经济的效果。Al-Laham M., Al-Tarawneh H. & Abdallat(2009)的研究表明,电子货币发展会弱化中央银行对外汇储备的管制,从而改变货币乘数,进而降低中央银行对货币供给的控制力,影响中央银行货币政策实施效果。周光友(2010)指出,电子货币会改变货币供给结构,使得经济系统现金比率下降。现金比率的下降会增加货币乘数,进而降低数量型货币政策的实施效果。刘澜彪等(2016)实证检验了互联网金融对货币政策有效性的影响,发现互联网金融增强了商业银行对同业市场利率的敏感性,提高了价格型货币政策的有效性;同时,互联网金融还会加剧狭义货币乘数的波动,增加广义货币供给。杨德勇等(2017)利用 Johansen 检验和 VEC 模型对互联网金融发展与货币乘数变化的关系进行实证检验,结果表明,互联网金融发展会使金融市场中现金存款比下降和超额存款准备金率减少,进而增加货币乘数的不确定性。方兴和郭子睿(2017)利用“北京大学互联网金融发展指数”,借助 TVP - VAR 模型,从产出渠道和价格渠道实证检验网络支付对货币政策有效性的影响。他们认为,从产出渠道看,网络支付弱化了货币政策的有效性;而从价格渠道看,网络支付强化了货币政策的有效性。刘生福(2018)在区分电子货币、电子支付和虚拟货币的基础上,梳理与数字支付对货币相关的文献,得出它们分别通过改变消费者的支付习惯、增加客户的支付效率和改变货币发行方式,挑战传统的货币政策框架。章安辰和裴平(2018)指出,互联网金融发展会模糊不同货币层次之间的边界,使货币供给的可测性下降;同时,互联网金融发展强化了货币供给的内生性,弱化了货币供给与货币政策最终目标的相关性。刘生福(2019)利用 TVP - VAR 模型实证检验了网络支付对中国货币政策传导的影响,发现在网络支付环境下,数量型货币政策的传导效率明显降低。

在研究 P2P 网络借贷对货币政策的有效性的影响方面,国内学者赵煜坚和叶子荣(2016)选取 2014 年 1 月至 2015 年 7 月的月度样本数据,利用 VAR

模型分析 P2P 网络借贷对货币政策的有效性的影响。他们认为,P2P 网络借贷会影响现金漏损率和银行活期存款转化为定期存款的比率,进而会强化中央银行的货币政策意图。王娟和汪草(2018)选取 2013 年 5 月至 2016 年 11 月的月度样本数据,利用 VAR 模型研究 P2P 网络借贷对 M0、M1、M2 的影响,发现 P2P 网络借贷的高利率会使投资者更多地将资金通过 P2P 网络借贷平台进行投资而不是到商业银行进行储蓄,这必然会对 M0、M1 和 M2 产生影响。

从现有的文献来看,国内外文献在对 P2P 网络借贷规模对货币乘数的影响方面研究较少,现有的研究多是关注 P2P 网络借贷对 M0、M1、M2 或现金漏损率的影响,未明确对货币乘数的影响。为此,本文在对 P2P 网络借贷规模对货币乘数影响理论分析的基础上,提出了研究假设,特别是结合中国 P2P 网络借贷行业发展的实践,通过构建 TVP - VAR 模型和选取 2014 年 1 月至 2019 年 3 月的月度样本数据,深入研究 P2P 网络借贷规模变化对货币乘数的影响。区别于现有文献,本文在研究 P2P 网络借贷规模对货币乘数影响的同时,更全面地分析了这种影响的时变性特征,目的是在 P2P 网络借贷持续发展背景下,为更有效发挥货币政策的宏观经济调节作用提供决策依据。

三、理论分析

货币乘数是货币政策中常用的分析工具和中介变量,通过对货币乘数的合理判断,可以提高货币政策,特别是数量型货币政策的有效性。以 C 表示居民持有的现金,D 表示商业银行的各项存款,M 表示货币供给,则有:

$$M = C + D \tag{1}$$

基础货币又称高能货币,是流通中的现金和商业银行存入中央银行的存款准备金(包括法定存款准备金和超额存款准备金)之和。用 H 表示基础货币,R 表示商业银行存入中央银行的存款准备金,r 和 e 分别表示法定存款准

备金率和超额存款准备金率,则有:

$$H=C+R=C+(r+e)D \tag{2}$$

用 $c=\dfrac{C}{D}$ 表示现金漏损率即现金存款比,那么货币乘数 k 可表示为:

$$k=\frac{M}{H}=\frac{C+D}{C+R}=\frac{C+D}{C+(r+e)D}=\frac{1+c}{c+r+e} \tag{3}$$

将式(3)中 k 分别对 c、r 和 e 求偏导,可得:

$$\frac{\partial k}{\partial c}=\frac{c+r+e-1-c}{(c+r+e)^2}=\frac{r+e-1}{(c+r+e)^2}<0 \tag{4}$$

$$\frac{\partial k}{\partial r}=\frac{-1-c}{(c+r+e)^2}<0 \tag{5}$$

$$\frac{\partial k}{\partial e}=\frac{-1-c}{(c+r+e)}<0 \tag{6}$$

　　由式(4)、式(5)和式(6)可知,货币乘数 k 是现金存款比 c、法定存款准备金率 r 和超额存款准备金率 e 的减函数。

　　P2P 网络借贷行业的发展拓宽了居民投资渠道,P2P 网络借贷的高收益也会吸引居民通过 P2P 网络借贷平台放款,因此 P2P 网络借贷规模的变化会引起居民金融资产结构的调整。为分析 P2P 网络借贷规模的变化对居民金融资产结构调整的影响,本文将居民分为 P2P 网络借贷平台上的资金需求者和资金供给者,即借款人和贷款人。若 P2P 网络借贷规模为 A,其中:$\alpha_t A$($0 \leqslant \alpha_t \leqslant 1$)是来自 P2P 网络借贷平台上的贷款人持有的现金,$(1-\alpha_t)A$ 是来自 P2P 网络借贷平台上的贷款人存放在商业银行的各类存款,由此可定义 α_t 为 P2P 网络借贷平台现金贷款比例,$(1-\alpha_t)$ 为商业银行存款转化为 P2P 网络借贷平台贷款的比例。因为 P2P 网络借贷平台上的贷款人多为缺乏投资理财经验的自然人,他们在日常生活中除满足支付需求和预防性需求外会持有一部分现金,P2P 网络借贷的高收益率会吸引贷款人将该部分现金通过 P2P 网络借贷平台发放贷款,所以本文设定 $\alpha_t>0$。同时,伴随第三方支付和网上银行的功能加强,P2P 网络借贷平台上的借款人通过互联网实现资金收付更加便利,为简化分析,本文设定 P2P 网络借贷平台上的借款人更愿意将其所获得的借款在投入实际融资项目之前全部存入商业银行。

为分析 P2P 网络借贷规模 A 的变化对货币乘数 k 产生的影响,以及 P2P 网络借贷规模 A 的变化对货币乘数 k 产生的影响的时变性特征,本文还有必要探讨随时间推移,P2P 网络借贷规模 A 的变化对货币乘数 k 产生的影响的动态过程。

假设 P2P 网络借贷规模的变化为 ΔA,在 P2P 网络借贷规模 A 发生变化的当期,P2P 网络借贷规模 A 的变化将导致 P2P 网络借贷平台上贷款人持有的现金减少 $\alpha_t(A+\Delta A)$,则居民持有现金为 $C-\alpha_t(A+\Delta A)$;同时,商业银行的各项存款将增加 $\alpha_t(A+\Delta A)$,则居民在商业银行的各项存款为 $D+\alpha_t(A+\Delta A)$。由于商业银行调整其在中央银行的存款准备金 R 需要一定时间,因此在 P2P 网络借贷规模 A 发生变化的当期商业银行存入中央银行的存款准备金 R 暂不发生变动。此时的货币乘数 k_1 可表示为:

$$k_1 = \frac{C+D}{C-\alpha_t(A+\Delta A)+(r+e)D} \tag{7}$$

将式(7)中 k_1 对 ΔA 求偏导,可得:

$$\frac{\partial k_1}{\partial \Delta A} = \frac{\alpha_t(C+D)}{[C-\alpha_t(A+\Delta A)+(r+e)D]^2} \tag{8}$$

因为 $\alpha_t>0$,所以式(8)>0,说明货币乘数 k_1 是 P2P 网络借贷规模的变化 ΔA 的增函数,即货币乘数 k_1 随着 P2P 网络借贷规模 A 的扩大而增加。

为分析 P2P 网络借贷规模的变化 ΔA 对货币乘数 k_1 产生的影响的边际变化程度[①],将式(7)中货币乘数 k_1 对 ΔA 求二次偏导,可得:

$$\frac{\partial k_1^2}{\partial^2 \Delta A} = \frac{2\alpha_t^2(C+D)[C-\alpha_t(A+\Delta A)+(r+e)D]}{[C-\alpha_t(A+\Delta A)+(r+e)D]^4} \tag{9}$$

---

① P2P 网络借贷规模的变化对货币乘数产生的影响的边际变化程度,是指 P2P 网络借贷规模每增加一单位所产生的 P2P 网络借贷规模对货币乘数影响的变化程度。

因为 $\alpha_t>0$，$C-\alpha_t(A+\Delta A)\geqslant0$，所以式（9）$>0$，说明 P2P 网络借贷规模的变化 ΔA 的增加会增加 P2P 网络借贷规模的变化 ΔA 对货币乘数 k_1 产生的影响的边际变化程度。

P2P 网络借贷行业的发展会促进利率市场化改革，提高商业银行贷款利率，这将增加商业银行存入央行超额存款准备金的机会成本。因此，随着时间的推移，商业银行会倾向降低其在央行超额存款准备金规模，导致超额存款准备金率的下降。假定商业银行存入中央银行的超额存款准备金率降低到 e_1，那么商业银行的各项存款 D_1 可表示为：

$$D_1=\frac{(1+r+e)D+\alpha_t(A+\Delta A)}{1+r+e_1} \tag{10}$$

相应的货币乘数 k_2 可表示为：

$$k_2=\frac{(1+r+e_1)C+(1+r+e)D-(r+e_1)\alpha_t(A+\Delta A)}{(1+r+e_1)C+(1+r+e)(r+e_1)D-\alpha_t(A+\Delta A)} \tag{11}$$

将式（11）中 k_2 对 ΔA 求偏导，可得：

$$\frac{\partial k_2}{\partial\Delta A}=\frac{\alpha_t\left[(1+r+e_1)(1-r-e_1)C+(1+r+e)(1+r+e_1)(1-r-e_1)D\right]}{\left[(1+r+e_1)C+(1+r+e)(r+e_1)D-\alpha_t(A+\Delta A)\right]^2} \tag{12}$$

因为 $C-\alpha_t(A+\Delta A)\geqslant0$、$r+e_1<1$，所以式（12）$>0$，说明在商业银行存入中央银行的超额存款准备金被调整之后，货币乘数 k_2 仍然是 P2P 网络借贷规模的变化 ΔA 的增函数，即货币乘数 k_2 随着 P2P 网络借贷规模 A 的扩大而增加。

为分析 P2P 网络借贷规模的变化 ΔA 对货币乘数 k_2 产生的影响的边际变化程度，将式（12）中 k_2 对 ΔA 求二次偏导，可得：

$$\frac{\partial k_2^2}{\partial^2\Delta A}=\frac{2\alpha_t^2\left[(1+r+e_1)C+(1+r+e)(r+e_1)D-\alpha_t(A+\Delta A)\right]\left[(1+r+e_1)(1-r-e_1)C+(1+r+e)(1+r+e_1)(1-r-e_1)D\right]}{\left[(1+r+e_1)C+(1+r+e)(r+e_1)D-\alpha_t(A+\Delta A)\right]^4} \tag{13}$$

因为 $\alpha_t>0$ 且 $r+e_1<1$，所以式（13）>0，说明当商业银行调整其在中央银行的超额存款准备金后 P2P 网络借贷规模的变化 ΔA 的增加会增加 P2P 网络借贷规模的变化 ΔA 对货币乘数 k_2 产生的影响的边际变化程度。

为分析 P2P 网络借贷规模 A 的变化对货币乘数 k_1、k_2 产生的影响的时变性特征,本文还需做进一步的理论分析。由式(8)与式(12)均大于 0,且式(8)不等于式(12),说明 P2P 网络借贷规模 A 的扩大会导致货币乘数 k_1、k_2 的增加,且 P2P 网络借贷规模 A 的变化在商业银行调整其在中央银行超额存款准备金前后对货币乘数 k_1 和 k_2 产生的影响程度不同。与此同时,随着时间推移,P2P 网络借贷的高收益率会促使 P2P 网络借贷平台上的贷款人扩大通过 P2P 网络借贷平台发放贷款的规模,越来越多的贷款人会改变其持有的金融资产结构,将其在商业银行的存款转化为 P2P 网络借贷平台的贷款,从而使 P2P 网络借贷平台现金贷款比例 α_t 逐渐降低。由于式(8)和式(12)均是关于 α_t 的函数,因此会导致式(8)和式(12)的数值大小会随着时间推移而变化,即 P2P 网络借贷规模 A 的变化对货币乘数 k 产生的影响会随着时间推移而变化。这说明 P2P 网络借贷规模对货币乘数产生的影响具有时变性特征。由式(9)和式(13)可知,在商业银行调整其在中央银行的超额存款准备金前后,P2P 网络借贷规模 A 的扩大都会增加 P2P 网络借贷规模 A 的变化对货币乘数 k 产生的影响的边际变化程度,这也说明 P2P 网络借贷规模 A 的变化对货币乘数 k 产生的影响是动态变化的,具有时变性特征。

四、实证检验

P2P 网络借贷规模 A 的变化对货币乘数 k 产生影响,是因为 P2P 网络借贷行业的发展会带来居民金融资产结构的调整,进而改变居民持有的现金及其在商业银行的存款规模。在现实生活中,P2P 网络借贷行业借贷余额 A' 反映了 P2P 网络借贷平台上贷款人通过 P2P 网络借贷平台发放贷款的存量,它是衡量 P2P 网络借贷规模 A 的有效指标。因此,本文在分析 P2P 网络借贷规模 A 的变化对货币乘数 k 的影响时,选取 P2P 网络借贷行业借贷余额 A'

作为 P2P 网络借贷规模 A 的替代变量。超额存款准备金率 e 的变化也会对货币乘数 k 产生影响,故本文超额存款准备金率 e 作为实证检验模型中的控制变量。

（一）样本选择与数据处理

因为 P2P 网络借贷行业统计数据从 2014 年 1 月开始由网贷之家等第三方机构发布,所以本文确定实证检验的样本区间为 2014 年 1 月至 2019 年 3 月,数据频率为月度。P2P 网络借贷行业借贷余额 A' 的样本数据来源于网贷之家的统计数据。货币乘数 k、商业银行存入中央银行的超额准备金率 e 的样本数据来源于 Wind 数据库。由于超额存款准备金率 e 只有季度数据,本文将超额存款准备金 e 的季度数据利用统计软件 Eviews 转换为月度数据。

本文以 2014 年 1 月的通货膨胀率(CPI)为基准,对 P2P 网络借贷行业借贷余额 A' 进行定基 CPI 价格调整,以消除物价因素对 P2P 网络借贷行业借贷余额 A' 数值的影响。因为货币乘数 k 和超额存款准备金率 e 不含价格变化因素,所以不对其做定基 CPI 价格调整。定基 CPI 价格调整完成后,为反映所有变量的增长率变化,本文对所有变量进行对数差分处理,得到 P2P 网络借贷行业借贷余额 A'、货币乘数 k 和超额存款准备金率 e 的月环比对数增长率(下文中将月环比对数增长率简称为增长率)分别为 S、M 和 Q。

（二）模型构建

TVP‐VAR 模型(时变参数向量自回归模型)不区分变量的内生和外生性,因此,能够将所有变量纳入同一个系统中,且允许系数矩阵和协方差矩阵具有时变性,这可以克服结构 VAR 模型不能有效捕捉各变量之间相互关系的动态变化之缺陷,进而为研究 P2P 网络借贷行业借贷余额增长率 S 对货币乘数增长率 M 产生的影响及其时变性特征提供一个可行性框架。因此,本文选取 P2P 网络借贷行业借贷余额增长率 S、货币乘数增长率 M,以及超额存款准备金率增长率 Q 这 3 个观测变量构建用于实证检验的 TVP‐

VAR 模型,并选取 2014 年 1 月至 2019 年 3 月 P2P 网络借贷行业借贷余额增长率 S、货币乘数增长率 M,以及超额存款准备金率增长率 Q 的样本数据,实证检验 P2P 网络借贷规模 A 的变化对货币乘数 k 产生的影响及其时变性特征。

TVP－VAR 模型的基本表达式如下:

$$y_t = X_t \beta_t + E_t^{-1} \sum\nolimits_t \varepsilon_t, t = m+1, \cdots n, \varepsilon_t \sim N(0, I_3) \tag{14}$$

其中:

$$E_t = \begin{bmatrix} 1 & 0 & 0 \\ e_{21t} & 1 & 0 \\ e_{31t} & e_{32t} & 1 \end{bmatrix} \tag{15}$$

$$\sum\nolimits_t = \begin{bmatrix} \sigma_{1t} & 0 & 0 \\ 0 & \sigma_{2t} & 0 \\ 0 & 0 & \sigma_{3t} \end{bmatrix} \tag{16}$$

式(14)中,y_t 表示由观测变量 P2P 网络借贷行业借贷余额增长率 S、货币乘数增长率 M,以及超额存款准备金率增长率 Q 构成的 3×1 维向量;β_t 刻画的是 P2P 网络借贷行业借贷余额增长率 S、货币乘数增长率 M 和超额存款准备金率增长率 Q 的滞后项对当前项的非线性影响;m 表示滞后期数;下三角矩阵 E_t 反映结构性冲击同期关联。将 E_t 中的左下方元素堆砌,可得向量 $e_t = (e_{21t}, e_{31t}, e_{32t})'$,$e_t$ 以递归识别的形式反映了在给予 P2P 网络借贷行业借贷余额增长率 S、货币乘数增长率 M 和超额存款准备金率增长率 Q 中的某一变量一单位标准差的初始冲击的情况下,其余两个变量的同期响应;$\sum_t$ 表示结构性冲击的标准差矩阵;I_3 是 3 阶单位矩阵。

假定式(14)中的参数 β_t、E_t、$\sum_t$ 服从随机游走过程,则有:

$$\beta_{t+1}=\beta_t+u_{\beta t},e_{t+1}=e_t+u_{et},h_{t+1}=h_t+u_{ht},\begin{pmatrix}\varepsilon_t\\\mu_\beta\\\mu_{et}\\\mu_{ht}\end{pmatrix}\sim N\left(0,\begin{pmatrix}I&0&0&0\\0&\sum_\beta&0&0\\0&0&\sum_e&0\\0&0&0&\sum_h\end{pmatrix}\right)$$

$$(17)$$

式(17)中，$t=m+1,\cdots,n,h_t=(h_{1t},h_{2t},h_{3t})'$ 反映外生的随机波动，其中：$h_{jt}=\log\sigma_{jt}^2,j=1,2,3,\beta_{m+1}\sim N(u_{\beta 0},\sum_{\beta 0}),e_{m+1}\sim N(u_{e0},\sum_{e0}),h_{m+1}\sim N(u_{h0},\sum_{h0})$，表明时变参数之间的初始冲击不存在相关性，并且 $\sum_\beta,\sum_e,\sum_h$ 为对角矩阵。

（三）实证检验及其结果

Jouchi Nakajima(2011)在对 TVP－VAR 模型的参数进行估计时，利用马尔科夫链蒙特卡洛(MCMC)算法解决了该模型的非线性问题，使得模型的参数估计更加准确。因此，本文借助 OxMetrics6.0 软件，利用 MCMC 算法对式(14)中参数进行估计，实证检验 P2P 网络借贷规模 A 的变化对货币乘数 k 产生的影响及其时变性特征。

1. 变量序列的平稳性检验

为避免对式(14)中参数进行估计时出现伪回归问题，有必要对 P2P 网络借贷行业借贷余额增长率 S、货币乘数增长率 M、超额存款准备金率增长率 Q 这 3 个观测变量的时间序列进行平稳性检验。本文借助 Stata 软件对 3 个观测变量的时间序列进行平稳性检验，其结果见表 1。

表 1　观测变量的平稳性检验结果

变量名称	T 检验值	5％临界值	P 值
P2P 网络借贷行业借贷余额增长率 S	−3.110	−2.921	0.025 8
货币乘数增长率 M	−9.661	−2.921	0.000 0
超额存款准备金率增长率 Q	−2.997	−2.921	0.035 2

由表 1 可知,P2P 网络借贷行业借贷余额增长率 S、货币乘数增长率 M 和超额存款准备金率增长率 Q 这 3 个观测变量的时间序列在 5％置信水平下均表现显著,说明它们的时间序列均为平稳时间序列,可用于本文所做的实证检验。

2. 参数设定和模型适用性检验

本文构建包括 P2P 网络借贷行业借贷余额增长率 S、货币乘数增长率 M 和超额存款准备金率增长率 Q 这 3 个观测变量的 TVP－VAR 模型,即式 (14)。Jouchi Nakajima(2011)在研究 TVP－VAR 模型时提出,对于参数的先验分布,可先进行人为假定。本文将参数的先验分布假定为:

$$\mu_{\beta0} = \mu_{e0} = \mu_{h0} = 0, \sum\nolimits_{\beta0} = \sum\nolimits_{e0} = \sum\nolimits_{h0} = 10 \times I,$$

$$\left(\sum\nolimits_{\beta}\right)_i^{-2} \sim Gamma(40,0.02), \left(\sum\nolimits_{e}\right)_i^{-2} \sim Gamma(4,0.02), \left(\sum\nolimits_{h}\right)_i^{-2} \sim Gamma(4,0.02)。$$

由于当式(14)的滞后阶数为 4 时 AIC 数值最小,因此确定式(14)最优滞后阶数为 4 阶。然后,利用马尔科夫链蒙特卡洛算法对式(14)进行模拟。经过 10 000 次模拟后,可得样本自相关系数和样本路径①(见图 1)。

图 1(上)显示,样本自相关系数迅速下降且围绕 0 值上下波动,说明 P2P 网络借贷行业借贷余额增长率 S、货币乘数增长率 M 和超额存款准备金率增长率 Q 这 3 个观测变量的抽样样本基本不存在自相关关系。图 2(下)样本回归路径显示,变量的抽样样本路径比较稳定。

---

① 样本路径是指在对式(14)进行 10 000 次模拟时观测到的参数估计值的变化过程。

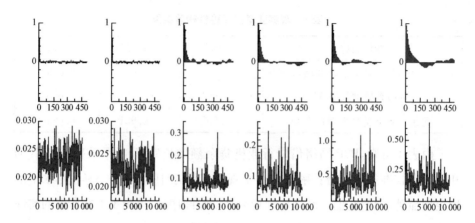

图1　样本自相关系数(上)和样本路径(下)

利用 MCMC 算法可得到式(14)中参数的估计结果(表 2)。

表 2　参数估计结果

参数	均值	标准差	95%置信区间	Geweke 诊断值	无效因子
$(\sum_{\beta})_1$	0.022 9	0.002 6	(0.018 5, 0.028 7)	0.136	4.27
$(\sum_{\beta})_2$	0.022 8	0.002 6	(0.018 5, 0.028 6)	0.078	3.32
$(\sum_{e})_1$	0.082 2	0.033 4	(0.042 1, 0.173 1)	0.555	34.54
$(\sum_{e})_2$	0.086 8	0.040 0	(0.041 6, 0.191 1)	0.316	43.56
$(\sum_{h})_1$	0.397 2	0.173 5	(0.145 7, 0.812 2)	0.895	48.11
$(\sum_{h})_2$	0.164 0	0.092 0	(0.057 9, 0.410 5)	0.347	61.48

由表 2 可知,以 95%置信区间的临界值 Geweke 诊断值 1.96 为标准,式 (14)参数的诊断值均未超过 1.96,故而,不能拒绝参数 β_t、E_t 和 $\sum_t$ 收敛于后验分布的原假设,即利用 MCMC 算法估计的式(14)中参数收敛于后验分布。同时,式(14)中参数估计的无效因子的最大值为 61.48,远小于模拟次数

10 000 次,说明利用 MCMC 算法的抽样是有效的。由此可以认为,本文所构建的 P2P 网络借贷行业借贷余额增长率 S、货币乘数增长率 M 和超额存款准备金率增长率 Q 这 3 个观测变量的 TVP－VAR 模型适用于检验 P2P 网络借贷规模 A 的变化对货币乘数 k 产生的影响。

3. 实证检验结果分析

在本文构建的 TVP－VAR 模型式(14)中,下三角矩阵 E_t 刻画了 P2P 网络借贷行业借贷余额增长率 S、货币乘数增长率 M 和超额存款准备金率增长率 Q 之间的同期关联特征,即矩阵 E_t^{-1} 中自由元素 e_{it} 以递归识别的形式刻画了上述 3 个观测变量中某个观测变量一单位标准差初始冲击对其他 2 个观测变量产生的当期影响。P2P 网络借贷行业借贷余额增长率 S 与货币乘数增长率 M 的同期关联关系,反映了货币乘数增长率 M 对 P2P 网络借贷行业借贷余额增长率 S 一单位标准差初始冲击的当期响应(图 2)。

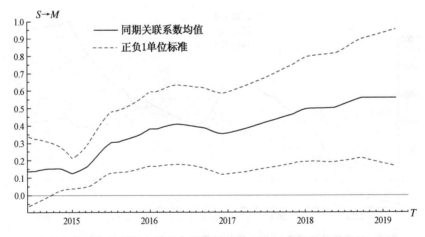

图 2　P2P 网络借贷行业借贷余额增长率与货币乘数增长率的同期关联关系

注:图 2 中纵坐标 $S{\rightarrow}M$ 表示货币乘数增长率 M 对 P2P 网络借贷行业借贷余额增长率 S 一单位标准差初始冲击的当期响应,横坐标 T 表示年月。

图 2 显示,样本期内,在 P2P 网络借贷行业借贷余额增长率 S 一单位标准差的初始冲击下,货币乘数增长率 M 与 P2P 网络借贷行业借贷余额增长

率 S 的同期关联系数均值都大于 0，说明 P2P 网络借贷规模 A 扩大会导致货币乘数 k 增加。

　　利用 TVP－VAR 模型生成的脉冲响应，可以反映变量之间产生的影响的时变性特征。但在对 P2P 网络借贷规模 A 的变化影响货币乘数 k 的时变性特征进行分析时，时间间隔过短，无法有效反映变量间相互影响的时变性特征；如时间间隔过长，变量之间相互产生的影响就会趋于平缓，也无法有效反映变量间相互影响的时变性特征。方先明等（2017）利用 TVP－VAR 模型，采用超前 1 期、3 期、6 期、9 期影子银行规模波动对金融稳定的影响分析影子银行规模波动对金融稳定影响的时变性特征，本文借鉴其经验，选取货币乘数增长率 M 对来自超前 3 期、6 期和 9 期的 P2P 网络借贷行业借贷余额增长率 S 一单位标准差初始冲击的等时间间隔脉冲响应，分析货币乘数增长率 M 对 P2P 网络借贷行业借贷余额增长率 S 冲击响应的时变性特征（图 3）。

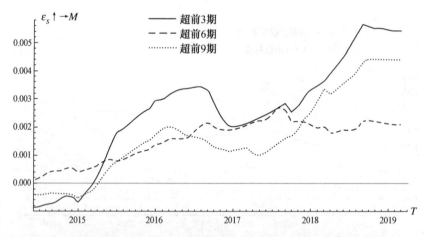

图 3　货币乘数增长率对 P2P 网络借贷行业借贷余额增长率的脉冲响应

注：图 3 中纵坐标 $\varepsilon_s\uparrow\rightarrow M$ 表示货币乘数增长率 M 对 P2P 网络借贷行业借贷余额增长率 S 一单位标准差初始冲击的脉冲响应，横坐标 T 表示年月。

　　图 3 显示，货币乘数增长率 M 对于超前 3 期、6 期和 9 期 P2P 网络借贷行业借贷余额增长率 S 一单位标准差初始冲击的脉冲响应在大部分时间为

正值,特别是在总体上呈波动上升趋势,这说明 P2P 网络借贷规模 A 的变化对货币乘数 k 产生的影响具有时变性特征。

图 3 还显示,货币乘数增长率 M 对来自超前 3 期的 P2P 网络借贷行业借贷余额增长率 S 一单位标准差初始冲击的脉冲响应值在 2015 年 3 月由负转正并持续上升,在 2015 年 3 月至 2016 年 8 月呈上升趋势,在 2016 年 8 月至 2017 年 1 月经向下波动后又持续上升,并在 2018 年 9 月达到脉冲响应最大值 0.006 后,向下小幅波动和趋于平稳;货币乘数增长率 M 对来自超前 6 期的 P2P 网络借贷行业借贷余额增长率 S 一单位标准差初始冲击的脉冲响应值在 2016 年 9 月之前呈上升趋势,在 2016 年 9 月后出现小幅下降,随后呈上升趋势,并在 2017 年 8 月达到脉冲响应最大值 0.002 6 后,向下小幅波动和趋于平稳;货币乘数增长率 M 对于来自超前 9 期的 P2P 网络借贷行业借贷余额增长率 S 一单位标准差初始冲击的脉冲响应值在 2015 年 4 月由负转正,在 2015 年 4 月至 2016 年 3 月呈上升趋势,在 2016 年 3 月至 2017 年 5 月经向下波动后持续上升,并在 2018 年 9 月达到脉冲响应最大值 0.004 6 后,向下小幅波动和趋于平稳。

概言之,P2P 网络借贷规模的变化对货币乘数产生的影响的时变性特征,表现在货币乘数增长率 M 对 P2P 网络借贷行业借贷余额增长率 S 一单位标准差初始冲击的脉冲响应的波动性变化。这种波动性变化的产生既有监管政策变化的原因,也有 P2P 网络借贷行业自身发展的原因。一方面,2014 年后 P2P 网络借贷行业在缺乏监管状况下的无序发展导致了 P2P 网络借贷风险不断累积。为防范 P2P 网络借贷风险,中国政府从 2016 年 4 月起对 P2P 网络借贷风险进行专项整治,大量不合规和存在违法违规行为的 P2P 网络借贷平台退出 P2P 网络借贷市场,P2P 网络借贷行业的借贷余额大幅下降,从而导致 P2P 网络借贷规模的变化对货币乘数产生的影响呈现出明显的波动性。

另一方面,P2P 网络借贷平台的资金需求者①和资金供给者②大多是有限理性的,他们在信息不对称和市场弱有效的背景下,普遍存在观察并跟随他人决策的"羊群效应",特别是互联网上存在的大量污染数据和虚假信息会放大这种"羊群效应",进而强化 P2P 网络借贷规模的变化对货币乘数的冲击力度和时变性特征。

五、结论与建议

本文首先从理论上分析了 P2P 网络借贷规模的变化对货币乘数产生的影响,然后通过构建 TVP - VAR 模型,采用 2014 年 1 月至 2019 年 3 月的月度样本数据,实证检验了中国 P2P 网络借贷规模的变化对货币乘数产生的影响,其主要结论是:P2P 网络借贷规模扩大会导致货币乘数的增加,而且 P2P 网络借贷规模的变化对货币乘数产生的影响呈时变性特征。这种时变性特征会降低中央银行对测度和控制经济系统中货币供给的能力,进而削弱货币政策特别是数量型货币政策的有效性。为提高中国货币政策的有效性,本文的主要建议如下。

(1) 建立 P2P 网络借贷行业的数据统计分析制度。提高货币政策的可测性和可控性,需要有翔实且具有公信力的 P2P 网络借贷行业数据作为支撑。当前,中国 P2P 网络借贷行业的数据统计和分析工作普遍由第三方机构进行,而第三机构在数据统计口径方面千差万别,加上第三方机构发布的数据结果缺乏权威性,难以为货币政策的制定和实施提供有效的数据支撑。因此,P2P 网络借贷行业的监管部门应积极建立行业数据统计分析制度,并及时对行业整体运行情况进行综合分析。同时,还要建立部门间信息共享机制,如应及时将 P2P 网络借贷规模、行业综合利率等行业相关数据向中国人民银行等

---

① P2P 网络借贷平台的资金需求者主要是指无法从传统融资渠道获得融资的小微企业和自然人。

② P2P 网络借贷平台的资金供给者主要是缺乏投资经验的普通投资者。

部门推送,为制定和实施货币政策提供有效的数据支撑。

（2）提高数量型货币政策的有效性。数量型货币政策在互联网金融时代具有基础货币难以控制,货币乘数难以测定的特征,特别是 P2P 网络借贷规模的变化,更使得数量型货币政策的有效性受到越来越多的质疑。因此,中国人民银行在实施数量型货币政策时,应充分考量 P2P 网络借贷规模的变化对货币乘数,进而通过货币政策传导对货币供给产生影响,并据此建立货币供给的适时调整机制。如在货币乘数因 P2P 网络借贷规模变化的冲击减小或增加时,中国人民银行可通过数量型货币政策工具的综合运用,增加或减少货币供给,缓释 P2P 网络借贷规模的变化对货币供给的冲击,提高数量型货币政策的有效性。

（3）强化价格型货币政策的作用。贷款市场报价利率（LPR）形成机制的正式实施会畅通以利率作为中介目标的价格型货币政策的传导,使得经济主体对资产价格变化的预期更加合理,从而增加价格型货币政策对国民经济调节效果。因此,中国人民银行在制定货币政策时,要更加重视价格型货币政策的作用,加强不同类型货币政策工具的配合和联动,形成两种类型货币政策相辅相成、互为补充的货币政策框架。

主要参考文献

[1] 裴平,熊鹏. 中国货币政策传导研究[M]. 北京:中国金融出版社,2009.

[2] BOESCHOTEN A, HEBBINK G. Electronic Money, Currency Demand and Seignorage Loss in the G10 Countries[R]. DNB Staff Reports,1996.

[3] SOLOMON E H. Virtual Money[M]. Oxford University Press,1997.

[4] KING M. Challenges for Monetary Policy: New and Old[R]. Economic Policy Symposium,1999:11 - 57.

[5] AL-LAHAM M, AL-TARAWNEH H,ABDALLAT N. Development of Electronic Money and Its Impact on the CentralBank Role and Monetary Policy[J]. Issues in Informing Science & Information Technology,2009(6):339 - 349.

[6] 周光友.电子货币发展与存款货币创造能力的相关性研究[J].财贸研究,2010(6):

90 - 96.

[7] 刘澜飚,齐炎龙,张靖佳.互联网金融对货币政策有效性的影响-基于微观银行学框架的经济学分析[J].财贸经济,2016(1):61 - 73.

[8] 杨德勇,刘笑彤,赵袁军.互联网金融背景下中国货币政策工具的使用分析-基于金融市场反应机制及 VEC 模型的实证分析[J].武汉金融,2017(2):26 - 32.

[9] 方兴,郭子睿.第三方互联网支付、货币流通速度与货币政策有效性——基于 TVP - VAR 模型的研究[J].经济问题探索,2017(3):183 - 190.

[10] 刘生福.数字化支付对货币政策的影响:综述与展望[J].经济学家,2018(7):88 - 95.

[11] 章安辰,裴平.互联网金融对中国货币政策中介目标的冲击[J].经济问题探索,2018 (8):142 - 148.

[12] 刘生福.数字化支付时代的货币政策传导:理论推演与经验证据[J].当代经济科学, 2019(3):1 - 12.

[13] 赵煜坚,叶子荣.P2PP2P 网络借贷对中国货币政策有效性的影响-对沪深 P2P 平台暂停注册的忖量[J].兰州学刊,2016(4):191 - 197.

[14] 王娟,汪草.论 P2P 网贷对货币供应量的影响[J].商业经济研究,2018(6):162 -165.

[15] JOUCHINAKJIMA. Time-varing Parameter VAR Model with Stochastic Volatility: An Overview of Methodology and Empiricial Applications [J]. Monetary and Economic Studies, 2011(29): 107 - 142.

[16] 方先明,谢雨霏,权威,影子银行规模波动对金融稳定的溢出效应[J].经济学家,2017 (1):79 - 87.

（与朱桂宾合作,重大项目结题报告《互联网金融发展研究——基于中国的实践与理论探索》,2021 年 2 月）

互联网金融对中国货币政策中介目标的冲击

摘要:互联网金融使得以电子支付为基础的现代支付体系逐渐成熟,改变了传统的支付手段和交易模式,对中央银行货币政策中介目标产生巨大冲击。(1)互联网金融模糊了传统货币层次 $M0$、$M1$、$M2$ 和 $M3$ 相互间的边界,使得货币供应量的可测性下降。互联网金融加深了货币供给的内生性,削弱了中央银行对货币供应量的可控性。在互联网金融时代,货币流通速度不断下降,使得货币供应量与货币政策最终目标的相关性减弱。(2)在互联网金融时代,利率作为货币政策中介目标,无论是在可测性、可控性,还是相关性上都有大幅提升。但除了可测性,利率的可控性和相关性仍要弱于货币供应量。在此基础上,本文还有针对性地提出了相关政策建议。

关键词:互联网金融;货币政策中介目标;货币供应量;利率

一、引　言

中央银行承担着实现社会福利最大化的艰巨任务,而货币政策则是中央银行用来调控宏观经济运行的主要手段。一般来说,中央银行实施货币政策的整个传导过程可描述为:货币政策工具[①]→货币政策操作目标[②]→货币政策中介目标→货币政策最终目标[③]→社会福利最大化。从货币政策传导过程中可以发现,货币政策中介目标是介于货币政策操作目标与货币政策最终目标之间的指标,且由于最终目标很难被中央银行直接控制,而且从操作目标的调整到影响最终目标之间存在较长的时滞,故中介目标是中央银行可以在适当时滞和精度下加以控制的经济变量(Bindseil,2004),包括货币供应量、利率和通货膨胀率等。理论上,中央银行选择货币政策中介目标有三大原则:(1) 可测性,即中介目标能被及时、准确的度量;(2) 可控性,即中央银行对中介目标有着较强的调控能力;(3) 相关性,即中介目标与最终目标之间需有较强相关性。一直以来,货币供应量作为中国货币政策中介目标一直很好地发挥着经济风向标作用,为中国经济快速增长作出巨大贡献。

互联网金融是指利用互联网和现代通信技术实现资金融通、支付、投资和信息中介服务的新型金融业务模式。[④] 近年来,互联网金融异军突起,对以货币供应量作为货币政策中介目标的理论和实践造成了巨大冲击。在这样的时代背景下,本文以货币政策中介目标的相关性、可测性和可控性为理论基础来分析货币供应量和利率作为货币政策中介目标在互联网金融时代[⑤]的可行性。

---

① 货币政策工具是指中央银行为实现最终目标而采取的措施,按照货币政策工具的调节职能和效果可分为两大类:(1) 一般性货币政策工具,可以从总体上对货币供给量和信贷规模进行调控,包括法定存款准备金率、再贴现率和公开市场业务;(2) 选择性货币政策工具,是一般性货币政策工具的补充,主要针对银行业务活动等方面的调节,通过影响利率水平和资金运用方向对信贷规模进行控制,包括不动产信用控制、消费者信用控制以及证券交易信用控制。另外,按照调控对象的不同,又可以分为:(1) 数量型货币政策工具,直接对宏观经济变量产生影响,包括法定存款准备金率、再贴现率、公开市场操作以及信贷政策;(2) 价格型货币政策工具,侧重于影响微观主体的预期进而间接地影响宏观经济变量,包括利率、汇率等的调整。

② 货币政策操作目标是指中央银行运用货币政策工具能够直接影响或控制的目标变量。

③ 货币政策最终目标是指中央银行实施货币政策所期望得到的结果,包括充分就业、经济增长、价格稳定和国际收支平衡。

④ 中国人民银行等十部委于 2015 年 7 月 18 日颁布的《关于促进互联网金融健康发展的指导意见》对互联网金融所做的定义。

⑤ 本文中的互联网金融时代指自 2013 年以来的互联网金融迅速发展时期。

二、中国货币政策中介目标的选择

货币政策中介目标是与社会历史背景相适应的,由于社会、经济和科技水平在不同历史阶段存在差异,应不断地动态调整货币政策的中介目标以利于货币政策的有效实施。约翰·卡雷肯等(John H. Karekenet et al. , 1973),以及米尔顿·弗里德曼(Milton Friedman, 1990)指出,由于货币政策中介目标的变动可以提供经济真实冲击的信息,故只要冲击不是很大,针对新信息做出调整以确保货币政策中介目标更加接近目标值的"盯住式"调控模式要优于不对新信息做任何反应的调控模式。

中国人民银行自 1984 年成立以来,改变了集中统一的计划管理体制,开始通过制定货币政策来对宏观经济进行调控,并于 1995 年将法定的货币政策最终目标描述为"保持货币币值的稳定,并以此促进经济增长",其中"保持币值稳定,对内是保持物价稳定,对外是保持人民币汇率稳定"①。虽然中国人民银行作为中央银行的独立性,以及货币政策的重要性逐渐被政府和居民认识到,但在 1998 年以前,中国人民银行仍然是以信贷规模的计划管理作为主要手段来调整社会总需求。随着中国经济形势的改变以及金融市场的不断发展,中国人民银行必须在新的历史条件下去寻找合适的调控手段。中国人民银行在 1998 年放弃对信贷规模的管控标志着以货币供应量(狭义货币供应量 M1 和广义货币供应量 M2)作为货币政策中介目标的制度正式形成,从此货币供应量成为经济和货币政策的重要指示器。

事实上,在中国货币政策中介目标的理论研究中,货币供应量有很大的争议,支持货币供应量作为货币政策中介目标的学者,如范从来(2004)认为,虽然中国现阶段以货币供应量作为货币政策中介目标存在一定局限性,但不能简单地放弃货币供应量目标,而应根据中国经济市场化和货币化程度对货币

---

① 《中华人民共和国中国人民银行法》,1995。

供应量的统计内涵进行调整,创造有利于货币供应量发挥货币政策中介目标功能的货币控制机制。刘明志(2006)指出,中央银行执行货币政策隐含的理论前提是,中央银行能够有效调控对宏观经济有重要影响的金融因素。由于货币供应量增长率的变化能够对通货膨胀产生较大影响,故货币供应量作为货币政策中介目标仍具有合理性。针对货币流通速度①不稳定的问题,他提出可将货币供应量以动态化的方式进行监控和调整。另外,中央银行若使用银行间同业拆借利率作为中介目标或操作目标,那么就必须加快利率市场化进程。何问陶和刘朝阳(2007)对1998—2005年中国国内生产总值GDP与货币供应量的季度数据进行实证研究,发现货币供应量仍能发挥货币政策中介目标的功能,中国人民银行可将货币供应量作为货币政策中介目标。

不支持货币供应量作为中国货币政策中介目标的学者,如夏斌和廖强(2001)认为,货币供应量已不再适合作为中国的货币政策中介目标,主要原因是:(1) 基础货币难以控制;(2) 货币乘数难以捉摸;(3) 货币流通速度持续下降。在此基础上建议放弃采用任何中介目标,而直接"盯住"通货膨胀率。庞贞燕和王桓(2009)指出,支付是货币的基本属性,支付体系的改变将对货币层次结构产生重要影响,并可能改变货币流通速度以及与之相关的货币需求。另外,支付体系在支付工具的创新和货币供求关系的影响上将对货币供应量的可测性、可控性产生持续影响,会降低货币供应量作为中介目标的有效性。郭红兵和陈平(2012)基于一个广义前瞻性政策反应函数,发现市场利率规则表现最好,表明中国人民银行更重视物价稳定,但该市场利率规则对通货膨胀的反应是"适应性"的,具有不稳定性。

通过梳理国内外关于货币政策中介目标的研究文献,可以发现:(1) 货币政策中介目标是中央银行实施货币政策调控宏观经济的重要手段,一般包括货币供应量和利率;(2) 货币政策中介目标能够先于货币政策最终目标对货

---

① 货币流通速度是指经济循环中货币周转的速度,可根据费雪方程式计算:$MV=PY$,其中M为货币供应量,V为货币流通速度,P为价格水平,Y为产出。

币政策工具做出反应,可在短时间内为中央银行反馈货币政策效果的信息;
(3) 货币政策中介目标并不是一成不变的,在不同的历史时期,可根据当时能
最大程度反映国民经济运行和社会发展情况的指标来选择不同货币政策中介
目标。互联网金融异军突起,其不同于传统金融的独特特征和优势必然会对
货币政策中介目标的选择产生冲击,本文将从货币政策中介目标的可测性、可
控性和相关性出发,深入分析货币供应量和利率作为中国货币政策中介目标
的合理性。

三、互联网金融时代的货币政策中介目标

随着信息技术的快速进步以及金融市场的不断完善,互联网金融得到了
迅速发展,并受到了广泛的社会关注。当前中央银行在制定货币政策中介目
标时需充分考虑互联网金融因素。谢平和尹龙(2001)认为,由于互联网金融增
强了市场效率和竞争水平,提高了价格信号的质量,故价格信号类中介目标,如
利率将会成为未来货币政策中介目标的主流选择。周光友(2010)提出,电子货
币对狭义货币供应量 M1 的大量替代,不仅会削弱中央银行控制基础货币的能
力,且会让以货币供应量作为货币政策中介目标的合理性大大降低。在互联网
金融的影响下,当前社会经济、金融环境,以及产业结构发生了巨大变化,中央银
行需因势利导,选择合适的货币政策中介目标。下面将从可测性、可控性和相
关性三个层面来分析货币供应量和利率作为货币政策中介目标的合理性。

(一) 货币政策中介目标的可测性分析

1. 互联网金融降低货币供应量的可测性

货币层次的划分始于 20 世纪 60 年代前后的部分发达国家,是指中央银
行以流动性的大小,即货币作为流通手段和支付手段的便捷程度为标准,并根
据自身货币政策目标的特点和需求来确定货币供给的统计口径(黄达,2012)。
1994 年 10 月,中国人民银行根据流动性的差异,首次公布了四个层次的货币

供应指标[①],当前中国货币层次划分为:

M0＝流通中现金;

M1＝M0＋企业存款(企业存款扣除单位定期存款和自筹基建存款)＋机关团体部队存款＋农村存款＋信用卡类存款(个人持有);

M2＝M1＋城乡居民储蓄存款＋企业存款中具有定期性质的存款(单位定期存款和自筹基建存款)＋外币存款＋信托类存款;

M3＝M2＋金融债券＋商业票据＋大额可转让定期存单等。

其中 M1 为狭义货币供应量,M2 为广义货币供应量,M0、M1、M2 以及 M3 相互间有着很明确的流动性分界线,且从 M0 到 M3,货币流动性依次减小。但互联网金融的出现,使得现有的支付体系、货币形态和金融市场发生了深刻变化,货币供应量的可测性受到巨大冲击。(1) 以电子支付为基础所构建的现代支付体系,极大丰富了人们手中持有货币的形式,其中又以电子货币[②]为主。电子货币的本质依然是信用货币,不仅交易方便快捷,而且其具有一定的收益率更容易被人们所接受。电子货币引起了 M0、M1、M2,以及 M3 相互间的转化速度加快,转化成本降低,最终将促使传统货币层次相互间流动性的趋同。(2) 互联网金融平台在网络中以数据流的方式进行交易,突破了时间和空间的限制,降低了交易成本,进一步加快了不同货币层次相互间的转化速度。互联网金融使得中央银行在测算货币总量时困难重重。以"支付宝"和"余额宝"为例,假设用户使用"余额宝"进行交易,那么该用户首先利用"余额宝"账户向商家的"支付宝"账户进行转账付款,紧接着追求利润最大化的商

---

① 中国人民银行于 1994 年 10 月 28 日颁布《中国人民银行货币供应量统计和公布暂行办法》,2001 年 6 月,中国人民银行第一次修订货币供应量,将证券公司客户保证金计入 M2;2002 年初,中国人民银行第二次修订货币供应量,将中国的外资、合资金融机构的人民币存款业务,分别计入不同层次的货币供应量;2011 年 10 月起,中央人民银行将非存款类金融机构在存款类金融机构的存款和住房公积金存款纳入广义货币供应量 M2。

② 巴塞尔委员会(BIS,1998)对电子货币做出解释:"电子货币是指在零售支付机制中,通过销售终端、不同的电子设备之间以及在公开网络(如 Internet)上执行支付的'储值'和预付支付机制。"根据电子货币的载体和支付特征,可分为借记卡型电子货币、贷记卡型电子货币、预付卡型电子货币、类预付卡型电子货币和虚拟货币(印文和裴平,2016)。

家又会将其"支付宝"账户收到的款项转入自己的"余额宝"账户,整个过程在几秒钟之内就可以完成。这一笔钱在这几秒钟就完成了从货币基金→现金→货币基金的转换,虽然提升了交易的效率,但也让中央银行无法对这笔钱进行有效的统计,故货币供应量的可测性在互联网金融时代将明显下降。

2. 互联网金融提高利率的可测性

约翰·梅纳德·凯恩斯(John Maynard Keynes,1937)认为,利率是中央银行通过货币政策调控宏观经济的主要目标。利率作为货币资产的价格,可通过改变资本的成本调整投资与社会总需求,最终影响到货币政策最终目标。在经济的影响链条中,利率相对于货币供应量来说是更直接的一环,更加可靠、更加准确,与最终目标相关性更大。然而利率作为货币政策中介目标存在一个问题,即利率变动对社会总需求影响的时滞问题。在理论上,造成这种时滞问题的主要原因包括资本存量和计划消费支出等经济变量的调整成本,以及利率变动的间接收入效应[①]。

由于利率结构的复杂性、易变性以及调整的时滞性,利率在理论和实践中的可测性较差,不宜作为货币政策中介目标。但在互联网金融的冲击下,利率的可测性得到了改善:(1)互联网金融依靠发达的信息通信技术提高了整个金融体系的电子化水平,中央银行可以比以往更方便快捷、更准确地观察到利率的变化,利率的时滞问题得到缓解;(2)各类经济主体得益于互联网金融的发展,有了更多的渠道去获得有关于利率的信息,减少了由于信息不对称和信息不完全所造成的市场失灵现象;(3)互联网金融不仅使得货币层次之间的界限被模糊,也造成了各类金融产品的同质化趋势,利率结构将在互联网金融的影响下化繁为简。

在互联网金融冲击下,传统货币层次相互间的流动性差异逐渐被模糊,中央银行对货币供应量的统计和衡量愈发困难。而利率则可以通过先进的信息通信技术进行实时监测和精确测量,且利率结构在互联网金融的作用下将不

---

① 间接收入效应指的是利率变动通过改变人们手中持有资产的净值对实际收入所产生的影响。

断被简化。故在货币政策中介目标的可测性方面,利率在互联网金融时代要优于货币供应量。

(二)货币政策中介目标的可控性分析

1. 互联网金融降低货币供应量的可控性

在传统货币理论中,中央银行作为发行的银行,垄断了货币的供给,在货币供给上拥有绝对的自主性。但互联网金融的出现加深了货币供给的内生性,即由经济活动的需要从商业银行体系内自动创造出来的货币供应量,中央银行无法完全自主地控制货币供应量。根据货币创造公式:$M = m \cdot B$。其中M为货币供应量,m为货币乘数,B为基础货币,故货币供给的内生性可从货币乘数和基础货币两个方面来考虑。

首先,稳定的货币乘数是货币供应量作为货币政策中介目标的理论前提,而互联网金融却使得中国并不是很稳定的货币乘数波动性更强,如图1所示:

图1　货币乘数

资料来源:根据《货币政策执行报告》以及中国人民银行网站整理而得。其中$m1 = M1/$(基础货币),$m2 = M2/$(基础货币)。

图 1 中,$m1$ 为狭义货币乘数,$m2$ 为广义货币乘数,可看出曲线 $m1$ 和曲线 $m2$ 上下波动频繁,没有稳定的变化路径,极难捕捉二者变化的规律性。自进入互联网金融时代以来,以图 1 中虚线为分界线,虽然狭义货币乘数 $m1$ 并没有发生剧烈的波动,但中国主要的货币政策中介目标——广义货币供应量 $M2$ 的货币乘数 $m2$ 在 2014—2015 年间突然从 4.18 猛增到 5.04,这种大幅度的变化是前所未有的,并在 2016 年又降低到 5.02,广义货币乘数 $m2$ 在互联网金融时代波动性增强,进一步加深了货币供给的内生性,使得货币供应量在互联网金融时代的可控性下降。

其次,中央银行通过对基础货币的直接调控,进而对货币供应量产生间接影响。基础货币主要包括:流通中的现金、法定存款准备金以及超额存款准备金[①]。

(1)互联网金融会降低流通中的现金和法定存款准备金的数量。首先,电子货币作为电子支付的载体,降低了社会结算支付的交易成本,削弱了现金作为交易媒介和避险功能的作用,导致流通中的现金大量被电子货币替代。其次,电子货币不低于活期存款利率的收益率同时使得以存款形式被人们所持有的货币被大量替代。另外,中国并没有法律规定对电子货币征收法定存款准备金或类似的准备金,随着电子货币的不断增加,传统意义上的法定存款准备金必然减少;最后,由于法定存款准备金是无息的,金融机构向中央银行缴纳法定存款准备金意味着机会成本的增加,然而电子货币能够规避法定存款准备金的特点促使金融机构有大量持有电子货币以减少成本的动机,进一步减少了法定存款准备金。在互联网金融时代,以电子支付为基础的现代支付体系势必会进一步完善,法定存款准备金对宏观经济的调控作用将逐渐减弱,甚至可借鉴国外经验,如加拿大、英国、澳大利亚、瑞典、新西兰等国家的中央银行取消了法定存款准备金要求,主要通过电子支付系统来实施货币政策。

---

① 法定存款准备金是指商业银行按中央银行规定必须存放在中央银行的一定比例的存款,该比例由中央银行决定,被称为法定存款准备金率。超额存款准备金是金融机构存放在中央银行、超出法定存款准备金的部分,主要用于支付清算、头寸调拨或作为资产运用的备用资金。

（2）互联网金融对超额存款准备金的影响具有不确定性。首先，互联网金融降低了交易成本，扩张了社会融资渠道，导致银行存款的可替代性增强，使得银行在吸收存款时将面临更大的压力，银行存款利率和银行间同业拆借利率随之上升。利率的上升会增加金融机构持有超额存款准备金的机会成本，进而减少持有超额存款准备金的数量。其次，电子货币的高流动性加快了整个金融体系的融资速度，金融机构在无法保证客户提取存款需求时能够快速且低成本地进行融资，使得超额存款准备金的持有量减少。但同时，电子货币的高流动性将促使金融机构结算支付规模扩大，增加了金融机构为应付大规模结算支付所持有的超额存款准备金。

在互联网金融的冲击下，流通中的现金和法定存款准备金会逐步减少，虽然超额存款准备金没有明确的变化趋势，但随着电子货币的迅速普及，超额存款准备金在未来对商业银行等金融机构的必要性可能会不断降低，这将导致基础货币的调控效果无法得到可靠保证，中央银行对货币供应量的控制力显著下降。

2. 互联网金融提高利率的可控性

中央银行对利率的可控性表现在两个方面。第一，存贷款利率作为基准利率在金融市场上具有普遍参照作用，其他利率，如银行间同业拆借利率均可根据这一基准利率来划定范围。中央银行对存贷款利率具有严格的控制力，使得利率的可控性很强。第二，互联网金融提升了整个金融市场的流动性和效率，减小了利率变动所产生的调整成本，缩短了中央银行货币政策传导的时滞，增强了利率的可控性。由此可以看出，除开中央银行对利率原本就有着一定控制力，随着互联网金融的发展，中央银行对利率的控制力将会逐渐加强。

在互联网金融时代，货币乘数和基础货币的不利影响使得货币供应量的可控性显著下降，但中央银行仍然保持着对货币供应量的绝对控制，对经济的稳定持续发展依然有着强有力的调控作用。与货币供应量相比，利率的可控性虽然在互联网金融的影响下得到极大的提高，但中国金融市场仍处于发展阶段，利率对宏观经济的调控作用无法得到充分发挥，故当前货币供应量的可控性仍强于利率。

（三）货币政策中介目标的相关性分析

1. 互联网金融降低货币供应量的相关性

货币流通速度的稳定是货币供应量作为货币政策中介目标的前提之一，然而互联网金融的出现，使得货币流通速度呈现递减趋势，如图 2 所示：

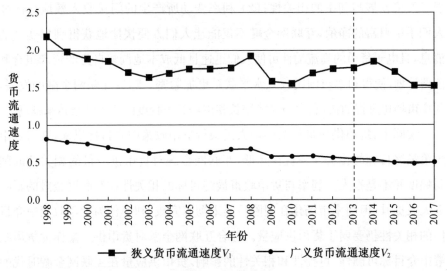

图 2　货币流通速度

资料来源：根据国家统计局以及中国人民银行网站整理而得。其中狭义货币流通速度 $V1 = M1/GDP$，广义货币流通速度 $V2 = M2/GDP$。

图 2 中，首先，从整体上看狭义货币流通速度 $V1$ 一直处于不稳定状态，广义货币流通速度 $V2$ 虽然波动幅度要弱于 $V1$，但依然呈现递增递减交替趋势。其次，在 2008 年之后，广义货币流通速度 $V2$ 进入稳步下降通道，这与中国人民银行为应对 2008 年下半年的金融危机，配合国务院的"四万亿计划"刺激经济政策大规模投放货币有很大关系。最后，在进入互联网金融时代以来，广义货币流通速度 $V2$ 依次为 0.54、0.52、0.49、0.48、0.49，可以发现广义货币流通速度 $V2$ 有着持续下降的趋势，仅在 2017 年略微回升，因此货币供应

量的相关性在互联网金融的影响下被进一步削弱。

　　2. 互联网金融提高利率的相关性

　　利率作为资产的价格由市场的力量所决定,代表了金融体系中资金供求的关系,在互联网金融的影响下,利率与货币政策最终目标的相关性表现在:(1)互联网金融使得金融产品之间的转化成本下降,转化速度加快,使得利率结构简单化,降低了社会融资成本,提升了资源配置的效率,在一定程度上增强了经济发展与利率的相关性;(2)利率变动所产生的间接收入效应会改变人们手中财富的净值,互联网金融不仅能让人们方便快捷地获得利率变动的消息,且电子货币的高流动性可使人们迅速且低成本地调整自身的资产组合和消费计划,使得利率与国民收入水平联系更加紧密。随着互联网金融的发展,利率市场化进程加快,利率与经济增长和市场竞争程度的相关性会越来越高。

　　实际上,货币供应量作为中国人民银行货币政策中介目标以来,其与货币政策最终目标的相关性一直在降低,互联网金融对货币供应量的相关性的削弱幅度并不是很大。利率与货币政策最终目标的相关性在互联网金融的影响下大大提升,但利率市场化在现阶段还未彻底完成,利率作为货币政策中介目标的相关性仍要弱于货币供应量。综合互联网金融对货币供应量作为货币政策中介目标可测性、可控性和相关性的影响,货币供应量在互联网金融时代的可测性、可控性和相关性显著下降。然而,互联网金融作为新一轮的金融创新,不仅促进了社会经济的发展,优化了资源配置,更完善了传统金融市场,使得利率作为货币政策中介目标的可测性、可控性和相关性都有所提升。但同时,除了可测性,利率的相关性和可控性在现阶段都要弱于货币供应量,不适合作为当前中国人民银行适宜的货币政策中介目标。

四、结论与建议

　　在中国人民银行实施货币政策的历史进程中,货币供应量作为货币政策中介目标一直发挥着比较好的作用,但在互联网金融的冲击下,这种作用受到了质疑与挑战。本文通过对货币政策中介目标可测性、可控性和相关性的分析,得出的结论主要有如下两点。(1)首先,互联网金融打破了传统货币层次划分的界限,中央银行无法对货币供应量进行准确而有效的统计和监测。其次,货币供给的内生性在互联网金融的冲击下不断加深,削弱了中央银行对货币供应量的控制力。最后,进入互联网金融时代以来,广义货币流通速度 $V2$ 持续下降,货币供应量与货币政策最终目标的相关性随之减弱。因此,以货币供应量作为货币政策中介目标在互联网金融的冲击下,可测性、可控性和相关性大幅下降。(2)中国人民银行近年来不断推进利率市场化进程①,凸显了利率作为一种价格信号的重要性。本文通过对利率的可测性、可控性和相关性三个方面进行分析,发现在互联网金融的冲击下,利率的可测性已优于货币供应量,但可控性和相关性仍弱于货币供应量。

在互联网金融迅速发展的背景下,本文提出以下几点建议:

1. 构建综合货币政策中介目标体系

(1)提高货币供应量可测性。在互联网金融时代,鉴于电子货币的应用对传统货币层次的影响,中国人民银行无法对货币供应量进行准确的统计和监测,使得货币供应量作为货币政策中介目标的可测性较差。因此,为了能够让货币供应量在当前阶段仍能充分发挥作用,中国人民银行须尽快对电子货币做出统一界定,并出台相关法律法规规范电子货币的发行标准,以实现货币供应量的有效统计。

(2)实现利率实时动态监测。在非互联网时代,由于缺乏有效的信息传导渠道,信息不对称现象在金融市场中普遍存在,导致利率在传导过程中存在相当长的时滞,中央银行无法对利率实现有效的实时动态监测。在互联网金融时代,中国人民银行借助互联网、大数据和云计算等先进通信技术实现利率的实时动态监测,使得利率在传导过程中具有无时间、空间限制,更新方便快

---

① 中国人民银行自 2013 年 7 月 20 日起,全面放开金融机构贷款利率管制;自 2015 年 8 月 26 日起,放开一年期以上(不含一年期)定期存款的利率浮动上限;自 2015 年 10 月 24 日起,放开对商业银行和农村合作金融机构等存款利率浮动上限。

捷和传播迅速等特征,在很大程度上能够缓解信息不对称,极大地缩短了利率在非互联网金融时代传导过程中的时滞。

(3)兼顾货币供应量目标和利率目标。在互联网金融的冲击下,货币供应量作为货币政策中介目标存在很大局限性,而利率作为货币政策中介目标的可测性、可控性和相关性则不断提升。但简单地放弃货币供应量,转而选择利率作为货币政策中介目标的做法并不可取,中国人民银行在互联网金融时代可综合两种目标,参考货币供应量所提供信息的同时,借助先进的通信技术对利率进行实时动态监测,进而提高货币政策中介目标的有效性。

2. 淡化货币供应量地位,实现利率目标的平稳过渡

(1)淡化货币供应量作为货币政策中介目标的地位。随着互联网金融持续发展,货币供应量的可测性、可控性和相关性将不断下降。在当前阶段,中国人民银行仍可将货币供应量作为货币政策中介目标的一部分,但同时中国人民银行须逐步淡化货币供应量目标,进而强化利率作为货币政策中介目标的重要性。

(2)利率将成为中国人民银行唯一的货币政策中介目标。为了让货币政策中介目标在转换过程中不产生经济动荡,从货币供应量目标平稳过渡到利率目标,中国人民银行可在综合两种目标的基础上,进一步支持和促进互联网金融健康发展,加快推进利率市场化进程,提高金融市场运行效率,强化利率作为资产价格的信号显示作用。

主要参考文献

[1] 乌尔里希·宾得赛尔. 货币政策实施:理论、沿革与现状[M]. 齐鹰飞,译. 大连:东北财经大学出版社,2013.

[2] KAREKEN J H, MUENCH T, WALLACE N. Optimal Open Market Strategies:The Use of Information Variables[J]. American Economic Review,1973,63(1):156-172.

[3] FRIEDMAN B M. Targets and Instruments of Monetary Policy//[M]. Handbook of

Monetary Economics. Amsterdam：North-Holland，1990：1183-1230.

[4] 范从来. 论货币政策中间目标的选择[J]. 金融研究,2004(06):123-129.

[5] 刘明志. 货币供应量和利率作为货币政策中介目标的适用性[J]. 金融研究,2006(01)：51-63.

[6] 何问陶,刘朝阳. 货币供应量作为我国货币政策中介目标的实证研究[J]. 西南金融,2007(02):24-25.

[7] 夏斌,廖强. 货币供应量已不宜作为当前中国货币政策的中介目标[J]. 经济研究,2001(08):33-43.

[8] 庞贞燕,王桓. 支付体系与货币和货币政策基本关系研究[J]. 金融研究,2009(03):97-105.

[9] 郭红兵,陈平. 中国货币政策的工具规则和目标规则——"多工具,多目标"背景下的一个比较实证研究[J]. 金融研究,2012(08):29-43.

[10] 谢平,尹龙. 网络经济下的金融理论与金融治理[J]. 经济研究,2001(04):24-31,95.

[11] 周光友. 电子货币对货币流动性影响的实证研究[J]. 财贸经济,2010(07):13-18,88,136.

[12] 黄达. 金融学(第三版)[M]. 北京:中国人民大学出版社,2012.

[13] BIS. Risk Management for Electronic Banking and Electronic Money Activities[R]. Basle Committee on Banking Supervision Working Paper, 1998.

[14] 印文,裴平. 电子货币的货币供给创造机制与规模[J]. 国际金融研究,2016(12):139-151.

[15] 约翰·梅纳德·凯恩斯. 就业、利息与货币通论[M]. 李欣全,译. 北京:北京联合出版公司,2015.

（与章安辰合作,《经济问题探讨》2018 年第 8 期）

中国的货币电子化与货币政策有效性

摘要:本文构造中国货币电子化程度指标和中国宏观经济形势指标,选取 1995—2013 年的样本数据,计算对应年份中国的货币电子化程度指标值和宏观经济形势指标值。在此基础上,本文建立计量模型,对相关样本数据进行实证检验,其主要结论是:中国货币政策本身的有效性较差,并且其对宏观经济调控的作用具有滞后效应;但在中国货币电子化程度不断提高的背景下,货币电子化明显改进了货币政策的有效性,而且这种改进作用具有即时效应和滞后效应。因此,中国不仅要深化金融改革,不断完善货币政策本身的有效性,还要在防范货币电子化可能产生风险的前提下,以积极的姿态,继续推动货币电子化进程,从而更加显著地提高货币政策在宏观经济调控中的有效性。

关键词:货币电子化;宏观经济形势;货币政策有效性

一、引 言

20 世纪 90 年代中期商业银行的借记卡和自动柜员机(ATM)推出后,中国的货币电子化进程不断加快。一方面,中国的货币电子化提高了中国金融市场的效率,使得中国货币政策的传导更加通畅,这有利于中国货币政策的有效实施;另一方面,中国的货币电子化对货币流通速度和货币乘数的改变使得中国货币供给的内生性越来越强,货币电子化所带来的额外信用创造也使得中国人民银行难以把握实际货币供给量,这又可能削弱中国货币政策的有效性。货币电子化对中国货币政策有效性的影响究竟是积极的还是消极的? 对此进行深入研究具有重要的理论与现实意义。

二、文献回顾

货币电子化的主要表现形式是电子货币的使用。巴塞尔委员会(1998)认为,电子货币是通过销售终端、电子设备,以及在公开网络(如 Internet)上执行支付功能的储值和预支付机制[①]。早在 1996 年,国际清算银行(BIS)就指出货币电子化会对货币政策有效性造成影响。Dorn(1996)的研究发现,电子货币对货币流通速度的影响是复杂的,不只是呈现单边的上升或下降趋势,这会降低中央银行控制基础货币的能力。Aleksander(1998)探讨了电子货币对货币需求、货币流通速度、准备金需求、中央银行货币控制权,以及货币政策传导机制的影响,指出电子货币将使货币最终成为经济运行的内生变量。Friedman(2000)认为,货币电子化会影响货币乘数,增加中央银行控制货币供给量的难度。Goodhart(2000)赞同电子货币会影响货币乘数的观点,但他认为这种影响是有限的。国际清算银行(2001)的研究报告表明,电子货币的广泛使用会影响中央银行基准利率与主要市场利率之间的联系。Berk(2002)的研究发现,电子货币对货币政策的影响主要表现为电子货币对基础货币和货币乘数的影响。Sullivan(2002)认为,货币电子化会削弱中央银行对货币供给的控制力,使得货币流通速度加快,铸币税收入减少,货币乘数发生变化等。Owen & Fogelstrom(2005)研究了以智能卡为载体的电子货币,他们发现,电子货币并没有对活期存款形成替代,相反电子货币的使用者往往持

---

① "储值"是指保存在物理介质(如智能卡、多功能信用卡等)中可用来支付的价值。这种介质亦被称为"电子钱包",当其储存的价值被使用后,可以通过特定设备向其追储价值。"预支付机制"则是指存在于特定软件或网络中的一组可以传输并可用于支付的电子数据,通常被称为"数字现金",也有人将其称为"代币"(token),通常由一组二进制数据和数字签名组成,可以直接在网络上使用。

有大量的活期存款,因此,没有证据表明电子货币的使用将阻碍货币政策的实施。国际清算银行(2012)的调查显示,非银行机构发行的电子货币会影响中央银行的货币控制力(如影响短期利率水平),但中央银行可以运用多种方式来保持这些电子货币与中央银行发行货币之间的联系,从而控制短期利率水平。

20世纪90年代中期后,中国的货币电子化程度不断提高,国内学者越来越关注货币电子化及其对货币政策有效性的影响。谢平和尹龙(2001)认为,货币电子化将使货币层次的划分和计量出现问题,并使传统的需求函数出现缺陷;网络银行和电子货币均会对货币政策的中介目标、政策工具、政策传导机制,以及货币政策独立性产生影响。李心丹和刘红忠(2000)指出,电子货币产生的目的在于替代交易支付中的现金,因此电子货币会影响货币流通速度、货币总量,特别是狭义货币总量,使得狭义货币总量作为货币政策指标的有效性在短期内大大降低;同时,电子货币会对储蓄存款形成替代,并使银行清算余额的需求减少。尹龙(2000)将电子货币视为电子资金转移系统(EFTs)的一个组成部分,并将电子资金转移分为三类:一是金融电子数据交换(EDI),主要应用于大额、批量或批发业务支付清算数据的传输与交换,如银行对银行、ATM机的资金转移,以及"家庭银行"服务等;二是传统零售业务支付,包括以信用卡、借记卡等形式进行的店头支付等,这类支付实际上是一种预结算,支付完成后还需要用户同银行、商户同银行进行再结算;三是电子货币支付,它主要为电子商务服务,也被用于以各种卡介质为基础的小额消费,采用直接扣除方式进行结算。电子货币的发行将使中央银行的铸币税收入减少、资产负债规模下降,进而使货币政策的操作更加复杂。王鲁滨(1999)认为,电子货币的发行,扩大了货币供给主体和货币乘数,使实际货币供给越来越多地受到经济体系内部因素的支配,货币供给在一定程度上脱离了中央银行的控制。陈雨露、边卫红(2002)指出,电子货币的流通会使中央银行面临丧失货币发行权的风险、损失铸币税收入的风险,以及货币政策失效的风险,同时电子货币本身也存在着信誉风险、流动风险和信用风险,因此中央银行必须加强对电子货币的监管。周光友(2007)通过构建计量模型进行实证检验,发现电子货币对现金的替代作用非常明显,使得现金漏损率呈现下降趋势,进而放大了货币乘数。谢平和刘海二(2013)研究了现代信息通信技术发展和移动支付普及情况下电子货币的表现形式、网络规模效应,以及对货币政策的影响,认为在交易成本无限趋近于零时,电子货币有可能完全替代现金,并且电子货币的发展会降低中央银行的货币控制能力。王亮等(2014)的实证检验显示,电子货币对 M_0 的替代程度较高,这提高了货币流通速度;电子货币对 M_1 的替代程度较低,这又降低了货币流通速度;整体看,中国的货币电子化仍处于使货币流通速度下降的阶段。

货币政策有效性是指中央银行通过货币政策调控宏观经济运行的效果。从上述文献可以看出,国内外学者大多认为货币电子化会影响货币政策的有效性,但他们的研究大多是从理论上分析货币电子化对货币供给、货币乘数和货币流通速度等中介变量的影响,而很少直接研究货币电子化对货币政策有效性的影响。同时,他们的分析大多认为货币电子化会削弱货币政策有效性,这也是不全面的,因为货币电子化一方面通过影响货币政策中介变量,进而产生削弱货币政策有效性的负向作用,另一方面又通过提高金融市场效率,进而产生提高货币政策有效性的正向作用,货币电子化对货币政策有效性的影响取决于这两方面作用的强弱对比。另外,目前基于中国货币电子化和货币政策实践所做的规范性实证检验尚不多见,这在很大程度上降低了相关研究的合理性与可靠性。为更直接和有说服力地研究中国货币电子化对货币政策有效性的影响,本文提出自己的研究设计,通过建立计量模型和选取 1995—2013 年的样本数据,实证检验中国货币电子化对货币政策有效性的影响。

三、研究设计

本文所做研究的主要思路是:首先,构造能够度量中国货币电子化程度的指标;然后,运用模糊层次分析法建立包含经济增长率、通货膨胀率和失业率三大变量的中国宏观经济形势指标函数式,并将相关数据代入该函数式,得到对应的中国宏观经济形势指标值;最后,以中国的宏观经济形势指标为被解释变量建立研究模型,实证检验中国货币电子化对货币政策有效性的影响。

（一）中国货币电子化程度指标

中国的货币电子化主要表现为各种银行卡和充值卡的使用,其基本形态是存储在银行卡和充值卡中的电子货币,这些电子货币本身代表着真实资金,其支付方式有刷卡支付、移动支付和互联网支付。充值卡中的电子货币除可用现金充值外,还可通过银行卡转账而来。此外,一些网络虚拟货币如 Q 币、论坛币等从其特点来看也属于电子货币的范畴,这些网络虚拟货币通常都可以由银行卡中代表真实资金的电子货币购得。在现实生活中,中国货币电子化的主要部分是各种银行卡内存储并代表真实资金的电子货币的使用。再考虑到相关数据的可得性,以及消费与货币支付的直接关联性,本文采用银行卡消费量占 GDP 的百分比作为衡量中国货币电子化程度的指标,并将其记为 e_t。与 e_t 相关的数据可以从《中国金融年鉴》中得到,其起始年份为 1995 年,且均为年度数据。经计算,可得 1995—2013 年中国的货币电子化程度(图 1)。

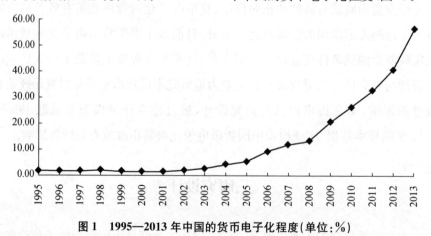

图1 1995—2013 年中国的货币电子化程度(单位:%)

数据来源:根据《中国金融年鉴》提供的数据计算和编制。

图 1 显示,2002 年前中国的货币电子化程度一直处于 2% 以下且进展缓慢。2002 年后,中国的货币电子化进程开始加快,到 2008 年,货币电子化程度上升至 12.57%。2008 年后,中国的货币电子化进入迅速发展阶段,货币电子化程度从 2009 年的 20.13% 上升至 2013 年的 55.96%。

(二) 中国宏观经济形势指标

在开放经济条件下,政府宏观调控的目标是实现国民经济运行的内部均衡和外部均衡。内部均衡主要表现为经济增长、物价稳定和充分就业,外部均衡则直接表现为国际收支平衡。在中国,货币政策是宏观经济调控最主要的手段之一,货币政策是否有效就在于其是否有利于实现经济增长、物价稳定、充分就业,以及国际收支平衡。由于中国的经济开放度越来越高,货币对外价格即汇率的决定与调整逐步从货币政策中分离出来,成为相对独立的汇率政策,主要用于调节国际收支状况。因此,本文在衡量货币政策有效性时,主要考虑货币政策对经济增长、物价稳定和充分就业的影响。

经济增长、物价稳定和充分就业这三个目标很难同时兼顾,如扩张的货币政策在促进经济增长和降低失业率的同时,常会引起较高的通货膨胀;紧缩的货币政策在抑制通货膨胀的同时,又可能造成经济增速下滑和失业率增加。在制定和实施货币政策时要遵循相机抉择的原则,即根据实际情况和政府偏好对这三个目标进行先后排序或做取舍。大量研究表明,适度通货膨胀对于社会经济发展是有益或无害的(适度通货膨胀有益或无害论)。许多国家也都制定出目标通货膨胀率,并驱动实际通货膨胀率向目标通货膨胀率靠近,实际通货膨胀率过度偏离目标通货膨胀率是宏观经济形势欠佳的表现。为深入研究货币政策的有效性,本文运用模糊层次分析法建立包含经济增长率、通货膨胀率和失业率三大变量的指标函数,以反映中国货币政策调控下的宏观经济形势,并将其定义为中国宏观经济形势指标,记为 I_t,其表达式为:

$$I_t = w_1 r_t - w_2 \Pi_t - w_3 u_t \tag{1}$$

$$\Pi = |\pi_t - \bar{\pi}| \tag{2}$$

式(1)和式(2)中,$w_t(t=1,2,3)$为正的权重值;r_t表示经济增长率;Π_t表示实际通货膨胀率π_t与目标通货膨胀率$\bar{\pi}$之差的绝对值,其数值越大,表明实际通货膨胀率偏离目标通货膨胀率的程度越大;u_t表示失业率。I_t值越大,表明第t期的宏观经济形势越好。采用模糊层次分析法,可合理确定各经济变量在式(1)中的权重值$w_t(t=1,2,3)$。各变量的相对重要性系数含义如表1所示。

表1　变量相对重要性系数表

a_{ij}	相对重要性系数含义
1	变量i比变量j重要
0.5	变量i与变量j同样重要
0	变量i不如变量j重要

注:a_{ij}表示变量i相对于变量j的重要性程度。

根据各经济变量在经济体中的相对重要性构造出优先关系矩阵$A=(a_{ij})_{3\times3}$,进而构造出模糊一致矩阵$U=(u_{ij})_{3\times3}$,其中,$u_{ij}=(a_i-a_j)/2\times3+0.5$,$a_i=\sum_{j=1}^{3}a_{ij}$。取$\bar{w}_i=\prod_{j=1}^{3}u_{ij})^{1/3}$,可得数值向量$(\bar{w}_1,\bar{w}_2,\bar{w}_3)$,并根据公式$w_t=\bar{w}_t/\sum_{i=1}^{3}\bar{w}_i$ $(t=1,2,3)$对数值向量$(\bar{w}_1,\bar{w}_2,\bar{w}_3)$进行归一化[①],可得各经济变量在式(1)中的权重$w_t(t=1,2,3)$的数值。

中国是一个人口大国,同时又是一个发展中国家,这决定了经济增长对中国社会经济发展具有十分重要的意义。较高的经济增长速度能够为中国社会经济发展提供坚实的物质基础,能够在一定程度上抵补通货膨胀和失业带来的负面影响。"发展是硬道理"已成为社会各界普遍认同、最为重要的治国理

---

① "归一化"是将有量纲的表达式,经过变换,化为无量纲的表达式。这里是将总和不为1的各权重值按其占比转化为总和为1的权重值,这样更具有统计上的合理性。

念。因此,经济增长的重要性要高于物价稳定和充分就业,经济增长在衡量中国货币政策有效性方面居于首要位置。因为《中国人民银行法》规定了中国人民银行的主要任务之一是保持人民币价值稳定,而且严重的通货膨胀造成的危害是全面性的,甚至会引起较大的社会经济动荡,所以本文在衡量中国货币政策有效性时,将物价稳定的重要性放在充分就业之前。综上,可得相关的优先关系矩阵(表2)。

表 2　优先关系矩阵

项目	经济增长	物价稳定	充分就业	$a_i = \sum\limits_{j=1}^{3} a_{ij}$
经济增长	0.5	1	1	2.5
物价稳定	0	0.5	1	1.5
充分就业	0	0	0.5	0.5

注:表内第二列至第四列列示的是变量的相对重要性比较系数,第五列中的数据是其所在行各变量相对重要性系数之和。

　　表 2 数据显示,经济增长、物价稳定和充分就业各自对应的相对重要性系数之和分别为 2.5,1.5 和 0.5,这些数值的大小与各变量的相对重要性是一致的,即经济增长最重要,物价稳定次之,充分就业的重要性最小。进一步根据关系式 $u_{ij} = (a_i - a_j)/2 \times 3 + 0.5$ 构造出模糊一致矩阵,如表 3 所示。

表 3　模糊一致矩阵

项目	经济增长	物价稳定	充分就业	$\bar{w}_i = (\prod\limits_{j=1}^{3} u_{ij})^{1/3}$
经济增长	0.500	0.667	0.833	0.652
物价稳定	0.333	0.500	0.667	0.481
充分就业	0.167	0.333	0.500	0.303

注:表内第二列至第四列列示的是变量模糊相对重要性比较系数,第五列中的数据是其所在行各变量模糊相对重要性比较系数乘积的 1/3 次方。

表 3 显示,$(\bar{w}_1,\bar{w}_2,\bar{w}_3)$ 对应的数值为 $(0.652,0.481,0.303)$。对 $(\bar{w}_1,\bar{w}_2,\bar{w}_3)$ 进行归一化,可得式(1)中各自变量的权重分别为:$w_1=0.454$,$w_2=0.335$,$w_3=0.211$。尽管零通货膨胀率可以彻底消除通货膨胀的危害,但许多学者认为适度通货膨胀,如每年 2%～3% 的通货膨胀率更有利于社会经济的发展。例如:Summers(1991)指出,零通货膨胀率会使名义利率的下限只能为零,这限制了中央银行通过货币政策调节名义利率以调控宏观经济的灵活性,在经济衰退时期,零通货膨胀率甚至会使货币政策失灵。Akerlof et al.(1996)认为,由于工资刚性的存在,零通货膨胀率将使经济衰退期间的实际工资高于均衡水平,进而导致长期自然失业率的上升。Bernanke et al.(1999)强调,将零通货膨胀率作为目标,很容易由于控制不当而引发通货紧缩,这会给社会经济发展带来更大的困难。从中国改革开放 30 多年的实践看,年通货膨胀率明显低于 2% 的年份,大都是经济不景气甚至处于经济衰退的年份。因此,本文取目标通货膨胀率 $\bar{\pi}=2\%$。为与中国货币电子化程度指标的时间跨度保持一致,也取经济增长率、实际通货膨胀率和失业率 1995—2013 年的年度数据来计算中国宏观经济形势指标值。经济增长率和失业率的年度数据可以从《中国统计年鉴》直接得到,实际通货膨胀率的年度数据可通过对所在年份 12 个月的月度消费者物价指数同比增长率加权平均得到。将相关数据代入式(1)和式(2),可得 1995—2013 年中国宏观经济各变量值和中国宏观经济形势指标值,如表 4 所示。

表 4　1995—2013 年中国宏观经济各变量值和中国宏观经济形势指标值

年份	经济增长率 r_t（单位:%）	实际通货膨胀率 π_t（单位:%）	实际通货膨胀率与目标通货膨胀率之差的绝对值 Π_t（单位:%）	失业率 u_t（单位:%）	中国宏观经济形势指标值 I_t
1995	10.90	17.07	15.07	2.90	−0.71
1996	10.00	8.33	6.33	3.00	1.79

（续表）

年份	经济增长率 r_t （单位：%）	实际通货膨胀率 π_t （单位：%）	实际通货膨胀率与目标通货膨胀率之差的绝对值 $\overline{\pi}_t$ （单位：%）	失业率 u_t （单位：%）	中国宏观经济形势指标值 I_t
1997	9.30	2.81	0.81	3.10	3.30
1998	7.80	−0.77	2.77	3.10	1.96
1999	7.60	−1.40	3.40	3.10	1.66
2000	8.40	0.35	1.65	3.10	2.61
2001	8.30	0.73	1.27	3.60	2.58
2002	9.10	−0.77	2.77	4.00	2.36
2003	10.00	1.17	0.83	4.30	3.35
2004	10.10	3.90	1.90	4.20	3.06
2005	11.30	1.82	0.18	4.20	4.18
2006	12.70	1.47	0.53	4.10	4.72
2007	14.20	4.77	2.77	4.00	4.68
2008	9.60	5.91	3.91	4.20	2.16
2009	9.20	−0.69	2.69	4.30	2.37
2010	10.40	3.32	1.32	4.10	3.41
2011	9.30	5.41	3.41	4.10	2.21
2012	7.70	2.50	0.50	4.10	2.46
2013	7.70	2.63	0.63	4.10	2.42

在经济统计学中，一组经济数据的均值代表了某一经济领域的平均状况，通常将其作为划分单个经济数据好坏的临界值。表4取1995—2013年共19年中国宏观经济形势指标值的平均值2.66作为划分中国宏观经济形势好坏的临界值，若中国宏观经济形势指标值大于2.66，则表明当年中国宏观经济形势较好；若中国宏观经济形势指标值小于2.66，则表明当年中国宏观经济形势较差。因此，在1995—2013年，中国宏观经济形势较好的年份有1997

年、2003 年、2004 年、2005 年、2006 年、2007 年和 2010 年,这 7 年宏观经济形势较好的主要原因是经济增长速度较快而实际通货膨胀率较低。在 1995—2013 年,中国宏观经济形势较差的年份有 1995 年、1996 年、1998 年、1999 年、2000 年、2001 年、2002 年、2008 年、2009 年、2011 年、2012 年和 2013 年,其中 1995 年、1996 年、2008 年和 2011 年宏观经济形势较差的主要原因是这四年经济增长速度较快但实际通货膨胀率较高,尤其是 1995 年通货膨胀率高达 17.07%;1998 年、1999 年、2000 年、2001 年、2002 年和 2009 年宏观经济形势较差的主要原因是这 6 年经济增长率均低于 10%,且实际通货膨胀率接近于 0,部分年份甚至出现通货紧缩,如 1999 年的通货膨胀率为 −1.4%;2012 年和 2013 年的通货膨胀率较为合理,这两年经济形势较差的主要原因是经济增长速度明显下滑。

(三) 检验模型

货币电子化是技术进步的产物,虽然这种技术进步只是改变了货币的形式,但货币电子化也会对货币政策的有效性产生影响。为分析中国的货币电子化对货币政策有效性的影响,本文借鉴裴平等(2006)建立的货币政策有效性模型,并根据本文研究的目的,建立了以下检验模型:

$$I_t = \beta_0 + \sum_{i=1}^{m}\beta_i I_{t-i} + \sum_{i=1}^{n}\gamma_i dh_{t-i} + \sum_{i=0}^{s}\rho_i de_{t-1} \times dh_{t-1} + a_t \tag{3}$$

式(3)中,$I_{t-i}(i=1,\cdots,m)$为中国宏观经济形势指标滞后项,其系数 $\beta_i(i=1,\cdots,m)$表示过去年份的宏观经济形势对当前年份宏观经济形势的影响[①]。$dh_{t-i}(i=0,\cdots,s)$为基础货币供给变化率的当前项($i=0$ 时)或滞后项($i=1,\cdots,s$时),由于中国人民银行主要是通过调整基础货币供给来实施货币政策的,因此,这里用基础货币供给增长率来代表货币政策,其系数 $\gamma_i(i=0,\cdots,s)$表示当前年份($i=0$ 时)或过去年份($i=1,\cdots,s$ 时)的货币政策对当前年

---

① 在宏观经济研究领域,过去的经济形势对当前的经济形势有影响这已经成为一种共识。

份宏观经济形势的影响。$de_{t-i} \times dh_{t-i}(i=0,\cdots,s)$为货币电子化程度变化率与基础货币供给变化率当前年份($i=0$时)或过去年份($i=1,\cdots,s$时)的交叉项,其系数$\rho_i(i=0,\cdots,s)$表示当前年份($i=0$时)或和过去年份($i=1,\cdots,s$时)中国的货币电子化程度和货币政策对中国宏观经济形势的共同影响,该系数显著为正则表明,中国的货币电子化和货币政策共同改善了宏观经济形势,它意味着中国货币电子化程度的提高改进了货币政策的有效性;该系数显著为负则表明,中国的货币电子化和货币政策共同恶化了宏观经济形势,它意味着中国货币电子化程度的提高削弱了货币政策的有效性。a_t为随机扰动项。

四、实证检验

如果检验模型中的变量为非平稳序列,就会导致"伪回归",从而使对变量进行显著性检验的假设前提失去意义,更不能得到合理的实证检验结果。为保证检验结果的无偏性和有效性,在将各变量的相关数据代入模型进行实证检验前,必须对这些数据进行平稳性检验。采用 ADF 检验方法对式(3)中各变量的相关数据进行平稳性检验,其结果如表 5 所示。

表 5　各变量相关数据的 ADF 检验

	I	dh	$de \times dh$
t 统计量	−2.690 481	−2.801 781	−2.845 547
p 值	0.095 9*	0.078 8*	0.072 9*

注:* 表示在 10% 水平下显著。

由表 5 可知,检验模型中各变量相关数据的平稳性检验均在 10% 水平下显著,即各变量均为平稳序列,因而可以保证检验结果的无偏性和有效性。将相关数据代入模型进行实证检验,按照 AIC 信息准则确定滞后变量[①],所选取的自变量为:中国宏观经济形势指标滞后二期项 I_{t-2},基础货币供给变化率滞后一期项 dh_{t-1},基础货币供给变化率滞后二期项 dh_{t-2},货币电子化程度变化率与基础货币供给变化率交叉项当前项 $de_t \times dh_t$,货币电子化程度变化率与基础货币供给变化率交叉项滞后一期项 $de_{t-1} \times dh_{t-1}$。最终的实证检验结果如表 6 所示。

表 6　实证检验结果

变量	系数	t 统计量	概率
β_0	2.711 6	5.355 813	0.000 3***
I_{t-2}	0.218 2	1.298 799	0.223 2
dh_{t-1}	−0.073 9	−2.742 728	0.020 7**
dh_{t-2}	−0.024 6	−1.118 227	0.289 6
$de_t \times dh_t$	0.001 4	3.942 979	0.002 8***
$de_{t-1} \times dh_{t-1}$	0.000 9	2.196 821	0.052 7*
$R^2 = 0.78$;调整后的 $R^2 = 0.67$			

注:*** 表示在 1% 水平下显著,** 表示在 5% 水平下显著,* 表示在 10% 水平下显著。

表 6 显示,中国宏观经济形势指标滞后二期项 I_{t-2} 的系数不显著,表明过去年份的宏观经济形势指标值对当前年份的宏观经济形势指标值不具有显著影响;基础货币供给变化率滞后一期项 dh_{t-1} 的系数显著为负,表明滞后一年的中国货币政策对当前宏观经济形势具有反向影响,即货币政策存在滞后效应且有效性较差;基础货币供给变化率滞后二期项 dh_{t-2} 的系数不显著,表明滞后两年的中国货币政策对当前宏观经济形势不具有显著影响;货币电子化程度变化率与基础货币供给变化率的交叉项 $de_t \times dh_t$ 和 $de_{t-1} \times dh_{t-1}$ 的系数

---

① AIC 信息准则是衡量计量模型好坏的常用方法,尤其是在确定时间序列滞后阶数方面运用较多。对于计量模型而言,其 AIC 值越小代表模型的拟合情况越好。本文采用该方法计算出包含各滞后变量下模型的 AIC 值,并取 AIC 值最小时的模型作为检验模型。

显著为正,表明中国货币电子化程度的提高能够改进中国货币政策的有效性,进而有利于宏观经济形势的改善,同时这种改进作用具有即时效应和滞后效应,即当前年份货币电子化程度的提高不仅能够改进当前年份货币政策的有效性,而且还能够改进下一年货币政策的有效性。

五、结　论

本文构造中国的货币电子化程度指标和宏观经济形势指标,选取 1995—2013 年的样本数据,实证检验了中国的货币电子化对货币政策有效性的影响。其主要结论是:中国货币政策本身的有效性较差,并且其对宏观经济形势的影响具有滞后效应;但在中国货币电子化程度不断提高的背景下,货币电子化明显改进了货币政策的有效性,而且这种改进作用具有即时效应和滞后效应。因此,中国不仅要深化金融改革,不断完善货币政策本身的有效性,还要在防范货币电子化可能产生风险的前提下,以积极的姿态,继续推动货币电子化进程,从而更加显著地提高货币政策在宏观经济调控中的有效性。

主要参考文献

[1] BCBS. Risk Management for Electronic Banking and Electronic Money Activities[R]. BCBS Working Paper, 1998(1): 97 - 122.

[2] BIS. Implications for Central Banks of the Development of Digital Money[R]. BIS Working paper,1996.

[3] J A DORN. The Future of Money in the Information Age[M]. Washington D. C. : Cato Institute,1997.

[4] A BERENTSEN. Monetary Policy Implications of Digital Money[J]. Kyklos,1998,51(1):89 - 117.

[5] C FRIEDMAN. Monetary Policy Implementation: Past, Present and Future—Will the Advent of Electronic Money Lead to the Demise of Central Banking? [J]. International Finance,2000,3(2):211 - 227.

[6] C A E GOODHART. Can Central Banking Survive the IT Revolution? [J]. International Finance,2000,3(2):189-209.

[7] BIS. Survey of Electronic Money Developments[R]. BIS Working paper, 2001.

[8] BERK J M. Central banking and financial innovation. A survey of the modern literature[J]. Banca Nazionale Quarterly Review, 2002(222): 263-297.

[9] SULLIVAN S M. Electronic Money and Its Impact on Central Banking and Monetary Policy[R]. Hamilton University Working Paper,2002.

[10] OWEN A L. Monetary Policy Implications of Electronic Currency: An Empirical Analysis[J]. Applied Economics Letters,2005,12(7):419-423.

[11] BIS. Innovations in retail Payments[R]. BIS Working paper,2012.

[12] 谢平,尹龙. 网络经济下的金融理论与金融治理[J]. 经济研究,2001(4):24-31.

[13] 李心丹,刘红忠. 电子货币的发展及其对中央银行的影响分析[J]. 复旦学报(社会科学版),2000(5):55-59.

[14] 尹龙. 电子货币对中央银行的影响[J]. 金融研究,2000(4):34-41.

[15] 王鲁滨. 电子货币与货币政策研究[J]. 金融研究,1999(10):71-74.

[16] 陈雨露,边卫红. 电子货币发展与中央银行面临的风险分析[J]. 国际金融研究,2002(1):53-58.

[17] 周光友. 电子货币发展、货币乘数变动与货币政策有效性[J]. 经济科学,2007(1):34-43.

[18] 谢平,刘海二. ICT、移动支付与电子货币[J]. 金融研究,2013(10):1-14.

[19] 王亮,纪明明,张茜. 电子货币、货币流通速度和货币政策有效性[J]. 金融理论与实践,2014(5):70-74.

[20] LAWRENCE H S. Panel Discussion: Price Stability: How Should Long-Term Monetary Policy be Determined? [J]. Journal of Money, Credit and Banking,1991,23(3):625-631.

[21] AKERLOF G A, DICKENS W T, PERRY G L, et al. The Macroeconomics of Low Inflation[J]. Brookings Papers on Economic Activity, 1996(1):1-76.

[22] BERNANKE B S, LAUBACH T, MISHHIN F S, et al. Inflation Targeting: Lessons from the International Experience [M]. Princeton: Princeton University

Press,1999.

[23] 裴平,熊鹏,朱永利.经济开放度对中国货币政策有效性的影响——基于 1985—2004
年交叉数据的分析[J].世界经济,2006(5):47-53.

（与印文合作,《经济学家》2015 年第 3 期）

法定数字货币：理论基础、运行机制与政策效应

摘要：法定数字货币是由中央银行发行的数字化法定货币。法定数字货币继承并冲击了传统货币理论，但缺乏完备的理论分析框架。各国法定数字货币具有不同的运行机制，兼具中心化与分布式特征。编号型法定数字货币是创新性的概念构想，在增强货币供给内生性监测、提升货币政策有效性等方面具有较强的政策效应。中国应充分借鉴国际先进经验、开展沙盒测试工作，并利用法定数字货币来健全货币政策与宏观审慎政策"双支柱"调控框架。

关键词：法定数字货币；理论基础；运行机制；政策效应

一、引　言

法定数字货币是由中央银行发行的数字化法定货币，体现并顺应了数字经济发展对货币形态向数字化演变和重构的必然要求，支撑着数字经济稳健发展。在数字经济时代，区块链、大数据、云计算和人工智能等数字技术的应用促进了法定数字货币的研发，法定数字货币能够实时监测货币政策、宏观经济，为数字经济提供及时、准确和丰富的数据生产要素。全球主要经济体的中央银行已开启法定数字货币的研发进程，中国央行和商业银行也已同步开展法定数字货币的内测和试点工作，在法定数字货币研发和测试方面，中国走在了世界前列。截至 2021 年 6 月末，中国法定数字货币开立个人钱包 2 087 万

余个、对公钱包 351 万余个,累计交易笔数 7 075 万余笔、金额约 345 亿元[①]。在当下的起步阶段,中国法定数字货币仅被应用于零售型的支付场景,其主要用途是逐步替代流通中的现金 M0,并未触及中央银行货币供给的 M1 和 M2 层面,全球主要经济体的法定数字货币研发工作也方兴未艾。那么,法定数字货币存在和发展的理论基础是什么? 法定数字货币应该以什么样的运行机制,才能够满足数字经济时代的发展要求? 法定数字货币在未来中央银行货币政策操作层面理应具备怎样的政策效应,才能更好地服务中央银行履职? 研究并厘清上述问题,对于中国确定未来法定数字货币的发展方向与应用模式至关重要。

在数字经济蓬勃发展的时代背景下,本文通过梳理相关文献、界定和辨析法定数字货币相关概念,按照理论基础、运行机制与政策效应的逻辑递进层次,对法定数字货币进行经济学分析。首先,从经济学理论视角出发来阐释法定数字货币的相关基础性问题,为法定数字货币的产生动因、货币职能及其对传统货币理论的重塑提供理论依据,奠定全文经济学分析的理论基础,这对于揭示法定数字货币的内在规律,以及法定数字货币的探索性研究具有重要的理论意义。其次,论述法定数字货币在实际层面是通过怎样的运行机制来实现理论层面的预期设计效果,并创新性地提出了编号型法定数字货币的概念构想,对法定数字货币在货币政策操作层面所具备的政策效应进行前沿性探讨,这对于确定未来法定数字货币的路径选择,推进中国金融治理体系和治理能力现代化,增强人民币作为主权货币在国际金融市场上的话语权,具有重要的现实意义。

本文的创新之处主要体现在以下三个方面。第一,对法定数字货币的理论基础进行了全面和系统的经济学分析,这对于理解法定数字货币提供了一个完备的理论分析框架。第二,重点论述了法定数字货币在"双离线点对点支

---

① 参见中国人民银行数字人民币研发工作组:《中国数字人民币的研发进展白皮书》,2021,http://www.pbc.gov.cn/goutongjiaoliu/113456/113469/4293590/index.html.

付"场景下的运行机制。第三,创新性地提出了编号型法定数字货币的概念构想,进而论述了其在货币供给和货币政策有效性等方面所具备的政策效应,弥补了该研究领域的空白。

二、文献回顾

(一)法定数字货币概念的界定与辨析

国内外尚无针对法定数字货币的统一定义,这主要是因为在不同国家或地区,法定数字货币的发行和流通面临不同的实际需求,发行主体在相应的发展阶段存在差异化的立场和政策取向。周小川(2016)认为,法定数字货币必须由中央银行来发行,中央银行会充分考虑法定数字货币对货币供给、货币政策的影响。范一飞(2016)强调,只有是加密数字存储在数字钱包并运行于特定的数字货币网络中,才是纯数字货币,这也是数字货币与电子货币的区别。姚前和汤莹玮(2017)指出,法定数字货币是指由中央银行发行的、以加密数字串为表现形式的法定货币。本文认为,法定数字货币(又称为央行数字货币)是指经本国法律规定和批准,由中央银行发行和管控的且具备国家信用背书的货币数字化表现形式。法定数字货币基于密码学原理和特殊交易算法,依托分布式账本、区块链和高性能存储与计算等技术,具备不可篡改和可追踪特性。法定数字货币是法定货币的数字化,其与现有法定货币的区别主要是货币形态的不同,现有法定货币主要以电子货币的形式存在。电子货币是指能够以电子化的方式发行和流通的货币,是依托银行账户的电子记账式货币。

(二)法定数字货币的运行机制

国内外对法定数字货币运行机制的研究主要集中于法定数字货币的投放方式、运行架构,以及中央银行应直接面向公众还是采取"中央银行－商业银行"二元体系来发行法定数字货币等方面。国际清算银行研究人员 Bech & Garratt(2017)指出,零售法定数字货币类似现金,具有集中供给和分散交易的特点,而批发法定数字货币主要面向金融机构进行投放。关于法定数字货币应使用"中心化"还是"去中心化"的运行架构,徐忠等(2016)指出,中心化和弹性化是货币发行演进的趋势。穆长春(2019)认为,中国人民银行数字货币不预设技术路径,使用混合架构,央行采取技术中性的态度。关于法定数字货币与商业银行账户和存款之间关系,宋爽和刘东民(2021)指出,法定数字货币应与商业银行账户共存,中长期内再确定是否向 M1 和 M2 扩展。Lee 等(2020)指出,法定数字货币存在基于"账户"和"代币"两种模式,"账户"模式的核心是身份验证(如商业银行存款),"代币"模式的核心是防伪(如实物现金),"代币"代表了价值存储和转移,是未记录在"账户"中的价值的数字表示。Broadbent 和温信祥(2016)认为,法定数字货币如果直接向企业和个人等非银行经济主体发放,则可能与商业银行产生存款竞争问题。刘凯等(2021)指出,不计息的法定数字货币对货币政策影响较小,且能够限制法定数字货币与商业银行存款之间的竞争。

刘凯和郭明旭(2021)总结道:法定数字货币的政策性设计方案主要关注法定数字货币的持有和使用者、使用场景、是否计息、与现金的兑换比率,技术性设计方案主要关注法定数字货币是否使用分布式账本技术、基于账户还是代币形式来实现交易的认证和存储。彭绪庶(2021)指出,法定数字货币应将金融稳定放在首位,并在发行方式、规模、时序,以及技术方案的运用上确保风险可控。

(三)法定数字货币的政策效应

法定数字货币的政策效应主要指法定数字货币对货币政策等相关方面所产生的影响。盛松成和蒋一乐(2016)认为,法定数字货币应该按照中央银行、商业银行、非银行金融机构、单位账户、个人账户和现金的顺序依次推广应用,不同的使用范围中法定数字货币对货币供给的影响机制也不同。姚前(2018)强调,法定数字货币具备优化传统法币支付、疏通货币政策传导和加强逆周期调控等功能。周边等(2021)指出,发行法定数字货币会降低商业银行的盈利与贷款派生能力。钟伟等(2018)认为,法定数字货币有利于数量型货币政策工具的精准实施。谢平和石午光(2019)还指出,法定数字货币能够为负利率货币政策创造实施条件。

综上所述,现有研究主要集中于法定数字货币的定义、运行机制和政策效应,但尚存在以下不足。一是鲜有文献对法定数字货币的理论基础进行系统性论述,无法从经济学理论视角提供一个全面、系统和完备的理论分析框架。二是对法定数字货币在"双离线点对点支付"时的运行机制论述不充分。三是在法定数字货币的政策效应方面,部分研究存在研究假设和逻辑起点脱离当下甚至未来法定数字货币实际运行环境、模型设计不够科学、没有真实数据做实证检验来验证结论的可靠性等问题,这在客观上与法定数字货币处于研发阶段有很大关系,目前也很难完全解决。就法定数字货币的政策效应而言,本文认为,应将现阶段研究重点聚焦在为法定数字货币提供一种可行的设计方案和具体实现机制,以优化法定数字货币在中央银行货币政策调控中所能发挥的政策效应上。对于以上研究空白,本文予以重点关注。

三、法定数字货币的理论基础

法定数字货币是新生事物,学界尚未建立起专门研究法定数字货币的经济学理论分析框架。对法定数字货币所做的分析在一定程度上继承了传统货币理论并与之不断融合发展,但传统货币理论无法合理解释法定数字货币所体现出的新特征,也难以指导法定数字货币的实施和普及,这对传统货币理论的更新迭代提出了新的挑战。更重要的是,法定数字货币的超前实践为解决当下传统货币理论所面临的困境提供了新的解决方案,完善了传统货币理论并拓展了其应用范畴。

(一)法定数字货币的产生原因

数字货币的产生是货币演化的结果,技术进步和经济社会发展需求则是货币演化的主要动因。法定数字货币产生的最初目的是应对非法定数字货币对政府货币发行权、货币政策、金融稳定和经济秩序带来的冲击与侵蚀。纵观货币演化进程,国家对货币发行权的垄断力度是在不断增强的,各国政府不可能轻易放弃货币发行权和收取铸币税的权力,而且只有政府掌控下的主权货币才能够依据相应的货币政策规则实现币值稳定的目标。如果说货币演化反映了不同经济社会条件下的生产关系,那么法定数字货币反映了数字经济条件下的生产关系,适应了数字经济条件下的经济社会发展需求。因此,法定数字货币可能在未来成为数字经济条件下的主流货币。就中国实际情况而言,法定数字货币有助于应对第三方支付的市场垄断地位对人民币形成的挤压与挑战,并注重将老年群体纳入法定数字货币的普及范畴,避免"数字鸿沟",扩大普惠金融覆盖面。

从成本收益理论的角度来看,中央银行现阶段需要一次性投入较大的人力、物力和财力开展法定数字货币的研发工作,增加了金融基础设施建设的固定成本和货币形态转换成本,但后期中国经济巨大的市场容量将为数字货币提供广阔的发展空间,数字货币的平均发行成本和货币政策操作成本会随着法定数字货币供给量的增多而不断下降,前期投入的各类成本将被分摊到越来越多的法定数字货币供给量中。合理运用法定数字货币,现金 M0 在设计、防伪、制造、发行、运输、交易、流通、保管、兑换、调拨、回笼、结算和换代等环节的成本将大幅减少;未来面对传染性流行病冲击时,实物现金转换为数字货币将节省消毒成本和控制传染风险;存款 M1 和 M2 由于信息不对称所导致的逆向选择、道德风险和信贷错配也将大幅降低;货币政策传导、金融市场运作和实体经济运行的内生性摩擦趋于减弱,经济效益和社会福利不断提升。因此法定数字货币研发和推广具有典型的规模报酬递增和网络正外部性特征,这也助推了法定数字货币的产生。

（二）法定数字货币的货币职能

根据马克思主义货币职能理论,货币的五大职能分别是:价值尺度、流通手段、支付手段、贮藏手段和世界货币。这五大职能体现了货币作为一般等价物的本质，并具有清晰的职能边界。法定数字货币在本质上是不是货币，取决于其是否具备货币职能。法定数字货币是传统法定货币的数字化，货币形态的变更并未改变其基于国家信用的信用货币本质和内在价值。法定数字货币具有法偿性，与传统法定货币一样是合法化的货币，使用法定数字货币进行各类交易的支付活动具有与传统法定货币同等的法律效力，因此法定数字货币具有价值尺度、流通手段、支付手段和贮藏手段的货币职能，而且法定数字货币还强化了支付手段的货币职能。中国目前的第三方支付与网购平台之间存在捆绑现象，如京东可使用微信支付但不能使用支付宝，这导致了支付壁垒。但是，法定数字货币具备法偿性，其法律地位高于现阶段第三方支付虚拟账户内的货币（本质是商业银行存款货币），网购平台不得拒绝使用，进而有助于打破支付壁垒，适应数字经济发展需要。一国货币是否具备世界货币的货币职能，取决于该国货币自身地位，即其是否可以实现资本项目下的自由兑换和国际化程度的高低。如果该国现有法定货币具备世界货币职能，则该国研发的法定数字货币同样具备世界货币职能；反之则不具备世界货币的货币职能。由于各国中央银行或货币当局对本国法定数字货币所采用的技术路径和运行机制尚未明确，因此法定数字货币在实际应用和推广的早期，很有可能只是限定在本国特定的支付场景和技术运行平台上操作，各国不同的法定数字货币之间未必具有很好的兼容性，这导致法定数字货币在实际应用的早期，还无法像现有各国法定货币一样可以跨境流通，因此法定数字货币暂时还不具备世界货币的货币职能。

（三）法定数字货币对传统货币需求理论的冲击

法定数字货币将完成货币形态的跃迁，这虽不能直接改变传统货币需求理论，但能够为传统货币需求理论中的争议提供创新性的解决方案，并丰富传统货币需求理论的内涵、拓展传统货币需求理论的应用范畴。传统货币需求理论主要包括古典的货币数量论、凯恩斯的流动性偏好理论和弗里德曼的现代货币数量论,这三类货币需求理论的分歧主要集中在三个方面:货币需求对利率是否敏感？货币流通速度是否稳定？货币需求函数是否稳定？经济学界主流观点认为,货币需求对利率是敏感的,货币流通速度和货币需求函数却越来越不稳定且难以预测,这对中央银行货币政策操作带来了巨大挑战。

法定数字货币的优势是可以借助区块链、大数据、云计算和人工智能等金融科技实时监测货币流向,这有助于创新性地解决传统货币需求理论所面临的困境。首先,法定数字货币具备实时监测货币流向的功能,能够直接测算出货币在传导的各个环节之间的流通速度及其稳定性,这比使用费雪交易方程式来间接计算货币流通速度的传统方式要更加精确,且数据频度更高。其次,法定数字货币能够通过分析和挖掘货币流向等经济数据信息直接判定货币需求函数是否稳定,并捕捉和识别影响货币需求函数的更多潜在因素,减小函数设定偏误,提高函数稳定性和预测精准度。最后,在传统法定货币运行环境下,货币流通速度和货币需求函数的结果往往是低频的高度加总数据;而在法定数字货币运行环境下,由于货币在居民、企业、政府等各经济部门间的流向是可知的,便可计算出各个经济部门自身的货币流通速度和货币需求函数,货币流通速度和货币需求函数的计算结果就变成了高频细分结构化数据。依靠法定数字货币,传统货币需求理论中各经济部门微观行为方程的构建将更加体现出异质性,微观主体的资产配置偏好和支付行为刻画将更加精确。这不仅丰富了传统货币需求理论的内涵,使传统货币需求理论向"结构化"方向延伸,还拓展了传统货币需求理论的应用范畴,使其能更加准确地用来预测经济波动状况,实现对传统货币需求理论的冲击与挑战。

（四）法定数字货币对传统货币供给理论的冲击

传统货币供给理论主要研究货币供给的决定性因素,分为货币供给外生论和内生论两大学派。货币供给外生论认为中央银行可以控制货币供给,货币供给量可作为货币政策中间目标。货币供给内生论认为货币供给内生于经济运行过程,不受中央银行控制,应使用利率作为货币政策中间目标。法定数字货币在一定程度上冲击了传统货币供给理论,并可超越上述理论争议,纾解货币政策操作困境。法定数字货币最重要的功能是可以实时精确监测货币全周期流向,此时货币供给是外生还是内生的理论争议就显得不再重要,因为外生货币供给本来对中央银行就有利,内生货币供给的问题可依靠法定数字货币来纾解。一般情况下,中央银行不能直接干预各经济部门的货币支付行为,虽然法定数字货币无法直接减小货币供给内生性,但中央银行可通过观察法定数字货币流向来监测和评估货币乘数和货币供给内生性的分行业、分区域的动态变化,从而为制定货币政策导向和规则、应用结构性货币政策工具、实施窗口指导,以及引导并管理企业和民众的预期提供统计数据上的精确依据,中央银行预测货币乘数和控制货币供给的能力得以提高,货币政策效力更容易直达实体经济,货币政策传导时滞和中央银行响应时间缩短,货币政策有效性增强。

具备负利率功能的法定数字货币还创造了新型货币政策工具,冲击了传统货币供给理论。传统货币供给理论下的利率不能为负值,无法解释负利率货币政策。费雪提出过"零利率下限"的理论观点,即货币的利率不能为负值,否则储户会将存款转化为现金。凯恩斯的流动性偏好理论指出,利率水平越低,货币的投机性需求就越大。在利率水平极低的情况下,货币需求的利率弹性将趋于无穷大,人们宁愿持有任何中央银行新增的货币供给,货币供给的变化对利率不产生影响,货币政策对名义 GDP 也没有影响,货币政策有效性将大打折扣,这就是所谓"流动性陷阱"。近几年,欧元区、日本、瑞士、瑞典和丹麦实施了负利率的非常规货币政策,在很大程度上突破了"流动性陷阱"和"零利率下限"。负利率政策有利有弊,其效果还有待观察,然而一旦人们将全部存款转化为现金,负利率政策也将面临失效。如果在废除实物现金的同时,将货币供给层次中的 M0 全部替换成法定数字货币的形式,则可保持负利率政策的效力,并通过法定数字货币实现监测货币资金沉淀情况以及消费和投资等经济活动的功能,对不同的微观经济主体实施差异化利率政策,进而鼓励消费和投资。

四、法定数字货币的运行机制

（一）法定数字货币运行机制的路径选择

　　全球主要经济体在研发和测试法定数字货币时的路径选择主要有：（1）直接研发独立的法定数字货币系统，兼顾中心化和分布式两种管控模式，例如英国中央银行的 RSCoin 项目和中国人民银行数字货币项目[①]；（2）将分布式账本应用于现有支付系统（主要是大额实时支付系统），并在系统中选择性地使用数字存托凭证等"类数字货币"作为直接研发数字货币的替代品，以测试和评估分布式支付系统的有效性，例如欧洲中央银行和日本银行的 Stella 项目[②]、加拿大中央银行的 Jasper 项目[③]、新加坡金融管理局的 Ubin 项目[④]和中国上海票据交易所区块链数字票据交易平台项目。相较而言，将分布式账本应用于现有支付系统这条路径的运行环境比较封闭，其政策效应间接而又有限；独立的法定数字货币系统这条路径的政策效应更好，进展较快的中国人民银行数字货币项目就是这条路径的典型例子。

　　在法定数字货币的管理上，中国人民银行在传统商业银行账户体系之下引入法定数字货币钱包，以实现利用现有商业银行账户体系就可以同时管理电子货币和数字货币的目的，这体现了账户松耦合特征。考虑到商业银行在中国金融体系中的重要地位和作用，在商业银行账户体系下设立法定数字货币钱包的最大好处是可以避免商业银行被边缘化，以及中央银行直接面对数

---

　　① 参见姚前、陈华：《数字货币经济分析》，中国金融出版社 2018 年版；周小川：《金融基础设施、科技创新与政策响应——周小川有关讲座汇编》（杨燕青，周徐编），中国金融出版社 2019 年版。

　　② The European Central Bank and the Bank of Japan. Synchronised cross-border payments. Stella-A Joint Research Project of the European Central Bank and the Bank of Japan，2019.

　　③ Payments Canada，Bank of Canada and R3. Project Jasper：a Canadian experiment with distributed ledger technology for domestic interbank payments settlement，2017.

　　④ Monetary Authority of Singapore. The future is here-project Ubin：SGD on distributed ledger，2017.

字货币用户所导致的金融脱媒和狭义银行,尽量减小法定数字货币对商业银行和整个金融体系的冲击。如果中央银行直接面向公众发行法定数字货币,现有支付系统的性能也难以承受。为避免货币套利、制度扭曲和价格扭曲问题,本文认为,即使未来中国法定数字货币开始计息,其利率与传统法定货币利率将是一致和统一的,中国人民银行不会允许法定货币的不同形态实行不同的利率标准,"利率双轨制"的情况大概率不会出现,否则将会大幅提高监管成本。

法定数字货币钱包并非完全依赖于商业银行账户体系,而是可以通过安装在手机上的钱包客户端进行点对点支付,兼具"账户"和"代币"特征。当因信号不稳定或自然灾害导致信号不存在时,只要有外接电源或内置电池,法定数字货币依旧可以像实物现金一样,被双方用户通过移动设备(手机、含可视芯片卡的硬钱包等)在近距离内直接进行支付操作,即所谓脱离中心化管控的"双离线点对点支付"。要实现双离线支付功能,避免同一笔法定数字货币被支付两次,法定数字货币有可能选择性地使用非法定数字货币的分布式账本和未花费的交易输出等运行机制方案,并在受灾无信号区域自动或手动开启组成小范围联盟链的功能。分布式账本和未花费的交易输出是各参与方的共识基础,能够解决信息不对称条件下的委托代理问题,确保法定数字货币在特殊情况下的正常运行,增强金融基础设施韧性。

(二)分布式账本(DL)

在信号不稳定或自然灾害等特殊情况下,法定数字货币无法使用中央银行提供的中心化支付网络,依靠分布式账本(Distributed Ledger,简称 DL),就能在一定范围和时间内完成账本记账、治理、维护和支付操作。在分布式账本下,整个支付网络中不存在中心节点,各节点之间不必经过中心节点来传递信息,各节点之间的信息传递路径不唯一,也不存在中心化账本,账本信息被保存在每个节点中。摧毁任一节点都不能使整个支付网络瘫痪,也无法攻击账本所记录的信息。

　　账本的去中心化也存在一定的弊端，由于运行机制中不存在权威的中心节点，所有交易都需要分布式节点进行计算，这带来效率上的损失和较大的时间成本。以比特币区块链为例，一般在连续生成六个区块（约1小时）后，交易记录才可以被最终确认，这比现有网上银行支付和第三方支付的效率要低很多，仅适合金融市场上非时间敏感型价格竞价交易。

（三）未花费的交易输出(UTXO)

　　由于法定数字货币在分布式管控模式上的具体运行机制并未公开，本文以较成熟的比特币为例，来论述中央银行在设计法定数字货币运行机制时所可能参考的方案。未花费的交易输出（Unspent Transaction Output，简称UTXO）是指比特币地址上的比特币余额。比特币的分布式账本决定了将传统账户体系直接应用于比特币是不合适的。传统法定货币基于银行账户体系进行支付操作，具有权威性的中心化支付设施的存在保证了每个银行账户内货币资金余额和每一笔支付现金流的可信度。在比特币采用的分布式账本下，不存在权威性的中心化支付设施，区块链记录着经过节点和整个网络确认过的交易记录，具有不可篡改的特性，这保证了交易记录的真实性和可信度，间接地起到了所谓"权威性的中心化支付结算设施"的作用。如果对比特币采用类似于银行账户的设计方案，当用户准备转出其账户内的比特币时，比特币网络中的重要节点需对该笔交易进行验证，验证的方法只能是回溯并核查该用户账户之前发生的所有交易，并作增减操作计算得出最终正确的余额。随着区块链的不断延长膨胀和比特币交易记录的越来越多，验证难度将会变得非常大，而且需要消耗很多的时间成本和算力成本。对于这一问题，比特币采取的解决方案是：比特币在运行机制设计时摆脱账户体系，采用未花费的交易输出设计方案（图1）。图1显示，每一笔比特币交易由交易输入和未花费的交易输出两部分组成。用户A同时也是比特币矿工，其通过挖矿获得100个单位的比特币，在经过比特币网络中相关节点的共同确认后，编号为000001的比特币挖矿交易的交易输入为原始挖矿所得，UTXO下的收款人地址就可以写上用户 A 的比特币地址了,编号为 000001 的比特币挖矿交易至此完成。当拥有 100 个比特币的用户 A,准备转账 50 个比特币给拥有 0 个比特币的用户 B 时,用户 A 从自己的钱包地址中转账 50 个比特币至用户 B 的钱包地址,同时从自己的钱包地址中再转账 50 个比特币至自己的钱包地址①。在经过用户 A 使用私钥对交易进行签名确认并全网广播验证后,最终用户 A 和用户 B 的 UTXO 均为 50 个比特币。此时产生的是比特币普通交易,编号为 000002,该笔交易的交易输入为上一笔交易编号 000001(1),UTXO 分为序号 (1)和序号(2)两笔交易记录,分别对应用户 A 和用户 B 的收款地址。

比特币挖矿交易 交易号:000001			
交易输入	未花费的交易输出(UTXO)		
付款资金来源	序号	金额	收款人地址
原始挖矿所得	(1)	100	A 的地址

比特币普通交易 交易号:000002			
交易输入	未花费的交易输出(UTXO)		
付款资金来源	序号	金额	收款人地址
000001(1)	(1)	50	A 的地址
	(2)	50	B 的地址

图 1　未花费的交易输出(UTXO)运行机制

资料来源:作者根据相关资料整理后自行绘制。

　　基于每个比特币钱包地址的 UTXO 在每次交易时都会被"刷新"一次,所以时间戳上最近的 UTXO 记录着该地址最新的未被花费的交易输出,即比特币余额。UTXO 在运行机制上带来的最大好处,就是在不依赖于中心化账户

---

　　① 用户 A 将 50 个比特币转账到自己的钱包地址,这种"自己转账给自己"的行为,可以简单地理解为用户 A 将自己钱包地址内的比特币个数"刷新"了一次。

体系的情况下，对交易的验证不需要回溯并核查该地址之前的所有交易记录，仅沿着该笔交易的"交易输入"即上一笔交易进行回溯和核查即可。同时，在没有权威的中心节点来维护和确认总账本时，一笔资金有可能被重复用于支付，即产生双重花费（"双花"）问题。UTXO机制设计方案确保了凡是用户花费了的交易输出均不会出现在该用户地址所对应的UTXO中，凡是出现在用户地址所对应的UTXO中的数字货币均是没有被花费过的。

五、法定数字货币的政策效应

法定数字货币的政策效应主要是指法定数字货币对货币政策的影响。考虑到将法定数字货币直接应用于现有支付系统可能大幅提高系统运行的复杂度和风险水平，在法定数字货币研发和推广的初期，法定数字货币主要替代的是现金M0，而非对狭义货币供给M1和广义货币供给M2，法定数字货币对货币政策的影响还较为有限。未来，随着法定数字货币研发和测试工作的不断推进，法定数字货币对货币政策的影响将越来越大，其政策效应会越来越明显。本文创新性地提出了编号型法定数字货币的概念构想，以便对法定数字货币的政策效应进行前沿性探讨。

（一）编号型法定数字货币的概念构想

编号型法定数字货币是指对每一单位的法定数字货币添加唯一的和不可篡改的编号，以此来提高法定数字货币的区分度、可识别性和可追踪性，从而实现货币政策的精准调控。

1. 编号型法定数字货币的必要性

如果仅是为了降低实物现金交易的成本和遏制依靠实物现金所进行的洗钱等违法犯罪活动，则大可不必花费如此多的物力、人力和财力研发法定数字货币。如果想实现法定数字货币在已有研发成本下的收益最大化，未来法定数字货币应逐步渗透进M1和M2这两个货币供给层次，进而实现货币政策精准调控,提升中国货币政策有效性。长远来看,中国法定数字货币应有更广阔的应用空间和更加多元化的应用场景。截至 2021 年 11 月末,从总金额增长趋势上看,中国流通中现金余额和法定数字货币发行额均一直保持波动上升态势,流通中的现金并没有因为法定数字货币的发行而减少;从相对占比来看,法定数字货币占流通中现金比重还不到 0.1‰[①]。这说明在可预见的将来,以 M0 形态存在的法定数字货币将与实物现金长期共存,毕竟第三方支付尚不能完全取代实物现金,法定数字货币同样很难完全取代实物现金。如果法定数字货币仍仅停留在 M0 范畴内,不涉及 M1 和 M2,对货币政策的影响将是微乎其微的,且法定数字货币存在的意义也非常有限。

一旦法定数字货币开始进入狭义货币供给 M1 和广义货币供给 M2 这两个货币供给层次,就会面临设计理念上的转变和技术上的门槛。一方面,如果法定数字货币不能够采用比传统电子货币更为先进的货币资金流向监测系统,仅仅是基于嵌入前瞻性触发条件和智能合约的定向或程序化投放和回笼,那么其与当今央行利用支付系统对电子货币实施各类操作在本质上相比没有太大差别,甚至于电子货币依赖的中心化支付设施比法定数字货币依赖的半中心化或分布式支付设施效率更高,此时法定数字货币就没有存在的必要;另一方面,如果法定数字货币想要实现比传统电子货币更为先进的货币资金流向监测系统,那么法定数字货币就应该逐渐替换掉目前所有的电子货币,此时法定数字货币的流向监测应该使用创新性的运行机制来实现:中央银行可以实时监测和追踪数字货币流向,并根据流向数据判断前一期货币政策效果,再决定当期货币政策取向,这依赖于法定数字货币能够实时反馈其本身的状态信息,显然目前世界各国央行均难以达到这一要求。

2. 编号型法定数字货币的运行机制

中央银行在发放法定数字货币和执行货币政策操作时,可以通过技术手段对该批次的法定数字货币进行编号,这类似于人民币纸币的冠字号。编号

---

① 数据来自中国人民银行,已做脱敏处理。

型法定数字货币的编号内嵌于法定数字货币本身，其在产生机制上可参照但不同于目前对支付结算资金流所标注的交易流水号，以具备经济含义的数字和字母等符号表示，借助智能合约对编号型法定数字货币的功能进行扩展。此外，还需对现有支付系统、账户体系、前置装置、客户端等的软硬件作相应的升级维护，调整账户和代币钱包的存储空间、数据结构、报文格式和字段属性等，以识别法定数字货币的编号。相关改动主要在后台完成，客户端基本不受影响，从而将改动的社会成本降至最低。在这种情况下，中心化账本由中央银行维护，避免了分布式账本带来的支付效率低下问题，但对编号型法定数字货币的识别交由中央银行以外的各个节点完成，不需要消耗过多算力，"分布式账本"转变为"分布式识别"，因此每一期货币政策操作所投放的法定数字货币在整个支付网络中的实时状态均可以通过编号和识别系统实时反馈到中央银行。不论法定数字货币最终到达了实体经济主体的商业银行账户中，还是在金融体系内空转，中央银行均能有效掌控，并根据监测结果来决定如何继续进行下一期货币政策操作。如果法定数字货币到达了实体经济主体的商业银行账户内，中央银行就可以确定准确的货币政策时滞，不同批次法定数字货币的货币政策时滞会根据当时的经济金融状况有所差异；如果法定数字货币在金融体系内空转，长期"脱实向虚"，形成影子银行，中央银行就能够知道是哪些金融机构以何种方式在空转法定数字货币，进而采取相应措施，实施穿透式监管。法定数字货币的编号根据货币政策操作的时期、批次、类型和目的等因素的不同而有所差异，经过较长时间的经济金融活动和货币资金流转后，法定数字货币混合在整个支付网络中，根据预先设定的货币政策目标共同发挥着作用。对法定数字货币进行编号直接导致了编号型法定数字货币的诞生，从而使得中央银行不论基于"账户"模式还是"代币"模式，均能够实时监测和追踪货币资金流向，这才是研发法定数字货币的根本目的。对法定数字货币进行编号，才是法定数字货币真正能与传统电子货币有效区分的关键所在。

（二）编号型法定数字货币对货币政策的影响

1. 编号型法定数字货币增强对货币供给内生性的监测

在编号型法定数字货币与商业银行账户和第三方支付账户产生耦合之后，编号型法定数字货币就能够像电子货币一样在商业银行账户体系和第三方支付账户体系内自由流通，并用于债券、基金、同业存单和票据等金融产品的交易。虽然货币供给总量和结构更多地还是依赖于经济金融变量的波动和微观经济主体的行为变化，但是编号型法定数字货币为中央银行监测货币供给流向和内生性提供准确的实时数据，金融市场和实体经济运行的透明度大幅提升，中央银行便能够掌握货币供给内生性的动态变化趋势，进而为精准投放基础货币、调控货币信用创造过程、应用货币政策工具和制定货币政策提供统计数据上的精确参考和指导，也有利于央行更好地实施行为监管和穿透式监管。

2. 编号型法定数字货币提升货币政策有效性

（1）编号型法定数字货币提升数量型货币政策有效性。法定数字货币可以将货币状态实时反馈给中央银行，中央银行据此采用数量型货币政策工具时，不仅可以知晓金融市场和实体经济的哪个行业和部门最缺流动性，而且可以通过横向对比确定所缺流动性的大小，进而定向实施精准的数量型货币政策工具以弥补流动性缺口、纾解金融资源匹配的结构性失衡，并追踪该批次法定数字货币的实时状态，及时评估货币政策有效性和下一步指引措施。此时，央行可以更加清晰地观察到金融市场上各类资金拆借行为的真实意图和经过多级流转后的最终货币流向，使信贷错配风险下降，央行与金融机构、企业、个人等经济部门间的信息不对称程度降低。编号型法定数字货币提高了中央银行对货币供给的可测性和可控性，货币政策传导机制更加畅通，央行的预期管理能力和逆周期调控能力得到强化，数量型货币政策工具的效力能够传导至实体经济，货币政策与产出之间稳定的关联重新建立，货币政策可以系统性地影响产出并稳定经济周期。

（2）编号型法定数字货币提升价格型货币政策有效性。中国价格型货币政策工具利率的形成具有一定的内生性，中央银行的调控利率仅能有效传导至金融市场上的短期利率,而中长期贷款市场利率则往往由信贷市场内生形成,中央银行的调控利率对信贷市场利率作用不大。中国央行可以根据法定数字货币所反馈来的分市场和分主体的实时市场利率情况,在法定数字货币中引入可编程的智能合约等技术来限定用于支持实体经济的货币投放流向和利率上下限,以此构建科学精准的利率走廊来引导短期金融市场预期和中长期信贷市场预期,跳过货币政策传导机制中的梗阻部分,使中央银行货币政策意图直接触达实体经济,增强中央银行对货币供给的控制能力和货币供给的外生性,在编号型法定数字货币的配合下逐渐解决金融市场利率难以有效传导至实体经济融资利率的难题。

（3）编号型法定数字货币提供了新型货币政策储备工具。为应对经济衰退和新冠肺炎疫情,各国中央银行在近几年不断下调本国利率,甚至实行负利率政策以刺激经济。当名义利率下降至零时,如果公众将银行账户内的货币资金换成实物现金,则负利率政策不再有效。全面推行法定数字货币并废除大额纸质现金的流通能够使失效的负利率政策起死回生。中国目前货币政策工具箱手段充足,尚不需采取零利率和负利率政策,但提前对法定数字货币开展理论探讨和研发测试工作能够为以后可能面对的严峻情况储备新型货币政策工具,属未雨绸缪方案。

六、结论与建议

本文借鉴国内外前沿文献,结合法定数字货币研发的主要实践,从理论基础、运行机制和政策效应等方面对法定数字货币进行了深入研究,创新性地提出编号型法定数字货币的概念构想,主要研究结论有以下几点：

第一,法定数字货币是法定货币的新型数字化表现形式。法定数字货币具有完备的货币职能,继承了传统货币理论,并冲击了传统货币理论。法定数字货币的超前实践为解决传统货币理论所面临的困境提供了新的解决方案,完善了传统货币理论并拓展了其应用范畴。

第二,法定数字货币运行机制很可能参考了分布式账本(DL)和未花费的交易输出(UTXO),英国和中国兼顾中心化与分布式管控架构,美国、欧洲、新加坡等国家(地区)则以分布式架构为主。

第三,本文论证了编号型法定数字货币在增强对货币供给内生性的监测,以及提升货币政策有效性等方面的政策效应。未来,法定数字货币很有可能触及更为复杂的 M1 和 M2 范畴,编号型法定数字货币可以为解决货币需求层次模糊、货币供给难以追踪和货币政策难以精准调控等难题提供可行的参考方案。

基于上述研究结论,本文提出三点政策建议:

一是要充分借鉴全球各国中央银行或国际组织在开发数字货币方面的先进经验。要基于技术中性立场,对其他各国已有数字货币原型系统所采用的技术和运行机制兼收并蓄,注重提升系统弹性、容错性和冗余度,形成体系化、数字化的货币政策调控范式。

二是做好沙盒测试工作。各国货币政策执行环境有很大不同,直接推广法定数字货币可能会对金融机构、金融市场和实体经济产生冲击,因此需要基于概念验证(PoC)模型,对实际应用过程中可能出现的各类状况作好前瞻性预案。

三是利用法定数字货币提高货币政策与宏观审慎监管的协调配合程度。党的十九大报告明确提出了要"健全货币政策与宏观审慎政策'双支柱'调控框架"。法定数字货币具有的可追踪特性能够提升金融监管部门的风险感知能力,降低 KYC、KYB 和 AML 成本,打击资本外逃、洗钱和恐怖主义融资等非法金融活动,央行在客观上更加接近于"超级央行"的角色定位,可以更好地维护金融稳定和国家金融安全。以法定数字货币作为桥梁,打破不同账户体系壁垒,促进金融基础设施互联互通,整合经济数据,构建并完善货币政策和宏观审慎政策相互补充和强化的"双支柱"调控框架,对提升金融治理现代化能力具有重要意义。

主要参考文献

[1] 周小川. 专访周小川——央行行长周小川谈人民币汇率改革、宏观审慎政策框架和数

字货币[J]. 财新周刊,2016(6):52-61.

[2] 范一飞. 中国法定数字货币的理论依据和架构选择[J]. 中国金融,2016(17):10-12.

[3] 姚前,汤莹玮. 关于央行法定数字货币的若干思考[J]. 金融研究,2017(7):78-85.

[4] BECH M, GARRATT R. Central bank cryptocurrencies [J]. BIS Quarterly Review, 2017.

[5] 徐忠,汤莹玮,林雪. 关于央行法定数字货币的若干思考[J]. 中国金融,2016(17):78-85.

[6] 穆长春. 科技金融前沿:Libra 与数字货币展望[Z]. 得到 App 课程,2019.

[7] 宋爽,刘东民. 央行数字货币的全球竞争:驱动因素、利弊权衡与发展趋势[J]. 经济社会体制比较,2021(2):1-11.

[8] LEE A, MALONE B, WONG P. Tokens and accounts in the context of digital currencies[Z]. Washington:Board of Governors of the Federal Reserve System,2020.

[9] 温信祥,张蓓. 数字货币对货币政策的影响[J]. 中国金融,2016(17):24-26.

[10] 刘凯,李育,郭明旭. 主要经济体央行数字货币的研发进展及其对经济系统的影响研究:一个文献综述[J]. 国际金融研究,2021(6):13-22.

[11] 刘凯,郭明旭. 央行数字货币的发行动机、设计方案及其对中国的启示[J]. 国际经济评论,2021(3):137-154.

[12] 彭绪庶. 央行数字货币:发行动因与原则遵循[J]. 经济学家,2021(10):51-60.

[13] 盛松成,蒋一乐. 法定数字货币与货币供给[M]//盛松成,翟春. 中央银行与货币供给. 北京:中国金融出版社,2016.

[14] 姚前. 法定数字货币对现行货币体制的优化及其发行设计[J]. 国际金融研究,2018(4):3-11.

[15] 周边,黄叶苨,周舒鹏. 法定数字货币与商业银行绩效[J]. 国际金融研究,2021(10):56-66.

[16] 钟伟,魏伟,陈骁. 数字货币:金融科技与数字重构[M]. 北京:中信出版社,2018.

[17] 谢平,石午光. 数字货币新论[M]. 北京:中国人民大学出版社,2019.

[18] 宋汉光. 区块链在数字票据中的应用[J]. 中国金融,2018(10):42-43.

数字货币与人民币数字化

摘要:随着互联网、大数据、云计算、物联网和人工智能等信息技术被广泛应用于生产、流通和消费过程之中,特别是在互联网金融的强有力支持下,中国的数字经济开始崛起,而且其规模和影响力越来越大。发展数字经济离不开数字金融,而数字金融的核心之一就是货币数字化。同时,货币数字化也有利于打破美元霸权,加快人民币国际化步伐,提高中国在国际金融领域的地位。本文以货币数字化为理论视角,分析了数字货币的概念和分类,并在此基础上探讨了中国法定数字货币的设计思路,人民币数字化的主要实践及其特点。

关键词:数字货币;法定数字货币;人民币数字化

一、引 言

近些年来,中央银行数字货币(Central bank digital currencies,简称CBDC)成为全球热点话题。根据国际清算银行(Bank for International Settlements,简称BIS)2010 年 1 月发布的报告,全球 66 家中央银行中,有80％正在研究数字货币,10％的中央银行即将发行本国的数字货币。同时,人们对数字货币的互联网搜索量超过了对比特币(BTC)和 Facebook Libra 的搜索量。

中国人民银行于 2014 年就启动了央行数字货币的研发工作①，并成立了专门的研究团队。人民银行数字货币被称为 DC/EP（Digital Currency/Electronic Payment），即数字货币和电子支付工具。时至今日，中央数字货币在概念模型、专利标准和模拟测试等方面已经取得较大进展，并且引起了学术界和实务部门的高度关注。

二、数字货币概念

对数字货币的研究主要源于中本聪（Satoshi Nakamoto）在 2008 年对一种全新的点对点电子现金系统的设计。Satoshi Nakamoto 在其所做研究中分析了比特币的区块链技术、交易机制、时间戳技术、工作量证明、P2P 网络、激励机制、支付确认和隐私保护等关键性问题。2009 年，基于 Satoshi Nakamoto 所做的研究，比特币（BTC）问世，随后各类数字货币也不断出现。

目前，国内外对数字货币尚无统一的定义，这主要是因为在不同国家或地区，数字货币发行和流通面临不同的实际需求，数字货币发行主体也有各自的立场和政策取向。

欧洲中央银行较早关注数字货币。考虑到比特币这类数字货币并不是法定货币，且价格波动剧烈，虚拟资产属性较为明显，欧洲中央银行在 2012 年将比特币等数字货币归类为虚拟货币，认为数字货币由虚拟货币开发者发行，通常也受开发者控制，并在特定的虚拟社区成员间被使用和接受（European Central Bank，2012）。基于虚拟货币的快速发展，欧洲中央银行于 2015 年将虚拟货币定义为：虚拟货币是价值的数字化表现形式，不由中央银行、信用机构或者电子货币机构发行，但在某些情况下可被当作货币的替代品（European Central Bank，2015）。国际清算银行（BIS）重点关注中央银行数字货币的机制设计问题，主张将中央银行数字货币定义为中央银行货币的电

---

① 各国央行数字货币的概念描述有所差异，在中国称为数字人民币。

子化形式,通过分布式的 P2P 网络进行交易,而不需要依靠中介。同时,国际清算银行创新性地提出了零售央行数字货币和批发央行数字货币的概念,零售央行数字货币类似现金,具有集中供给和分散交易的特点,而批发央行数字货币主要面向金融机构(Bech & Garratt,2017)。

国内专家学者对数字货币做了研究。周小川(2016)认为,数字货币主要是用于替代实物现金,但人民银行也会充分考虑法定数字货币对货币供给、货币政策传导渠道以及货币政策调控的影响。王永红(2016)认为,传统上的货币就是法币,数字货币是法定数字现金,是由中央银行或货币当局发行的、存储于电子设备并具有现金特性的价值载体。范一飞(2016)认为,数字货币属于现金 M_0 范畴,只有是加密数字存储在数字钱包并运行于特定的数字货币网络中,才是纯数字货币。姚前和汤莹玮(2017)认为,法定数字货币是指由中央银行发行的、以加密数字串为表现形式的法定货币。姚前(2018)认为,法定数字货币应具备优化传统法币支付、疏通货币政策传导和加强逆周期调控等功能。谢平和石午光(2019)认为,电子货币、数字货币和加密货币是从技术角度对货币进行定义和划分,而主权货币和虚拟货币是从经济学角度对货币进行定义和划分的。穆杰(2020)认为,信用基础等因素的不同决定了法定数字货币可以采取"有限中心化"的运行机制,不必和非法定数字货币的"去中心化"运行机制保持一致。杨廷超(2020)认为,将比特币这类数字货币界定为商品、证券或数据等非货币财产具有明显的理论困境和现实障碍,建议通过构建新货币学说或理论,逐步确立比特币等数字货币的法律地位,但必须加强对数字货币的监管。

尽管已有文献对数字货币定义、分类和影响进行了论述,但还没有对数字货币的基本内涵达成共识。在借鉴已有文献的基础上,本文将数字货币定义为:数字货币是指基于密码学原理和特殊的交易算法,依托分布式账本、区块链和高性能存储与计算等技术,并具备不可篡改和可追踪特性的一种新型的货币数字化形式。简言之,数字货币就是在金融科技创新推动下产生的新型货币形式,它通常以数字形式被加密存储在数字钱包中,其主要特征是点对点交易,不需要第三方介入。因此,数字货币的交易是便捷和安全的,数字货币将成为越来越受欢迎的新型货币。

三、数字货币分类

数字货币可以由中央银行或货币当局发行,也可以由私人机构发行。根据发行主体的不同,数字货币可大致分为法定数字货币和非法定数字货币。

(一)法定数字货币

法定数字货币是指由中央银行发行、各大商业银行等金融机构参与运营并向公众提供兑换服务,基于广义账户体系且能实现银行账户松耦合功能,能够与纸钞和硬币等价兑换,并且具有法定可偿性、匿名且可控的支付工具。法定数字货币具有以下基本特征:

首先,法定数字货币只能由中央银行发行,它是基于国家信用背书,具有法定偿还能力的数字货币。相对于非法定数字货币(如比特币),法定数字货币是由中央银行发行的一种法币,它与法定货币等值,其本质是中央银行对公众发行的债务,具有价值基础,享受国家主权信用担保。这是法定数字货币与非法定数字货币的最根本区别。

其次,法定数字货币在发行和兑换两个方面采用双层运营体系。中央银行发行数字货币,然后再把数字货币兑换给如商业银行等金融机构进行运营,最后由这些金融机构直接提供面向公众的兑换服务。与我国目前法定纸币的发行类似,法定数字货币的这种双层运营体系对现有金融体系的影响不大,对金融稳定或实体经济的冲击也较小。

再次,与当前非常严格的银行账号体系不同,基于广义账号体系的法定数字货币,不需要提交很多个人信息和文件就可以设立账号。在央行数字货币体系下,任何能够表征个人身份唯一标识性的证件,如身份证、驾驶证或手机号等,都可以成为账户,并可作为数字货币的钱包使用。

最后,法定数字货币支持不需要银行账户就可以开立数字人民币钱包,能够实现银行账户松耦合功能。这一功能可给没有银行账户的偏远山区百姓开通数字钱包,使其享受广泛的金融服务,进而有利于普惠金融发展。同时,对于来我国的国外游客,即使没有我国国内银行账户也可以开通数字人民币钱包,这也便于他们进行小额支付。

(二)非法定数字货币

非法定数字货币是指由货币开发者发行和管理,被特定虚拟社区成员所接受和使用的一种数字化货币,也可被认为是一种基于网络节点和数字加密算法而形成的虚拟货币,如比特币和 Libra 等。非法定数字货币具有以下基本特征:

第一,非法定数字货币由机构或私人部门发行。虽然非法定数字货币的交易成本低廉,但由于其不与任何贵金属挂钩,缺乏货币锚,也没有国家信用担保,一旦发生风险,非法定数字货币就缺乏兑换兜底机制,很可能造成投资人的巨大损失。

第二,非法定数字货币的使用者是特定人群,即流通范围和交易对象都比较狭小。非法定数字货币的持有者群体相对固定,根据 CoinDesk 的调查,比特币持有者 65.8% 为技术人员,72.5% 为白种人,91.8% 为男性。同时,非法定数字货币的发行数量有限,如比特币最高发行数量上限为 2 100 万个。

第三,非法定数字货币的货币属性偏弱。货币的基本职能之一是充当一般等价物,而充当一般等价物的货币是需要有实际价值或信用基础的。非法定数字货币本身并不是价值的实际载体,并且缺乏信用基础。因此,非法定数字货币既不像传统金属货币那样,是价值的实际载体,也不像现代信用货币具有法偿能力,非法定数字货币的货币属性明显弱于传统金属货币和现代信用货币。

第四,非法定数字货币的货币职能不健全。由于缺乏坚实的价值基础,且其价格经常处于剧烈波动中,非法定数字货币不能有效发挥货币的价值尺度职能；由于发行总量有限，会出现投机性囤积，非法定数字货币也不能有效发挥货币的流通手段职能；由于只能在特定虚拟社区流通，非法定数字货币更不能有效发挥世界货币的职能。

四、中国法定数字货币的设计思路

在互联网金融的强有力支持下，特别是互联网、大数据、云计算、物联网和人工智能等信息技术广泛应用于社会生产、流通和消费过程之中，中国的数字经济开始崛起，而且其规模和影响力越来越大。发展数字经济离不开数字金融，而数字金融的核心之一就是货币数字化。同时，作为世界经济大国之一，中国必须加快人民币国际化步伐，并且要为建立更加公平公正的国际货币体系做出努力，而货币数字化有利于打破美元霸权，进而加快人民币国际化步伐，并且推进国际货币体系的改革。

理论界和实务部门对中国的货币数字化进行了比较全面和深入的研究，一致认为应该发行和流通法定数字货币。对于如何发行和流通法定数字货币，理论界和实务部门的争议较多，尚未形成共识。总体看来，有较大影响的法定数字货币设计思路已现端倪，其要点如下。

（一）"二元模式"＋"三级架构"

目前，中国移动支付体系技术成熟，覆盖面广，移动支付用户在 10 亿左右，移动支付市场占比远超过 50％，中国的移动支付技术、移动支付规模和移动支付环境是世界上任何国家所不能相比的。因此，中国法定数字货币的发行和流通主要是依托现有移动支付系统，采取"二元模式"＋"三级架构"。

"二元模式"是指"中央银行—商业银行"发行模式，即由中央银行将数字货币发行至商业银行业务库，商业银行受中央银行委托向公众提供数字货币发行和流通的基础设施和相关服务。这种模式可以让法定数字货币逐步取代纸币，而不是彻底颠覆现有的货币发行和流通模式。同时，"二元模式"也可以调动商业银行的参与数字货币发行和流通的积极性,使其能够借助已有的互联网金融技术和平台向公众提供数字货币产品和服务。

"三级架构"是指通过"数字货币网联支付中心—商业银行—移动支付运营商"三级架构组织数字货币的流通。当消费者需要触发数字货币流通时,可接入移动支付系统的数字货币网联支付中心,通过网联支付中心可以联通任何商业银行,然后与商业银行开展数字货币业务,移动支付运营商则提供相应的技术服务。"三级架构"有利于节约数字货币流通的成本,提高数字货币流通的效率;还有利于加强集中清算和备付金管理,减少数字货币流通过程中的风险。

（二）数据结构与技术框架

数字货币不是货币的电子化,而是由中央银行担保并签名发行的携带加密信息的加密数字货币。因此,数字货币的数据结构必须由中央银行负责设计和维护。数据结构的设计要实现六个方面的要求:一是不可重复花费,即一笔钱只能花费一次,不能重复花费;二是可控的匿名性,除非本人愿意或者法律需要,否则任何人没有权利追查数字货币交易的历史记录;三是不可伪造性;四是安全性,使用加密技术、数字签名等技术保障数字货币的安全;五是可扩展性,为以后的支付应用扩展预留接口;六是可分性,能够满足货币的细分需求。

数字货币技术框架主要由交易技术和安全技术构成。交易技术要保证数字货币能够同时实现在线交易和离线交易,即通过移动终端设备、在线数据传输技术实现数字货币的在线交易;在没有网络信号或网络信号不好时,交易技术也保证数字货币能够在离线状态下的进行交易,即通过脱机设备交互、脱机数据传输和脱机交易存储等技术实现数字货币的离线交易。安全技术是为保证数据安全和维护数字货币正常交易所采用的技术,如数字签名、时间戳、访问控制、交叉验证以及数据传输和储存安全等技术。

（三）发行与代发系统

数字货币系统主要包括中央银行的发行系统和商业银行的代发系统。中央银行的发行系统是数字货币系统的核心，这是因为中央银行的发行系统是数字货币流通的源头，数字货币系统及其运作主要依附于中央银行的发行系统，而且发行系统也是由中央银行开发和维护的。商业银行的代发系统是连结中央银行发行库和普通消费者的中间代理机构，消费者从中央银行发行库获取的数字货币都需要存放在商业银行端，然后通过网联中心完成与支付机构的结算，进而实现数字货币的收支和转移。

五、人民币数字化的试点

2020 年 8 月 24 日，国际清算银行在《CBDC① 的兴起：驱动因素、方法和技术》报告中指出，鼓励各国中央银行努力适应数字支付挑战，认为 CBDC 将会是未来重要的解决方案。报告显示，数年来，不少国家的中央银行一直在研究数字货币的概念和设计，目前最先进的 CBDC 项目可能是中国的数字人民币项目（DC/EP，电子钱包）。

2014 年初，时任中国人民银行行长的周小川提出进行法定数字货币的研发工作。2017 年 1 月，中国人民银行正式成立数字货币研究所，标志着中国数字人民币研发工作正式开始。2019 年 8 月，中国人民银行在下半年工作电视会议上表示，将会加快数字人民币（DC/EP）的研发工作。2019 年 8 月，中国人民银行支付结算司副司长穆长春在中国金融四十人论坛中表示，数字人民币将采取双层运营体系。

2020 年 4 月，中国银行内部已开启对人民银行数字货币（DC/EP）的测试工作。中国银行在其数字货币钱包内并未对数字货币印上冠字号，但数字货币上同样标明"人民银行"和"中国银行"两种字样。钱包内数字货币的最小单

---

① CBDC，即 Central Bank Digital Currency 的简称，意为中央银行数字货币。

位精确到分。数字货币钱包具有充值、提现、转账、消费和绑定银行卡等功能，这与中国农业银行的数字货币钱包内测版本相差不大。根据相关媒体的报道，中国银行为央行数字货币钱包进行研究的工程代号为"321 工程"，中国银行的研发路径不再是单独开发央行数字货币钱包 App，而是将相关功能内嵌于已有的中国银行手机银行 App 中，银行内部员工已开始使用中央银行数字货币缴纳党费①。

截至 2020 年 5 月，工、农、中、建四大国有商业银行已对各自的数字货币钱包开展内测工作，这四家商业银行在数字货币钱包的设计上基本保持一致。未来，在"中央银行—商业银行"的二元体系内，各家商业银行之间很可能会存在中央银行数字货币钱包设计方案之间的市场竞争和优胜劣汰，以筛选出最优的中央银行数字货币钱包设计方案。

2020 年 7 月，中国人民银行旗下的"成方金融科技有限公司"成立，这是人民银行推进 DC/EP 工作与中央银行数字化转型的重要一步，表明 DC/EP 正在加快落地。2020 年 8 月，人民银行召开工作电视会议，指出下半年将积极稳妥推进法定数字货币研发。

2020 年 8 月，商务部颁发《关于印发全面深化服务贸易创新发展试点总体方案的通知》，宣布将在京津冀、粤港澳大湾区、长三角及中西部条件成熟地区开展数字人民币试点工作。数字人民币试点工作采用"4＋1"模式，即在深圳、成都、苏州、雄安新区以及冬奥会场景等先后进行试点，并根据疫情控制情况以及地区发展状况逐步扩大试点范围。

2020 年 8 月，中国建设银行 App 短暂上线 DC/EP 钱包，引发各界广泛关注。这是继同年 5 月中国建设银行率先流出 DC/EP 钱包内测界面后，再次赶在工、农、中三大银行之前推出数字货币钱包。用户下载中国建设银行 App 后，在搜索栏中输入"数字货币"，即可出现 DC/EP 钱包界面，接着，用户

---

① 21 世纪经济报道. 央行数字货币内部场景测试，替代 M0 不会引发金融脱媒[EB/OL]. https://baijiahao.baidu.com/s? id＝1664178578076414716&wfr＝spider&for＝pc. 2020-04-19.

可在登录并确认身份信息后开设账户。需要说明的是，此次中国建设银行还对用户账户进行了分类，按其限额办理开通的认证要求也不尽相同。同时，用户条款中还提到了"硬件钱包"，意味着未来可能推出具有存款、转账等功能的硬件设备。

2022年7月，中国人民银行货币政策司司长邹澜在国务院新闻办公室新闻发布会上表示，2022年上半年，在试点地区大力支持下，人民银行会同各参研机构，扎实稳妥推进数字人民币试点测试，稳步扩大试点测试范围，持续创新特色应用场景，延伸数字人民币服务触角。围绕稳经济大盘这个大局，数字人民币通过智能合约等特色功能，在保民生、促消费、扩内需、稳增长中积极发挥作用。邹澜表示，数字人民币试点将从原来的"10＋1"试点地区拓展到15个省市的23个地区。据有关报道，截至2022年5月底，15个省市的试点地区通过数字人民币累计交易笔数约2.64亿笔，金额约830亿元人民币，支持数字人民币支付的商户门店数量达456.7万个。根据有关部署，人民银行将稳妥有序扩大试点范围，加强场景建设和应用创新，开展重大问题研究，深化国际交流合作，进一步加快人民币数字化的进程。

六、数字人民币的主要特点

人民币数字化的进程不可逆转，而且数字人民币试点范围也在不断扩大。虽然人民银行还没有发布数字人民币试点的详细信息，但从有关报道和文献看，数字人民币已呈现以下几个的特点：

（1）替换流通中的现金。数字人民币的研发和测试重点是替换M0（流通中的现金）。数字人民币不计付利息，主要是替代现有货币体系中的M0，拥有现金的支付手段、流通手段、价值尺度和价值贮藏四大功能。为防止数字人民币发放使用可能引起通货膨胀，人民银行在测试阶段实施100％准备金发放，即在发放阶段，人民银行在每发放一笔数字货币的同时，扣除同等金额的商业银行存款准备金；在数字货币回笼阶段，人民银行每回笼一笔数字货币的同时,增加同等金额的商业银行存款准备金,即实行等额兑换机制。

(2)拓宽流通中现金的功能。流通中的现金是一般等价物,不含有除去一般等价物之外的其他信息和功能。与流通中的现金不同,数字人民币还含有其他信息和功能,如能准确记载货币的流向、交易时间和交易金额等信息。现阶段,封闭的测试环境和有限的应用场景使得追踪数字货币的流向并不困难。一旦测试成熟,特别是放开数字人民币的使用范围和应用场景,数字人民币将具备防范洗钱、恐怖主义融资和偷漏税等违法行为的功能。

(3)降低货币发行的成本。传统的纸币和硬币在印制、防伪、输送、存储、流通以及回笼等过程较高的成本。数字人民币不需要耗费砂纸(棉短绒和木浆)和金属材料等传统货币印制所需要的耗材,而且数字人民币在防伪、输送、存储、流通以及回笼等过程中的成本要比传统货币的成本低得多。

(4)提高货币的安全性。数字人民币是人民银行发行的,且有法偿性和具体金额的一串加密数字串。因采用了先进的信息技术,数字人民币是安全性很高的法定货币。例如,数字人民币包含最基本的编号、发行者和所有者签名、实际金额等信息,使用专门的索引或App,就可以有效辨识处于输送、存储、流通以及回笼等过程中数字人民币的真实状态。

(5)"人民银行—商业银行"双层运营。从上层看,人民银行将数字人民币直接发行到各大商业银行现金库;从下层看,商业银行受到人民银行委托,为广大用户代理数字人民币相关业务,并协助人民银行开展数字货币的发行、流通和维护等工作。

主要参考文献

[1] 谢平,石午光. 数字加密货币研究:一个文献综述[J]. 金融研究,2015(01):1-15.

[2] 王永红. 数字货币技术实现框架构想[J]. 中国金融,2016(08):14-16.

[3] 姚前. 中国法定数字货币原型构想[J]. 中国金融,2016(17):13-15.

[4] 徐忠,汤莹玮,林雪. 央行数字货币理论探讨[J]. 中国金融,2016(17):33-34.

[5] 姚前,汤莹玮. 关于央行法定数字货币的若干思考[J]. 金融研究,2017(07):78-85.

［6］李建军，朱烨辰. 数字货币理论与实践研究进展［J］. 经济学动态，2017(10)：115 - 127.

［7］孙明明. 我国数字货币的路径选择［J］. 金融科技时代，2019(01)：18 - 24.

［8］张伟，董伟，张丰麒. 中央银行数字货币对支付、货币政策和金融稳定的影响［J］. 上海金融，2019(01)：59 - 63，77.

［9］穆杰. 央行推行法定数字货币 DCEP 的机遇、挑战及展望［J］. 经济学家，2020(03)：95 - 105.

（与吴心弘、孙明明合作，重大项目结题报告《互联网金融发展研究——基于中国的实践与理论探索》2021 年 2 月）

互联网金融的发展趋势

摘要：互联网金融是信息技术与金融活动深度融合而产生的新兴金融模式。2013 年后，互联网金融迅速崛起，极大地改变了传统金融格局，促进了金融业的创新与重塑。随着大数据、云计算、区块链和人工智能等信息技术在金融领域的广泛应用，互联网金融不断升级，呈现金融活动普惠化、金融体系去中介化、金融体系去中介化、金融服务智能化和金融业务虚拟化的发展趋势。

关键词：互联网金融；发展趋势

一、引　言

互联网金融是通过先进的互联网、电子和通信技术来实现资金的融通、支付以及建立信息中介等的新兴金融模式。由于融入了先进信息技术，互联网金融具有明显的优势。一是成本低，通过网络平台，互联网金融可以明显减少传统实体网点所产生的设施费用和人员开支。二是效率高，通过设定标准化的业务流程和运作规则，客户足不出户就能通过网络平台便捷地完成金融交易，大大节约了去实体网点从事金融交易的时间和支出。三是覆盖面广，互联网已触及世界的各个角落，只要有联网设备，客户就可以在任何地方和时间获得金融产品和服务。四是技术先进，借助大数据、云计算、区块链、物联网和人工智能等先进科技，金融机构可以有效降低信息不对称，拓展金融活动边界，控制金融风险，开发新的金融产品和服务。

随着大数据、云计算、区块链和人工智能等信息技术在金融领域的广泛应用，互联网金融不断升级，呈现出金融活动普惠化、金融体系去中介化、金融交易去中心化、金融服务智能化和金融业务虚拟化的发展趋势。

二、金融活动普惠化

金融活动普惠化是指以可负担的成本，全面、高效地为所有社会成员提供金融服务。金融活动普惠化的基本内涵包括：（1）每个人都具有平等获得金融服务的权利；（2）运用创新性的手段实现广泛、公平、平等的金融服务；（3）富有责任地将金融服务范围拓展到了传统金融机构服务不到的低端客户。金融活动普惠化将使低收入人群，特别是偏远地区的贫困群体获得改善生活的机会，这能够提高他们的社会福利，并且缩小全社会的贫富差距。与传统金融相比，金融活动普惠化更强调社会性、公益性。

金融活动普惠化有利于构建起具有包容性的金融体系。借助大数据、云计算、生物识别，以及人工智能等先进技术，业务多样化的小型金融机构及其网点能够降低经营成本和提高业务绩效，在竞争激烈的金融市场找到立足之地。这有利于将被边缘化小型金融机构整合到正规金融体系中来，提升正规金融体系的包容性，更加公平和有效地在地区之间、城乡之间、不同类型企业之间，以及不同收入群体之间分配金融资源，以满足全社会对金融产品和服务的不同需求。

金融活动普惠化的重点在于为小微企业、低收入群体，以及偏远地区客户提供具有普惠性的金融产品和服务。例如：基于互联网和智能手机的移动支付能够为机构和个人，特别是农村、边远地区和的小微企业和低收入群体提供更加便捷和更低成本的支付服务。通过移动支付，人们可以在很大程度上克服时空限制，及时方便地从事各种经济交易。借助大数据、云计算、生物识别，以及人工智能等先进技术，互联网金融平台可以在茫茫人海之中迅速发现目标客户，准确地为目标客户"画像"，并根据他们的金融需求偏好开发产品和精准销售,进而提高金融服务的触达面和渗透率。长期以来,由于治理结构不健全、财务制度不规范、抵押物不多或质量差,金融机构往往不愿意为小微企业提供金融服务;由于金融知识相对缺乏、承受风险能力较低,诚信意识不强,特别是融资金额小、笔数多和成本高,金融机构往往也不愿意为低收入群体提供金融服务,这就严重阻碍了普惠金融发展。借助大数据、云计算和人工智能等技术,互联网金融平台可以多角度、多维度地收集小微企业和低收入人群的数据,并且把这些数据输入反欺诈模型、身份验证模型、预付能力模型、还款能力模型、还款意愿模型,以及稳定性模型等,通过人工智能的集成学习与训练,迅速对小微企业和低收入人群的信用水平或风险程度进行合理评价,进而增强为小微企业和低收入人群提供金融服务的意愿。

三、金融体系去中介化

金融中介就是通过为资金供求双方提供中间人服务,以促成资金的融通。目前,金融中介机构主要包括商业银行、保险公司、证券公司,以及信息咨询服务机构等。金融中介在我国金融体系中发挥了重要且不可替代的功能,其主要功能体现在三方面。(1)为金融市场提供流动性。金融中介服务有利于金融市场主体进行风险对冲、分散和分担,能够在减少损失的同时实现较为便捷的资金融通。(2)获取投资信息和优化资源配置。由于企业和个人往往没有时间、能力或手段来获取比较全面的投资信息,高昂的信息成本也会妨碍资金的有效配置。金融中介是专门从事信息搜集和处理的机构,借助金融中介提供的服务,企业和个人就可以节约搜集和处理信息所需的时间和精力,同时还可以借助金融中介提供的服务,优化资源,特别是资金的配置。(3)监督投资项目和改善公司治理。金融中介还可以发挥监督投资项目进展、降低项目监督成本和防范道德风险的作用,并通过相关的金融安排改善所投资对象的公司治理。

金融中介的作用十分重要、不可或缺。但大数据、云计算和区块链等技术与金融活动的深度融合，传统金融中介服务会在在许多方面，在相当大程度上被简化或被终结。金融去中介化不仅丰富了金融体系的内涵，而且提高了金融体系的效率。

例如，纸币被中央银行发行的基于区块链的数字货币所替代，公众会将资金存入共同基金实现保值增值，而且资金借贷将更多地通过点对点的网络借贷平台进行，商业银行在一定程度上将转变为资金的托管和统计中心。基于大数据、云计算和区块链，股票和债券在一级市场发行的申请、审核和批准将直接在线上进行，证券公司的证券承销与发行等中介功能将会逐步消失。在二级市场上，股票和债券交易也将通过区块链构建的交易系统进行，证券所有权的转让，以及资金的交割清算可以在线上自动完成，证券公司所提供经纪服务和清算服务的中介功能将会逐步弱化。针对一些专业或复杂的保险产品和服务，由保险经纪人或保险推销员提供的中介服务是必不可少的。但针对品种繁多、规模巨大、非专业或不太复杂的保险产品和服务，如果还是依赖保险经纪人或保险推销员提供的中介服务，那就会增加成本和降低效率，也不利于保险深化。借助大数据、云计算、区块链和人工智能的互联网保险公司可以在自己的网络平台上展示保险产品与服务，精准发现客户需求，与客户相互交流，直接为客户签订保险合同。保险客户也可以在网上浏览不同互联网保险公司的相关信息，选择自己所需要的保险产品与服务，直接与保险公司签订保险合同。如果客户遇险，客户可在网上向互联网保险公司提交现场录像、涉险资料，或其他证据，互联网保险公司通过智能软件识别真伪和损失状况，及时进行定损和理赔。保险去中介化能够使社会公众获得到便捷和体验良好的保险服务，同时也有利于保险公司降低成本、提高效率和防范欺诈风险。

四、金融交易去中心化

长期以来，由于信息处理技术落后，金融交易的汇总、结算和监管通常需要一个中心化的金融系统进行，金融交易因此而具有明显的中心化特征。金融交易中心化是指在金融系统中,由中央银行金融监管部门直接或间接地通过权利层级来对低层级的金融交易参与者进行协调与控制,以达到统筹全局和维护金融稳定的目的。去中心化的金融系统则是指不存在中央集权的金融机构或金融监管机构统筹全局和维护金融稳定,而是由众多相互平等的金融交易参与者在去中心化的金融系统中对各自拥有的信息进行处理,并且相互沟通与监督,以实现全局性目标和金融稳定。因此,金融交易去中心化意味着金融交易参与者的业务活动不再受中央集权的金融机构或金融监管机构的限制。

金融交易去中心化有利于激发金融交易参与者的活力,提高资金融通的效率,促进金融产品和服务的创新,减少金融协调与监管的成本。但在信息技术落后时代,金融交易去中心化很可能因信息不对称、缺乏有效协调和监管而产生混乱与风险。大数据和云计算等信息技术的应用,使各层级金融机构、金融机构与金融机构,以及金融机构与客户之间的信息不对称问题得到较好的解决。特别是去中心化的区块链技术的应用,使金融交易去中心化的进程得以加快[①]。

例如,以往,外汇清算模式主要有清算机构清算模式和共同代理行内部转账两种模式,这两种模式都需经由 SWIFT 系统,以及汇款行、汇款行代理行、清算机构、收益行代理行、受益行等构成的诸多环节,其流程烦琐,且汇款人或受益人必须承担汇款、清算和解付等产生的费用。使用基于区块链的数字货币进行外汇清算,不再经由 SWIFT 系统、汇款行、汇款行代理行、清算机构、收益行代理行、收益行等构成的诸多环节,而是经由分散节点构成的区块链来支付、记录和清算,直接完成点对点的外汇交易,进而节约交易成本、缩短交易时间和提高交易效率。以往,银团贷款从发起到结束需经过业务发起—协商分销方案—借贷双方确认贷款协议—借贷双方达成一致并签字确认—牵头行

---

① 区块链是分布式数据存储、点对点传输、共识机制、加密算法等信息技术的应用模式。在区块链中,任何金融交易参与者都是一个节点,任何金融交易参与者都可以成为一个中心,但中心节点是暂时或阶段性的,而且中心节点对其他节点不具有强制性的中心控制功能。在有众多节点分布的区块链,每个节点都具有高度自治的特征,节点之间也可以自由连接成新的连接单元。

签字确认—贷款发放的复杂流程,耗时较长且效率较低。基于区块链,所有参与银团贷款的成员都可以在区块链系统开展银团贷款业务。借助区块链中所嵌入的智能合约,预授权和业务流程可以点对点地自动进行,这就明显降低了银团贷款业务流程的复杂性,缩短了业务处理时间,而且也减少了资金占用。同时,区块链技术的应用,还可以便捷地对银团贷款参与者进行身份识别、合规检查和其他管控。以往,以股票和债券为主的证券交易需通过证券交易所、证券经纪人或做市商、托管银行、清算交割机构等中心化的机构进行;证券交易后的清算交割流也需经过证券所有权的变更、资金跨账户拨付等环节,不仅耗时长、人工成本高,而且还会出现人工操作产生的风险。在基于区块链的交易系统中,证券交易将绕过交易所、证券经纪人或做市商、托管银行、清算交割机构等中心化的机构,区块链中的智能合约会通过预授权进行身份识别和交易确认,并自动完成全部证券交易环节,这就加快了交易速度,节约了人工成本,同时还能避免人工操作产生的风险。以往,证券回购模式主要是双边回购模式和三方回购模式。这两种模式下的证券回购都存在明显不足:一是结算、清算等环节中资金和证券标的的流转涉及多个方面,操作过程复杂且耗时长;二是借贷双方的资金期限要求不存在错配现象,借款人通常需要长期融资,而出借人则倾向于短期回购业务,这使证券经纪人的资产负债久期存在缺口。基于区块链的交易系统能够以智能合约取代清算和结算机构,根据预设交易条件,自动实现资金和证券标的的流转,并通过共享账簿适时反映资金和法律权利状况,绕过证券经纪人,这就使证券回购的结算清算环节明显简化,进而提高证券回购效率。以往,反洗钱的监管措施主要是在客户开户和建立业务关系时,通过人工参与来识别客户身份,并对客户身份资料和交易内容进行记录和保存。金融机构业务部门或网点工作人员负责对客户的反洗钱审查,并向上级部门及监管部门报告大额交易和可疑交易,协助监管部门开展反洗钱调查。基于区块链的交易结算系统能够实时地把客户每笔交易的相关方和交易信息完整地记录到区块链,而且具有可追溯性和不可篡改性,这有利于降低反洗钱的人工成本和操作风险,也有利于反洗钱的监管效率。

五、金融服务智能化

　　智能化是指由通信技术、信息技术、人工智能技术以及智能控制技术等先进技术汇集而成，并在某一领域实现操作流程自动、高效的先进科技应用。其特征是：(1) 具有感知能力，即能够对各种信息和数据加以感知和获取；(2) 具有思维、分析和记忆能力，即可以把感知到的信息和数据存储起来，通过思维和分析产生认知结果，形成知识结构，并将其存储起来；(3) 具有行为决策能力，即依据已有的知识结构，以及对信息和数据所做的分析结果进行逻辑判断和自动决策；(4) 具有学习能力和适应能力，即通过与外部环境的互动，不断地学习知识与积累经验，动态调整自身的行为或状态，以适应外部环境的变化。

　　金融服务智能化就是凭借通信技术、信息技术、人工智能技术以及智能控制技术等先进技术，金融机构通过智能机器或程序对金融服务过程中的语言和图像进行精准识别，对所获取的数据和信息进行清洗、加工、处理和分析，进而像人类一样基于分析结果做出逻辑判断和自动决策，并且还可以根据所获取的信息和数据预测金融市场行情，调整相关的判断与决策。

　　例如，在银行分支机构或网点，和蔼可亲和使用多种语言的智能柜员机器人将主要地为客户办理柜面现金业务、对公对私业务，并且为客户提供咨询服务；银行的智能化信贷系统可以自动搜索和搜集自然人特征、地图行踪、交易记录、社会交往，以及政府信息等，将经过预处理的信息和数据输入征信或风控模型，刻画出目标客户的信用状况和风控画像，从而在节约人力成本的同时扩大信贷规模和降低贷款不良率。在投资咨询领域，智能投顾能够根据客户填写的风险调查问卷识别客户的风险偏好，并依据风险偏好为客户量身定制出相应的资产配置方案；智能投顾能够根据不同客户的个人财务状况和风险承受能力，推荐在一定条件下风险较低或收益较高的投资组合；智能投顾能够帮助客户实现自动化的资产再平衡，即市场行情变化使得当前投资组合与市场行情不适宜时,智能投顾会自动调整投资组合中不同资产的比例;智能投顾还能够控制现金流的方向和大小,降低证券交易的手续费和税收,即智能投顾能够使上市或拟上市的公司根据据实际需要发行差别化的资产凭证,并且交易双方可以根据智能合约进行智能化的配对,实现自动的清算和结算;证券投资托管机构基于智能合约和共识机制,将证券投资合规要求装载到区块链上,能够保证每笔证券交易在符合合规要求的前提下自动完成。保险领域的智能化主要涉及智能保顾和智能定价两方面,即智能保顾通过智能终端和大数据分析,对用户和产品两端进行风险评估,刻画出精确的用户画像和产品画像,并将画像存入业务系统和发送给从业人员,自动地使产品和客户的风险承受能力相匹配;智能定价是通过智能终端和大数据分析,更加准确地为投保产品确定保费,并且根据突发情况及时调整保费。

六、金融业务虚拟化

虚拟化是指人工的、物理的设施或服务,被信息系统或电子设备所替代。金融业务虚拟化是指借助大数据、云计算、区块链和人工智能等先进技术,金融机构在很大程度上可以超越时空的限制,在任何地点(Anywhere)、任何时间(Anytime)、以任何方式(Anyhow)向客户提供金融产品和服务。金融业务虚拟化不仅改变了金融机构生存与发展的物理现实,而且还改变了金融机构交易货币和契约文本的载体,非现金(No money)、不用支票(No check)和无纸化(No paper)的资金融通将成为主流。

例如,基于互联网更新换代和移动终端智能化,客户使用手机银行 App 就可以随时随地进行存储、借贷、转账、支付和结算等一般金融业务,即使处理比较复杂的财富管理和投资顾问业务,客户也可以通过虚拟现实(VR)技术获得远程化和清晰化的线上服务。数字化货币逐步取代纸币和铸币,货币的发行、流通、支付和结算表现为中央银行法定数字货币的发行、流通、支付和结算,同时客户可以直接在网上登录,以信息化手段向金融机构提交开户信息和申办业务资料,金融机构在网上对开户信息和申办业务资料进行审核。当你走进无人银行,你找不到保安人员,取而代之的是人脸识别的闸门和敏锐的摄像头;你找不到大堂经理,取而代之的是彬彬有礼和"百事通"的机器人;你也找不到临柜人员,取而代之的是懂你所需要、效率更高的智能柜员机或远程服务。当你在网上购物时,可以在虚拟场景中选择商品,然后通过人脸识别技术和设备在瞬间完成商品购买,并且进行资金支付或转账。

金融活动普惠化、金融体系去中心化、金融交易去中心化、金融服务智能化和金融业务虚拟化的互联网金融发展趋势不可逆转。特别是"元宇宙"的出现将使互联网金融发展的五大趋势表现得更加透彻。"元宇宙"是基于新一代互联网(5G/6G),采用增强现实(AR)、虚拟现实(VR)、三维显示(3D)以及区块链(BC)和人工智能(AI)等技术构建的平行于现实世界的虚拟世界。"元宇宙"拓展了人类的生存维度,人类将生活在现实世界与虚拟世界相融合的综合环境。"元宇宙"也拓展了人类的感官维度,人类可以获得现实与虚拟相结合的视觉、听觉和触觉。在可预期的未来,机构和客户可以在"元宇宙"中以更低的成本、更高的效率和更好的体验进行资金的融通与交易。

主要参考文献

[1] CHUEN D L K. Handbook of Digital Currency：Bitcoin, Innovation, Financial Instruments, and Big Data[M]. New York：Academic Press,2015.

[2] RASKIN M., YERMACK D. Digital Currencies, Decentralized Ledgers and The Future of Central Banking[R]. National Bureau of Economic Research，2016.

[3] KONING J P. Evolution in cash and payments：comparing old and new ways of designing central bank payments systems, cross-border payments networks, and remittances[R]. R3 Reports. 2017.

[4] ZERICHO R M, DEEPA P. Factors, Outcome and the Solutions of Supply Chain Finance：Review and the Future Directions[J] Risk Financial Manag. 2019，12(3)：doi：10.3390/jrfm12010003.

[5] 谢平,石午光. 数字加密货币研究：一个文献综述[J]. 金融研究,2015(01):1 - 15.

［6］高寒.互联网金融的发展趋势与应对策略［J］.宏观经济管理,2015(02):67 - 70.

［7］李平,陈林,李强等.互联网金融的发展与研究综述［J］.电子科技大学学报,2015(02):
　　245 - 253.

［8］范一飞.中国法定数字货币的理论依据和架构选择［J］.中国金融,2016(17):10 - 12.

［9］徐忠,汤莹玮,林雪.央行数字货币理论探讨［J］.中国金融,2016(17):33 - 34.

［10］庄雷,赵成国.区块链技术创新下数字货币的演化研究:理论与框架［J］.经济学家,
　　2017(05):76 - 83.

［11］姚前.法定数字货币对现行货币体制的优化及其发行设计［J］.国际金融研究,2018
　　(04):3 - 11.

［12］李文红,蒋则沈.分布式账户、区块链和数字货币的发展与监管研究［J］.金融监管研
　　究,2018(06):1 - 12.

［13］郝毅.法定数字货币发展的国别经验及我国商业银行应对之策［J］.国际金融,2019
　　(02):73 - 80.

［14］孙子尧.我国互联网金融发展现状与趋势分析［J］.现代经济信息,2016(08):
　　318 - 319.

［15］赵国栋,易欢欢,徐远重.元宇宙［M］.北京:中译出版社,2021.

［16］印文,裴平.中国互联网金融发展的历史演进［M］.南京:南京大学出版社,2021.

［17］中国产业调研网.中国互联网金融行业现状调研分析及市场前景预测报告(2022 年
　　版)［R/OL］.http://www.cir.cn/R_Ji Xie Dian Zi/80/Hu Lian Wang Jin Rong Wei
　　Lai Fa Zhan Qu Shi Yu Ce.html.

（与印文合作,重大项目结题报告《互联网金融发展研究——基于中国的
实践与理论探索》2021 年 2 月）

中篇

主要实践及其社会经济影响

互联网金融发展对商业银行流动性的影响

摘要:近年来,以阿里巴巴为代表的互联网金融公司发展迅速,对商业银行流动性产生了重大影响。本文以 2014—2019 年中国 15 家上市银行为样本,综合采用固定效应模型和中介效应模型,实证检验了互联网金融发展对商业银行流动性的影响及其传导渠道,其主要结论是:互联网金融发展显著降低了商业银行流动性;互联网货币基金、第三方支付和网络借贷三大业务对商业银行流动性都有影响,但影响程度不同,即互联网货币基金的影响最大,第三方支付的影响次之,网络借贷的影响再次之;互联网金融发展降低商业银行流动性主要是以负债结构为传导渠道。本文所做研究有助于加强商业银行流动性管理,特别是防范商业银行流动性风险。

关键词:互联网金融;商业银行流动性;负债结构;中介效应

一、引 言

根据原中国银保监会 2018 年 5 月颁布的《商业银行流动性风险管理办法》,流动性风险是指商业银行无法以合理成本及时获得充足资金,用于偿付到期债务、履行其他支付义务和满足正常业务开展的风险。例如,商业银行的流动性负债被用于非流动性的融资和高风险的贷款,一旦发生存款人挤兑,就会出现短期内银行流动性不足,导致商业银行流动性风险。更为严重的是,单个银行的流动性风险极具传染性,容易形成流动性损失螺旋,引发系统性金融风险。存款业务是商业银行稳定、低成本的主要负债来源,对保证商业银行拥有充足的流动性至关重要。2013 年后,以阿里巴巴为代表的互联网金融异军突起,对商业银行存款业务造成重大冲击。据中国人民银行统计,商业银行的存款余额增速从 2013 年开始下降,截至 2019 年末,存款余额增速已从16.0％降至 8.7％。由此可见,为加强商业银行流动性管理,特别是防范商业银行流动性风险,深入研究互联网金融发展①对商业银行流动性的影响具有重要理论与现实意义。

二、文献回顾

历史上许多系统性金融风险都是由商业银行流动性不足或流动性挤兑引发的。因此,专家学者对影响商业银行流动性的因素高度关注。Diamond &Dybvig(1986)指出,作为金融中介机构,商业银行在存款人和借款人之间发挥流动性转换功能,即将高流动性的负债转换为缺乏流动性的资产。他们认为流动性风险内生于商业银行,其最严重的后果就是出现银行挤兑。钱崇秀(2018)等基于 2011—2016 年 16 家商业银行数据,采用固定效应模型进行实证检验,发现不良贷款率、资产多元化与商业银行流动性风险显著负相关,而贷款规模扩大与商业银行流动性风险显著正相关。黄哲和邵华明(2018)基于2007—2016 年 16 家上市银行数据,采用门限回归模型进行实证检验,发现规模较大银行的非利息收入缓解了流动性风险,而规模较小银行的非利息收入则增加了流动性风险。高磊等(2019)基于 2012—2016 年 189 家商业银行数据,采用 PSM 匹配估计和 GMM 模型进行实证检验,发现资产证券化业务背离其创造流动性的"初衷",反而提高了商业银行流动性风险。崔婕等(2019)基于 2007—2017 年 45 家商业银行数据,采用系统 GMM 模型进行实证检验,发现同业杠杆水平与商业银行流动性风险呈现"U 形"关系,且这种关系在股

---

① 需要指出的是本文所做研究中的互联网金融发展为非银行机构互联网金融发展。

份制银行和城市商业银行中更为显著。李学彦和李泽文(2019)基于 2011—2018 年 16 家上市银行数据,采用 FAVAR 模型进行实证检验,发现国民经济发展状况、股票市场以及房地产价格对银行流动性风险均有显著影响,只是其产生影响的强度有所不同。

对互联网金融发展与商业银行流动性关系的研究起步较晚。王亚君等(2016)基于 2006—2015 年 36 家商业银行数据,采用向量自回归(VAR)模型进行实证检验,发现互联网金融发展初期增加了商业银行流动性;但从长期看,互联网金融发展则降低了商业银行流动性。李淑锦和陈莹(2017)基于 2007—2015 年 7 家商业银行数据,采用 Johansen 检验和 Granger 因果检验方法,研究发现互联网第三方支付业务减少了交易与投机性动机的流动性需求,增加了预防性动机的流动性需求。邹伟等(2018)基于 2006—2015 年 21 家商业银行数据,采用系统 GMM 模型进行实证检验,发现以网络借贷为代表的互联网金融业务对中小商业银行的流动性创造具有显著的"挤出效应"。沈珊珊和张莹(2019)基于 2008—2018 年 18 家商业银行数据,采用多元回归模型进行实证检验,发现互联网金融发展对中小商业银行流动性的影响较大,而对大型国有商业银行流动性的影响较小。

在互联网金融异军突起的背景下,关于互联网金融发展与商业银行流动性的研究还不够全面和深入。因此,本文基于 2014—2019 年 15 家上市银行数据,综合采用固定效应模型和中介效应模型进行实证检验,深入研究互联网金融发展对商业银行流动性的影响及其传导渠道,目的是丰富相关领域所做的研究,并为商业银行加强流动性管理和防范流动性风险提供决策依据。

三、理论分析与研究假设

互联网金融发展对商业银行来说是一把双刃剑,商业银行既是互联网金融技术溢出效应的受益者,也是互联网金融业务竞争效应的承受者。在互联网金融发展初期,以阿里巴巴为代表的互联网金融平台需要与商业银行进行业务合作,商业银行也需要借助互联网金融平台拓宽业务范围。随着互联网金融业务模式创新的不断出现,互联网金融在信用创造、吸收存款等方面与商业银行展开激烈竞争,这明显削弱了商业银行吸收存款的能力。例如,阿里巴巴旗下的网商银行存款业务迅速增长,2018年网商银行吸收存款430亿元,同比增长71%,商业银行存款业务难免会受到较大冲击①。之所以如此,主要是因为互联网金融在降低交易成本、增加客户收益和改善客户体验等方面明显优于商业银行。作为商业银行主要负债来源,存款业务大量流失势必会对商业银行流动性产生负面影响。因此,本文提出研究假设1。

研究假设1:互联网金融发展降低了商业银行流动性。

互联网金融的主要业务模式为网络借贷、第三方支付和互联网货币基金。网络借贷直接对接投资者与借款人,有利于拓宽社会公众的投资渠道,但也会削弱商业银行吸收客户资金的能力,进而降低商业银行流动性。第三方支付在丰富社会支付结算方式的同时,会分流商业银行的部分存款,进而降低商业银行流动性。互联网货币基金以其"T+0"灵活便捷的赎回机制、高于商业银行活期存款的收益,以及互联网金融平台巨大的流量效应吸收了大量社会资金,这也会降低商业银行流动性。特别是互联网货币基金与商业银行负债业务形成直接竞争关系,其对商业银行流动性的影响更令人关注。因此,本文提出研究假设2。

研究假设2:不同互联网金融业务对商业银行流动性都有负面影响,但影响程度有所不同。

互联网金融发展对商业银行流动性产生影响主要有两个传导渠道。一是通过商业银行负债结构传导渠道,如网络借贷、第三方支付和互联网货币基金等互联网金融业务都会削弱商业银行吸收存款的能力,使商业银行的负债结构发生变化,商业银行不得不更加依赖同业业务等融资渠道补充资金来源。通过同业业务吸收资金不需要缴纳存款准备金、拆借期限短以及顺经济周期

---

① 数据来源:2018年网商银行年报。

特征明显,容易产生和积累流动性风险。二是通过商业银行净息差传导渠道,如以余额宝为代表的互联网货币基金业务吸收了巨额现金和储蓄存款,并将所吸收资金投向收益较高的项目,这会间接抬高商业银行吸收存款的成本,挤压商业银行净息差的空间,削弱商业银行盈利的能力。这一方面使商业银行获取存款和吸收资金的难度加大,另一方面也迫使商业银行将资金投向期限较长、风险较大的贷款项目,进而降低商业银行流动性。因此,本文提出研究假设 3a 和 3b。

研究假设 3a: 互联网金融发展通过负债结构传导渠道对商业银行流动性产生影响。

研究假设 3b: 互联网金融发展通过净息差传导渠道对商业银行流动性产生影响。

四、研究设计

(一) 变量选取

(1) 被解释变量。2010 年巴塞尔委员会颁布《巴塞尔协议Ⅲ》,将流动性覆盖率作为全球统一监管商业银行流动性的指标。因为流动性覆盖率重视商业银行的优质流动性资产规模,涵盖商业银行的表内外现金流出项目,关注商业银行是否有充足流动性以覆盖短期资金流出风险,而且适用于资产规模不小于 2 000 亿人民币的商业银行,所以本文的被解释变量为商业银行流动性(BL),以流动性覆盖率表示,其计算公式为商业银行流动性(BL)=优质流动性资产/未来 30 天现金净流出量。

(2) 解释变量。本文所做研究的解释变量是互联网金融发展(IF)。因为网络借贷、第三方支付和互联网货币基金是互联网金融的主要业务模式,而且以余额宝为代表的互联网货币基金业务开展十分依赖于第三方支付,两者之间有很强的相关性,所以本文采用第三方支付和网络借贷规模之和与银行总资产规模的比值表示互联网金融发展的水平。同时考虑到解释变量的量纲合理性和指数化增长特征,本文对解释变量的数据进行对数化处理。

（3）中介变量。由本文所做的理论分析可知,互联网金融发展主要通过负债结构（DEP）和净息差（NIM）两个传导渠道影响商业银行流动性。因此,本文选择负债结构和净息差为中介变量。其中,负债结构计算公式为（同业业务＋应付债券）/计息负债总额[①];净息差计算公式为（利息收入－利息支出）/生息资产期初期末算术平均值。

（4）控制变量。在借鉴相关文献和作者思考的基础上,本文选择银行规模（SIZE）作为控制变量,因为商业银行规模越大,居民对其信任程度越高,其吸收存款能力越强,有利于提高商业银行流动性;选择总资产净利率（ROA）作为控制变量,因为总资产净利率越高,商业银行经济效益越好,其流动性风险越小;选择贷款占比（LOAN）作为控制变量,因为贷款占比增加有利于增强商业银行盈利潜力,但也会削弱商业银行变现能力,进而影响商业银行流动性;选择资本充足率（CAR）作为控制变量,因为资本充足率能够反映商业银行用自有资本抵御流动性风险的能力;选择广义货币供应增速（M2）作为控制变量,因为货币政策的宽松和紧缩会影响商业银行流动性;选择经济增长（GDP）作为控制变量,因为经济发展水平也会影响商业银行流动性。本文还选择了隔夜拆借利率（SHIBOR）作为控制变量,因为隔夜拆借利率可以衡量银行间市场的流动性充裕程度。

（二）数据来源

我国学术界和实务部门基本认同 2013 年为"中国互联网金融元年"。因此,本文选取的样本期为 2014—2019 年。考虑到原中国银保监会对资产规模低于 2 000 亿人民币的商业银行不采用流动性覆盖率的监管指标,特别是出

---

①　同业负债在商业银行资产负债表中主要计入应付债券科目,所以在统计口径上加入应付债券。

于样本数据的合理性、可得性和权威性,本文选取 15 家上市银行[①] 2014—2019 年的季度数据作为样本。15 家上市银行数据和宏观经济数据主要来源于 Wind 数据库、中国人民银行和国家统计局,互联网金融数据主要来源于艾瑞咨询和网贷之家等。

（三）模型设定

为研究互联网金融发展对商业银行流动性的影响,本文构建实证模型对其内在关系进行检验,设定的回归模型如下:

$$BL_{it} = \alpha_0 + \alpha_1 IF_t + \alpha_2 SIZE_{it} + \alpha_3 ROA_{it} + \\ \alpha_4 LOAN_{it} + \alpha_5 CAR_{it} + \alpha_6 M2_t + \alpha_7 GDP_t + u_i + \varepsilon_{it} \tag{1}$$

式(1)中,BL 表示被解释变量商业银行流动性;IF 表示解释变量互联网金融发展;控制变量分别为银行规模($SIZE$)、总资产净利率(ROA)、贷款占比($LOAN$)、资本充足率(CAR)、广义货币供给增速($M2$)和经济增长(GDP);α_0 为常数项,α_1 表示互联网金融发展对商业银行流动性的影响系数;$\alpha_2 \cdots \alpha_7$ 分别表示各控制变量对商业银行流动性的影响系数;i 分别表示 15 家上市银行,$i=1,2,3\cdots15$;t 表示时间维度,$t=2014-12,2015-03\cdots,2019-09$;$u_i$ 表示每家银行不随时间变化的特征;ε_{it} 表示随机扰动项。

为进一步研究互联网金融发展是通过负债结构传导渠道,还是通过净息差传导渠道影响商业银行流动性的,本文采用中介效应模型进行实证检验,这主要是因为中介效应模型可以准确识别传导渠道,并能较好地控制系数乘积检验模型可能出现的错误。参考郭晔等(2020)的研究,本文设定的中介效应模型如下:

$$Med_{jit} = \beta_0 + \beta_1 IF_t + \beta_2 SIZE_{it} + \beta_3 ROA_{it} + \beta_4 LOAN_{it} + \\ \beta_5 CAR_{it} + \beta_6 M2_t + \beta_7 GDP_t + u_i + \varepsilon_{it} \tag{2}$$

---

① 15 家上市银行包括:工商银行、建设银行、农业银行、中国银行、交通银行、平安银行、浦发银行、华夏银行、民生银行、招商银行、兴业银行、光大银行、中信银行、浙商银行和邮储银行。

$$BL_{it} = \gamma_0 + \gamma_1 Med_{jit} + \gamma_2 IF_t + \gamma_3 SIZE_{it} + \gamma_4 ROA_{it} + $$
$$\gamma_5 LOAN_{it} + \gamma_6 CAR_{it} + \gamma_7 M2_t + \gamma_8 GDP_t + u_i + \varepsilon_{it} \qquad (3)$$

式(2)中,Med 表示中介变量负债结构(DEP),或净息差(NIM);β_0 为常数项,β_1 表示互联网金融发展对中介变量的影响系数;$\beta_2 \cdots \beta_7$ 分别表示各控制变量对中介变量的影响系数;j 分别表示每个中介变量,$j=1,2$。式(2)中其他变量和系数的含义与式(1)中的保持一致,在此就不再赘述。

式(3)中,Med 表示中介变量负债结构(DEP),或净息差(NIM);γ_0 为常数项,γ_1 表示中介变量对商业银行流动性的影响系数;γ_2 分别表示剔除中介效应的影响之后,互联网金融发展对商业银行流动性风险的影响系数;系数 $\gamma_3 \cdots \gamma_8$ 分别表示各控制变量对商业银行流动性的影响系数;j 分别表示每个中介变量,$j=1,2$。式(3)中其他变量和系数的含义与式(1)中的保持一致,在此就不再赘述。

五、实证检验结果及其说明

(一)互联网金融发展对商业银行流动性的影响

为实证检验互联网金融发展对商业银行流动性的影响,本文将解释变量和控制变量统一纳入式(1)中进行回归分析。考虑到同一家商业银行不同年份之间的扰动项一般存在自相关,所以采用银行层面的聚类稳健标准误。回归结果如表 1 列(1)所示[①]。

表 1　互联网金融发展对商业银行流动性的影响及其稳健性检验

变量	(1)	(2)	(3)	(4)
	BL	BL	PC	BL
IF	-0.187^{***} (0.038 0)	-0.181^{***} (0.033 1)	$-0.025\ 4^{***}$ (0.009 78)	

---

① 限于篇幅原因,本文未列出控制变量的回归结果,如有兴趣,可与作者联系。

（续表）

变量	(1)	(2)	(3)	(4)
	BL	BL	PC	BL
INT				−0.0514*** (0.0109)
控制变量	控制	控制	控制	控制
个体固定效应	控制	控制	控制	控制
样本数	176	176	274	176
$Adj.R^2$	0.522	0.532	0.583	0.522
F统计量	21.57	26.24	50.24	16.10

注：回归系数下括号为聚类稳健标准误，*、**、***分别代表10％、5％和1％的显著性水平，下同。

表1显示，在控制其他变量情况下，列（1）中互联网金融发展对商业银行流动性的影响系数为−0.187，在1％水平上通过显著性检验，表明互联网金融发展越快，商业银行流动性越小。这是因为互联网金融发展与商业银行在存贷业务方面主要呈现出竞争效应，互联网金融发展不仅加剧了商业银行存款业务的流失，而且还减少了商业银行优质资产项目的储备。因此，本文提出的研究假设1成立，即互联网金融发展降低了商业银行流动性。

（二）稳健性检验

为保证对研究假设1所做实证检验结果的可靠性和非随机性，本文采用对样本数据进行缩尾处理，以及改变被解释变量和解释变量衡量指标等方法，对互联网金融发展与商业银行流动性之间的关系做稳健性检验。

（1）缩尾处理。为避免可能存在的极端值对实证检验结果的影响，有必要对选定变量进行1％和99％分位的缩尾处理，并重新进行回归分析，其结果如表1列（2）所示。

（2）改变被解释变量衡量指标。借鉴《巴塞尔协议Ⅲ》，原中国银保监会颁布实施的《商业银行流动性风险管理办法》提出了拨备覆盖率(PC)①监管指标。因此,本文使用拨备覆盖率作为衡量商业银行流动性的指标重新进行回归分析,其结果如表 1 列(3)所示。

(3) 改变解释变量衡量指标。互联网金融发展是以互联网为底层架构的。因此,本文选用互联网普及率(INT)②作为衡量互联网金融发展的指标重新进行回归分析,其结果如表 1 列(4)所示。

表 1 显示,在对样本数据进行缩尾处理,以及替换被解释变量和解释变量等方法进行稳健性检验后,互联网金融发展对商业银行流动性影响系数的方向和显著性水平与列(1)中相应的回归结果相比,没有发生明显改变,即互联网金融发展降低了商业银行流动性。

另外,考虑到可能存在的内生性问题,本文还对式(1)的模型进行豪斯曼检验和异方差稳健的 DWH 检验,检验结果均表明解释变量为外生变量,即式(1)不存在内生性问题。

(三) 互联网金融业务对商业银行流动性的影响及其差异

网络借贷、第三方支付和互联网货币基金是互联网金融的三大业务。为判断不同互联网金融业务发展对商业银行流动性的影响及其差异,本文分别以网络借贷(P2P)、第三方支付(TPP)和互联网货币基金(YEB)作为解释变量③,对式(1)再次进行回归,其结果如表 2 所示。

表 2 互联网金融业务对商业银行流动性的影响及其差异

变量	BL	BL	BL
P2P	-0.151^{***} (0.042 1)		

---

① 拨备覆盖率(Provision coverage)计算公式为:贷款损失准备金计提余额/不良贷款余额。
② 互联网普及率数据由作者根据《中国互联网发展状况统计报告》整理而得。
③ 解释变量网络借贷(P2P)、第三方支付(TPP)和互联网货币基金(YEB)的样本数据都是用其业务规模来衡量的,考虑到变量纲的合理性,本文对相关数据进行对数化处理。

（续表）

变量	BL	BL	BL
TPP		-0.182^{***} (0.036 8)	
YEB			-0.284^{***} (0.067 8)
控制变量	控制	控制	控制
个体固定效应	控制	控制	控制
样本数	176	176	176
$Adj. R^2$	0.438	0.499	0.521
F 统计量	9.80	9.41	22.86

表 2 显示，在控制其他变量情况下，网络借贷、第三方支付和互联网货币基金对商业银行流动性的影响系数分别为 -0.151、-0.182 和 -0.284，均在 1% 水平上通过显著性检验，表明互联网金融的三大业务发展越快，商业银行流动性越低。从系数的绝对值来看，互联网货币基金的影响最大，第三方支付的影响次之，网络借贷的影响再次之，表明不同互联网金融业务发展对商业银行流动性的影响程度不同。互联网货币基金对商业银行流动性的负面影响最大，主要是因为互联网货币基金发展不仅增加了商业银行吸收存款的难度，而且还抬高了商业银行吸收存款的付息成本。因此，本文提出的研究假设 2 成立，即不同互联网金融业务对商业银行流动性都有负面影响，但影响程度有所不同。

（四）互联网金融发展影响商业银行流动性的传导渠道

基于理论分析提出的研究假设，本文对互联网金融发展影响商业银行流动性的负债结构传导渠道和净息差传导渠道进行实证检验。

1. 负债结构传导渠道

互联网金融发展削弱了商业银行吸收存款的能力，使得商业银行负债结构发生变化，这就会对商业银行流动性产生影响。本文以负债结构为中介变量,检验互联网金融发展通过负债结构传导渠道对商业银行流动性产生的影响。根据中介效应模型,同时对式(2)和式(3)进行回归,其结果如表 3 所示。

表 3　中介效应实证检验结果

变量	(1)	(2)	(3)	(4)
	DEP	BL	NIM	BL
DEP		−1.201** (0.553)		
NIM				−0.038 4 (0.086 3)
IF	0.019 8 (0.013 9)	−0.156*** (0.032 6)	−0.198*** (0.060 2)	−0.190*** (0.039 7)
控制变量	控制	控制	控制	控制
个体固定效应	控制	控制	控制	控制
样本数	270	173	274	176
Adj. R²	0.513	0.611	0.588	0.523
F 统计量	36.96	29.46	50.18	32.60
Sobel 检验	P=0.037 6<0.05		P=0.539 8>0.1	
中介效应占比	0.115 1			

　　表 3 显示,在控制其他变量情况下,列(1)中互联网金融发展对负债结构的影响系数为 0.019 8,没有通过显著性检验,表明互联网金融发展增加了商业银行对同业业务等的依赖,但在统计上不显著;列(2)中负债结构对商业银行流动性的影响系数为−1.201,在 5% 水平上通过显著性检验,表明负债结构中同业业务等比重越大,商业银行流动性越小,其主要原因是商业银行将短期拆借的同业资金配置到期限较长的贷款业务,形成资金的期限错配,这会增加流动性风险;互联网金融发展对商业银行流动性的影响系数为−0.156,在 1% 水平上通过显著性检验,表明互联网金融发展越快,商业银行流动性越小。

　　根据中介效应检验规则,互联网金融发展对负债结构的影响系数和负债结构对商业银行流动性的影响系数中有一个不显著时,就需要进一步做 Sobel 检验,若 Sobel 检验通过,则说明中介效应成立。表 3 中 Sobel 检验的 P 值为 0.037 6,即中介效应在 5% 水平下通过显著性检验,表明互联网金融发展通过改变负债结构,进而降低商业银行流动性。同时,表 3 中 Sobel 检验的中介效应占比为 0.115 1,表明互联网金融发展通过负债结构传导渠道影响商业银行流动性的比率为 11.51%。因此,本文提出的研究假设 3a 成立,即互联网金融发展通过负债结构传导渠道对商业银行流动性产生影响。

2. 净息差传导渠道

互联网金融发展会分流商业银行部分存款,并将分流出来的存款通过高收益的互联网货币基金等投向金融市场,使商业银行不得不提高存款利息,这就会挤压净息差空间并削弱银行盈利能力,进而影响商业银行流动性。本文以净息差为中介变量,检验互联网金融发展通过净息差传导渠道对商业银行流动性产生的影响。根据中介效应模型,同时对式(2)和式(3)进行回归,其结果如表 3 所示。

表 3 显示,在控制其他变量的情况下,列(3)中互联网金融发展对净息差的影响系数为 -0.198,在 1% 水平上通过显著性检验,表明互联网金融发展越快,净息差越小,这会削弱银行盈利能力,导致商业银行流动性下降;列(4)中净息差对商业银行流动性的影响系数为 $-0.038\,4$,没有通过显著性检验,表明净息差越大,商业银行流动性越小,但在统计上不显著;互联网金融发展对商业银行流动性的影响系数为 -0.190,在 1% 水平上通过显著性检验,表明互联网金融发展越快,商业银行流动性越小。

表 3 还显示,Sobel 检验的 P 值为 0.539 8,即中介效应在 10% 水平下未通过显著性检验,表明互联网金融发展通过净息差传导渠道在一定程度上不会对商业银行流动性产生影响。因此,本文提出的研究假设 3b 不成立,即互联网金融发展一定程度上没有通过净息差传导渠道对商业银行流动性产生影响。

五、结论与建议

在互联网金融异军突起的背景下，为防范商业银行流动性风险，本文将互联网金融发展纳入影响商业银行风险管理的理论分析框架，并以 2014—2019 年中国 15 家上市银行为样本，综合运用固定效应模型和中介效应模型，实证检验了互联网金融发展对商业银行流动性的影响及其传导渠道。其结论主要如下。（1）互联网金融发展对商业银行流动性有显著的负面影响，即互联网金融发展越快，商业银行流动性越低。（2）网络借贷、第三方支付和互联网货币基金三大互联网金融业务发展都显著降低了商业银行流动性，但影响程度不同，即互联网货币基金业务发展产生的影响最大，第三方支付业务发展产生的影响次之，网络借贷业务发展产生的影响再次之。（3）互联网金融发展主要通过负债结构传导渠道对商业银行流动性产生显著的负面影响。

本文提出的建议主要如下。（1）面对互联网金融的激烈竞争，商业银行在发挥自身传统优势的同时，要积极引入并吸收互联网金融的优势，加快商业银行互联网化的转型升级步伐，如利用互联网和大数据等信息技术打通线上线下应用场景，简化客户业务办理流程，改善不同场景的客户体验，增强客户使用商业银行 App 的活跃度，进而提高存款业务的市场竞争力，为防范流动性风险奠定坚实基础。（2）针对不同互联网金融业务对商业银行流动性影响的显著差异，商业银行要采取差别化的应对措施，特别是要重视互联网货币基金业务对商业银行流动性产生的严重冲击，树立以客户为中心的发展理念，降低理财产品的门槛，提高理财产品的收益，丰富理财产品的种类，发挥商业银行的品牌效应等，以化解商业银行流动性面临的严重冲击。（3）商业银行要提高负债结构的管理水平，保持客户存款的增长与稳定，而且要在积极扩大客户存款规模的同时，争取较多的中长期存款，优化同业业务在银行负债结构中的比重，减少对短期融资的依赖。（4）商业银行要打造高水平的流动性风险管理团队，积极引进和培养流动性风险管理的高层次人才，拥有较多既懂金融业务又懂信息技术的复合型人才,同时还要运用大数据风控技术和信用评级模型,建立先进的流动性风险监控与预警机制,进而为防范流动性风险提供必要的人才和技术保障。(5)监管部门一方面要支持互联网金融的发展,使其充分发挥"鲶鱼效应",激活金融市场活力;另一方面也要重视互联网金融业务发展对商业银行流动性的不利影响,在对银行业的监管中,指导商业银行优化存款期限结构,关注商业银行过度依赖同业业务而引起的流动性压力,规范同业拆借资金的使用范围,设立负债结构中同业业务占比上限,并且运用大数据技术动态监控商业银行流动性风险,及时采取监管措施,以提高商业银行流动性监管的有效性。

主要参考文献

[1] DIAMOND D W, DYBVIG P H. Bank runs, deposit insurance, and liquidity[J]. Journal of Political of Business, 1986(59): 55-68.

[2] 钱崇秀,宋光辉,许林. 信贷扩张、资产多元化与商业银行流动性风险[J]. 管理评论,2018,30(12):13-22.

[3] 黄哲,邵华明. 商业银行非利息收入对流动性风险的影响[J]. 财经科学,2018(08):44-55.

[4] 高磊,郭红玉,许争. 资产证券化、风险贷款与商业银行流动性风险[J]. 金融论坛,2019,24(03):16-30.

[5] 崔婕,白婧,弓哲. 中国银行业同业杠杆对流动性风险的影响研究[J]. 宏观经济研究,2019(03):14-26+120.

[6] 李学彦,李泽文. 我国上市商业银行流动性风险外部影响因素的实证分析[J]. 经济学家,2019(12):89-99.

[7] 王亚君,邢乐成,李国祥. 互联网金融发展对银行流动性的影响[J]. 金融论坛,2016,21(08):42-50.

[8] 李淑锦,陈莹. 第三方支付对大型商业银行流动性影响实证研究——基于流动性偏好动机视角[J]. 财经论丛,2017(12):62-68.

[9] 邹伟,凌江怀,赵小军. 互联网金融、银行竞争与流动性创造[J]. 经济与管理,2018,32

(03):44-50.

[10] 沈珊珊,张莹.互联网金融发展对我国商业银行流动性风险的影响[J].经营与管理,
　　　2019(08):18-22.

[11] 温忠麟,叶宝娟.中介效应分析:方法和模型发展[J].心理科学进展,2014,22(05):
　　　731-745.

[12] 郭晔,黄振,姚若琪.战略投资者选择与银行效率——来自城商行的经验证据[J]经济
　　　研究,2020,55(01):181-197.

（与傅顺合作,《经济学家》2020 年第 12 期）

互联网金融发展与商业银行净息差

摘要：互联网金融蓬勃发展重塑了银行业的竞争格局,也对商业银行净息差管理带来重大挑战。本文以 2009—2019 年中国 36 家上市银行为样本,运用 SYS-GMM 模型和中介效应模型,实证检验了互联网金融发展对商业银行净息差的影响。研究发现,互联网金融发展显著降低了商业银行净息差;互联网金融发展对不同类型商业银行净息差的影响具有异质性,即互联网金融发展提高了"工农中建交"五大商业银行的净息差,但降低了其他商业银行的净息差;互联网金融发展的业务竞争效应降低了存款占总负债的比重,其技术溢出效应增加了非利息收入占净利息收入的比重,但并未显著冲击贷款占总资产的比重;存款业务和中间业务是互联网金融发展影响商业银行净息差的重要传导渠道。本文所做研究为商业银行在互联网金融冲击下改进净息差管理提供了经验证据和现实指引。

关键词：互联网金融;商业银行;净息差;SYS-GMM;中介效应

一、引　言

以净息差收益为主要盈利模式的商业银行在中国金融体系中占据主导地位,净息差收益是商业银行盈利的重要来源。近十年来,商业银行净息差呈现不断下降趋势,其传统经营模式面临严峻挑战。原中国银保监会数据显示,商业银行净息差由 2010 年的 2.50% 下降到 2019 年的 2.19%。与此同时,以互联网企业跨界进入金融领域为代表的互联网金融蓬勃发展。互联网金融是互联网、大数据、云计算和人工智能等信息技术与金融业务的融合与创新。互联网金融发展对商业银行会产生明显的竞争效应,特别是在商业银行的存款、贷款和中间业务方面,互联网金融具有明显优势。因此,深入研究互联网金融发展对商业银行净息差的影响,不仅具有重要的理论价值,而且能够为商业银行数字化转型提供现实指引。

本文将互联网金融发展纳入商业银行净息差管理的理论分析框架,从三个维度剖析互联网金融发展对商业银行净息差的影响。在此基础上,本文选取 2009—2019 年中国 36 家上市银行数据,运用 SYS - GMM 模型和中介效应模型,实证检验了互联网金融发展对商业银行净息差的影响。研究发现,互联网金融发展显著降低了商业银行净息差,互联网金融发展对不同类型商业银行净息差的影响具有异质性,存款业务和中间业务是互联网金融发展影响商业银行净息差的重要传导渠道。

本文的边际贡献如下。第一,从理论和实证两个层面分析互联网金融发展对商业银行净息差影响的研究成果尚不多见,本文不仅丰富了相关领域的理论研究成果,而且还提供了详实的经验证据。第二,已有文献没有考虑到商业银行净息差调整存在时间上的连续性,也未能较好解决遗漏变量、测量误差和互为因果等原因导致的内生性问题。本文分别采用 SYS - GMM 模型和工具变量法,比较准确地刻画出商业银行净息差的动态变化,并且在很大程度上克服了内生性问题,这在方法论上弥补了已有研究的不足。第三,本文采用中介效应模型,实证检验出存款业务和中间业务的中介效应,进而确认了互联网金融发展影响商业银行净息差的重要传导渠道。第四,本文还实证检验出互联网金融发展对不同类型商业银行净息差的影响差异,这对不同类型商业银行根据自身特点实行有差别的数字化转型具有一定的启示意义。

二、文献回顾与理论分析

(一) 文献回顾

互联网金融概念源自中国的互联网企业,如阿里巴巴等跨界进入金融领域。谢平和邹传伟(2012)认为以互联网、移动支付和云计算等为代表的信息技术蓬勃发展,对传统金融模式产生了颠覆式影响,催生出既不同于商业银行间接融资,也不同于资本市场直接融资的第三种金融融资模式。吴晓求(2015)也指出互联网金融是一种新的金融业务模式。2015 年,中国人民银行等十部门联合发布的《关于促进互联网金融健康发展的指导意见》对互联网金融给出的定义是"互联网金融是传统金融机构与互联网企业利用互联网技术和信息技术实现资金融通、支付、投资和信息中介服务的新型金融业务模式"。本文认可中国人民银行等十部委对互联网金融的定义,需要指出的是,本文所做研究的互联网金融是指互联网企业利用信息技术实现支付、投融资和信息中介服务等的新型金融业务模式。

净息差反映出商业银行生息资产的盈利能力,对商业银行稳健经营至关重要。在银行微观特征方面,刘莉亚等(2014)研究发现,非利息收入与净息差是负向替代关系。裘翔(2015)研究发现,期限错配风险越高,商业银行净息差越小。熊启跃等(2016)研究发现,国际化程度越高,商业银行净息差越大。王晰等(2020)研究发现,存贷比与商业银行净息差之间存在显著的"倒 U 形"关系。在宏观经济政策方面,彭建刚等(2016)研究发现,利率市场化与商业银行净息差之间呈现显著的"U 形"关系。程孝强等(2018)研究发现,存款保险制度与商业银行净息差之间存在显著的负向关系。熊启跃和王书朦(2020)研究发现,负利率与商业银行净息差之间存在显著的正向关系。申创等(2020)研究发现,利率市场化与商业银行净息差之间存在显著的负向关系。

对互联网金融发展与商业银行净息差之间关系的研究较少,且以定性研究为主。交通银行金融研究中心(2017)的报告指出,面对互联网金融发展的冲击,商业银行应该积极应用金融科技,或是与互联网企业展开合作,从资产端创新服务模式,以增加利息收入来源;从负债端构建智能化服务平台,以降低利息支出成本;从风控端运用先进信息技术,以增加风险控制提高后的利息收入;从中间业务端拓宽非利息收入来源,以改善商业银行以净息差为主的盈利模式。邱晗等(2018)研究发现,金融科技发展对商业银行净息差产生负向影响,但他未对其传导渠道和异质性进行研究,也未考虑到净息差存在时间上的连续性。

　　上述文献为本文所做研究提供了有益借鉴。但是,纵观这些文献,有关互联网金融发展与商业银行净息差的研究尚缺少较为完整的理论分析框架和详实的经验证据。因此,本文基于 2009—2019 年中国 36 家上市银行数据,运用 SYS-GMM 模型和中介效应模型,实证检验了互联网金融发展对商业银行净息差的影响及其传导渠道,目的是补充和丰富相关领域的研究,同时也为商业银行在互联网金融冲击下改进净息差管理提供经验证据和现实指引。

(二)理论分析

　　互联网金融发展对商业银行传统的存款、贷款和中间业务产生业务竞争效应或是技术溢出效应,进而影响商业银行净息差。一是互联网金融凭借其灵活便捷的交易机制、高于商业银行的利息收益,以及互联网金融平台巨大的流量效应,吸收了大量社会资金,在一定程度上分流了商业银行存款业务;而客户存款是商业银行低成本和稳定的主要负债来源,其流失就会增加商业银行负债端的利息支出,进而会降低商业银行净息差。面对互联网金融在存款市场的激烈竞争,在存款利率无法调整的情况下,商业银行会提高其理财产品收益率以进行资金竞争,这在很大程度上也是对商业银行低成本负债的侵蚀。二是在互联网金融冲击下,商业银行净息差不断下降,非利息收入占比逐年提高。根据交叉补贴理论,互联网金融发展通过技术溢出效应促进商业银行中间业务发展,商业银行会用增加的中间业务收入去补贴存贷业务,即提高存款利率或是降低贷款利率,以增强客户黏性,这就会降低商业银行净息差。而根据协同效应理论,中间业务增加会带动存贷业务共同发展,即中间业务发展会让客户更多地选择该行存贷业务,进而会扩大商业银行净息差。这两种理论观点虽然不同,但均认为中间业务与净息差之间是有关系的。三是互联网金融在缓解信息不对称、降低交易成本、提高风险管理水平,以及批量和精准获得贷款项目等方面具有明显优势,这会蚕食商业银行贷款业务的市场份额;而贷款业务在商业银行资产端属于收益率较高的项目,互联网金融发展对商业银行贷款业务的冲击会减少利息收入,进而降低商业银行净息差。因此,本文提出研究假说1。

研究假说1:互联网金融发展降低了商业银行净息差。

商业银行既是互联网金融发展业务竞争效应的承受者,也是技术溢出效应的受益者。由于五大国有控股商业银行和其他商业银行[①]在产权结构、资产规模和客户基础等方面存在较大差异,所以不同类型商业银行对互联网金融发展业务竞争效应的承受能力和技术溢出效应的吸收能力不尽相同。相对于非五大行,五大行在产权结构、资产规模和客户基础等方面的条件较好,面对互联网金融冲击,其存贷业务有较强的抵抗力。同时,五大行一方面通过自建科技子公司发展互联网金融,另一方面又与国内大型互联网企业进行合作,可较大程度地吸收互联网金融发展带来的技术溢出效应,更好地发展存贷业务,这有利于提高商业银行净息差。例如,五大行通过充分吸收互联网金融发展的技术溢出效应,能够较快地对众多物理网点进行数字化改造升级,并且较好地发挥线上线下的协同效应,这有利于阻止净息差的下降,甚至还能够扩大净息差。同时,五大行在吸收互联网金融发展的技术溢出效应后,可以更精准地锁定目标客户、拓展长尾市场[②]、提高金融服务效率等,进而增加利息收入来源。因此,本文提出研究假说2。

研究假说2:互联网金融发展对不同类型商业银行净息差的影响具有差异。

---

① 五大国有控股商业银行分别为中国工商银行、中国农业银行、中国银行、中国建设银行和中国交通银行,简称五大行;其他商业银行简称非五大行。

② 长尾市场是指由众多有资金需求的中小微企业和中低收入者所构成的市场。

三、研究设计

（一）变量选取

（1）被解释变量。在银行管理理论中，商业银行往往被抽象为吸收存款、发放贷款的金融中介，已有文献常用存贷利差来衡量商业银行净利息收入。但是，随着商业银行负债来源和资产配置的多样化，存贷利差已不能较好地反映商业银行全部负债来源的利息成本和运用资产获得的利息收益。因为净息差能更加全面和准确地反映商业银行净利息收入，所以本文的被解释变量为净息差（NIM），其计算公式为净息差＝净利息收入/总生息资产，其中净利息收入等于总利息收入与总利息支出的差值。

（2）解释变量。本文所做研究的互联网金融是指互联网企业利用信息技术实现支付、投融资和信息中介服务等的新型金融业务模式，其中最重要的业务模式是第三方支付。作为互联网金融发展的"世界品牌"，中国的第三方支付在全球互联网金融发展中具有领先地位。同时，互联网金融发展对商业银行的影响集中体现在支付结算业务，以及依赖于第三方支付的互联网货币基金等。因此，第三方支付规模可以较为合理地表示互联网金融发展程度[①]。许多专家学者，如许月丽等（2020）、裴平和傅顺（2020）、战明华等（2018）、刘笑彤和杨德勇（2017）等所做研究也认为第三方支付规模可以看作互联网金融发展的代理变量。

（3）中介变量。根据前文所做的理论分析，存款业务、中间业务和贷款业务是互联网金融发展影响商业银行净息差的内在机制。因此，本文以存款业务（DEP）、中间业务（NIR）和贷款业务（LOAN）作为中介变量，并采用存款总额/总负债来表示存款业务；采用非利息收入/净利息收入来表示中间业务，

---

① 考虑到第三方支付规模有指数型增长趋势，为使变量的量纲标准化，本文对第三方支付规模进行对数化处理。

其中,非利息收入包含手续费以及佣金净收入、投资净收益和其他业务净收益等;采用贷款总额/总资产来表示贷款业务。

(4) 控制变量。根据经济学理论和借鉴已有研究(刘莉亚等,2014;申创等,2020;熊启跃和王书朦,2020)的基础上,本文选取信用风险、管理能力、运营成本、风险厌恶程度、国内经济发展和货币政策等作为控制变量。

信用风险(CR)。本文采用不良贷款率表示信用风险。商业银行的不良贷款率高,一方面会影响商业银行声誉,增加获取存款的利息支出;另一方面也会减少商业银行的利息收入,进而影响商业银行净息差。

管理能力(MA)。本文采用业务及管理费用/营业收入来表示管理能力。商业银行业务及管理费用越高,表明商业银行管理能力越差,其净息差也就越小。

运营成本($COST$)。本文采用营业支出/营业利润来表示运营成本。通常商业银行的运营成本越高,就需要较高的净息差来覆盖其成本支出,因此商业银行净息差越大。

风险厌恶程度(ETA)。本文采用所有者权益/总资产来表示风险厌恶程度。风险厌恶程度越高,商业银行用自有资本承担风险的能力越强,贷款项目的风险溢价越高,因此商业银行净息差也就越大。

国内经济发展(GDP)。本文采用国内经济增长率来表示国内经济发展。在国内经济发展较快时,对资金需求增加,贷款利率会上升,因此商业银行净息差就会变大。

货币政策($M2$)。本文采用广义货币供给增速来表示货币政策宽松与紧缩程度。当货币政策宽松时,充裕的货币供给会缩小商业银行净息差;反之,当货币政策紧缩时,短缺的货币供给会扩大商业银行净息差。

上述所有变量的类型、名称、符号、单位和计算方法见表1。

表 1　变量选取以及说明

变量类型	变量名称	变量符号	计算方法
被解释变量	净息差	NIM	净利息收入/总生息资产
解释变量	互联网金融发展	IF	第三方支付规模的对数形式
中介变量	存款业务	DEP	存款总额/总负债
	中间业务	NIR	非利息收入/净利息收入
	贷款业务	LOAN	贷款总额/总资产
控制变量	信用风险	CR	不良贷款余额/贷款余额
	管理能力	MA	业务及管理费用/营业收入
	运营成本	COST	营业支出/营业利润
	风险厌恶程度	ETA	所有者权益/总资产
	国内经济发展	GDP	$(GDP_t - GDP_{t-1})/GDP_{t-1}$
	货币政策	M2	$(M2_t - M2_{t-1})/M2_{t-1}$

（二）样本数据选择

本文选择 2009—2019 年中国 36 家上市银行[①]为样本。这主要是基于三方面的考虑。一是数据的代表性，截至 2019 年底，样本银行资产总额为 188.0 万亿人民币，占银行业总资产的 66.5%，样本银行具有较好的代表性[②]。二是数据的权威性，样本银行均为上市银行，其披露的财务数据由第三方机构审计后公开发布，有关数据更具权威性。三是数据的可得性，由于 2009 年前尚未统计和公开互联网金融相关数据，因此选取 2009—2019 年作为样本区间能够满足数据可得性要求。36 家上市银行财务数据、互联网金融

---

①　36 家上市银行为：工商银行、建设银行、农业银行、中国银行、交通银行、平安银行、浦发银行、华夏银行、民生银行、招商银行、兴业银行、光大银行、中信银行、浙商银行、邮储银行、宁波银行、江阴银行、张家港银行、郑州银行、青岛银行、青农商行、苏州银行、无锡银行、江苏银行、杭州银行、西安银行、南京银行、渝农商行、常熟银行、北京银行、上海银行、长沙银行、成都银行、紫金银行、贵阳银行、苏农银行。

②　样本银行资产数据来自 Wind 数据库；截至 2019 年底，银行业总资产为 282.5 万亿人民币，数据来源于中国人民银行官网。

数据和宏观经济数据主要来源于 Wind 数据库、中国人民银行、原中国银保监会和国家统计局。为避免选定变量的极端值对回归结果产生偏误,本文对连续变量进行 1%和 99%分位的缩尾处理。

(三) 描述性统计

在选定研究变量和样本数据后,本文对所有变量进行描述性统计,以观察各变量的统计特征(表 2)。

表 2　变量的描述性统计结果

变量	均值	最大值	最小值	标准差
NIM	2.57	3.83	1.59	0.53
IF	10.44	14.63	5.97	3.28
DEP	0.74	0.96	0.53	0.11
NIR	23.80	80.60	1.55	17.65
LOAN	0.48	0.62	0.30	0.08
CR	1.24	2.41	0.42	0.48
MA	32.25	49.23	22.89	5.51
COST	1.36	3.17	0.66	0.54
ETA	0.07	0.10	0.04	0.10
GDP	7.84	10.60	6.10	1.36
M2	13.97	26.50	8.28	5.21

表 2 显示,净息差(NIM)的均值为 2.57,最小值和最大值分别为 1.59 和 3.83,表明不同上市银行在样本时期内的净息差存在明显差异。互联网金融发展(IF)的均值为 10.44,最小值和最大值分别为 5.97 和 14.63,表明中国互联网金融发展迅速。存款业务(DEP)的均值为 0.74,最小值和最大值分别为 0.53 和 0.96,表明中国上市银行在样本时期内主要负债来源仍然是存款业务,但不同上市银行在样本时期内对存款的依赖性差异较大。中间业务(NIR)的均值为 23.80,最小值和最大值分别为 1.55 和 80.60,表明中国上市

银行在样本时期内中间业务发展水平差异大。贷款业务（LOAN）的均值为
0.48,最小值和最大值分别为 0.30 和 0.62,表明不同上市银行在样本时期内
贷款业务发展存在较大差异。为突显本文研究的重点,其他控制变量的统计
特征不再一一详述。

（四）实证模型构建

　　基于理论分析和研究假说,本文分两步对互联网金融发展与商业银行净
息差之间的关系及其传导渠道进行实证检验。

　　一是检验互联网金融发展对商业银行净息差的影响及其异质性。考虑到
商业银行净息差的调整存在时间上的连续性,当年净息差与上一年净息差之
间存在相关性(熊启跃和王书朦,2020)以及为克服由于遗漏变量和代理变量
存在的测量误差等导致的内生性问题,本文采用动态面板模型。通过在实证
模型中加入被解释变量的一阶滞后项,能够较准确地刻画出商业银行净息差
的动态变化,也能够在一定程度上克服可能存在的内生性问题,从而使回归结
果更加合理与可靠。本文构建的动态面板模型是：

$$NIM_{it} = \alpha_0 NIM_{i,t-1} + \alpha_1 IF_t + \sum_{k=2}^{5} \alpha_k Control_{kit} + \alpha_6 GDP_t + \alpha_7 M2_t + \mu_i + \varepsilon_{it}$$

$$(1)$$

　　式(1)中,i 分别表示 36 家上市银行,$i=1,2,\cdots,36$;t 表示年份,$t=2\,009$,
$2\,010,\cdots,2\,019$;NIM_{it} 表示 i 银行第 t 年的净息差;$NIM_{i,t-1}$ 表示 i 银行第 $t-$
1 年的净息差;IF_t 表示第 t 年的互联网金融发展;$Control_{kit}$ 分别表示银行层
面的控制变量,k 表示控制变量个数,$k=2,3,4,5$。银行层面的控制变量分别
为：CR_{it} 表示 i 银行第 t 年的信用风险,MA_{it} 表示 i 银行第 t 年的管理能力,
$COST_{it}$ 表示 i 银行第 t 年的运营成本,ETA_{it} 表示 i 银行第 t 年的风险厌恶程
度。宏观经济层面的控制变量分别为：GDP_t 表示第 t 年的国内经济发展,
$M2_t$ 表示第 t 年的货币政策;α_0 表示上一年净息差对当年净息差的影响系数;

α_1 表示互联网金融发展对净息差的影响系数;α_2,$\cdots$,α_7 分别表示各控制变量对净息差的影响系数;μ_i 表示每家银行不随时间变化的特征;ε_{it} 表示随机扰动项。

对式(1)的动态面板模型进行回归时,本文采用一步法的系统广义矩估计(System GMM,简称 SYS-GMM)。同时,因为最小二乘估计法(OLS)和固定效应估计法(Fix Effect)得到的被解释变量一阶滞后项系数分别是 SYS-GMM 估计法得到的被解释变量一阶滞后项系数的上下限,这两种估计方法能够为 SYS-GMM 估计法的可靠性提供对比,所以本文将给出相应的回归结果。

二是检验互联网金融发展影响商业银行净息差的传导渠道。本文采用中介效应模型来检验传导渠道的存在,这是因为相对于其他检验方法,中介效应模型能够有效降低乘积系数模型出现错误的概率(温忠麟和叶宝娟,2014)。本文构建的中介效应模型是:

$$MED_{\lambda it} = \beta_1 IF_t + \sum_{k=2}^{5} \beta_k Control_{kit} + \beta_6 GDP_t + \beta_7 M2_t + \mu_i + \varepsilon_{it} \tag{2}$$

$$NIM_{it} = \gamma_0 NIM_{i,t-1} + \delta MED_{\lambda it} + \gamma_1 IF_t + \sum_{k=2}^{5} \gamma_k Control_{kit} + \gamma_6 GDP_t + \gamma_7 M2_t + \mu_i + \varepsilon_{it} \tag{3}$$

式(2)中,$MED_{\lambda it}$ 分别表示三个被解释变量,$\lambda = 1,2,3$,即 i 家银行第 t 年的存款业务、中间业务和贷款业务;β_1 表示互联网金融发展对被解释变量的影响系数;β_2,$\cdots$,β_7 分别表示各控制变量对被解释变量的影响系数。式(2)中其他变量和系数的含义与式(1)保持一致,在此不做赘述。

式(3)中,$MED_{\lambda it}$ 分别表示三个中介变量,$\lambda = 1,2,3$,即 i 家银行第 t 年的存款业务、中间业务和贷款业务;δ 表示中介变量对净息差的影响系数;γ_0 表示上一年净息差对当年净息差的影响系数;γ_1 表示剔除中介效应的影响后,互联网金融发展对净息差的影响系数;γ_2,$\cdots$,γ_7 分别表示各控制变量对净息差的影响系数。式(3)中其他变量和系数的含义与式(1)保持一致,在此不做赘述。

四、实证结果及其说明

（一）互联网金融发展对商业银行净息差的影响

为实证检验互联网金融发展对商业银行净息差的影响，将解释变量和控制变量统一纳入式(1)中，分别运用 SYS-GMM、OLS 和 FE 进行估计，其结果如表 3 所示。

表 3　互联网金融发展对商业银行净息差的影响及其稳健性检验

变量	(1) SYS-GMM	(2) OLS	(3) FE	(4) NRM	(5) NIM	(6) NIM
L. NIM	0.619*** (0.088)	0.811*** (0.030)	0.532*** (0.038)	0.606*** (0.103)	0.825*** (0.030)	0.462*** (0.094)
IF	−0.085*** (0.015)	−0.054*** (0.012)	−0.098*** (0.013)	−0.074*** (0.018)		−0.077*** (0.017)
INT					−0.040*** (0.013)	
CR	−0.192** (0.082)	−0.0769** (0.037)	−0.154** (0.062)	−0.190** (0.085)	−0.089** (0.036)	−0.063 (0.087)
MA	−0.023*** (0.007)	−0.005* (0.003)	−0.014*** (0.004)	−0.017* (0.009)	−0.005* (0.003)	−2.860*** (0.736)
COST	0.321*** (0.075)	0.157*** (0.033)	0.221*** (0.055)	0.190*** (0.068)	0.148*** (0.035)	0.369*** (0.085)
ETA	5.655** (2.361)	4.766*** (1.127)	8.586*** (1.824)	10.270*** (2.476)	4.593*** (1.294)	8.884*** (2.184)
HHI						−0.839*** (0.218)
BCI						0.005 (0.003)

（续表）

变量	(1)	(2)	(3)	(4)	(5)	(6)
	SYS-GMM	OLS	FE	NRM	NIM	NIM
SHIBOR						0.105***
						(0.035)
GDP	0.071**	0.131***	0.016	0.017	0.150***	−0.006
	(0.033)	(0.022)	(0.020)	(0.043)	(0.026)	(0.033)
M2	−0.024**	−0.050***	−0.019**	−0.010	−0.047***	0.011 4
	(0.010)	(0.009)	(0.008)	−0.190**	(0.010)	(0.017)
Bank Dummies	controlled	controlled	controlled	controlled	controlled	controlled
不可识别检验					94.509	
弱工具变量					1 251.48	
Sargan	0.970			0.986		0.995
AR(1)	0.000			0.013		0.000
AR(2)	0.193			0.417		0.729
R-squared		0.830	0.790		0.829	
Observations	343	343	343	347	343	327

注:$L.NIM$ 表示净息差的滞后一阶项,SYS-GMM 回归系数下括号为稳健标准误,OLS 估计和固定效应估计回归系数下括号为聚类稳健标准误,*、**、*** 分别代表 10%、5% 和 1% 的显著性水平。

表 3 列(1)显示,净息差滞后一阶项($L.NIM$)的影响系数为 0.619;表 3 列(2)显示,净息差滞后一阶项($L.NIM$)的影响系数为 0.811;表 3 列(3)显示,净息差滞后一阶项($L.NIM$)的影响系数为 0.532;这表明 SYS-GMM 估计得到的系数值在 OLS 和固定效应估计得到的系数值之间,SYS-GMM 估计结果是合理的。表 3 列(1)中 AR(1)检验的 P 值小于 0.1,且 AR(2)检验的 P 值大于 0.1,表明模型误差项存在一阶序列相关而不存在二阶序列相关,因此满足 SYS-GMM 的前置条件;工具变量的 Sargan 过度识别检验结果不显著,表明动态面板模型使用的工具变量是有效的。表 3 列(1)中净息差滞后一

阶项($L. NIM$)的系数为 0.619，在 1％水平上通过显著性检验，表明当期净息差受到上一期净息差的影响，即净息差的调整存在时间上的连续性。可以认为，选用动态面板模型是合理的。

表 3 列(1)显示，互联网金融发展(IF)的影响系数为－0.085，在 1％水平上通过显著性检验，表明互联网金融发展越快，商业银行净息差越小。这是因为互联网金融发展与商业银行在存贷业务领域产生了直接竞争，不仅分流了商业银行存款业务，间接抬高了商业银行付息成本，而且还减少了商业银行高收益的贷款项目，从而降低商业银行净息差。因此，研究假说 1 成立，即互联网金融发展降低了商业银行净息差。

表 3 列(1)还显示，信用风险(CR)的影响系数为－0.192，在 5％水平上通过显著性检验，表明信用风险越高，商业银行净息差越小；管理能力(MA)的影响系数为－0.023，在 1％水平上通过显著性检验，表明商业银行业务及管理费用越高，商业银行净息差越小；运营成本($COST$)的影响系数为 0.321，在 1％水平上通过显著性检验，表明运营成本越高，商业银行净息差越小；风险厌恶程度(ETA)的影响系数为 5.655，在 5％水平上通过显著性检验，表明风险厌恶程度越高，商业银行净息差越大；国内经济发展(GDP)的影响系数为 0.071，在 5％水平上通过显著性检验，表明国内经济发展越好，商业银行净息差越大；货币政策($M2$)的影响系数为－0.024，在 1％水平上通过显著性检验，表明货币政策越宽松，商业银行净息差越小。

（二）稳健性检验

为保证互联网金融发展对商业银行净息差的影响是非随机的，本文从替换被解释变量的衡量指标、工具变量法和增加控制变量三方面对式(1)的回归结果进行稳健性检验[①]。

（1）改变被解释变量的衡量指标。本文借鉴周开国等(2008)的研究，采

---

① 限于篇幅，本文将这里所做稳健性检验结果放在表 3 的列(4)、列(5)和列(6)。

用净利差(NRM)作为商业银行净息差的衡量指标,其计算公式为利息净收入/银行总资产。对式(1)重新进行 SYS‐GMM 估计,其结果如表 3 列(4)所示。

(2) 工具变量法。考虑到商业银行净息差越高,表明金融抑制程度越深,这也会为互联网金融发展提供"土壤",即变量之间可能存在互为因果导致的内生性问题。对此,本文做了豪斯曼检验和异方差稳健的 DWH 检验,其结果都在 5%水平上拒绝"所有解释变量均为外生"的原假设,可以认为互联网金融发展为内生变量。虽然 SYS‐GMM 估计已经在一定程度上缓解了模型存在的内生性问题,但为使互联网金融发展对商业银行净息差影响的回归结果更可靠,本文采用工具变量法进行稳健性检验。借鉴谢绚丽等(2018)研究,本文选择互联网普及率(INT)[①]作为互联网金融发展的工具变量,其结果如表 3 列(5)所示。

(3) 增加控制变量。本文借鉴顾海峰和张亚楠(2018)的研究,以银行业景气指数(BCI)代表行业发展水平的中观变量;采用上海同业拆借利率表示市场利率($SHIBOR$),将日度数据按照算术均值平滑处理成年度数据[②];借鉴Mercieca(2007)的研究,采用调整后的赫芬达尔指数来衡量商业银行综合经营程度(HHI),其计算公式见式(4)。最后,本文将银行业景气指数(BCI)、市场利率($SHIBOR$)和商业银行综合经营程度(HHI)同时纳入模型式(1)重新进行 SYS‐GMM 估计,其结果如表 3 列(6)所示。

$$HHI = 1 - (NII^2 + NNII^2) \tag{4}$$

式(4)中,HHI 表示调整后的赫芬达尔指数,NII 表示净利息收入占营业收入的比重,$NNII$ 表示非利息收入占营业收入的比重;该指数值越大,表示商业银行综合经营程度越高。

表 3 列(4)显示,互联网金融发展(IF)的影响系数为-0.074,在 1%水平

---

① 互联网普及率数据由作者根据《中国互联网发展状况统计报告》整理而得。

② 银行业景气指数和上海同业拆借利率数据均来源于国泰安数据库。

上通过显著性检验；与表3列(1)的回归结果比，该影响系数为负而且其显著性水平没有明显改变。表3列(5)显示，互联网普及率(INT)的影响系数为-0.040，在1‰水平上通过显著性检验；与表3列(1)的回归结果比，该影响系数为负而且其显著性水平没有明显改变。表3列(6)显示，互联网金融发展(IF)的影响系数为-0.077，在1‰水平上通过显著性检验；与表3列(1)的回归结果比，该影响系数为负而且其显著性水平没有明显改变。这些结果都说明，互联网金融发展降低商业银行净息差的结论具有稳健性。

（三）异质性检验

为考察互联网金融发展对不同类型商业银行净息差影响的差异，本文将全样本划分为五大行和非五大行两个子样本分别进行实证检验。五大行子样本的银行个体数小于年份数，属于长面板动态模型，更适用于偏差校正 LSDV 估计(陈强，2014)；非五大行子样本银行个体数大于年份数，属于短面板动态模型，仍采用 SYS - GMM 估计。其结果如表4所示。

表4　互联网金融发展对不同类型商业银行影响的异质性检验

变量	(1) 五大行	(2) 非五大行
$L.NIM$	2.873*** (5.31e−05)	0.578*** (0.081)
IF	0.143*** (0.019)	−0.097*** (0.016)
CR	−0.427*** (0.092)	−0.166* (0.094)
MA	0.060*** (0.017)	−0.023*** (0.008)
$COST$	1.699*** (0.210)	0.324*** (0.075)

（续表）

变量	(1)	(2)
	五大行	非五大行
ETA	8.705 (7.560)	5.302** (2.524)
GDP	0.595*** (0.047)	0.060* (0.035)
M2	−0.098*** (0.012)	−0.024** (0.011)
Bank Dummies	controlled	controlled
Sargan		0.997
AR(1)		0.000
AR(2)		0.260
R-squared		
Observations	50	293

注：回归系数下括号为稳健标准误，*、**、***分别代表10％、5％和1％的显著性水平。

表4列(1)显示，互联网金融发展的影响系数为0.143，在1％水平上通过显著性检验，表明互联网金融发展越快，五大行的净息差越大。之所以如此，主要是因为五大行通过自建科技子公司，或是与大型互联网企业合作，充分吸收互联网金融发展的技术溢出效应，降低了五大行利息支出[1]，提高了五大行的利息率或利润率，进而有利于扩大五大行净息差。特别是五大行利用金融科技对众多物理网点进行数字化的改造升级，形成线上线下的协同效应，有效提升了众多物理网点的综合优势，这有利于扩大五大行净息差。此外，五大行通过对海量数据的挖掘、清洗和应用，能够更准确地刻画客户特征，明显提高对中小微企业的风险定价能力，能够使五大行实现"客户下沉"，增加利息收入

---

[1] 限于篇幅，本文未列出相关实证检验结果，如读者需要，可向作者索取。

来源,这也有利于扩大五大行净息差。表4列(2)显示,互联网金融发展的影响系数为−0.097,在1‰水平上通过显著性检验,表明互联网金融发展越快,非五大行的净息差越小,其主要原因是互联网金融发展对非五大行的影响主要是以业务竞争效应为主,间接提高了存款成本或是降低了贷款收益,进而不利于净息差的扩大。因此,研究假设2成立,即互联网金融发展对不同类型商业银行净息差的影响具有差异。

(四)互联网金融发展对商业银行净息差影响的传导渠道检验

对研究假设1的实证检验结果表明,互联网金融发展降低了商业银行净息差。根据理论分析,为识别互联网金融发展是否通过存款、中间和贷款业务三方面对商业银行净息差产生影响的,本文又采用中介效应模型,实证检验互联网金融发展降低商业银行净息差的传导渠道。

1. 存款业务传导渠道

互联网金融发展与商业银行存款业务直接竞争,分流了部分客户存款,提高了付息成本,进而对净息差产生影响。本文以存款占总负债的比值来衡量存款业务,检验互联网金融发展通过存款业务传导渠道对商业银行净息差的影响。表5列(1)的回归结果是互联网金融发展对存款业务的影响,采用固定效应模型估计;表5列(2)的回归结果是剔除了存款业务的中介效应后,互联网金融发展对商业银行净息差的影响,采用SYS‐GMM估计。

表5　中介效应的实证检验结果

变量	(1)	(2)	(3)	(4)	(5)	(6)
	DEP	NIM	NIR	NIM	LOAN	NIM
L. NIM		0.598*** (0.078)		0.545*** (0.095)		0.662*** (0.085)
DEP		1.594*** (0.340)				

（续表）

变量	（1） DEP	（2） NIM	（3） NIR	（4） NIM	（5） LOAN	（6） NIM
NIR				−0.494*** (0.151)		
LOAN						1.432*** (0.385)
IF	−0.011*** (0.002)	−0.067*** (0.018)	0.018*** (0.005)	−0.094*** (0.019)	−0.002 (0.002)	−0.073*** (0.016)
CR	−0.031*** (0.009)	−0.149* (0.083)	0.079*** (0.018)	−0.116 (0.080)	−0.0145* (0.008)	−0.149* (0.081)
MA	0.004*** (0.001)	−0.029*** (0.007)	−0.684*** (0.218)	−2.268*** (0.741)	0.0029*** (0.001)	−0.023*** (0.007)
COST	0.028*** (0.010)	0.287*** (0.076)	0.036* (0.021)	0.290*** (0.086)	0.028*** (0.009)	0.272*** (0.064)
ETA	2.356*** (0.327)	0.717 (2.223)	1.462*** (0.493)	8.479*** (2.191)	3.147*** (0.288)	−0.484 (2.541)
GDP	0.0005 (0.007)	0.076* (0.039)	0.012 (0.011)	0.057* (0.034)	−0.002 (0.004)	0.074** (0.034)
M2	0.005*** (0.001)	−0.032*** 0.598***	0.001 (0.002)	−0.030*** (0.010)	0.004*** (0.0010)	−0.028*** (0.010)
Bank Dummies	controlled	controlled	controlled	controlled	controlled	controlled
Sargan		0.983		0.989		0.983
AR(1)		0.000		0.000		0.000
AR(2)		0.587		0.238		0.440
Sobel						0.298
R-squared	0.628		0.458		0.364	
Observations	378	342	371	327	379	343

注：SYS-GMM 回归系数下括号为稳健标准误，固定效应回归系数下括号为聚类稳健标准误，*、**、*** 分别代表 10%、5% 和 1% 的显著性水平。

表 5 列(1)显示,互联网金融发展对存款业务的影响系数为－0.011,在1‰水平上通过显著性检验,表明互联网金融发展越快,商业银行存款占比越小。表 5 列(2)显示,存款业务对净息差的影响系数为 1.594,在 1‰水平上通过显著性检验,表明存款占比越大,商业银行净息差越高,因为存款是商业银行低成本的主要负债来源,存款占比越大,利息支出越少。表 5 列(2)还显示,互联网金融发展对净息差的影响系数为－0.067,在 1‰水平上通过显著性检验,表明互联网金融发展越快,商业银行净息差越小。

根据中介效应检验规则,互联网金融发展对存款业务的影响系数和存款业务对净息差的影响系数都在 1‰水平上通过显著性检验,所以中介效应成立。需要指出的是,在加入存款业务后,互联网金融发展对净息差的影响系数仍然显著,表明存款业务传导渠道是部分中介效应,其中介效应占总效应的比重为 20.63‰($\beta_1 \delta / \alpha_1 = 0.011 \times 1.594 / 0.085$)。

2. 中间业务传导渠道

非利息收入是商业银行中间业务的主要来源,不构成表内的资产和负债。但从理论上考察,非利息收入与存贷业务存在"交叉补贴"或是"协同效应",进而间接影响商业银行净息差。本文以非利息收入占净利息收入的比值来衡量中间业务,检验互联网金融发展通过中间业务传导渠道对商业银行净息差的影响。表 5 列(3)的回归结果是互联网金融发展对中间业务的影响,采用固定效应模型估计;表 5 列(4)的回归结果是剔除了中间业务的中介效应后,互联网金融发展对商业银行净息差的影响,采用 SYS－GMM 估计。

表 5 列(3)显示,互联网金融发展对中间业务的影响系数为 0.018,在 1‰水平上通过显著性检验,表明互联网金融发展越快,商业银行非利息收入占比越高,可能的原因是互联网金融发展对中间业务的影响以技术溢出效应为主。表 5 列(4)显示,中间业务对净息差的影响系数为－0.494,在 1‰水平上通过显著性检验,表明非利息收入占比越大,商业银行净息差越小,实证结果显著支持交叉补贴理论,即商业银行会用非利息收入来补贴存贷业务发展,通过提高存款利息或是降低贷款利率增强其存贷业务竞争力。表 5 列(4)还显示,互

联网金融发展对净息差的影响系数为－0.094,在1％水平上通过显著性检验,表明互联网金融发展越快,商业银行净息差越小。

根据中介效应检验规则,互联网金融发展对中间业务的影响系数和中间业务对净息差的影响系数都在1％水平上通过显著性检验,所以中介效应成立。需要指出的是,在加入中间业务后,互联网金融发展对净息差的影响系数仍然显著,表明中间业务传导渠道是部分中介效应,其中介效应占总效应的比重为10.46％($\beta_1\delta/\alpha_1=0.494\times0.018/0.085$)。

3. 贷款业务传导渠道

互联网金融发展与商业银行贷款业务既存在竞争关系,也存在合作关系,进而会对利息收入产生影响。本文以贷款占总资产的比值来衡量贷款业务,检验互联网金融发展通过贷款业务传导渠道对商业银行净息差的影响。表5列(5)的回归结果是互联网金融发展对贷款业务的影响,采用固定效应模型估计;表5列(6)的回归结果是剔除贷款业务的中介效应后,互联网金融发展对商业银行净息差的影响,采用SYS－GMM估计。

表5列(5)显示,互联网金融发展对贷款业务的影响系数为－0.002,没有通过显著性检验,表明互联网金融发展越快,商业银行贷款占比越小,但在统计上不显著。表5列(6)显示,贷款业务对净息差的影响系数为1.432,在1％水平上通过显著性检验,表明贷款占比越大,商业银行净息差越大,因为贷款业务是商业银行主要的利息收入来源。表5列(6)还显示,互联网金融发展对净息差的影响系数为－0.073,在1％水平上通过显著性检验,表明互联网金融发展越快,商业银行净息差越小。

根据中介效应检验规则,互联网金融发展对贷款业务的影响系数和贷款业务对净息差的影响系数中有一个不显著时,就需要做 Sobel 检验;若 Sobel 检验通过,则说明中介效应成立。表5中 Sobel 检验的 P 值为0.298,在10％水平下没有通过显著性检验,即中介效应不成立,即互联网金融发展不会通过贷款业务传导渠道对商业银行净息差产生显著影响。这可能是因为互联网金融发展在贷款领域具有较强的普惠性,其主要客户群体是上市银行触及不多的"长尾人群",与上市银行形成了错位竞争,所以对上市银行的贷款业务冲击较小。

五、结论与建议

在互联网金融蓬勃发展的背景下,本文将互联网金融发展纳入商业银行净息差管理的理论分析框架,并基于 2009—2019 年中国 36 家上市银行的样本数据,运用 SYS-GMM 模型和中介效应模型,实证检验了互联网金融发展对商业银行净息差的影响及其传导渠道。其主要结论如下。(1)从全样本看,互联网金融发展对商业银行净息差有显著的负面影响,即互联网金融发展越快,商业银行净息差越小,这一结论在经过稳健性检验后,仍然成立。(2)互联网金融发展对不同类型商业银行净息差的影响具有显著差异,即互联网金融发展提高了"工农中建交"五大行的净息差,但是降低了非五大行的净息差。(3)互联网金融发展降低了商业银行的存款占比,并通过存款业务传导渠道对商业银行净息差产生显著的负面影响。(4)互联网金融发展增加了商业银行的非利息收入占比,并通过中间业务传导渠道对商业银行净息差产生显著的负面影响。(5)互联网金融发展对商业银行贷款占比没有显著影响,也没有通过贷款业务传导渠道对商业银行净息差产生显著影响。

基于研究结论,为加强商业银行净息差管理,本文提出的主要建议如下。(1)面对互联网金融冲击,商业银行在发挥自身优势的基础上,要重视大数据等金融科技的研发与应用,通过自建科技子公司,或是与知名互联网企业合作,充分利用大数据等金融科技降低商业银行的管理和风控成本、增强客户存款黏性,进而为提高净息差管理水平奠定坚实基础。(2)商业银行要根据资产规模和技术储备的不同而实行有差异的数字化转型,如五大行资金和人才实力强,可以自建科技子公司以实现数字化转型,非五大行则可以与互联网企业合作,或是成立中小银行互联网金融科技联盟以实现数字化转型。(3)商业银行要主动吸收互联网金融的技术溢出效应,加快大数据等金融科技的普及与应用步伐,大力拓展客户存款渠道,增强客户存款黏性,保持存款业务规模不断扩大。(4)商业银行要通过金融创新,加快中间业务发展,提高非利息收入占比,以非利息收入弥补净息差的收窄,进而保持商业银行盈利的稳定性。(5)商业银行还要利用大数据等金融科技,更多地向社会公众提供低门槛、高匹配的信贷产品,同时降低不良贷款率,进而扩大商业银行净息差。

主要参考文献

[1] 程孝强,吴虹仪,潘松李江.存款保险制度促使中国商业银行利差缩窄吗[J].金融经济学研究,2018,33(06):46-55.

[2] 陈强.高级计量经济学及Stata应用(第二版)[M].北京:高等教育出版社,2014.

[3] 顾海峰,张亚楠.金融创新、信贷环境与银行风险承担——来自2006—2016年中国银行业的证据[J].国际金融研究,2018(09):66-75.

[4] 交通银行金融研究中心课题组.金融科技与商业银行息差管理研究[J].新金融,2017(09):36-40.

[5] 刘莉亚,李明辉,孙莎,等.中国银行业净息差与非利息收入的关系研究[J].经济研究,2014,49(07):110-124.

[6] 刘笑彤,杨德勇.互联网金融背景下商业银行并购重组选择差异的效率研究——基于商业银行异质性的Malmquist指数实证分析[J].国际金融研究,2017(10):65-75.

[7] 裴平,傅顺.互联网金融发展对商业银行流动性的影响——来自中国15家上市银行的经验证据[J].经济学家,2020(12):80-87.

[8] 彭建刚,王舒军,关天宇.利率市场化导致商业银行利差缩窄吗?——来自中国银行业的经验证据[J].金融研究,2016(07):48-63.

[9] 邱晗,黄益平,纪洋.金融科技对传统银行行为的影响——基于互联网理财的视角[J].金融研究,2018(11):17-29.

[10] 裘翔.期限错配与商业银行利差[J].金融研究,2015(05):83-100.

[11] 申创,赵胜民,李莹.利率市场化、非利息收入与银行净息差——兼论分类非利息收入的差异化影响路径[J].统计研究,2020,37(05):68-81.

[12] 王晞,王雪标,白智奇.存贷比与商业银行盈利能力的倒U形关系研究——引入不良

贷款率的中介效应模型[J]. 科研管理,2020,41(07):230-238.

[13] 温忠麟,叶宝娟. 中介效应分析:方法和模型发展[J]. 心理科学进展,2014,22(05):731-745.

[14] 吴晓求. 互联网金融:成长的逻辑[J]. 财贸经济,2015(02):5-15.

[15] 熊启跃,赵阳,廖泽州. 国际化会影响银行的净息差水平吗?——来自全球大型银行的经验证据[J]. 金融研究,2016(07):64-79.

[16] 熊启跃,王书朦. 负利率对银行净息差影响机制研究——基于欧洲主要上市银行的经验证据[J]. 金融研究,2020(01):110-129.

[17] 谢平,邹传伟. 互联网金融模式研究[J]. 金融研究,2012(12):11-22.

[18] 谢绚丽,沈艳,张皓星,等. 数字金融能促进创业吗?——来自中国的证据[J]. 经济学(季刊),2018,17(04):1557-1580.

[19] 许月丽,李帅,刘志媛. 数字金融影响了货币需求函数的稳定性吗?[J]. 南开经济研究,2020(05):130-149.

[20] 战明华,张成瑞,沈娟. 互联网金融发展与货币政策的银行信贷渠道传导[J]. 经济研究,2018,53(04):63-76.

[21] 周开国,李涛,何兴强. 什么决定了中国商业银行的净利差?[J]. 经济研究,2008(08):65-76.

[22] MERCIECA S, SCHAECK K, WOLFE S. Small European Banks: Benefits from Diversification?[J]. Journal of Banking and Finance, 2007,31(7):1975-1998.

（与傅顺合作,《国际金融研究》2022年第2期）

数字金融对银行风险承担的非线性影响

摘要：本文选取 2009—2019 年中国 37 家上市银行年度数据为样本，考察了数字金融对银行风险承担的影响。研究发现，数字金融与银行风险承担之间表现出"倒 U"形关系。进一步发现，经营绩效和不良贷款率在数字金融与银行风险承担之间的倒 U 形关系中发挥着中介作用。异质性检验发现，数字金融对"工农中建交"五大行影响的拐点值较大，对非五大行影响的拐点值较小。

关键词：数字金融；银行风险承担；经营绩效；不良贷款率

一、引言

银行是金融资源配置的核心枢纽。银行过度承担风险会引致系统性金融风险，甚至爆发国际金融危机。Borio & Zhu(2008)在 2008 年金融危机后，最早给出银行风险承担概念的界定，其主要是指中央银行在长期实施低利率的货币政策过程中，其抵押资产价值不断上升，进而降低了银行风险识别能力，增加银行风险承担行为。近十年来，以蚂蚁金融等金融科技企业为平台的数字金融迅速发展[①]，对商业银行传统业务模式带来了挑战与机遇。数字金融是指互联网企业利用互联网、大数据、云计算、区块链和人工智能等先进信息

[①] 需要说明的是，本文所做研究的数字金融发展为非银行系数字金融发展。黄益平和黄卓 (2018)指出互联网金融、金融科技和数字金融之间差别很细微，可统一称为数字金融。

技术实现支付、投融资和信息中介服务等新型金融业务模式。数字金融的蓬勃发展在很大程度上重塑了银行业,对提高银行风险管理能力以及促进银行数字化转型具有重要的理论价值和现实意义。

本文的边际贡献如下。第一,本文以业务竞争效应和技术溢出效应为理论基础,探讨两种效应随着数字金融发展的动态变化趋势,并在基准模型中引入数字金融代理变量的高阶项,深入探讨了两者的非线性关系。数字金融发展在达到拐点值前增加了银行风险承担,但当数字金融发展越过拐点值后,则能够降低银行风险承担,进而促进整个银行业稳健发展。这不仅为数字金融发展赋能银行提供了经验证据,而且较好地回应了学术界关于两者之间关系的分歧。第二,已有研究鲜有从经营绩效和不良贷款率角度对两者关系进行中介效应检验,本文所做研究补充了作用机制的不足。第三,本文将37家上市银行划分为"工农中建交"五家系统性重要银行和非五大行,深入考察了数字金融对不同类型银行风险承担影响的异质性,丰富了已有文献,也对不同类型银行根据自身特点实行数字化转型具有启示意义。

二、文献回顾

2008年全球金融危机后,银行风险承担问题成为国内外专家学者研究热点。Drakos & Kouretas (2015)研究发现,长期利率处于较低状态会增加银行风险承担的意愿,特别是中东欧国家的银行对短期利率变化更为敏感。郝威亚等(2017)研究发现经济政策不确定越高,银行风险承担越高。段军山等(2018)研究发现,存款保险制度的实施使得道德风险上升,进而加剧银行风险承担。李双建和田国强(2020)研究发现,宽松货币政策会增加银行风险承担,且不同类型银行风险承担对货币政策的敏感度存在差异,银行竞争会加剧货币政策对银行风险承担的影响。

近年来,数字金融与银行风险承担的关系的研究结论却存在较大分歧。数字金融打破了银行的"定价权",迫使银行采取激进信贷投放,较为显著增加了非系统重要性银行风险承担。数字金融提高了银行经营效率,弥补了其在盈利能力方面的负面影响,进而降低银行风险承担。顾海峰和杨立翔(2018)研究发现,高资本充足率银行的风险承担行为对数字金融发展更为敏感。数字金融在吸收客户"零散"资金方面展现出较强优势,与银行负债端产生激烈竞争,分流了银行低成本的客户存款,进而传导到银行资产端的风险承担。汪可等(2020)、刘孟飞和蒋维(2021)、王升等(2021)的实证研究发现,数字金融对银行风险承担呈现先升后降的倒U形关系,但是未对其内在影响机制进行深入讨论。

三、理论分析与研究假设

商业银行既是数字金融产生的业务竞争效应承受者,也是技术溢出效应的受益者(傅顺等,2023)。从业务竞争效应角度看,数字金融与银行在存款、贷款和非利息收入等方面展开博弈,在总量层面上减少了银行低成本的客户存款,侵蚀了银行的贷款业务,并且极大地冲击了银行支付业务。数字金融凭借技术优势、获客优势和渠道优势等,打破了银行的垄断竞争格局,蚕食了银行净息差空间(傅顺等,2022)。银行出于利润最大化的经营动机,会去承担高风险贷款项目,以获取较高的收益用于弥补被削弱的盈利能力,进而增加银行风险承担。从技术溢出效应角度看,数字金融发展带来的先进信息技术和业务模式会逐渐扩散至银行。银行通过吸收数字金融的互联网服务理念和先进信息技术,能够提升银行经营效率和风险管理能力,进而减少银行风险承担行为。可以认为,数字金融发展初期对银行的业务竞争效应占据主导地位,会增加银行风险承担行为;当数字金融与银行之间由最初的"竞争"关系转为后期的"竞合"关系时,银行通过设立金融科技平台、收购已有金融科技公司,或与知名金融科技公司合作等方式积极应用金融科技,加快吸收数字金融发展的技术优势,技术溢出效应会逐渐占据主导地位,进而减少银行风险承担行为。本文提出研究假说1。

研究假设1:数字金融与银行风险承担之间呈现先升后降的倒U形关系。

数字金融发展可以通过影响经营绩效,进而作用于银行风险承担。一方面,数字金融发展产生的"鲶鱼效应",动摇了银行业在"存、贷、汇"等已有业务的垄断地位,从总量层面已经对银行业造成了压迫,外在压力激励银行提高自身经营效率。另一方面,数字金融发展具有"技术溢出效应",在自愿或无意识的情况下,将其先进的信息技术和业务模式溢出给银行,银行吸收数字金融发展的技术溢出效应后,能够重视信息技术的开发与应用,转变固有的经营理念,推出符合互联网用户的业务模式,这能够加快银行数字化转型步伐并提高自身经营效率,经营效率越高,银行盈利空间越大,进而能够降低银行基于逐利动机的风险承担行为。本文提出研究假说 2。

研究假说 2:数字金融通过经营绩效机制作用于银行风险承担。

数字金融发展还可以通过影响不良贷款率,进而作用于银行风险承担。以蚂蚁集团为代表的金融科技公司与银行合作过程中发挥了"联系效应",能够为银行提供个人和企业客户线上消费、销售、征信等多维度另类数据信息,这些另类数据信息准确高,数据造假可能性很低,能够强化银行对客户潜在风险识别的精准度,降低客户可能的道德风险引致的违约,进而降低银行不良贷款率。另外,数字金融的大数据风控模型比银行内部信用评级模型更精准,银行通过引进大数据风控模型,能够改进自身风险管理流程,降低银行不良贷款率,间接提高银行利润率,这有利于减少银行风险承担。本文提出研究假说 3。

研究假说 3:数字金融通过不良贷款率机制作用于银行风险承担。

由于五大行与非五大行①在政府资源、资产规模、业务多元化程度和客户信任度等领域均有着较大差异,所以不同类型银行对数字金融发展的业务竞争效应承受能力和技术溢出效应吸收能力不尽相同(傅顺等,2023)。相对于非五大行,五大行的存、贷、汇业务范围较广,数字金融发展对五大行的业务竞争效应产生的影响更大。另外,五大行在人、才、物等方面具有相对优势,能够通过自建金

---

① 五大行分别为中国工商银行、中国农业银行、中国银行、中国建设银行和中国交通银行;其他商业银行简称非五大行。

融科技子公司,收购金融科技公司,或与知名金融科技公司进行合作,可以较大程度地吸收数字金融发展带来的技术溢出效应,更好地开展存、贷、汇业务,进而拓宽银行的盈利空间,这有利于降低银行风险承担。本文提出研究假说4。

研究假说4: 数字金融对不同类型银行风险承担的影响具有差异。

四、研究设计

(一)变量选取

1. 被解释变量

Z值综合考虑了资产收益率及其标准差、权益资产比等因素,被广泛应用于商业银行风险承担的实证研究中,借鉴郭晔和赵静(2017)的研究,本文选取Z值作为商业银行风险承担(RISK)的测度指标,其计算公式如下所示:

$$Z_{it} = \sigma_i(ROA_{it}) / \left(ROA_{it} + \frac{E_{it}}{A_{it}}\right) \tag{1}$$

式(1)中,Z_{it}表示i银行t年的风险承担;ROA_{it}表示i银行t年的总资产收益率,$\sigma_i(ROA_{it})$为ROA的标准差,E_{it}/A_{it}表示i银行t年的权益资产比。Z值从总体上反映出银行收益波动性、财务杠杆率以及经营稳定性,Z值越大,表示商业银行风险承担水平越高。

2. 解释变量

数字金融的主要业务模式是第三方支付、网络借贷和互联网货币基金。作为数字金融发展的"世界品牌",中国的第三方支付规模远远超过网络借贷规模或互联网货币基金规模,其在全球数字金融发展中具有领先地位。同时,网络借贷由于合规问题,现已被监管部门基本清零,互联网货币基金业务的开展又高度依赖第三方支付。因此,用第三方支付规模作为数字金融发展(DF)的代理变量是合理的[①]。实际上,这样的代理变量选择也得到了许多专家学

---

①   考虑到第三方支付规模有指数型增长趋势,为使变量的量纲标准化,本文对第三方支付规模进行对数化处理。

者,如许月丽等(2020)、裴平和傅顺(2020)、战明华等(2018)、刘笑彤和杨德勇(2017)等所做研究的认同。

3. 中介变量

根据前文的理论分析,本文借鉴胡东婉和朱安琪(2018)的研究,以经营绩效(ROA)作为中介变量,采用净利润/平均资产总额作为经营绩效的测度指标;以不良贷款率(NPL)作为中介变量,采用不良贷款额/贷款总额作为不良贷款率的测度指标。

4. 控制变量

借鉴已有研究,本文选取的控制变量包含银行层面控制变量和宏观经济政策层面控制变量。银行层面控制变量包括:银行规模、盈利能力、经营成本、流动性、创新能力。宏观经济政策层面控制变量包括:经济发展和货币政策。

上述选定变量的类型、名称、符号和计算方法见表1。

表1 变量定义及其说明

变量类型	名称	符号	计算方法
被解释变量	商业银行风险承担	RISK	具体见式(1)
解释变量	数字金融发展	DF	第三方支付规模的自然对数
中介变量	经营绩效	ROA	净利润/平均资产总额
	不良贷款率	NPL	不良贷款额/贷款总额
控制变量	银行规模	SIZE	银行总资产规模的自然对数
	盈利能力	PA	营业利润/资产总额
	经营成本	OC	营业费用/营业收入
	流动性	LIQ	贷款总额/存款总额
	创新能力	NII	非利息收入/总营业收入
	货币政策	M2	$(M2_t - M2_{t-1})/M2_{t-1}$
	国内经济发展	GDP	$(GDP_t - GDP_{t-1})/GDP_{t-1}$

（二）样本数据与描述性统计

本文选择 2009—2019 年中国 37 家上市银行[①]年度数据为样本。上市银行总资产规模较大，能较好代表银行业，且其财务数据等可信度高，样本数据主要来自于 Wind 数据库和国家统计局。

在选取研究变量和样本数据后，本文先对各变量的样本数据进行描述性统计，以观察其统计特征，具体见表 2。

表 2　变量描述性统计结果

变量	均值	标准差	最小值	最大值
RISK	0.082	0.068	0.002	0.392
DF	10.471	3.294	5.966	14.631
ROA	1.036	0.251	0.337	1.824
NPL	1.256	0.522	0.160	3.880
SIZE	9.040	1.831	5.754	12.615
PA	0.012	0.003	0.004	0.020
OC	32.477	6.462	19.980	72.681
LIQ	68.257	12.866	26.324	113.046
NII	17.761	10.613	0.264	51.087
M2	13.910	5.222	8.280	26.500
GDP	7.820	1.357	6.100	10.600

表 2 显示，银行风险承担（RISK）的均值为 0.082，最小值为 0.002，最大值为 0.392，表明不同上市银行在样本时期内的风险承担水平具有明显差异。数字金融（DF）作为对数化处理后，最小值与最大值相差为 8.665，表明数字

---

① 37 家上市银行为：工商银行、建设银行、农业银行、中国银行、交通银行、平安银行、浦发银行、华夏银行、民生银行、招商银行、兴业银行、光大银行、中信银行、浙商银行、邮储银行、宁波银行、江阴银行、张家港行、郑州银行、青岛银行、青农商行、苏州银行、无锡银行、江苏银行、杭州银行、西安银行、南京银行、渝农商行、常熟银行、北京银行、上海银行、长沙银行、成都银行、紫金银行、贵阳银行、苏农银行、厦门银行。

金融整体增长很快。经营绩效（ROA）的均值为 1.036，最小值为 0.337，最大值为 1.824，表明在样本时期内不同上市银行的经营绩效差异大。不良贷款率（NPL）的均值为 1.256，最小值为 0.160，最大值为 3.880，表明在样本时期内不同上市银行的不良贷款率差异大。

（三）实证模型构建

1. 基准模型

李双建和田国强（2020）指出，银行风险承担一般存在时间上的连续性，以及为克服有限样本偏误、弱工具变量和过度识别等问题，采用动态面板模型并利用两步法估计是较为合理的。本文在回归方程中加入数字金融的平方项，以检验数字金融与银行风险承担之间的非线性关系，具体如下：

$$RISK_{it} = \alpha_0 + \sum \psi_j RISK_{i,t-j} + \alpha_1 DF_t + \alpha_2 DF_t^2 + \gamma X_{it} + \alpha_3 GDP_t + \alpha_4 M2_t + \varepsilon_{it}$$

$$(2)$$

式（2）中，$RISK_{it}$ 表示 i 银行第 t 年的银行风险承担；$\sum \psi_j RISK_{i,t-j}$ 表示 $RISK$ 的 1 至 j 阶滞后项与系数项乘积之和；DF_t 表示第 t 年的数字金融，DF_t^2 表示第 t 年数字金融的平方项，X_{it} 表示银行层面的控制变量，宏观层面控制变量 GDP_t 表示第 t 年的国内经济发展，$M2_t$ 表示第 t 年的货币政策；ε_{it} 表示随机误差项。

2. 中介效应模型

本文采用中介效应模型检验数字金融通过经营绩效和不良贷款率传导渠道对银行风险承担产生影响。在式（2）的基础上，本文构建的中介效应模型表达式为：

$$M_{kit} = \beta_0 + \sum \varphi_j M_{k,i,t-j} + \beta_1 DF_t + \beta_2 DF_t^2 + \gamma X_{it} + \alpha_3 GDP_t + \alpha_4 M2_t + \varepsilon_{it}$$

$$(3)$$

$$RISK_{it} = \delta_0 + \sum \varphi_j RISK_{i,t-j} + \delta_1 DF_t + \delta_2 DF_t^2 +$$

$$\theta M_{kit} + \gamma X_{it} + \alpha_3 GDP_t + \alpha_4 M2_t + \varepsilon_{it} \qquad (4)$$

式（3）和式（4）中，$k=1$ 时，M_{kit} 表示 i 银行第 t 年的经营绩效；$k=2$ 时，M_{kit} 表示 i 银行第 t 年的不良贷款率；$\sum \varphi_j M_{k,i,t-j}$ 分别表示两个中介变量的 1 至 j 阶滞后项与系数项乘积之和；其他变量含义与式（2）中一致，在此不再赘述。

在判断中介效应存在性时，借鉴张伟红等（2020）、王晰等（2020）的研究，如果模型式（3）中系数 β_1 或 β_2、模型式（4）中系数 θ 均显著，则说明中介效应存在；进一步观察模型式（4）中系数 δ_1 或 δ_2，若系数显著，则说明中介变量起到了部分中介效应；若系数 δ_1 和 δ_2 均不显著，则说明中介变量起到了完全中介效应；最后，若模型式（3）中系数 β_1 和 β_2、模型式（4）中系数 θ 仅有一个显著，则需要通过 Sobel 检验判断中介效应是否存在。

五、实证分析

（一）基础回归分析

为检验数字金融与银行风险承担之间的非线性关系，本文将数字金融及其平方项，以及控制变量统一纳入基准模型式（2）中，并采用 SYS-GMM 两步法进行估计，具体回归结果见表 3。

表 3　数字金融对银行风险承担的非线性影响

变量	RISK
L. RISK	0.550 *** （0.011）
L2. RISK	−0.404 *** （0.018 8）
DF	0.055 *** （0.008）

变量	RISK
DF^2	-0.003^{***} (0.000 4)
SIZE	0.009^{**} (0.004)
PA	-25.50^{***} (1.493)
OC	-0.002^{***} (0.000 3)
LIQ	$-0.000 5^{*}$ (0.000 2)
NII	$-0.000 8^{***}$ (0.000 3)
M2	$0.002 2^{*}$ (0.001)
GDP	0.005 (0.006)
Sargan 检验	0.522
AR(1)	0.068
AR(2)	0.291

注:L. RISK 和 L2. RISK 分别表示商业银行风险承担的一阶滞后项和二阶滞后项, 括号内数值为回归系数的标准误,*、**、*** 分别代表 10％、5％和 1％的显著性水平。

表 3 中,AR(1)的 P 值小于 0.1,且 AR(2)的 P 值大于 0.1,表明基准模型的误差项通过一阶序列相关检验而未通过二阶序列相关检验,因此满足 SYS-GMM 估计的前置条件;工具变量 Sargan 检验的 P 值大于 0.1,表明动态面板模型使用的工具变量是有效的。表 3 中,银行风险承担的一阶滞后项和二阶滞后项系数均在 1％水平上通过显著性检验,表明银行风险承担行为确实存在时间上的连续性。

表 3 显示,数字金融(DF)及其平方项(DF²)的影响系数分别为 0.055、−0.003,均通过 1‰水平的显著性检验,表明数字金融与银行风险承担之间呈现先升后降的倒 U 形关系,其拐点值为 9.167①,即数字金融发展达到拐点值前,以业务竞争效应为主,增加了银行风险承担;当数字金融发展越过拐点后,以技术溢出效应为主,降低了银行风险承担。可见,当数字金融发展越过拐点值后,技术溢出效应逐渐占据主导地位,能够有效降低银行风险承担行为,进而促进整个银行业的稳健发展。因此,实证检验结果支持研究假设 1。

(二) 稳健性检验

为确保上述结论的稳健性,本文从对样本数据进行缩尾处理、更改数字金融的衡量指标、增加控制变量和改变估计方法四个方面来验证。

1. 对样本数据进行缩尾处理

对本文的连续变量采用 1‰和 99‰分位的缩尾,以减少异常值对基础回归的扰动。回归结果见表 4 列(1)。

2. 更改数字金融的衡量指标

数字金融发展的底层逻辑是互联网的广泛应用(谢绚丽等,2018),采用互联网普及率(INT)代替第三方支付发展具有一定合理性。回归结果见表 4 列(2)。

3. 增加控制变量

借鉴顾海峰和张亚楠(2018)的研究,本文以银行业景气指数(BCI)代表银行业整体发展水平的中观变量,对基准模型式(2)重新回归,其结果见表 4 列(3)。

4. 改变估计方法

熊启跃和王书朦(2020)指出,OLS 估计和 FE 估计得到的商业银行风险承担的一阶滞后项系数分别是 SYS-GMM 估计得到的一阶滞后项系数的上下限,这两种估计法能够为 SYS-GMM 估计法的可靠性提供对比。因此,本

---

① 拐点值计算公式为:$-\alpha_1/2\alpha_2 = -0.055/2 \times (-0.003) = 9.167$。

文用 OLS 估计和 FE 估计分别对基准模型式(2)重新回归,其结果见表 4 列(4)和列(5)。

表 4 稳健性检验①

变量	(1)	(2)	(3)	(4)	(5)
	RISK	RISK	RISK	OLS	FE
L. RISK	0.553*** (0.011)	0.475*** (0.011)	0.537*** (0.006)		
L2. RISK	−0.400*** (0.019)	−0.370*** (0.017)	−0.386*** (0.013)		
DF	0.048*** (0.009)		0.030*** (0.008)	0.054 6*** (0.017)	0.072*** (0.018)
DF^2	−0.003*** (0.000 5)		−0.002*** (0.000 4)	−0.003*** (0.000 8)	−0.004*** (0.000 8)
INT		0.020*** (0.003)			
INT^2		−0.0003*** (3.18e−05)			
BCI			−0.001*** (0.000 4)		
控制变量	控制	控制	控制	控制	控制
Sargan 检验	0.292	0.326	0.435		
AR(1)	0.002	0.006	0.001		
AR(2)	0.778	0.770	0.989		
R−sq				0.17	0.15

注:L. RISK 和 L2. RISK 分别表示银行风险承担的一阶滞后项和二阶滞后项,SYS-GMM 估计括号内数值为标准误,OLS 和 FE 估计括号数值为稳健标准误*、**、***分别代表 10%、5% 和 1% 的显著性水平。

---

① 考虑到篇幅原因,表 4 未列出控制变量的回归结果,如读者需要,可向作者索取,下表同。

表 4 列(1)显示,数字金融及其平方项的影响系数分别为 0.048、−0.003,均通过 1% 水平的显著性检验,表明对样本数据进行 1% 水平的双边缩尾处理后,基础回归结果是稳健的。

表 4 列(2)显示,互联网普及率及其平方项的影响系数分别为 0.020、−0.0003,均通过 1% 水平的显著性检验,表明改变数字金融发展的测度指标后,基础回归结果是稳健的。

表 4 列(3)显示,数字金融及其平方项的影响系数分别为 0.030、−0.002,均通过 1% 水平的显著性检验,表明增加控制变量后,基础回归结果是稳健的。

表 4 列(4)和列(5)显示,数字金融一次项系数分别为 0.0546、0.072,而采用 SYS-GMM 两步法估计得到的一次项系数为 0.055,均通过 1% 水平的显著性检验。可见,OLS 估计和 FE 估计得到的银行风险承担的一阶滞后项系数分别是 SYS-GMM 估计法得到系数的上下限,这表明基础回归结果是稳健的。

(三) 机制分析

1. 经营绩效的中介效应

本文采用中介效应模型对经营绩效传导渠道进行实证检验,表 5 列(1)的回归结果是数字金融发展对银行经营绩效的影响,表 5 列(2)的回归结果是加入中介变量经营绩效后,数字金融对银行风险承担的影响。

表 5　中介效应检验结果

变量	(1)	(2)	(3)	(4)
	ROA	RISK	NPL	RISK
L.	0.379*** (0.021)	0.540*** (0.010)	1.063*** (0.014)	0.515*** (0.011)
L2.	−0.064*** (0.011)	−0.397*** (0.018)	−0.200*** (0.012)	−0.390*** (0.022)

（续表）

变量	（1）	（2）	（3）	（4）
	ROA	RISK	NPL	RISK
DF	−0.083*** （0.005）	0.033*** （0.009）	0.391*** （0.026）	0.046*** （0.008）
DF²	0.004*** （0.000 3）	−0.002*** （0.000 5）	−0.020*** （0.001）	−0.003*** （0.000 4）
ROA		−0.283*** （0.042）		
NPL				0.034*** （0.005）
控制变量	控制	控制	控制	控制
Sargan 检验	0.567	0.295	0.613	0.205
AR（1）	0.003	0.005	0.012	0.001
AR（2）	0.750	0.188	0.263	0.898

注：L. 和 L2. 分别表示银行风险承担、经营效率和不良贷款率的一阶滞后项、二阶滞后项，括号内数值为标准误 * 、** 、*** 分别代表 10％、5％和 1％的显著性水平。

表 5 列（1）显示，数字金融及其平方项系数分别为−0.083、0.004，均通过1％水平的显著性检验，表明数字金融与经营绩效之间呈现先降后升的正 U 形关系，在数字金融发展未达到拐点值之前，数字金融发展降低了银行经营绩效；当数字金融发展越过拐点值后，才能提高银行经营绩效。表 5 列（2）显示，中介变量经营绩效的系数为−0.283，通过 1％水平的显著性检验，表明银行经营绩效越高，其风险承担越低。这表明经营绩效传导渠道的中介效应是存在的，实证检验结果支持研究假说 2 成立。

2. 不良贷款率的中介效应

本文采用中介效应模型对不良贷款率传导渠道进行实证检验，表 5 列（3）的回归结果是数字金融发展对银行不良贷款率的影响，表 5 列（4）的回归结果是加入中介变量不良贷款率后，数字金融对银行风险承担的影响。

表 5 列（3）显示，数字金融及其平方项系数分别为 0.391、-0.020，均通过 1% 水平的显著性检验，表明数字金融与银行不良贷款率之间呈现先升后降的倒 U 形关系，在数字金融发展未达到拐点值之前，数字金融发展增加了银行不良贷款率；当数字金融发展越过拐点值后，数字金融发展才能降低银行不良贷款率。表 5 列（4）显示，中介变量不良贷款率的系数为 0.034，通过 1% 水平的显著性检验，表明银行不良贷款率越高，其风险承担也越高。这表明不良贷款率传导渠道的中介效应是存在的，实证检验结果研究假说 3 成立。

（四）异质性分析

为检验数字金融对不同类型银行风险承担影响的异质性，本文将全样本划分为五大行和非五大行两个子样本进行实证检验。表 6 列（1）的回归结果是数字金融发展对五大行风险承担的影响，在对五大行子样本数据进行动态面板模型的 SYS-GMM 两步法估计时发现，五大行风险承担滞后项不显著，也未通过序列自相关检验，表明数字金融对五大行风险承担的影响仅存在于当期，未发现时滞效应，因此采用静态面板模型的固定效应估计。表 6 列（2）的回归结果是数字金融对非五大行风险承担的影响，在对非五大行子样本数据进行动态面板模型的 SYS-GMM 两步法估计时发现，AR(2) 检验结果大于 0.1，表明扰动项不存在二阶序列相关性，Sargan 检验结果大于 0.1，表明所有工具变量都是有效的，因此采用动态面板模型的 SYS-GMM 两步法估计是合理的。

表 6 异质性检验结果

变量	(1)	(2)
	RISK	RISK
L. RISK		0.565*** (0.015)
L2. RISK		-0.419*** (0.0261)

（续表）

变量	(1)	(2)
	RISK	RISK
DF	0.094*** (0.031)	0.047*** (0.010)
DF²	−0.005*** (0.002)	−0.003*** (0.001)
控制变量	控制	控制
Sargan 检验		0.624
AR(1)		0.002
AR(2)		0.827
R−sq	0.456	

注：L. RISK 和 L2. RISK 分别表示银行风险承担的一阶滞后项和二阶滞后项，SYS-GMM 两步法估计括号内数值为标准误，固定效应估计括号内数值为稳健标准误，*、**、*** 分别代表 10%、5% 和 1% 的显著性水平。

表 6 列（1）显示，数字金融及其平方项的影响系数分别为 0.094、−0.005，均通过 1% 水平的显著性检验，表明数字金融与五大行风险承担之间呈现先升后降的倒 U 形关系，其拐点值为 9.400[①]。表 6 列（2）显示，数字金融及其平方项的影响系数分别为 0.047、−0.003，均通过 1% 水平的显著性检验，表明数字金融与非五大行风险承担之间呈现先升后降的倒 U 形关系，其拐点值为 7.833[②]。

比较数字金融对五大行与非五大行风险承担影响的拐点值可以发现，五大行的拐点值较大，非五大行的拐点值较小，表明数字金融对五大行产生的正向影响作用范围更大。可能的原因是，相对于非五大行，五大行的客户基数大、业务范围广，与数字金融在存、贷、汇和支付业务等方面竞争激烈，因此数

---

① 拐点值计算公式为：$-\alpha_1/2\alpha_2 = -0.094/2 \times (-0.005) = 9.400$。

② 拐点值计算公式为：$-\alpha_1/2\alpha_2 = -0.047/2 \times (-0.003) = 7.833$。

字金融对五大行产生的冲击范围更大。因此,研究假说 4 成立。

六、结论与建议

目前,数字金融发展方兴未艾。本文从业务竞争效应和技术溢出效应角度分析了数字金融对银行风险承担的影响。本研究有如下发现。(1)数字金融与银行风险承担之间呈现先升后降的倒 U 形关系,其拐点值为 9.167。(2)数字金融通过经营绩效和不良贷款率传导渠道对银行风险承担产生显著影响。(3)数字金融与五大行风险承担之间呈现倒 U 形关系,其拐点值为 9.400;数字金融与非五大行风险承担之间也呈现倒 U 形关系,其拐点值为 7.833;数字金融发展对五大行产生正向影响的作用范围更大。

基于上述研究结论,特别是为加快银行数字化转型,本文的建议如下。(1)银行不仅要积极应对数字金融发展的业务竞争效应,而且还要充分吸收数字金融发展带来的技术溢出效应,在发挥银行原有优势的基础上,主动推进银行与数字金融的深度融合,有效利用互联网、云计算、大数据、区块链和人工智能等先进信息技术,降低银行风险承担。(2)银行一方面要借鉴数字金融的运营模式,加快传统金融产品、服务和经营模式的数字化转型,提高自身的经营绩效和盈利能力;另一方面银行要引进以大数据为核心的风控体系,缓解银行和客户之间的信息不对称,降低银行不良贷款率,进而减少银行过度风险承担行为。(3)不同类型银行要根据自身情况实行有差别的数字化转型。五大行资金雄厚、客户基数庞大,要更加重视数字金融发展的业务竞争效应,通过自建金融科技子公司、收购金融科技公司,或与大型金融科技公司合作,积极吸收数字金融发展的技术溢出效应,加快数字化转型步伐;非五大行则可以考虑与其他中小银行结成金融科技联盟,实现数字化转型的成本和风险共担,推动数字化转型。

主要参考文献

[1] Borio C，Zhu H. Capital Regulation，Risk－Taking and Monetary Policy：A Missing Link in the Transmission Mechanism? [R] BIS Working Paper ,2008,No. 268.

[2] 黄益平,黄卓. 中国的数字金融发展:现在与未来[J]. 经济学(季刊),2018,v. 17；No. 70 (04):1489－1502.

[3] Drakos A A, Kouretas G P. The Conduct of Monetary Policy in the Eurozone Before and After the Financial Crisis [J]. Economic Modelling，2015，48:83－92.

[4] 郝威亚,魏玮,周晓博. 经济政策不确定性对银行风险承担的影响研究[J]. 经济问题探索,2017,No. 415(02):151－159.

[5] 段军山,杨帆,高洪民. 存款保险、制度环境与商业银行风险承担——基于全球样本的经验证据[J]. 南开经济研究,2018(03):136－156.

[6] 李双建,田国强. 银行竞争与货币政策银行风险承担渠道:理论与实证[J]. 管理世界,2020(04):149－168.

[7] 郭品,沈悦. 互联网金融加重了商业银行的风险承担吗? ——来自中国银行业的经验证据[J]. 南开经济研究,2015(04):80－97.

[8] 顾海峰,高水文. 数字金融是否影响商业银行风险承担——基于中国 170 家商业银行的证据[J]. 财经科学,2022,No. 409(04):15－30.

[9] 吴桐桐,王仁曾. 数字金融、银行竞争与银行风险承担——基于 149 家中小商业银行的研究[J]. 财经论丛,2021(03):38－48.

[10] 刘孟飞,王琦. 数字金融对商业银行风险承担的影响机制研究[J]. 会计与经济研究,2022,36(01):86－104.

[11] 刘忠璐. 互联网金融对商业银行风险承担的影响研究[J]. 财贸经济,2016(04):71－85＋115.

[12] 任碧云,郑宗杰. 金融科技对商业银行风险承担的影响——基于商业银行信贷结构的视角[J]. 贵州财经大学学报,2021(05):61－69.

[13] 顾海峰,杨立翔. 互联网金融与银行风险承担:基于中国银行业的证据[J]. 世界经济,2018(10):75－100.

[14] 郭品,沈悦. 互联网金融、存款竞争与银行风险承担[J]. 金融研究,2019(08):58－76.

[15] 汪可,吴青,李计. 金融科技与商业银行风险承担——基于中国银行业的实证分析 [J]. 管理现代化,2017,37(06):100 - 104.

[16] 刘孟飞,蒋维. 金融科技加重还是减轻了商业银行风险承担——来自中国银行业的经 验证据[J]. 商业研究,2021,No. 529(05):63 - 74.

[17] 王升,李亚,郜如明. 互联网金融对商业银行风险承担的影响研究——基于中国 30 家 商业银行的实证分析[J]. 金融发展研究,2021(01):56 - 62.

[18] 傅顺,裴平,孙杰. 数字金融发展与商业银行信用风险——来自中国 37 家上市银行的 经验证据[J]. 北京理工大学学报(社会科学版),2023,25(01):145 - 155.

[19] 傅顺,裴平. 互联网金融发展与商业银行净息差——来自中国 36 家上市银行的经验 证据[J]. 国际金融研究,2022(02):55 - 64.

[20] 郭晔,赵静. 存款保险制度、银行异质性与银行个体风险[J]. 经济研究,2017(12): 134 - 148.

[21] 许月丽,李帅,刘志媛. 数字金融影响了货币需求函数的稳定性吗?[J]. 南开经济研 究,2020(05):130 - 149.

[22] 裴平,傅顺. 互联网金融发展对商业银行流动性的影响——来自中国 15 家上市银行 的经验证据[J]. 经济学家,2020(12):80 - 87.

[23] 战明华,张成瑞,沈娟. 互联网金融发展与货币政策的银行信贷渠道传导[J]. 经济研 究,2018(04):63 - 76.

[24] 刘笑彤,杨德勇. 互联网金融背景下商业银行并购重组选择差异的效率研究——基于 商业银行异质性的 Malmquist 指数实证分析[J]. 国际金融研究,2017(10):65 - 75.

[25] 胡东婉,朱安琪. 商业银行非利息收入结构化差异与经营绩效关系研究——基于 35 家上市银行实证数据[J]. 经济学家,2018(06):82 - 87.

[26] 张红伟,陈小辉,刘春梅,等. 消费者法治意识:促进还是约束中国 FinTech 创新—— 来自 P2P 网贷的证据[J]. 经济理论与经济管理,2020(10):65 - 82.

[27] 王晰,王雪标,白智奇. 存贷比与商业银行盈利能力的倒 U 形关系研究——引入不良 贷款率的中介效应模型[J]. 科研管理,2020(07):230 - 238.

[28] 谢绚丽,沈艳,张皓星,等. 数字金融能促进创业吗?——来自中国的证据[J]. 经济学 (季刊),2018(04):1557 - 1580.

[29] 顾海峰,张亚楠. 金融创新、信贷环境与银行风险承担——来自 2006—2016 年中国

银行业的证据[J].国际金融研究,2018(09):66-75.

[30] 熊启跃,王书朦.负利率对银行净息差影响机制研究——基于欧洲主要上市银行的
经验证据[J].金融研究,2020(01):110-129.

（与傅顺合作,重大项目"互联网金融的发展、风险与监管研究"的后续研究成果）

联盟链型供应链金融系统的构建、机制与应用

摘要:供应链金融有利于缓解企业融资瓶颈,但还有许多理论和实践问题急需解决。本文以联盟链为底层技术,构建了联盟链型供应链金融系统,并且深入探讨了该系统的选型依据和网络架构,分析了该系统采用 PBFT 算法实现一致共识的运行机制,最后还展示了该系统在应收账款融资方面的应用。研究表明:(1) 相对于公有链和私有链,联盟链具有缓解信息不对称、共识效率高、数据安全可靠、信用成本低和易于监管等优点,适合于构建基于区块链的供应链金融系统;(2) 采用 PBFT 算法经过"选主、打包、建块和验证"实现一致共识并将数据上链存储,是联盟链型供应链金融系统运行机制的关键所在;(3) 通过联盟链型供应链金融系统,供应链上中小企业的融资绩效显著提高,即获得资金的时间缩短、贷款利率降低和贷款规模扩大。本文所做的研究既能够为解决供应链上企业,特别是中小企业的融资难问题提供新的路径,也能够为联盟链型供应链金融系统的开发与应用提供现实指引。

关键词:联盟链;供应链金融;PBFT 算法;应收账款融资

一、引 言

中小企业是我国市场经济的重要主体,在促进经济增长、扩大就业和保障民生等方面发挥着关键作用。受新冠病毒疫情影响,人员限制流动、企业停工

停产,全球供应链面临断裂风险,中小企业面临巨大生存压力,其融资环境尤为艰难。一旦资金链断裂,中小企业首当其冲面临关门倒闭的风险,进而会危及供应链上的所有企业,甚至还可能导致实体产业的整体崩溃。中小企业的融资难问题长期以来一直得不到有效解决,在疫情冲击下其融资难问题更加凸显和紧迫。因此,研究有效解决中小企业融资难问题的新路径势在必行、意义重大。

联盟链是以密码学和共识算法建立共识信任,以哈希函数、时间戳和默克尔树构建区块,按照时间顺序将区块依次相连组成一个完整的链式结构,进而形成联盟成员共享的和共同维护的分布式总账本(徐忠等,2018)。联盟链具有部分去中心化、共识信任、不可篡改、可追溯、智能合约、隐私性和安全性等优良特性,已逐步应用于金融、物流、政务、医疗、文化娱乐和能源交通等领域(Frizzo-Barker 等,2020;梁睿昕等,2021)。2019 年 10 月中央政治局召开第十八次座谈会集体学习了区块链,并把大力发展区块链(包含联盟链)上升到国家战略层面。供应链金融是指以实体产业链为基础、以真实贸易背景为依托、以优化资金流为重点、以闭环式和自偿性还款方式为保障,将银行等金融机构的金融服务拓展到供应链上下游中小企业的融资方式。供应链金融具有加速企业现金流动、降低资金成本和缓释金融风险等优点(Bals,2019;潘爱玲等,2021),有利于缓解中小企业融资瓶颈。但是传统供应链金融存在信息不对称、交易易伪造、信用评估难、业务效率低下以及质押物难监管等缺陷(Xu 等,2018)。本文认为,将区块链特别是联盟链的优良特性赋能于传统供应链金融,构建联盟链型供应链金融系统,既能够克服传统供应链金融的缺陷,又能够解决中小企业的融资难问题,还能够对促进产业供应链战略安全、推动金融和实体经济融合发展产生积极作用。

现有文献主要集中研究区块链供应链金融的基本特征(Omran 等,2017;Hofmann 等,2019)、共识机理(Cong & He,2019;Chod 等,2020)、业务优化(马小锋等,2018;郭菊娥和陈辰,2019)、博弈均衡(张路,2019;梁喜和肖金凤,2020)、融资决策(李健等,2020;龚强等,2021;Choi,2020)和社会福利(Cho

等,2021)等方面。但是,关于联盟链、供应链金融系统的研究文献尚不多见,且涉及其内在逻辑和运行机制的研究文献十分稀少。本文以联盟链为底层技术,将企业、银行和政府部门等参与主体连接在一起,构建了联盟链型供应链金融系统,并且讨论了联盟链型供应链金融系统的选型依据、网络架构、运行机制和业务应用。本文所做研究的边际贡献主要有以下几点。

(1)建立了联盟链型供应链金融系统的基本框架。本文以联盟链为底层技术,构建了联盟链型供应链金融系统,并且阐述了该系统的选型依据、网络拓扑和共识算法等,进而建立了联盟链型供应链金融系统可实践落地的基本框架,这很大程度上弥补了相关研究领域的空白和不足。(2)探讨了联盟链型供应链金融系统的运行机制。本文在借鉴学者 Castro & Liskov 的算法基础上(Castro & Liskov,1999;Castro & Liskov,2002),首次分析了联盟链型供应链金融系统采用 PBFT 算法[①],经过客户端、网关节点和共识节点,依次完成"选主、打包、建块和验证",进而达成一致的运行机制;同时还根据业务需求在 PBFT 算法的共识过程中增加了同步请求池,这为企业和银行等进行联盟链型供应链金融系统的开发与应用提供了借鉴与参考。(3)提出了联盟链型供应链金融系统应收账款融资方案,这不仅能够对本文所构建的联盟链型供应链金融系统进行合理性验证,而且还能够为解决供应链上企业,特别是中小企业的融资难问题提供新的路径。

二、文献回顾

国外学者,关于区块链与供应链金融相融合的研究起步较早。2016 年世界经济论坛(World Economic Forum,简称 WEF)[②]发布报告《区块链如何重

---

① PBFT 算法是指实用性拜占庭容错(Practical Byzantine Fault Tolerant,简称 PBFT)算法。

② WEF, The future of financial infrastructure: An ambitious look at how blockchain can reshape financial Services. 12 August 2016. www3. weforum. org/docs/WEF_The_future_of_financial _infrastructure. pdf.

塑金融服务》，认为区块链未来必定会改变金融基础设施、重塑金融服务行业，同时还强调了区块链供应链金融的去中心化、实时审核、自动清算、监管透明以及不会发生"双花"现象①等优点。Omran 等（2017）认为区块链不仅可以消除供应链金融业务的低效率问题，而且能够降低资金成本、缓释金融风险，进而实现交易双方的共赢。Hofmann 等（2019）指出，采用区块链技术的供应链金融可促进众多企业结成牢固伙伴关系、提升企业间协调与合作水平、加速现金流动以及降低融资成本，进而实现供应链整体收益最大化。Cong & He（2019）构建基于区块链的贸易金融模型，研究区块链的去中心化与共识质量之间的关系。他们认为，智能合约通过扩大准入和竞争，能够缓解信息不对称和提高消费者剩余；由于生成共识所需的大量分布式信息改变了信息环境，区块链参与者能够根据这些信息进行推断并随后改变其经济行为，这容易导致参与者的勾结与共谋。Chod 等（2020）认为，基于信号机制理论，企业向银行申请贷款时发送"库存交易信号"比"贷款请求（现金）信号"更加有效。他们设计了"b-verify"协议，将数据生成默克尔帕特里夏树根（MPT Root），并发送给现有比特币公有链达成共识，从而实现可持续、低成本地验证"库存交易信号"。Choi（2020）基于标准报童模型，对比分析时尚产品的传统供应链和区块链供应链。他们发现，区块链供应链具有更低的操作风险，并且能够带来更高的收益期望值。Cho 等（2021）建立零售商和供应商的博弈理论模型，分析了区块链应用于增值税系统的经济效用。他们认为，区块链的透明性和可追溯性能够防范企业偷税漏税的不法行为，同时政府部门对企业运用区块链进行补贴，能够增加整体社会福利。

国内学者，周立群和李智华（2016）较早提出将区块链应用于供应链金融业务，他们指出基于区块链的"智能保理"有利于应收账款和电子发票的多级流转、验证交易数据的真实性，以及监控质押物的位置和价格状态等。马小锋

---

① "双花"现象是指在区块链系统中某个用户使用同一个加密货币进行两次支付，以购买不同商品的现象。

等(2018)分析了基于联盟链的供应链金融,他们认为智能合约可实现数字资产"上链"的拆分和流转,跨链技术可实现业务记账链与账户体系链之间互通。郭菊娥和陈辰(2019)指出,区块链技术赋能供应链金融能够透视信息传递轨迹、协调多方参与主体行为、完善金融监管体系,以及提高风险管控能力等。张路(2019)认为,区块链有利于解决供应链金融参与主体之间的互不信任和利益博弈问题,企业和银行等通过长期合作与重复博弈可达到纳什均衡,从而使各方均能获得长期收益。梁喜和肖金凤(2020)对比采用区块链技术后,网上直销和网上分销两种渠道的供应链定价和渠道选择策略,他们认为采用区块链时,直销模式的零售商利润、制造商利润和供应链总利润都会高。李健等(2020)以仓单质押业务为例,对比分析企业使用区块链前后的贷款和生产决策,结果表明初始库存量高和利润率高的企业采用区块链将获得更大受益,以及银行采用区块链能够提高质押率和放款额度。龚强等(2021)基于企业向银行提供抵押的融资业务,对比分析传统供应链和区块链型供应链,他们认为当区块链上企业数量和信息质量达到一定水平时,区块链上的相关信息将能逼近企业的真实信息,这有利于防范信息操纵和商业欺诈等。

综上,国内外文献主要从博弈论、信号理论、报童模型和贸易金融模型等方面,研究了区块链供应链金融的基本特征、发展模式、共识机理、融资决策、业务优化、博弈均衡和社会福利等。这些文献从多个角度研究了区块链与供应链金融的相互融合,但关于联盟链型供应链金融系统的研究文献十分少见,且鲜有涉及其运行机制的探讨。同时,这些文献所做的研究大多停留在理论层面,而从理论与实践相结合层面所做的研究不够系统和深入。本文在借鉴国内外文献的基础上,理论与实践相结合,系统和深入地研究联盟链型供应链金融系统的选型依据、网络架构、运行机制和业务应用,目的是丰富相关领域的研究成果,特别是为有效解决中小企业的融资难问题做出创新性贡献。

三、联盟链型供应链金融系统的选型依据

供应链金融一定程度上有利于缓解中小企业融资难问题,但也存在明显缺陷(宋华和卢强,2017;Marak 等,2019)。一是信息不对称。中小企业的信息化能力参差不齐,长期缺乏数据的来源和积累,同时企业和银行等将数据视为商业机密,往往不愿与外部分享,数据孤岛现象严重。二是交易易伪造。供应链上企业可能虚构贸易背景,伪造订单、合同、票据和应收应付账款,以及编造货物仓单和出入库凭证,从而产生骗贷行为和违约风险。三是信用评估难。中小企业资产规模小、信息化程度低和财务报表不完善等,致使其信用记录不完全和信用等级低,同时核心企业的信用通常只能传递给一级供应商或经销商,难以多级穿透到供应链远端的中小企业。四是业务效率低。传统供应链金融的参与主体多、业务链条长和交易流程复杂,经常需要查询和审核烦琐的纸质文件,而且难免出现较多的人工对账和操作失误。五是货物难以监控。企业和银行等很难实时掌握货物的位置、价格和所有权转移等状态,容易产生货物破损和遗失、未经许可擅自处置货物,以及仓储监管不到位等问题。已有文献和事实表明,将区块链的优良特性融合于供应链金融,能够有效弥补传统供应链金融的缺陷。

根据技术形态和去中心化程度不同,区块链可分为公有链(Public Blockchain)、联盟链(Consortium Blockchain)和私有链(Private Blockchain)(Swan,2015)。公有链是完全去中心化的,任何个体或机构都可以自由加入和退出网络,所有节点都是完全公平和平等的,它具有完全去中心化、访问门槛低、安全透明和匿名性等特点,适用于交易速度慢和业务体量小等场景(Nakamoto,2008)。联盟链是部分去中心化的,由若干机构或组织共同组成和治理,成员节点需获得授权或允许才可加入,节点可信度高和安全性好,它具有共识效率高、交易速度快和安全可靠等特点,适合于大型企业的经济交易和清算结算等场景(Androulaki 等,2018)。私有链是完全中心化的,由某个

企业或机构单独控制和管理,只对企业内部开放,具有交易速度快、交易成本低,以及易于审计和监管等特点,适用于企业内部审计和数据溯源等场景(Wang 等,2019)。本文认为,完全去中心化的公有链不适合涉及企业、银行和政府部门等多方参与主体的供应链金融;而完全中心化的私有链又不能实现多方参与主体之间的信息共享。因此本文选择联盟链作为底层技术,构建联盟链型供应链金融系统,其选型依据主要是:

(1)缓解信息不对称。联盟链是内部成员共享的、部分去中心化的分布式总账本,能够实现供应链金融的信息流、商品流、资金流和物流"四流合一",同时用户可以随时随地访问、查询和验证联盟链上的数据,进而缓解银企之间的信息不对称。这既有利于避免银行投入大量人力、物力多渠道交叉验证数据,以识别风险和防范欺诈,也有利于避免企业因信息不对称而产生的寻租、搭便车和机会主义行为等。

(2)共识效率高和信用成本低。相对于公有链的全球共识节点数量众多,联盟链的共识节点数量较少①,因此联盟链的共识效率高和业务处理速度快,能够更好地满足大型企业和银行等对大容量、高频率交易(约 10 万~20 万笔每秒)的需求。同时,联盟链的共识算法实现共识互信,能够打通供应链各层级企业之间的信用关系,并且核心企业的信用额度可以通过智能合约拆分为许多 n 小份,多级穿透到供应链远端的中小企业,使得中小企业获得"增信"。联盟链的上链企业越多,其信用成本也越低。

(3)数据不可篡改和安全性好。与任何机构或个人都可自由加入、访问和退出公有链不同,而联盟链的节点需获得联盟成员授权或允许才能加入,数据读写权限仅对内部成员开放,其节点的可信度高和数据的安全性好。同时,联盟链通过非对称加密确保数据的隐私性,通过数字签名确保数据的所有权唯一性,通过默克尔树确保数据的不可篡改和可追溯性,通过结合物联网技术

① 公有链全球网络中共识节点约 1 万个,而联盟链的共识节点通常为数个或数十个,一般不超过 100 个。

确保上链前数据源头的真实性。因此，联盟链能够满足企业、银行和政府部门等对数据不可篡改和安全性的要求，并且可以防止发生订单伪造、虚假质押、多头骗贷和恶意欺诈等现象。

（4）业务效率高和交易成本低。联盟链的智能合约能够优化业务流程，避免烦琐的纸质文件审核和人工操作。同时，利用智能合约将企业与银行之间的债权债务关系事先约定好后存入联盟链，当满足预设的触发条件时，智能合约能够自动执行程序代码或指令，实现企业和银行的合同、订单、票据、应收应付账款和资金转账记录等数据的实时同步、实时对账和实时结算，这有利于供应链金融提高业务效率和降低交易成本。

（5）易于防范风险和穿透式监管。公有链是依靠机器算力的竞争挖矿和发行代币的经济激励来生成新区块，联盟链 PBFT 算法不需竞争挖矿和发行代币就能实现共识和生成新区块，因而联盟链能够避免电力资源浪费，以及防范炒作"空气币"等；同时联盟链成员节点始终处于授权准入和安全可信的网络环境，有利于防范非法节点作恶、黑客入侵和 51％ 攻击等（Hughes 等，2019）。另外，联盟链的监管节点拥有查询和审核总账本全部数据的权限，能够及时对企业与银行之间所有的业务活动进行全过程和穿透式监管。

四、联盟链型供应链金融系统的网络架构

本文以联盟链作为底层技术，将企业、银行和政府部门等参与主体连接组网在一起，构建起联盟链型供应链金融系统的网络架构。联盟链型供应链金融系统的网络架构主要包括网络拓扑和共识算法，前者是系统网络设施的基本结构，后者是系统实现一致共识的算法。

1. 联盟链型供应链金融系统的网络拓扑

联盟链型供应链金融系统的网络拓扑主要包括核心企业、上游供应商、下游经销商、银行、政府部门和第三方物流这六类参与主体，这些参与主体都拥

有客户端(Client)、网关节点(Gateway node)和共识节点(Consensus node)，其部署方式如图1所示。

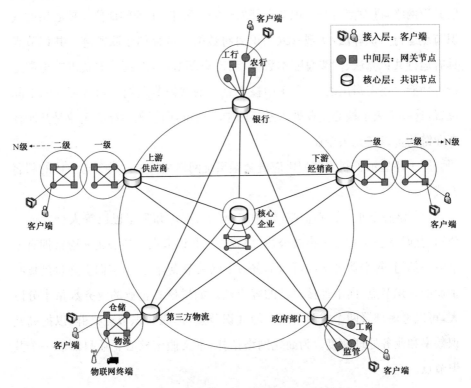

图1　联盟链型供应链金融系统的网络拓扑

资料来源：作者绘制。

　　图1显示，客户端、网关节点和共识节点分别处于系统网络拓扑的接入层、中间层和核心层，并且分别具有不同的功能。客户端处于系统的接入层，主要包括企业、银行和政府部门等的电脑、iPad、移动手机和物联网终端等，具有查询、生成和发送数据的功能。网关节点处于系统的中间层，承上启下地分别连接核心层的共识节点和接入层的客户端。网关节点具有客户端代理(Proxy)的功能，如身份认证、私钥管理、非对称加密和数字签名等，这能够减轻客户端运载负荷和提高业务运行效率；同时，网关节点还具有隔离核心层共识和接入层业务的作用，能够避免接入层的业务出现紊乱或遭到攻击时对核

心层共识节点的正常运行产生不利影响。共识节点处于系统的核心层，每个共识节点之间点对点连接，实现彼此两两互连的全联接状态，组成系统的核心层共识网络，进而使每个共识节点都处于完全公平、平等的地位。核心层的共识节点运行共识算法，实现一致共识后将数据上链存储于联盟链。共识节点具有运行共识算法、同步总账本数据、动态更新节点，以及维护联盟链正常运行等功能。还需指出的是，图1中核心企业的共识节点处于网络拓扑的中间位置，这并不表示核心企业处入系统的中心地位，而仅表示核心企业是其所在产业链的重点或龙头企业。

图1还显示了联盟链型供应链金融系统网络拓扑中六类参与主体的部署方式：

（1）核心企业。核心企业，如海尔、华为、京东和阿里巴巴等大型制造业公司、互联网公司和金融科技公司，部署一个共识节点。核心企业通常拥有多个业务部门，每个业务部门可以部署一个网关节点，网关节点向上连接到核心企业的共识节点，向下连接自己的客户端。如果核心企业的业务数量十分巨大，可以考虑部署两个或两个以上的共识节点，形成共识节点集群，以提高共识效率和业务处理速度。为简化网络拓扑，本文假定核心企业只部署一个共识节点。

（2）上游供应商。上游供应商通常由供应链上游的数十或数百家企业组成，它们共同部署一个共识节点，这能够减少共识节点的数量，降低共识过程中广播数据的传输量，从而提高共识效率。每个上游供应商各部署一个网关节点，并向上连接到供应商的共识节点，向下连接到自己的客户端。

（3）下游经销商。与上游供应商基本类似，下游供应商由供应链下游的数十或数百家企业组成，它们共同部署一个共识节点，从而减少共识节点的数量。每个下游经销商各部署一个网关节点，并向上连接到经销商的共识节点，向下连接到自己的客户端。

（4）银行。银行是供应链金融的资金流动性提供者，包括五大国有银行、股份制银行和民营银行等。多家银行共同部署一个共识节点，每个银行部署一个自己的网关节点,网关节点向上连接到银行的共识节点,向下连接到银行自己的客户端。银行通常不会将其数据库的数据全部进行哈希运算和上链,而是根据企业的贷款申请,提取所需数据的数据标签(标题、类型、时间和内容等),进行哈希运算获得数据标签的哈希值,然后进行非对称加密和数字签名,以确保数据的隐私性和安全性。

(5)政府部门。政府部门包括工商、税务、海关和监管机构等,它们共同部署一个共识节点,并向下连接各个政府部门的网关节点和客户端。政府部门的公开数据在达成共识后存入联盟链,为公众提供公共数据的溯源、存证和备案等服务,以便于用户查询、验证和审核。监管机构拥有查询联盟链上全部数据的权限,以便监管企业和银行之间的交易业务和融资活动。

(6)第三方物流。第三方物流包含运输、配送和仓储等企业,它们共同部署一个共识节点,并向下连接第三方物流的网关节点和客户端。第三方物流企业通过物联网终端的 RF 射频和智能芯片等,能够实时跟踪供应链中货物的位置、温度、价格和所有权等状态,确保上链之前数据源头的真实性。

2. 联盟链型供应链金融系统的共识算法

联盟链型供应链金融系统的网络拓扑部署完成后,采用何种共识算法达成共识是必须要解决的问题。常见的共识算法主要有 POW(Proof of Work,工作量证明)、POS(Proof of Stake,权益证明)、DPOS(Delegate Proof of Stake,委托权益证明)、PBFT(Practical Byzantine Fault Tolerant,拜占庭容错)和 Raft 协议等算法。因为 POW 算法存在机器算力高、共识效率低、交易速度慢和能源消耗大等问题,POS 和 DPOS 算法中拥有大量代币权益份额的少数人容易恶意共谋,Raft 协议难以支持大容量和高并发的数据处理,所有这些共识算法都不能有效满足供应链金融业务的需求(Xiao 等,2019)。考虑到 PBFT 算法能够解决拜占庭将军问题[①]中各节点如何达成一致共识的难

---

① 拜占庭将军问题,是指拜占庭军队驻扎在城外准备攻城,采用某种机制确保忠诚的将军们在受到叛徒将军干扰的情况下,仍能达成一致共识的行动方案,从而能够容忍叛徒将军产生的拜占庭失效。

题,并且它具有共识效率高、交易速度快、数据安全可靠、网络时延短、能源消耗低和容易监管等优点,能够较好满足供应链金融业务的需求,因此本文选用PBFT算法作为联盟链型供应链金融系统的共识算法。

1982年图灵奖获得者Lamport等首先提出拜占庭容错(PBFT)算法(Lamport等,1982)。1999年著名学者Castro & Liskov进一步提出PBFT算法,将共识复杂度由指数级降低为多项式级,极大地提升了共识算法的效率(Castro & Liskov,1999)。PBFT算法主要包含客户端(Client)、主共识节点(Primary consensus node)、备份共识节点(Backup consensus node)、视图(View)和视图转换协议(View-change protocal)等。其中,主共识节点和备份共识节点统称为共识节点,它们共同运行在同一视图编号中。PBFT算法的数据包括请求(Request)、预准备消息(Pre-prepare Message)、准备消息(Prepare Message)、确认消息(Commit Message)和回复(Reply)等。PBFT算法的共识过程主要包括预准备阶段(Pre-prepare phase)、准备阶段(Prepare phase)和确认阶段(Commit phase)。联盟链型供应链金融系统运行PBFT算法,需要共识节点的数量N大于或等于$3f+1$,即$N \geqslant 3f+1$,f为恶意共识节点的个数,系统具有允许1/3共识节点失效的容错能力(范捷等,2013)。联盟链型供应链金融系统中,PBFT算法能够使得大多数共识节点达成一致共识,并且共识节点能够按照相同的顺序执行请求中的操作指令(Operations),从而保证系统获得一致的相同结果。

联盟链型供应链金融系统通过PBFT算法能够实现一致共识,同时还利用哈希函数、时间戳、默克尔树、非对称加密和数字签名等,以确保数据的不可篡改、可追溯性、隐私性和安全性。例如,哈希函数(如HASH256)可将任意长度的输入值计算得到固定长度的输出值,具有抗碰撞性(collision resistance)、隐藏性(hiding)和谜题友好性(puzzle-friendly)等优点。时间戳记录区块的生成时间,扮演着区块的历史见证者。默克尔树将数据两两哈希运算逐步向上递归生成唯一的默克尔树根哈希值,它代表着这些数据在全网的唯一标识。默克尔树中任何数据的变动都会逐级向上传递并引起默克尔树根哈希值的变化,用户通过默克尔树可以快速查询和验证数据,且能够一直追溯到数据的源头,因此数据具有不可篡改和可追溯性。非对称加密是指客户端和共识节点共同拥有一对公钥和私钥(Public-private Key),其中私钥因自己保管或由网关托管而不容易泄露,公钥则可在网络上对外发布。数据经过非对称加密后,即使被黑客截获,但由于没有客户端私钥用于解密,黑客也无法获得数据内容,因此能保护数据的隐私性。数字签名是采用私钥对数据进行签名[①],防止作恶者或黑客对截获的数据进行修改或破坏,这能够确保数据的安全性以及签名者对数据所有权的唯一性。

五、联盟链型供应链金融系统的运行机制

联盟链型供应链金融系统运行机制的关键在于通过 PBFT 算法达成共识,并将数据上链存储于联盟链。本文在借鉴 MIT 学者 Castro & Liskov 的 PBFT 算法基础上(Castro & Liskov,1999;Castro & Liskov,2002),深入探讨了联盟链型供应链金融系统的运行机制。

联盟链型供应链金融系统包括核心企业、上游供应商、下游经销商、银行、政府部门和第三方物流这六类参与主体,共有六个共识节点($N=6$),允许存在一个恶意共识节点($f=1$),即满足 $N \geqslant 3f+1$[②]。为简洁和方便论述,本文省略下游经销商和政府部门的共识节点,并假定第三方物流的共识节点为恶意共识节点,即作恶或失效,但这不会影响联盟链型供应链金融系统的共识形成。因此,联盟链型供应链金融系统的运行机制,如图 2 所示:

---

① 例如,网关节点利用存托在网关中的客户端私钥对请求进行签名,以及共识节点利用其私钥对共识过程中的预准备消息、准备消息和确认消息等进行签名。

② 联盟链型供应链金融系统运行 PBFT 算法,需满足共识节点的数量 N 大于或等于 $3f+1$,即 $N \geqslant 3f+1$。

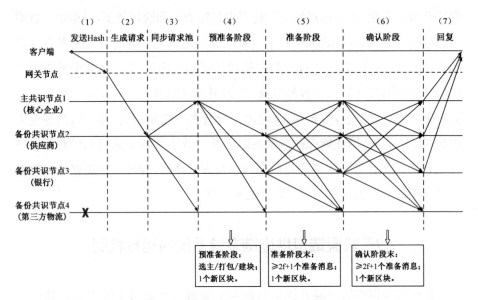

图2　联盟链型供应链金融系统的运行机制

注:图2中"X"表示第三方物流的共识节点为恶意共识节点,即作恶或失效。

资料来源:作者绘制。

(1)发送哈希值(Hash)。企业、银行和政府部门等客户端将原始数据进行哈希运算获得数据的哈希值,并分别发送给各自对应的网关节点。数据的哈希值主要分为三类(见图3):当原始数据为订单、报表、数量和金额等结构型数据时,其占据存储空间小,客户端可直接将其发送给网关节点,也可以对其进行哈希运算获得数据的哈希值;当原始数据为图片、音频和视频等非结构型数据时,其占存储空间大,容易导致网络拥塞,客户端对其进行哈希运算获得体积较小的哈希值;当原始数据为海量历史文档或涉密文件时,企业和银行等客户端提取所需数据的数据标签(如标题、类型、时间和内容等)进行哈希运算,获得数据标签的哈希值以保护数据的隐私性和安全性。

数据的哈希值（Hash）

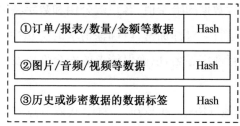

图3 数据的哈希值

资料来源：作者绘制。

（2）生成请求（Request）。每个网关节点收到自己的客户端发送的数据哈希值后生成请求。首先，网关节点验证客户端身份的合法性，并将收到的数据哈希值存入请求的载荷中，再打上时间戳。接着，网关节点将数据哈希值、时间戳和网关节点 ID 一起进行哈希运算后获得摘要值（Digest），并将其存放于请求的头部。然后，网关节点利用客户端公钥对请求进行非对称加密，利用存托于网关节点的客户端私钥对请求进行数字签名，进而生成完整的请求（图 4）。最后，每个网关节点将请求发送给各自对应的共识节点。

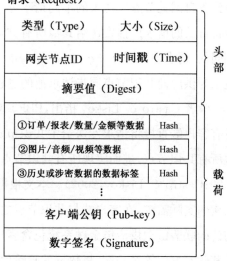

图4 请求

资料来源：作者绘制。

图 4 中，请求包括头部和载荷两部分。头部包含类型、大小、网关节点 ID、时间戳和摘要值。其中，类型是指数据的类别；大小是数据占据的体积；网关节点 ID 是网关身份标识的编号；时间戳记录着请求的生成时间；摘要值

是网关节点对数据的哈希值、时间戳和网关节点 ID 一起进行哈希运算获得的哈希摘要。载荷包含数据的哈希值、客户端公钥和数字签名。网关节点利用客户端公钥对请求进行非对称加密,以确保请求的隐私性。网关节点利用客户端私钥对请求进行数字签名,以确保请求的安全性以及对请求的所有权唯一性。

（3）同步"请求池"（Request Pool）。每个共识节点收到自己对应的网关节点发送的不同请求后,广播发送给其他所有共识节点,从而能够实现所有共识节点拥有相同的"请求池",保持所有共识节点状态的一致性和独立性。例如,核心企业、供应商、经销商、银行、政府部门和第三方物流的共识节点,分别收到各自网关节点发送来的不同请求 q_1、q_2、q_3、q_4、q_5 和 q_6,然后每个共识节点将自己的请求广播发送给其他所有共识节点,因而每个共识节点都拥有了相同的"请求池"（即 $q_1+q_2+q_3+q_4+q_5+q_6$）。需指出,图 2 中"同步请求池"显示为供应商共识节点同步请求池的过程,其他共识节点与之类似。

学者 Castro & Liskov 指出,PBFT 算法的系统包含客户端和共识节点,所有客户端直接将请求发送给主共识节点,主共识节点收到请求后发送给其他所有共识节点,进而实现所有共识节点拥有相同的请求（Castro & Liskov, 1999; Castro & Liskov, 2002）。本文根据供应链金融业务处理的要求和网络架构的实际需求,在客户端与共识节点之间增加部署了网关节点,因而本文所构建的联盟链型供应链金融系统包含客户端、网关节点和共识节点。企业、银行和政府部门等客户端,将数据的哈希值分别发送给各自对应的网关节点,然后每个网关节点生成不同的请求并将其发送给各自的共识节点,于是每个共识节点都会收到各自的网关节点发送的不同请求。本文在 PBFT 算法的共识过程中增加共识节点同步"请求池",即每个共识节点收到各自网关节点发送的不同请求后,将这些请求广播发送给其他所有共识节点,实现所有共识节点拥有相同的"请求池",这样能够保持所有共识节点的一致性和独立性,从而避免在新视图中新选出的主共识节点打包和建块受到影响。

（4）预准备阶段（Pre-prepare phase）。在预准备阶段，主共识节点生成预准备消息（Pre-prepare Message）。首先，核心层所有共识节点根据 p＝v·mod|R|公式[①]计算和判断自己是否为主共识节点。如果判断自己不是主共识节点，则不采取行动；如果判断自己是主共识节点，则主共识节点根据先进先出、交易费或者特定优先级等原则，从"请求池"中打包一定数量的请求。主共识节点根据上述的原则打包请求，这意味着对所打包的请求完成了排序。为避免打包过程中无限循环或时间超长，可设

预准备消息（Pre-prepare Message）

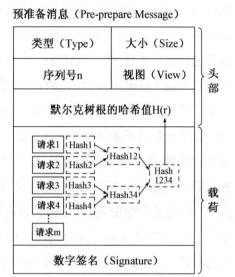

图 5　预准备消息

资料来源：作者绘制。

置打包数量阈值为 100 个或设置超时时间为 10 秒。接着，主共识节点对请求进行两两哈希运算逐步向上递归生成默克尔树根哈希值 H(r)，并将其存入预准备消息的头部。然后，主共识节点对所打包的请求分配序列号 n，并利用自己的私钥对预准备消息进行数字签名，进而构建完整的预准备消息（即新区块）（图 5）。最后，主共识节点将预准备消息广播发送给其他所有备份共识节点进行验证。

图 5 中，预准备消息（Pre-prepare Message）包括头部和载荷两部分。预准备消息的头部相当于区块的区块头，载荷相当于区块的区块体。头部包含类型、大小、视图、序列号，以及默克尔树根哈希值 H(r)。其中，视图是指主共识节点和备份共识节点共同运行在同一个视图号中；序列号 n 决定了请求的

---

① 公式 p＝v·mod|R|，其中 p 是共识节点的编号，v 是视图编号，|R| 是共识节点的总数，共识节点的集合表示为{0,1,…,R−1}，mod |R| 是指对共识节点的总数|R| 进行取模运算。

执行顺序;默克尔树根哈希值 H(r)是由主共识节点将请求两两哈希运算逐步向上递归生成的唯一哈希值,它代表区块体中所有请求在全网的唯一标识。载荷包含请求和数字签名,载荷的大小是可变化的。其中,请求是以默克尔树的形式存放于载荷中,默克尔树能够确保数据的不可篡改和可追溯性;数字签名是主共识节点利用其私钥对预准备消息进行签名,以确保备份共识节点收到预准备消息后不能随意修改或伪造。预准备消息的目的是主共识节点对请求进行打包、排序和分配序列号 n,即建立新区块。在预准备阶段,如果备份共识节点检查到主共识节点作恶或失效,则触发视图转换协议(View-change protocol)生成新视图,原有打包的请求会在新视图中被丢弃;同时在新视图中,各个共识节点根据上文公式计算和选出新的主共识节点,新主共识节点将从自己独立的、且相同的"请求池"中重新选择一定数量的请求进行打包和建块,进而生成新的预准备消息。此阶段中,主共识节点广播发送预准备消息给其他所有备份共识节点,其广播发送的方式是单向的、线性的,即使预准备消息的区块体中含有许多请求,通常也不会引起网络拥塞。

（5）准备阶段（Prepare phase）。共识节点接收预准备消息且验证通过后,生成准备消息（Prepare Message）（图 6）,并进行数字签名,接着将准备消息广播发送给其他所有共识节点。在准备阶段末,大部分共识节点（大于或等于 2/3）都已经确定"收到大于或等于 2f+1 个准备消息"。此时,大部分共识节点拥有了一个准备证书(Prepared Certificate),该准

准备消息（Prepare Message）

类型（Type）	大小（Size）	
序列号 n	视图（View）	头部
默克尔树根的哈希值 H(r)		
共识节点编号 i	填充位（Padding）	
数字签名（Signature）		

图 6　准备消息

资料来源:作者绘制。

备证书包含一个预准备消息以及大于或等于 2f+1 个准备消息。由于大部分共识节点只知道自己拥有、而不知道其他共识节点是否拥有该准备证书,因此需

要再广播一次进行交叉验证，以防止某些共识节点作恶或说谎。

图 6 中，准备消息(Prepare Message)包含头部和数字签名。头部包含的类型、大小、视图、序列号、默克尔树根哈希值 H(r)、共识节点编号 i 和填充位。其中，类型、大小、视图、序列号和默克尔树根哈希值 H(r)的内含与前文相同，此处不再赘述；共识节点编号 i 是准备阶段的共识节点编号；填充位是预留的空余字段；数字签名是共识节点利用其私钥对准备消息的签名。准备消息的目的是让共识节点认同上一阶段的预准备消息，即认可或同意主共识节点对请求的排序和分配的序列号 n。在准备阶段，共识节点广播发送准备消息的数量是指数级的，但由于准备消息仅包含区块头(即头部)而不包含区块体(即载荷)，且头部包含默尔克树根哈希值 H(r)而不包含区块体中的请求本身，因此区块头的体积很小，这能够减少准备阶段广播数据的传输量，有利于避免网络拥塞。

(6) 确认阶段(Commit phase)。共识节点接收准备消息且验证通过后生成确认消息(Commit Message)(图 7)，并进行数字签名，然后将确认消息广播发送给其他所有共识节点。在确认阶段末，大多数共识节点(大于或等于 2/3)已经确定"收到大于或等于 2f＋1 个确认消息"，此时，大多数共识节点都彼此相互知道"准备阶段中的大部分共识节点都已经收到大于或等于 2f＋1 个准备消息"。

确认消息（Commit Message）

类型（Type）	大小（Size）
序列号（n）	视图（View）
默克尔树根的哈希值H(r)	
共识节点编号i′	填充位（Padding）
数字签名（Signature）	

头部

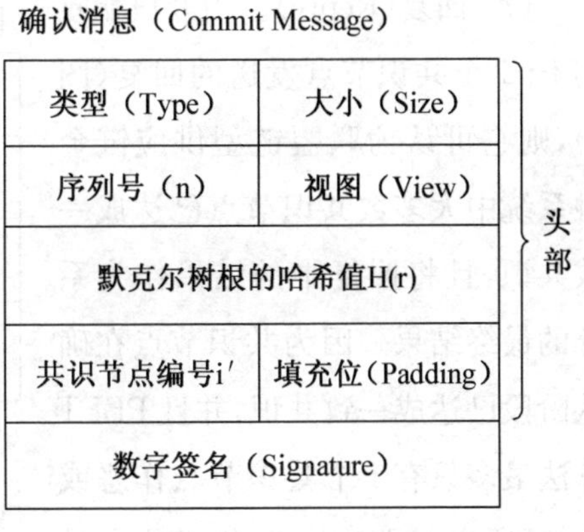

图 7 确认消息

资料来源：作者绘制。

因此，大多数共识节点达成一致共识，并将新区块上链存储于联盟链，然后再从自己的"请求池"中删除已上链的请求。另外，在达成一致共识后，大多数的共识节点按照相同的顺序执行预准备消息中请求所携带的操作指令(Operations)，从而使联盟链型供应链金融系统获得一致的相同结果，然后大多数共识节点一方面将结果存储于联盟链,另一方面将结果封装为回复(Reply)发送给客户端。

图7中,确认消息(Commit Message)包含头部和数字签名。它与准备消息中的内含基本相似,只有共识节点编号 i' 和数字签名不同。其中,共识节点编号 i' 是确认阶段的共识节点编号;数字签名是共识节点利用其私钥对确认消息的签名。确认消息的目的是让大多数共识节点都彼此相互知道"在准备阶段中的大多数共识节点都已经收到大于或等于 $2f+1$ 个准备消息",以防止某个共识节点说谎或作恶。在确认阶段,如果主共识节点失效而发生视图变更,重新选出的主共识节点通过读取准备证书(Prepared Certificate),获取已分配的序列号 n,仍然可以保持请求的排序不会发生改变。在此阶段,共识节点广播的确认消息也仅包含区块头(即头部)而不包含区块体(即载荷),这能够减少广播数据的传输量,以避免网络拥塞。

(7)回复(Reply)。当客户端收到 $f+1$ 个共识节点发送的回复(图8),则它可认为联盟链型供应链金融系统中大多数共识节点已达成一致共识,且将回复中的结果作为系统的最终结果。因为共识节点在确认阶段已达成一致共识,并且 PBFT 算法最多只有 f 个共识节点作恶或失效,所以只要有一个共识节点是

回复(Replu)

类型(Type)	大小(Size)	头
视图(View)	时间(Time)	部
共识节点信号	客户端c	
结果(Result)		

图8 回复

资料来源:作者绘制。

正常有效的,那么它返回的结果就能够代表大多数共识节点一致的结果。

图8中,回复含有类型、大小、视图、时间、客户端 c、共识节点编号和结果。其中,类型、大小和视图的内含与前文相同不再赘述;时间是指客户端接收到回复的时间;客户端 c 是指接收回复的客户端的编号;共识节点编号是指发送回复的共识节点的编号;结果是指共识节点按照相同的顺序执行请求中操作指令获得的结果。

　　概言之,联盟链型供应链金融系统中,核心企业、供应商、经销商、银行、政府部门和第三方物流采用 PBFT 算法,经过客户端、网关节点和共识节点,依次完成"发送哈希值、生成请求、同步请求池、预准备阶段、准备阶段、确认阶段和回复"的过程,在实现一致共识后将数据上链存储于联盟链,进而形成联盟链型供应链金融系统的分布式总账本。同时,联盟链型供应链金融系统中,企业、银行和政府部门等将原始数据文件进行加密处理,链下(Off-chain)存储于各自的传统数据库。

六、联盟链型供应链金融系统的业务应用

　　因为应收账款融资是许多中小企业的主要融资方式,并且在供应链金融业务中占比最大,所以本文基于应收账款融资,从业务流程、数据上链和融资绩效三个方面,讨论联盟链型供应链金融系统的业务应用。

1. 联盟链型供应链金融系统的业务流程

　　应收账款融资是指在供应链核心企业承诺兑付前提下,供应商将基于真实贸易背景的应收账款凭证有条件转让或质押给银行,以获得银行贷款的一种融资方式。联盟链型供应链金融系统应收账款融资方案是指核心企业、供应商和银行等基于联盟链型供应链金融系统开展应收账款融资的一种业务模式。联盟链型供应链金融系统的运行包括核心企业、上游供应商、下游经销商、银行、政府部门和第三方物流,其中开展应收账款融资业务的参与者主要包括核心企业、供应商和银行。本文假设核心企业 A 为东风商用汽车公司(简称为东风公司),银行 B 为工商银行,供应商 C 为金鑫工业制造公司(简称为金鑫公司)。联盟链型供应链金融系统应收账款融资的业务流程,如图 9 所示:

　　(1)金鑫公司和东风公司签订价值 100 万元的汽车零部件订单,订单主要包含订单 ID、供应商 ID、核心企业 ID、商品与数量、金额和时间等(图 10a)。金鑫公司创建订单,并将其上链存储。(2)金鑫公司通过第三方物流企业将货物发送给东风公司,东风公司收到货物后为金鑫公司开具应收账款凭证,设

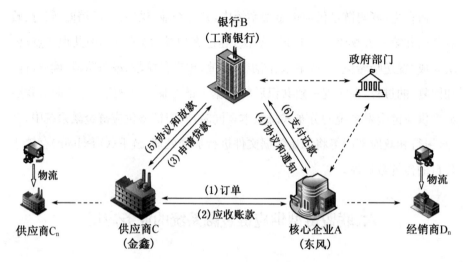

图9 联盟链型供应链金融系统应收账款融资的业务流程

资料来源:作者绘制。

定应收账款周期为180天,应收账款凭证主要包含应收账款ID、供应商ID、核心企业ID、商品与数量、金额和截止时间等(图10b)。金鑫公司将应收账款凭证上链存储,第三方物流企业将物流信息上链存储。(3)金鑫公司面临资金短缺时,既可以选择向银行寻求一般商业性贷款,也可以选择传统供应链金融进行融资,还可以基于联盟链型供应链金融系统进行融资。出于自身利益最大化,金鑫公司将选择在联盟链型供应链金融系统进行融资,并将申请贷款文件上链存储。(4)工商银行查询和核验联盟链中金鑫公司的订单、应收账款凭证、申请贷款文件、销售、利润和工商等数据,然后与金鑫公司一起商量融资协议,并创建融资协议的智能合约。其中,智能合约包含事项、金额、折扣率、利率、截止时间、预置条件和状态等(图10c)。工商银行查询联盟链中金鑫公司的数据的过程是:首先金鑫公司将自己的公钥公开发布或直接提供给工商银行,以授权其查询;接着工商银行根据其身份ID、金鑫公司公钥和查询需求等生成"查询申请单",再利用自己的私钥进行数字签名;然后联盟链根据"查询申请单"向工商银行返回查询结果;最后工商银行将"查询申请单"作为操作记录,后续上链存储于联盟链。(5)金鑫公司需要资金时,可触发智能合约中的预置条件,智能合约自动执行程序或指令,使得工商银行及时向金鑫公司发放贷款。(6)东风公司在应收账款的截止日期时向工商银行支付贷款本息,同时将还款记录上链存储。

订单　　　　　　　　　　应收账款凭证　　　　　　智能合约(资金协议)

名称	描述
订单 ID	0x134a…
供应商 ID	0x5514…
核心企业 ID	0x15r6…
商品与数量	零部件,1 万个
金额	100 万元
时间	2022/01/30

（a）订单

名称	描述
应收账款 ID	0x2243…
供应商 ID	0x5514…
核心企业 ID	ox15r6…
商品与数量	零部件,1 万个
金额	100 万元
截止时间	2022/07/30

（b）应收账款凭证

项目	内容
事项	应收账款融资
金额	100 万
利率 R_1	6%
折扣率	70%
截止时间	2022/07/30
预置条件	What … if … 代码
状态	Ready

（c）资金协议

图 10　订单、应收账款凭证和资金协议

资料来源:作者绘制。

2. 联盟链型供应链金融系统的数据上链

联盟链型供应链金融系统中,核心企业、供应商和银行等开展应收账款融资业务,产生了信息流、资金流、商品流和物流等数据,如订单、应收账款凭证、申请贷款文件、查询申请单、融资协议、还款记录和物流信息等,并采用 PBFT 算法经过"选主、打包、建块和验证",在实现一致"共识"后将数据"上链"存储于联盟链总账本。这些数据上链的具体过程,如图 11 所示(以订单为例):

(1)由于订单 ID 能够唯一代表订单的全部内容,金鑫公司客户端对订单 ID 进行哈希运算获得订单 ID 的哈希值,并发送给自己的网关节点。(2)金鑫公司网关节点生成订单的请求,进行非对称加密和数字签名,并将其发送给自己的共识节点。(3)金鑫公司共识节点收到订单请求后,发送给东风公司、工商银行、经销商、政府部门和第三方物流的共识节点,实现所有共识节点都拥有相同的订单请求池。(4)预准备阶段,若根据公式 $p = v \cdot \mod |R|$ "选主"得到东风公司的共识节点为主共识节点,则它从订单请求池中"打包"一定

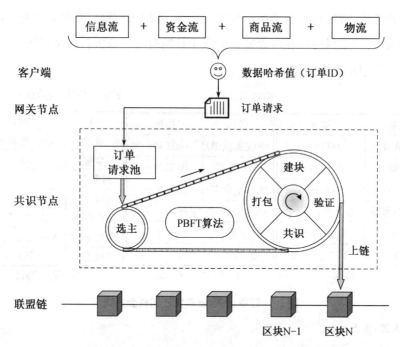

图 11　联盟链型供应链金融系统应收账款融资的数据上链

资料来源:作者绘制。

数量的订单请求,并生成默克尔根哈希值 H(r)、分配序列号 n 和数字签名,进而构建订单的预准备消息(即"建块"),然后将预准备消息广播发送给其他共识节点。(5) 准备阶段,共识节点收到预准备消息且"验证"通过后生成准备消息,并进行数字签名。在此阶段末,大部分共识节点(大于或等于 2/3)已经确定"收到 5 个准备消息"①。(6) 确认阶段,共识节点收到准备消息且"验证"通过后生成确认消息,并进行数字签名。在此阶段末,大多数共识节点(大于或等于 2/3)已经确定"收到 5 个确认消息"。因此,大多数共识节点达成一致"共识",将订单的预准备消息"上链"存储于联盟链,并从自己的订单请求池中删除已上链的订单请求。

---

① 联盟链型供应链金融系统包含 6 个共识节点,其中假定第三方物流的共识节点是恶意共识节点(f=1),因此准备阶段中,每个共识节点收到 5 个准备消息(N-f=6-1=5)。确认阶段也类似。

3. 联盟链型供应链金融系统的融资绩效

通过联盟链型供应链金融系统开展应收账款融资业务,供应链上中小企业的融资绩效能够获得显著提高,即获得资金的时间缩短、贷款利率降低和贷款规模扩大。同样以供应商金鑫公司为例,金鑫公司与东风公司签订 100 万的汽车零部件订单后,金鑫公司可以有三种方式获得生成经营所需要的现金流(见图 12):

(1)一般贸易融资。供应链中核心企业通常采用赊销模式,东风公司收到货物后为金鑫公司开具应收账款凭证,应收账款周期设为 180 天,并承诺在应收账款的截止日期时支付货款,故金鑫公司获得资金的时间 T_1 为 180 天。当金鑫公司面临资金短缺的压力时,金鑫公司向工商银行寻求流动性贷款,贷款规模 S_1 为应收账款金额的 100%,即 100 万元。由于金鑫公司为资产规模较小、信用资质较低和经营风险较大的中小企业,工商银行提供贷款的利率通常比较高,如利率 R_1 为 12% 或更高。

(2)传统供应链金融。金鑫公司也可采用传统供应链金融方式,将应收账款凭证质押给工商银行以获得流动性贷款。工商银行收到应收账款凭证后核验其真实性,并多渠道查询和验证金鑫公司的订单、销售、信用、工商和税务等相关信息,甚至到企业进行现场考察和风险评估,最后由审贷委员会或行长审批是否向金鑫公司发放贷款。如果工商银行处理应收账款融资业务的时间平均需要 10 天[①],则金鑫公司获得流动性贷款的时间 T_2 为 10 天。由于金鑫公司以基于真实交易背景的应收账款凭证做质押,因此工商银行提供给金鑫公司的贷款利率 R_2 降低为 6%,贷款规模 S_2 则是应收账款金额的七折,即折扣率为 70%,贷款规模为 70 万元。

(3)联盟链型供应链金融系统。金鑫公司还可以通过联盟链型供应链金融系统开展应收账款融资业务。在业务过程中,工商银行能够随时查验和审

---

① 根据相关文献的研究和作者实际了解的情况,我国商业银行受理应收账款融资业务的时间一般为 10~14 天,本文取 T_2 为 10 天。

核联盟链中真实的、不可篡改的和可追溯的数据,如订单、应收账款凭证、信用、销售、物流、工商和税务等,这既可缓解银企之间的信息不对称,也可避免银行多渠道交叉验证数据而耗费大量的人力和时间。同时,融资协议的智能合约在满足预置条件时能够自动执行程序或指令,工商银行可在第一时间或及时地向金鑫公司发放贷款。因此,金鑫公司获得流动性贷款的时间 T_3 能够极大地缩短为 1 天,甚至数小时(本文取值 $T_3=1$ 天)。由于联盟链型供应链金融系统可缓解信息不对称、增加银企互信和提高业务效率等,工商银行提供给金鑫公司的贷款利率 R_3 可进一步降低为 4%,贷款规模 S_3 也可提高为应收账款金额的 90% 或以上,即等于或大于 90 万元。

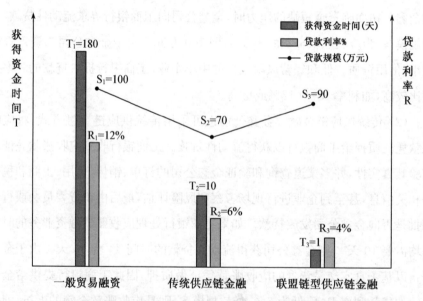

图 12　供应商金鑫公司获得流动性资金的三种方式及其效果

资料来源:作者绘制。

由图 12 可知,获得资金的时间 $T_1>T_2>T_3$,即分别为 180 天、10 天和 1 天,这表明通过联盟链型供应链金融系统,金鑫公司能够及时和高效地获得工商银行的流动性贷款,其融资效率约为传统供应链金融的 10 倍,为一般贸易融资的 180 倍左右;贷款利率 $R_1>R_2>R_3$,即分别为 12%、6% 和 4%,这表明通过联盟链型供应链金融系统,金鑫公司获得流动性贷款的利率最低,约为传统供应链金融的 2/3,为一般贸易融资的 1/3;贷款规模 $S_3 > S_2$,即分别为 90 万元和 70 万元,这表明相对于传统供应链金融,金鑫公司通过联盟链型供应链金融系统能够获得更多的流动性贷款。可以认为,通过联盟链型供应链金融系统开展应收账款融资业务,供应商金鑫公司等中小企业的融资绩效获得显著提高,即获得资金的时间缩短、利率降低和规模扩大,这有利于解决中小企业的融资难问题。

七、结论与建议

本文以联盟链为底层技术,将企业、银行和政府部门等参与主体连接在一起,构建了联盟链型供应链金融系统,讨论了该系统的选型依据和网络架构,分析了该系统采用 PBFT 算法实现一致共识的运行机制,最后还展示了该系统在应收账款融资方面的应用。本文所做研究的主要结论如下。第一,与公有链和私有链相比,联盟链具有缓解信息不对称、共识效率高、交易速度快、信用成本低、数据安全可靠和易于监管等优点,本文因而构建了联盟链型供应链金融系统。第二,采用 PBFT 算法实现一致共识并将数据上链存储,这是联盟链型供应链金融系统运行机制的关键所在。企业、银行和政府部门等采用 PBFT 算法,依次完成"发送哈希值、生成请求、同步请求池、预准备阶段、准备阶段、确认阶段和回复"的过程,在实现一致共识后将数据上链存储于联盟链总账本。联盟链总账本能够缓解信息不对称;链上数据具有真实性、不可篡改和可追溯性;联盟链的共识互信容易实现银企之间的信用均衡;联盟链的智能合约能够优化业务流程和提高业务效率。第三,相对于一般贸易融资和传统供应链金融,利用联盟链型供应链金融系统开展应收账款融资业务,链上中小企业的融资绩获得效显著提高,即获得资金的时间缩短、利率降低和规模扩大,进而有利于解决中小企业的融资难问题。

联盟链型供应链金融系统是区块链和供应链金融的融合与创新,能够为解决中小企业的融资难问题提供新的路径。为加快联盟链型供应链金融系统的开发与应用,本文的主要建议如下。一是各级地方政府出台政策法规,鼓励区块链技术与供应链金融业务的深度融合与创新,特别是大力支持联盟链型供应链金融系统的研究与应用。二是科研机构等要加大联盟链型供应链金融系统的技术研发,争取在共识算法的运行效率、数据隐私的密码学技术、智能合约的编码能力、小额和高频交易的侧链或闪电网络,以及多链互联的跨链技术等方面取得重大突破,从而推动联盟链型供应链金融系统更好地发展。三是企业和银行等要积极拓展联盟链型供应链金融系统的应用场景,如商品溯源、信用共享、智能风控、库存融资和应付账款融资等,充分发挥联盟链型供应链金融系统解决中小企业融资难问题的积极作用。

本文对联盟链型供应链金融系统进行了初步研究,但仍有一些研究局限有待进一步拓展。第一,从实证检验角度,探讨联盟链型供应链金融系统对企业融资绩效的影响。第二,从成本和收益角度,对比分析采用联盟链技术前后,企业和银行等利润最大化问题。第三,从合约机制的角度,探讨联盟链的智能合约如何实现企业和银行之间的信用流转和支付结算,从而提升业务效率和降低交易成本。

主要参考文献

[1] 徐忠,邹传伟. 区块链能做什么,不能做什么?[J]. 金融研究,2018(11):1-16.

[2] FRIZZO B J, CHOW P A, ADAMS P R, et al. Blockchain as a disruptive technology for business: A systematic review [J]. International Journal of Information Management, 2020. https://doi.org/10.1016/j.ijinfomgt.2019.10.014.

[3] 梁睿昕,李姚矿,王雅琳,等. 基于科学知识图谱的区块链研究述评[J]. 经济管理,2021,43(7):193-208.

[4] BALS C. Toward a supply chain finance ecosystem-Proposing a framework and agenda for future research[J]. Journal of Purchasing and Supply Management, 2019,25(2):105-117.

[5] 潘爱玲,凌润泽,李彬. 供应链金融如何服务实体经济——基于资本结构调整的微观证

据[J]. 经济管理,2021,43(8):41－55.

[6] XU X, CHEN X, FU J, et al. Supply chain finance: A systematic literature review and bibliometric analysis[J]. International Journal of Production Economics, 2018, 204:160－173.

[7] OMRAN Y, HENKE M, HEINES R, et al. Blockchain-driven supply chain finance: towards a conceptual framework from a buyer perspective[C]. Ipsera, 2017.

[8] HOFMANN E. Supply chain finance and blockchain technology: the case of reverse securitization[J]. Foresight, 2018,20(4):447－448.

[9] CONE L W, HE Z. Blockchain disruption and smart contracts[J]. Review of Finance Studies, 2019,32(5):1754－1797.

[10] CHOD J N, TRICHAKIS, G. TSOUKALAS, et al. On the financing benefits of supply chain transparency and blockchain adoption[J]. Management Science, 2020,66 (10):4378－4396.

[11] 马小峰,杜明晓. 基于区块链的供应链金融服务平台[J]. 大数据,2018,4(1):13－21.

[12] 郭菊娥,陈辰. 区块链技术驱动供应链金融发展创新研究[J]. 西安交通大学学报(社会科学版),2020,40(3):46－54.

[13] 张路. 博弈视角下区块链驱动供应链金融创新研究[J]. 经济问题,2019(4):48－54.

[14] 梁喜,肖金凤. 基于区块链和消费者敏感的双渠道供应链定价与渠道选择[J]. 中国管理科学,2022.

[15] 李健,朱士超,李永武. 基于综合集成方法论的区块链驱动下供应链金融决策研究[J]. 北京:管理评论,2020,32(7):302－314.

[16] 龚强,班铭媛,张一林. 区块链、企业数字化与供应链金融创新[J]. 管理世界,2021,37 (2):22－34,3.

[17] CHOI T M. Supply chain financing using blockchain: impacts on supply chains selling fashionable products[J]. Annals Operation Research, 2020.

[18] CHO S, LEE K, CHEONG A, et al. Chain of Values: Examining the economic impacts of blockchain on the Value-Added tax system[J]. Journal of Management Information Systems, 2021,38(2):288－313.

[19] CASTRO M, LISKOV B. Practical byzantine fault tolerance[C]. In 3rd Symp. On Operating Systems Design and Impl. , Feb. 1999.

[20] CASTRO M, LISKOV B. Practical byzantine fault tolerance and proactive recovery [J]. ACM Transactions on Computer Systems, 2002,20(4):398 - 461.

[21] 周立群,李智华. 区块链在供应链金融的应用[J]. 信息系统工程,2016(7):49 - 51.

[22] 宋华,卢强. 什么样的中小企业能够从供应链金融中获益?——基于网络和能力的视角[J]. 管理世界,2017(6):104 - 121.

[23] MARAK Z R, PILLAI D. Factors, Outcome, and the Solutions of Supply Chain Finance: Review and the Future Directions [J]. Journal of Risk and Financial Management, 2019,12(1):3.

[24] SWAN M. The Blockchain: Blueprint of a new economy[M]. O'Reilly, 2015.

[25] NAKAMOTO S. Bitcoin: A peer-to-peer electronic cash system[C]. working paper, Bitcoin, Arlington, VA, 2008.

[26] ANDROULAKI E, CACHIN C, FERRIS C, et al. Hyperledger fabric: a distributed operating system for permissioned blockchains[C]. Proceedings of the Thirteenth EuroSys Conference, 2018.

[27] WANG Y, HAN J H, DAVIES P B. Understanding blockchain technology for future supply chains: a systematic literature review and research agenda[J]. Supply Chain Management: An International Journal, 2019,24(1):62 - 84.

[28] HUGHES L, DWIVEDI Y K, MISRA S K, et al. Blockchain research, practice and policy: Applications, benefits, limitations, emerging research themes and research agenda[J]. International Journal of Information Management, 2019,49:114 - 129.

[29] XIAO Y, ZHANG N, LUO W, et al. A survey of distributed consensus protocols for blockchain network[J]. IEEE Communications Surveys and Tutorials, 2020,20 (2):1432 - 1456.

[30] LAMPORT L, SHOSTAK R, PEASE M. The byzantine general problem[J]. ACM Transactions on Programming Languages and Systems, 1982, 4(3):382 - 401.

[31] 范捷,易乐天,舒继武. 拜占庭系统技术研究综述[J]. 软件学报, 2013,24(6): 1346 - 1360.

(与何涛合作,《西安交通大学学报(社科版)》2023 年第 6 期)

数字经济与保险企业高质量发展

摘要：数字经济发展势必对保险企业偿付能力产生重要影响。本文采用固定效应模型和中介效应模型，选取2011—2018年中国保险行业协会公布的保险企业为研究样本，实证检验数字经济发展对保险企业偿付能力的影响及其传导路径。其主要结论有四个。(1)数字经济发展与保险企业偿付能力成显著负相关。(2)数字经济发展通过保险企业产品创新能力渠道影响保险企业偿付能力。(3)从保险企业偿付能力的视角出发，现阶段数字经济的发展并未促进保险企业高质量发展。(4)与人寿保险企业相比，数字经济发展对财产保险企业偿付能力的影响更显著；与中部和西部地区相比，数字经济发展对东部地区保险企业偿付能力的影响更为显著；数字经济对小型保险企业偿付能力的影响最强，对微型保险企业偿付能力的影响最弱。本文还提出了提高保险企业偿付能力和推动保险企业高质量发展的建议。

关键词：数字经济；保险企业；偿付能力；高质量发展

一、引　言

发展数字经济已经成为国家战略重点之一，数字经济正在成为驱动经济高质量发展的重要引擎，特别是疫情期间更是凸显了数字经济的韧性和优势，同时也反映出产业数字化的必要性和紧迫性。2021年3月，"全国两会"《政府工作报告》中提出,要加快数字化发展,打造数字经济新优势,协同推进数字产业化和产业数字化转型,加快数字社会建设步伐,提高数字政府建设水平,营造良好数字生态,建设数字中国。中国信息通信研究院发布的《中国数字经济发展白皮书(2020 年)》显示,我国数字经济规模不断扩张、贡献不断增强,2016 年我国数字经济的规模为 22.4 万亿元,2019 年数字经济规模达到 35.8 万亿元,占 GDP 比重达到 36.2％。按可比口径计算,我国数字经济同比名义增长率达 15.6％,远远高于 GDP 增长率,已成为驱动我国经济高质量发展的重要引擎。2020 年新冠疫情爆发以来,线下实体经济受到冲击,数字经济利用数据资源,充分发挥数据生产要素潜能,打通线上和线下的边界,对于经济社会发展起到支撑和稳定作用,而且在特殊时期、特殊背景下,对稳定就业、保障民生发挥了重要的作用,也进一步凸显了数字经济的韧性和优势。在当前加快形成国内大循环为主体、国内国际双循环相互促进的新发展格局的关键时期,更要大力培育经济新动能和新增长点,因此数字经济是实现我国经济从高速增长到高质量发展的重要路径。

在数字经济发展战略的引领下,保险行业为促进自身高质量发展,开始逐步推进数字化转型。在数字经济成为经济发展新引擎的背景下,数字经济为保险企业发展提供了风险管理和保障服务。保险行业运用数字经济中大数据、云计算、区块链、人工智能和 5G 等信息技术提升业务拓展能力、运营管理效能,提高核心能力创新水平。保险行业积极利用数字经济培育数字化能力,在渠道、产品、服务、风控、生态等方面加速迭代,重塑竞争优势,努力实现高质量发展。从这个意义上讲,数字化转型是促进保险行业高质量发展的内生需求。

保险企业偿付能力是保险行业高质量发展的重要指标之一。保险企业高质量发展要求保险企业以防范系统性风险为底线,精准有效化解各类风险。保险企业偿付能力在防控保险企业经营风险、引导保险企业数字化转型、推动保险企业高质量发展方面都有重要的作用。保险企业是风险经营企业,具有偿付能力,事关广大投保人的切身利益,是保险公司社会责任的基本保障,是保险企业可持续发展的根本需要。虽然数字经济已经成为国民经济重要的新引擎,在国民经济中的占比越来越高,但是定量研究数字经济对保险企业偿付能力影响的文献却极为匮乏。在保险行业数字化转型的关键时刻,为保障保险企业高质量发展,系统客观地探讨数字经济对保险企业偿付能力的影响具有重要的理论和现实意义。

要解决上述问题,需要在梳理有关相关文献的基础上,结合中国保险企业的实际情况进行实证研究。本文首次将数字经济与保险企业偿付能力相结合,以我国保险企业公开披露的历年偿付能力相关数据为研究样本,利用固定效应模型和中介效应模型进行实证检验,深入研究数字经济与保险企业偿付能力之间的关系。

二、文献回顾

本文主要研究数字经济与保险企业偿付能力之间的关系,因此从数字经济和保险企业偿付能力两个方面对相关文献进行综述。

一是关于数字经济方面的研究文献。国内外学者普遍认为数字经济有助于促进经济增长(Kapoor,2013;张勋等,2019;赵涛等,2020)。数字经济促进经济增长的原因是多方面的。在金融服务可得性和便利性方面,随着移动互联网的普及,利用互联网的虚拟性、连通性以及强烈的地理穿透性,可以降低传统金融对物理网点的依赖,利用互联网的边际成本递减和低成本优势,使得原本无法接触到的金融市场的群体增加了金融服务的可得性和便利性,从而推动了经济增长(焦瑾璞,2014;李继尊,2015)。在金融资源优化配置方面,经典金融理论认为信贷约束可以抑制经济发展(Evans & Jovanovic,1989;Nykvist,2008;Karaivanov,2012),数字经济可以通过数据等新生产要素的投入,进一步优化资源配置效率,提升全要素生产率,缓解潜在的信贷约束和流动性约束,从而促进经济增长(洪银兴,2018;荆文君、孙宝文,2019)。在企业发展方面,数字经济通过提升企业创新活跃度,激发大众创业与万众创新,推动了经济高质量发展，特别是数字经济高质量发展溢出效应成边际效应递增的非线性变化趋势，表明数字经济的空间溢出效应能够推动经济高质量发展（赵涛等，2020）。此外，数字经济还可以通过激发消费者的多样化产品消费需求和供需双方的双向产品供给流动（罗珉、李亮宇，2015；郭家堂、骆品亮2016），通过提供更加便捷的信息交流平台（周广肃、樊纲，2018）等途径推动经济增长。关于数字经济的另外一个研究焦点就是对数字经济所产生的经济效应进行评估。数字经济的发展有利于缩小城乡收入差距（宋晓玲，2017），数字经济可以促进企业创新（谢绚丽，2018），数字经济可以通过提升收入和缓解流动性约束等因素促进居民消费。

　　二是保险企业偿付能力方面的研究文献。鉴于保险企业偿付能力在保险行业监管中的重要作用和地位，众多专家学者对保险企业偿付能力进行研究。偿付能力监管发挥作用的前提是对偿付能力的准确测算，有的研究学者通过建立 ARMA 模型（高原，2014）和 POT 模型（尚勤等，2019）进行测算，有的研究学者通过利用主成分分析法进行测算（陈锐，2018），有的研究学者通过建立理论分析框架和评价指标体系进行测算（唐大鹏等，2019；郑军，2020）。针对偿付能力对保险行业影响，主要有偿付能力对保险行业的影响（李子耀等，2016；朱日峰，2017），偿付能力对资本结构、资产配置和资金运用的影响（陶一丹，2016；蒋国瑜等，2019；孙健等，2019），偿付能力对保险企业经营效率、投资收益和融资行为等经营管理方面的影响（贾晓澜，2018；王艳等，2019）。还有很多因素也会影响保险企业偿付能力。从保险企业管理方面考虑，有研究学者研究公司治理和董事会治理对偿付能力的影响（郝臣等，2016）；从保险企业监管方面考虑，有学者研究保险动态监管对偿付能力的影响（宫婷，2018）；从保险企业自身经营特征考虑，有学者研究保险企业综合赔付率、资产负债率、保费收入增长率、分保比率、净利润率对偿付能力的影响（李玮，2018），新形势下催生的因素也会对保险企业偿付能力产生影响（路春霞等，2019；谢琳，2020）。还有学者主要从影响偿付能力充足率的因素（郭金龙，2017），对保险企业偿付能力充足率进行测算并进行回归分析（欧阳越秀，2016，2019）。此外,随着"偿二代"①的推出,在进一步健全保险企业监管体系的同时,也带来了新的问题和挑战(邱越,2020)。在"偿二代"背景下,学者对如何发展保险企业(李睿,2017),如何管理保险企业风险(汪健兵等,2019;张静,2019),如何建立并利用风险预警系统对保险企业偿付能力进行监测(李丹等,2019)进行了研究。

三、理论分析与研究假设

在分析数字经济如何影响保险企业偿付能力之前,需要先明确保险企业偿付能力的影响因素有哪些。保险企业偿付能力是指保险企业履行赔偿和给付责任的能力,因此保险企业偿付能力是保险企业市场竞争力的重要组成部分,是保险企业高质量发展的重要标志之一。保险企业偿付能力是决定保险企业生存与发展的决定性因素,一旦发生保险企业资不抵债的情况,保险企业就会面临破产危机,因此对保险企业偿付能力的监管是国家对保险市场监督管理的核心内容。我国《保险法》规定:保险企业应当具有与其业务规模相适应的最低偿付能力。保险企业的实际资产减去实际负债的差额不得低于金融监督管理部门规定的数额,低于规定数额的,就应当增加资本金,补足差额。可以认为保险企业偿付能力由企业的资产和负债共同决定。

保险是经营风险的特殊行业,在保险商业化之后,追求自身效益最大化就是保险企业的主要目的(彭涛,1995)。商业保险经营风险最基本的内在特征是补偿性和商品性,而这种特征最直接体现的就是对经济损失的补偿能力和保险基金的积累并取得盈利。根据大数法则,承保同质风险的范围越大,风险就越分散,因此保险企业为追求自身效益最大化,往往以创新保险产品和扩大保险市场占有量为主要手段。

---

① 原中国保监会在 2012 年初发布《中国第二代偿付能力监管制度体系建设规划》(简称"偿二代")。"偿二代"建设于 2012 年启动,经过 3 年努力,2015 年 2 月,"偿二代"正式发布并进入实施过渡期。2016 年 1 季度起,"偿二代"监管体系正式实施。

在数字经济应用到保险行业的现阶段,保险企业应用数字经济的主要目的是扩大市场份额,吸引更多的客户群体。数字经济凭借高效的大数据处理能力,可以解决信息不对称,实现供需双方的快速匹配,并大幅度降低交易双方的交易成本(Shapiro & Varian,1998;Borenstein & Saloner,2001)。数字经济通过网络的穿透性压缩时空距离,打破传统地理空间概念上的时空限制对保险企业的约束,通过网络的延伸性覆盖部分长尾客群,进而拓展承保边界。保险企业以较低的价格获取保险历史数据和保险消费者偏好数据,经过数据挖掘潜在客户的消费偏好,实现精准营销和产品私人订制,在数字经济的赋能下,保险企业产品创新速度加快,保险企业业务收入增加。但由于保险企业只重视保险业务的量能,不重视客群质量,特别是保险欺诈行为的多发,风险控制不严格,导致保险企业赔付支出增加速度高于保险企业业务收入增加的速度,反应在保险企业偿付能力上就是随着数字经济的应用发展,保险企业的偿付能力呈下降趋势。因此,本文提出研究假设 1 和研究假设 2。

研究假设 1:现阶段数字经济发展与保险企业偿付能力显著负相关。

研究假设 2:保险企业产品创新能力是数字经济影响保险企业偿付能力的传导渠道。

四、研究设计

(一) 模型设计

为验证研究假设 1,即现阶段数字经济发展与保险企业偿付能力显著负相关,本文参考张莉等(2019)的做法,构建以下回归模型:

$$Pa_{i,t}=\alpha_0+\alpha_1 Df_{i,t}+\alpha_c Con_{i,t}+\mu_i+\delta_t+\varepsilon_{i,t} \qquad (1)$$

式(1)中,i 表示保险企业,$i=0,1,2,\cdots$;t 表示时间维度,$t=2011,\cdots,$ 2018;$Pa_{i,t}$ 是被解释变量保险企业偿付能力,表示保险企业 i 在 t 年的偿付能力；$Df_{i,t}$ 是解释变量数字经济发展水平，表示保险企业 i 所在省份 t 年的数字经济发展水平；$Con_{i,t}$ 是控制变量，代表一系列控制变量；μ_i 表示保险企业 i 不随时间变化的个体固定效应；δ_t 表示控制年份固定效应；$\varepsilon_{i,t}$ 表示随机扰动项；α_j 表示各变量的系数，其中 $j=1,\cdots,n$。

为讨论数字经济对保险企业偿付能力可能存在的作用机制，考虑到保险企业利用数字经济进行产品创新进而增加保险企业业务收入，本文假设保险企业产品创新能力是数字经济与保险企业偿付能力之间的中介变量。为实证检验保险企业产品创新能力是否为数字经济和保险企业偿付能力二者之间的传导渠道，本文借鉴温忠麟、叶宝娟（2014）的做法，采用中介效应模型。具体的实证检验步骤如下：在式（1）数字经济发展 Df 对保险企业偿付能力 Pa 的回归模型的系数 α_1 显著性通过实证检验的基础上，分别构建数字经济发展 Df 对于中介变量保险企业产品创新能力 In 的线性回归方程以及数字经济发展 Df 与中介变量保险企业产品创新能力 In 对保险企业偿付能力 Pa 的回归方程，然后通过中介效应模型的相关系数判断中介效应是否成立。本文构建的中介效应模型如下：

$$In_{i,t}=\beta_0+\beta_1 Df_{i,t}+\beta_c Con_{i,t}+\mu_i+\delta_t+\varepsilon_{i,t} \tag{2}$$

$$Pa_{i,t}=\lambda_0+\lambda_1 Df_{i,t}+\lambda_2 In_{i,t}+\lambda_c Con_{i,t}+\mu_i+\delta_t+\varepsilon_{i,t} \tag{3}$$

式（2）和（3）中，$In_{i,t}$ 是中介变量保险企业产品创新能力，表示保险企业 i 在 t 年的产品创新能力。β_j 和 λ_m 表示各变量的系数，其中 $j=1,\cdots,n$；$m=1,\cdots,n$；其余变量与式（1）中一致，本文不再赘述。

（二）变量说明

1. 被解释变量：保险企业偿付能力（Pa）

保险企业偿付能力是衡量保险公司能否支付保险消费者到期债务的重要指标，本文借鉴贾晓澜（2018）的做法，使用保险企业综合偿付能力充足率作为保险企业偿付能力的替代变量。保险企业综合偿付能力充足率等于保险公司的实际资本除以保险公司的最低资本,其中保险公司的实际资本是指保险公司在持续经营或破产清算状态下可以吸收损失的财务资源,保险公司的最低资本是指根据中国银行保险监督管理机构的要求,保险公司为吸收资产风险、承保风险等有关风险对偿付能力的不利影响而应当具有的资本数额。该变量可以通过保险企业每年公布的保险企业偿付能力报告获得。考虑到 2016 年"偿二代"实施后,综合偿付能力充足率的计算标准与"偿一代"不同,本文对综合偿付能力充足率进行了统一化处理。首先,由于 2016 年"偿二代"的实施,本文以 2016 年为分界线,将样本分为 2011—2015 年和 2016—2018 年两部分;其次,计算每个保险企业综合偿付能力充足率的均值;再次,计算每个保险企业综合偿付能力充足率的标准差;最后,用每个保险企业当年的偿付能力充足率减去均值取绝对值后除以标准差得出最终结果。

2. 解释变量:数字经济发展指数(Df)

借鉴张勋等(2019)、赵涛等(2020)等人的做法,本文采用北京大学数字金融研究中心发布的中国数字普惠金融指数衡量数字经济发展水平。该指数利用国内互联网巨头蚂蚁科技的交易账户大数据,具有相当的代表性和可靠性,目前已经被广泛应用于分析中国数字经济的发展状况及其经济效应。该指数由海量高频数据编制而成,包括覆盖广度、使用深度和数字支持服务程度三个方面。其数据内容丰富,覆盖广度、使用深度和数字支持服务程度不仅包括与企业智能化水平和组织数字化水平高度相关的指标电子商务等数据,同时还包括移动支付、信贷业务、保险业务、征信业务和网络理财等与企业数字金融相关的指标数据,实现了对数字经济多维度立体化的精准刻画。再考虑到保险企业在不同地方开设分支机构,每个地方的数字经济发展将影响到保险企业偿付能力,本文采用保险企业及其分支机构所在城市的数字经济发展指数均值作为解释变量数字经济发展指数。

3. 中介变量:保险企业产品创新能力(In)

本文选择保险企业产品创新能力(In)为中介变量。保险企业产品创新能力主要通过保险创新产品数量来体现,但考虑到保险企业规模等多方面因素,单纯用创新产品数量衡量保险企业产品创新能力会存在一定偏误。因此,本文采用保险企业创新产品数量占总产品数量的比例作为保险企业产品创新能力的代理变量。因为中国保险产品实施审批和备案管理办法,任何保险产品上市之前都需要在原中国银保监会审批和备案,所以在中国保险行业协会官网可以查询到所有保险企业的保险产品信息。

4. 控制变量

借鉴完颜瑞云、锁凌燕(2019)和黄星刚、杨敏(2020)的研究方法,本文选择以下变量作为控制变量,以更全面地分析数字经济发展对保险企业偿付能力的影响。(1)保险业务收入(Ic),是指保险企业的保费收入,用以衡量保险企业业务收入。(2)投资收益(Iv),是指保险企业的利息、股息等投资性收益,用以衡量保险企业投资收益。(3)赔付支出(Ce),是指保险企业支付的原保险合同赔付款项和再保险合同赔付款项,用以衡量保险企业的风险控制。(4)业务管理费(Mf),是指保险企业组织经营活动所发生的管理费用,用以衡量保险企业的业务管理费。(5)营业利润(Yl),是指保险企业的营业利润,用以衡量保险企业的营利能力。(6)成立年份(Ly),是指保险企业的成立年份,用以衡量保险企业的生存能力,保险企业成立当年记1,以后每年加1。另外,为了更加全面地分析城市自身发展因素对数字经济溢出效应的影响,借鉴赵涛和张智等(2020)等人的研究方法,本文选取以下控制变量。(7)城镇化水平(Ub),是指某城市的城镇人口数据占全市常住人口的比重,用于衡量该城市的城镇化发展水平。(8)金融发展水平(Fi),是某城市机构存贷款余额占 GDP 的比重,用以衡量该城市的金融发展程度。(9)经济发展水平(Ag),指人均 GDP,用以控制经济发展水平可能导致的非线性影响。

本文选取的变量及其说明如表 1 所示。

表 1　变量及其说明

变量类型	变量	定义	说明	量化
被解释变量	Pa	保险企业偿付能力	保险公司支付保险消费者到期债务的偿付能力	偿付能力＝实际资本/最低资本
解释变量	Df	数字经济发展指数	数字经济发展水平	中国数字普惠金融指数
中介变量	In	保险企业产品创新能力	保险企业产品创新能力	保险企业每年的创新产品梳理
控制变量	Ic	保险业务收入	保险企业的保费收入	保险企业的保费收入
	Iv	投资收益	保险企业投资收益	保险企业的利息、股息等投资性收益
	Ce	赔付支出	保险企业赔付支出	保险企业支付的原保险合同赔付款项和再保险合同赔付款项
	Mf	业务管理费	保险企业组织经营活动所发生的管理费用	保险企业经营活动支出的职工薪酬以及办公费用等
	Yl	营业利润	保险企业的营业利润,用以衡量保险企业的营利能力	营业利润＝保费收入－赔付支出－税金－费用开支－提留各项准备金等
	Ly	成立年份	保险企业的成立年份,用以衡量保险企业的生存能力	成立年份＝当前年份－成立年份＋1
	Ub	城镇化水平	城市的城镇人口占全市常住人口的比重,用于衡量城镇化发展水平	城镇化水平＝城镇人口/常住人口
	Fi	金融发展水平	城市机构存贷款余额占GDP的比重,用以衡量该城市金融的发展程度	金融发展水平＝机构存贷款余额/GDP
	Ag	经济发展水平	人均 GDP 表示,用以控制经济发展水平可能导致的非线性影响	经济发展水平＝GDP/常住人口

（三）样本数据与描述性统计

1. 样本数据

为实证检验数字经济发展对保险企业偿付能力的影响,本文选取保险企业样本的理由如下。(1)去除不满足偿付能力要求的保险企业,因为监管规定不满足偿付能力要求的保险企业需要主动追加资本,这会导致保险企业偿付能力在短时间大幅提升。(2)去除偿付能力评估 SARMRA 得分超过 80 分的保险企业,因为偿付能力评估 SARMRA 得分超过 80 分可以减少保险企业最低资本要求,这意味着在保险企业资产不增加的前提下可以提高保险企业偿付能力。(3)去除成立不足 2 年的保险企业,因为刚成立的保险企业由于业务较少,需承担的偿付责任也少,此时的偿付能力充足率较高,随着业务的开展,偿付能力充足率会在短时间内快速下降。(4)因为企业人数在 100 人以下的保险企业规模较小,受环境等因素影响较大,所以本文选取企业人数在 100 人以上的保险企业。(5)因为部分保险企业发布的信息披露报告中存在个别年份信息缺失等异常现象,所以本文剔除披露报告信息异常的保险企业。经过整理,本文共选取 165 个样本企业,其中人寿保险企业 86 个,财产保险企业 79 个,累计获得 671 个样本数据。

本文选取的样本数据来自《中国统计年鉴》《中国保险年鉴》、Wind 数据库、中国银行保险监督管理委员会官网、中国保险行业协会官网以及通过手工或 Python 爬虫软件从"天眼查""企查查"和"启信宝"等网站和媒体上抓取的数据。

2. 变量描述性统计

变量的描述性统计见表 2。

表 2　变量描述性统计

变量	2011				2018			
	Mean	Std. Dev	Min	Max	Mean	Std. Dev	Min	Max
Pa	1.265	0.530	0.130	2.200	1.020	0.908	0.100	1.936
Df	4.050	0.370	2.204	4.605	6.579	0.119	6.197	6.744
Ic	20.298	3.409	9.027	25.502	21.606	2.526	12.155	26.826
Iv	17.740	3.190	6.889	24.091	19.167	2.778	9.318	25.449
Ce	18.631	3.219	8.952	24.222	19.974	3.112	8.938	25.502
Mf	19.115	2.918	9.092	23.431	19.994	2.431	10.342	24.562
Yl	18.013	2.921	9.338	25.417	18.671	2.516	10.170	25.328
Ly	7.661	5.697	3.000	30.000	10.333	6.796	1.000	37.000
Ub	71.834	15.486	34.960	86.230	73.145	14.614	31.140	88.000
Fi	13.871	6.986	2.000	22.000	15.048	6.028	6.000	27.000
Ag	11.029	0.413	9.710	11.366	11.455	0.430	10.467	11.851

表 2 显示,对比 2011 年和 2018 年的变量描述性统计,保险企业偿付能力 (Pa) 呈下降趋势,但整体上满足保险监管需求,说明我国保险企业经营状况较好,保险行业发展稳健,同时保险企业经营风险在不断累积;数字经济发展指数(Df)呈上升趋势,说明数字经济在我国的发展日趋成熟;城镇化水平(Ub)呈现上升趋势,说明我国城镇化发展步伐稳健;金融发展水平(Fi)整体呈现上升趋势,说明我国金融市场化程度越来越好;经济发展水平(Ag)总体呈现上升趋势,说明我国经济发展较好,人均 GDP 上升;营业利润(Yl)呈现上升趋势,说明我国保险企业盈利能力增强。其他变量不再赘述。

3. 客观事实分析

为直观展示保险业务收入和保险赔付支出的特征,本文收集了我国保险行业 2011 年 1 月至 2020 年 8 月期间的保险业务收入和保险赔付支出月份数据,然后计算出月份增长率,如图 1 所示。

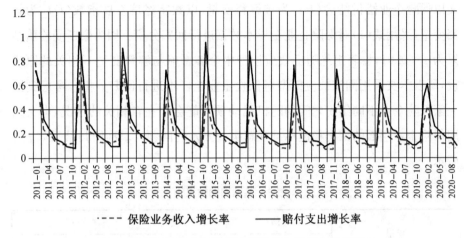

图1　我国保险行业业务收入增长率和赔付支出增长率

······ 保险业务收入增长率　　——— 赔付支出增长率

图1显示,在2011年1月至2020年8月样本期间,除2011年1月保险业务收入增长率略大于赔付支出增长率,其他月份的保险业务增长率均低于赔付支出增长率。这说明我国保险行业保险业务收入增长率普遍低于赔付支出增长率,我国保险行业规模在不断扩大,但是保险行业赔付支出增长率更高,即我国虽然是保险大国,但不是保险强国,我国保险企业发展质量不高。此外,也即佐证了上文中"由于保险企业只重视保险业务的量能,不重视客群质量,特别是保险欺诈行为的多发,风险控制不严格,导致保险企业赔付支出增加速度高于保险企业业务收入增加速度,反应在保险企业偿付能力上就是随着数字经济的应用发展,保险企业的偿付能力呈下降趋势"的客观存在性。

五、实证检验及其结果

（一）数字经济对保险企业偿付能力的影响

1. 基准回归结果

为验证研究假设1,即数字经济发展与保险企业偿付能力显著负相关,本文以保险企业偿付能力(Pa)为被解释变量,以数字经济发展指数(Df)为解释变量,采用式(1)对保险企业全样本数据进行回归分析。因为豪斯曼检验结果为$p<0.01$,显著拒绝随机效应模型中个体影响与解释变量不相关的原假设,所以本文采用固定效应模型对保险企业全样本进行回归分析。考虑到同一家保险企业不同年份之间的随机扰动项可能会存在自相关的情况,本文采用保险企业层面的聚类稳健标准误解决异方差的问题。基准回归结果如表3所示。

表 3   基准回归结果

变量	(1)	(2)	(3)
	Pa	Pa	Pa
Df	-0.129^{***}	-0.122^{***}	-0.218^{***}
	(0.027 6)	(0.028 2)	(0.064 3)
Ic		-0.027	-0.030
		(0.038 8)	(0.044 0)
Iv		0.004	0.001
		(0.054 9)	(0.058 3)
Ce		-0.063^{**}	-0.077^{***}
		(0.029 0)	(0.027 1)
Mf		0.113^{*}	0.102
		(0.060 4)	(0.072 3)
Yl		0.021	0.021
		(0.028 9)	(0.028 9)
Ly		0.064^{**}	0.054^{**}
		(0.026 5)	(0.026 6)
Ub			-0.405
			(0.949 6)
Fi			0.205
			(0.309 6)

变量	(1)	(2)	(3)
	Pa	Pa	Pa
Ag			0.340 (0.284 9)
年份固定效应	控制	控制	控制
个体固定效应	控制	控制	控制
样本量	622	622	622

注：括号内为稳健聚类标准误（cluster）值，* 表示 $p<0.10$，** 表示 $p<0.05$，*** 表示 $p<0.01$；下表同。

表 3 显示，列（1）为未加控制变量情况下数字经济对保险企业偿付能力的回归结果，数字经济对保险企业偿付能力的影响系数为 −0.129，且在 1‰ 水平下显著；列（2）为加入保险企业层面控制变量保险业务收入（Ic）、投资收益（Iv）、赔付支出（Ce）、业务管理费（Mf）、营业利润（Yl）以及成立年份（Ly）后数字经济对保险企业偿付能力的回归结果，数字经济对保险企业偿付能力的影响系数为 −0.122，且在 1‰ 水平下显著；列（3）为加入保险企业层面控制变量和宏观经济层面控制变量后数字经济对保险企业偿付能力的回归结果，数字经济对保险企业偿付能力的影响系数为 −0.218，且在 1‰ 水平下显著。可以认为，不管是否加入控制变量，数字经济对保险企业偿付能力的影响系数的符号以及方向都未发生变化，因此研究假设 1 成立，即现阶段数字经济发展与保险企业偿付能力显著负相关。

2. 稳健性检验

（1）内生性检验

固定效应模型在一定程度上可以缓解内生性问题，但是考虑到可能存在遗漏变量、双向因果和测量误差等情况导致的内生性问题，本文采用工具变量法进行内生性检验。关于工具变量的选取，考虑到电信基础设施会对互联网技术的应用和发展产生持续性影响，并且传统的固定电话随着使用频率的下降对经济发展的影响逐渐式微满足排他性,因此借鉴黄群慧等(2019)的做法,以各城市 1984 年邮电历史数据作为数字经济发展指数的工具变量。需要特别说明的是,选定的工具变量是截面数据,不能够直接用于面板数据的计量分析。为了将工具变量构造为面板工具变量,借鉴 Nunn & Qian(2014)对于该类问题的处理方法,本文引入一个随时间变化的变量,从而将截面数据构造为面板数据。本文选取上一年全国互联网用户数分别与 1984 年邮电历史数据构造交互项,构造出面板数据作为当年数字经济发展指数的工具变量,回归结果见表 4 列(1)和列(2)。

表 4　稳健性检验结果

变量	(1)	(2)	(3)	(4)
	Pa	Pa	Pa	Pa
Df	-0.163^{***} (0.044 4)	-0.076^{**} (0.031 0)	-0.227^{***} (0.063 9)	-0.383^{***} (0.137 9)
控制变量	控制	不控制	控制	控制
年份固定效应	控制	控制	控制	控制
个体固定效应	控制	控制	控制	控制
$Kleibergen\text{-}Paap\ rk$ LM 统计量	41.224 [0.000]	55.092 [0.000]		
$Kleibergen\text{-}Paap\ rk$ Wald F 统计量	208.663 {4.433}	962.156 {71.502}		
时期数	8	8	8	8
样本量	620	622	620	620

注:"[ ]"括号内为 Chi-sq P 值,"{ }"括号内为 F 统计量。

(2) 缩尾法

考虑到样本中可能存在的离群值对实证检验结果产生影响,本文有必要先对样本中超出变量 1% 分位和 99% 分位的离群值进行缩尾处理,然后重新对式(1)进行回归分析,其结果如表 4 列(3)所示。

（3）变量替换法

如前文所述,虽然中国数字普惠金融指数能够准确反映数字经济的发展水平,但从微观角度看,中国数字普惠金融指数中的保险分项指数与保险企业关系更加紧密。因此,本文采用北京大学数字金融研究中心编制的中国数字普惠金融指数中的保险分项指数为数字经济发展指数的代理变量,重新对式(1)进行回归分析,其结果如表4列(4)所示。

表4第(1)和(2)列的结果表明,在考虑内生性之后,数字经济发展对保险企业偿付能力的效应依然成立,且均在1%水平下和5%水平下显著。此外,对于原假设"工具变量识别不足"的检验,$Kleibergen\text{-}Paap\ rk$ 的 LM 统计量 P 值均为 0.000,显著拒绝原假设;在工具变量的弱识别检验中,$Kleibergen\text{-}Paap\ rk$ 的 $Wald\ F$ 统计量大于 $Stock\text{-}Yogo$ 弱识别检验 5% 水平上的临界值。可以认为,本文选取 1984 年固定电话数量与全国互联网用户数量的交互项作为工具变量是合理的。

表4列(3)和列(4)的结果表明,使用缩尾法和变量替换法进行稳健性检验的实证检验结果与基准回归结果相比,数字经济发展对保险企业偿付能力影响系数的方向和显著性水平并没有发生明显变化,即数字经济发展对保险企业偿付能力影响的实证检验结果具有稳健性。

综上所述,研究假设 1 经过稳健性检验后依然成立,即现阶段数字经济发展与保险企业偿付能力显著负相关。

（二）中介效应检验

为验证研究假设 2,即保险企业产品创新能力是数字经济影响保险企业偿付能力的传导渠道,本文以保险企业产品创新能力(In)为中介变量,实证检验数字经济发展通过保险企业产品创新能力传导路径对保险企业偿付能力产生的影响。根据中介效应模型的原理,本文采用式(2)和式(3)对保险企业的样本数据进行回归分析,其结果如表 5 所示。

表 5　中介效应检验结果

变量	(1)	(2)	(3)
	Pa	In	Pa
Df	-0.218^{***} (0.064 3)	0.105^{***} (0.021 0)	-0.152^{***} (0.039 1)
In			0.157^{*} (0.082 0)
控制变量	控制	控制	控制
年份固定效应	控制	控制	控制
个体固定效应	控制	控制	控制
时期数	8	8	8
样本数	622	622	622

　　表 5 显示,列(1)中数字经济发展指数对保险企业偿付能力的影响系数为
-0.218,且在 1%水平上显著,表明现阶段数字经济发展与保险企业偿付能
力显著负相关;列(2)中数字经济发展指数对保险企业产品创新能力的影响系
数为 0.105,且在 1%水平上显著,说明数字经济发展有利于提高保险企业产
品创新能力;列(3)中数字经济发展指数对保险企业偿付能力的影响系数是
-0.152,且在 1%水平上显著,同时保险企业产品创新能力对保险企业偿付
能力的影响系数为 0.157,且在 10%水平上显著,说明产品保险企业产品创新
有利于提高保险企业偿付能力。可以认为,式(2)和式(3)回归结果中解释变
量数字经济发展指数和中介变量保险企业产品创新能力的实证检验系数全部
显著,根据中介效应原理,表明数字经济发展通过保险企业产品创新能力传导
路径影响保险企业偿付能力。因此研究假设 2 成立,即保险企业产品创新能
力是数字经济发展影响保险企业偿付能力的传导渠道。

(三)中介效应进一步分析

　　由假设 1 可知,现阶段数字经济与保险企业偿付能力显著负相关;由假设

2可知,保险企业产品创新能力是数字经济发展影响保险企业偿付能力的传导路径;而由保险企业偿付能力的概念可知,保险企业偿付能力的决定因素是保险企业的资产和负债。保险企业产品创新能力究竟是如何影响保险企业资产和负债的,本文对其做进一步分析。

为明确中介变量保险企业产品创新能力是如何影响保险企业资产和负债的,本文从以下两个方面进行考虑。一是保险企业产品创新对保险企业资产的影响。保险企业产品创新增加了保险产品供给,丰富了保险企业产品结构,拓宽了保险企业的承保边界,满足了保险消费者多样化的消费需求,此时会吸引更多的保险消费者购买保险产品,反映在保险企业资产方面就是增加保险企业的保险企业收入(Ic)。二是保险企业产品创新对保险企业负债的影响。保险产品销售之后,保险企业主要的责任就是针对保险产品理赔条款之内的责任进行理赔,这是保险企业的主要负债之一。保险企业产品创新对保险企业赔付支出(Ce)的影响有两种可能:一种是保险企业产品风险控制较好,此时保险企业赔付支出增长较慢,业务收入的贡献大于赔付支出的增加,最终导致保险企业偿付能力增加;另一种情况是保险企业风险控制较差,保险企业赔付支出增长较快,此时保险企业业务收入贡献小于赔付支出,最终保险企业偿付能力下降。为明确保险产品创新能力传导渠道是如何影响保险企业偿付能力的,本文利用式(1)分别对保险业务收入(Ic)和赔付支出(Ce)进行回归,回归结果见表6。

表6　中介效应进一步分析结果

| 变量 | (1) | (2) | (3) | (4) |
	Ic	Ce	Ic	Ce
Df	0.716** (0.081 0)	0.936*** (0.088 5)	0.172** (0.075 6)	0.273*** (0.081 3)
控制变量	不控制	不控制	控制	控制
年份固定效应	控制	控制	控制	控制

（续表）

变量	(1)	(2)	(3)	(4)
	Ic	*Ce*	*Ic*	*Ce*
个体固定效应	控制	控制	控制	控制
时期数	8	8	8	8
样本数	671	671	671	669

表 6 显示，列（1）和列（2）是未加入控制变量的回归结果，列（3）和列（4）是加入控制变量的回归结果，不管是否加入控制变量，数字经济对保险业务收入的影响系数和数字经济对赔付支出的影响系数都显著，但数字经济对保险业务收入的影响系数均小于数字经济对赔付支出的影响系数，这说明现阶段随着数字经济的发展，保险企业赔付支出的增加大于保险企业业务收入，即保险企业的资产增加速度小于保险企业的负债增加速度。主要原因是，现阶段保险企业运用数字经济的主要目的是增加保险市场占有率，盲目追求业务收入，忽视了保险经营的风险控制，最终导致保险企业偿付能力的下降。本文因此认为，从保险企业偿付能力的视角出发，现阶段数字经济的发展并未促进保险企业高质量发展。

（四）异质性分析

1. 企业类别异质性分析

按照经营范围和市场定位的不同，保险企业可以分为财产保险企业和人寿保险企业，数字经济对财产保险企业和人寿保险企业的影响是否一样，本文对此进行分析。考虑到专业互联网保险企业均为财产保险公司①，可能会影响到最终回归结果，本文对财产保险企业进行分组讨论，一组样本包括专业互联网保险公司，另外一组样本不包括专业互联网保险公司。本文利用式（1）实证检验数字经济对财产保险企业和人寿保险企业的影响，结果见表7。

---

① 具有保险牌照的专业互联网保险公司有：众安在线、泰康在线、安心保险和易安保险。

表 7　企业类别异质性分析

变量	Pa		
	（1）财产保险企业（不包括专业互联网保险公司）	（2）财产保险企业（包括专业互联网保险公司）	（3）人寿保险企业
Df	−0.169** （0.071 0）	−0.182*** （0.068 0）	−0.001** （0.000 5）
控制变量	控制	控制	控制
年份固定效应	控制	控制	控制
个体固定效应	控制	控制	控制
时期数	8	8	8
样本数	339	339	281

　　表 7 显示,列(1)为剔除专业互联网保险公司的财产保险企业样本组回归结果,数字经济对财产保险企业偿付能力的影响系数为−0.169,且在 5% 水平下显著;列(2)为包括专业互联网保险公司的财产保险企业样本组回归结果,数字经济对财产保险企业偿付能力的影响系数为−0.182,且在 1% 水平下显著;列(3)为人寿保险企业样本组的回归结果,数字经济对人寿保险企业偿付能力的影响系数为−0.001,且在 5% 水平下显著。可以认为,数字经济对财产保险企业偿付能力的影响大于对人寿保险企业偿付能力的影响。主要原因是相比人寿保险企业,财产保险企业承保范围更大,财产保险企业产品需求更强烈,特别是在一些新兴经济发展领域,如退货运费险等新兴保险产品的快速发展,导致财产保险企业利用数字经济进行产品创新更多,而财产保险企业盲目的追求业务收入,忽视了保险经营的风险控制,最终导致保险企业偿付能力的下降。

　　2. 地区异质性分析

　　按照地理位置等不同因素,我国可以分为东部地区、中部地区和西部地区[①],

------

　　① 东部地区包括北京、天津、河北、辽宁、上海、江苏、浙江、福建、山东、广东和海南 11 个省(市);中部地区包括山西、吉林、黑龙江、安徽、江西、河南、湖北、湖南 8 个省份;西部地区包括四川、重庆、贵州、云南、西藏、陕西、甘肃、青海、宁夏、新疆、广西、内蒙古 12 个省级行政区。

数字经济对东部地区保险企业、中部地区保险企业和西部地区保险企业的影响是否一样,本文对此进行研究。考虑到专业互联网保险公司总部均在东部地区,可能会影响到最终回归结果,本文对东部地区保险企业进行分组讨论,一组样本包括专业互联网保险公司,另外一组样本不包括专业互联网保险公司。本文利用式(1)实证检验数字经济对东部地区保险企业、中部地区保险企业和西部地区保险企业的影响,其结果见表8。

表 8　地区异质性分析结果

变量	Pa			
	(1) 东部地区保险企业(不包括专业互联网保险公司)	(2) 东部地区保险企业(包括专业互联网保险公司)	(3) 中部地区保险企业	(4) 西部地区保险企业
保险科技发展指数(It)	-0.309^{***} (0.054 0)	-0.310^{***} (0.053 4)	-0.108 (0.206 1)	-0.027 (0.275 6)
Controls	控制	控制	控制	控制
年份固定效应	控制	控制	控制	控制
个体固定效应	控制	控制	控制	控制
样本量	486	498	58	55

　　表 8 显示,列(1)为剔除专业互联网保险企业的东部地区保险企业样本组回归结果,数字经济对东部地区保险企业偿付能力的影响系数为-0.309,且在 1% 水平下显著,这说明数字经济与东部地区保险企业偿付能力显著负相关;列(2)为包括专业互联网保险企业的东部地区保险企业样本组回归结果,数字经济对东部地区保险企业偿付能力的影响系数为-0.310,且在 1% 水平下显著;列(3)数字经济对中部地区保险企业偿付能力的影响系数为-0.108,但在统计上不显著;列(4)数字经济对西部地区保险企业偿付能力的影响系数为-0.027,但在统计上也不显著。主要原因可能是,东部地区数字经济发展水平领先于中部地区和西部地区,东部地区保险企业利用数字经济进行保险产品创新,由于东部地区保险企业对创新导向偏误,导致经营风险的控制不到

位,致使东部地区保险企业资产的增长速度比负债的增长的速度慢,因此数字经济与东部地区保险企业偿付能力显著负相关。中部地区保险企业和西部地区保险企业数字经济发展水平落后于东部地区,导致中部地区和西部地区利用数字经济进行创新的能力较差,因此在保险企业偿付能力的影响上还未表现出统计学上的特性。

3. 企业规模异质性分析

根据《金融业企业化型标准规定》,按照总资产规模可将保险企业分为微型、小型、中型和大型四类[①]。数字经济对不同规模的保险企业偿付能力影响是否相同,本文对此进行研究。本文利用式(1)实证检验数字经济对微型、小型、中型和大型四类保险企业偿付能力的影响,其结果如表9所示。

表9　企业规模异质性分析结果

变量	Pa			
	(1) 微型保险企业(小于20亿)	(2) 小型保险企业(大于20亿且小于400亿)	(3) 中型保险企业(大于400亿且小于5 000亿)	(4) 大型保险企业(大于5 000亿)
Df	−0.077* (0.035 6)	−0.257*** (0.078 4)	−0.347 (0.129 0)	−0.507 (0.726 0)
$Controls$	控制	控制	控制	控制
年份固定效应	控制	控制	控制	控制
个体固定效应	控制	控制	控制	控制
样本量	173	314	115	18

表9显示,列(1)为数字经济对微型保险企业偿付能力的回归结果,数字经济对微型保险企业偿付能力的影响系数为−0.077,且在10%水平上显著,这说明数字经济与微型保险企业偿付能力显著负相关;列(2)为数字经济对小

[①]　微型保险企业总资产小于20亿,小型保险企业总资产小于400亿且大于20亿,中型保险企业总资产小于5 000亿且大于400亿,大型保险企业总资产大于5 000亿。

型保险企业偿付能力的回归结果,数字经济对小型保险企业偿付能力的影响系数为-0.257,且在1‰水平上显著;列(3)为数字经济对中型保险企业偿付能力的回归结果,数字经济对中型保险企业偿付能力的影响系数为-0.347,但在统计学上不显著;列(4)为数字经济对大型保险企业偿付能力的回归结果,但数字经济对大型保险企业偿付能力的影响系数在统计上不显著。可以认为,数字经济对小型保险企业偿付能力的负向影响最强,微型次之。主要原因可能是,保险企业创新需要资金的支持,在微型、小型保险企业中,小型保险企业资金实力更强,因此可以更好地利用数字经济进行创新,微型次之。数字经济对中型和大型保险企业偿付能力的影响在统计上不显著,可能是因为中型和大型保险企业决策链条较长,决策效率相对较低,且其作为头部保险企业,它在客源黏性以及市场信誉度等方面具有天然的优势,创新动力不足。

六、结论与建议

为深入研究数字经济对保险企业偿付能力的影响,本文选取2011—2018年中国保险行业协会公布的保险企业数据为研究样本,采用固定效应和中介效应模型,实证检验了数字经济对保险企业偿付能力的影响及其传导路径。其主要结论如下。(1)数字经济与保险企业偿付能力显著负相关,这一结论经过稳健性检验后,仍然成立。(2)数字经济影响保险企业偿付能力的传导渠道是保险企业产品创新能力。(3)从保险企业偿付能力的角度看,现阶段数字经济发展并未促进保险企业高质量发展。(4)异质性分析发现,数字经济发展对财产保险企业偿付能力的影响相比人寿保险企业更为显著,数字经济发展对东部地区保险企业偿付能力的影响更为显著,数字经济发展对小型保险企业偿付能力的影响最强,对微型保险企业偿付能力的影响次之。

基于上述结论,为提高保险企业偿付能力,促进保险企业高质量发展,本文提出的主要建议如下。(1)保险企业应该转变经营理念,摒弃以往的粗放式发展模式,认识到数字经济对于保险企业高质量发展的重要性。保险企业要依靠数字经济进行数字化转型,加大科技研发投入,丰富保险产品供给,以满足保险市场的多样化需求,如利用大数据等技术对保险历史数据进行挖掘,有针对性地设计出符合用户偏好的产品,最终实现保险企业高质量发展。(2)保险企业在数字化转型时,要重视保险企业风险控制。保险企业的风险控制关乎保险企业健康稳定发展,因此保险企业不能只注重产品创新增加保险企业业务收入,更要加强保险企业风险控制。保险企业可以通过人工智能模型对各种风险进行预警,通过对保险企业风险分析与风险评估,及时准确地掌握保险企业当前风险状况,同时还要利用好再保险等措施将风险转移。(3)财产保险企业、东部地区保险企业和微小型保险企业要认真厘清每个业务场景的风险点,及时通过优化保险产品的赔付条款,将保险产品的风险降至最低,并通过建立保险企业风险反馈平台,及时将创新的保险产品风险信息进行整合分析,找出其中的风险点,以有利于对保险产品进行调整与创新。

主要参考文献

[1] 陈锐.基于主成分分析的我国保险公司偿付能力研究[J].中国集体经济,2018(20):93-94.

[2] 郑军,朱京.农业保险偿付能力评价指标构建与风险测度[J].辽宁工业大学学报(社会科学版),2020,22(02):22-25.

[3] 郭金龙,王桂虎.保险公司偿付能力影响因素实证研究及C-ROSS试运行后的新变化[J].金融评论,2017,9(03):47-56,124.

[4] 郭家堂,骆品亮.互联网对中国全要素生产率有促进作用吗?[J].管理世界,2016(10):34-49.

[5] 宫婷.我国人寿保险公司偿付能力动态监管有效性研究[J].经贸实践,2018(03):134.

[6] 高原.基于ARMA模型的养老保险基金偿付能力研究[J].商业会计,2014(24):17-20.

[7] 郝臣,崔光耀,白丽荷.保险公司治理对偿付能力影响实证研究——基于公司治理评价视角[J].金融与经济,2016(08):50-56.

[8] 黄群慧,余泳泽,张松林.互联网发展与制造业生产率提升:内在机制与中国经验[J].

中国工业经济,2019(08):5-23.

[9] 黄星刚,杨敏.互联网保险能否促进保险消费——基于北大数字普惠金融指数的研究[J].宏观经济研究,2020(05):28-40.

[10] 洪银兴.培育新动能:供给侧结构性改革的升级版[J].经济科学,2018(03):5-13.

[11] 蒋国瑜,李阳.偿二代下保险公司优化资产配置的途径探析[J].金融纵横,2019(07):91-95.

[12] 焦瑾璞,黄亭亭,汪天都,等.中国普惠金融发展进程及实证研究[J].上海金融,2015(04):12-22.

[13] 荆文君,孙宝文.数字经济促进经济高质量发展:一个理论分析框架[J].经济学家,2019(02):66-73.

[14] 贾晓澜.保险资金投资对寿险公司偿付能力影响的实证研究[J].时代金融,2018(20):311.

[15] 路春霞,戴成峰.新金融工具准则对保险公司偿付能力的影响及应对[J].现代经济信息,2019(07):166-167.

[16] 李丹,朱家明.基于BP神经网络模型的寿险公司偿付能力影响因素及预警研究[J].哈尔滨师范大学自然科学学报,2019,35(01):6-11.

[17] 李继尊.关于互联网金融的思考[J].管理世界,2015(07):1-7,16.

[18] 罗珉,李亮宇.互联网时代的商业模式创新:价值创造视角[J].中国工业经济,2015(01):95-107.

[19] 李睿.偿二代体系下财险公司的运营管理[J].理论观察,2017(12):101-103.

[20] 李玮,顾珊珊.我国财险公司偿付能力影响因素的实证分析[J].保险职业学院学报,2018,32(06):19-23.

[21] 李子耀,黄洪瑾.浅析"偿二代"对保险公司的影响[J].上海金融学院学报,2016(06):102-107.

[22] 欧阳越秀.我国财产保险公司偿付风险管理能力研究——基于C-ROSS视角的45家财险公司经验数据[J].保险研究,2016(03):57-63.

[23] 欧阳越秀,严奕杨,李夏晴.我国财产保险公司偿付能力风险管理问题研究——基于内控视角及灰色关联分析法[J].保险研究,2019(02):16-27.

[24] 彭涛.浅议保险业务增长质量[J].上海保险,1995(11):25-26.

[25] 邱越.原银保监会、中国人民银行就《保险公司偿付能力管理规定(征求意见稿)》公开
     征求意见[J].中国保险,2020(09):2.

[26] 孙健,张骥.偿付能力监管约束与财险资金运用效率提升——基于 Super-SBM 模型
     [J].烟台大学学报(哲学社会科学版),2019,32(06):99-106.

[27] 尚勤,李隆鑫.基于破产概率的巨灾保险偿付能力分析[J].系统工程,2019,37(06):
     38-45.

[28] 宋晓玲.数字普惠金融缩小城乡收入差距的实证检验[J].财经科学,2017(06):
     14-25.

[29] 唐大鹏,张琪.我国社保基金财务偿付能力评价指标构建及风险测度[J].财政研究,
     2019(01):74-89,102.

[30] 陶一丹.保险公司偿付能力与资本结构优化问题研究[J].财经界(学术版),2016
     (35):110,120.

[31] 汪健兵,陈正光,忻存艳,等.偿二代体系下风险偏好传导在新产品开发中的运用[J].
     上海保险,2019(05):43-48.

[32] 王艳,方璐,万里虹.偿付能力监管约束下保险公司融资行为研究[J].保险研究,2019
     (10):47-58.

[33] 完颜瑞云,锁凌燕.保险科技对保险业的影响研究[J].保险研究,2019(10):35-46.

[34] 温忠麟,叶宝娟.中介效应分析:方法和模型发展[J].心理科学进展,2014,22(05):
     731-745.

[35] 谢琳.基于长寿风险的城镇养老保险偿付能力评估[J].江西财经大学学报,2020
     (01):71-84.

[36] 谢绚丽,沈艳,张皓星,等.数字金融能促进创业吗?——来自中国的证据[J].经济学
     (季刊),2018,17(04):1557-1580.

[37] 周广肃,樊纲.互联网使用与家庭创业选择——来自 CFPS 数据的验证[J].经济评
     论,2018(05):134-147.

[38] 张静.以偿付能力为核心的财务风险预警体系构建研究[J].知识经济,2019(22):
     111-112.

[39] 张莉,何晶,马润泓.房价如何影响劳动力流动?[J].经济研究,2017,52(08):
     155-170.

[40] 朱日峰.财险公司资产负债管理的比较分析——基于动态偿付能力监管的国际视角[J].技术经济与管理研究,2017(02):98-103.

[41] 赵涛,张智,梁上坤.数字经济、创业活跃度与高质量发展——来自中国城市的经验证据[J].管理世界,2020,36(10):65-76.

[42] 张勋,万广华,张佳佳,等.数字经济、普惠金融与包容性增长[J].经济研究,2019,54(08):71-86.

[43] EVANS S D, JOVANOVIC B. An Estimated Model of Entrepreneurial Choice under Liquidity Constraints[J]. Journal of Political Economy, 1989(97): 808-827.

[44] KAPOOR A. Financial Iclusion and the Future of the Indian Economy[J]. Futures, 2013(10): 35-42.

[45] KARAIVANOV A. Financial Constraints and Occupational Choice in Thai Villages [J]. Journal of Development Economics, 2012, 97(2): 201-220.

[46] NYKVIST J. Entrepreneurship and Liquidity Constraints: Evidence from Sweden [J]. Scandinavian Journal of Economics, 2008, 110(1): 23-43.

（与孙明明合作,重大项目"互联网金融的发展、风险与监管研究"的后续研究成果）

金融科技：保险企业的创新与重塑

摘要：我国保险行业自 1979 年恢复展业以来，经过 40 多年的发展，取得了巨大成就，已经发挥了经济补偿、资金融通和社会保障等重要作用。但与欧美等发达国家相比，我国保险行业的发展水平仍有较大差距。特别是在保险市场对外开放和竞争日益加剧的今天，我国保险行业必须加快金融科技的研发与应用，并以此对保险企业进行创新与重塑。只有这样，才能突破行业发展瓶颈和赶超发达国家，进而更好地为实体经济服务。本文梳理了金融科技对保险企业创新与重塑的逻辑和路径，特别是分析了金融科技对保险企业底层技术、组织架构、业务流程、产品与服务、风险控制以及行业监管等方面积极影响，目的是为金融科技赋能保险行业提供有益的借鉴与参考。

关键词：金融科技；保险企业；创新与重塑

一、引　言

新中国成立后，我国保险行业经历了产生、停办和复业等曲折历程。自 1979 年国务院决定恢复保险行业，我国保险行业快速发展。截至 2018 年底，保险从业人数从 2000 年的 0.19 亿增长到 1.27 亿，增长 5.68 倍；保险企业机构数从 2000 年的 3 300 个增长到 22 200 个，增长 5.73 倍；保险行业总资产从 2000 年的 5 万亿增长到 2018 年的 18.33 万亿，增长 2.66 倍。目前，我国保险市场已成为仅次于美国的全球第二大保险市场。

2018 年,我国保险密度为 295 美元,保险深度为 3.60％,低于全球平均数;与发达国家相比,还有较大差距(图 1)。为进一步加快我国保险行业发展,实现对发达国家保险行业的赶超,借助金融科技对我国保险企业进行创新与重塑势在必行。

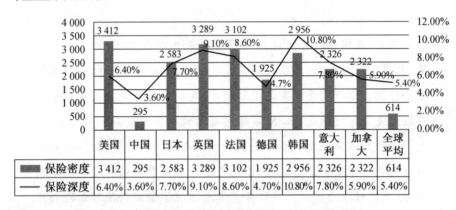

图 1　2018 年全球主要国家的保险深度和保险密度

	美国	中国	日本	英国	法国	德国	韩国	意大利	加拿大	全球平均
保险密度	3 412	295	2 583	3 289	3 102	1 925	2 956	2 326	2 322	614
保险深度	6.40%	3.60%	7.70%	9.10%	8.60%	4.70%	10.80%	7.80%	5.90%	5.40%

资料来源:中国保险行业协会官网和和讯网。

二、金融科技的基本内涵

(一)金融科技词汇的起源

能体现金融科技雏形的事物很多,而且很早就已经存在,如 20 世纪初印制钞票的印刷机(Wrapious,2017),20 世纪 30 年代用于处理支票的 IBM801 银行打样机(Assis,2017)以及 20 世纪 50 年代诞生的信用卡(Desai,2015)等。这些事物体现了在技术进步驱动下的金融创新,具有金融科技的显著特征,但不是金融科技(fintech)这一词汇的真正起源。

金融科技(fintech)这一词汇首次出现于 1985 年 8 月 11 日英国报纸 *The Sunday Times* 上的文章 "Telecom's Open Secret",但当时的"Fintech"并非指今日的"Financial technology",而是指一种改变了邮箱设计的程序(Word

Spy,2014；Hepburn,2016）。20 世纪 80 年代后期，"Fintech"一词出现于美国硅谷及华尔街，意指金融与科技的融合。20 世纪 90 年代早期，花旗公司（花旗集团前身）发起名为"Financial Services Technology Consortium"（金融服务技术联盟）的项目，"Fintech"成为这个项目的名称（Hochstein,2015），这也是首创性地将"金融"和"科技"两个词汇结合在一起。几乎与此同时，美国一些大型投资银行也相继成立了"Fintech"部门，"Fintech"因此而成为金融领域中常用的专业词汇。

（二）金融科技概念的辨析

国际组织、政府部门、研究机构以及专家学者等对金融科技的定义至今尚未形成共识。目前，主流观点认为金融科技是金融与科技的融合，是技术驱动下的金融创新。

在国际组织层面。二十国集团合作机制下的金融稳定理事会（FSB,2016）将金融科技定义为：通过技术手段推动金融创新，形成对金融市场、金融机构及金融服务产生重大影响的业务模式、技术应用以及流程和产品。巴塞尔银行业监管委员会（BCBS,2017）认同上述定义。国际货币基金组织（IMF,2017）将金融科技定义为技术创新的新浪潮，并论述了金融科技对金融服务所造成的影响。国际证监会组织（IOSCO,2017）在研究报告中将金融科技描述为各种能够挖掘金融行业潜能的新商业模式和新兴技术。

在政府部门层面。美国奥巴马政府的国家经济委员会（NEC,2017）认为，应宽泛地使用金融科技这一术语，金融科技可泛指围绕金融活动的技术创新。奥巴马政府问责办公室（GAO,2017）在其提交给国会的一份报告中指出，金融科技不存在一个普遍性定义，且金融科技还在持续进化中，因而很难量化金融科技行业的边界。英国金融行为监管局（FCA,2017）将金融科技定义为金融与科技的融合，即应用于传统金融服务场景的技术创新或颠覆现有金融市场的创新型金融服务。新加坡金融管理局（MAS,2017）认为，金融科技是采用先进科技所研发的新金融服务与产品。中国人民银行（2017）将金融科技定义为技术驱动的金融创新。中国香港特区金融科技督导小组(2016)认为,金融科技泛指基于资讯及通信科技的金融服务。

在研究机构及专家学者层面。普华永道会计师事务所(PwC,2016)将金融科技定义为金融服务和科技行业的动态结合,主要是指技术型初创企业和市场新进入者对目前由传统金融服务行业所提供的产品和服务进行创新。毕马威国际(KPMG International,2017)将金融科技定义为金融与技术的融合,其以改变金融服务提供方式为目的。美联储专家Mills(2016)认为,金融科技泛指金融数字化创新。英国政府首席科学顾问Walport(2015)指出金融科技是"金融服务的创新",包括来自初创企业的新产品,或是以技术作为关键要素的新方法的采用等。加拿大中央银行的专家Aaron(2017)认为,金融科技是数字技术在解决金融中介问题中的应用。中国人民银行研究员徐忠等(2017)认为,金融科技是指金融与技术的融合发展,其狭义的概念强调金融机构对新技术新方法的运用,而其广义的概念则强调金融科技研发与应用对金融业态和金融运营模式的影响。本文认为,金融科技是采用互联网、云计算、大数据、人工智能和区块链等先进技术,进而形成对金融市场、金融机构和金融服务产生重大影响的新模式和新生态。

对于金融科技本质的讨论主要集中于金融科技的根本属性是金融还是科技。在我国,专家学者的主流观点倾向于"金融科技的本质是金融"。例如,李东荣(2017)认为,技术只是载体和手段,金融科技并未脱离金融的功能属性和风险属性。朱民(2017)和徐忠等(2017)明确指出"金融科技的本质是金融"。本文认同"金融科技的本质是金融"。这主要是因为,金融科技的技术进步,有利于提高金融服务效率,降低金融服务成本和改善客户体验。虽然金融科技的技术水平在不断提高,但金融科技服务于资金融通的本质始终未变。

(三)金融科技的应用主体

金融科技的应用主体主要是传统金融机构和金融科技企业。传统金融机构可凭借自身科技实力或借助金融科技企业从事金融科技的研发与应用。金融科技企业则可通过为传统金融机构提供技术支持，或自己取得金融业务牌照开展金融科技的研发与应用。目前，传统金融机构与金融科技企业的跨界合作正逐渐成为金融科技研发与应用的主流模式。

传统金融机构一般是指具备存款、贷款和支付结算三大传统业务功能的金融中介机构。传统金融机构的业务范围十分广泛，主要包括银行、证券、保险、信托和基金等金融业务。按照地位和功能划分，传统金融机构可分为中央银行、政策性银行、商业银行、村镇银行、非银行金融机构以及合资和外资独资金融机构等。按照是否接受公众存款，传统金融机构主要包括存款性金融机构和非存款性金融机构两类。存款性金融机构主要以存款形式向公众举债以获得资金来源，如商业银行、合作储蓄银行、储蓄贷款协会和信用合作社等。非存款性金融机构则不得吸收公众的储蓄存款，如政策性银行、保险企业、信托机构，以及证券公司和财务公司等。

世界著名评级机构标准普尔（S&P Global Market Intelligence，2016）将金融科技企业定义为既包含提供金融服务的技术驱动型企业，又包含直接向金融机构提供技术服务的实体。麦肯锡（2016）将金融科技企业定义为利用科技替代传统金融服务的企业，如涉及储蓄、借贷、投资、支付和保险领域的科技企业。世界经济论坛（WEF，2017）和德勤（Deloitte，2017）将金融科技企业定义为金融服务领域中的小型和技术驱动型的新进入者，不包括进入金融服务领域的诸如提供 Apple Pay 服务的苹果公司等大型技术企业，或是增加了对技术关注度的现有金融机构。美联储克利夫兰总部的 Schweitzer & Barkley（2017）将金融科技企业定义为能够向传统银行服务提供替代性选择的技术类企业，这类企业成长迅速并且通常只在网络上运营。毕马威国际（KPMG International，2017）将金融科技企业定义为在传统金融服务商业模式以外通过技术手段来运营的企业，以及通过使用技术来提高传统金融机构竞争优势的企业。

本文认为，金融科技企业是指通过先进技术提供金融产品与服务的企业。

近十年来，金融科技企业的技术研发与应用已成为驱动传统金融机构转型升级的重要引擎,特别是金融科技在金融业务各个环节中注入了更多的创新元素,有力地推动金融机构朝着更加移动化、智能化和场景化的方向发展。例如,金融与技术的深度融合,正在推动金融企业经营模式、管理模式和创新模式发生深刻的变革。一方面,大量科技企业以金融科技发展为契机,积极获取金融相关牌照,跨界提供金融服务,"科技＋牌照"成为大势所趋;另一方面,大量具有 ToC(面向用户)服务经验的企业充分发挥用户规模优势,通过科技赋能金融,实现与用户数据资源的结合,也在积极开展跨界的金融服务。金融科技研发与应用的触角已经逐渐覆盖到金融机构的方方面面,并由此衍生出第三方支付、互联网银行、互联网保险、P2P、众筹等许多新兴金融业务。在金融科技的强有力驱动下,金融机构的创新与重塑取得重要进展,传统金融的行业生态正在悄然转变。

三、基于金融科技的创新与重塑

金融科技赋能保险行业、促进保险企业的创新与重塑。随着互联网、云计算、大数据、人工智能和区块链等技术的进步与普及,金融科技已为我国保险企业创新与重塑奠定了坚实的基础,而且也取得良好的效果。

(一)保险底层技术的进步

长期以来,保险企业的保费计算、核保和理赔等工作几乎都靠人工完成,不但其准确性和合理性难以得到保障,而且还耗用了大量人力物力。随着金融科技的研发与应用,保险企业的底层技术逐渐由人工操作转变成数字化和智能化等先进技术。保险企业可以借助互联网、云计算、大数据、人工智能和区块链等技术打破保险企业面临的技术瓶颈,进一步拓展保险产品的市场边界,全面提升保险服务的效率和质量。

从技术角度看,先进信息技术与保险业务相融合,使以手工操作为主的保险底层技术进步为互联网＋(大数据、云计算、人工智能和区块链等),如图 2

所示：

＋保险

底层技术：互联网＋（大数据、云计算、人工智能和区块链等）

图 2　保险底层技术的进步

资料来源：作者整理所得。

　　互联网是指网络与网络互连互通所形成的巨大网络系统。"互联网＋"是科技进步推动下的互联网形态演进及其催生的经济社会发展新形态。互联网技术最早应用于保险销售环节，在保险企业的营销获客、渠道创新等方面发挥了积极作用。随着互联网经济的快速发展，依托于互联网生态的新保险产品应运而生；各种保险服务不仅实现了在线操作，而且还通过金融科技形成了自动核保和自动理赔等新业务模式。对保险用户而言，互联网保险能够使保险服务从难获得变为易获得、从低频走向高频，还有利于提升保险的广度和深度，增强保险用户的安全感和获得感。

　　大数据是指超出传统常规数据库软件工具能力范围的、需要新处理模式的海量和多样化的数据集合。大数据技术是伴随数据处理技术发展的一系列技术组合，包括数据采集、数据清洗、数据存储、数据挖掘和数据可视化等。目前，大数据技术在保险企业的应用主要体现在四个方面。（1）大数据技术能够使过去一些风险较大、风险难以度量、保险成本较高等保险企业不愿承保的险种，经过大数据分析和处理变成可保险种，进而使保险产品更加丰富和完善。（2）大数据技术记录各种用户的日常行为，勾勒精准的用户画像，深度分析用户的需求偏好，能够有针对性地开发出公众欢迎的保险产品。（3）在大数据技术支持下，保险企业可以根据不同用户实行差异化的保险产品定价，进而更加有效地挖掘用户的个性化需求。（4）通过大数据技术建立信用评估模型，能够快速且比较准确地识别欺诈行为，从而增强保险企业的反欺诈能力。

　　云计算属于分布式计算技术，是指通过网络将庞大的计算机处理程序自动拆分成很多较小的子程序，再由多部服务器所组成的庞大系统对分拆的大数据进行搜寻、计算和分析，最终将处理结果回传给用户。通过云计算技术，保险企业可以改进保险精算和产品定价，减少用户逆向选择问题；可以挖掘潜在客户，防止客户流失，并且增强保险欺诈识别能力；还可以提高信息实时处理和交互能力，优化保险业务流程，加快核保、理赔速度，进而改善用户体验。

　　人工智能是关于模拟、延伸和拓展人类智能的理论、方法和技术的一门系统科学，其核心技术包括计算智能、感知智能和认知智能。计算智能是指通过大量数据，进行机器学习和完善知识体系。感知智能是指可以与用户进行交互的计算机系统。当计算机系统能够达到认知智能的水平时，智能机器人就可以模仿人类进行推理和预测。在保险营销过程中，智能机器人可以提高保险营销的专业性，降低投保人的退保率，帮助保险企业进行风险管理。在核保、承保和理赔过程中，人工智能可以减少重复性人工操作，缩短业务处理时间，识别保险欺诈，有利于提高核保、承保和理赔的效率和正确率。在厘定费率的过程中，人工智能根据投保人的风险偏好、历史数据等信息，自动进行个性化风险评估，进而提高精算与定价水平，充分发挥差异化定价对扩大保险产品种类及其市场边界的作用。

　　区块链是一个分布式的共享账本和数据库，具有去中心化、公开透明、可以追溯、不可篡改、全程留痕、集体维护等特点。区块链技术携带天然的信任基因，投保人可以在网络平台上自助下单，后期数据通过区块链系统自动全网更新；智能合约可以将纸质合同转变成可编程代码，而且保险理赔能够在智能合约下自动触发；区块链的共享账本还可以对赔偿标的价值追本溯源，并实现永久性的审计跟踪。另外，将基于区块链的电子发票作为理赔凭证，其在生成、传送、存储和使用的全过程中可盖上时间戳，这不仅保证了发票的真实性，而且还节省了人工审核的环节，使得理赔流程更加便捷。

（二）组织架构的优化

　　建立适应自身特点，既能取得高效率，又能保持高度灵活性的组织架构，是企业形成核心竞争力的关键之一。因此，结合行业特点以及产品与服务的特殊性，优化组织架构，对保险企业的成长壮大具有重要意义。

我国保险企业的传统组织架构大都采用多层级的金字塔型架构。金字塔型架构是指在组织规模既定的情况下，通过比较狭窄的管理幅度和较多的管理层级设计而使职能严格划分、层级严格确定的组织架构。实践表明，金字塔型组织架构因为有过多的管理层级，所以会影响信息从基层传递到高层的速度，同时信息在多层级的传递过程中也容易失真，进而导致保险企业经营管理的复杂化和低效率（图3）。

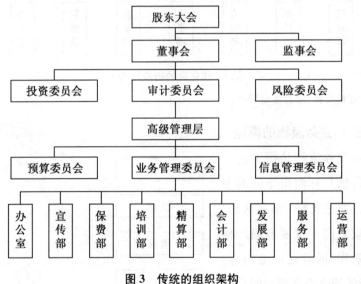

图3　传统的组织架构

资料来源：作者整理所得。

金融科技赋能保险行业以后，保险企业的组织架构大多只有两层或者三层，呈现出扁平化、网络化和柔性化等特点（图4）。组织架构的扁平化可以减少管理层级，提高组织效率和效能；可以使信息更加畅通，缩短决策周期，减少信息由于传输过程太长导致的失真，进而有助于提高保险企业的反应能力和协调能力。组织架构网络化以契约关系的建立和维持为基础，一方面可以降低管理成本，提升管理效益；另一方面也可以实现保险企业管理部门和销售渠道的整合，达到简化管理机构和层级，直接向相关责任人授权的管理效果。组织架构柔性化是指连续性的对组织架构做出适时调整,通过分工合作、共担风险,以及适当的权限调整,增强保险企业在市场上捕捉机遇和应对挑战的能力。

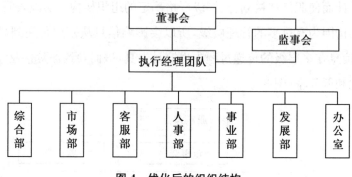

图 4　优化后的组织结构

资料来源:作者整理所得。

（三）业务流程的再造

保险业务流程是指为达到特定的价值目标而由不同的参与主体分别完成的一系列活动。这些活动之间不仅要遵循严格的先后顺序,而且活动的内容、方式、责任等也都必须有明确的界定和说明,进而使不同业务活动能够在不同岗位之间流转和交接。通常,保险业务流程主要包括投保、核保、承保、售后服务和理赔等环节(图 5)。

投保是指投保人向保险企业表达自己意愿并向保险企业

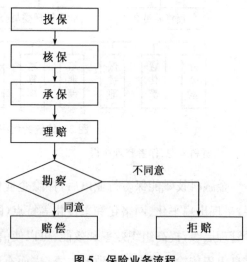

图 5　保险业务流程

资料来源:作者整理所得。

申请购买保险的过程,这是将投保人的保险意愿转化为实际法律关系的第一步。投保时，投保人需要填写一系列单据（如投保单）及有关问卷，前者需写明要购买的保险品种、保险金额、保险时间、保险费及缴纳方式，以及被保险人和受益人等。后者主要是将投保人的具体情况如投保人的健康情况、既往病史、职业及爱好的危险性等告诉保险企业，有时保险企业还会要求投保人进行体检。在投保阶段，保持投保人与保险企业之间的信息对称是减少保险纠纷的有效措施。

核保是指保险企业在对投保标的信息掌握、核实的基础上，对可保风险进行评判与分类，进而决定是否承保、以什么条件承保的过程。保险企业在收到投保人的投保单、问卷及预交的保险费（有时还要体检结果）后，要按照一定的准则进行审核，然后决定是无条件还是附加条件承保。针对不同保险品种，保险企业核保时考虑的因素是不一样的。经过核保，如果符合要求，保险企业会在一定时间内出具保险单，并且签章承保。至此，投保人和保险企业的法律关系正式确定，此后双方都要按照保险合同条款履行自己的义务和责任。

承保是指保险企业对投保人的选择，即保险企业决定接受或拒绝投保人的投保行为。保险企业在投保人提出要保请求后，经审核认为其符合承保条件，然后同意接受投保人申请，进而承担保单合同规定的保险责任。

理赔是保险人执行保险合同，履行保险义务，承担保险责任的行为。通过理赔，投保人的损失可以得到赔偿，这有利于社会再生产和投保人生活的顺利进行，也有利于保险企业检验承保业务的质量，暴露防灾防损工作中的薄弱环节，提高保险企业的经营管理水平。

传统的业务流程主要依靠人工操作，业务处理周期长，效率低、客户体验差，不能满足用户的需求。互联网、大数据、云计算、人工智能和区块链等金融科技的开发与应用，在很大程度上突破了人工操作的局限性，使得保险企业的业务流程再造成为可能（图6）。

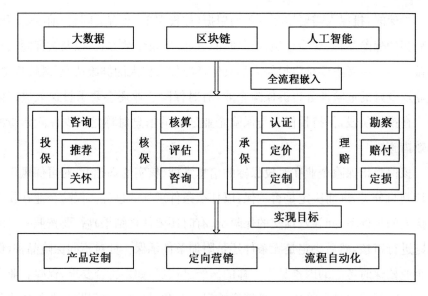

图 6　业务流程再造

资料来源:作者整理所得。

在投保环节,投保人可以通过 PC 终端、移动终端,或手持设备进行目标险种的投保,相比传统面对面的投保方式,这极大拓宽了投保渠道,同时也明显提高了投保效率。

在核保环节,当投保人提交了投保信息后,人工智能系统会自动根据内置的核保程序和既定规则进行核算,还可以运用大数据技术对投保人的过往信息进行核保评估,整个核保过程对投保人来说是无感的,可以改善投保人的场景体验。人工智能系统还能够在核保环节中挖掘潜在的投保人,当投保信息没有通过核保系统评估时,保险企业为了留住投保人,就会根据过往的投保信息,依托大数据和人工智能等技术自动计算出为投保人进行私人定制的投保金额,及时向投保人提供个性化的保险产品与服务。

在承保环节,智能化的承保系统能够对投保信息进行实时处理,并将相关保单合同分类存档,然后利用大数据和人工智能等技术对相关数据进行分析,自动计算出投保人的风险偏好,这一方面可以使保险企业正确判断是否可以承保，另一方面也为保险企业进一步挖掘已有用户的潜在价值积累数据。

在理赔环节，智能化的理赔系统可以通过生物识别和人工智能等技术收集、分析案件的相关数据，然后根据行业规则建立理赔模型，进而按照理赔模型计算的结果给出定损建议。如在发生意外事故时，投保人可将事故现场情况以及保险标的物损害情况上传到保险企业的网络平台，由智能化的理赔系统实时给出定损建议。根据保险行业碎片化、高频化和场景化等特点，基于大数据的人工智能技术还能突破传统理赔人工调查和现场调查的局限性，改变保险企业依靠人工很难对每个保险理赔案例进行逐一识别的现状，实现保险欺诈的自动识别和智能理赔。另外，通过对投保人、保险标的物等方面数据的收集和分析，人工智能技术还可以为保险企业理赔的调查方向提供指引，也可以为保险企业提供真实的影像和证据材料。

（四）产品与服务的创新

通常，保险产品与服务可分为社会保险和商业保险两大类，其中商业保险又可分为财产保险和人身保险（图 7）。

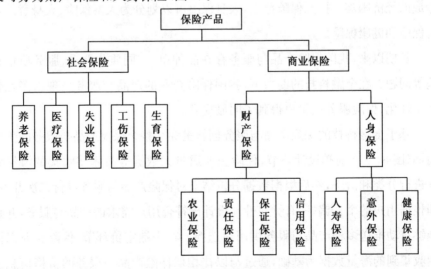

图 7　保险产品与服务的分类

资料来源：作者整理所得。

　　社会保险是指为暂时失去劳动岗位、丧失劳动能力或者因健康问题造成损失的人口提供收入或补偿的一种社会保障。社会保险主要包括五种保险，分别是养老保险、医疗保险、失业保险、工伤保险和生育保险。社会保险是缴费性保险，资金主要由用人单位和劳动者本人共同缴纳，政府财政给予补贴并承担最终责任。但是，劳动者只有履行了法定的缴费义务，并在符合有关规定的情况下，才能享受相应的社会保险待遇。

　　财产保险是指投保人根据合同约定，向保险企业交付保险费，保险企业按保险合同的约定对所承保的财产以及因自然灾害或意外事故造成的损失承担赔偿责任的保险。财产保险有广义与狭义之分，其中广义的财产保险是指以财产及其相关的经济利益和损害赔偿责任为保险标的的保险；狭义的财产保险则是指以物质财产为保险标的的保险。在保险实务中，狭义的财产保险一般称之为财产损失保险。

　　人身保险，是以人的寿命和身体为保险标的的保险。当人们遭遇不幸事故，或因疾病和年老丧失工作能力，伤残、死亡或年老退休时，根据保险合同的约定，保险企业对被保险人或受益人给付保险金，以解决其因病、残、老、死所造成的经济困难。按照保障范围，人身保险可以划分为人寿保险、人身意外伤害保险和健康保险。

　　长期以来，我国保险产品与服务存在品种单一、同质化严重、服务质量较差等问题。在金融科技的助力下，我国保险企业的产品与服务呈现出多元化和个性化，保险服务质量也得到了明显提升。

　　基于金融科技的保险产品与服务创新贯穿于整个保险产品与服务的生命周期（图8）。在前端设计环节，保险企业通过大数据等技术将收集的海量数据进行分类和清洗，然后根据数据分析结果对保险产品与服务进行二次开发，即根据用户的个人偏好，有针对性地设计出符合用户需求的产品与服务，并且能够自动推送多种产品与服务供用户选择。在中端定价环节，保险企业以前期收集到的海量数据为基础，通过与以往相似保险产品与服务的价格信息进行对比，综合考虑各种影响价格的因素，然后根据内嵌在人工智能系统内的定价模型对产品与服务进行精准定价。通过分析现有的新保险产品与服务，可以发现基于金融科技的保险产品与服务创新主要体现在两个方面：一是开发新产品和识别新风险；二是实现保险产品个性化定价。例如，众安保险推出手机碎屏险，并针对不同手机类型的用户进行差别保险费率的制定，就是典型例证之一。

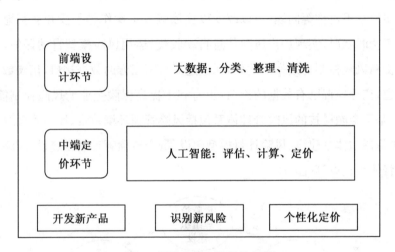

图 8　保险产品与服务的创新

资料来源：作者整理所得。

（五）风控水平的提高

保险企业的风险来源包括承保风险、管理风险、投资风险和道德风险。承保风险一般是由于保险企业粗放式经营管理而带来的风险，如忽视承保业务质量，而只注重保费收入，对承保标的物缺乏充分评估而带来的风险。管理风险是指由于保险企业内部经营管理不善或者监督机制不健全而导致的风险，如在理赔过程中，相关规定不能严格执行，或因审查不严而导致的随意赔付、盲目赔付等，导致保险企业资产损失而造成的风险。投资风险是指保险企业为实现其投资目的而可能造成的亏损或破产所承担的风险，如在投资过程中由于对市场行情把握不准造成投资损失的风险。道德风险是指由于利益驱动，人们道德观念发生扭曲而造成的风险，如身体不健康的人更倾向于购买健康保险,或者购买保险后完全不考虑损失发生后的责任。

金融科技的研发与应用,能够提高保险企业风险控制的水平。金融科技带动了保险产品的场景化、碎片化和定制化,使原有市场的存量风险被"解构",风险单位颗粒度和交互频度大幅提升,这在增强保险服务可获得性的同时,能够有效分散保险企业面临的风险。保险企业借助大数据、人工智能等技术克服信息不对称等问题,可以改变以往依赖人工操作等手段开展实地考察的费工费时状况,实现用户风险信息自动收集,运用风险模型自动评估,进而明显提高风险控制的效率。此外,通过建立与第三方的数据接口,拓展数据来源渠道,充分挖掘已有数据的价值,也有利于提高保险企业的风险控制能力。目前,基于金融科技的风险管理体系包括风险管理环境建设、风险管理组织建设、风险评估体系建设、风险计量模型建设、资产负债管理制度建设、风险预警与监督体系建设等(图9)。

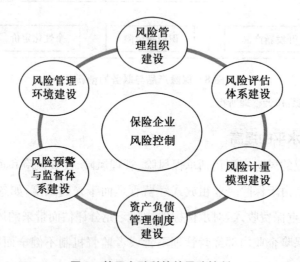

图9 基于金融科技的风险控制

资料来源:作者整理所得。

（六）行业监管的改进

传统的保险监管方式包括公示方式、准则方式和实体方式。公示方式是指政府对保险企业经营不进行直接监管，而是要求保险企业按照规定的时间和方式，将其经营结果公开并报送主管机构。准则方式是指由政府制定一系列保险经营的基本准则并要求保险企业遵守，政府对保险企业执行基本准则的情况予以监督管理。基本准则一般仅涉及重大事项，如最低资本额的要求、资产负债表的审查、法定信息披露的内容以及对违法违规的处罚等。实体方式是指国家通过立法，明确规定保险企业的设立、经营、破产清算等各项制度，保险监管部门根据法律赋予的权利，对保险市场尤其是保险企业进行全面监管。

传统的保险监管方式主要是依赖人工监管，其效率低下，存在监管空白，无法及时应对出现的问题。因此，监管部门必须将互联网、云计算、大数据、人工智能和区块链等技术应用到对保险企业监管的过程中，并以此提高行业监管水平（图 10）。

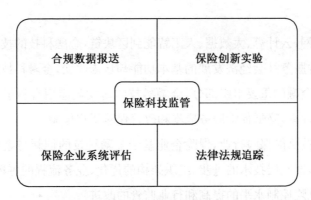

图 10 保险科技监管

资料来源：作者整理所得。

如图 10 所示，金融科技在保险监管方面的应用场景主要有四个。（1）合规数据报送，是指利用大数据、API 应用程序接口等技术帮助保险企业清洗和整理数据,将监管规定和合规要求数字化,通过统一协议交换数据并自动生成报告,以提高监管效率,降低监管成本。(2)保险创新实验,是指利用大数据和人工智能等技术,精准模拟产品与服务的创新,以便提前发现问题和预警可能出现的风险。(3)保险企业系统评估,是指利用人工智能技术,根据监管要求的变化,自动实现保险企业系统的修改、升级和评估,并且建立以大数据为支撑的智能化评估系统。(4)法律法规追踪,是指利用机器学习、自然语言处理等技术,对监管法律法规进行数字化处理,帮助保险企业转变人工合规方式,及时报送监管提示,提升合规效率。例如,原银保监会等部门在保险行业综合统计、保险标准化方面正在积极采用金融科技手段,保险行业协会和相关自律组织也在推进行业自律的数字化和智能化,其目标是建立动态化的监管科技体系,推动监管成本适度内部化,不仅能够解决监管激励与约束问题,而且能够缓解保险监管中的不公平性,进而营造公平、有序、竞争的保险行业发展的新生态。

四、结　语

从互联网、云计算、大数据、人工智能到区块链,金融科技的技术进步从未停止,但金融服务社会经济发展的基本功能却从未改变,金融科技的本质是金融。保险是金融的重要组织部分,金融科技的研发与应用有利于保险企业提高保险服务效率,降低保险服务成本和改善保险用户体验。

金融科技赋能保险行业,保险企业基于金融科技的创新与重塑主要体验在六个方面,即底层技术的进步、组织架构的优化、业务流程的再造、产品与服务的创新、风险控制水平的提高和行业监管的改进。

随着区块链、5G和量子通信技术的成熟与推广,金融科技将会赋予保险行业更大的动能,甚至会对传统保险企业产生颠覆性影响。事实上,基于金融科技的智慧保险已经向我们走来。在这样的背景下,为更好地发挥保险的经济补偿、资金融通和社会保障作用,我国保险企业必须转变传统的经营理念和方法，积极推进金融科技的研发与应用，特别是投入必要的大量人、财、物力，建立高水平的金融科技队伍，尽快实现保险企业的创新与重塑。也只有这样，我国保险行业才能可持续发展，并能较快地赶超发达国家保险业。

主要参考文献

[1] WRAPIOUS. The History of FinTech[N/OL]. February 2017. http://wrapious. com/news/09_02_2017/(accessed 3 October 2017).

[2] MARILIA A. The History of Fintech: Infographic[EB/OL]. May 2017. https:// b-hive. eu/news-full/2017/4/13/the-history-of-fintech-infographic(accessed 5 October 2017).

[3] FALGUNI D. The Evolution of Fintech[N/OL]. December 2015. Forbes. https:// www. forbes. com/sites/falgunidesai/2015/12/13/the-evolution-of-fintech/#5bcd8f61 7175(accessed 3 October 2017).

[4] WORD SPY. fintech[DB/OL], November 2014，http://www. wordspy. com/index. php? word＝fintech(accessed 27 September 2017).

[5] HEPBURN G. Who coined the term "fintech"? [EB/OL]. June 2016. https://www. quora. com/Who-coined-the-term-fintech(accessed 27 September 20 17).

[6] HOCHSTEIN M. BankThink Fintech(the Word，That Is) Evolves[N/OL]. October 2015. American Banker，https://www. americanbanker. com/opinion/fintech-the-word-that-is-evolves(accessed 28 September 2017).

[7] FSB. Fintech: Describing the Landscape and a Framework for Analysis[R]. Research Report，2016.

[8] BCBS. Sound Practices: Implications of Fintech Developments for Banks and Bank Supervisors[R]. Consultative Document，2017.

[9] IMF. Fintech and Financial Services: Initial Considerations[R]. IMF Staff Discussion Note，2017.

[10] IOSCO. IOSCO Research Report on Financial Technologies(Fintech)[R]. Working Paper，2017.

[11] NEC. A Framework for FinTech[R]. NEC Whitepaper，2017.

［12］GAO. Financial Technology：Information on Subsectors and Regulatory Oversight ［R］. Report to Congressional Requesters，2017.

［13］FCA. Business Plan 2017/18［R］. Corporate Document，2017.

［14］MAS. The FinTech Opportunity［R］. BIS Working Papers No. 655，2017.

［15］PwC. Blurred Lines：How FinTech is Shaping Financial Services［R］. Global FinTech Report，2016.

［16］KPMG INTERNATIONAL. The Pulse of Fintech，Q2 2017，Global Analysis of Investment in Fintech［R］. 2017.

［17］MILLS D，WANG K，MALONE B，et al. Distributed ledger technology in payments，clearing，and settlement［R］. Finance and Economics Discussion Series 2016—095，Board of Governors of the Federal Reserve System，2016.

［18］WALPORT M. FinTech Futures：The UK as a World Leader in Financial Technologies［R］. Report to UK Government Office for Science，2015.

［19］AARON M，RIVADENEYRA F，SOHAL S. Fintech：Is This Time Different? A Framework for Assessing Risks and Opportunities for Central Banks［R］. Bank of Canada Staff Discussion Paper，2017.

［20］徐忠，孙国峰，姚前. 金融科技：发展趋势与监管［M］. 北京：中国金融出版社，2017.

［21］李东荣. 金融科技的本质是金融，技术只是载体和手段［N/OL］. 2017 年 9 月 (2017b). 中国证券网. http：//news. cnstock. com/news，bwkx-201709-4133715. htm.

［22］朱民. 主导金融科技的是金融还是科技？［N/OL］. 凤凰号. 2017 年 10 月. http：// wemedia. ifeng. com/32696535/wemedia. shtml.

［23］陈兴良. 金融犯罪若干疑难问题的案例解读［J］. 江西警察学院学报，2017(11).

［24］S&P GLOBAL MARKET INTELLIGENCE. An Introduction to Fintech：Key Sectors and Trends［R］. Working Paper，2016.

［25］麦肯锡. 金融科技全面冲击银行业及银行的应对策略［R］. 麦肯锡大中华区金融机构咨询业务，2016.

［26］WEF，DELOITTE. Beyond Fintech：A Pragmatic Assessment of Disruptive Potential in Financial Services［R］. Research Report，2017.

［27］SCHWEITZER M E，BARKLEY B. Is "Fintech" Good for Small Business

Borrowers? Impacts on Firm Growth and Customer Satisfaction［R］. FRB of Cleveland Working Paper No. 17-01，2017.

[28] 周琰. Fintech 时代来临：传统金融与金融科技加速融合［J］. 金融时报，2018(5).

[29] 赵真. 教育信息化 2.0 背景下的智慧校园信息服务平台建设研究［J］. 中国管理信息化，2019，22(07)：153-154.

[30] 徐卫星. 区块链技术有助于消除数据造假［N］. 中国环境报，2019-11-01(007).

[31] 刘学威. 服刑人员人身损害救济相关问题研究［D］. 东南大学，2018.

[32] 田长海，刘锐. 消费金融促进消费升级的理论与实证分析［J］. 消费经济，2013，29(06)：18-21+26.

[33] 单鹏. 金融科技时代下的保险监管科技构思［N］. 中国保险报，2019-03-25(005).

（与孙明明合作，《保险业高质量发展纵横论》（论文集），南京出版传媒集团，2019 年 9 月）

保险科技、经营效率及传导机制研究

　　摘要:本文采取自下而上逐级加权平均汇总法编制中国保险科技指数,采用三阶段 DEA 方法测算中国保险企业经营效率指标。在此基础上,选取 2010—2018 年 40 家中国保险企业样本数据,实证检验保险科技对中国保险企业经营效率的影响。研究发现,保险科技对保险企业经营效率具有正向促进作用。进一步研究发现,在人寿保险企业样本中,保险科技对保险企业经营效率的促进作用更为显著。对这一现象的传导机制进行研究,发现保险科技可以通过保险企业保险业务收入和业务管理费传导渠道影响保险企业经营效率。本文的研究不仅有助于更好地理解保险科技影响保险企业经营效率的内在机制,而且对充分发挥保险科技的积极作用,全面提高保险企业经营效率,助力保险企业数字化转型也具有重要意义。

　　关键词:保险科技;经营效率;内在机制;中介效应

一、引　言

　　新冠病毒疫情令保险行业传统线下业务严重受阻,促使保险行业对数字化转型的重要性和迫切性有了更为深刻的认识,保险科技的快速发展为保险行业数字化转型提供了契机,也是金融研究者近年所关注的热点问题。十多年来,中国的保险科技迅速发展,科技与保险融合,科技赋能保险企业,保险企业因数字化转型而迸发出新的活力。各类人寿保险企业、财产保险企业、保险中介企业以及互联网保险平台纷纷布局保险科技,依托保险科技打造以转型升级为特征的保险新生态。它们通过自主开发互联网保险产品与服务或与科技公司合作等方式,实现了线下和线上保险业务的大幅度增长,优化了业务流程,提升了保险企业经营效率。但是,现有文献关于保险科技发展对中国保险企业经营效率究竟产生了什么影响所做的研究尚不多见,且不够深入。深入剖析保险科技对保险企业经营效率的影响,明确其传导渠道,对加快中国保险企业的转型升级提供理论依据和决策参考具有重要意义。

保险科技是指由传统或非传统市场参与者利用信息技术为保险企业提供特定解决方案的创新,即利用技术创新推动现有保险模式创新,以节省成本和提高效率(Stoeckli et al,2018;Bun and Sopot,2018)。从保险科技的概念上可以看出,保险科技的最终目的是降低成本和提高效率,但遗憾的是一直缺乏有效的理论,对保险科技影响保险企业经营效率的传导渠道进行研究。学者们也尝试从保险企业负债端、资产端和风险承担行为研究保险科技对保险企业的作用和影响路径(完颜瑞云、锁凌燕,2019),从保险科技发展与财产保险企业经营效率的关系(贾立文、万鹏,2019)进行研究,但是从未涉及保险科技影响保险企业经营效率传导渠道。本文注意到保险科技依托云计算、大数据、人工智能、物联网、区块链、虚拟现实等底层技术,可以实现保险产品线上化,使得差异化、个性化的保险产品成为现实,可以很好地解决零散化、碎片化的行业痛点。通过动态定价、自动承保和智能理赔,保险企业减少了人力资源投入,极大地提高了经营效率,使得保险企业保费收入大幅增长。此外,保险公司的"孤岛式运营"使得重复工作普遍存在,增加了风控成本。保险科技利用人工智能、大数据等技术开启了"智能风控模式",可以利用海量风险规则和机器学习实现保险企业风险管理的智能预警和多维核验,从而降低保险企业风险支出等。因此,本文认为保险科技对保险企业经营效率具有正向促进作用。

基于以上考量,本文将通过实证研究检验保险科技对保险企业经营效率的影响,并深入分析其背后的传导机制。为证实保险科技与保险企业经营效率成正比,本文选取 40 家中国保险企业 2010—2018 年样本数据,利用自下而上逐级加权平均汇总法编制中国保险科技指数,采用三阶段 DEA 方法测算中国保险企业经营效率指标。在此基础上,建立模型实证检验保险科技对中国保险企业经营效率的影响。为明晰保险科技影响保险企业经营效率的传导渠道,本文主要从保险企业的投入视角和产出视角进行研究,实证检验保险科技通过保险企业业务收入、投资收益、赔付支出和业务管理费等渠道影响保险企业经营效率的情况。此外,本文还研究了保险科技对不同类别保险企业经营效率的异质性。

　　本文的贡献主要在于:(1) 选取中国保险企业 2010—2018 年样本数据,从多个角度实证检验了保险科技对保险企业经营效率有正向促进作用,通过稳健性检验后该结果依然成立;(2) 揭示保险科技对不同类别保险企业经营效率影响的异质性,实证检验发现保险科技对人寿保险企业经营效率的影响更加显著,同时还发现保险企业成立年份对保险企业经营效率具有抑制作用;(3) 创新性地从投入视角和产出视角,通过实证检验剖析了保险科技影响保险企业经营效率的传导渠道,发现保险科技可以通过保险企业保险业务收入和业务管理费传导渠道影响保险企业经营效率。最后,本文提出相关政策建议。

　　本文余下部分安排如下:第二部分是相关文献回顾与研究假设;第三部分是研究设计与样本数据;第四部分是实证检验及其结果;第五部分是中介效应检验;第六部分是结语。

二、文献回顾与研究假设

(一) 文献回顾

　　关于保险企业经营效率,已有不少研究成果。侯晋、朱磊(2004)采用数据包络方法(DEA)对中资保险企业经营效率进行研究,发现中国保险企业经营效率不高的主要原因之一是集约化程度低,同时还发现集约化程度低还明显降低了保险企业的盈利能力。姚树洁等(2005)使用 DEA 方法对中国 22 家保险企业进行实证检验,现大型保险企业经营效率明显高于小型保险企业经营效率,直销方式更有利于保险企业经营效率的提升。刘革(2006)利用复合 DEA 分析方法对中国不同地区的保险企业经营效率进行评价,认为东部沿海地区经济发达省市保险企业经营效率高于其他省市保险企业经营效率,保险企业经营效率最重要的影响因素是资产规模和人员投入。黄薇(2006)采用随机前沿分析(SFA)方法对保险企业的成本效率和利润效率进行实证检验,发现仅改变保险企业产权结构并不能有效提高经营效率,公司治理结构、组织形式、营销体系、资产规模和产品多元化程度是影响中国保险企业经营效率的主要因素。钟凡(2009)分析了中国人寿保险企业经营效率的影响因素,认为在保险市场竞争日趋激烈的背景下,人寿保险企业的利润主要来自投资收益,经营效率高的保险企业虽然不能因为技术效率和规模效率而获得较高的利润,但可以在竞争中获得更多的市场份额。何洁、闫冰(2009)分别使用 DEA 和 SFA 两种方法对总保费、标准保费和分渠道保费的产出效率进行测算,认为大中城市的保险企业经营效率不容乐观,其资金推动业务发展的特征较明显,经营效率也有待进一步提高。肖智、肖领(2010)利用能处理负值的半定向径向测算(SORM)方法分析了 2005—2008 年中国 25 家财产保险企业的经营效率,发现中资保险企业的平均经营效率要低于外资保险企业。尚颖、贾士彬(2012)采用 DEA 分析方法,对保险专业代理机构的技术效率、规模效率和纯技术效率进行分析,指出保险专业代理机构存在规模效率低下以及资本和营业费用投入过大等问题。田新民、李晓宇(2013)通过建立扩展型两阶段(CCR)模型,选取 2006—2010 年中国 17 家保险企业的样本数据进行实证检验,结果表明中国保险业整体经营效率呈现出“N”字形趋势,保险企业的经营效率与公司成立时间和资产规模正相关。

上述文献未涉及保险科技对保险企业经营效率的影响,真正涉及保险科技与保险企业经营效率的研究起步较迟。2019 年,贾立文、万鹏较早地研究了保险科技发展与保险企业经营效率的关系,他们认为保险科技能够提高财产保险企业的经营效率。2019 年,完颜瑞云、锁凌燕选择中国 31 个省区

2007—2017 年的非平衡面板数据,就保险科技对保险企业的作用和影响路径进行了实证检验,她们认为保险科技对保险企业负债端、资产端和风险承担行为的影响是显著且稳健的。

以往的研究很少涉及保险科技对中国保险企业经营效率的影响,这一方面是因为中国保险科技发展的时间不长,另一方面是因为相关研究所需要的样本和数据不容易获取。为了研究保险科技对中国保险企业经营效率的影响,本文首先借鉴北京大学互联网金融发展指数的编制方法,构建和测算中国保险科技指数,然后采用三阶段 DEA 方法测算中国保险企业经营效率。以此为基础,本文利用计量经济模型,选取 2010—2018 年中国 20 家人寿保险企业和 20 家财产保险企业的样本数据,实证检验保险科技对中国保险企业经营效率的影响及其传导机制。

(二)研究假设

保险科技是新生事物,关于保险科技的内涵和本质,目前还没有形成共识。本文认为,保险科技是指通过互联网、大数据、云计算、人工智能和区块链等先进技术,拓展保险服务边界,扩大保险市场规模,提升保险理赔效率,降低保险产品成本,进而形成对保险市场、保险机构和保险服务产生重大影响的保险新业态。保险科技的本质是保险,虽然保险科技的技术水平在不断提升,但是保险科技服务于经济补偿、资金融通和社会保障的保险功能始终未变。科技赋能保险,保险企业利用互联网、大数据、云计算、人工智能和区块链等先进技术可以替代传统人力,在投保、核保、承保和理赔等环节嵌入科技手段,这有利于优化业务流程,促进产品创新,降低服务成本,防范各种风险,进而提高保险企业经营效率。

保险企业按照经营范围和市场定位的不同,可以分为人寿保险企业和财产保险企业。因为人寿保险企业与财产保险企业在投保人、保险标的、保险期限,以及市场特征等方面存在较大差异,所以两类保险企业的经营效率对保险科技发展的敏感度不同。相比财产保险企业,人寿保险企业的业务流程更加单一和规范,理赔过程更加简单和快捷,因此保险科技发展对提升人寿保险企业经营效率发挥的作用更加明显。

改革开放以来,我国保险市场日益开放,保险行业股权比例限制、经营地域限制、业务领域限制逐步放开,但行业壁垒和门槛仍较高,保险市场对外开放水平有待进一步提升(朱俊生,2020)。由于中国保险市场开放程度较低,行业保护作用明显,保险企业竞争意识弱,保险产品同质化现象严重,保险经营理念落后。特别是随着保险企业成立年份的增加,人员知识结构进一步老化,保险企业创新能力进一步弱化。因此,本文提出假设1。

假设1:保险科技对保险企业经营效率有正向促进作用,且这种正向促进作用在人寿保险企业表现得更加明显。

剖析保险科技影响保险企业经营效率的传导渠道,要从保险企业经营效率的定义入手。保险企业经营效率是指单位时间内所完成的保险业务的数量和质量,单位时间内完成的保险业务越多,即保险业务收入越高、赔付支出越低,经营效率就越高,反之,经营效率就越低。因此,本文从产出视角和投入视角分析保险科技影响保险企业经营效率的传导机制。

从产出视角看,保险科技通过增加保险企业承保端和投资端收入影响保险企业经营效率。在承保端,保险科技打破了地理等因素对保险企业的时空约束,实现了保险产品的在线化,克服了传统保险营销无法解决的碎片化和零散化痛点,从而提升了保险业务收入。根据长尾理论,保险科技的获客范围得到极大拓展,丰富了客户的触达路径,增强了销售渠道的能效。此外,保险科技依托大数据技术对客户群体进行细分,识别用户需求、偏好和风险状况,以此来绘制客户画像,实现保险销售主体向客户的转变,把热销的保险产品向更加丰富的立基产品转变,不断创造高频碎片化、差异化的个性化保险产品,进而为客户提供个性化保险产品定制和定价,由客户被动选择向主动选择转变,实现精准营销,让客户享受多样化的增值服务,最终实现保险业务收入增加。在投资端,保险科技能够缓解信息不对称的情况,进而改善委托代理关系中的逆向选择和道德风险,从而提升保险企业投资收益。互联网以其空间和时间的穿透性为信息传递和共享提供了快速的虚拟通道。利用人工智能等技术建立监督模型,当保险资金投资代理人做出任何不利于保险资金投资委托人的决定及操作后,触发智能监督模型,从而实现保险资金委托人对保险资金代理人的有效监督。保险科技借助人工智能建模,可以通过资产模型由计算机得出最优投资组合,可以通过多因子风控模型更准确地把握前瞻风险,通过信号监控、量化手段制定择时策略,人工智能、大数据的加持,使得保险企业投资收益增加。因此,本文提出假设2。

假设 2a: 保险科技通过保险业务收入渠道对保险企业经营效率产生影响。

假设 2b: 保险科技通过保险投资收益渠道对保险企业经营效率产生影响。

从投入视角看,保险科技通过降低赔付端和管理端支出影响保险企业经营效率。在赔付端,保险科技借助物联网和可穿戴设备感知场景、感知客户的动态变化,不仅可以实现远程定损,极大地减少了现场定损的投入,而且还可以根据感知设备运行环境的变化,提早预判和告警潜在风险。保险科技的区块链技术具有去中心化、时序数据和安全可信等特点,有助于解决保险产品同质、保险数据安全和保险理赔欺诈等一系列难题,进而推动保险企业高质量发展。保险科技借助海量交易数据和人工智能建模,解决保险企业、医疗机构和参保人的信息不对称、医疗保障缺位、控费手段缺失、数据链断裂等一系列问题,及时发现虚假报案、过度理赔和欺诈的发生,降低核保理赔的风险,最终实现保险企业赔付支出的降低。在管理端,保险企业的业务管理费主要包括人员工资、职工福利、办公费和差旅费等,其中支出份额较大的是人员工资和职工福利。保险科技发展改变了保险企业主要依赖人工开展业务的粗放经营模式,可以大幅减少人力资源的投入,节约人力资源投入成本,减少工资和职工福利等支出。因此,本文提出假设3。

假设 3a: 保险科技通过保险赔付支出渠道对保险企业经营效率产生影响。

假设 3b: 保险科技通过保险业务管理费渠道对保险企业经营效率产生影响。

三、研究设计与样本数据

（一）样本选取与数据来源

在中国,保险科技与互联网保险的内涵几乎相同。因此,从事互联网保险业务的保险企业可以作为本文的研究样本。为使研究样本具有广泛性和可比性,根据规模相近和互联网化程度较高的要求,本文选取平安人寿等 20 家人寿保险企业和安盛天平等 20 家财产保险企业作为研究样本。本文选取的样本数据来源于《中国保险年鉴》、保险企业的年报、原中国银行保险监督管理委员会批准的保险企业互联网保险产品数量、中国保险行业协会发布的合作第三方网络平台数量和合作保险中介机构数量,以及通过手工或 Python 爬虫软件从权威网站和媒体上抓取的相关数据。因为从 2010 年开始,中国才比较完整地公布与披露本文所做研究需要的相关数据,而且 2019 年个别样本数据尚不完整,所以本文选取的样本数据区间为 2010—2018 年。

（二）关键变量构建与测算

1. 解释变量

本文选择保险科技指数为解释变量。保险科技指数是衡量保险科技发展水平的指标。保险科技指数编制所要考虑的因素包括中国保险行业协会官网披露的保险企业互联网保险产品数量、合作第三方网络平台数量、合作保险中介机构数量、保险发展指数(创新能力),通过 Python 程序爬取得到当年成立的保险科技企业数量,以及北京大学互联网金融研究中心发布的省级普惠数字金融指数。为编制保险科技指数,本文借鉴北京大学互联网金融中心编制互联网金融发展指数方法中关于三级指数权重和四级指数权重的思路,采用综合实际调研、专家访谈、参考相关文献的方法,设定互联网保险产品数量的权重为 20%,合作第三方网络平台数量的权重为 15%,合作保险中介机构数量的权重为 15%,当年成立的保险科技企业数量的权重为 20%,保险发展指数(创新能力)的权重为 15%,省级普惠数字金融指数的权重为 15%。

保险科技指数的测算采取自下而上逐级加权平均汇总的方法。由于 2010 年是保险科技相关数据开始披露的年份,同时为方便本文的实证检验,设 2010 年的保险科技指数为基准值 100。为计算保险科技指数,首先要计算环比指数,然后再基于环比指数,通过链式相乘得到定基指数,其计算公式如下:

$$i_t = \frac{I_t}{I_{t-1}} = \sum_{i=1}^{6} \frac{L_{i,t}}{L_{i,t-1}} = \sum_{i=1}^{6} \left(\sum_{j=1}^{2} P_{i,j,t} \frac{K_{i,j,t}}{K_{i,j,t-1}} \right) \tag{1}$$

式(1)中,$i_t = \frac{I_t}{I_{t-1}}$ 为保险科技环比指数,$\frac{L_{i,t}}{L_{i,t-1}}$ 表示第 i 个指标的 t 期环比指数,$\frac{K_{i,j,t}}{K_{i,j,t-1}}$ 表示第 i 个指标 j 部分的 t 期环比指数,$P_{i,j,t}$ 表示第 i 个指标 j 部分 t 期的权重。

2. 被解释变量

本文选择保险企业经营效率为被解释变量。保险企业经营效率是衡量保险企业投入产出成效的指标。关于保险企业经营效率的研究,主要研究方法如下。Aigner(1977)提出随机前沿分析(Stochastic Frontier Approach,SFA)模型,即首先确定生产函数类型,然后对确定的生产函数用最小二乘法、非线性回归法和极大似然估计法进行估计,并将残差项分解为随机残差项与无效率残差项,最后用无效率残差项的条件期望值作为技术效率值。Charenes(1978)等人提出数据包络分析(Data Envelopment Analysis,DEA)模型,该方法首先维持决策单元的输入和输出保持不变,然后借助观测样本值和数学规划共同确定相对有效边界,并将各决策单元投影到相对有效边界上,最后根据偏离程度确定决策单元效率的高低。Fired(2002)在 Aigner 和 Charenes 研究的基础上,结合 SFA 模型和 DEA 模型,提出了三阶段 DEA 模型:第一阶段采用传统 DEA 模型,即通过以投入导向的可变规模收益(由 Banker,Charnes & Coper 提出,BCC)模型计算出各决策单元的效率值和投入值的松弛变量;第二阶段以松弛变量为被解释变量,以外部环境因素为解释变量,建立以投入为导向的 SFA 模型,以消除管理无效率因素和随机误差对松弛变量的影响,并计算出调整后的投入变量;第三阶段针对调整后投入变量和原产出值,使用 DEA 模型对消除管理无效率因素和随机误差影响后的决策单元进行经营效率测算。因为三阶段 DEA 模型同时考虑了管理无效率因素和随机误差的影响,能够更加真实地反映决策单元的经营效率,所以本文选用三阶段 DEA 模型测算保险企业的经营效率。

通过三阶段 DEA 模型测算人寿保险企业和财产保险企业的经营效率,可以得到综合技术效率(crste)、纯技术效率(vrste)和规模效率(scale)三个结果。综合技术效率(crste)是对决策单元的资源配置能力、资源使用效率等多方面能力的综合衡量与评价,纯技术效率(vrste)是企业由于管理和技术等因素影响的生产效率,规模效率(scale)反映的由于企业规模因素影响的生产效率。三者之间的关系是综合技术效率(crste)=纯技术效率(vrste)×规模效率(scale)。考虑到综合技术效率(crste)是综合了多方面因素,因此以此为保险企业经营效率 TFP 的代理变量。以三阶段 DEA 模型测算所得三个效率变量为基础进行构造三维图如图 1 所示。图 1 左边为人寿保险企业经营效率,右边为财产保险企业经营效率。

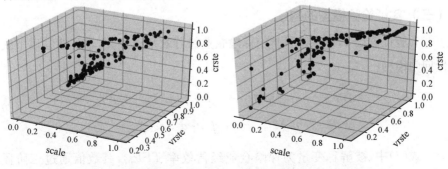

图1 人寿保险企业经营效率和财产保险企业经营效率

图 1 显示,人寿保险企业经营效率相对财产保险企业经营效率相对更为集中,即方差更小。另外,人寿保险企业经营效率多数集中在图 1 左的中下部,而财产保险企业经营效率多数集中在图 1 右的中上部,因此财产保险企业经营效率平均值比人寿保险企业经营效高。

3. 控制变量

借鉴完颜瑞云、锁凌燕(2019)和黄星刚、杨敏(2020)的研究方法,结合本文研究目的,选择 7 个控制变量,以更全面地分析保险科技发展对互联网保险企业产品创新能力的影响。(1)成立年份(Ly),是指保险企业成立的年份,可以用来衡量保险企业生存能力,保险企业成立当年记 1,以后每年加 1。(2)保险业务收入(Bc),是指保险企业的保费收入,可以用来衡量保险企业业务收入。(3)投资收益(Ic),是指保险企业的利息、股息等投资性收益,可以用来衡量保险企业投资收益。(4)赔付支出(Pc),是指保险企业支付的原保险合同赔付款项和再保险合同赔付款项,可以用来衡量保险企业的风险控制。(5)业务管理费(Mf),是指保险企业组织施工生产经营活动所发生的管理费用,可以用来衡量保险企业的管理。(6)责任准备金(Dd),是指保险企业未到期责任准备金、未决赔款准备金和保险保障基金,可以用来衡量保险企业的负债。(7)实收资本(Ca),是指保险企业实际收到的投资人投入的资本,可以用来衡量保险企业的注册资产规模。

(三)实证检验模型的构建

为验证假设 1,即保险科技与保险企业经营效率正相关,本文建立以下线性回归模型:

$$TFP_{i,t} = a_0 + a_1 It_{i,t} + a_2 Ly_{i,t} + a_3 Bc_{i,t} + a_4 Ic_{i,t} + a_5 Pc_{i,t} + a_6 Mf_{i,t} + a_7 Dd_{i,t} + a_8 Ca_{i,t} + \varepsilon_{i,t} \tag{2}$$

式(2)中,被解释变量为保险企业经营效率 $TFP_{i,t}$,其数值通过三阶段 DEA 模型测算得到;解释变量为保险科技指数 $It_{i,t}$,反映保险科技发展水平,其数值通过自下而上逐级加权平均汇总的方法得到;$X_{i,t}$ 代表其他可能影响保险企业经营效率的控制变量,本文选取保险企业成立年份(Ly)、保险业务收入(Bc)、投资收益(Ic)、赔付支出(Pc)、业务管理费(Mf)、责任准备金(Dd)和实收资本(Ca)为控制变量,其数值主要来源于中国保险行业协会披露的年报数据;α_j 为各变量系数,其中 $j = 0 \cdots 8$;t 表示时间维度,$t = 2010 \cdots 2018$;$\varepsilon_{i,t}$ 为随机扰动项。

为验证假设 2 和假设 3,即保险科技影响保险企业经营效率的传导机制,本文采用中介效应模型来检验传导机制的存在。相对于其他检验方法,中介效应模型能够有效降低乘积系数模型出现错误的概率(温忠麟、叶宝娟,2014)。本文构建的中介效应模型如下:

$$Med_{k,i,t} = \beta_0 + \beta_1 It_{i,t} + \beta_2 X_{i,t} + \varepsilon_{i,t} \tag{3}$$

$$TFP_{i,t} = \gamma_0 + \gamma_1 Med_{k,i,t} + \gamma_2 It_{i,t} + \gamma_3 X_{i,t} + \varepsilon_{i,t} \tag{4}$$

式(3)中,被解释变量为 $Med_{k,i,t}$,代表中介变量保险业务收入(Bc)、投资收益(Ic)、赔付支出(Pc)、业务管理费(Mf),考虑到保险企业经营规模的影响,回归时分别用上述四个变量除以当年的总资产,其中 $k = 1, 2, 3, 4$,表示每个中介变量,i 表示第 i 个保险企业,t 表示年份;控制变量 $X_{i,t}$ 选取保险企业成立年份(Ly)、责任准备金(Dd)和实收资本(Ca)等为控制变量;β_k 为各变量系数,其中 $k = 0 \cdots 2$;其他变量同式(2)中一致,在此不再赘述。

式(4)中,被解释变量为 $TFP_{i,t}$,解释变量为 $Med_{k,i,t}$,$X_{i,t}$ 为控制变量,γ_m 为各变量系数,其中 $m = 0 \cdots 3$;其他变量同式(2)中一致,在此不再赘述。

表 1　变量及其说明

变量	变量名称	变量说明
TFP	保险企业经营效率	反映保险企业投入产出成效的高低
It	保险科技指数	反映保险科技发展水平
Ly	成立年份	保险企业成立年份,成立当年赋值为1,此后每年+1
Bc	保险业务收入	样本企业保费收入

（续表）

变量	变量名称	变量说明
Ic	投资收益	对外投资取得的股利收入、债券利息收入，以及与其他单位联营所分得的利润等
Pc	赔付支出	保险企业赔付支出
Mf	业务管理费	业务管理费
Dd	责任准备金	包括未到期责任准备金、未决赔款准备金和保险保障基金
Ca	实收资本	实际收到的资本金
Gg	股本	保险企业股本

为直观展示样本变量的统计特征，本文对上表中各变量进行描述性统计，其结果如表 2 所示。

表 2　变量描述统计

变量	N	Mean	P25	Median	P75	Min	Max
TFP	360	0.55	0.30	0.51	0.85	0.00	1.00
$It(log)$	360	5.89	5.05	6.25	6.36	4.61	6.82
$Ly(log)$	360	2.26	1.95	2.30	2.71	0.00	3.58
$Bc(log)$	360	21.44	20.78	21.88	23.14	9.68	26.23
$Ic(log)$	360	19.03	17.61	19.48	20.84	10.07	24.12
$Pc(log)$	360	19.98	18.71	20.56	21.80	7.57	25.5
$Mf(log)$	360	19.85	19.56	20.39	21.37	10.17	23.92
$Dd(log)$	360	12.00	11.36	12.42	13.58	3.08	16.96
$Ca(log)$	360	10.84	10.53	11.27	12.20	0.96	14.71
$Gg(log)$	360	11.90	11.50	12.32	13.12	2.14	15.03

表 2 显示，保险企业经营效率均值为 0.55，中位数为 0.51，说明保险企业经营效率呈现出右偏分布，有超过半数的保险企业经营效率低于平均值，这反映出我国保险企业经营效率还有较大提升空间。保险科技发展指数均值为

5.89,小于其中位数 6.25,说明保险科技发展呈现左偏分布,表明保险科技发展情况较好。

四、实证检验及其结果

（一）保险科技对保险企业经营效率的影响

1. 基准回归

为验证保险科技与保险企业经营效率正相关,本文采用式（2）,分别用三阶段 DEA 模型所得的综合技术效率（$TFP/crste$）、纯技术效率（$vrste$）和规模技术效率（$scale$）,对 20 家人寿保险企业和 20 家财产保险企业的样本数据进行全样本企业回归分析。本文的豪斯曼检验结果 P 值为 0,显著拒绝随机效应模型优于固定效应模型的原假设,因此采用固定效应模型。考虑到同一家保险企业不同年份之间的扰动项一般存在自相关,所以采用保险企业层面的聚类稳健标准误,其结果见表 3。

表 3　保险科技对保险企业经营效率影响的全样本实证检验

变量	(1) $TFP/crste$	(2) $vrste$	(3) $scale$
It	0.141*** (4.71)	0.159*** (4.99)	0.089*** (2.76)
Ly	−0.004** (−2.97)	−0.002 (−1.37)	−0.005*** (−2.59)
Bc	−0.033 (−2.37)	0.002*** (0.15)	−0.076 (−4.14)
Ic	−0.114 (−6.21)	0.051*** (2.59)	−0.092 (−4.70)
Pc	0.028*** (2.55)	0.011 (0.91)	0.061*** (4.46)

（续表）

变量	(1)	(2)	(3)
	$TFP/crste$	$vrste$	$scale$
Mf	0.105 (4.98)	−0.063 (−2.82)	0.102 (4.08)
Dd	0.177 (8.93)	0.094 (4.42)	−0.036 (−1.69)
Ca	0.260 (12.15)	0.053 (2.30)	0.129 (5.95)
$Constant$	2.757 (8.35)	0.624 (1.77)	1.245 (3.87)
$Year_{FE}$	YES	YES	YES
样本量	360	360	360
$R\text{-}squared$	0.739	0.415	0.577

注：表中所有结果均由 Stata13 软件计算而得；"*"、"**"、"***"分别表示在 10%、5%、1%的水平上显著。"（）"内表示聚类后稳健的 t 值，下同。

表 3 显示，保险科技指数（It）对保险企业经营效率（$TFP/crste$）、纯技术效率（$vrste$）和规模技术效率（$scale$）的回归系数分别为 0.141、0.159 和 0.089，且均在 1%水平上显著，即保险科技与保险企业经营效率正相关，说明保险科技发展提高了保险企业经营效率、纯技术效率和规模技术效率。这主要是因为保险科技的应用和发展可以促进保险企业的资源配置能力、资源使用效率和技术水平的提高，进而使得保险企业经营效率、纯技术效率和规模技术效率全面提高。可验证假设 1 成立，

表 3 还显示，保险企业成立年份（Ly）对保险企业经营效率（$TFP/crste$）和规模技术效率（$scale$）的回归系数分别为−0.004 和−0.005，且均在 1%水平上显著，表明随着保险企业成立年份的增加，保险企业经营效率略有下降，这主要是因为中国保险市场尚未完全放开，保险行业竞争还不充分，保险企业随着成立年份的增加，其创新能力逐渐弱化，进而抑制了保险企业经营效率的

提高;投资收益(Ic)对纯技术效率($vrste$)的系数为 0.051,且在 1‰水平上显著,说明投资收益越高,保险企业用于技术研发的资金会越多,因此保险企业纯技术效率(vrste)得以提升。

2. 异质性分析

进一步进行异质性分析,验证保险科技与保险企业经营效率正相关在人寿保险企业表现得更加明显。本文将全样本企业分为 20 家人寿保险企业和 20 家财产保险企业两组分样本企业,然后采用式(2),以保险企业经营效率(TFP)为被解释变量分样本企业进行回归分析,其结果见表 4。

表 4　保险科技对保险企业经营效率影响的分样本实证检验

变量	人寿保险企业	财产保险企业
	TFP	TFP
It	0.981*** (3.38)	0.072* (1.88)
Ly	0.005 (2.08)	−0.004 (−2.33)
Bc	0.009 (0.60)	−0.043 (−2.05)
Ic	0.154 (1.43)	0.026 (0.95)
Pc	−0.008 (−0.67)	0.005 (0.16)
Mf	−0.159 (−1.52)	−0.141*** (−5.95)
Dd	0.096*** (4.89)	0.269 (5.16)
Ca	0.136 (1.23)	0.060 (2.69)
$Constant$	−2.560 (−3.14)	1.582 (2.88)

变量	人寿保险企业	财产保险企业
	TFP	TFP
$Year_{FE}$	YES	YES
样本量	180	180
$R\text{-}squared$	0.856	0.769

表 4 显示,在人寿保险企业样本组,保险科技指数(It)的系数为 0.981 且在 1‰ 水平上显著,明显大于财产保险企业样本组保险科技指数(It)的系数 0.072,即保险科技与保险企业经营效率正相关在人寿保险企业表现得更加明显,说明保险科技发展能更好提高人寿保险企业的经营效率。这主要是因为人寿保险企业的业务流程比财产保险企业的更加单一、规范和标准化,保险科技的标准化和程序化能够较好地契合人寿保险企业的经营活动。综上所述,假设 1 成立,保险科技对保险企业经营效率有正向促进作用,且这种正向促进作用在人寿保险企业表现得更加明显。

（二）稳健性检验

为保障保险科技对保险企业经营效率影响回归结果的可靠性和非随机性,本文采用变量替换法、分样本法和缩尾法等,对保险科技与保险企业经营效率之间的关系做稳健性检验。

1. 变量替换法

借鉴完颜瑞云、锁凌燕(2019)和黄星刚等(2020)的研究做法,选择北京大学数字金融研究中心编制的中国数字普惠金融指数中的保险业务分项指数(It')来替代保险科技指数。该指数以"蚂蚁科技"保险海量底层交易账户数据为基础,首先选取"每万人支付宝用户中被保险用户数""人均保险笔数"和"人均保险金额"三个互联网保险业务指标,然后对这三个保险业务指标进行无量纲化处理,接着根据层次分析的变异系数赋权法确定具体业务指标权重,最后计算出保险业务分项指数。最后采用式(2),以北京大学数字金融研究中心编制的中国数字普惠金融指数中的保险业务分项指数（It'）替代保险科技指数，然后分别对保险企业全样本进行回归，其结果见表5列(1)。

2. 缩尾法

为避免可能存在的极端值对实证检验结果的影响，有必要对选定变量进行1％和99％分位的缩尾处理，并重新进行回归分析，其结果见表5列(2)。

3. 变化保险科技编制权重

为了消除保险科技指数编制时权重选择对回归结果的影响，本部分对前文设定的权重重新进行考虑。自2020年新冠病毒疫情暴发以来，保险企业线下业务受到严重影响，越来越多的保险企业意识到发展保险科技的重要性，保险企业发展保险科技的路径由依赖创新转向自主创新，即保险企业更倾向于成立保险科技子公司，以便进行自主创新。因此，本部分重新对权重进行设定，上调当年成立的保险科技企业数量的权重为30％，下调合作第三方网络平台数量的权重为10％，合作保险中介机构数量的权重为10％，保持互联网保险产品数量的权重为20％，保险发展指数（创新能力）的权重为15％，省级普惠数字金融指数的权重为15％。用新的保险科技指数重新进行回归，其结果见表5列(3)。

表5　保险科技对保险企业经营效率影响的稳健性检验

变量	(1)	(2)	(3)
	TFP	TFP	TFP
It'	0.063*** (2.61)		
It		0.090*** (2.86)	0.086*** (3.94)
Ly	−0.005*** (−3.00)	−0.003 (−1.12)	−0.005** (−2.08)
Bc	−0.065*** (−4.37)	0.038* (1.92)	−0.035** (−2.29)

（续表）

变量	(1)	(2)	(3)
	TFP	TFP	TFP
Ic	−0.072 (−0.28)	−0.020 (−0.91)	−0.049** (−2.56)
Pc	0.068*** (6.29)	0.006 (0.40)	0.045*** (3.96)
Mf	0.067 (3.23)	−0.024 (−1.02)	0.042 (1.92)
Dd	0.179 (8.12)	−0.051** (−2.13)	0.149*** (6.68)
Ca	0.192 (2.15)	0.164*** (8.29)	0.180*** (10.29)
Constant	2.270*** (10.51)	2.320*** (8.59)	2.040 (9.21)
$Year_{FE}$	YES	YES	YES
样本量	360	351	360
R-squared	0.695	0.230	0.886

　　表5显示,第(1)列全样本保险科技指数(It')的回归系数为0.063,且在1%水平上显著,第(2)列保险科技指数(It)的回归系数为0.090,且在1%水平上显著,第(3)列保险科技指数(It)的回归系数为0.086,且在1%水平上显著。由此可知,解释变量替换后,保险科技发展对保险企业经营效率仍具有正向促进作用,且缩尾法和变换保险科技编制权重后归结果与之前基本一致,这证明回归结果比较稳健。

（三）内生性问题

　　鉴于保险企业发展保险科技可能是基于提升保险企业经营效率的理性选择,由此保险科技发展与保险企业经营效率之间存在双向因果关系导致的内生性问题,本部分对内生性问题进行检验。

1. 引入滞后变量

考虑到保险企业经营效率不会影响之前其保险科技发展程度,本文使用保险科技的滞后一期值替代当期值,对模型重新进行回归检验,回归结果见表 6 列(1)。

此外,考虑到保险企业经营效率往往具有持续性,即存在时间维度上的自相关性,本文将被解释变量保险企业经营效率的滞后一期引入模型中,构建了动态面板模型,采用系统 GMM 方法进行了估计,以解决反向因果、遗漏变量等造成的内生性问题。首先采用面板 Fisher 检验对变量进行了单位根检验,发现解释变量和被解释变量都是平稳的,然后以变量的滞后项及差分滞后项作为工具变量,使用两步系统 GMM 方法对模型进行了估计,回归结果见表 6 列(2)。

2. 工具变量法

为进一步使得保险科技发展对保险企业经营效率影响的回归结果更可靠,本部分采用工具变量法进行内生性问题检验。借鉴谢绚丽等(2018)的做法,选择互联网普及率(INT)作为保险科技发展的工具变量,回归结果见表 6 列(3)。

表 6　保险科技对保险企业经营效率的影响:内生性检验

变量	(1)	(2)	(3)
	TFP	TFP	TFP
TFP 滞后一期		0.177*** (29.73)	
It		0.281*** (13.01)	0.150*** (4.91)
It 滞后一期	0.205*** (3.25)		
Ly	−0.010 (−1.52)	−0.012*** (−2.74)	−0.068*** (−5.99)

（续表）

变量	(1)	(2)	(3)
	TFP	*TFP*	*TFP*
Bc	0.020 (0.27)	−0.196*** (−4.40)	0.009 (0.82)
Ic	−0.325*** (−4.31)	−0.011** (−0.68)	0.057** (2.03)
Pc	−0.019 (−0.36)	0.107 (1.77)	−0.004 (−0.37)
Mf	0.359*** (4.33)	0.694*** (9.50)	0.078*** (3.84)
Dd	0.489*** (6.49)	0.310 (0.80)	0.222 (0.62)
Ca	0.078 (1.08)	0.102 (1.80)	0.111 (2.69)
Constant	1.378 (1.62)	−8.101 (1.73)	2.381 (1.21)
Year$_{FE}$	YES	YES	YES
AR(2)检验		0.834	
Hansen 检验		0.575	
Kleibergen-Paap rk LM 统计量			37.741 [0.000]
Kleibergen-Paap rk *Wald F* 统计量			3 000.988 {284.014}
样本量	360	360	360
R-squared	0.920		0.663

注：AR(2)检验和 Hansen 检验报告的是统计量 P 值；"[ ]"内是 Chi-sq(1)P 值,"{ }"内是 Cragg-Donald Wald F 统计值。

表 6 显示,列(1)保险科技指数(*It*)滞后一期的系数为 0.205,且在 1% 水平上显著,说明保险科技发展滞后一期与保险企业经营效率显著正相关;列

(2)保险企业经营效率(*TFP*)滞后一期的系数为 0.177,且在 1%水平上显著;列(3)在引入工具变量后,保险科技发展指数(*It*)的系数为 0.150,且在 1%水平上显著。综上所述,表 6 中核心解释变量的结果与上文回归结果基本保持一致,表明本文的结论是稳健的。

五、中介效应检验:保险科技对保险企业 经营效率的影响机制

(一)产出视角:保险业务收入和投资收益传导渠道

为验证假设 2,即从产出视角研究保险科技影响保险企业经营效率的传导渠道,本文采用式(3)和式(4),分别从产出视角和投入视角对保险科技影响保险企业经营效率的保险业务收入、投资收益、赔付支出和业务管理费四个传导渠道进行实证检验回归分析。

根据保险企业经营效率的概念可知,保险业务收入和投资收益的增加均可导致保险企业产出的增长,进而会影响保险企业经营效率。本文以保险业务收入和投资收益为中介变量,检验保险科技通过保险业务收入和投资收益传导渠道对保险企业经营效率的影响。根据中介效应模型,同时对式(3)和式(4)进行回归,其结果见表 7。

表 7 中介效应实证检验模型:产出视角

变量	(1)	(2)	(3)	(4)
	Bc	*TFP*	*Ic*	*TFP*
Bc		0.018 (1.38)		
Ic				−0.025 (−1.63)
It	−0.412*** (4.66)	0.119*** (5.21)	0.654 (0.60)	0.103*** (4.99)

（续表）

变量	(1)	(2)	(3)	(4)
	Bc	*TFP*	*Ic*	*TFP*
*Year*_FE	YES	YES	YES	YES
样本量	360	360	360	360
R-squared	0.916	0.609	0.936	0.605
Sobel 检验	P=0.063＜0.1			
中介效应占比	0.402			

表 7 显示，列（1）中保险科技指数（It）对保险业务收入（Bc）的影响系数为 -0.412，在 1% 水平上通过显著性检验，表明保险科技发展降低了保险企业业务收入；列（2）中保险业务收入（Bc）对保险企业经营效率（TFP）的影响系数为 0.018，表明保险企业收入的增加提升了保险企业经营效率，但是未通过显著性检验；根据中介效应检验规则，保险科技发展对保险业务收入的影响系数和保险业务收入对保险企业经营效率的影响系数中有一个不显著时，需要进一步做 Sobel 检验，若通过 Sobel 检验，则说明中介效应成立。表 7 列（1）中 Sobel 检验的 P 值为 0.063，即说明中介效应在 10% 水平下通过显著性检验，表明保险科技发展通过保险业务收入传导渠道影响保险企业经营效率。同时，列（1）中 Sobel 的中介效应占比为 0.402，表明保险科技发展通过保险业务收入传导渠道影响保险企业经营效率的中介效应比例为 40.2%。因此本文假设 2a 成立，即保险科技通过保险业务收入渠道对保险企业经营效率产生影响。

表 7 显示，列（3）中保险科技指数（It）对保险企业投资收益（Ic）的影响系数为 0.654，但未通过显著性检验，而保险企业投资收益（Ic）对保险企业经营效率（TFP）的影响系数为 -0.025，但未通过显著性检验，根据中介效应检验规则，保险科技发展对保险企业投资收益的影响系数和保险企业投资收益对保险企业经营效率的影响系数均未通过显著性检验，说明保险科技发展通过保险企业投资收益传导渠道无法对保险企业经营效率产生影响。因此本文假设 2b 不成立。可能的原因是：保险企业进行投资的方式主要是通过第三方进

行委托代理,此时保险企业发展保险科技并不能影响投资收益。

(二)投入视角:保险赔付支出和业务管理费传导渠道

根据保险企业经营效率的概念可知,保险企业赔付支付和业务管理费的增加均可导致保险企业投入的增长,进而会影响保险企业经营效率。本文以保险企业赔付支出和业务管理费为中介变量,检验保险科技通过保险企业赔付支出和业务管理费传导渠道对保险企业经营效率的影响。根据中介效应模型,同时对式(3)和式(4)进行回归,其结果见表8。

表8 中介效应实证检验模型:投入视角

变量	(1)	(2)	(3)	(4)
	Pc	TFP	Mf	TFP
Pc		0.033 (0.90)		
Mf				-0.025^* (-1.69)
It	0.715 (0.86)	0.103*** (4.99)	-0.385*** (-5.27)	0.103*** (4.99)
$Year_{FE}$	YES	YES	YES	YES
样本量	360	360	360	360
$R\text{-}squared$	0.943	0.595	0.915	0.595
Sobel 检验			P=0.074<0.1	
中介效应占比			0.396	

表8显示,列(1)中保险科技指数(It)对保险企业赔付支出(Pc)的影响系数为0.715,表明保险科技发展增加了保险企业赔付支出,但未通过显著性检验;列(2)中保险企业赔付支出(Pc)对保险企业经营效率(TFP)的影响系数为0.033,表明保险企业收入的增加提升了保险企业经营效率,但是未通过显著性检验;根据中介效应检验规则,保险科技发展对保险企业赔付支出的影响

系数和赔付支出对保险企业经营效率的影响系数都不显著时，说明保险科技发展通过保险企业赔付支出传导渠道不会影响保险企业经营效率，因此，假设3a不成立。可能的原因是：保险企业发展保险科技主要应用在产品创新等领域，对保险企业风险管理重视程度不够，导致保险科技发展无法降低保险企业赔付支出。

表8显示，列(3)中保险科技指数(It)对保险企业业务管理费(Mf)的影响系数－0.385，表明保险科技发展降低了保险企业业务管理费，且在1%水平上通过了显著性检验；列(4)中保险企业业务管理费(Mf)对保险企业经营效率(TFP)的影响系数为－0.025，表明保险企业业务管理的减少可以提升保险企业经营效率，且在10%水平上通过显著性检验。根据中介效应检验规则，保险科技发展对保险企业业务管理费的影响系数和业务管理费对保险企业经营效率的影响系数都显著时，说明保险科技发展通过业务管理费传导渠道可以对保险企业经营效率产生影响。同时，列(3)中Sobel的中介效应占比为0.396，表明保险科技发展通过保险企业业务管理费传导渠道影响保险企业经营效率的中介效应比例为39.6%。因此假设3b成立。

六、结　语

在借鉴国内外相关文献和进行深入思考的基础上，本文编制保险科技指数，测算保险企业经营效率，选取2010—2018年中国20家人寿保险企业和20家财产保险企业的样本数据，实证检验了保险科技对中国保险企业经营效率的影响，其主要结论如下。(1)保险科技对保险企业经营效率有正向促进作用，说明保险科技发展有利于提高保险企业经营效率，这一结论在经过稳健性检验后依然成立；与财产保险企业相比，保险科技与保险企业经营效率正相关在人寿保险企业表现得更加明显；随着保险企业成立年份的增加，保险企业经营效率有所弱化。(2)保险科技影响保险企业经营效率的传导渠道是保险科技可以提高保险企业的保险业务收入，同时保险科技可以降低保险企业的业务管理费。

　　基于上述结论,本文提出以下对策性建议。一是政府部门,特别是保险行业监督管理部门要出台鼓励政策和优惠措施,如税收优惠、专项资金补贴和分担保险科技研发风险等,引导和支持保险企业的保险科技研发与应用;保险企业要进一步加强与科技企业和高等院校的跨界合作,借助合作伙伴的科技优势,为保险企业发展保险科技奠定坚实基础。二是人寿保险企业和财产保险企业都要加大对保险科技的投入,积极利用互联网、大数据、云计算、人工智能和区块链等先进技术,拓展业务边界、优化业务流程,创新产品与服务,特别是财产保险企业要制定更加规范和标准化的业务流程,实现保险企业的转型升级。三是保险企业要守正创新,回归保险业务本源,依靠保险科技在产品开发、精准营销、风险控制等方面发力,提高保险企业纯技术效率和规模技术效率,从而提高保险业务收入,同时加强经营分析、成本控制、资金运作,降低保险企业的业务管理费。

主要参考文献

[1] STOECKLI E, DREMEL C, UEBERNICKEL F. Exploring characteristics and transformational capabilities of InsurTech innovations to understand insurance value creation in a digital world[J]. Electronic Markets, 2018, 28(3): 287 - 305.

[2] 完颜瑞云,锁凌燕. 保险科技对保险业的影响研究[J]. 保险研究,2019(10):35 - 46.

[3] 贾立文,万鹏. 保险科技对财产保险企业业绩影响的实证分析——基于 DID 模型[J]. 江汉学术,2019,38(01):70 - 77.

[4] 侯晋,朱磊. 我国保险企业经营效率的非人寿保险实证分析[J]. 南开经济研究,2004(04):108 - 112.

[5] 姚树洁,冯根福,韩钟伟. 中国保险业效率的实证分析[J]. 经济研究,2005(07):56 - 65.

[6] 刘革,赵孟华. 企业年金基金监管制度安排研究[J]. 金融经济,2006(02):89 - 90.

[7] 黄薇. 保险业发展的地区差异值得重视[J]. 财经科学,2006(03):111 - 116.

[8] 钟凡. 经济水平、市场结构与区域人寿保险的协调发展[J]. 中国保险,2009(06):27 - 30.

[9] 何洁,闫冰.基于 DEA 和 SFA 方法的寿险公司经营效率实证研究[J].上海金融,2009 (07):88 - 92.

[10] 肖智,肖领.基于 SORM - DEA 的中国财产保险企业经营效率分析[J].现代管理科 学,2010(06):91 - 92.

[11] 尚颖,贾士彬.基于 VAR 模型的人身保险与储蓄的联动关系[J].保险研究,2012 (09):37 - 45.

[12] 田新民,李晓宇.从微观视角分析中国保险业经营效率[J].经济与管理研究,2013 (04):88 - 94.

[13] 朱俊生.扩大开放促进保险市场改革[J].中国保险,2020(06):8 - 13.

[14] 北京大学互联网金融研究中心课题组.互联网金融发展指数的编制与分析[J].新金 融评论,2016(01):101 - 129.

[15] AIGNER D J, LOVELL C A, SCHMIDT P, et al. Formulation and estimation of stochastic frontier production function models[J]. Journal of Econometrics, 1977, 6(1): 21 - 37.

[16] CHARNES A, COOPER W W, RHODES E, et al. Measuring the efficiency of decision making units[J]. European Journal of Operational Research, 1978, 2(6): 429 - 444.

[17] FRIED H O, LOVELL C A K, SCHMIDT S S, et al. Accounting for Environmental Effects and Statistical Noise in Data Envelopment Analysis [J]. Journal of Productivity Analysis, 2002, 17(1 - 2): 157 - 174.

[18] 黄星刚,杨敏.互联网保险能否促进保险消费——基于北大数字普惠金融指数的研究 [J].宏观经济研究,2020(05):28 - 40.

[19] 温忠麟,叶宝娟.中介效应分析:方法和模型发展[J].心理科学进展,2014,22(05): 731 - 745.

[20] 谢绚丽,沈艳,张皓星,郭峰.数字金融能促进创业吗?——来自中国的证据[J].经济 学(季刊),2018,17(04):1557 - 1580.

保险科技发展对保险企业产品
创新能力的影响

摘要:在保险行业数字化转型的关键时期,保险科技发展对保险企业产品创新能力产生了重要影响。本文采用固定效应模型和中介效应模型,选取 2011—2018 年中国保险行业协会公布的保险企业为研究样本,实证检验保险科技发展对保险企业产品创新能力的影响及其传导路径。其主要结论如下。(1)保险科技发展与保险企业产品创新能力呈显著正相关。(2)与财产保险企业相比,保险科技发展对人寿保险企业产品创新能力提升的积极影响更大。(3)保险科技发展对中国东部地区、中部地区和西部地区保险企业产品创新能力提升的积极影响依次递增。(4)保险科技发展对微型、小型、中型和大型保险企业产品创新能力提升的积极影响存在异质性。(5)保险科技发展主要通过拓展产品应用场景提升保险企业产品创新能力。本文还提出了加快保险科技发展,提高保险企业产品创新能力的建议。

关键词:保险科技;保险企业;保险产品创新;中介效应

一、引　言

2019 年 8 月,中国人民银行发布《金融科技(FinTech)发展规划(2019—2021)》,标志着金融保险行业与科技融合发展迈入了新阶段。2020 年 8 月,中国银行保险监督管理委员会下发《推动财产保险业高质量发展三年行动方案(2020—2022年)》,方案提出支持财产保险公司制定数字化转型战略,加大科技投入和智力支持,打造具备科技赋能优势的现代保险企业。特别是随着互联网、大数据、云计算、人工智能和物联网等信息技术的发展,保险科技的研发与应用已渗透到保险价值链的各个环节,逐渐形成了以第三方平台为主,以保险企业官网为辅的渠道端,同时还催生出 B2C、B2A 和 B2B2C 等保险业务新模式,这为保险企业产品创新创造了有利条件。保险企业产品创新拓宽了保险企业承保边界,缓解了保险行业产品同质化问题,提升了保险行业产品服务水平,满足了保险用户多样化的产品需求,但保险科技发展究竟对保险企业产品创新产生了怎样的影响,目前还没有系统深入的研究。在此背景下,本文实证检验保险科技发展对保险企业产品创新能力的影响及其传导路径,目的是丰富相关领域理论研究,并且为保险企业提高产品创新能力提供实践指引。

二、文献回顾与研究假设

(一)文献回顾

近年来,保险科技赋能保险企业产品创新"由表及里",从渠道变革到保险产品创新,逐步深入各个环节。吴婷、王向楠(2020)指出保险科技对保险企业产品创新最初体现在渠道创新,该阶段将原有的保险产品在线化,实现了保险产品的"表面创新",而随着保险科技与保险企业的深度融合,以保险场景化定制为主要特征的"深度创新"为主流模式。周雷等(2020)通过分析保险科技生态系统的底层技术、创新主体、业务场景和主要功能之间的内在联系,指出保险科技已全面渗透到产品开发、市场营销、风险控制、运营管理等各项保险价值链的活动中,并为消费者提供全面高效、个性定制的保险产品,同时显著提升了保险业的发展质量、管理效率和服务能力。陆晶(2021)指出保险企业借助保险科技的各类技术手段,对前端产品设计与定价、中端营销与核保、后端理赔与售后以及整个保险业务流程进行了数字化重塑,能够创造新的保险产品,提供新的保险业务解决方案。

保险科技的蓬勃发展为保险企业产品创新提供了技术支撑。周雷等(2020)指出在大数据、人工智能等底层技术的支撑下,保险与科技的融合与创新,能够开发出契合保险消费者和实体经济需求的业务场景和创新产品。张欢(2019)研究保险科技五大底层技术在保险产品设计环节的应用,认为云计算和大数据能够对数据处理、客户需求的分析及精算等环节提供辅助,人工智能可以实现定制化的产品服务,区块链和云计算的结合可以实现行业数据共享,物联网可以扩大数据来源、改变产品的定价方式。修永春(2019)指出区块链技术具有去中心化、时序数据和安全可信等特点,有助于解决保险产品同质、保险数据安全和保险理赔欺诈等一系列难题,进而推动保险企业创新发展。赵大伟、杜谦(2020)指出保险企业应用人工智能,可以从保险企业海量数据中实现客户画像,识别用户需求、偏好和风险状况,进而为客户提供个性化定制保险产品和定价,不断创造高频碎片化、差异化的个性化保险产品,让客户享受多样化的增值服务。

保险科技驱动保险企业产品创新向精细化和多元化发展。张勇(2021)指出保险科技成为行业价值创新的主要动能,促进保险场景的转化,驱动保险产品走向细分化。陈林(2020)指出保险科技可以通过对消费者的保险需求、喜好、收入及其生活方式等方面进行详细的数据分析,并对客户进行细分,从而设计出以客户需求为导向的保险产品。张志鹏、陈盛伟(2020)指出保险科技推动了农业保险实现电子化、互联网化、智能化,它也将促进农业保险实现产品创新、科学定价。许闲等(2020)指出,为了使保险产品能更好地满足人民和社会的需求,利用科技手段简化实物单证的提取,对保险产品进行了一系列的创新,拓宽了承保边界,细分了人群保险产品,推动了我国保险产品差异化发展,使得我国保险产品对抗和应对突发风险的能力大幅提升。

上述文献为本文所做研究提供了有益借鉴,但在保险行业数字化转型的关键时期,保险科技发展对保险企业产品创新能力影响的实证检验研究尚属空白。因此,本文选取中国保险企业 2011—2018 年样本数据,采用固定效应模型和中介效应模型,实证检验保险科技发展对保险企业产品创新能力的影响及其传导路径,目的是解析保险科技发展对保险企业产品创新的影响,并且为保险企业加快数字化转型提供实践指引。

（二）研究假设

本文认为保险科技是指由传统或非传统市场参与者,利用大数据、人工智能、物联网、区块链等底层创新技术,以保险产品创新、保险营销、保险企业管理、信息咨询等为切入点,借助信息验证、风险测评、核保理赔、医疗健康等应用场景,克服行业痛点,改善保险行业生态,为保险企业提供特定解决方案。理论研究和实践经验均表明,虽然保险科技底层技术架构在不断升级,但是保险科技服务于经济补偿、资金融通和社会保障的基本属性始终未发生变化。

保险科技以满足保险用户多样化的产品需求为出发点,能够为保险企业的产品创新提供技术支持。保险产品创新的第一阶段是产品构思与筛选。在该阶段,通过保险科技赋能,以保险产品销售历史数据为基础进行大数据分析,再利用模型与算法对保险产品构思进行筛选。保险产品创新的第二阶段是形成保险产品。在对保险产品构思进行筛选后,精算部门借助大数据等技术迅速计算出保险产品的成本和利润空间,核保部门借助人工智能控制赔付成本,进而确定保险产品的条款和费率。保险产品创新的第三阶段是保险产品测试。在保险产品测试中,销售部门借助大数据等技术收集整理客户的需求信息,借助人工智能模拟保险产品发售,并根据发售结果对保险产品的市场前景作出判断。在保险产品创新的整个过程中,保险科技不仅有利于提高保险产品创新的效率和精准度,而且还可以使过去无法满足的保险产品多样化需求得以实现。因此,本文提出研究假设 H1。

H1:保险科技发展有利于提高保险企业产品创新能力。

按照经营范围和市场定位的不同,保险企业可以分为人寿保险企业和财产保险企业。人寿保险企业是以被保险人的寿命以及健康为保险标的,财产保险企业则是以被保险人的财产为保险标的。通常情况下,人寿保险企业主

要是以人的寿命以及健康为保险标的,同时人寿保险企业保险标的承保内容
也是围绕被保险人的寿命以及健康展开,因此互联网人寿保险标的较为单一
且承保内容相对固定。相对单一的保险标的以及相对固定的承保内容使得人
寿保险企业的业务流程更加标准和统一,这不仅有利于人寿保险企业实现保
险产品从线下到线上的转移,而且也有利于提高互联网保险产品转化的效率
和便捷性。因此,本文提出研究假设 H2。

H2:保险科技发展更有利于提高人寿保险企业产品创新能力。

中国地域辽阔、人口众多,各区域在科技进步、经济发展、人文历史以及地
理位置等方面存在较大差异。例如,科研院所、高等学校以及知名科技类公司
大都集中在东部地区,东部地区保险科技发展水平和科技创新溢出效应明显
高于中部地区和西部地区,东部地区保险科技对保险企业产品创新能力的影
响与中部地区和西部地区应该存在差异;与中部地区和西部地区相比,东部地
区经济发展水平最高,相应的东部地区居民对保险的需求高于中部地区和西
部地区,而东部地区保险市场规模相对更大,因此东部地区保险企业可用于保
险科技研发与应用的投资也会多于中部地区和西部地区保险企业;但受益于
西部大开发战略,西部地区的政策优惠与政府补贴明显优于东部地区和中部
地区,西部地区保险科技研发与应用能够得到政府的大力支持。因此,本文提
出研究假设 H3。

H3:保险科技发展对保险企业产品创新能力的影响存在地区差异。

自熊彼特于 1921 年在《经济发展理论》中提出"创新理论"以来,企业规模
对企业创新的影响一直是相关研究的热点之一。企业创新需要以大量的资金
投入为基础,且这种投入难以在短期内收回成本。大型保险企业的资产规模
大,其研发投入主要依靠企业内部资金,同时大型保险企业对创新失败的容忍
度较高,其研发投入主要与管理层的发展理念有关。而中小微保险企业由于
内部资金短缺,其研发投入主要依赖市场融资。由于信息不对称性以及创新
产出的不确定性等原因,所以保险企业创新会受到融资约束的困扰。因此,本
文提出研究假设 H4。

H4：保险科技发展对保险企业产品创新能力的影响存在企业规模差异。

保险科技发展使得保险企业打破了承保边界的时空约束，让原本不存在的产品应用场景变成现实。随着大数据、云计算、人工智能和区块链等技术的应用，将现有的产品设计、运营服务、营销模式和管理流程中的"时间"和"空间"进行最适化统一，这能够让保险产品的应用场景得到极大延伸，从而拓展了保险行业的承保边界。同时，保险科技发展加速保险产品应用场景的时空转化，这也能够促进保险企业的产品创新。因此，本文提出研究假设 H5。

H5：产品应用场景是保险科技发展提高保险企业产品创新能力的传导路径。

三、样本、变量选择与模型设定

（一）样本选择与数据来源

为实证检验保险科技发展对保险企业产品创新能力的影响，本文选取保险企业样本的规则如下。（1）因为新成立保险企业所积累和披露的信息很少，所以本文选择成立时间在 3 年及以上的保险企业。（2）因为企业人数在 100 人以下的保险企业规模较小，受环境等因素影响较大，所以本文选取企业人数在 100 人以上的保险企业。（3）因为保险企业年度信息披露报告中包含本研究所必需的数据，所以本文选取连续 3 年以上发布年度信息披露报告的保险企业。（4）因为部分保险企业发布的信息披露报告中存在个别年份信息缺失等异常现象，所以本文剔除披露报告信息异常的保险企业。经过整理，本文共选取 165 个样本企业，其中人寿保险企业 86 个，财产保险企业 79 个，累计获得 673 个有效样本数据。本文选取北京大学数字金融研究中心编制的中国数字普惠金融指数中保险业务分项指数为解释变量，由于该指数只公布了2011—2018 年的数据，根据一致性原则，本文选取的样本时间跨度为 2011—2018 年。

本文选取的样本数据来自《中国保险年鉴》、Wind 数据库、中国银行保险监督管理委员会官网、中国保险行业协会官网，以及通过手工或 Python 爬虫软件从"企查查""启信宝"等网站和媒体上抓取的数据。

（二）变量的选择和度量

1. 被解释变量。本文选择保险企业产品创新能力（In）为被解释变量。保险企业产品创新能力主要通过保险企业产品创新数量来体现，但考虑到保险企业规模等多方面因素，单纯用产品创新数量衡量保险企业产品创新能力会存在一定偏误，因此本文采用保险企业互联网产品创新数量占总产品数量的比例作为保险企业产品创新能力的代理变量。根据中国保险产品实施审批和备案管理办法，任何互联网保险产品上市之前都需要在原中国银保监会审批和备案，因此在中国保险行业协会官网可以查询到所有保险企业的互联网保险产品信息。

2. 解释变量。本文选择保险科技发展指数（It）为解释变量。借鉴完颜瑞云、锁凌燕（2019）及郭峰等（2019）的研究方法，以北京大学数字金融研究中心编制的中国数字普惠金融指数中的保险业务分项指数作为保险科技发展指数的替代变量。保险业务分项指数以"蚂蚁科技"公司保险业务海量底层交易账户数据为基础，首先选取"每万人支付宝用户中被保险用户数""人均保险笔数"和"人均保险金额"三个互联网保险业务指标，然后对这三个保险业务指标进行无量纲化处理，再根据层次分析的变异影响系数赋权法确定具体业务指标权重，最后计算出保险业务分项指数。

3. 中介变量。本文选择保险企业产品应用场景（Ap）为中介变量。根据本文所做的理论分析，产品应用场景是保险科技发展提高保险企业产品创新能力的传导路径，其具体计算方法是从中国保险行业协会公布的保险企业产品审批资料中，经过人工整理所有保险企业产品创新的应用场景，最后统计出保险企业产品创新应用场景的数量。

4. 控制变量。借鉴完颜瑞云、锁凌燕（2019）和黄星刚、杨敏（2020）的研究方法，本文选择 6 个控制变量，以更全面地分析保险科技发展对保险企业产品创新能力的影响。（1）总资产（As），是指保险企业拥有或控制的全部资产，包括流动资产、长期投资、固定资产、无形及递延资产、其他长期资产和递延税项等，用以衡量保险企业的规模与实力。（2）保险业务收入（Ic），是指保险企业的保费收入，用以衡量保险企业业务收入。（3）投资收益（Iv），是指保险企业的利息、股息等投资性收益，用以衡量保险企业投资收益。（4）赔付支出（Ce），是指保险企业支付的原保险合同赔付款项和再保险合同赔付款项，用以衡量保险企业的风险控制。（5）业务管理费（Mf），是指保险企业组织经营活动所发生的管理费用，用以衡量保险企业的业务管理费。（6）成立年份（Ly），是指保险企业的成立年份，用以衡量保险企业的生存能力，保险企业成立当年记 1，以后每年加 1。

（三）检验模型

为实证检验保险科技发展对保险企业产品创新能力的影响，本文中检验模型的设定主要考虑到可能存在遗漏变量或者代理变量测量误差所导致的内生性问题。因此，本文采用固定效应模型进行实证检验，其表达式为：

$$In_{i,t} = \alpha_0 + \alpha_1 It_{i,t} + \alpha_2 As_{i,t} + \alpha_3 Ic_{i,t} + \alpha_4 Iv_{i,t} + \alpha_5 Ce_{i,t} \\ + \alpha_6 Mf_{i,t} + \alpha_7 Ly_{i,t} + \mu_i + \varepsilon_{i,t} \tag{1}$$

式（1）中，i 表示保险企业，$i=0,1,2,\cdots$；t 表示时间维度，$t=2011,\cdots,$ 2018；$In_{i,t}$ 为被解释变量保险企业产品创新能力，表示保险企业 i 第 t 年产品创新能力；$It_{i,t}$ 为解释变量保险科技发展指数，表示保险企业 i 第 t 年保险科技发展水平；$As_{i,t}$，$Ic_{i,t}$，$Iv_{i,t}$，$Ce_{i,t}$，$Mf_{i,t}$，$Ly_{i,t}$ 为一组控制变量，表示保险企业 i 第 t 年的总资产、保险业务收入、投资收益、赔付支出、业务管理费和成立年份等状况；α_j 为各变量系数，其中 $j=0,\cdots,7$；μ_i 为保险企业 i 不随时间变化的固定特征；$\varepsilon_{i,t}$ 为随机扰动项。

为进一步研究保险科技发展对保险企业产品创新能力影响的传导路径，本文借鉴裴平、傅顺（2020）的方法，采用中介效应模型实证检验保险科技发展对保险企业产品创新能力影响的传导路径,这主要是因为中介效应模型能够准确识别传导路径,并且能较好地控制系数乘积检验模型可能出现的错误。本文采用的中介效应模型表达式为:

$$Ap_{i,t} = \beta_0 + \beta_1 It_{i,t} + \beta_2 As_{i,t} + \beta_3 Ic_{i,t} + \beta_4 Iv_{i,t} + \beta_5 Ce_{i,t} \\ + \beta_6 Mf_{i,t} + \beta_7 Ly_{i,t} + \mu_i + \varepsilon_{i,t} \tag{2}$$

$$In_{i,t} = \gamma_0 + \gamma_1 Ap_{i,t} + \gamma_2 It_{i,t} + \gamma_3 As_{i,t} + \gamma_4 Ic_{i,t} + \gamma_5 Iv_{i,t} \\ + \gamma_6 Ce_{i,t} + \gamma_7 Mf_{i,t} + \gamma_8 Ly_{i,t} + \mu_i + \varepsilon_{i,t} \tag{3}$$

式(2)中,$Ap_{i,t}$ 为被解释变量产品应用场景,表示保险企业 i 第 t 年产品应用场景数量;$It_{i,t}$ 为解释变量保险科技发展指数,表示保险企业 i 第 t 年保险科技发展水平;β_k 为各变量系数,其中 $k=0,\cdots,7$;μ_i 为保险企业 i 不随时间变化的固定特征;$\varepsilon_{i,t}$ 为随机扰动项;式(2)中其他变量的含义与式(1)中一致,此处不再赘述。

式(3)中,$In_{i,t}$ 为被解释变量保险企业产品创新能力,表示保险企业 i 第 t 年产品创新能力;$Ap_{i,t}$ 为解释变量保险企业产品应用场景,表示保险企业 i 第 t 年产品应用场景数量;γ_m 为各变量系数,其中 $m=0,\cdots,8$;μ_i 为保险企业 i 不随时间变化的固定特征;$\varepsilon_{i,t}$ 为随机扰动项;式(3)中其他变量的含义与式(1)中一致,此处不再赘述。

(四)变量描述性统计

为直观展示被解释变量、解释变量和控制变量的统计特征,本文对式(1)中各变量进行描述性统计。同时,为进一步消除异方差,减少共线性,降低变量的量纲影响,本文对保险科技发展指数(It)和控制变量取对数。变量描述性统计结果如表1所示。

表 1　变量描述性统计

变量	平均值	中位数	最大值	最小值	标准差
产品创新能力(In)	0.43	0.50	1.00	0.00	0.39
保险科技发展指数(It)	6.04	6.30	6.74	2.20	0.76
总资产(As)	22.40	22.38	28.58	11.45	2.73
保险业务收入(Ic)	20.98	21.57	26.83	9.03	2.97
投资收益(Iv)	18.93	18.98	25.45	6.89	2.99
赔付支出(Ce)	19.36	20.17	25.50	0.00	3.35
业务管理费(Mf)	19.61	20.08	24.56	9.09	2.60
成立年份(Ly)	1.94	2.08	3.61	0.48	0.79

表 1 显示,在 673 个有效样本数据中,保险企业产品创新能力(In)的平均值为 0.43,小于中位数 0.50,说明保险企业产品创新能力呈现左偏分布,即有超半数的保险企业产品创新能力大于平均值;保险科技发展指数(It)平均值是 6.04,小于中位数 6.30,说明保险科技发展指数呈现左偏分布,即有超半数的保险科技发展指数大于平均值。可以认为,保险企业产品创新能力(In)和保险科技发展指数(It)整体向好,有超半数的保险企业产品创新能力(In)和保险科技发展指数(It)都大于均值。另外,除总资产(As)的平均值略大于中位数之外,其他控制变量的平均值均小于中位数。由于控制变量不是本文的研究重点,故此处不对其进行详述。

四、实证检验及其结果

（一）保险科技发展对保险企业产品创新能力的影响

1. 基准回归结果

为验证假设 H1,保险科技发展有利于提高保险企业产品创新能力,本文以保险企业产品创新能力(In)为被解释变量,以保险科技发展指数(It)为解释变量,采用式(1)对保险企业全样本数据进行回归分析。因为豪斯曼检验结果为 p＝0.006 4＜0.01,显著拒绝随机效应模型中个体影响与解释变量不相关的原假设,所以本文采用固定效应模型对保险企业全样本进行回归分析。考虑到同一家保险企业不同年份之间的随机扰动项可能会存在自相关的情况,本文采用保险企业层面的聚类稳健标准误解决异方差的问题。基准回归结果如表 2 列(1)所示。

表 2　保险科技发展对保险企业产品创新能力的影响

变量	产品创新能力(In)		
	(1)	(2)	(3)
保险科技发展指数(It)	0.177*** (5.76)	0.178*** (2.22)	0.230*** (5.76)
总资产(As)	0.061*** (3.41)	0.056*** (2.88)	0.060*** (3.41)
保险业务收入(Ic)	0.007 (0.61)	0.010 (0.74)	0.007 (0.61)
投资收益(Iv)	−0.037* (−1.98)	−0.033 (−1.65)	−0.037* (−1.98)
赔付支出(Ce)	0.024* (1.88)	0.016 (1.19)	0.024* (1.88)
业务管理费(Mf)	−0.020 (−0.69)	−0.017 (−0.57)	−0.020 (−0.69)
成立年份(Ly)	−0.149* (1.95)	−0.135* (−1.76)	−0.149* (1.95)
$Constant$	−1.099*** (−4.85)	−1.057*** (−4.44)	−1.264*** (−5.30)
年份固定效应	控制	控制	控制
个体固定效应	控制	控制	控制
样本量	673	673	673
R-squared	0.169	0.166	0.169

注:括号内为 t 值,* 表示 $p<0.10$,** 表示 $p<0.05$,*** 表示 $p<0.01$;下表同。

表2列(1)显示,保险科技发展指数(It)对保险企业产品创新能力(In)的影响系数为0.177,且在1%水平上显著,表明保险科技发展指数每增加1%,保险企业产品创新能力提升0.177%。因此假设H1成立,即保险科技发展有利于提高保险企业产品创新能力。

表2列(1)还显示,总资产(As)的影响系数为0.061,且在1%水平上显著,说明总资产与保险企业产品创新能力呈显著正相关,即总资产规模越大,保险企业产品创新能力越强;投资收益(Iv)的影响系数为-0.037,且在10%水平上显著,说明投资收益与保险企业产品创新能力呈显著负相关,即投资收益越高,保险企业进行产品创新的动力会越弱。赔付支出(Ce)的影响系数为0.024,且在10%水平上显著,说明赔付支出与保险企业产品创新能力呈显著正相关。成立年份(Ly)的影响系数为-0.149,且在10%水平上显著,说明成立年份与保险企业产品创新能力呈显著负相关。其他控制变量的影响系数不显著,而且也不是本文研究的重点,故此处不做分析。

2. 稳健性检验

为保证对研究假设H1所做实证检验的结果具有稳健性,本文采用缩尾法和变量替换法进行稳健性检验。

(1)缩尾法。考虑到样本中可能存在的离群值对实证检验结果产生影响,本文有必要先对样本中超出变量1%分位和99%分位的离群值进行缩尾处理,然后重新对式(1)进行回归分析,其结果如表2列(2)所示。

(2)变量替换法。如前文所述,虽然中国数字普惠金融指数中心编制的保险业务分项指数能够准确反映保险科技的发展水平,但从更广义的视角看,中国数字普惠金融指数能够反映金融科技发展水平,而金融科技发展水平在很大程度上决定保险科技发展的综合现状和未来趋势。因此,本文采用北京大学数字金融研究中心编制的中国数字普惠金融指数为保险科技发展指数的代理变量,重新对式(1)进行回归分析,其结果如表2列(3)所示。

表2列(2)和列(3)显示,使用缩尾法和变量替换法进行稳健性检验的实证检验结果与基准回归结果相比,保险科技发展对保险企业产品创新能力影

响系数的方向和显著性水平并没有发生明显变化,即保险科技发展有利于提高保险企业产品创新能力的实证检验结果具有稳健性。

另外,为检验式(1)是否存在内生性问题,本文使用豪斯曼检验和异方差稳健的 DWH 检验对式(1)进行回归分析,检验结果均表明解释变量保险科技发展指数(It)为外生变量,即式(1)不存在内生性问题。

(二)异质性分析

1. 企业类别异质性分析

为验证假设 H2,保险科技发展更有利于提高人寿保险企业产品创新能力,本文将全样本数据分为人寿保险企业和财产保险企业,然后用式(1)分别对人寿保险企业和财产保险企业样本数据进行回归分析,其结果如表 3 所示。

表 3　保险科技发展对不同类别保险企业产品创新能力的影响

变量	产品创新能力(In)	
	(1) 人寿保险企业	(2) 财产保险企业
保险科技发展指数(It)	0.205 *** (5.82)	0.138 ** (3.37)
Controls	控制	控制
年份固定效应	控制	控制
个体固定效应	控制	控制
样本量	304	369
R-squared	0.305	0.113

表 3 显示,保险科技发展指数(It)对人寿保险企业和财产保险企业产品创新能力(In)的影响系数分别为 0.205 和 0.138,且分别在 1% 和 5% 水平上显著,说明保险科技发展对人寿保险企业和财产保险企业产品创新能力的影响都呈显著正相关,但保险科技发展对人寿保险企业产品创新能力的积极影响更强。因此假设 H2 成立,即保险科技发展更有利于提高人寿保险企业产品创新能力。

2. 地区异质性分析

为验证假设 H3,保险科技发展对保险企业产品创新能力的影响存在地区差异,本文将样本数据分为东部地区、中部地区和西部地区保险企业,然后以保险企业产品创新能力(In)为被解释变量,利用式(1)分别对东部地区、中部地区和西部地区保险企业的样本数据进行回归分析,其结果如表 4 所示。

表 4　保险科技发展对不同地区保险企业产品创新能力的影响

变量	产品创新能力(In)		
	(1) 东部地区保险企业	(2) 中部地区保险企业	(3) 西部地区保险企业
保险科技发展指数(It)	0.145*** (6.40)	0.217*** (2.90)	0.228*** (3.39)
Controls	控制	控制	控制
年份固定效应	控制	控制	控制
个体固定效应	控制	控制	控制
样本量	538	68	67
R-squared	0.153	0.270	0.323

表 4 显示,保险科技发展指数(It)对东部地区、中部地区和西部地区保险企业产品创新能力(In)的影响系数分别为 0.145、0.217 和 0.228,且均在 1%水平上显著,说明保险科技发展对东部地区、中部地区和西部地区的保险企业产品创新能力的影响都呈显著正相关,但保险科技发展对提高西部地区保险企业产品创新能力的积极影响最强,中部地区次之,东部地区再次之。因此假设 H3 成立,即保险科技发展对保险企业产品创新能力的影响存在地区差异。

3. 企业规模异质性分析

为验证假设 H4,保险科技发展对保险企业产品创新能力的影响存在企业规模差异,本文根据《金融业企业化型标准规定》,按照总资产规模将保险企业分为微型、小型、中型和大型四类,然后以保险企业产品创新能力(In)为被解释变量,利用式(1)分别对微型、小型、中型和大型保险企业的样本数据进行回归分析,其结果如表 5 所示。

表 5　保险科技发展对不同企业规模保险企业产品创新能力的影响

变量	产品创新能力(In)			
	(1) 微型保险企业($As<20$ 亿)	(2) 小型保险企业(20 亿$<As<400$ 亿)	(3) 中型保险企业(400 亿$<As<5\,000$ 亿)	(4) 大型保险企业($As>5\,000$ 亿)
保险科技发展指数(It)	0. 154 *** (3. 81)	0. 156 *** (5. 50)	0. 185 *** (3. 32)	0. 196 ** (2. 27)
$Controls$	控制	控制	控制	控制
年份固定效应	控制	控制	控制	控制
个体固定效应	控制	控制	控制	控制
样本量	189	346	119	19
$R\text{-}squared$	0. 117	0. 139	0. 196	0. 701

表 5 显示,保险科技发展指数(It)对微型、小型、中型和大型保险企业产品创新能力(In)的影响系数分别为 0. 154、0. 156、0. 185 和 0. 196,且均在 1% 水平上显著,说明保险科技发展对微型、小型、中型和大型保险企业产品创新能力的影响都呈显著正相关,但保险科技发展对提高大型保险企业产品创新能力的积极影响最强,中型次之,小型再次之,微型最弱。因此假设 H4 成立,即保险科技发展对保险企业产品创新能力的影响存在企业规模差异。

(三) 保险科技发展影响保险企业产品创新能力的传导路径

为验证假设 H5,产品应用场景是保险科技发展提高保险企业产品创新能力的传导路径,本文以产品应用场景数量(Ap)为中介变量,实证检验保险科技发展通过产品应用场景传导路径对保险企业产品创新能力产生的影响。根据中介效应模型的原理,本文采用式(2)和式(3)对保险企业的样本数据进行回归分析,其结果如表 6 所示。

表 6　产品应用场景中介效应实证检验结果

变量	(1) 产品应用场景(Ap)	(2) 产品创新能力(In)
保险科技发展指数(It)	28.322*** (2.74)	0.172*** (5.62)
产品应用场景(Ap)		0.001 (0.87)
Controls	控制	控制
年份固定效应	控制	控制
个体固定效应	控制	控制
样本量	673	673
R-squared	0.025	0.172
Sobel 检验	P=0.050<0.1	
中介效应占比	0.078	

　　表 6 显示,列(1)中保险科技发展指数(It)对产品应用场景(Ap)的影响系数为 28.322,且在 1%水平上显著,表明保险科技发展增加了产品应用场景;列(2)中产品应用场景(Ap)对保险企业产品创新能力(In)的影响系数为0.001,但未通过显著性检验,说明保险企业产品应用场景与产品创新能力呈正相关,但在统计上不显著;保险科技发展指数(It)对保险企业产品创新能力(In)的影响系数为 0.172,且在 1%水平上通过显著性检验,表明保险科技发展与保险企业产品创新能力呈显著正相关。由此可知,保险科技发展对保险企业产品应用场景的影响显著,保险企业产品应用场景对产品创新能力的影响不显著。根据中介效应模型原理,本文还必须对中介效应模型进行 Sobel检验,只有 Sobel 检验通过,才能证明中介效应成立。表 6 中 Sobel 检验的 P值为 0.050,即中介效应在 10%水平上通过显著性检验,表明保险科技发展通过拓展产品应用场景,进而提高了保险企业产品创新能力。同时,表 6 中Sobel 检验的中介效应占比为 0.078,表明保险科技发展通过产品应用场景传

导路径影响保险企业产品创新能力的占比为 7.8%。因此假设 H5 成立,即产品应用场景是保险科技发展提高保险企业产品创新能力的传导路径。

五、结论与建议

为深入分析保险科技发展对保险企业产品创新能力的影响,本文选取 2011—2018 年中国保险行业协会披露的保险企业为研究样本,采用固定效应模型和中介效应模型,实证检验了保险科技发展对保险企业产品创新能力的影响及其传导路径。其主要结论如下。(1) 保险科技发展有利于提高保险企业产品创新能力,这一结论在经过稳健性检验后,仍然成立。(2) 与财产保险企业相比,保险科技发展更有利于提高人寿保险企业产品创新能力。(3) 保险科技发展与东部地区、中部地区和西部地区保险企业产品创新能力都呈显著正相关,但保险科技发展对西部地区保险企业产品创新能力的积极影响最强,中部地区次之,东部地区再次之。(4) 保险科技发展与微型、小型、中型和大型保险企业产品创新能力都呈显著正相关,但保险科技发展对大型保险企业产品创新能力的积极影响最强,中型次之,小型再次之,微型最弱。(5) 保险科技发展通过产品应用场景传导路径,提高了保险企业产品创新能力。

基于以上结论,为提高保险企业产品创新能力,本文提出如下主要建议。(1) 保险企业要重视保险科技发展对提高保险产品创新能力的积极作用,加大保险科技研发投入,丰富保险产品供给,以满足保险市场的多样化需求,如利用大数据技术对用户数据进行挖掘,有针对性地设计出符合用户偏好的产品,然后利用人工智能定价模型对产品进行差异化定价,并且根据用户偏好进行精准营销等。(2) 财产保险企业要规范业务流程,提高业务标准化水平,扩大保险科技在财产保险企业的应用范围,提高风控能力和业务合规能力,实现业务流程的智能化,如利用大数据、云计算、人工智能和物联网等信息技术,通过对车辆损失图片进行智能分析,克服以往人工审核标准和流程不统一的弊端,防范人工定损存在的道德风险,规范保险企业理赔勘验的业务流程等。

（3）西部地区和中部地区保险企业要充分利用各级政府的扶持或优惠政策，学习借鉴东部地区保险科技发展经验，加强与科研院所和科技公司的跨界合作，提高保险科技发展水平，如在各级政府的支持下，采取外部引进、联建共建、整合提升、自主建设等多种形式，全面提高保险科技发展水平等。（4）微型、小型和中型保险企业要积极利用保险科技解决融资约束问题，同时通过发展保险科技提升产品创新成功率，如加强与银行沟通，定期向银行报送财务报表和创新成果信息，提升企业信用评级，消除银企融资信息的不对称性，积极进行内源性和外源性资本扩张等。（5）保险企业要大力拓展互联网保险的产品应用场景，将保险科技应用到传统保险无法触达的领域，如围绕广大用户的"医、食、住、行"等需求，布局医疗、消费、旅游等多样化的产品应用场景，实现保险产品创新与各种产品应用场景的无缝对接等。此外，各级政府也要加强保险科技政策的宣传与引导，如通过改善保险科技基础设施建设、优化保险企业融资环境以及提供资金支持等方式促进保险企业产品创新。

主要参考文献

［1］吴婷，王向楠. 保险科技业务创新探析［J］. 中国保险，2020（4）：20.

［2］周雷，邱勋，王艳梅等. 新时代保险科技赋能保险业高质量发展研究［J］. 西南金融，2020（2）：57－67.

［3］陆晶. 保险科技赋能保险业健康发展［J］. 时代金融，2021（15）：72.

［4］周雷，蔡佩瑶，刘婧. 我国保险科技发展现状、问题与对策——基于保险科技赋能高质量发展视角［J］. 苏州市职业大学学报，2020（2）：41－48.

［5］张欢. 保险科技对保险产品设计创新的影响研究［J］. 商讯，2019（15）：98.

［6］修永春. 区块链技术推动保险创新的路径研究［J］. 人民论坛，2019（36）：100.

［7］赵大伟，杜谦. 人工智能背景下的保险行业研究［J］. 金融理论与实践，2020（12）：91.

［8］张勇. 互联网技术对保险产品营销策略的影响［J］. 中国市场，2021（15）：196.

［9］陈林. 颠覆保险业的保险科技［J］. 上海保险，2018（1）：22.

［10］张志鹏，陈盛伟. 保险科技在农业保险领域的发展现状与应用前景分析［J］. 对外经贸，2020（5）：107.

[11] 许闲,刘炳磊,杨钺毅. 新冠肺炎疫情对中国保险业的影响研究——基于非典的复盘与长短期影响分析[J]. 保险研究,2020(3):12 - 22.

[12] 完颜瑞云,锁凌燕. 保险科技对保险业的影响研究[J]. 保险研究,2019(10):35.

[13] 郭峰. 测度中国数字普惠金融发展:指数编制与空间特征[J]. 经济学(季刊),2020(19):1401.

[14] 黄星刚,杨敏. 互联网保险能否促进保险消费——基于北大数字普惠金融指数的研究[J]. 宏观经济研究,2020(5):28.

[15] 裴平,傅顺. 互联网金融发展对商业银行流动性的影响——来自中国15家上市银行的经验证据[J]. 经济学家,2020(12):80.

（与孙明明、孙杰合作,《兰州学刊》2021 年第 10 期）

金融科技对证券公司财富管理技术效率的影响

摘要:随着金融科技在财富管理领域的深入应用,证券公司的传统经营模式受到了颠覆性的冲击,特别是金融科技对证券公司的财富管理效率产生了重要影响。本文首先从示范效应、竞争效应和异质效应三个维度,分析了金融科技发展对证券公司财富管理效率的影响机制。在此基础上,本文借助三阶段 DEA 模型测算证券公司的财富管理技术效率,借鉴"文本挖掘法"构建和测算金融科技指数,并选取 2011—2018 年 21 家证券公司的面板数据进行实证检验,其主要结论如下。(1)金融科技发展降低了财富管理行业的进入壁垒,加剧了行业竞争,从而抑制了证券公司的财富管理技术效率。(2)金融科技对不同类型证券公司财富管理技术效率的抑制作用存在显著区别,即对综合型证券公司的抑制作用较强,而对专业型证券公司的抑制作用较弱。最后,本文提出了对策性建议。

关键词:金融科技;证券公司;财富管理;技术效率

一、引 言

根据招商银行和贝恩咨询联合发布的《2019 中国私人财富报告》显示,中国个人持有的可投资资产总规模在 2018 年达到了 190 万亿元,预计到 2019

年年底将突破 200 万亿元;而目前我国金融产品规模的覆盖比仅有 35％左右①。这也就意味着传统财富管理市场所提供的产品和服务已远不能满足投资者的财富管理需求,财富管理市场的供需矛盾日益突出。随着开户政策的放开以及股市的持续低迷,证券公司以经纪业务为主营业务和重要利润来源的经营模式已难以为继。因此,推动传统经营模式向财富管理模式转型已成为证券公司的必然选择。第三方机构将金融科技应用于财富管理并取得重大突破这一现实对证券公司产生了深刻影响,采用金融科技赋能财富管理转型成为主流。但是目前我国金融科技的发展对证券公司财富管理究竟是冲击更多还是帮助更多? 对不同类型的证券公司的影响是否也存在差异? 这些问题的解答对证券公司确定未来的金融科技应用策略,推动财富管理市场高效健康发展具有重要的理论意义和现实意义。

二、文献回顾

金融科技在实务中深入应用得到了国内外众多学者的密切关注,Peter G,et al(2018)提出了一种新的金融科技创新映射方法,并以该方法评估了金融科技在运营管理、支付、借贷以及风险管理四个方面产生的影响。Quarles(2019)认为,金融科技本质是依靠科技驱动的金融创新,金融科技的驱动使金融服务供给发生了实质性变化。巴曙松等(2016)认为,金融科技是指通过在金融行业创新性的应用科学技术,达到服务广大群众、降低行业服务成本和提高行业服务技术效率的目的。刘绪光等(2019)通过分析发现金融科技不仅能够降低成本、增强规模效应,缓解信息不对称,一定程度上还降低了金融业的进入门槛,提升金融市场竞争水平,优化金融市场资源配置,完善金融市场结构,同时在宏微观层面对金融稳定产生一定影响。

关于财富管理的研究一直是国内外学者的重要关注点,David P,et al

---

① 数据来源:《互联网理财指数报告》。

(2018)提出,财富管理涵盖了投资咨询服务、财务规划服务、房地产规划服务、法律服务和税收规划服务等,目标是根据个人、家庭及机构的财务状况和风险偏好,帮助其实现财富的保值和增值。Chhabra(2005)通过将行为金融理论和资产组合理论进行结合,认为在财富管理过程中,个人投资者的风险分配优先于资产分配。张文琪(2014)提出证券公司可以借鉴互联网金融在产品、销售、支付这三个领域进行创新,探索在移动互联网时代满足多元化需求的财富管理业务模式。陆岷峰等(2018)通过分析认为我国证券行业财富管理业务发展不足主要受外部环境缺陷与内部建设能力不强影响,提出通过监管部门实行合理监管以及证券公司加强内部建设两个途径来提升其财富管理业务总体运营能力。

上述文献为本文所做的研究提供了有益借鉴和参考。鉴于已有文献主要泛泛而谈金融科技对证券公司业务和功能的影响,缺乏对金融科技如何影响证券公司业务(如财富管理)的具体理论探讨,当前研究主要是基于经验分析,缺乏实证角度分析金融科技对证券公司财富管理的影响,本文首先定性分析我国金融科技的发展对证券公司财富管理技术效率的影响机制,然后采用三阶段 DEA 模型测算我国证券公司的财富管理技术效率,并借助"文本挖掘法"构建和测算金融科技指数,最后选用 2011—2018 年 21 家证券公司的面板数据进行 Tobit 回归。

三、理论分析与研究假设

金融科技在证券公司财富管理方面的应用取得了一定的成果,可以对证券公司财富管理在业务模式创新、服务模式创新以及大数据平台搭建这三方面产生示范效应,引导证券公司提升金融科技在财富管理领域的应用。证券公司通过打造全生态 App 实现交易功能的移动化转型,逐步实现业务功能的移动化转型。这有利于提升客户交易量,减少现场业务办理人员的数量,降低运营成本,提高证券公司财富管理业务的投入产出比。证券公司通过开发移动员工端,实现客户与公司财富管理顾问的零延时交流。这有利于财富管理顾问及时解决客户需求,提供有价值的服务和信息,增加客户黏性。证券公司通过搭建大数据平台,实现对客户信息的交叉协同和精准分析。这有利于提高证券公司财富管理的差异化竞争优势,创新营销模式,增强综合经营水平。

金融科技公司率先将金融科技应用于财富管理领域,并利用其技术优势在灵活清算、极低门槛、智能投顾、便捷操作等方面对证券公司产生竞争效应,凭借灵活普惠、高效便捷的特点吸引了大量的客户,对证券公司的财富管理业务造成了巨大冲击。金融科技公司具有小额、高频、实时、费率低等特点,极大地满足了人们对财富管理业务的灵活性要求,并形成规模效应,进而对证券公司财富管理业务进行分流。金融科技公司通过分析交易产生的海量数据,挖掘潜在共同需求,提供更精准的金融咨询和专业的智能投顾服务,从而挤压证券公司的财富管理市场份额。由此提出本文的假设 1a 和 1b:

假设 1a: 金融科技发展有利于提高证券公司财富管理的技术效率。

假设 1b: 金融科技发展不利于提高证券公司财富管理的技术效率。

外部的挑战倒逼证券公司进行内部改革转型,但是不同类型证券公司的转型能力有所差异,同时互联网的普及等外部因素对不同规模证券公司的经营技术效率影响也不同。因此分别讨论金融科技对不同类型证券公司财富管理技术效率的影响是有必要的。

综合型证券公司具有市场地位高、客户基数大以及政府支持多等"先天优势",尤其是在监管层着力打造"航母级"证券公司的政策支持下,未来综合型证券公司获得资源倾斜的现象将更加明显。但在面对金融科技等先进技术的冲击时,综合型证券公司由于产权不明晰、委托代理链过长等导致决策层次复杂,难以快速调整,易造成资源配置的不均衡和冗余。就如 Satyro M A (1997)所提出的,规模大的企业因为创新激励和决策管理的迟钝僵化,面对危机时难以把握机遇,容易出现"大企业病"和"创新者困境"等现象。同时,综合型证券公司管理体制官僚化和激励机制不健全的现象更加明显,这会抑制员工对创新的积极性,阻碍企业对新兴技术的吸收应用。

专业型证券公司相较而言,市场地位较低、客户基础较弱、政府支持较少,但是凭借更加市场化的运行机制和更加灵活的决策体制,在面对金融科技等先进技术的冲击时,市场嗅觉更加敏感,对新兴技术的接受和应用更加迅速。Lyles M A, et al(2007)认为非官僚化、非等级制、弹性灵活的组织结构和管理方法,将会使获取知识和吸收技术变得更加容易。另外,专业型证券公司经营区域更加集中、地缘优势更加明显、客户结构更加下沉,金融科技的发展突破了场地和网点布局对财富管理业务的限制,有利于专业型证券公司扩大经营区域、降低客户开发成本、培养差异化竞争力,所以专业型证券公司在面对金融科技的冲击时应变速度更快。由此提出本文的假设2:

假设2:金融科技的发展对不同类型的证券公司财富管理技术效率的影响存在明显差异。

四、变量选取与研究设计

(一)变量选取

1. 被解释变量:财富管理技术效率

客观准确地测算我国证券公司的财富管理技术效率是保证实证分析结果可靠的前提,目前关于技术效率的测算,主要分为以随机前沿分析法(SFA)为代表的参数法和以数据包络分析法(DEA)为代表的非参数法。DEA 不依靠生产函数和样本量纲,通过采用线性规划方法,测算具有多投入—多产出变量的决策单元与代表最优的决策单元所处的技术效率前沿面的距离,衡量该决策单元的相对效率值。但是,Fried(1999,2002)等人认为传统 DEA 模型没有考虑管理无效率、随机噪声及环境因素这三者对决策单元技术效率的评价影响,因此对这三个影响因素进行分离显得非常有必要。所以本文将借鉴 Fried 等人提出的三阶段 DEA 模型,对证券公司财富管理技术效率进行测算,具体方法如下:

第一阶段,采用传统 DEA 模型。考虑到证券公司开展财富管理业务的特点,要求所有证券公司都在最优规模上运行并不现实,同时考虑到我国证券公司的经营特点是基于特定的产出目标实现最低投入,因此本文选择基于投入导向的 BCC 模型对一阶段证券公司财富管理技术效率进行测算。

基于投入导向下 BCC 模型,测算任一决策单元技术效率值的对偶形式如下:

$$\text{Min}[\theta - \varepsilon(E_1^T S^- + E_2^T S^+)] = V_D$$

$$\text{s. t.} \begin{cases} \sum_{j=1}^J X_j \lambda_j + S^- = \theta X_0 \\ \sum_{j=1}^J Y_j \lambda_j - S^+ = Y_0 \\ \sum_{j=1}^J \lambda_j = 1; \lambda_j \geqslant 0; S^-, S^+ \geqslant 0 \end{cases} \tag{1}$$

其中,$j = 1, 2, \cdots, J$ 表示决策单元,λ_j 表示权重,X_j 和 Y_j 分别表示第 j 个决策单元的投入和产出向量,S^- 和 S^+ 分别表示与投入相对应的松弛变量和与产出相对应的剩余变量。若 $\theta = 1, S^- = S^+ = 0$,则决策单元有效;若 $\theta = 1, S^- \neq 0$ 或 $S^+ \neq 0$,则决策单元弱有效;若 $0 \leqslant \theta < 1$,则决策单元无效。

第二阶段,采用 SFA 模型排除干扰因素影响。在第二阶段我们关注由环境因素、管理无效率和统计噪声构成的松弛变量(slacks),并认为这种松弛变量可以反映初始的低效率。将第一阶段得到的证券公司投入项的松弛变量作为被解释变量,将选定的环境变量作为解释变量,构造如下 SFA 回归函数(以投入导向为例):

$$S_{nj} = f(Z_j; \beta_n) + \nu_{nj} + \mu_{nj}, j = 1, 2, \cdots, J; n = 1, 2, \cdots, N \tag{2}$$

其中,s_{nj} 表示第一阶段中第 j 个决策单元第 n 个投入变量的松弛变量;Z_j 表示环境变量,β_n 表示环境变量的系数;$\nu_{nj} + \mu_{nj}$ 表示混合误差项,ν_{nj} 表示随机噪声对投入松弛变量的影响,μ_{nj} 表示管理无效率对投入松弛变量的影响。假设 ν 服从正态分布,即 $\nu \sim N(0, \sigma_\nu^2)$;假设 μ 服从在零点截断的正态分布,即

$\mu \sim N^{+}(0, \sigma_{\mu}^{2})$。

通过对(2)进行回归得到参数$(\hat{\beta}_{n}, \mu_{n}, \sigma_{\mu}^{2}, \sigma_{v}^{2})$，为实现对投入变量的调整，我们需要对影响松弛变量的随机噪声和管理无效率进行分离。参考 Jondrow 等(1982)的调整思路，先分离管理无效率μ，再分离随机噪声v，公式如下：

$$E(v|\varepsilon) = s_{nj} - f(Z_{j}; \beta_{n}) - E(\mu|\varepsilon) \tag{3}$$

最后消除环境因素和随机噪声对技术效率的影响，使所有决策单元都位于同一外部环境中。其调整公式为：

$$X_{nj}^{A} = X_{nj} + [\max(f(Z_{j}, \hat{\beta}_{n})) - f(Z_{j}; \hat{\beta}_{n})] + [\max(v_{nj}) - v_{nj}],$$
$$j = 1, 2, \cdots, J; n = 1, 2, \cdots, N \tag{4}$$

其中，X_{nj}^{A}表示调整后的投入；X_{nj}表示调整前的投入；$[\max(f(Z_{j}; \hat{\beta}_{n})) - f(Z_{j}; \hat{\beta}_{n})]$表示调整外部环境因素的影响；$[\max(v_{nj}) - v_{nj}]$表示调整所有决策单元到相同运气水平。

第三阶段，再次采用 DEA 模型。将经过第二阶段调整后的投入变量重新进行 DEA 分析，由于重新计算得到的技术效率已经消除环境因素与随机噪声影响，结果更加客观准确。

根据证券公司财富管理业务特点，依据"生产法"原则选择员工人数、营业网点数和业务及管理费作为投入变量，手续费和佣金净收入、受托管理资产规模作为产出变量。同时，综合考虑环境因素对证券公司财富管理的影响，选择股市日均成交额、市场份额、净资产作为环境变量。变量具体说明见表1。

表1　财富管理技术效率的评价指标及说明

变量类型	变量名称	变量符号	变量说明
投入变量	员工人数	X_1	证券公司历年员工总数
	营业网点数	X_2	证券公司历年营业网点数
	业务及管理费	X_3	证券公司历年业务及管理费

(续表)

变量类型	变量名称	变量符号	变量说明
产出变量	手续费和佣金净收入	Y_1	证券公司历年手续费和佣金净收入
	受托管理资产规模	Y_2	证券公司历年受托管理资产规模
环境变量	股市日均成交额	Z_1	我国股市历年日均成交额
	市场份额	Z_2	证券公司历年在沪深两市 股票交易额的市场占有率
	净资产	Z_3	证券公司历年净资产

　　借助 Deap 2.1 软件和 Frontier 4.1 软件对 2011—2018 年 21 家证券公司的财富管理技术效率进行测算,去除环境因素和随机噪声影响后的财富管理技术效率见表 2。

表 2　21 家证券公司财富管理技术效率值

年份	综合类证券公司均值	专业类证券公司均值	总体均值
2011	0.87	0.93	0.90
	(−7.44%)	(0.46%)	(−3.86%)
2012	0.90	0.92	0.91
	(−4.40%)	(0.62%)	(−1.36%)
2013	0.87	0.96	0.91
	(−5.91%)	(0.79%)	(−1.75%)
2014	0.88	0.96	0.92
	(−6.96%)	(−0.40%)	(−3.98%)
2015	0.86	0.91	0.89
	(−9.39%)	(−2.36%)	(−5.79%)
2016	0.84	0.89	0.87
	(−10.55%)	(−4.97%)	(−7.63%)
2017	0.88	0.93	0.91
	(−7.33%)	(−4.37%)	(−5.71%)

年份	综合类证券公司均值	专业类证券公司均值	总体均值
2018	0.76	0.92	0.84
	(−15.30%)	(−4.45%)	(−9.30%)

注:表中每类证券公司的效率值为该类证券公司所囊括的各家证券公司的财富管理效率值的平均值,括号内为第三阶段效率值相较第一阶段效率值的变动,反映环境因素和随机噪声的影响。

表2反映了剔除环境因素和随机噪声影响后21家证券公司财富管理效率的真实情况。从总体上看,2011—2018年21家证券公司的财富管理技术效率处于较高的水平,但是相较第一阶段均有一定幅度的下降,这说明环境因素有利于证券公司财富管理业务的开展,掩盖了证券公司自身资源配置能力、产品服务设计能力、产品管理能力等方面的不足。通过横向比较发现,专业型证券公司的财富管理技术效率总体明显高于综合型证券公司,这一方面说明专业型证券公司凭借较强的应变能力,更能利用外部环境的影响来弥补自身财富管理业务水平的不足;另一方面也说明综合型证券公司受到了环境因素干扰进而影响了财富管理效率,其本身财富管理业务水平并不低。通过纵向比较发现,环境因素自2015年起对财富管理技术效率的影响逐渐加大,尤其是对综合型证券公司的影响更加重大。所以在面对内外环境的变换,尤其是考虑到我国经济发展已进入换挡期这一因素,证券公司需要及时调整财富管理业务的经营策略,优化资源投入结构。

2. 核心解释变量:金融科技指数

全面客观的衡量我国金融科技的发展水平是检验金融科技的发展对证券公司财富管理技术效率影响的关键,本文在借鉴已有文献的基础上,选择采用以"文本挖掘法"为基础构建金融科技指数。具体步骤如下:

第一,依据金融功能观,建立初始词库。根据文献法基本原则以及金融功能观,本文将依据支付清算功能、资金融通功能,资源配置功能、风险管理功能四个维度去构建金融科技指数。

第二,借助知网源数据库①,统计关键词的词频。本文采用人工整理方式,统计 2011—2018 年各初始关键词在知网源数据库中的词频,将其作为测算金融科技指数的基础(见表3)。以往学者在测度金融科技指数时运用了各种数据库,例如郭品和沈悦(2015a,2015b)将百度搜索引擎作为统计依据、程成(2018)利用百度指数作为统计依据,虽然通过网络关注度来衡量金融科技发展水平有一定的合理性,但是不仅金融科技的正向发展会引起关注,负面消息同样会引起关注,因此采用网络关注度来衡量金融科技的发展存在局限;刘忠璐(2016)将《中国重要报纸全文数据库(CCND)》作为计算其关键词年度词频的依据,相较于互联网搜索引擎中信息的复杂度,该数据库更能体现关于金融科技发展的动态研究,但是该数据库存在统计范围较窄的缺陷。因此,为了更全面地衡量金融科技发展水平,本文认为所选择的词库应该要能全面反映学术界和实务界的关注点。

第三,进行相关性分析,筛选有效关键词。在对初始关键词的词频进行 Max-Min 标准化处理后,使用 Pearson 相关分析法,计算各关键词词频与 21 家证券公司财富管理效率年均值之间的相关系数。根据 Pearson 相关系数的定义,相关系数绝对值$|r|$小于 0.4 为弱相关或不相关,因此剔除$|r|$小于 0.4 的关键词,保留其余 18 个关键词。

表3　效率值与关键词的相关系数

维度	关键词				
支付清算	移动支付 (0.635*)	网络支付 (0.564)	手机支付 (0.720**)	第三方支付 (0.447)	电子支付 (0.511)
资金融通	网贷 (0.652*)	网络贷款 (0.628*)	众筹 (0.591)	P2P (0.330)	智能投资 (0.706**)

---

① 知网源数据库包括了期刊库、博士论文库、硕士论文库、报纸库、会议库,能够较好反映学术界以及实务界对金融科技的关注度,同时与百度搜索引擎相比,也可以在一定程度上降低关于金融科技负面消息的频率,能够更客观地反映我国金融科技的发展水平。

(续表)

维度	关键词				
资源配置	互联网理财 (0.455)	智能投顾 (0.642*)	智能理财 (0.696*)	网络理财 (0.283)	互联网保险 (0.634*)
风险管理	大数据 (0.746**)	云计算 (0.646*)	区块链 (0.805**)	人工智能 (0.782**)	ABS云 (0.499)

注:括号内为初始关键词年度词频与 21 家证券公司财富管理效率年均值之间的 Pearson 相关系数对绝对值,*** 、** 、* 分别表示在 1%、5%、10% 的置信水平上显著。

第四,运用主成分分析法,合成金融科技指数。(1) 对保留的 18 个关键词,合成金融科技指数。(2) 对各维度保留的关键词进行分层次主成分分析,计算"支付结算指数""资金融通指数""资源配置指数"与"风险管理指数",将其作为下文稳健性检验的替代指标,具体见图 1:

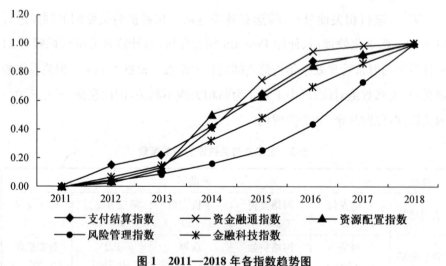

图 1　2011—2018 年各指数趋势图

资料来源:作者自制。

3. 控制变量

根据现有文献整理,影响证券公司财富管理效率的主要为以下三类因素:第一类为宏观层面的经济运行水平、货币政策等;第二类为行业层面的行业竞争情况、政策监管等;第三类为公司层面的治理结构、激励机制、运营管理能力、业务创新能力、成长能力和风控能力等。由于采用的被解释变量是第三阶段财富管理效率值,已经将前两类因素造成的影响进行了剔除,因此选择第三类公司层面的因素作为控制变量。各变量定义及描述性统计如表 4:

表 4 各变量定义及描述性统计

变量种类	变量名称	符号	变量定义	均值	标准差	最小值	最大值
被解释变量	证券公司财富管理技术效率	M	第三阶段财富管理技术效率值	0.894	0.171	0.217	1.000
核心解释变量	金融科技指数	FI	金融科技指数	0.450	0.353	0.000	1.000
控制变量	股权制衡度	$C1$	第一大股东持股比例	0.334	0.158	0.059	0.999
	业务创新能力	$C2$	非经纪业务占手续费及佣金收入的比重	0.437	0.168	0.093	0.804
	运营管理能力	$C3$	净资产收益率	0.085	0.052	0.002	0.287
	风控能力	$C4$	风险覆盖率	5.120	2.973	1.355	14.285
	激励机制	$C5$	人均应付职工薪酬	0.325	0.415	0.005	2.934
	成长能力	$C6$	归母公司净利润增长率的标准化处理结果	0.495	0.311	0.000	1.000

(二)研究样本和数据来源

根据数据的可得性,本文选择海通证券、中信证券、中信建投等 21 家证券公司作为研究样本,并参考证监会的分类标准分为综合型证券公司和专业型证券公司。样本区间为 2011—2018 年,数据来源于 WIND 数据库、国家统计局与证监会网站。

（三）实证模型

为了验证本文提出的两个假设，同时为了增加自由度、减少共线性、提高估计结果的有效性以及更好地反映个体的异质效应，本文选择静态面板模型设计如下方程：

$$M_{it} = \beta_0 + \beta_1 FI_t + \sum_{j=2}^{7} \beta_j C_{jit} + \mu_i + \varepsilon_i \tag{5}$$

其中，i 表示证券公司，t 表示年份，M 表示被解释变量，FI 表示核心解释变量，β_1 表示金融科技对证券公司财富管理效率的影响效应，μ_i 表示证券公司财富管理的个体效应，ε_i 表示随机噪声。

在选择估计模型时，由于本文样本是短面板数据结构，忽略样本特点可能会使回归结果产生偏误，所以本文先采用混合效应、固定效应和随机效应回归以避免回归偏误。然后由于本文的被解释变量位于 $[0,1]$，有明显的截堵特征，传统的线性回归可能出现拟合结果为负，所以再考虑使用可处理受限被解释变量的 Tobit 模型。

在验证假设 1a 和假设 1b 时，选择全部样本公司对 3.5 进行回归；在验证假设 2 时，根据证券公司类型不同直接进行分组回归，预期各分组样本回归的 β_1 存在明显区别。关于并未引入代表证券公司类型的虚拟变量和虚拟变量与核心解释变量交叉项的主要原因如下：（1）虚拟变量是一个二分变量，随时间波动程度小，容易引起序列相关；（2）交叉项回归在小样本中会产生多重共线性问题。

五、实证检验及结果

（一）金融科技的发展对财富管理技术效率影响效应的检验

为了检验金融科技的发展对财富管理技术效率的影响，本文对全样本静态面板数据进行混合效应（POOL）、固定效应（FE）和随机效应（RE）的回归，具体结果见表 1-5。首先，选择固定效应模型时考虑了个体固定效应和时间固定效应,其中分析时间效应时定义了年度虚拟变量,而对年度虚拟变量的检验结果并不显著,即无法拒绝或接受"无时间效应"的原假设,基于模型的合理性,本文采用不考虑年份效应的个体固定效应。其次,F检验在5%的显著水平下拒绝原假设,即认为FE明显优于混合回归;LM检验拒绝"不存在个体随机效应"的原假设,即认为随机效应明显优于混合效应;Hausman检验在5%的显著水平下拒绝原假设,即认为应该使用固定效应模型而非随机效应模型。但是FE的回归结果显示系数的显著性效果比较差且模型的拟合度较低,考虑被解释变量的截堵特征影响了回归。所以继续选择Tobit模型进行回归,回归结果显示系数显著性较好,因此下文将继续使用Tobit回归。

表 5　混合效应、固定效应、随机效应和 Tobit 回归结果

变量	*POOL*	*FE*	*RE*	*Tobit*
FI	−0.111 1* (0.062 5)	−0.123 4*** (0.046 7)	−0.128 3*** (0.044 1)	−0.231 7** (0.126 7)
C1	−0.454 3* (0.257 2)	0.152 1 (0.174 1)	−0.226 1** (0.113 9)	−0.701 4*** (0.269 9)
C2	0.065 9 (0.150 7)	0.204 3* (0.126 3)	0.161 1 (0.112 1)	0.279 6 (0.265 1)
C3	0.564 8*** (0.179 4)	0.263 4 (0.239 6)	0.370 9 (0.236 8)	1.027 3*** (0.385 7)
C4	−0.011 9** (0.005 4)	−0.003 1 (0.004 4)	−0.005 9 (0.004 5)	−0.020 0*** (0.006 8)
C5	−0.042 5 (0.026 5)	−0.035 2 (0.030 1)	−0.039 7 (0.031 7)	−0.203 3*** (0.075 7)
C6	−0.130 8** (0.056 3)	0.053 1 (0.045 0)	−0.023 2 (0.038 1)	−0.074 5 (0.052 3)
年度虚拟变量显著性检验		1.45 [0.244 4]		

（续表）

变量	POOL	FE	RE	Tobit
F 检验		6.61*** [0.000 0]		
LM 检验			38.44*** [0.000 0]	
Hausman 检验			23.51*** [0.001 4]	
LR 检验				58.90*** [0.000 0]
调整后的 R^2	0.252 0	0.077 3	0.028 7	

注：回归结果省略常数项，回归系数下方括号内为聚类稳健标准误，下同；模型设定检验右边方括号内为 P 值。

金融科技指数的回归结果显著为负，拒绝了假设 1a，与假设 1b 预期一致，即金融科技的发展在现阶段总体上抑制了证券公司的财富管理技术效率。金融科技的发展降低了财富管理行业的门槛，加剧了行业竞争，从而阻碍了证券公司的财富管理业务发展。因此，证券公司应该根据经营特点，积极应对当前金融科技的发展对自身财富管理业务的冲击，进一步推动金融科技与财富管理的融合。

股权制衡度的回归结果显著为负，这说明了股权的分散度会影响公司的治理结构。通常来说，分散多元的股权分布可以带来更加高效的治理结构，从而提高公司的经营决策效率，所以股权制衡度对证券公司财富管理效率有明显的正向作用。

证券公司的经营管理能力对证券公司财富管理技术效率有显著的促进作用。一方面，在费率差异较小的情况下，财富管理收入取决于管理规模的大小；另一方面，在管理规模类似的前提下，如何有效控制管理成本则成为影响财富管理效率的重要因素。所以，经营管理能力的强弱直接影响着财富管理技术效率。

证券公司的风控能力对其财富管理技术效率的有着微弱的负面影响。风控能力的提升一方面会促进证券公司经营管理更加规范合法,降低业务爆雷的可能性;另一方面,风控过于严格也会阻碍业务的发展,复杂的合规流程和严苛的业务标准会对财富管理业务的拓展产生负面影响。

证券公司的激励机制对其财富管理技术效率有着较强的抑制作用。目前证券公司都在发力财富管理业务,希望在竞争格局明朗前占据有利的市场地位,这会导致盲目地运用激励机制从而产生物极必反的效果。因此,证券公司应当根据市场行情的发展合理运用激励机制。

(二) 金融科技的发展对财富管理技术效率的异质性影响

本文将证券公司按类型分为两个子样本,子样本 1 为综合型证券公司,子样本 2 为专业型证券公司,分析金融科技的发展对财富管理技术效率的异质性影响。同时,将子样本回归结果与全样本进行比较,当子样本回归结果中 FI 系数的绝对值更大时,则说明金融科技的发展对该类型证券公司的财富管理技术效率影响更大;反之亦然。结果如表 6:

表 6　金融科技的发展对财富管理技术效率的异质性影响

	子样本 1	子样本 2
FI	-0.3923^{**} (0.2191) 69.31%	-0.0342 (0.0543) -85.23%
C1	-1.0635^{***} (0.2190) 51.64%	-0.1129^{**} (0.0492) -83.90%
C2	0.5659 (0.5003) 102.39%	0.1142^{**} (0.0561) -59.15%

（续表）

	子样本 1	子样本 2
C3	3.574 5*** (0.939 2) 247.94%	0.346 1*** (0.087 2) −66.31%
C4	−0.019 0** (0.008 1) −4.73%	−0.006 6 (0.004 7) −67.18%
C5	−0.164 5*** (0.041 7) −19.08%	−0.228 4*** (0.045 2) 12.33%
C6	−0.044 3 (0.054 4) −40.43%	0.001 0 (0.003 9) −101.29%

注:聚类稳健标准误下方数字为子样本与全样本相比回归系数的变化。

表 6 结果符合假设 2 的预期,金融科技的发展对不同类型证券公司的财富管理技术效率存在异质性影响。其中,子样本 1 的金融科技指数回归结果达到−0.392 3,变动幅度相较全样本增加了 69.31%;子样本 2 的金融科技指数回归结果为−0.034 2,变动幅度相较全样本减少了 85.23%。由此可得,金融科技的发展对综合型证券公司的财富管理技术效率的抑制作用更加明显,而专业型证券公司通过快速调整布局金融科技赋能财富管理,降低了金融科技对其财富管理技术效率的冲击。

除了成长能力对专业型证券公司的影响与全样本估计结果相反,其余控制变量的系数符号与全样本估计结果一致。其中,股权制衡度和经营管理能力对子样本 1 的影响更大,即综合型证券公司一方面由于股权比例更加集中,导致治理结构缺乏弹性和灵活度,从而对财富管理技术效率产生更大的抑制作用;另一方面由于经营管理体系更加稳健,对促进其财富管理技术效率的提高有更强的作用。

激励机制对子样本 2 的影响更大,专业型证券公司财富管理业务的市场份额相对较低,为了能在竞争中占据更大的市场份额,会更加盲目地采用激励机制,更容易造成资源的较大浪费。

(三)稳健性检验

为了确保研究结果的可靠性,针对抑制作用的存在性和异质性,依次采用"支付结算指数""资金融通指数""资源配置指数"与"风险管理指数"作为金融科技指数的替代指标进行估计,发现主要结论无实质性变化。限于篇幅,本文不做详细说明。

四、结论与建议

随着金融科技在财富管理领域的深入应用,证券公司的传统经营模式受到了颠覆性的冲击,特别是金融科技对证券公司的财富管理效率产生了重要影响。本文首先从示范效应、竞争效应和异质效应三个维度,分析了金融科技发展对证券公司财富管理效率的影响机制。在此基础上,本文借助三阶段 DEA 模型测算证券公司的财富管理技术效率,借鉴"文本挖掘法"构建和测算我国金融科技指数,并选取 2011—2018 年 21 家证券公司的面板数据进行实证检验,其主要结论如下。(1)金融科技发展降低了财富管理行业的进入壁垒,加剧了行业竞争,从而抑制了证券公司的财富管理技术效率。(2)金融科技对不同类型证券公司财富管理技术效率的抑制作用存在显著区别,即对综合型证券公司的抑制作用较强,而对专业型证券公司的抑制作用较弱。

根据研究结论,本文提出如下政策建议:

第一,证券公司应秉承开放的心态积极拥抱金融科技,进一步增加人财物等资源的投入。例如,证券公司可以利用大数据、云计算进行量化投资研究和产品开发,有效降低产品的开发成本;可以利用区块链技术拓宽价值跨域配置能力,解决资金融通过程中的信息不对称问题,并减少信息不对称造成的道德风险;可以利用人工智能提高价值跨期使用能力,根据客户的风险偏好、期望收益,以及市场行情变化,向客户提供优化的投资组合,优化客户服务体验。

第二,行业自律组织一方面应该鼓励证券公司推动金融科技在财富管理领域的创新应用,另一方面也要及时制止证券公司不规范地应用金融科技。比如,行业自律组织一方面可以定期组织证券公司开展金融科技培训与交流,支持行业数字化转型;另一方面也可以建立黑名单制度,约束证券公司不规范地将金融科技应用与财富管理的行为,促进行业的健康发展。

第三,监管机构应该加强监管科技的运用。科技可以赋能金融,同样也可以赋能监管。例如,监管机构可以运用大数据和区块链技术连接各部门的"数据孤岛",实现对监管数据的全覆盖;可以运用云计算和人工智能,强化对监管数据的收集、清洗和预警的能力。

主要参考文献

[1] GOMBER P, KAUFFMAN R J, PARKER C, et al. On the Fintech Revolution: Interpreting the Forces of Innovation, Disruption, and Transformation in Financial Services[J]. Journal of Management Information Systems, 2018, 35(1), 220 - 265.

[2] QUARLES R K. The Financial Stability Board in 2019: A Speech at the Joint Conference of the European Central Bank and the Journal of Money, Credit and Banking[R]. Frankfurt: Board of Governors of the Federal Reserve System, 2019.

[3] STOWELL D P. Investment Banks, Hedge Funds, and Private Equity[J]. Elsevier, 2018:131 - 141.

[4] CHHABRA A B. Beyond Markowitz: A Comprehensive Wealth Allocation Framework for Individual Investors[J]. Social Science Electronic Publishing, 2006, 7 (4).

[5] FARRELL M J. The Measurement of Productive Efficiency[J]. Journal of the Royal Statistical Society. Series A(General), 1957, 120(3):253 - 290.

[6] 巴曙松,白海峰. 金融科技的发展历程与核心技术应用场景探索[J]. 清华金融评论,

2016(11):99 - 103.

[7] 刘绪光,肖翔. 金融科技影响金融市场的路径、方式及应对策略[J/OL]. 金融发展研究,2019(12):79 - 82.

[8] 张文琪. 互联网金融视角下中国证券公司经纪业务战略转型研究[D]. 北京交通大学,2014.

[9] 陆岷峰,沈黎怡. 关于证券公司中财富管理业务痛点及策略研究[J]. 经济与管理,2018 (32),260(01):44 - 51.

[10] 朱南,刘一. 中国证券公司生产效率的数据包络分析[J]. 金融研究,2008(11): 120 - 137.

[11] 李扬. 金融学大辞典[M]. 北京:中国金融出版社,2014.

[12] SATYRO M A. The Innovator's Dilemma:When New Technologies Cause Great Firms to Fail[J]. Social Science Electronic Publishing, 1997, 8(97):661 - 662.

[13] LYLES M A, SALK J E. Knowledge acquisition from foreign parents in international joint ventures:an empirical examination in the Hungarian context[J]. Journal of International Business Studies, 2007, 38(1):3 - 18.

[14] FRIED H O, LOVELL C A K, SCHMIDT S S, et al. Accounting for Environmental Effects and Statistical Noise in Data Envelopment Analysis [J]. Journal of Productivity Analysis, 2002(17): 157 - 174.

[15] JONDROW J, LOVELL C A K, MATEROV I S, et al. On The Estimation of Technical Inefficiency in The Stochastic Frontier Production Function Model[J]. Journal of Econometrics,1982,19(2 - 3):233 - 238.

[16] 邱晗,黄益平,纪洋. 金融科技对传统银行行为的影响——基于互联网理财的视角 [J]. 金融研究,2018(11):17 - 29.

[17] 郭品,沈悦. 互联网金融对商业银行风险承担的影响:理论解读与实证检验[J]. 财贸经济,2015,36(10):102 - 116.

[18] 沈悦,郭品. 互联网金融、技术溢出与商业银行全要素生产率[J]. 金融研究,2015,417 (03):164 - 179.

[19] 刘忠璐. 互联网金融对商业银行风险承担的影响研究[J]. 财贸经济,2016(4): 71 - 85.

[20] 程成.金融科技对我国商业银行风险承担行为的影响研究[D].武汉大学,2018.

[21] 曾昭琴.基于"中介效应"的券商股权结构对经营绩效的影响研究[D].湖南大学,2018.

（与方毅合作,重大项目结题报告《互联网金融发展研究——基于中国的实践与理论探索》2021 年 2 月）

互联网时代我国资产管理行业的健康发展

摘要:2012 年 5 月后,我国资产管理行业迅速发展,这在很大程度上激活了金融市场要素,也为资产管理拓展了渠道和空间。然而,在资产管理迅速发展过程中也产生了诸多金融乱象,如不加以整顿很可能引发系统性金融风险。本文基于 2018 年 4 月 27 日中国人民银行会同原银保监会、证监会和外管局等部门联合发布的《关于规范金融机构资产管理业务的指导意见》,在当前强监管严处罚的背景下,分析了我国资产管理行业的发展现状与主要问题,进而提出资产管理行业健康发展的对策性思考。

关键词:资产管理;业务转型;行业自律

一、引　言

为活跃金融要素,鼓励金融创新,让金融更好地服务实体经济,2012 年 5 月后监管部门在很大程度上放松了对资产管理行业的限制,我国资产管理行业由此进入产品创新和混业经营的"大资管"时代。近 6 年来,我国资产管理行业迅速发展的成效显著,但也存在一些不可忽视的问题。因此,如何促进资产管理行业健康发展,这不仅关系到金融稳定与安全,也已经引起理论界和实务部门的高度关注。

二、我国资产管理行业的发展现状

资产管理的本质是"受人之托,代人理财"。作为社会融资体系中的重要环节,资产管理具有广泛的社会需求。2012 年 5 月起,监管部门陆续出台了《期货公司资产管理业务试点办法》和《保险资金委托投资管理暂行办法》等一系列政策文件,明显放松了对资产管理业务与范围的限制,这不仅标志着"大资管"时代的到来,而且有力推动了资产管理行业的迅速发展。

（一）资产管理规模

自"大资管"时代开启以来,我国的资产管理规模迅速扩大,截至 2017 年年底,不考虑交叉持有因素,总规模已达 100 万亿元。资产管理规模之所以迅速扩大,主要是因为经济持续增长使社会财富积累、家庭和个人可支配收入增加,居民投资热情高涨。同时人口老龄化也增加了居民对资产配置多样化的需求。此外,银行存款利率走低和互联网金融崛起也打破了居民传统的储蓄观念。期限稳定和收益较高的理财产品受到市场的普遍追捧。

（二）资产管理的业务结构

"大资管"时代开启前,我国资产管理行业的业务结构比较单一,主要集中于银行和信托。"大资管"时代开启后,由于分业经营的行业壁垒被打破,基金、券商和保险等机构纷纷进入资产管理行业,资产管理的通道被全面拓宽,资产管理行业的业务结构趋于复杂,资产管理业务所涉及的领域也在不断增加。截至 2017 年年底,我国资产管理行业的业务结构如图 1 所示。

截至 2017 年年底,我国资产管理行业的具体业务结构如下。银行的资产管理规模为 22.2 万亿元,占全国资产管理总额的 22.2%。基金管理公司的资产管理规模为 36.6 万亿元,占全国资产管理总额的 36.6%,其中:公募基金规模为 11.6 万亿元,占全国资产管理总额 11.6%,主要投资于股票和债券;基金管理公司专户产品规模为 13.9 万亿元,占全国资产管理总额 13.9%,主要投资于股权和非标准化债权资产;私募基金规模为 11.1 万亿元,占全国资产管理总额 11.1%,主要投资于未上市股权或股票。信托公司的资产管理规模为 21.9 万亿元,占全国资产管理总额 21.9%,主要包括单一信托、集合信托以及管理财产信托。其中单一信托主要是与银行合作开展通道业务,集合信托主要投资于监管部门批准发行或上市的金融工具,管理财产信托主要通过对委托人的财产进行信托管理来实现财产的保护和传承。证券机构的资产管理规模为 16.8 万亿元,占全国资产管理总额的 16.8%。保险公司的资产管理规模为 2.5 万亿元,占全国资产管理总额的 2.5%,主要投资于有价证券和非标准化债权资产。

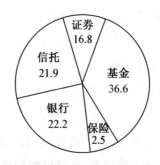

图 1   2017 年资产管理行业的业务结构(万亿元)

资料来源:根据各行业协会和 wind 数据库提供的数据整理。

三、我国资产管理行业发展存在的主要问题

从 2012 年放松限制开始,资产管理行业进入了发展的快车道。资产管理行业的蓬勃发展激发了市场活力、促进了金融创新,为实体经济提供了金融支持,但由于多种原因,也积聚了不可忽视的问题,其中主要有:

(1) 资金池。商业银行通过滚动发售短期理财产品持续募集资金。例如,银行通过发行理财产品募集资金,然后将资金进行集合运作,违规投向股

票、房地产等风险较高的标的资产，从而获取高额收益。资金池业务造成资金来源和项目投向无法一一对应，一旦部分投资标的出现逾期坏账、投资收益率低于应付收益率，以及资金池流动性不足，就会使资金池理财产品的兑付和运作丧失持续性，从而产生兑付风险。

（2）多层嵌套。对资产管理行业限制的明显放松，使各类金融机构热衷于相互合作，开展多层嵌套的资产管理业务，从而规避不同行业的监管标准与要求，扩大资产管理的实际投资范围。资产管理机构通过层层嵌套，不仅使资产管理行业的结构复杂化，资金链条被拉长，底层资产的收益和风险难以穿透，融资成本增加，而且还导致金融脱实向虚，大量资金在金融体系内空转。

（3）期限错配。过度的期限错配容易产生流动性风险。当少数资产管理机构缺乏流动性时，它们能够在市场上拆借到资金。当大多数资产管理机构同时缺乏流动性时，它们就很难在市场上拆借到足够资金，进而会加剧市场恐慌情绪，甚至引发系统性金融风险。

（4）刚性兑付。长期以来，出于稳定金融秩序和保护投资者利益的考虑，刚性兑付成为我国资产管理行业不成文的"潜规则"。刚性兑付使得资产管理业务异化为类似银行吸储业务，形成了高收益、低风险的市场预期，扭曲了市场定价机制。刚性兑付混淆了投资者、金融机构和政府部门的法律责任，干扰了正常的金融秩序，甚至影响了社会稳定。刚性兑付还导致较多的资金流向地方政府平台和房地产领域，对民营企业，特别是小微企业形成了挤出效应。新颁布的《指导意见》明确提出打破刚性兑付的要求，但如何将《指导意见》的要求落实到位，依然面临不少法律、监管和自律等方面的障碍。

（5）道德风险。道德风险通常是指在委托—代理关系中，代理人（主要指信息优势方）受自身利益本能的驱使，利用制度漏洞和信息优势，为追求自身效用最大化而损害委托人（主要指信息劣势方）或其他代理人所造成的风险。例如，少数资产管理公司利用信息不对称优势，以所谓"高收益、低风险"诱骗投资者，进行非法集资。这样的道德风险不仅会提升资产管理机构的风险偏好，降低投资者的风险意识，还会增加监管的难度和成本。

三、促进资产管理行业健康发展的对策

2017 年 11 月,中国人民银行会同多部门联合发布《关于规范金融机构资产管理业务的指导意见(征求意见稿)》,在规范资金池、消除多层嵌套和禁止期限错配等方面做出明确的规定,监管部门也据此对扰乱市场秩序和破坏市场规则的资产管理行为进行了严肃处理。2018 年 4 月,《关于规范金融机构资产管理业务的指导意见》正式发布,2018 年 7 月,中国人民银行进一步明确规范金融机构资产管理业务指导意见的有关事项。当前在强监管严处罚的背景下,资产管理机构、资产管理行业和监管部门都要积极主动,多层次协调,采取有效措施,共同推动我国资产管理行业健康发展。

(一) 资产管理机构要提高业务水平

(1) 合理选择经营模式。随着市场竞争日趋激烈,金融监管逐步加强,"大而全"的经营模式已经不适合大部分中小资产管理机构。在全能资产管理、精品资产管理、财富管理和服务专家四大经营模式中,资产管理机构应根据自己的资源禀赋和竞争优势,合理选择经营模式。除了几家大资产管理机构能够采用全能资产管理的经营模式外,大多数资产管理机构,特别是中小资产管理机构在经营模式的选择中,应根据自己的资源禀赋和竞争优势有所取舍,从而能够在细分市场中精耕细作,形成自己的客户群体和品牌效应。例如,对于在特定行业或产品的研究与投资上有所建树的资产管理机构而言,可以选择精品资产管理模式,利用自身的优势,结合机构或超高净值客户的特定投资需求,打造定制化的产品与服务来满足客户的特定投资需求。对于拥有很多个体客户的资产管理机构而言,可以选择财富管家模式,通过深入了解客户的个性化需求,提高投资顾问针对客户投资需求进行财富管理规划的能力,实现财富的增值保值。对于拥有先进信息系统和高效运营体系的资产管理机构而言,可以选择服务专家模式,利用自身安全稳定的信息系统来为其他资产管理机构提供托管清算等服务,快速形成规模经济,实现收入的多源化。

(2) 创新资产管理产品。资产管理机构要加大资产管理产品创新的力度,形成自己的核心竞争力。例如,有些资产管理机构精于固定收益类产品,或擅长权益类产品,或专注量化对冲,或深耕于"非标"产品市场,还有一些资产管理机构已在 FOF① 和 MOM② 领域进行尝试。资产管理产品创新要扬长避短,无论哪家资产管理机构都应找准自己的业务着力点,通过产品创新将自己的重要业务做精做强,形成独树一帜的业务体系。这不仅有利于资产管理机构可持续发展,而且也有利于为实体经济提供金融支持。

(3) 应用金融科技成果。金融科技主要包括大数据、云计算、区块链和人工智能等,其中大数据和云计算是支撑区块链和人工智能发展的基础。区块链拓宽了价值跨域配置的能力,而人工智能则提高了价值跨期使用的能力。资产管理机构要增加人财物等资源的投入,积极应用大数据、云计算、区块链和人工智能等技术,降低资产管理成本、提高资产管理效率、增强风险管理能力。例如,资产管理机构可以利用大数据、云计算进行量化投资研究和产品开发,有效降低产品的开发成本。可以利用区块链技术解决资金融通过程中的信息不对称问题,并减少信息不对称造成的道德风险。可以利用人工智能,根据投资人的风险偏好、期望收益以及市场行情变化,向投资人提供优化的投资组合。

(4) 建立人才队伍。在资产管理规模迅速扩大的同时,资产管理人才却相对有限,特别是优秀的资产管理经理往往受到众多资产管理机构的哄抢,"人才荒"一直是阻碍资产管理行业发展的瓶颈之一。因此,资产管理机构要加强现有人才队伍的梯级建设,以适应提升主动管理能力的需要。要坚持内

---

① FOF(Fund of Funds):是一种专门投资于其他证券投资基金的基金。FOF 的投资范围仅限于其他基金,通过持有其他证券投资基金而间接持有股票、债券等证券资产,它是结合基金产品创新和销售渠道创新的基金新品种。

② MOM(Manager Of Managers),是指该基金的基金经理不直接管理基金投资,而是将基金资产委托给其他的一些基金经理来进行管理,直接授予他们投资决策权限。MOM 本身的基金经理仅负责挑选、跟踪和监督受委托基金经理的表现,并在需要的时候进行更换。

部培养和外部招聘相结合,优化人才的选聘机制。要重视员工培训和企业文化建设,提高资产管理人才的基本素质和业务能力。还要完善考核与激励机制,留住资产管理的优秀人才。

(二)资产管理行业要加强自律

行业自律组织虽然没有监管部门的执法权力,但可以通过行业自律公约规范行业行为,如通过黑名单制度约束行业内不当经营和非法竞争,或通过协调机制维护行业利益,进而促进资产管理行业的健康发展。

(1)完善行业自律组织。资产管理行业自律组织要改进内部的监督和管理体系,协调会员大会、理事会和内部监督机构的关系,形成有效的决策、管理和监督的组织构架。要合理设定行业的自律规则,对登记备案、募集方式、运作托管、信息披露和风险控制等做出统一且明确的规定。要加强独立法人意识,资产管理行业自律组织作为独立法人机构在与监管部门保持相对独立性的同时,应增强其促进资产管理行业发展的能力,积极配合监管部门的工作,并且与监管部门保持常态化的信息沟通。随着金融监管体系的改革深化,特别是混业经营和穿透式监管的进程加快,资产管理行业自律组织也要打破原有分业经营与监管的桎梏,逐步建立起能够跨行业和穿透业务的新型自律组织。

(2)引导行业健康发展。资产管理行业自律组织要鼓励资产管理机构在坚持价值发现和价值增值的基础上形成正确的资产管理理念,真心实意地服务实体经济、服务投资者,并且积极培育健康的资产管理行业文化,号召资产管理机构自觉地履行社会责任。资产管理行业自律组织要建立统一的信息披露平台,分别从产品、机构、行业等维度制定具体的信息披露标准,定期披露产品、机构和行业的风险水平。资产管理行业自律组织还要建立自律惩戒机制,增强自律公约的约束力,提高会员单位违反自律公约的成本,并且针对资产管理机构违反自律公约所引起的风险,及时与监管部门沟通,防止风险的聚集与扩散。

（3）保护投资者合法权益。资产管理行业自律组织要督促资产管理机构充分了解客户的真实财务状况和风险承受能力，认真落实回访制度。要制定行业规范化的产品合同，尤其是针对资产管理产品潜在风险的说明必须重点突出和表达清晰。要积极组织投资者教育，让投资者明确风险自担的义务，并且定期开展投资者保护专项自查。还要发起根据会员单位资产规模确定出资比例的行业投资者保护基金，在资产管理机构违约且无力偿付时，由该基金对投资者先行赔偿。

（三）监管部门要完善监管

（1）加强穿透式监管理念。监管部门破除分业监管理念，加强监管协调，实行监管穿透已经成为人们的共识。监管部门要根据金融业务性质确定监管主体和适用法规，从而对资产管理产品与服务实施穿透监管。穿透监管，就是监管部门要击穿复杂的产品设计和中间环节，辨别底层资产是否合规以及最终风险承担者是否为合格投资者。考虑到资产管理行业的规模和复杂性，立即实行整体穿透监管的难度较大，监管部门可先在一些重要领域实施穿透监管，如对嵌套层数作出明确规定，要求资产管理机构披露最终投资人和融资人，严格禁止多层嵌套和拆分产品的行为等。

（2）整合金融基础设施。我国现有金融基础设施的建设和管理相对分散，这在技术层面上限制了协同监管和穿透监管，因此有必要对金融基础设施进行整合。因为协同监管和穿透监管的前提是掌握和处理不同行业、不同市场的基础数据，所以整合金融基础设施首先要实现场内与场外、不同金融基础设施之间互联互通，将信息登记和支付结算系统进行统一联网，同时建立统一的资产管理业务统计标准。其次要运用大数据和区块链技术，连接监管部门的"数据孤岛"，实现整个资产管理行业数据的全覆盖。最后还要加强大数据收集、清洗和应用的能力，并且确保金融基础设施的技术安全和稳定性。

（3）建立金融控股公司的监管制度。各种形式的金融控股公司在很大程度上游离于监管视野之外。监管部门要积极探索适应基本国情的金融控股公司监管制度,通过立法界定金融控股公司的功能,明确监管规则,落实监管主体责任,并且能够采取有效措施加强对金融控股公司的监管。例如,可规定金融控股公司只承担管理和监督子公司运营的职责而不开展具体的资产管理业务,构筑起防范金融控股公司经营风险的第一道防线。明确金融控股公司资本充足、风险披露、关联交易和内部控制等方面的监管指标,并且不定期地对其进行测试,以及时发现和处理测试结果所揭示的问题。还可考虑在金融控股公司集团法人层面由人民银行负责监管,在集团子公司层面按照业务性质确认监管主体,同时在"一行两会"之间建立协商制度,以确保对金融控股公司监管的有效性。

主要参考文献

[1] 季军,王亮,张媛,等.我国资产管理业务发展现状及强化监管思考[J].华北金融,2017(04):45-50.

[2] 唐彦斌,谢识予.刚性兑付问题的经济学本质探究及影响分析[J].商业经济研究,2015(04):71-74.

[3] 裘翔.期限错配与商业银行利差[J].金融研究,2015(05):83-100.

[4] 苟文均.穿透式监管与资产管理[J].中国金融,2017(08):17-20.

[5] 张明,邹晓梅,高蓓.中国的资产证券化实践:发展现状与前景展望[J].上海金融,2013(11):31-36.

[6] 巴曙松,白海峰.金融科技的发展历程与核心技术应用场景探索[J].清华金融评论,2016(11):99-103.

[7] 邢桂君.我国金融控股公司监管研究[J].金融与经济,2008(06):48-51.

[8] 杨正师,卜令强.试析完善行业组织自律监管的路径[J].法制博览,2014(05):142.

(与方毅合作,《江苏商论》2019年第2期)

中国互联网众筹出版的发展、问题与对策

摘要：众筹出版这一新兴出版模式产生于互联网众筹兴起的大背景下，也是新媒体技术冲击下传统出版业寻求转型变革的重要路径。本文探讨了众筹出版相对于传统出版的优势，分析了中国知名众筹平台众筹网的成功案例，指出了众筹出版存在的主要问题，最后提出众筹出版健康发展对策性建议。

关键词：众筹出版；众筹网；问题与对策

一、引　言

随着基于移动互联网、大数据和云计算的新媒体技术蓬勃发展，传统出版业不可避免地被卷入到了互联网时代的浪潮之中，经历着前所未有的重大挑战。近年来，融合了互联网金融思维的新型出版模式——互联网众筹出版（基于互联网的众筹出版，下文简称众筹出版）走入社会公众的视野，以其高度的开放性和人格化引起了出版业界的关注。目前，中国已有一些众筹出版的成功实践，取得了良好的社会反响和商业效应，但同时众筹出版也存在着不少理论与实践问题。因此，对中国互联网众筹出版项目的成功经验和不足之处进行深入分析，具有重要的理论与现实意义。

二、文献回顾

近年来,已有一些专家学者对中国互联网众筹出版进行了研究。白志如(2014)选取了众筹网、中国梦网、追梦网、点名时间网等平台的出版项目,对其项目总体数量和内容进行了分析,指出众筹出版项目存在的主要问题,并提出了对策性建议。郭泽德(2014)论述了众筹出版对传统出版行业的重大影响,即延伸了传统出版的产业链、为传统出版的市场营销提供新手段、促进传统出版业社会资本的增长,进而提出众筹出版对于传统出版业创新的启示。武小菲(2014)分析了中国众筹出版的基本现状,提出了构建以出版社为主导的众筹出版传播新模式,并且还设计了书籍众筹出版的流程。徐琦、杨丽萍(2014)通过对中国涉及出版项目的4家众筹平台的数据抓取、清洗、整理和运用,探讨了众筹出版的问题及其原因,并且提出了解决问题的思路。李婷、杨海平(2015)结合中国众筹出版实例,分析了众筹出版所面临的机遇和挑战,同时提出一种新型的复合型众筹出版模式。王雯等(2015)针对中国出版行业的发展新要求和现实困境,从众筹出版的基本模式和运作出发,总结出众筹出版的三大功能,即金融与出版无缝对接的核心功能、出版产品增值体验提升的延伸功能、群体智慧下出版价值选择与决策的附加功能。于晓燕(2015)指出了众筹模式对传统出版的创新,指出了中国众筹出版的特点,揭示了其存在的主要问题,并对未来众筹出版的健康发展提出了建议。

上述文献主要是从宏观层面或整体上分析众筹出版在中国的发展,其在一定程度上能够反映中国众筹出版的发展现状,特别是指出了存在的主要问题,同时也提出了对策性建议。在借鉴这些文献所做研究的基础上,本文着重于从微观层面或个体案例上,分析当前中国众筹出版项目最多、经验最为丰富的众筹平台——众筹网的成功案例,总结其成功经验和不足之处,最后提出中国众筹出版健康发展的对策性建议。

三、互联网众筹出版相对于传统出版的优势

众筹(Crowd-funding)即大众筹资或群众筹资,在互联网时代,众筹被赋予了"互联网"背景,主要指人们通过互联网平台开展的向社会公众募集资金的活动。众筹出版,顾名思义,指在互联网众筹平台上发布出版项目的大众筹资活动。项目内容以图书、绘本、杂志等纸质出版物为主,不包括影视出版。众筹出版模式涉及的核心主体有项目发起方、互联网众筹平台和项目资助者。项目发起方设计并规划出版项目,通过文字、图片及音视频等方式展示项目信息,争取公众的关注和支持,若项目筹资成功,则按计划实施项目并负责后续的承诺兑现。众筹平台作为独立的第三方,负责制定并说明众筹规则,审核项目信息,提供展台,监督项目执行和承诺兑现,以及提供相关配套服务。项目资助者,一般是从广大的互联网用户中产生,他们根据自己的偏好和需求,选择项目进行资助,最终获得回报。

众筹出版产生于互联网金融兴起的大背景下,作为互联网思维、创新性金融与传统出版融合的产物,众筹出版模式相对于传统出版模式具有四大显著的优势:

(1)社会化生产。众筹出版模式属于社会化生产模式,消费者即生产者,这是众筹出版模式的一大特征。在这种模式中,用户的创造力和消费力被有机地结合在一起,从而推动出版业生态变化,提升了各个出版节点的价值。在众筹出版模式中,社会化生产取代了组织化生产,出版方借助众筹平台,邀请读者参与到出版过程中并且提出建议,读者不再是以往单纯的消费者,而是成为项目的"联合生产者",从中获得了一种独特的阅读体验和精神层面的效用。出版物经出售到达读者手中仅仅是价值链的开端,通过读书会、研讨会等活动的开展,作者与读者之间、出版社与消费者之间的互动更为直接和频繁,交互性以及用户的黏性也更强,这比传统意义上单调的图书购买或出售要更有趣味性和精神价值,甚至能够促进圈子文化的形成。

（2）"开放式"创新。众筹出版模式对于传统出版业来说不仅是一种新的融资模式，其价值也不仅局限于营销手段的创新，而且是带来了新的思维模式，为出版业提供了一条"开放式"创新路径。互联网思维体现出的平等、开放等特征充分发掘出个人价值和创造力，并且提供了高度开放的展示平台。任何有创意和想法的个人或团体都可以在众筹平台上发布项目，如果能获得他人欣赏，被市场认为有价值，那么就可以实施计划，将创意变成现实。这种"开放式"创新无论对于个人还是对于社会来说，都是有积极意义的。

（3）拓宽资金来源。众筹出版模式充分诠释了如何用较低的成本聚集分散的社会资金。众筹出版项目募集的资金主要来自民间闲置资金、普通公众的文化消费支出，以及文化产业投资资本，其资金募集来源广，能够将众多资助者资助的资金汇集起来，聚沙成塔，形成充足的出版资本，有效地缓解了出版企业的资金压力。在众筹出版模式下，资金需求者和资金持有者之间发生了直接联系，降低了中间成本，通过群体决策和市场选择，资金自然地流向那些既有文化价值又有吸引力的出版项目，资源配置效率因此得到明显的提高。

（4）降低市场风险。传统出版模式下，出版社依据过往经验对出版物的首印数量作出判断，对于市场风险的控制能力很低。而在众筹出版模式中，待出版作品以众筹项目的形式发布在众筹平台上，然后公众根据自己的需求和兴趣，自由选择项目，自发地进行传播，并且结合自身利益权衡利弊，其中一部分公众会决定参与到项目中，对项目进行资助，资助的内容形式也是多样化的，金钱、劳力和智力资本都是受欢迎的。在这种情形下，社会公众充当了"把关人"的角色，他们选择资助对象的过程也就是决定哪些项目可以实施的过程，市场环节被置于印刷环节之前，可以帮助出版方预判市场。在很大程度上，众筹出版能够规避传统出版由于脱离市场而带来的风险，并且通过网络预热获得了切实的收入，从而保障了资助者回报的稳定性。

四、众筹网:成功出版的案例分析

众筹网是中国知名度高、影响力大的互联网众筹平台,自 2013 年 2 月上线至 2016 年 2 月 28 日(本文所有数据搜集截止日期),已发布众筹项目 13 840 个,累计支持人次超过 75 万,累计筹资金额超过 1.65 亿。在众筹网发起的众筹项目按行业划分为八大类,出版是其中之一。之所以对众筹网的出版项目进行案例分析,是因为它是中国出版项目数量最多的众筹平台,具有代表性和典型意义,特别是众筹网上成功出版的案例能够为众筹出版在中国的健康发展提供有益的借鉴。

1. 个性定制、限量印刷

2014 年 7 月 14 日,《拆掉思维里的墙》一书的作者古典(新精英生涯创始人)在众筹网上发起项目"众筹属于你的'生命可能',一本古典为你定制的书",项目必须在 2014 年 8 月 13 日之前,筹集到 300 000 元才可成功。截至 2014 年 8 月 11 日,筹款超过 100%,到 8 月 13 日,项目成功结束,共完成 428 241 元的筹资额,达成预定目标的 143%,获得 1 612 人支持(表 1)。

表 1 《拆掉思维里的墙》项目资助情况

	资助金额 (元)	资助人数 (人)	该类别总 金额	该类别 贡献度
目标金额 300 000 元	99	1 000	99 000	23.12%
	199	559	111 241	25.98%
	4 000	50	200 000	46.70%
	6 000	3	18 000	4.20%
累计	无意义	1 612	428 241	100.00%

资料来源:众筹网 http://www.zhongchou.com/deal-show/id-10887。

表 1 显示,该项目一共设立了四种资助类别,每种类别对应着不同的资助
金额和回报,随着资助金额的增加,对应的资助人数呈现出递减趋势。99 元
档的资助人数最多,有 1 000 人,其次是 199 元档的 559 人、4 000 元档的 50
人、6 000 元档的 3 人。表 1 还表明,4 000 元档对于总筹资金额的贡献度最
高,达 46.7%,这主要是因为单笔资助金额较高且资助人数也不少;接下来是
199 元档的 25.98%、99 元档的 23.12%,6 000 元档的贡献度最少,仅为
4.20%。

在古典发起的众筹出版项目中,大多数人满足于获得定制书籍和作者
信件(99 元档回报),也有不少人在此基础上还希望能与作者进行一次深度
交流,成为书友会核心成员(199 元档回报),另外少数的人会选择能够参加
国家《生涯规划师》认证课程(4 000 元档回报)以及与作者共进午餐的机会
(6 000 元档回报)。资助者做出这些投资决定的背后无外乎有三大因素:一
是经济考量,二是成本与收益分析,三是对于效用的追求(情感与精神上的
考量)。

大规模复制、标准化生产一直都是传统出版的核心环节,但是在追求个性
化和独特性的消费环境下,有针对性地对小众的出版成为可能,这就是定制书
出现的契机。其实,定制书并不算是一个新鲜事物,例如晋江文学城此前也会
出定制书,以满足部分读者对于纸质书的需求。古典发起的众筹出版项目别
出心裁之处在于每一位投资人都可以得到一本封面上印着自己名字的书,一
本属于自己的独一无二的书,比如说"小明的生命有什么可能""李强的生命有
什么可能""王源的生命有什么可能"……"既然一个 150 元的蛋糕可以印上你
的名字,一件 500 元的衬衫可以绣上你的名字,一个 3 000 元的戒指可以刻上
你的名字,那么为什么一本书的封面不能有你的名字呢?"正是由于古典最初
有了这样的想法,才有了这个众筹出版项目的问世。当然,事情的发展并不会
像想象中的那么一帆风顺,古典以及他的工作团队也经历了漫长的与出版社、
出版审查制度、印刷厂老板、设计师的沟通过程,遭遇了种种挫折,克服了一系
列的困难,最终才能够将这本独一无二的个人定制书——《你的生命有什么可

能》呈现在投资者面前。

　　在过去工业时代标准化生产的背景下,以牺牲个人消费美学为代价追求产品数量和生产效率,由此形成的消费观念在新媒体技术快速发展的现代社会越发格格不入,以"90后""00后"为代表的网络原住民的消费观念是追求多样化和个性化,这无疑是未来社会消费的主流价值观念。"限量印刷、独一无二的个人定制"充分考虑了读者的个性化需求和自我价值实现的诉求,使得待出版产品具有了标准化复制产品难以企及的个性魅力。再加上古典此前著有《拆掉思维里的墙》,积累了一定的人气和知名度,这也在一定程度上提升了众筹出版项目的公信度和好感度。

　　2. 活动众筹、新书发布

　　2014年12月3日,"与黄磊、多多、仔仔共读《圣诞老爸的来信》:一个与众不同的圣诞"在众筹网上线,该项目必须在2014年12月20日之前,筹集到10 000元才可成功。截至2014年12月16日,筹款超过100%,到2014年12月20日,项目成功结束,共完成14 133元的筹资额,达成预定目标的142%,获得183人支持(表2)。

表2　《圣诞老爸的来信》项目资助情况

	资助金额 (元)	资助人数 (人)	该类别 总金额	该类别 贡献度
目标金额 10 000元	1	108	108	0.76%
	79	20	1 580	11.18%
	199	40	7 960	56.32%
	299	15	4 485	31.73%
累计	无意义	183	14 133	99.99%

资料来源:众筹网 http://www.zhongchou.com/deal-show/id-39022。

　　表2显示,该项目按照资助金额和回报的不同一共设立了四种资助类别,其中1元档的资助者最多,有108人,其次是199元档的40人、79元档的20

人和 299 元档的 15 人。该项目的总体规模不大,四种类别的资助金额之间差距也不大。199 元档对于总筹资金额的贡献度最高,达到 56.32%,接下来依次是 299 元档 31.73% 的贡献度、79 元档 11.18% 的贡献度,而 1 元档的贡献度不到百分之一,几乎可以忽略不计。1 元档的回报是圣诞电子贺卡和一次抽奖机会,资助者大多抱着友情支持和碰碰运气的想法,毕竟这种参与的成本和收益都是微乎其微的;而 199 元档的参与者可以获得托尔金《圣诞老爸的来信》首发派对入场券、《圣诞老爸的来信》黄磊签名和多多、仔仔签章版一本、托尔金亲子名著《霍比特人》一本以及特制圣诞礼包,称得上是物有所值。

《圣诞老爸的来信》众筹出版项目的亮点在于明星嘉宾和知名亲子绘本相得益彰,活动邀请的嘉宾是不久前凭借中国某收视率超高的亲子真人秀节目而广为人知,并且受欢迎程度颇高的黄磊父女,众筹出版选取的书籍是英国文豪托尔金的经典亲子绘本《圣诞老爸的来信》,他曾著有魔幻文学经典《魔戒》《霍比特人》,被誉为现代奇幻小说的鼻祖。可以认为,该项目发起方的心思机敏、设计巧妙,嘉宾的公众形象与亲子绘本传达的精神十分契合,同时项目资助者能够获得多多、仔仔和黄磊发送的圣诞贺卡,并且有机会和他们一起参加托尔金《圣诞老爸的来信》的首发派对。该项目的资助者大致可以分为黄磊父女的粉丝、托尔金的忠实读者,或者两者兼而有之,其共同之处在于他们都是粉丝。该项目设置了四种额度的投资,分别对应着不同的回报。通过层次分明的激励机制,适当地在不同的读者或粉丝之间划分了界限。也就是说,读者和粉丝可以根据自己的情感倾向和经济实力,选择最适合自己的投资种类,参与到感兴趣的项目中,支持自己的偶像。从该项目的成功中,可以感受到粉丝经济的强大力量。

3. 影视文化、周边产品

2014 年 9 月 15 日,由《甄嬛传》手游联合制作人陈柏言发起的项目"官方原著授权、陈柏言三年倾情创作《后宫·甄嬛传》画集"在众筹网上线,该项目必须在 2014 年 10 月 20 日前筹集到 50 000 元才可成功。该项目的火爆程度出乎众筹发起方的预料,令人叹为观止,上线 5 分钟,筹款就超过 100%,被称为速度最快的众筹出版项目,到项目截止日期2014年10月20日,项目成功结束,共完成193 317元的筹资额,达成预定目标的388%,获得1 570人支持(表3)。

表3 《后宫·甄嬛传》项目资助情况

	资助金额 (元)	资助人数 (人)	该类别 总金额	该类别 贡献度
目标金额 50 000元	1	152	152	0.08%
	5	497	2 485	1.28%
	88	738	64 944	33.59%
	198	176	34 848	18.03%
	888	1	888	0.46%
	5 000	0	0	0.00%
	15 000	6	90 000	46.56%
累计	无意义	1 570	193 317	100.00%

资料来源:众筹网 http://www.zhongchou.com/deal-show/id-17442。

表3显示,该项目一共设置了七种投资类别,分别对应着不同的资助金额和回报。其中,88元档的资助人数最多,有738人;其次是5元档的497人、198元档的176人、1元档的152人;其他三类高额档的资助人数都是个位数,5 000元档甚至没有资助人,但是最高金额15 000元档有6个资助人。对比5 000元档和15 000元档的回报,最大的差别在于后者可以成为《甄嬛传》画集的联合出品人,拥有《后宫·甄嬛传》官方画集联合出品人聘书。可见,该项目并不缺乏有经济实力的资助者,关键在于高金额资助的回报设置是否能吸引人。对总筹资贡献度最高的是15 000元档,占比46.56%,虽然只有6人资助,但其单笔金额非常高,所以完成了将近一半的筹资额。88元档由于资助人数最多,所以贡献度达到33.59%,排在第二位;接下来是198元档的18.03%;剩下的四种投资类别加起来的占比还不到2%,对项目成功的贡献

度十分有限。

此前在电视荧屏上热播的清宫剧《甄嬛传》圈了一大批电视粉,再加上原著作者流潋紫十年磨剑创作《后宫·甄嬛传》积累的小说粉,共同促成了这个众筹出版项目的成功。在高度娱乐化的当代社会,影视作品的公众影响力不容小觑,一般来说,优秀的动漫、电视和电影作品通常都能俘获一批忠实粉丝,这些粉丝对于自己喜爱的作品是愿意鼎力支持的,也会爱屋及乌地购买周边产品,这也是粉丝经济发展得如火如荼的真实写照。中国台湾文字工作者张嫱在《粉丝力量大》中对粉丝经济做了这样的定义:"粉丝经济以情绪资本为核心,以粉丝社区为营销手段增值情绪资本。粉丝经济以消费者为主角,由消费者主导营销手段,从消费者的情感出发,企业借力使力,达到为品牌与偶像增值情绪资本的目的。"可以认为,情绪资本就是粉丝对于偶像及其作品的喜爱之情,这种情感外化出来就是不遗余力地支持,包括精神上和物质上两个层面的支持,这种支持带来的热度又会让敏锐的投资人嗅到商机,推波助澜,进而获取丰厚的利润。这种众筹出版模式虽有消费粉丝之嫌,但本质上是在双方自愿的基础上各取所需。如果项目发起方足够用心,拿出诚意之作,那么无论是对发起人,还是对支持项目的粉丝们以及看到商机择时而动的文化产业投资者来说,都是效用大于付出,收益高于成本,这样的结果自然是皆大欢喜。

4. 下午茶会、培训咨询

2013 年 7 月 26 日,由徐志斌发起的项目"徐志斌的新书《社交红利》——微博微信运营基础"在众筹网上线,该项目必须在 2013 年 8 月 29 日前筹集到 100 000 元才可成功。截至 2013 年 8 月 28 日,筹款超过 100%,到 2013 年 8 月 29 日,项目成功结束,共完成 107 220 元的筹资额,达成预定目标的 108%,获得 279 人支持(表 4)。

表 4 《社交红利》项目资助情况

	资助金额（元）	资助人数（人）	该类别总金额	该类别贡献度
目标金额100 000 元	30	107	3 210	2.99%
	50	26	1 300	1.21%
	60	49	2 940	2.74%
	70	2	140	0.13%
	90	4	360	0.34%
	100	31	3 100	2.89%
	200	21	4 200	3.92%
	500	15	7 500	6.99%
	510	7	3 570	3.34%
	1 000	3	3 000	2.80%
	2 900	1	2 900	2.70%
	3 000	5	15 000	13.99%
	6 000	5	30 000	27.98%
	10 000	3	30 000	27.98%
累计	无意义	279	107 220	100.00%

资料来源：众筹网 http://www.zhongchou.com/deal-show/id-485。

表 4 显示，该项目按照资助金额和回报的不同设置了 14 种资助类别，资助者主要集中在 30 元、50 元、60 元、100 元、200 元和 500 元这六个金额档位，其余档位的资助者都是个位数。对总筹资贡献度排名前三的是三个最高金额档位，其中 10 000 元档和 6 000 元档的贡献度并列第一，均为 27.98%；3 000元档的 13.99%居于其后；由于档位设置过多，其余资助类别的贡献度都不高，而且贡献度也较为接近。

《社交红利》的作者徐志斌是腾讯微博开放平台资深员工，在互联网与创业领域积累了丰富的工作经验。这本书的副标题是"如何从微信、微博、QQ

空间等社交网络带走海量用户、流量与收入",明确揭示了其目标读者是那些希望在互联网时代充分利用社交网络工具为自身利益服务的个人和企业。时下社交网络的大势无人能挡,这本书无疑是审时度势、应运而生的范例。"全国5地的读书沙龙活动、与作者零距离下午茶交流、提供微博、微信运营咨询"是该项目主打的特色,也给项目的成功增加了砝码。这些活动及其能够提供的机会对于互联网从业者和对这个行业有浓厚兴趣的人很有吸引力,也让志同道合的人聚集到一起,交流思想、分享观点、切磋技艺、互相学习,进而形成"圈子文化"。由于该项目属于比较早期的众筹出版项目,不可避免地存在一些不足。例如,在资助金额和回报设置上不尽合理,档位过多,回报略显重复且缺乏新意,这会造成项目资助者眼花缭乱又抓不住重点。但瑕不掩瑜,该项目一鸣惊人,取得了积极的市场反馈,也让众筹出版走进了公众视野,让更多的人对众筹出版树立了信心。

5. 粉丝效应、名人午餐

2014年5月20日,由电子工业出版社发起的项目"凯文·凯利携《新经济、新规则》与中国黑客教父万涛尖峰对谈"在众筹网上线,项目必须在2014年6月9日前筹集到100 000元才可成功。截至2014年6月6日,筹款超过100%,2014年6月9日,项目成功结束,共完成132 686元的筹资额,达成预定目标的133%,获得175人支持(表5)。

表5 《新经济、新规则》项目资助情况

	资助金额 (元)	资助人数 (人)	该类别 总金额	该类别 贡献度
目标金额 100 000元	1	11	11	0.01%
	25	27	675	0.51%
	50	36	1 800	1.36%
	100	19	1 900	1.43%
	300	15	4 500	3.39%

（续表）

	资助金额 （元）	资助人数 （人）	该类别 总金额	该类别 贡献度
目标金额 100 000 元	600	38	22 800	17.18%
	1 000	21	21 000	15.83%
	10 000	8	80 000	60.29%
累计	无意义	175	132 686	100.00%

资料来源：众筹网 http://www.zhongchou.com/deal-show/id-8118。

　　表 5 显示，该项目一共设置了八个资助类别，分别对应着不同的资助金额和回报。资助金额和资助人数之间的关系并没有呈现出规律性，资助人数较多的是 600 元档和 50 元档，分别有 38 和 36 人；资助人数较少的是 1 元档（最低金额）和 10 000 元档（最高金额），分别有 11 人和 8 人。对总筹资的贡献度随着各类别资助金额的增加表现出严格递增的趋势。与上一例《社交红利》的众筹出版项目相似，对总筹资贡献度排名前三的是资助金额较高的三档，其中 10 000 元档的贡献度最高，占比 60.29%，其次分别是 600 元档的 17.18% 和 1 000 元档的 15.83%；贡献度较少的是 1 元、25 元和 50 元三个档位，加起来占比不到 2%。由此可见，决定不同类别贡献度的主要因素是各类别的资助金额，而资助金额的高低又与资助者的情感、效用及价值认同密切相关。

　　这个项目的发起方是电子工业出版社，项目发起的初衷是"希望通过众筹方式，邀请硅谷教父凯文·凯利（KK）来华，与中国黑客教父万涛从网络隐私、电子货币、互联网金融等多维度探寻互联网的下一个引爆点"。这听起来非常激动人心，足以让一大批粉丝心甘情愿地掏腰包促成这场会面。人们很难排除电子工业出版社有为自己做宣传、推广出版社知名度的动机，但就众筹结果而言，这个项目是成功的，亲身参与"尖峰对谈"的现场以及与 KK 共进晚餐、深入交流的机会对于具备经济实力的铁杆粉丝而言无疑是有吸引力的。在这次众筹项目的成功中，凯文·凯利的知名度和影响力功不可没，粉丝经济再一次展示了其对经济活动强大的影响力。

6. 出版公益、众筹情怀

2014年11月30日，由秦晓宇和蓝狮子出版社发起的项目"一个底层打工诗人的遗著：许立志诗集《新的一天》"在众筹网上线，项目必须在2015年1月15日前筹集到60 000元才可成功。该项目一上线就得到了积极热烈的反响，截至2014年12月3日，也就是在3天内筹款超过100%，2015年1月15日项目成功结束，完成136 850元筹资额，达成预定目标的229%，获得1 140人支持(表6)。

表6　《新的一天》项目资助情况

	资助金额(元)	资助人数(人)	该类别总金额	该类别贡献度
	2	150	300	0.22%
	50	671	33 550	24.52%
	100	245	24 500	17.90%
目标金额	500	25	12 500	9.13%
60 000元	1 000	38	38 000	27.77%
	2 000	9	18 000	13.15%
	5 000	2	10 000	7.31%
	10 000	0	0	0.00%
累计	无意义	1 140	136 850	100.00%

资料来源：众筹网 http://www.zhongchou.com/deal-show/id-37669。

表6显示，该项目按照资助金额和回报的差异设置了八个资助类别。各类别的资助人数和资助金额之间的关系大致呈抛物线的形状，50元档的资助人数最多，有671个，其次分别是100元档的245个资助者、2元档的150个资助者；金额较高的三档对应的资助者相对比较少，都是个位数，其中10 000元档(最高金额)没有人资助。总体而言，该项目的资助人数在众筹出版项目中已经算很多了，可见公众的热情和支持度很高。除去最低和最高资助金额的两个类别，其余各类别对总筹资的贡献度相差不大，分布比较均匀，这是资

助金额和资助人数两方面力量综合作用的结果,贡献度居前两位的依次是1 000元档的27.77%和50元档的24.52%。

该项目虽然被归入出版类别中,但实际上它的公益性质更为突出,最低金额2元档完全是无偿捐助,而其他金额的资助对应着相应数量的诗集作为回报。项目发起方在网站上声明:"这本书的众筹是为了纪念并展示一名优秀的'90后'农民工诗人的创作实绩,并给予他陷入巨大悲痛的年迈双亲一些实际的帮助。"显然,该项目的公益色彩非常浓烈,作为项目发起方之一的诗人、诗歌评论家、诗话作家秦晓宇义务进行编纂,不收取任何报酬,另一项目发起方——出版机构蓝狮子提供出版印刷支持,众筹收益除去出版、印制及寄送等硬性成本外,全部归许立志家人。诗集《新的一天》的众筹出版,既是对农民工诗人许立志的告慰,将他兼具想象力和"现实世界性"的诗歌作品呈现在公众面前,引导更多的人去关注底层打工者的生活和思想,同时出版收入又切实地帮助了他遭遇不幸的家庭。这种公益众筹模式筹集的不只是资金,更是一种情怀,对于被帮助者的家庭来说,除去出版和其他成本后剩余的众筹资金无疑是雪中送炭;对于在社会上树立和弘扬正确价值观也是一件好事。还值得欣慰的是,公众对于这样的项目抱有非常热情的支持态度,可见善心和公益心并不像媒体报道的那样在现代社会普遍缺失。当然,要防止和打击打着公益旗号欺骗公众钱财的现象,因为欺诈之事一旦发生,很容易挫伤公众行善的热情,降低人与人之间的信任度。

7. 书店咖啡、文化店铺

2014年7月22日,由霄酸桐发起的项目"让我们一起开书店,寻找属于字里行间的人"在众筹网上线,项目必须在2014年8月6日前筹集到500 000元才可成功。项目上线当天,筹款超过100%,到项目截止日期2014年8月6日,项目成功结束,共完成1 392 104元的筹资额,达成预定目标的279%,获得190人支持(表7)。

表7 "字里行间"项目资助情况

	资助金额(元)	资助人数(人)	该类别总金额	该类别贡献度
	20	87	1 740	0.12%
	288	17	4 896	0.35%
	688	22	15 136	1.09%
目标金额 500 000 元	1 788	9	16 092	1.16%
	3 588	4	14 352	1.03%
	9 888	1	9 888	0.71%
	20 000	39	780 000	56.03%
	50 000	11	550 000	39.51%
累计	无意义	190	1 392 104	100.00%

资料来源:众筹网 http://www.zhongchou.com/deal-show/id-12933。

表7显示,该项目一共设置了8种投资类别,分别对应着不同的投资金额和回报。资助人数最多的是20元档,有87人;其次是20 000元档的39人;资助人数较少的三个档位分别是9 888元、3 588元、1 788元,各自对应着1、4、9名资助者。这表明,资助人数的多少与资助金额的高低之间没有明确的关系。不同类别之间对于总筹资贡献度的差异非常明显。20 000元档对总筹资的贡献度最高,达到56.03%;其次是50 000元档,占比39.51%,这两个档位的资助加起来占总筹资金额的96%左右。高额投资对于项目成功的贡献占有绝对优势,这与项目的性质以及回报设置相关,20 000元档和50 000元档的回报都包括可以成为不同级别的字里行间合伙人,所以对于文化产业投资人是很有吸引力的。

该项目的发起方是北京字里行间文化发展有限公司,归属于中国知名文化产业集团——江苏凤凰出版传媒集团旗下,这就保证了发起方的背景是可靠的,有较高的信誉。众筹目标是为字里行间书店招募合伙人以及阅读家,该项目属于文化创意项目,"书店加咖啡"这种宣传能够吸引不少喜欢小清新文艺范儿的年轻人。字里行间书店成立于2010年7月,截至2014年7月,已在北京、上海及江苏等地开设多家分店,累计发展会员 1 万余名,举办过几百场读者见面会、文化沙龙以及新书发布会等活动。书店已有 4 年的经营经验,积累了一定的用户基础,所以这次通过众筹募集资金成立北京字里行间嘉里中心店的项目并不是一个从无到有的过程,项目风险相对来说比较小。项目按照投资金额设立八档回报,投资者可以根据自己的经济实力,权衡兴趣和利益选择最适合自己的投资种类,从最低投资金额 20 元可以获得咖啡券和菜谱,到最高投资金额 5 万元成为金牌合伙人,无论是有一颗文艺心的年轻人还是致力于文化产业投资的仁人志士,都可以参与到众筹出版中实现自己的愿景。

严格意义上说,这个项目并不是众筹出版,但是众筹网还是把它归入出版类别,并且将它列作成功示例,可能因为书店与出版之间存在着千丝万缕的联系。提到"书店咖啡、文化店铺",不得不提与之类似的众筹咖啡馆。咖啡馆在很多人心中,是小资和情调的象征,拥有一家自己的咖啡馆是不少年轻人的梦想,但是由于资金、工艺、经营等各种现实因素的制约,普通人很难成功开一家咖啡馆并且将其经营得有声有色。于是,众筹咖啡馆就应运而生了,众多普通人的力量聚集在一起就不普通了,最现实的资金问题得到了解决。目前已经有不少通过众筹建立咖啡馆的成功实践,然而能够成功经营下去的却很少,这源于众筹模式天然的弊端——决策层和经营层很难按照现代企业制度去经营。

8. 内容众筹、募集作者

2014 年 8 月 25 日,由中国金融出版社发起的项目"《智慧众筹》:与互联网金融千人会共享互联网金融的精神早餐"在众筹网上线,项目必须在 2014 年 9 月 29 日前筹集到 80 000 元才可成功。截至 2014 年 9 月 6 日,筹款超过 100%,到 2014 年 9 月 29 日,项目成功结束,共完成 133 116 元的筹资额,达成预定目标的 167%,获得 292 人支持(表 8)。

表 8 《智慧众筹》项目资助情况

	资助金额(元)	资助人数(人)	该类别总金额	该类别贡献度
目标金额 80 000 元	39	179	6 981	5.24%
	189	85	16 065	12.07%
	890	6	5 340	4.01%
	1 990	10	19 900	14.95%
	4 990	7	34 930	26.24%
	9 980	5	49 900	37.49%
累计	无意义	292	133 116	100.00%

资料来源:众筹网 http://www.zhongchou.com/deal-show/id-15856。

表 8 显示,该项目一共设置了 6 个不同的投资类别,分别对应着不同的资助金额和回报。随着资助金额的增加,资助人数呈现出明显的递减趋势。39 元档的资助人数最多,有 179 人;其次是 189 元档的 85 人;较高金额的 4 990 元档和 9 980 元档分别只有 7 人和 5 人。除去 890 元档之外,各投资类别对总筹资的贡献度随着该类别资助金额的增加呈递增趋势。较高资助金额的两个类别对总筹资的贡献度加起来接近 64%;没有出现某个类别贡献度非常低的情况,最低的是 890 元档的 4.01%。

该项目的发起方是中国人民银行麾下的中国金融出版社,以出版经济金融类书刊、电子音像制品为主,在出版业占据重要的地位。项目发起方实力雄厚,资本充足,无形中成为保障项目质量和回报兑现的有力背书,作用堪比给项目资助者打了一剂"定心针"。项目招牌是互联网金融千人会俱乐部(IFC1000),由互联网金融一线创业者、研究者以及投资者联合发起并组成,俱乐部总部设在北京,同时还在国内外多个城市建立了当地的分支俱乐部。互联网金融千人会定期开展每日早餐会、互联网金融夜话、中美对话、研讨会、互联网金融沙龙以及一系列在筹备中的活动。互联网金融早餐会就是本次众筹项目的内容来源,从早餐会讨论的主题中精选多篇文章,结集成册,形成《智慧众筹》这本书。除了出版之外,该项目的发起目的还在于让更多的人知道早餐会,参与到互联网金融的思想碰撞中。最高金额档的资助者可以获得《智慧众筹》实体书,为企业专门设计带企业 logo 的书籍腰封,加入"互联网金融早餐会读者微信群",参加实体早餐会的资格以及互联网金融千人会主办的大会,这对于想要借助互联网金融的东风进行结构调整和转型升级的企业是十分有吸引力的。该项目的成功在很大程度上是一种"圈子"文化的体现,项目资助者都很关心互联网金融发展,由这个项目聚集到了一起,项目的意义已远远超出了出版,更多的是为了吸纳志同道合的人才,为俱乐部做推广,传播互联网金融的思想和精神。

五、互联网众筹出版存在的主要问题

从上述案例分析中可以看出,众筹出版在中国的发展呈现出良好态势,成功项目都各具特色、各有千秋,但是无论是成功项目还是失败项目,都或多或少地反映出一些共同的问题,其中主要的是:

(1) 项目参与人数不多。从已发布的众筹出版项目不难发现,中国众筹项目的参与人数不算多,大多数项目的参与人数都在三位数以内,项目资助者达到上千人十分难得,目前中国投资人数最多的众筹出版项目是《全职高手》纪念画册,有 5 361 人。造成这种情形的原因是多方面的,一是众筹出版在中国属于新生事物,社会公众对于它并没有深入的了解,甚至有很多人完全不知道它的存在,更遑论参与其中;二是众筹出版领域的法律法规不完善,存在着很多漏洞和缺失,有些项目的规划非常美好,但是后续工作的实施却是一团糟,资助者的利益得不到切实保障,失望之余又找不到解决方法,只好在网站上给出负面评价,这些负面评价又会让其他处于观望中的潜在资助者望而却步,这会造成恶性循环,不利于众筹出版的健康发展。

(2) 品牌倾向强烈。作为一种商业模式,众筹出版表现出来的品牌倾向较为明显,在很多成功项目中,发挥很大助力的往往是项目背后依托的传统出版社及知名作者等较为成熟的资源。在众筹出版发展的初期,这是其谋求生存的必然选择,无可厚非,然而这种做法也成为其在未来发展壮大面临的主要障碍。从众筹平台的出版案例看,非组织化、非品牌化的项目能获得市场认可的概率比较低,筹资不足以失败告终的情形居多。可以认为,当前众筹出版表现出的特征更倾向于品牌资源整合,而非大众融资。

(3)脱离众筹出版精神。众筹出版的本质是给项目发起方和项目资助者提供一个"价值匹配"的机会,在这个过程中,项目资助人向项目发起方提供的支持主要是资金,发起方回报给资助人出版产品,可能还有附加物及衍生品。如果项目发起方只是为了作秀或自身宣传推广,那么这种项目其实已经脱离了众筹出版精神,于情于理都不该出现在众筹平台上挤占珍贵的公众资源。近年来有不少众筹出版项目都涉及主流的财经和商业话题,在项目回报中往往涉及交流会、培训班等活动,给众筹出版烙上明显的营销和推荐特征。此类众筹出版项目"醉翁之意不在酒",打着出版的幌子,真实用意在于培训推广和机构推荐。这种做法一方面对于真正的内容创意起不到促进的作用,另一方面也无法建立起长久的、平等的个性化供求关系。

(4)缺乏独立平台。在中国,独立的专业化众筹出版平台尚未建立起来,由于缺乏具有针对性的适用机制,众筹出版的发展不可避免地会受到限制。从规模上来看,出版项目数量在众筹平台所有项目总数量中所占的比重较小,这在很大程度上是因为中国众筹平台普遍存在的垂直化情结。例如,点名时间网的重心偏向智能产品,乐童音乐致力于音乐项目,淘梦网专注于网络电影等,许多众筹平台并没有做出版的意愿。而诸如众筹网、追梦网等支持出版的网站上虽然有出版的一席之地,但是出版领域并没有受到格外的关注和扶持,众筹出版作为非独立的品类只能按照母平台的运营机制开展业务,这样的模式不利于众筹出版的成长壮大。另外,独立平台的缺失还导致同一出版项目在不同众筹平台重复上线的现象,这也是当前众筹出版市场秩序混乱的重要原因之一。

六、互联网众筹出版健康发展的对策建议

互联网众筹出版在中国属于新生事物,它的发展不可能一蹴而就,往往是一个循序渐进的过程。发现问题、正视问题,并最终解决问题是互联网众筹出版成长壮大的必由之路,没有捷径可循。基于众筹网平台成功项目的案例分析,特别是针对众筹出版存在的问题,本文提出的对策性建议主要是:

(1)完善法律法规,规范众筹出版行为。对于众筹出版行业的健康发展来说,构建良好的法律环境和规范的制度框架不可或缺。这一方面需要政府部门出台有关众筹出版的法律法规,另一方面也要求加强行业自律和诚信体系建设,从而有效保护项目发起人的知识产权,保障项目资助者的利益,维护众筹出版平台的信誉,实现三方共赢的局面。

(2)推广众筹出版,引导公众参与。众筹平台和出版行业要共同努力,让众筹出版被更广泛的群体了解和接受。一是加强宣传工作,鼓励更多的人参与其中,二是在众筹出版项目的实施过程中提升用户体验,获得积极反馈,形成用户口碑,实现良性循环。只有重视培育社会公众对众筹出版的信任和接受程度,才能为众筹出版创造广阔的发展空间。

(3)回归项目本身,建立个性化的供求关系。众筹平台要适当地加大对具有特色的小众项目的扶持力度,鼓励此类项目在平台上线,并在项目的推广和宣传方面予以支持。项目发起方则需要在主题选择和内容表现方面深耕细作,在资助等级和回报方式方面审慎斟酌、合理设置,精准定位目标读者,寻找个性和价值观趋同的群体,以私人订制等方式凸显产品的"人格化"魅力。无论何时,高质量的出版项目才是众筹出版的主角,也是众筹出版健康发展的根本保障。

(4)建立独立的众筹出版平台。由于众筹出版领域呈现出出版题材日益多样化、地域分布更为广泛等新趋势,建立独立众筹平台是众筹出版谋求长远发展的必然选择。在众筹出版规模进一步扩大的情况下,独立的众筹出版平

台有利于形成更加有针对性和适用性的运作机制,有利于进一步细化和规范出版项目,有利于培育出色的品牌。

(5)建立以出版社为主导的众筹出版模式。充分发挥现有资源——出版社网站的作用,在出版社自身运营的网站上设立专门的众筹板块,负责书籍众筹出版整个流程的运作。这种模式与当前在众筹平台上发布出版项目的模式最大不同点在于众筹过程中媒介身份的改变,即传统出版社成了众筹平台的运营商,取代了当前模式中科技或金融企业的角色。传统出版社有历史、有经验、有积淀、有品牌,在此基础上利用其网站进行众筹出版,公众信任度会提高,宣传效果也会更好。而且出版社作为众筹出版的中间人,会减少中间环节,提高众筹运作效率,在负责后续的承诺兑现上也更加专业化,有利于保障众筹成功的后续服务,并且实现众筹品牌的良性循环。

主要参考文献

[1] 白志如. 国内众筹出版项目的内容分析与发展建议[J]. 出版科学,2014(05):71-74.

[2] 郭泽德. 众筹出版模式对出版业创新的启示[J]. 出版发行研究,2014(08):57-59.

[3] 武小菲. 书籍众筹:问题与对策——基于构建以出版社为主导的书籍众筹出版传播模式的思考[J]. 编辑之友. 2014(09):10-12.

[4] 徐琦,杨丽萍. 大数据解读国内众筹出版的现状与问题[J]. 科技与出版,2014(11):14-20.

[5] 李婷,杨海平. 众筹出版新模式研究[J]. 中国编辑,2015(04):30-33.

[6] 王雯,许洁,李阳雪. 论众筹出版的三个功能[J]. 出版科学,2015(05):58-62.

[7] 于晓燕. 我国众筹出版的现状与问题探析[J]. 新闻世界,2015(11):127-129.

[8] 张蔷. 粉丝力量大[M]. 北京:中国人民大学出版社,2010.

(与蔡雨茜合作,《中国互联网发展研究》(论文集),南京大学出版社,2017年4月)

信息不对称、贷款人类型与羊群效应

摘要：中国网络借贷市场的风险引发了各界对贷款人行为和专业能力的关注。本文从信息不对称和贷款人类型的视角，选取"人人贷"平台数据，对网络借贷平台上贷款人羊群效应及其影响因素进行了实证研究。结果发现：网络借贷平台上存在着贷款人羊群效应，2012 年后平台采取的风险控制措施也未能达到预期效果。信息不对称是影响贷款人羊群效应的重要因素，其中硬信息的不对称会强化贷款人羊群效应，在硬信息不足的情况下软信息的不对称也会加剧这种效应。贷款人专业能力对羊群效应具有显著影响，贷款频次较低或新近注册的贷款人表现出更强的羊群效应。

关键词：网络借贷；羊群效应；信息不对称

一、引　言

网络借贷是指资金需求方与供给方通过网络借贷平台实现的直接借贷。网贷平台在借贷过程中发挥了信息互通、信用评估和中介服务等多种功能。互联网技术让借款人和贷款人（Borrower & Lender）能够突破熟人圈子和地域限制，极大地拓展了网络借贷的交易边界。然而监管层、机构和个体贷款人担忧的问题是：在网贷平台上，个体贷款人能否理性地做出贷款决策。

羊群效应是在"从众心理"驱使下所产生的非理性决策及其不良影响。目前，不少文献对贷款人羊群效应是否存在及其强度进行了研究，但是，关于如何防范和降低羊群效应,促进贷款人理性决策方面的文献相对匮乏。本文认为,在中国网络借贷市场,信息披露程度和贷款人自身特征是影响其行为决策的重要因素,应当分析信息不对称和贷款人类型对其羊群效应所起的作用。因此,本文选取"人人贷"平台①上 2010 年 10 月至 2015 年 1 月期间的 454 584 个借款标的,在实证检验中国网络借贷市场中贷款人羊群效应表现强弱的基础上,深入探讨信息不对称对贷款人羊群效应的影响,以及不同类型贷款人的羊群效应是否存在差异,进而提出克服羊群效应和提高网络借贷市场有效性的建议。

二、文献回顾

Banerjee(1992)将羊群效应定义为个体模仿他人行为,而忽视自身所掌握信息的现象。以往学者主要研究股票市场中投资者的羊群效应,例如:Lakonishok 等(1992)将羊群效应定义为一组基金经理同时买卖某个特定股票的平均趋势;Graham(1999)分析了不同类型股票分析师的羊群行为,发现具有较高声望或较低研究能力的分析师更容易发生羊群行为。Bikhchandani & Sharma(2001)研究了羊群效应的发生机制,指出信息串联(Information Cascade)、对声望的关注和补偿性结构是导致羊群效应的主要原因。Alevy 等(2007)通过实验法,证实信息串联会使投资者出现羊群行为。Grinblatt 等(1995)认为,动量投资策略等非理性信念是导致股票市场投资者出现羊群行为的原因。Simonsohn & Ariely(2008)的实证检验表明,社会规范也是驱动羊群行为的原因之一。

面对新兴的网络借贷市场,不少国外学者也开始关注网络借贷市场上贷款人的羊群效应。Herzenstein 等(2011)通过实证检验,证明了贷款人羊群效

---

① "人人贷"平台成立于 2010 年 5 月,其累计交易金额超过 158 亿元,是中国最早建立和影响较大的网络借贷平台。该平台上的用户覆盖全国 30 多个省份,平台上的借款包括了信用、抵押和担保借款,借款期限从 1 个月到 36 个月不等,其发布的借款标的涵盖了中国网络借贷市场上主要借款类型。

应确实存在，并且这种羊群效应能够使贷款人个体和群体均有所收益。Berkovich(2011)比较了网络借贷市场中不同贷款利率的方差，发现私人信息能够带来超额收益，所以，贷款人跟随他人的行为是有利可图的。Lee & Lee(2012)的研究显示，网络借贷市场存在羊群效应，且具有边际效益递减的特征；他们还发现，贷款人会根据硬信息和软信息情况做出贷款决策。Zhang & Liu(2012)分析了 Prosper 平台①上的贷款人行为，结果表明贷款人不是被动地模仿他人行动，而是主动观察和学习他人行为。还有一些文献分析了贷款人在信息不对称情况下，如何利用多种渠道来源的信息以应对道德风险和逆向选择问题。Seth & Ginger(2008)指出，社交网络能够缓解网络借贷市场中的信息不对称问题。Gao & Lin(2014)利用文本分析法研究了贷款人如何利用借款标的中的描述内容进行决策，其结论是描述文本的长度、可读性和情感性等指标会影响借款标的募资的成功率。

近年来，中国学者对网络借贷市场中的羊群效应进行了不少实证研究。李悦雷等(2013)选取拍拍贷 2007 年 8 月至 2012 年 5 月期间的借款标的数据进行分析，发现贷款人表现出明显的羊群效应特征，并且这种羊群效应会影响借款标的募资成功率。曾江洪和杨帅(2014)选取"拍拍贷"2013 年 7 月至 12 月的数据对贷款人羊群效应进行了检验，认为由于借贷双方之间的信息不对称，潜在贷款人除了评估借款标的的风险之外，还会根据已贷款人次进行决策，因此，他们认为存在贷款人羊群效应。廖理等(2015)对国内另一家网络借贷平台——"人人贷"2011—2012 年的交易数据进行研究，发现中国网络借贷市场中的贷款人存在羊群效应，且信息不对称程度对羊群效应强弱具有显著影响。吴佳哲(2015)对美国网络借贷平台 KIVA 中 2015 年 7 至 8 月的交易数据进行了分析，发现借款金额、借款期限和借款人的信用级别对贷款人羊群效应具有重要影响。另外，还有部分学者对国内网络借贷平台上的交易数据

---

① Prosper 平台 2006 年成立于美国，目前拥有超过 200 万会员，累计交易金额超过 20 亿美元，是目前美国最大的 P2P 借贷平台。

进行实证检验,同样发现存在贷款人羊群效应(陈霄,2014;李新功和刘扬帆,2015;吕勇斌等,2016)。

上述文献都给出了羊群效应存在于网络借贷平台的证据,但是,中国网络借贷市场的贷款人行为有其特殊性,对其羊群效应的研究尚需进一步深入。一方面,相比欧美等发达国家,国内个人征信体系还不完善,借款人信用评价的准确性也有待提高,国内外网络借贷市场上贷款人的决策行为因此而存在差异,不能把国外研究的成果简单套用到中国网络借贷市场。另一方面,对中国网络借贷市场的研究起步不久,鲜有学者分析信息不对称、贷款人类型对贷款人羊群效应的作用。本文希望所做研究能够弥补现有文献的空白或不足,进而为中国网络借贷健康发展做出贡献。

三、理论模型构建

在借鉴国内外文献的基础上,本文认为,要全面和深入地研究网络借贷平台上的贷款人羊群效应,必须对两个问题进行理论分析和实证检验:① 在控制其他因素的条件下,平台上贷款人是否会跟随他人行动而忽视自己所掌握的信息,这是研究羊群效应的基础,也是进一步探讨羊群效应影响因素的前提;② 如果存在贷款人羊群效应,就要分析哪些因素会影响贷款人羊群效应,这有助于探讨贷款人羊群效应的发生机制,并且有针对性地提出政策建议。

1. 羊群效应的一般模型

目前检验羊群效应的模型主要分为三类。一是从个体效用函数出发,通过效用函数最大化条件推导个体跟随他人行动的概率,即以借款标的获得贷款的概率为因变量,采用 Logit 模型检验羊群效应,如 Herzenstein 等(2011)对 Prosper 平台贷款人行为进行的研究。二是根据 MNL(Multinomial Logit)市场份额模型,分析某个借款标的在特定时间段获得的贷款占网贷平台当时全部贷款的比例之变化,如 Lee & Lee(2012)和廖理等(2015)均采用此类模型分析贷款人羊群效应。三是以贷款人次为因变量,以面板数据模型分析以往贷款人次对当期贷款人次的影响,如 Zhang & Liu(2012)对 Prosper 贷款人羊群效应的研究。

　　前两类研究模型都存在明显局限。第一类模型大多采用截面数据或者时间序列数据进行分析,Wooldridge(2012)认为这类模型会忽略样本之间的个体差异,因此,有必要使用面板数据模型考察个体差异的影响,并且通过固定效应模型消除被遗漏解释变量的影响。第二类模型从个体的微观角度构造了理论分析框架,但其假设前提与网络借贷平台的实际情况大相径庭,如 Cooper & Nakanishi(1988)在推导 MNL 模型时假设每个消费者在特定时间段内只会在市场上购买一件产品,但在网络借贷过程中,贷款人出于分散风险的考虑,往往会同时对多个借款标的进行数额不等的贷款,因此,MNL 模型的检验结果无法准确反映网络借贷市场贷款人次的变化,也不适用于贷款人羊群效应的研究。

　　相比前两类模型,第三类模型检验往期贷款人次对当期贷款人次的影响,不仅更为符合羊群效应的定义,而且该模型利用面板数据还可以控制借款标的之间个体差异的影响,从而使得检验结果更加合理。因此,本文采用第三类模型,特别是参考 Zhang & Liu(2012)的研究模型,以贷款人次为因变量,建立以下研究贷款人羊群效应的一般模型:

$$BM_{i,t} = \beta_1 BMS_{i,t-1} + \beta_2 BAS_{i,t-1} + \beta_3 AMS_{i,t-1} + \beta_4 AAS_{i,t-1}$$
$$+ \beta_5 Per_{i,t-1} + \beta_6 LT_{i,t} + \gamma X_{i,t} + \mu_i + \varepsilon_{i,t} \tag{1}$$

　　式(1)中,$BM_{i,t}$ 为手动贷款人次,表示在第 t 时,贷款人手动贷款[①]给第 i 个借款标的的人次。

　　$BMS_{i,t-1}$ 为手动贷款累计人次,表示截至第 $t-1$ 时末,贷款人手动贷款

---

① 手动贷款是与自动贷款相对的概念,是指贷款人在网贷平台上浏览所有正在募资的借款标的后,经过个人判断做出的贷款行为。人人贷网站在 2012 年推出了自动贷款功能,贷款人使用该功能后,平台系统会自动贷款给符合预设条件的借款标的。自动贷款是系统自动执行,无须经过贷款人决策,因此,自动贷款人次不能反映贷款人羊群效应,应从总贷款人次中剔除。特别需要说明,自动贷款功能是 2012 年后才推出的,因此,2010 年和 2011 年的所有贷款人次都属于手动贷款类别。

给第 i 个借款标的的累计人次。

$BAS_{i,t-1}$ 为自动贷款累计人次，表示截至第 $t-1$ 时末，平台系统自动贷款给第 i 个借款标的的累计人次。

$AMS_{i,t-1}$ 为手动贷款累计金额，表示截至第 $t-1$ 时末，贷款人手动贷款给第 i 个借款标的的累计金额。

$AAS_{i,t-1}$ 为自动贷款累计金额，表示截至第 $t-1$ 时末，系统自动贷款给第 i 个借款标的的累计金额。

$Per_{i,t-1}$ 为已筹资比例，表示截至第 $t-1$ 时末，第 i 个借款标的已获贷款占借款金额的比例。

$LT_{i,t}$ 为到期剩余时间，表示当前距离借款募资截止日的天数[①]。

$X_{i,t}$ 为时间控制变量[②]，具体包括：周几，表示当天是一周中的第几天；月份，表示当期的月份。网站运行天数，表示贷款当天该网站已运行的天数。

μ_i 代表误差项中不随时间变化的样本异质性。

$\varepsilon_{i,t}$ 则代表误差项中的时变因素。

2. 对一般模型的拓展

（1）信息不对称对羊群效应的影响

根据信息串联理论，在仅有少部分人掌握关于某一资产内部信息的情况下，公开市场中的投资者虽然不知道哪些人掌握了内部信息，但仍可以通过观察所有人的行动来推断该资产的真实状况。例如，不了解内部信息的投资者会根据公开信息，评估市场上金融资产的价格，当市场上出现对某一资产的超常购入需求推高其价格时，这些仅掌握公开信息的投资者就会认为基于公开信息对该资产作出的估价低估了该资产的真实价值，此时他们会调高对该资

---

① 平台规定借款标的满额后才开始计息，过早贷款会损失机会成本，因此，用该变量衡量剩余时间对贷款人行为的影响。

② 由于贷款人的行为习惯在工作日、节假日，以及不同月份时存在差异，因此，使用周几和月份两类虚拟变量控制星期和月份影响。另外，"人人贷"平台自 2010 年 5 月成立，使用网站运行天数变量控制用户规模增长对因变量的影响。

产的估价,并且跟随他人购买该资产,进而产生羊群效应。所以,信息串联理论认为信息不对称程度越高,羊群效应就越强。在现实中,信息通常可以分为硬信息和软信息,其中硬信息是指能用正式的、准确的、符合逻辑的指标来表示的信息;软信息是指非正式的、模糊的、推断的信息。本文对一般模型式(1)进行拓展,加入硬信息和软信息两个变量得到式(2),以检验信息不对称是否会影响羊群效应。

$$BM_{i,t} = \beta_1 BMS_{i,t-1} + \beta_2 BAS_{i,t-1} + \beta_3 AMS_{i,t-1} + \beta_4 AAS_{i,t-1} + \beta_5 Per_{i,t1} + \beta_6 LT_{i,t} + \beta_7 H_i + \beta_8 S_i + \gamma X_{i,t} + \mu_i + \varepsilon_{i,t} \tag{2}$$

式(2)中,H_i 为硬信息,包括借款人的性别、年龄、教育程度、婚姻状况、毕业学校、职位、工作岗位类型、所处行业、所在企业规模、所在省份、工作年限、收入范围、有无房产、有无房贷、有无车辆、有无车贷共 16 项信息条目,每一信息条目如果无内容计 0 分,否则计 1 分,求和后可得具体数值,再以其平均值①为阈值设置虚拟变量,高于平均值的设为 1,反之设为 0;S_i 为软信息,在网络借贷平台上软信息主要来源于借款描述这一文本内容,本文通过借款描述的文本长度衡量软信息,并以 50 个字符②作为阈值设置虚拟变量,若借款描述的文本长度大于等于 50 个字符则设为 1;否则设为 0。

(2)贷款人类型对羊群效应的影响

已有文献认为,投资者的专业能力会显著影响其投资决策,能力较低的投资者更倾向于跟随他人行动,而能力较高的投资者则较少表现出羊群效应(Graham,1999)。因此,本文还有必要研究网贷平台上贷款人专业能力不同对贷款人羊群效应的影响。

_____

① 样本数据中硬信息条目数的平均值为 13.95,因此高于 13 条完整信息的借款标的硬信息虚拟变量设为 1,其他为 0。

② 在计算机中每个汉字占两个字符位置,25 个汉字即占 50 个字符长度,以此作为判断标准主要基于两点考虑:首先需要较多文字才能完整描述借款用途,并补充个人资料中没有提到的内容;其次为了使该指标具有辨别力,49 是该样本数据中借款描述字符数的平均值,因此,将大于等于 50 个字符的借款标的软信息虚拟变量设为 1,其他为 0。

　　因为贷款人的专业能力难以直接测量,同时,网贷平台并不要求贷款人完整填写个人资料,进而导致数据中大部分贷款人的学历、职业和收入等信息缺失,所以,本文主要以贷款人对网络借贷的熟悉程度作为其专业能力的衡量标准。在公众对网络借贷还普遍感到陌生时,具有丰富参与经验的贷款人显然更有可能准确判断借款标的的风险程度,他们更倾向于独立决策,而对网络借贷不熟悉的贷款人在无法判断借款标的风险是否与收益相匹配的情况下,容易受他人影响,出现盲目跟风行为。本文从贷款人的贷款次数和贷款人的平台账号注册时间两个维度判断贷款人专业能力的高低,分别按照贷款次数高/低、平台账号注册时间长/短将贷款人分为四类,统计每一个借款标的中这四类贷款人手动贷款人次,并对一般模型式(1)进行拓展,建立式(3)至式(6),以检验 $BMS_{i,t-1}$ 系数的显著性,进而判断贷款人能力高低是否会影响其羊群效应。

$$BMH_{i,t} = \beta_1 BMS_{i,t-1} + \beta_2 BAS_{i,t-1} + \beta_3 AMS_{i,t-1} + \beta_4 AAS_{i,t-1} + \beta_5 Per_{i,t-1} + \beta_6 LT_{i,t} + \gamma X_{i,t} + \mu_i + \varepsilon_{i,t} \tag{3}$$

　　式(3)中,$BMH_{i,t}$ 为高次数贷款人的手动贷款人次,表示在第 t 时内高次数贷款人手动贷款给第 i 个借款标的的人次。所谓高次数贷款人是指其累计贷款次数超过 73 次的贷款人,73 是样本数据中所有贷款人每一次贷款时其累计贷款次数的中位数。如果在该次贷款之前贷款人已经贷款超过 73 次,则该次贷款计入 $BMH_{i,t}$,否则不计入。

$$BML_{i,t} = \beta_1 BMS_{i,t-1} + \beta_2 BAS_{i,t-1} + \beta_3 AMS_{i,t-1} + \beta_4 AAS_{i,t-1} + \beta_5 Per_{i,t-1} + \beta_6 LT_{i,t} + \gamma X_{i,t} + \mu_i + \varepsilon_{it} \tag{4}$$

　　式(4)中,$BML_{i,t}$ 为低次数贷款人的手动贷款人次,表示在第 t 时内低次数贷款人手动贷款给第 i 个借款标的的人次。所谓低次数贷款人是指其累计贷款次数未超过 73 次的贷款人。如果在该次贷款之前贷款人累计贷款次数未超过 73 次,则该次贷款计入 $BML_{i,t}$,否则不计入。需要注意,每个贷款人随着贷款经验的增加都会经历贷款次数由少到多的过程,因此,同一贷款人的最初贷款记录被归于低次数贷款人记录，但随着其贷款次数的不断增加，在累计贷款次数超过73次后，其后续贷款记录就会归于高次数贷款人记录。这一分类标准符合常理，当贷款人初次进入网络借贷市场时，由于缺乏经验，他很可能难以独立决策而跟随他人行动；随着贷款经验不断积累，他可能越来越倾向于理性的独立思考，而不再跟随他人进行贷款决策。

$$BMO_{i,t}=\beta_1 BMS_{i,t-1}+\beta_2 BAS_{i,t-1}+\beta_3 AMS_{i,t-1}+\beta_4 AAS_{i,t-1}+\beta_5 Per_{i,t-1}$$
$$+\beta_6 LT_{i,t}+\gamma X_{i,t}+\mu_i+\varepsilon_{i,t} \tag{5}$$

式(5)中，$BMO_{i,t}$为资深贷款人的手动贷款人次，表示在第 t 时内在网贷平台上注册较早的贷款人手动贷款给第 i 个借款标的的人次。判断贷款人注册时间是否较早的依据是看该贷款人在该次贷款时自己账号的注册月数是否大于所有贷款人账号注册月数的中位数，如果大于注册月数的中位数，则该贷款记录计入 $BMO_{i,t}$，否则不计入。由样本数据计算得出，网贷平台上所有贷款人的注册月数中位数为 7 个月。

$$BMN_{i,t}=\beta_1 BMS_{i,t-1}+\beta_2 BAS_{i,t-1}+\beta_3 AMS_{i,t-1}+\beta_4 AAS_{i,t-1}+\beta_5 Per_{i,t-1}$$
$$+\beta_6 LT_{i,t}+\gamma X_{i,t}+\mu_i+\varepsilon_{i,t} \tag{6}$$

式(6)中，$BMN_{i,t}$为新贷款人的手动贷款人次，表示在第 t 时内在网贷平台上注册较晚的贷款人手动贷款给第 i 个借款标的的人次。若贷款人在贷款时其账户注册月数未超过 7 个月，则该贷款记录计入 $BMN_{i,t}$，否则不计入。

除了 $BMH_{i,t}$、$BML_{i,t}$、$BMO_{i,t}$ 和 $BMN_{i,t}$ 这四个变量之外，式(3)至式(6)中其他变量的含义与式(1)中相应变量的含义相同。因为面板数据模型包括固定效应模型和随机效应模型两类，且两者在应用上存在较大差异，所以，本文首先对式(1)至式(6)进行豪斯曼检验（Hausman Test）[①]，检验结果 p 值均为 0.000 0。因此，本文认为式(1)至式(6)存在固定效应，应该选用固定效应模型。

① 豪斯曼检验用于判断模型应该属于随机效应模型还是固定效应模型，由于篇幅限制，式(1)至式(6)的豪斯曼检验结果没有详细列出，欢迎有需要的读者索取。

四、实证检验

1. 研究样本与数据来源

根据网贷之家 2014 年 11 月发布的网贷评级报告,从成交量、营收、人气、品牌和其他运营指标综合来看,"人人贷"平台位居全国第一。本文认为,"人人贷"平台在国内网络借贷市场上的影响大且具有典型性,基于该平台数据进行的实证检验能够达到本文所做研究的目的。本文选取的样本数据来自"人人贷"平台 2010 年 10 月至 2015 年 1 月期间的 454 584 个借款标的。其中,116 375 个借款标的成功筹集到满额贷款,另有 338 209 个借款标的未及时筹集到足额贷款。"人人贷"筹款期限均为 7 天,考虑到样本数据规模较大,本文统计每个借款标的在筹款期每一天获得贷款的数据。需要说明,平台规定借款标的一旦筹资满额即不再接受新增贷款,每个借款标的获得贷款数据的时间跨度从 1 天到 7 天不等。因此,每个借款标的时序数据包含的天数不同,所以,样本数据属于非平衡面板数据。各主要研究变量样本数据的描述性统计如表 1 所示。

表 1　变量描述性统计

变量	变量个数	平均值	标准差	最小值	最大值
手动贷款人次（BM）	2 491 571	0. 592 283	5. 872 195	0	619
手动贷款累计人次（BMS）	2 491 571	0. 656 57	6. 943 701	0	747
自动贷款累计人次（BAS）	2 491 571	1. 361 167	13. 458 85	0	1 840
手动贷款累计金额（AMS）	2 491 571	917. 938	12 817. 24	0	3 000 000
自动贷款累计金额（AAS）	2 491 571	1 669. 26	10 918. 49	0	300 000

（续表）

变量	变量个数	平均值	标准差	最小值	最大值
已筹资比例（Per）	2 491 571	0.048 025	0.211 916	0	1.0
到期剩余时间（LT）	2 491 571	3.141 676	2.051 524	0	6
硬信息（H）	2 491 571	0.726308	0.445 853	0	1
软信息（S）	2 491 571	0.370309	0.482 887	0	1
高次数贷款人手动贷款人次（BMH）	2 491 571	0.256 734	2.580 237	0	254
低次数贷款人手动贷款人次（BML）	2 491 571	0.335 549	3.531 318	0	480
资深贷款人手动贷款人次（BMO）	2 491 571	0.216 887	2.200 943	0	273
新贷款人手动贷款人次（BMN）	2 491 571	0.375 396	4.133 384	0	589

资料来源：本文计算所得。

2. 羊群效应的强弱

本文采用式（1）检验前一期手动贷款累计人次 BMS 对当期手动贷款人次 BM 的影响，由此判断贷款人羊群效应是否存在及其程度。在此基础上，本文进一步检验 2010 年 10 月至 2015 年 1 月期间的贷款人羊群效应与 2012 年 1 月后是否存在差异。具体检验结果如表 2 所示。

表 2　羊群效应程度

变量	2010 年 10 月至 2015 年 1 月			2012 年 1 月以后		
	（1）手动贷款人次	（2）手动贷款人次	（3）手动贷款人次	（4）手动贷款人次	（5）手动贷款人次	（6）手动贷款人次
手动贷款累计人次	−0.054 （−0.90）	0.950 *** （7.31）	0.931 *** （7.17）	−0.017 （−0.20）	0.977 *** （6.84）	0.951 *** （6.66）
自动贷款累计人次	0.690 （0.95）	−0.006 （−0.01）	1.268 ** （1.98）	0.742 （1.04）	−0.079 （−0.16）	1.275 ** （0.049）

（续表）

变量	2010 年 10 月至 2015 年 1 月			2012 年 1 月以后		
	(1) 手动贷款 人次	(2) 手动贷款 人次	(3) 手动贷款 人次	(4) 手动贷款 人次	(5) 手动贷款 人次	(6) 手动贷款 人次
手动贷款 累计金额	0.415*** (5.30)	−0.187*** (−4.16)	−0.176*** (−4.01)	3.179*** (3.53)	−0.473 (−1.01)	−0.501 (−1.09)
自动贷款 累计金额	−1.103 (−0.71)	0.672 (0.55)	−0.232 (0.19)	−0.840 (−0.51)	0.487 (0.38)	−0.534 (−0.42)
已筹资 比例	0.930 (0.44)	2.097* (1.81)	1.768 (1.50)	−25.558 (−1.34)	10.311 (0.87)	11.405 (0.97)
到期剩 余时间	−0.002 (−1.01)	1.37E−04 (0.09)	1.50E−04 (0.09)	−6.38E−04 (−0.37)	0.001 (1.03)	0.001 (1.02)
手动贷款 累计人次× 已筹资比例		−1.055*** (−8.96)	−1.008*** (−8.46)		−1.094*** (−8.73)	−1.036*** (−8.23)
自动贷款 累计人次× 已筹资比例			−1.377*** (−2.44)			−1.490** (−2.52)
时间效应	控制	控制	控制	控制	控制	控制
观察数	2 036 987	2 036 987	2 036 987	1 967 364	1 967 364	1 967 364
个体数	340 866	340 866	340 866	328260	328 260	328 260
R^2	0.016	0.293	0.299	0.046	0.317	0.325

注：手动贷款累计金额和自动贷款累计金额两个变量经过对数化处理；*、**、*** 分别表示在 10%、5% 和 1% 的水平上显著，括号中数据为根据稳健标准误计算出的 t 值。

资料来源：本文计算所得。

从表 2 第一列数值可以看出，手动贷款累计人次 BMS 和自动贷款累计人次 BAS 在 5% 的水平上都对手动贷款人次 BM 没有显著影响，即羊群效应在"人人贷"平台上不存在，这主要是由平台筹资规则所致，因为"人人贷"规定，一旦贷款金额达到借款金额，筹款即宣告结束。当已筹资比例 Per 提高时，借款标的需要继续筹措的资金不断减少，导致可接受的贷款人次降低，从而削弱了羊群效应。

为控制平台规则的影响,本文在表 2 第二和第三列中依次增加了手动贷款累计人次×已筹资比例和自动贷款累计人次×已筹资比例两个交叉项。第二列的结果显示出如下内容。首先,加入手动贷款累计人次×已筹资比例这一交叉项后,式(1)R^2 数值大幅提升,说明该交叉项提高了式(1)对羊群效应的解释力,为提高检验结果的准确性,应当在后续模型中加入该交叉项。其次,在考虑到已筹资比例 Per 对羊群效应的影响后,手动贷款累计人次 BMS 的系数在 1% 水平上显著,说明贷款人表现出对他人行为的模仿和跟随。再次,已筹资比例 Per 的系数在 10% 水平上显著为正,说明已筹资比例 Per 自身对手动贷款人次 BM 具有正向影响,但手动贷款累计人次×已筹资比例的系数在 1% 水平上显著为负,说明已筹资比例 Per 会削弱羊群效应。最后,综合考虑手动贷款累计人次 BMS 和手动贷款累计人次×已筹资比例这两项的系数值,可以估计出,当已筹资比例 Per 为 10% 时,手动贷款累计人次 BMS 每增加 100 人次,当期手动贷款人次 BM 将会增加 84 人次;当已筹资比例 Per 为 50% 时,手动贷款累计人次 BMS 每增加 100 人次,当期手动贷款人次 BM 将会增加 42 人次,这说明随着已筹资比例 Per 的提高,贷款人羊群效应的程度会逐步削弱。

从表 2 第三列数值可以看出,自动贷款累计人次×已筹资比例这一交叉项加入式(1)后,自动贷款累计人次 BAS 的系数在 5% 的水平上显著为正,说明在考虑到已筹资比例 Per 对羊群效应的影响后,自动贷款累计人次 BAS 的增加也会产生羊群效应。

表 2 第一列至第三列是对 2010 年 10 月至 2015 年 1 月期间样本数据的检验结果。因为 2012 年后人人贷加强对贷款风险的控制,对利率、贷款金额和贷款期限均有所限制,增加了贷款预审环节,推出了自动贷款功能,所以,本文还对 2012 年后贷款的样本数据进行了检验,结果如表 2 第四至六列所示。比较第一至第六列的检验结果,发现后三列中主要变量的检验结果与前三列基本一致,说明人人贷平台 2012 年后推出的加强风险控制的策略并未有效降

低贷款人羊群效应。可以认为,在考虑到已筹资比例 Per 的情况下,人人贷平台上确实存在较强的贷款人羊群效应。

3. 信息不对称对羊群效应的影响

本文进一步分析信息不对称是否会对羊群效应产生影响。根据式(2),可利用硬信息 H 和软信息 S 分别与手动贷款累计人次 BMS 的交叉项来检验信息不对称是否会加强羊群效应,并在硬信息充分和不充分两种情况下检验软信息对羊群效应的影响。实证检验的结果如表 3 所示。

表 3　硬信息和软信息不对称对羊群效应的影响

变量	全样本		硬信息不充分 ($H=0$)	硬信息充分 ($H=1$)
	(1) 手动贷款 人次	(2) 手动贷款 人次	(3) 手动贷款 人次	(4) 手动贷款 人次
手动贷款累计人次	1.310*** (10.99)	1.241*** (10.51)	2.703*** (5.51)	0.892*** (7.11)
自动贷款累计人次	0.038 (0.08)	0.022 (0.04)		0.020 (0.04)
手动贷款累计金额	−0.191*** (−4.21)	−0.196*** (−4.31)	−1.732 (−1.45)	−0.188*** (−4.18)
自动贷款累计金额	0.640 (0.53)	0.632 (0.52)		0.637 (0.52)
已筹资比例	2.155 (1.84)	1.908 (1.55)	6.031 (0.59)	1.861 (1.50)
到期剩余时间	1.99E−04 (0.19)	3.01E−04 (0.19)	3.56E−04 (0.79)	2.75E−04 (0.12)
手动贷款累计人次× 已筹资比例	−1.057*** (−8.92)	−1.167*** (−8.98)	−1.053*** (−5.97)	−1.072*** (−8.81)
手动贷款累计人次 ×硬信息	−0.367*** (−9.81)	−0.353*** (−8.74)		

（续表）

变量	全样本		硬信息不充分（$H=0$）	硬信息充分（$H=1$）
	（1）手动贷款人次	（2）手动贷款人次	（3）手动贷款人次	（4）手动贷款人次
手动贷款累计人次×软信息		0.081（1.15）	-1.345^{***}（-3.31）	0.081（1.15）
硬信息	控制	控制	控制	控制
软信息	控制	控制	控制	控制
时间效应	控制	控制	控制	控制
观察数	2 036 987	2 036 987	583 447	1 453 540
个体数	340 866	340 866	97 251	243 615
R^2	0.298	0.300	0.310	0.301

注：手动贷款累计金额和自动贷款累计金额两个变量为取对数后的结果；*、**、*** 分别表示在 10%、5% 和 1% 的水平上显著，括号中数据为根据稳健标准误计算出的 t 值；所有硬信息不充分（$H=0$）的借款中自动贷款人次均为 0，因此，自动贷款累计人次 BAS、自动贷款累计金额 AAS 在第三列无数据。

资料来源：本文计算所得。

表 3 第一列和第二列显示，手动贷款累计人次×硬信息的系数在 1% 水平上与手动贷款人次显著负相关，即硬信息 H 对羊群效应具有直接负向影响，说明借款人提供的硬信息越全面，贷款人越倾向于根据自身判断作出投资决策，较少受他人行为的影响。

表 3 第二列显示，手动贷款累计人次×软信息的系数在 10% 水平上不显著，即软信息 S 不会显著影响贷款人羊群效应，说明在其他条件不变情况下，借款描述的文本长度对贷款人羊群效应没有显著影响。

还有必要进一步分析在硬信息充分或不充分的条件下，贷款人对软信息 S 的依赖是否会发生变化。因此，本文将样本中所有借款标的按硬信息不充分（$H=0$）和硬信息充分（$H=1$）分为两类，表3第三列和第四列分别为利用这两类子样本数据进行回归的结果。第三列显示，手动贷款累计人次×软信息的系数在1%水平上显著为负，但在第四列中该系数在10%水平上不显著，说明在硬信息不充分的条件下，丰富的软信息有助于减弱贷款人羊群效应，但当硬信息足够充分时，贷款人决策时较少考虑软信息内容，此时软信息是否充分对贷款人羊群效应没有显著影响。

在式（2）中没有检验自动贷款累计人次×软信息和自动贷款累计人次×硬信息这两个交叉项的系数显著性，这一方面是由于自动贷款是根据预设条件由平台系统自动执行的，而预设条件不包括软信息，所以，软信息 S 与自动贷款累计人次 BAS 在理论上不相关，其交叉项也没有明确的经济含义；另一方面，只有硬信息充分（$H=1$）的借款标的才能获得自动贷款，因此，自动贷款累计人次×硬信息这一项与自动贷款累计人次 BAS 变量等价，无须加入式（2）。

概言之，硬信息不对称会强化贷款人羊群效应，而软信息不对称只有在硬信息不充分时才会加剧贷款人羊群效应。

4. 贷款人类型对羊群效应的影响

在分析了信息不对称对贷款人羊群效应所产生的影响后，还应关注贷款人自身特征是否会影响其羊群效应。本文分别以贷款次数高/低和平台账号注册时间长/短这两个维度将贷款人分为四类，并利用式（3）至式（6）分别检验四类贷款人的羊群效应强度，其结果如表4所示。

表 4　不同类型贷款人羊群效应差异

变量	贷款次数高/低		平台账号注册时间长/短	
	(1) 高次数贷款人 手动贷款人次	(2) 低次数贷款人 手动贷款人次	(3) 资深贷款人 手动贷款人次	(4) 新贷款人 手动贷款人次
手动贷款累计人次	0.331 *** (5.25)	0.619 *** (8.39)	0.123 *** (6.84)	0.826 *** (6.85)

（续表）

变量	贷款次数高/低		平台账号注册时间长/短	
	(1) 高次数贷款人 手动贷款人次	(2) 低次数贷款人 手动贷款人次	(3) 资深贷款人 手动贷款人次	(4) 新贷款人 手动贷款人次
自动贷款累计人次	−0.209 （−0.83）	0.203 （0.71）	0.298 （1.44）	−0.304 （−0.89）
手动贷款累计金额	−0.155*** （−6.44）	−0.031 （−1.10）	−0.087*** （−9.04）	−0.099** （−2.51）
自动贷款累计金额	0.724 （1.11）	−0.053 （−0.08）	−0.249 （−0.49）	0.920 （0.85）
已筹资比例	−0.259 （−0.52）	2.355*** （3.17）	0.232 （1.51）	1.865* （1.74）
到期剩余时间	3.51E−04 （0.50）	−2.14E−04 （−0.22）	−1.82E−04 （−0.81）	3.19E−04 （0.21）
手动贷款累计人次× 已筹资比例	−0.333*** （−5.77）	−0.722*** （−10.33）	−0.137*** （−6.70）	−0.918*** （−8.53）
时间效应	控制	控制	控制	控制
观察数	2 036 987	2 036 987	2 036 987	2 036 987
个体数	340 866	340 866	340 866	340 866
R^2	0.182	0.320	0.185	0.286

注：手动贷款累计金额和自动贷款累计金额两个变量为取对数后的结果；*、**、*** 分别表示在 10%、5% 和 1% 的水平上显著，括号中数据为根据稳健标准误计算出的 t 值。
资料来源：本文计算所得。

对比表 4 第一列和第二列数据可以发现，这两列中手动贷款累计人次 BMS 以及手动贷款累计人次×已筹资比例的系数都在 1% 水平上显著，并且在第二列中这两项系数的绝对值明显高于第一列，说明低贷款次数的贷款人具有更强的羊群效应。同时，第二列的 R^2 也高于第一列，说明相比式（3）、式（4）对手动贷款人次 BM 变化的解释力更强，这佐证了低贷款次数贷款人具有更强羊群效应的结论。

表 4 第三列和第四列数据显示,这两列中手动贷款累计人次 BMS,以及手动贷款累计人次×已筹资比例系数都在 1‰ 水平上显著,并且第四列中这两项系数的绝对值高于第三列,而且第四列的 R^2 也分别高于第三列,这说明,相比平台账号注册时间较长的资深贷款人,平台账号注册时间较短的新贷款人更容易出现羊群效应。

为更直观地说明不同类型贷款人羊群效应的强弱,图 1 展示了四类贷款人在已筹资比例 Per 达到 10‰、50‰ 和 90‰ 情况下的羊群效应估计值,其中横坐标是四类贷款人前一期手动贷款累计人次,纵坐标分别是四类贷款人当期贷款人次的估计值。

比较图 1 中的 (a) 和 (b) 可以发现,当已筹资比例 Per 为 10‰ 时,手动贷款人次 BM 每增加 100 人次,贷款次数较高的贷款人预计增加 30 人次,贷款次数较低的贷款人预计会增加 55 人次,两者相差 0.83 倍,说明相比贷款次数低的贷款人,贷款次数高的贷款人的羊群效应较弱。比较图 1 中 (c) 和 (d) 可以发现,当已筹资比例 Per 为 10‰ 时,手动贷款人次 BM 每增加 100 人次,账号注册时间较长的资深贷款人预计增加 10 人次,账号注册时间较短的新贷款人预计增加 73 人次,两类贷款人的贷款人次差距为 6.3 倍,说明相比新贷款人,资深贷款人的羊群效应较弱。按同样的方式分别比较图 1 中的 (a) 和 (b) 以及 (c) 和 (d) 也可以发现,当已筹资比例增加到 Per 为 50‰ 和 90‰ 时,贷款次数高的贷款人和资深贷款人的羊群效应都明显弱化。

综合对贷款次数高/低和平台账号注册时间长/短这四类贷款人行为的分析,可以认为,贷款人经验是影响其羊群效应强弱的重要因素之一。由于具备丰富交易经验的贷款人识别贷款风险的能力较强,所以,他们的羊群效应较弱,而专业能力较低的贷款人则会有较强的羊群效应。

5. 模型和实证结果的稳健性检验

为保证实证检验羊群效应的准确性,本文再对模型和实证结果进行稳健性检验。对于式 (1) 中各个自变量之间可能存在的多重共线性问题,根据

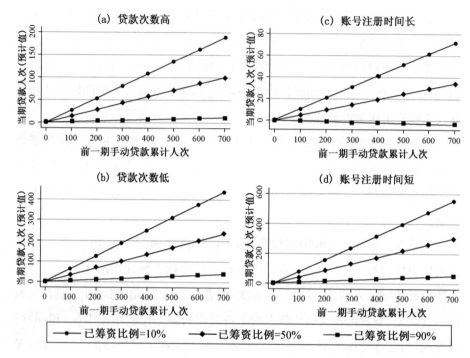

图 1   不同类型贷款人在不同募资比例下的羊群效应

资料来源:本文绘制。

Hair(1998)的建议,以 VIF① 值是否超过 10 作为判断多重共线性的标准。本文检验了所有自变量的 VIF 值,结果表明:所有变量的平均 VIF 为 3.46,网站运行天数变量的 VIF 值最高,也只有 5.24,所以,式(1)并不存在严重的多重共线性问题。

考虑到贷款金额和贷款人次之间的相关性,本文还将手动贷款累计金额 AMS 和自动贷款累计金额 AAS 从式(1)剔除后再进行回归,结果表明,在引入手动贷款累计人次×已筹资比例,以及自动贷款累计人次×已筹资比例这两个交叉项后,手动贷款累计人次 BMS 在 1‰水平上对手动贷款人次 BM 具

---

①   VIF,即方差膨胀因子,该方法通过检查指定的解释变量能够被回归方程中其他全部解释变量所解释的程度来检测多重共线性。VIF 越大,说明共线性越严重。

有显著正向影响。因此,多重共线性问题没有影响式(1)回归结果的准确性。

虽然式(1)中没有包含因变量的滞后项,但是,手动贷款累计人次 *BMS* 和手动贷款人次 *BM* 之间仍然存在相关性,这可能会导致有偏估计。因此,本文采用系统 GMM 方法估计式(1)回归系数,结果显示,在增加手动贷款累计人次×已筹资比例和自动贷款累计人次×已筹资比例两个交叉项后,手动贷款累计人次 *BMS* 在 1‰ 水平上对手动贷款人次 *BM* 具有显著正向影响,说明贷款人羊群效应确实存在。

由于对羊群效应不同的定义可能导致回归结果出现差异,本文用贷款金额代替贷款人次作为因变量,对式(1)重新进行回归检验,发现已筹资比例 *Per* 在 1‰ 水平上对贷款金额具有显著正向影响,说明借款标的已募资比例越高,越容易吸引贷款,由此可以佐证贷款人羊群效应的存在性。同时,以天为周期建立的面板数据可能过于粗糙,会忽略贷款人次在更细微时间周期之间的变化,但如果以 1 小时为间隔则会产生时期为 168 小时的巨量数据,而且其中部分数据并无太多有用信息,如对始终无人贷款的借款标的来说贷款人次变量将会出现 168 个重复的 0。因此,本文对有贷款记录的 120 207 个借款标的以 1 小时为周期建立面板数据,并以此数据对式(1)进行估计,结果显示,在引入手动贷款累计人次×已筹资比例这一交叉项后,手动贷款累计人次 *BMS* 在 1‰ 水平上显著为正,说明贷款人羊群效应在以小时为周期的样本数据中依然存在。

五、结论与建议

网络借贷行业风险频发,引发了社会各界的关注,监管部门目前已出台相关管理条例以规范网络借贷行业的发展。为了提高监管的有效性,相关部门需要重视网络借贷市场上的羊群效应,以防出现系统性金融风险。本文以 2010 年 10 月至 2015 年 1 月"人人贷"平台贷款人行为数据作为研究样本,对网络借贷平台贷款人羊群效应进行了实证检验,并且深入考察了贷款人的信息不对称和贷款人自身特征对其羊群效应的影响。

本文所做研究的主要结论如下。（1）中国网络借贷平台上存在贷款人羊群效应，如"人人贷"，即使该平台 2012 年以后实行了风险控制措施，也未显著减弱贷款人羊群效应。（2）信息不对称对贷款人羊群效应具有正向影响，其中硬信息的不对称会强化贷款人羊群效应；当硬信息不充分时，软信息不对称会加剧贷款人羊群效应。（3）根据交易经验衡量的贷款人专业能力高低会显著影响其羊群效应的强弱，这主要是因为具备丰富交易经验的贷款人能够自行做出判断而较少跟随他人行动；而对网络借贷较为陌生的贷款人则会因为缺乏独立判断能力，表现出较强的羊群效应。

基于以上结论，为促进中国网络借贷健康发展，本文认为，克服信息不对称和贷款人专业能力不足所强化的贷款人羊群效应势在必行，其当务之急主要是：

（1）提高监管有效性。有效监管是削弱羊群效应的关键所在。根据银监会发布的《网络借贷信息中介机构业务活动管理暂行办法（征求意见稿）》，目前对网络借贷的监管已经形成了以银监会为主导，工信部、公安部和网信办协同管理，地方金融监管部门具体负责的监管体系。在此基础上，还有必要制定具有可操作性的监管细则，采用事前、事中和事后相结合的动态监管模式，并且运用大数据技术，对网络借贷活动，包括贷款人的心理预期和交易行为进行跟踪分析，实施有效监管。

（2）完善网络借贷平台的信息披露制度。网络借贷平台应按照监管规则的要求，及时向社会公众披露借款人信用信息、借款标的信息、借款标的风险评估结果以及逾期可能产生的后果等重要信息。网络借贷平台还要主动向贷款人详细介绍平台的专业资质、运营情况和所采用的信用评级方法，为贷款人的决策提供参考依据。网络借贷平台更要坚持客观公正的原则，确保所披露的信息真实有效，绝不能提供虚假信息或故意误导公众。

（3）重视"合格投资者"教育。要动员社会资源，特别是专家学者和新闻媒体，全面和深入地开展"合格投资者"教育，以强化贷款人的信用意识和契约精神,形成收益与风险相对称的投资理念,并且利用多种渠道和方法,增加贷款人的金融知识,提高贷款人的风险识别与防范能力。只有贷款人成为合格的投资者,网络借贷的乱象才能从根本上得到整治。

主要参考文献

[1] ALEVY J E, HAIGH M S, LIST J A. Information Cascades: Evidence from a Field Experiment with Financial Market Professionals[J]. Journal of Finance, 2007, 62(1): 151 – 180.

[2] BANERJEE A V. A Simple Model of Herd Behavior[J]. The Quarterly Journal of Economics, 1992, 107(3): 797 – 817.

[3] BERKOVICH E. Search and Herding Effects in Peer-to-Peer Lending: Evidence from Prosper. com[J]. Annals of Finance, 2011, 7(3): 389 – 405.

[4] BIKHCHANDANI S, SHARMA S. Herd Behavior in Financial Markets[J]. IMF Staff Papers, 2001, 47(3):279 – 310.

[5] COOPER L G, NAKANISHI M. Market-Share Analysis: Evaluating Competitive Marketing Effectiveness[M]. Kluwer Academic Publishers, 1988.

[6] GAO Q, LIN M. Linguistic Features and Peer-to-Peer Loan Quality: A Machine Learning Approach[Z]. SSRN Working Paper, 2014.

[7] GRAHAM J R. Herding Among Investment Newsletters: Theory and Evidence[J]. Journal of Finance, 1999, 54(1): 237 – 268.

[8] GRINBLATT M, TITMAN S, WERMERS R. Momentum Investment Strategies, Portfolio Performance, and Herding: A Study of Mutual Fund Behavior[J]. American Economic Review, 1995, 85(5): 1088 – 1105.

[9] HAIR J F. Multivariate Data Analysis[M]. London: Prentice-Hall International, 1998.

[10] HERZENSTEIN M, DHOLAKIA U M, ANDREWS R L. Strategic Herding Behavior in Peer-to-Peer Loan Auctions[J]. Journal of Interactive Marketing, 2011, 25(1): 27 – 36.

[11] LAKONISHOK J, SHLEIFER A, VISHNY R W. The Impact of Institutional

Trading on Stock Prices[J]. Journal of Financial Economics，1992，32(1)：23 - 43.

[12] LEE E，LEE B. Herding Behavior in Online P2P Lending：An Empirical Investigation[J]. Electronic Commerce Research and Applications，2012，11 (5)： 495 - 503.

[13] SETH F，GINGER Z J. Do Social Networks Solve Information Problems for Peer-to-Peer Lending? Evidence from Prosper. com[Z]. NET Institute Working Paper，2008.

[14] SIMONSOHN U，ARIELY D. When Rational Sellers Face Nonrational Buyers： Evidence from Herding on eBay[J]. Management Science，2008，54(9)：1624 - 1637.

[15] WOOLDRIDGE J. Introductory Econometrics：A Modern Approach[M]. Mason： South-Western Cengage Learning，2012.

[16] ZHANG J，LIU P. Rational Herding in Microloan Markets [J]. Management Science，2012，58(5)：892 - 912.

[17] 曾江洪,杨帅.P2P借贷出借人的羊群行为及其理性检验——基于拍拍贷的实证研究 [J].现代财经(天津财经大学学报),2014(7).

[18] 陈霄.民间借贷成本研究——基于 P2P 网络借贷的实证分析[J].金融经济学研究, 2014(01).

[19] 李新功,刘扬帆.我国 P2P 羊群效应形成机制与破解对策研究[J].征信,2015(12).

[20] 李悦雷,郭阳,张维.中国 P2P 小额贷款市场借贷成功率影响因素分析[J].金融研究, 2013(7).

[21] 廖理,李梦然,王正位,贺裴菲.观察中学习:P2P 网络投资中信息传递与羊群行为 [J].清华大学学报(哲学社会科学版),2015(1).

[22] 吕勇斌,姜艺伟,张小青.我国 P2P 平台网络借贷逾期行为和羊群行为研究[J].统计 与决策,2016(04).

[23] 吴佳哲.基于羊群效应的 P2P 网络借贷模式研究[J].国际金融研究,2015(11).

（与张科合作,《经济管理》2016 年第 6 期）

群组制度与 P2P 网贷平台
借款成功率和借款利率

摘要:2013 年后,中国的 P2P 网络借贷(简称 P2P 网贷)异军突起,在激活金融要素和拓展投融资渠道的同时,也面临着不少理论与实践问题。本文将群组制度视为重要的社会资本,并以此为理论视角,对世界上规模最大的 P2P 网贷平台 Prosper.com 超过 12.6 万个借款标的进行实证检验,得出的主要结论是:加入群组,特别是加入借款标的经过群组组长审阅和信誉评分较高的群组,不仅能提高借款人获得贷款的成功率,而且能降低借款人的借款利率。本文认为,Prosper.com 的群组制度能够为中国 P2P 网贷平台健康发展提供有益的启示与借鉴。

关键词:P2P 网贷;群组制度;社会资本

一、引　言

P2P 借贷(Peer to Peer Lending),是指个体绕过银行等传统金融中介,与其他个体之间的直接借贷行为。借贷过程中的资料、资金、合同与手续等都依托于互联网平台的 P2P 借贷则被称为 P2P 网络借贷(简称 P2P 网贷)。2005 年 2 月,世界上第一家 P2P 网贷平台 Zopa 在英国建立,引起了强烈的社会反响。此后,世界各国陆续出现各式各样的 P2P 网贷平台。中国很早就存在亲朋之间的线下 P2P 借贷行为,即民间借贷。2013 年后,随着中国互联网金融异军突起,针对不同目标客户,模式各异的 P2P 网贷平台如雨后春笋般涌现,其中比较知名的有陆金所、人人贷、团贷网和宜信等。中国当下的 P2P 网贷平台,同世界各国处于发展初期的 P2P 网贷平台一样,都面临着由于信息不对称所带来的"逆向选择"和"道德风险"问题。一方面,许多借款人由于无法达到传统商业银行相对严格的征信要求而选择了 P2P 网贷,他们在 P2P 网贷平台提交的借款标的具有较高信用风险;另一方面,P2P 网贷平台的贷款人大多为个人,与传统商业银行相比,他们往往缺乏甄别信用风险的专业知识与技术。此外,在 P2P 网贷平台上,通常一笔借款会得到来自多个贷款人的投资,这使得每一个贷款人缺乏详尽调查借款人还款意愿和能力的动机。

还要指出,与传统商业银行不同的是,P2P 网贷平台重视"软信息"对 P2P 网贷的影响。与"硬信息"相对,"软信息"是指传统商业银行未采用的,但却和贷款结果相关的一类信息。常见的"软信息"包括借款人的个人描述,照片以及本文重点研究的群组制度及其衍生出的群组关系等。P2P 网贷平台为借贷双方提供了基于平台的群组社交网络,从理论上看,这应该能在较大程度上为借贷双方提供更为充分、对称的信息,从而有利于防范"逆向选择"和"道德风险"。例如,Prosper. com 建立了比较完备的群组制度,而且鼓励借贷双方在平台上建立群组关系。群组制度下的群组关系能够转变为借款人的"社会资本",使得贷款人通过这种社会资本深入了解借款人,以完善投资决策和提高借贷成功率。本文认为,中国 P2P 网贷平台有必要研究和吸取 Prosper. com 的经验,建立起自己的群组制度。因此,基于 Prosper. com 样本数据的实证检验,本文深入研究群组制度对 P2P 网贷借款成功率和借款利率的影响,这是有重要理论与现实意义的。

二、文献回顾

社会资本是个体或社会团体通过关系网络得到的一切实际和潜在资源的总和。Bourdieu(1986)强调,社会资本为社交网络里的成员提供了共同资本的支持,各个成员可以在这种资本的支持下进行信贷活动。对 P2P 网贷平台的借款人而言,其社会资本主要来源于平台提供的社交网络,尤其是群组制度下的群组关系。群组制度的存在能够向潜在的贷款人传递积极信号,即借款人是可信赖的。群组制度能从四个方面反映借款人的可信度。第一,处于群组中的借款人有比较充分的履约动机。Granovetter(1985)指出,群组内很可能有现在或潜在的贷款人,为能与贷款人保持长期合作关系,借款人会自我约束,注意维护自己在平台上的信用。Karlan(2007)认为,违约消息会对借款人在群组中的个人形象产生负面影响,进而迫使借款人按时偿还贷款。第二,群组成员会给予借款人积极的影响。群组内成员会共同维护群组的声誉,互相监督和敦促各成员按时偿还贷款。声誉好的群组,其积极的同群效应(peer effects)就更明显。同时,群组内的信息是流通的,借款人可以从同组的其他成员处获得建议和指导,以完善借款信息,妥当设计还款计划。Ba & Pavlou(2002)指出,群组的声誉可以被看作借款人可信赖程度的参考标准,声誉较好的群组,其成员按时偿还贷款的可能性较大。第三,加入一个或多个群组的行为本身就反映出借款人有长期的借款计划。P2P 网贷平台上的恶意借款人通常只会提交一笔欺诈性的借款标的,违约后便销声匿迹,他们很少关心自己的社会形象,也不会花费大量的时间和精力组织或申请加入一个声誉好的群组。对贷款人而言,身置群组中的借款人比未加入任何群组的借款人更为可靠。Greiner & Wang(2007)实证检验了 Prosper. com 的借贷数据,指出群组制度作为 P2P 网贷平台上社交网络中的重要组成部分,为平台构筑了借贷行为中所需要的信用机制。第四,群组组长的职责能够在很大程度上为借款人的还款提供保障。在一些群组中,成员的借款标的会首先交由该群组的组长审阅和评估还款的可能性,目的是维护群组整体的良好声誉。Berger & Gleisner(2009)分析了 Prosper. com 上 14 000 多项贷款,发现该平台上的群组充当了 P2P 网贷的中介。一方面群组为贷款人提供了有关借款人额外的私人信息,有助于贷款人更全面地评估借款标的的信用风险;另一方面平台上的借款人可能并不希望为了借款从而较多地公开自己的私人信息(财务或非财务信息），作为群组的一员，借款人可以选择只向自己信赖和熟悉的群组组长公开自己的相关信息，因此群组组长拥有更多信息来评估并完善借款人的借款标的。Berger & Gleisne 的研究还表明，如果群组成员在平台上存在欺诈和违约行为，其不良行为将损害群组的整体声誉，从而影响群组内每一个成员的借款成功率。群组组长的职责之一就是维护并提高群组的声誉，监督组内成员的还款情况。

中国 P2P 网贷平台的发展尚处于初级阶段，几乎所有的平台还未建立群组制度。与此同时，国内的专家学者对群组制度不甚了解，或没有给予必要的关注，这使得国内的相关文献少之又少。徐赟等（Xu, 2011）选取美国 Prosper.com 和中国拍拍贷的借贷数据，比较了社交网络在不同国家对 P2P 网贷的影响，发现群组等社交网络关系在美国仅影响借款利率，而在中国更能促进 P2P 网贷的成功。宋晨（2014）在研究 P2P 网贷成功的影响因素时，将社交网络关系纳入了个人努力的指标中，通过实证检验，他发现参加社交网络的借款人比没有参加社交网络的借款人的借款成功率要高出 60%。

在借鉴国内外相关文献的基础上，本文认为：现有研究初步肯定了群组制度对 P2P 网贷平台上借款的成功率有积极影响，但规范的实证检验较少，而且样本数据有限。同时，关于群组制度对借款利率影响的研究还比较薄弱。本文将群组制度视为重要的社会资本，并以此为理论视角，对 Prosper.com 的 12.6 万余个借款标的进行实证检验，目的是更加深入地研究群组制度对 P2P 网贷平台借款成功率和借款利率的影响，进而为中国 P2P 网贷平台健康发展提供有益的启示与借鉴。

三、研究设计

（一）理论假设

社会学家 Granovetter（1985）提出社会资本理论（corporate social capital theory），他认为在现代市场中，各种社会因素对经济活动有重要影响，甚至起着决定性作用。后来有许多学者,如 Budieu(1986)、Robert & Putnan (1992)、Ba & Pavlou(2002)、Greiner & Wang(2007)以及 Berger 和 Gleisner (2009)等又进一步拓展和丰富了社会资本理论。如今,隐含着亲情、友谊、权威和信任关系,乃至共同生活情趣的社会关系网络已经成为经济活动中可以动员的一种资源,这也是企业可以利用的重要资本,即社会资本。

群组制度是 P2P 网贷平台形成和聚集社会资本的制度性安排,它通常包括四个关键要素:(1) 是否参加群组,P2P 网贷平台上的借贷双方都有权选择是否加入某个群组;(2) 群组评分,这是 P2P 网贷平台对群组声誉的评价,评分越高的群组,其声誉越好;(3) 组长提成,群组组长通过为群组成员提供指导和帮助,以及维护群组声誉而获得的提成;(4) 组长预审,一些借款标的在经过群组组长的预审后,变得更加完善。

以社会资本为理论视角,为深入研究群组制度对 P2P 网贷平台借款成功率和借款利率的影响,本文提出四个理论假设(见图 1)。

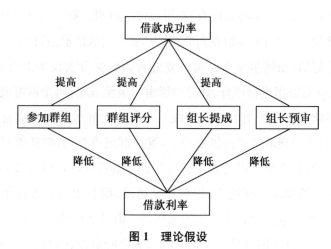

图 1　理论假设

资料来源:作者绘制。

第一,参加群组可以提高借款标的获得贷款的成功率,并且能降低借款人的借款利率。

第二,所在群组的评分越高,借款标的获得贷款的成功率越大,借款人的借款利率越低。

第三,群组组长在借款利率基础上所得到的提成比例越高,借款标的获得贷款的成功率越大,借款人的借款利率越低。

第四,群组组长预审群组成员的借款标的能够提高借款标的获得贷款的成功率,并且降低借款人的借款利率。

(二)Prosper.com 模式

Prosper.com 在近十年发展过程中已经形成独特的 P2P 网贷模式,即世界知名的 Prosper.com 模式。如果想要成为 Prosper.com 的用户,并在平台上提交借款标的或投资于借款标的,用户就必须提供经过验证的一系列正式且有效的信息。这些信息构成了 Prosper.com 模式的基本元素,可分为社交网络元素、财务元素和其他元素(表1)。

社交网络元素主要包括如下内容。(1)群组制度。所有用户,不论是借款人还是贷款人,基于某些共同点,都可以建立群组。有一些群组是基于校友等社交网络的,如加州大学伯克利分校的毕业生组成的群组;也有一些群组是基于共同爱好的,如阿尔卑斯山滑雪爱好者为购买滑雪设备而组成的群组。Prosper.com 对群组进行评分,评分等级由一星至五星,每个群组成员的还款表现都会影响其所在群组的评分等级。发起建立群组的用户通常是群组组长,其职责在于引导群组进行借贷活动,维护群组声誉,有时还要预审群组成员的借款标的,帮助群组成员成功获得贷款。组长可以在借款利率的基础上获得一定比例的提成。理论上,提成比例越高,组长更有积极性维护群组声誉,进而提高群组成员借款或贷款的成功率。值得注意的是,一个用户在某时刻只能成为一个群组的成员。贷款人加入和离开群组比较自由,但借款人加入和离开群组则会受到一定限制,如借款人作为某群组成员时成功获得贷款,他在还清贷款前会不被允许离开所在的群组。正是这样,群组对其成员的约束力得到加强。(2)好友制度。好友制度是 P2P 网贷平台用户之间建立起的"一对一"双向关系之总和。用户可以通过邀请同是 Prosper.com 的用户成为好友,也可以委托 Prosper.com 向线下的朋友发出注册邀请,将他们加为好友。平台上的好友大多是现实中的家庭成员、朋友、同事,或是在平台上结识的过往交易伙伴。好友制度有利于强化借款人按时还款的动机,同时好友信息在 P2P 网贷平台对所有用户都是公开的,贷款人可以根据间接信任原则进行投资决策。

财务元素主要有四个。(1)征信评级。借款人必须提供有效的社会安全号码(Social Security number,SSN)和不低于 520 分的费尔艾萨克(Fair Isaac Credit Organization,FICO)信用认证分数(世界上最通用的个人信用评分)。Prosper.com 根据用户的费尔艾萨克信用认证分数,通过益百利信用评分模型(Experian Scorex Plus)得出一个字母评级。该字母评级所对应的 FICO 分数段见表 II-1。NC(No Credit)表示未评级,HR(High Risk)表示风险极高,从 E 到 AA 表示信用等级依次提高,AA 为最高信用等级。(2)负债收入比(负债/收入)。这一数值越高,表示借款人的负债程度越严重。Prosper.com 对借款人的负债收入比没有设置上限,但将负债收入比这一指标的峰值设置为 10.1,任何负债收入比超过 10 的借款标的都记为 10.1。(3)申请贷款金额。(4)借款人可接受的借款利率。财务元素还包含历史流标次数、历史贷款成功次数及预期回报率等。

表 1　Prosper.com 征信评级转换表

用户信用评分	用户 FICO 分数段
NC	—
HR	520—559
E	560—599
D	600—639
C	640—679
B	680—719
A	720—759
AA	760+

数据来源:https://www.prosper.com/tools/DataExport.aspx。

其他元素主要包括四个。(1)还款期限,Prosper.com 设置了按月数计的 3 年期和 5 年期的还款期长度。(2)置业状况,即借款人是否拥有不动产。(3)借款人的人口特征,如地域、种族、年龄、性别、婚姻状况、子女个数等。(4)其他个人信息,包括驾驶执照号码、居住地址和就业状况等。

Prosper.com 的好友制度并不对用户之间的好友关系进行验证,这就大大降低了好友关系的可信度,所以本文不研究 Prosper.com 的好友制度,而是主要研究 Prosper.com 群组制度对 P2P 网贷平台借款成功率和借款利率的影响。同时,本文借鉴的相关文献表明,历史流标次数、历史贷款成功次数、预期回报率等财务指标,以及借款人特征指标对 P2P 网贷的影响在统计上均不显著。基于这两方面的考虑,特别是要突出本文所做研究的重点,这里对 Prosper.com 模式进行必要的简化(图 2)。

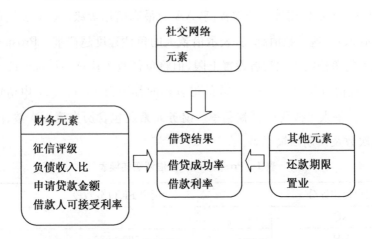

图 2　简化的 Prosper.com 模式

资料来源:作者绘制。

(三)变量与样本

为实证检验群组制度对 P2P 网贷平台借款成功率和借款利率的影响,本文设计两个被解释变量和三类解释变量。

1. 被解释变量

基于本文提出的群组制度对 P2P 网贷平台借款成功率和借款利率产生影响的四个理论假设，可以得到两个实证检验模型中的被解释变量。一是借款标的是否获得全额资金形成的贷款，用 Y_1 表示。Y_1 是一个无序分类变量，取值为 1，表示获得全额资金形成的贷款；取值为 0，表示未获得贷款。之所以强调全额资金形成贷款，是因为对借款人而言，只有所提交的借款标的能够获得全额资金才能形成贷款，否则他将得不到任何资金。二是实际借款利率，用 Y_2 表示。Y_2 是一个连续变量，本文选取已经形成贷款，且借款利率已经确定的样本，因为实际借款利率是通过竞价方式形成贷款后的借款利率，在未形成贷款前，这一利率是不得而知的，贷款人只能参考借款人提供的可接受借款利率。同时，P2P 网贷平台某一时刻的借款利率会受到当时市场上平均借款利率的影响，本文用 P2P 网贷平台的借款利率减去《华尔街日报》公布的基准利率（Wall Street Journal prime interest rate）计算 P2P 网贷平台的实际借款利率。

2. 解释变量

解释变量分为群组变量、财务变量和其他变量三大类，其中群组变量是本文研究的重点。在研究群组变量对 P2P 网贷平台借款成功率和借款利率影响的过程中，不能忽视财务变量和其他变量的影响，因此有必要控制财务变量和其他变量这两个解释变量。

（1）群组变量下设立四个解释变量。第一，借款人是否属于某个群组，用 X_1 表示，取值为 1 表示借款人属于某个群组，取值为 0 则表示借款人不属于任何群组。第二，所在群组的评分，用 X_2 表示，借款人不属于任何群组取值为 0，群组尚未评分取值为 1，群组获一星级评分取值为 2，二星级评分取值为 3，以此类推，最高的五星级评分取值为 6，数值越大，群组的声誉越好。第三，组长提成比例，用 X_3 表示，这是一个取值不超过 1 的连续变量。第四，借款标的是否需要群组组长预审，用 X_4 表示，取值为 1 表示所在群组的借款标的需要群组组长预审，取值为 0 则表示不需要组长预审。

（2）财务变量下设立四个财务解释变量。第一，征信评级，按信用风险由大到小分别表示为 HR、E、D、C、B、A 和 AA(见表Ⅱ-1)。第二,负债收入比,用 X_5 表示,这是一个取值连续的数值变量,最高取值为 10.1。第三,借款金额,即借款标的所申请的借款金额,用 X_6 表示,这是一个取值连续的变量。第四,借款人可接受的借款利率,用 X_7 表示,这也是一个取值连续的变量。

(3) 其他变量下设立一个解释变量:本文选取已形成共识,且对 P2P 网贷影响较大的借款人置业情况为解释变量,用 X_8 表示,取值为 1 表示借款人已经置业,取值为 0 则表示借款人尚未置业。

解释变量与被解释变量的具体描述见表 2。

表 2　变量描述

字母表示	变量名称	描述	变量类型	文献依据
被解释变量				
Y_1	是否得到全额资金形成贷款	1,获得全额贷款;0,未获得贷款。	分类变量	Greiner 和 Wang (2007)
Y_2	实际借款利率	平台的借款利率减去《华尔街日报》公布的基准利率。	连续变量	Everett (2008), Berger 和 Gleisner (2009)
群组变量				
X_1	是否属于某群组	1,用户属于一个群组;0,用户不属于任何群组。	分类变量	Greiner 和 Wang (2007)
X_2	群组评分	0,不属于任何群组;1,所在群组尚未评分;2,一星评分;3,二星评分;4,三星评分;5,四星评分;6,五星评分。	序数变量	Greiner 和 Wang (2007), Berger 和 Gleisner (2009), Freedman 和 Jin (2008)
X_3	组长提成比例	群组组长可以从借款利率中拿到的提成比例。	连续变量	Greiner 和 Wang (2007)
X_4	是否需要组长预审	1,所在群组的借款标的需要群组组长预审;0,所在群组的借款标的不需要组长预审。	分类变量	Berger 和 Gleisner (2009), Freedman (2008)

(续表)

字母表示	变量名称	描述	变量类型	文献依据
财务变量				
HR	征信评级 HR	1,征信评级 HR 级,即高风险;0,非 HR 级。	分类变量	
E	征信评级 E	1,征信评级 E 级,即较高风险;0,非 E 级。	分类变量	
D	征信评级 D	1,征信评级 D 级;0,非 D 级。	分类变量	
C	征信评级 C	1,征信评级 C 级;0,非 C 级。	分类变量	
B	征信评级 B	1,征信评级 B 级;0,非 B 级。	分类变量	Greiner 和 Wang (2007)
A	征信评级 A	1,征信评级 A 级,即风险较小;0,非 A 级。	分类变量	
AA	征信评级 AA	1,征信评级 AA 级,即风险小;0,非 AA 级。	分类变量	
X_5	负债收入比	负债/收入。	连续变量	
X_6	借款金额	借款标的所申请的借款金额。	连续变量	
X_7	借款人可接受的借款利率	借款人可接受的借款利率。	连续变量	
其他变量				
X8	置业状况	1,借款人已置业;0,借款人未置业。	分类变量	Greiner 和 Wang (2007)

资料来源:作者整理。

3. 样本及其统计描述

确定被解释变量和解释变量后,还要选择实证检验所需要的样本,并对样本数据进行统计描述。在 Prosper.com 上注册后,用户可以通过平台自带的 API 系统[1],以 URL 语言[2]输入的方式向 Prosper.com 总服务器发送调取历史数据请求。Prosper.com 能够提供的借贷数据量非常庞大(4.2GB),有些数据也并不是本文研究所需要的。因此,在不降低实证检验结果有效性的前提下,考虑到样本数据的完整性和可得性,以及在样本期内《华尔街日报》公布的基准利率一直保持在 3.25% 的水平上,本文首先选取 2013 年 3 月至 2015 年 1 月期间的 232 666 个借贷标的为样本数据。为控制不同还款期限对 P2P 网贷平台借款成功率和借款利率可能产生的影响,本文仅选取还款期限为 36 个月的借贷标的。同时,本文还对借款标的做了进一步筛选,即选取已经验证过银行卡信息,并且提供了负债收入比的借款标的。最后,本文将借款人主动撤销的借款标的排除在样本数据之外。经过合理的“层层剥离”,本文最终从 232 666 个借款标的中选取 126412 个借款标的为样本数据。

在最后选取的 126 412 个借款标的中,获得全额资金形成贷款的借款标的共 14 722 个,仅占借款标的总数的 12%,可见在借贷双方自由匹配的 P2P 网贷平台,总体借款成功率并不高(图 3)。

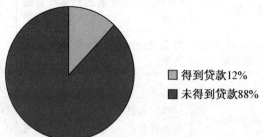

■ 得到贷款12%
■ 未得到贷款88%

图 3　借款标的成功获得贷款的比重

资料来源:作者绘制。

---

① Prosper API 网址 https://api.prosper.com。
② 需要用户自主学习的 OData 语言。

　　在成功获得贷款的借款标的中,最低借款利率几乎为零,平均借款利率为18.26%,最高借款利率为 45%;多数借款利率保持在 30%、20% 和 15% 左右。P2P 网贷平台的利率水平明显高于传统商业银行的利率水平,这是因为缺乏抵押担保的 P2P 借款标的本身的信用风险较高,贷款人要求的风险报酬也比较高(图 4)。

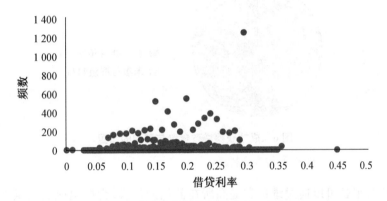

图 4　成功获得贷款的借款利率分布

资料来源:作者绘制。

　　在选取的 126 412 个借款标的中,在群组内提交的借款标的有 71 948 个,占比 56.9%;不在群组内提交的借款标的有 54 464 个,占比 43.1%,说明群组制度受到大多数借款人的欢迎(图 5)。

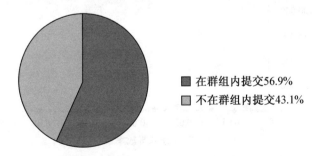

■ 在群组内提交56.9%
□ 不在群组内提交43.1%

图 5　在群组内提交的借款标的比重

资料来源:作者绘制。

在 14 722 个成功获得贷款的借款标的中,有 7 820 个借款标的提交者参
与了 Prosper. com 的群组,占比 56%;有 6 902 个借款标的提交者未参与
Prosper. com 的群组,占比 44%。大多数成功获得贷款的借款标的是由群组
成员提交的(图 6)。

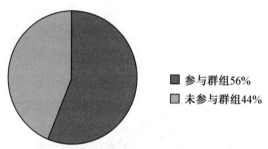

参与群组56%
未参与群组44%

图 6　成功获得贷款者参与群组的比重

资料来源:作者绘制。

群组组长可以通过维护和提高所在群组的声誉,为群组成员提供借款标
的预审等服务来获取报酬,即组长的提成比例。在 Prosper. com,组长提成的
平均比率为借款利率的 3%,最高可达 5%。由于组长提成比例的存在会降低
贷款人的实际收益率①,有 77.71% 的借款标的为吸引更多的贷款人,实际上
并没有向所在群组的组长支付提成比例(图 7)。

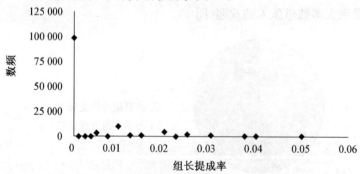

图 7　群组组长的提成比例分布

资料来源:作者绘制。

---

①　按照"投资受益者的给付原则",Prosper. com 的贷款人向群组组长支付一定比例的提成。

　　在 Prosper.com,97.26%的群组都有群组评分。在有评分的 45 013 个群组中,其中一星级评分的群组 42 832 个,占比 95.2%;二星级评分的群组 351 个,占比 0.8%;三星级评分的群组 108 个,占比 0.2%;四星级评分的群组 328 个,占比 0.7%;五星级评分的群组 1 394 个,占比 3.1%。一星级评分的标准较低,比较容易达到,所以一星级评分的群组远远多于其他星级评分的群组(图 8)。

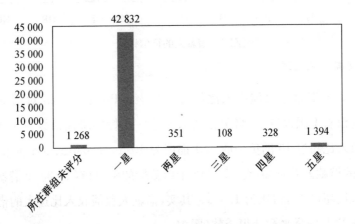

图 8　群组评分等级分布

数据来源:作者绘制。

　　借款标的中的财务信息同样值得重视,最重要的财务指标是借款人的征信评级。在 Prosper. com,HR 级为高风险借款人,在样本期内共有 63 929 个,占总数的 63.93%。由 E 级到 A 级的信用状况逐渐改善,相应的借款人也逐渐减少。AA 级为信用最高的借款人,共有 2 786 个,仅占总数的 2.20%。P2P 网贷平台充斥着信用风险较高的借款人,因为这些借款人大都是无法从传统商业银行获得贷款的小微企业和个人。通常,征信评级较高的借款人不会向 P2P 网贷平台提交借款标的(图 9)。

　　借款人的负债收入比也是重要的财务指标,这一数值越高,表示借款人的负债程度越严重,贷款人有理由认为这类借款人的偿债能力较弱。样本期内,Prosper. com 的借款人平均负债收入比为 55.87%,大多数借款人的负债收入

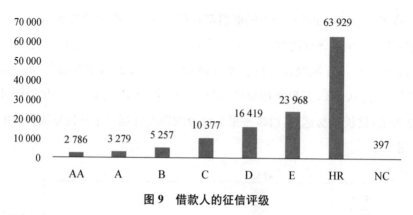

图9　借款人的征信评级

数据来源:作者绘制。

比不到100%,其最小负债收入比仅为0.31%。Prosper. com 对借款人的负债收入比没有上限设置,但将负债收入比这一指标的最高值设置为10.1,任何负债收入比超过10的负债收入比都记为10.1。Prosper. com 负债收入比超过10的借款人并不多,在126 412个借款标的中,只有2 235个借款标的的负债收入比超过10,占比为1.8%。其实,借款人负债收入比过大的借款标的也很难在P2P网贷平台获得贷款(图10)。

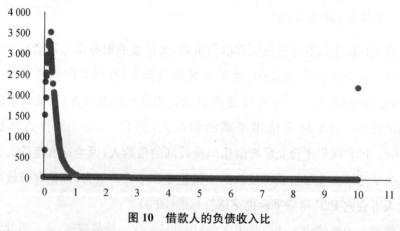

图10　借款人的负债收入比

数据来源:作者绘制。

借款人的其他个人信息,如借款人是否已置业,即是否拥有不动产也会引起 P2P 网贷平台贷款人的关注。不动产在必要时可以作为抵押,这有利于降低借款人的信用风险。在 126 412 个借款标的中,有 86 500 个借款标的的提交者(借款人)未置业,占比 68.43%;有 39 912 个借贷标的的提交者(借款人)已置业,占比 31.57%。这是符合 P2P 借贷逻辑的,因为已置业的借款人可以将不动产作为抵押,比较容易从传统商业银行获得贷款,而大多数未置业的借款人则倾向于到征信和抵押要求较低的 P2P 网贷平台申请贷款(图 11)。

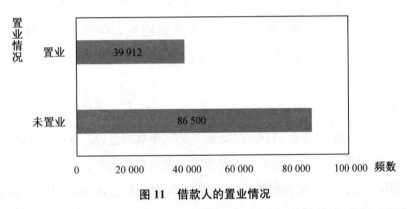

图 11　借款人的置业情况

数据来源:作者绘制。

三、实证检验及其结果

对样本数据的统计描述只能直观地反映各变量自身的特征与变化,并不能准确地揭示变量之间,特别是被解释变量与解释变量之间的相互关系。为深入研究群组制度对 P2P 网贷平台借款成功率和借款利率的影响,还有必要对变量之间,特别是被解释变量与解释变量之间的相互关系进行实证检验。

(一)群组制度对借款成功率的影响

对 P2P 网贷平台的借款人而言,其提交借款标的的结果不是借款成功,就是借款失败,即"是否得到全额资金形成的贷款"。这是一个典型的二元选择问题,所以采用广义线性回归 Probit 模型进行实证检验。

$$Y_1 = \begin{cases} 1,\text{借款成功,获得全额资金形成的贷款。} \\ 0,\text{借款失败,未获得贷款。} \end{cases}$$

Y_1 为被解释变量,表示是否得到全额资金形成的贷款。获得全额资金形成的贷款取值为 1,未获得全额资金形成的贷款取值为 0。

选取群组变量,财务变量和其他变量作为解释变量进行线性回归分析,可得回归公式如下:

$$Pr(Y_1 \mid X) = \alpha_0 + \alpha_1 X_1 + \alpha_2 X_2 + \alpha_3 X_3 + \alpha_4 X_4 + \alpha_5 HR + \alpha_6 E + \alpha_7 D + \alpha_8 C$$
$$+ \alpha_9 B + \alpha_{10} A + \alpha_{11} AA + \alpha_{12} X_5 + \alpha_{13} X_6 + \alpha_{14} X_7 + \alpha_{15} X_8 + \alpha_{16} X_9 + \varepsilon$$

$$(1)$$

式(1)中,X 为能否获得全额资金形成贷款的影响因素。

$X_1 \sim X_4$ 为群组变量,其中 X_1 表示是否属于某群组,X_2 表示群组评分,X_3 表示组长提成率,X_4 表示借款标的是否需要群组组长预审。

$HR \sim AA$、$X_5 \sim X_7$ 为财务变量,其中 HR 表示征信评级为 HR,E 表示征信评级为 E,D 表示征信评级为 D,C 表示征信评级为 C,B 表示征信评级为 B,A 表示征信评级为 A,AA 表示征信评级为 AA,X_5 表示负债收入比,X_6 表示借款金额,X_7 表示借款人可接受的借款利率。X_8 为置业状况,属于其他变量。ε 为误差项。上述变量具体含义可参见表 2。

(二)群组制度对借款利率的影响

在 P2P 网贷平台,只有当一个借款标的获得全额资金形成贷款后,借款利率才最终被确定下来。在 126 412 个借款标的中,获得全额资金形成贷款的借款标的为 14 722 个。本文采用多元线性回归模型,选取 14 722 个借款标的中的群组变量,财务变量和其他变量作为解释变量进行线性回归分析,可得回归公式如下:

$$Y_2 = \beta_0 + \beta_1 X_1 + \beta_2 X_2 + \beta_3 X_3 + \beta_4 X_4 + \beta_5 HR + \beta_6 E + \beta_7 D + \beta_8 C$$

$$+\beta_9 B+\beta_{10} A+\beta_{11} AA+\beta_{12} X_5+\beta_{13} X_6+\beta_{14} X_7+\beta_{15} X_8+\beta_{16} X_9+\varepsilon \qquad (2)$$

式(2)中,Y_2 为被解释变量,表示实际借款利率。解释变量 $X_1 \sim X_4$ 为群组变量,HR~AA、$X_5 \sim X_7$ 为财务变量,X_8 为其他变量,ε 为误差项。解释变量的具体含义与式(1)中的相同,也可参见表 2。

（三）检验结果及说明

本文使用 STATA[①] 统计软件进行回归分析,所做实证检验的结果都能通过稳健性检验,并且被显示在表 3 中。

表 3　回归分析的结果

变量	借款成功率 (Y_1)	实际借款利率 (Y_2)
群组变量		
是否属于某群组 (X_1)	0.227*** (0.028 3)	0.000162 (0.000 876)
群组评分 (X_2)	0.056 0*** (0.010 4)	−0.000 697** (0.000 310)
组长提成率 (X_3)	−0.171 (0.836)	−0.132*** (0.037 3)
是否需要组长预审 (X_4)	0.285*** (0.017 5)	−0.006 64*** (0.000 593)
财务变量		
征信评级 HR (HR)	−0.898*** (0.085 8)	−0.001 72 (0.002 94)
征信评级 E (E)	−0.345*** (0.086 1)	−0.005 10* (0.002 95)

---

① Statistics/Data Analysis Special Edition

（续表）

变量	借款成功率 (Y_1)	实际借款利率 (Y_2)
征信评级 D (D)	0.449*** (0.086 3)	−0.021 1*** (0.002 96)
征信评级 C (C)	1.214*** (0.087 1)	−0.030 5*** (0.003 00)
征信评级 B (B)	1.920*** (0.088 7)	−0.039 4*** (0.003 09)
征信评级 A (A)	2.460*** (0.090 5)	−0.045 9*** (0.003 16)
征信评级 AA (AA)	2.840*** (0.091 8)	−0.048 5*** (0.003 23)
负债收入比 (X_5)	−0.097 9*** (0.007 16)	0.000 465** (0.000 212)
借款金额 (X_6)	−8.15e−05*** (1.32e−06)	4.18e−07*** (4.73e−08)
借款人可接受的借款利率 (X_7)	9.455*** (0.128)	0.740*** (0.007 87)
其他变量		
置业状况 (X_8)	−0.038 3*** (0.012 8)	0.000 370 (0.000 458)
常数项 α_0 / β_0	−2.919*** (0.090 2)	0.025 6*** (0.003 46)

注:括号中为稳健性检验后的标准误;显著性水平 *** 表示在 1% 显著性水平下显著, ** 表示在 5% 显著性水平下显著, * 表示在 10% 显著性水平下显著。

根据 STATA 统计软件所做的回归分析,式(1)的虚拟判定系数(Pseudo R^2)为 35.33%,即被解释变量 Y_1 变动的 35.33% 可以由解释变量加以说明,因此可以认为式(1)具有一定的解释力;式(2)的残差平方根(Root MSE)为

0.025,相关系数(R^2)高达 85.03％,表明式(2)具有很强的解释力。

通过表 3 所列示的回归结果,可以判断前文提出的四个理论假设是否成立。

假设一,参加群组可以提高借款标的获得贷款的成功率,并且能降低借款人的借款利率。式(1)的回归结果显示,属于某个群组(X_1)能够在 1％的显著性水平下提高借款人获得贷款的成功率。但该变量(X_1)在式(2)中的系数为正,且回归结果在统计上不显著,因而无法判断参加群组能否降低借款人的借款利率。

假设二,所在群组的评分越高,借款标的获得贷款的成功率越大,借款人的借款利率越低。式(1)和式(2)的回归结果均支持这一假设。

假设三,群组组长在借款利率基础上所得到的提成比例越高,借款标的获得贷款的成功率越大,借款人的借款利率越低。式(1)的回归结果显示,组长提成比例(X_3)的系数为负,说明群组组长的提成比例越高,借款标的获得贷款的成功率越低,这可能是由于组长的提成直接来源于贷款形成时的借款利率,较高的提成比例会降低贷款人的实际收益率,进而降低了借款标的获得贷款的成功率。但由于这一回归结果在统计上不显著,本文无法判断组长提成比例对借款成功率的影响。式(2)回归结果显示,组长提成比例越高,借款利率越低。这是因为群组组长在高提成的激励下,更愿意为群组成员的借款标的提供建议,也愿意帮助借款人制定还款计划,这有利于提高借款人的还款率,进而降低借款人的借款利率。

假设四,群组组长预审群组成员的借款标的能够提高借款标的获得贷款的成功率,并且降低借款人的借款利率。式(1)和式(2)的回归结果均在 1％的显著性水平下支持这一假设。群组组长对借款标的进行预审能够在一定程度上保证借款人的资金借用和偿还,这就向贷款人传递了积极的信号,从而增加了借款标的获得贷款的成功率。同时,由于群组组长预审过的借款标的信用风险较低,因而贷款人所要求的风险补偿也较少,这有利于降低借款人的借款利率。

　　表 3 的回归结果也显示出财务变量会对借贷结果产生影响。例如,等级较低的个人信用评分会降低借款人获得贷款的成功率,特别是 HR、E 的评级会显著降低借款人获得贷款的成功率。随着个人信用评分的提高,借款人得到贷款的成功率会提高,借款利率也随之降低。负债收入比越高,借款人所提交借款标的获得贷款的成功率越低,同时借款人的借款利率越高,因为贷款人会怀疑负债率较高的借款人的还款能力,从而要求较高的借款利率。借款金额越大,借款人获得贷款的成功率越低,其借款利率越高。可能的解释是,其他条件相同,借款金额越大,需要的贷款竞标数也就越多;而且借款金额越大,在所控制的 36 个月还款期限内,借款人的还款压力就会增加,贷款人往往不愿意投资于此类借款标的。借款人可接受的借款利率越高,其获得贷款的成功率越大,因为较高的借款利率预示着贷款人能够获得较高的投资收益率。在其他条件相同的情况下,贷款人会更积极地投资于收益率较高的借款标的。

　　从表 3 的回归结果中还可以发现,借款人已置业的借款标的不容易获得贷款。可能的解释是,有不动产抵押的借款人应更多地向传统商业银行申请贷款,P2P 网贷平台的贷款人因此会怀疑已经置业的借款人之所以在 P2P 网贷平台提交借款标的,是因为他们的财务或征信状况不佳而被传统商业银行拒绝,所以贷款人更不信任此类借款人,从而降低了已置业借款人获得贷款的成功率。借款人是否置业与借款利率呈负相关,但并不具有统计上的显著性,所以还不能判断借款人是否置业对借款利率的真实影响。

四、结论与建议

　　本文对 Prosper. com 样本数据所做实证检验的主要结论是:(1) 参加群组可以提高借款人获得贷款的成功率;(2) 所在群组的评分越高,借款标的获得贷款的成功率越高,借款人的借款利率越低;(3) 群组组长在借款人借款利率基础上所得到的提成比例越高,借款人的借款利率也越低;(4) 群组组长预审群组成员的借款标的能够提高借款标的的获得贷款的成功率,并且降低借款人的借款利率。实证检验还表明，较高的信用评分、较低的负债收入比、较小的借款金额，能够提高借款人获得贷款的成功率，也有利于降低借款利率。

上述研究结论能够为中国 P2P 网贷平台健康发展提供有益的启示与借鉴。针对中国 P2P 网贷发展的具体实践，本文提出的主要建议是：

（1）引进群组制度。群组制度能够形成和聚集社会资本，进而有利于提高借款人获得贷款的成功率，并在一定程度上降低借款利率，这对资金需求急迫、借款数额较小且缺乏抵押担保的小微企业和个人而言十分重要。中国 P2P 网贷平台要引进 Prosper.com 的群组制度，并且结合基本国情，建立健全符合自身发展需要的群组制度，以提高借款成功率，降低借款利率。

（2）构建合理的群组评分体系。根据 Prosper.com 的经验，较高的群组评分能够提高借款成功率，降低借款利率，而且群组评分的高低与群组成员的还款情况密切相关。因此，中国 P2P 网贷平台在构建群组评分体系时，应综合考虑群组的规模、声誉，以及借贷经验，引入多种指标，如群组人数、群组成员身份认证，以及群组累计借贷次数等，多角度和多层次地对群组的功能与声誉进行评价，充分发挥群组制度在 P2P 网贷中的积极作用。

（3）重视对群组组长的激励。对 Prosper.com 群组制度的研究表明，群组组长的提成比例越高，群组成员的借款利率越低；经过群组组长预审的借款标的更有可能获得贷款，而且借款利率也比较低。中国 P2P 网贷平台也要重视对群组组长的激励，除适当增加群组组长的提成比例外，还要从其他方面对表现突出的群组组长进行精神与物质奖励，以提高群组组长预审群组成员借款标的和维护群组声誉的积极性。

主要参考文献

[1] BOURDIEU P. The forms of capital[J]. Handbook of Theory and Research for the Sociology of Education, 1986: 241 - 258.

[2] GRANOVETTER M. Economic action and social structure: the problem of embeddedness[J]. American Journal of Sociology, 1985: 481 - 510.

［3］KARLAN D S. Social connections and group banking［J］. The Economic Journal，
     2007，117(517)：F52 - F84.

［4］BA S，PAVLOU P A. Evidence of the effect of trust building technology in electronic
     markets：Price premiums and buyer behavior［J］. MIS Quarterly，2002：243 - 268.

［5］GREINER M，WANG H. Building consumer-to-consumer trust in e-finance
     marketplaces［J］. AMCIS 2007 Proceedings，2007：211.

［6］BERGER S C，GLEISNER F. Emergence of financial intermediaries in electronic
     markets：The case of online P2P lending［J］. BuR-Business Research，2009，2(1)：
     39 - 65.

［7］XU Y,QIU J，LIN Z. How Does Social Capital Influence Online P2P Lending? A
     Cross-Country Analysis ［C］//Management of e-Commerce and e-Government
     (ICMeCG)，2011 Fifth International Conference on. IEEE，2011：238 - 245.

［8］宋晨. P2P 网络借贷影响因素的实证研究［D］.扬州：扬州大学,2014.

（与蔡越合作,《经济理论与经济管理》2016 年第 10 期）

基于贝叶斯网络的 P2P 网贷借款人信用评价模型

摘要:构建有效的借款人信用评价模型是解决 P2P 网贷(Peer-to-Peer lending)信息不对称问题的关键所在,对 P2P 网络借贷的健康发展具有重要意义。本文以大数据征信为视角,认为空间维度上借款人多角度、多层次信息的交叉复现,以及时间维度上借款人社会活动信息的持续呈现能够更加准确地反映借款人信用状况,进而构建了基于贝叶斯网络(Bayesian Network,BN)的 P2P 借款人信用评价模型。研究表明,贝叶斯网络为 P2P 借款人多维信息间的复杂关系提供了统一的表达方式;基于贝叶斯网络推理的样本内信用评价准确率高达 87%,提高信用评价的概率值临界点能够显著增强信用评价模型的精准性;样本外信用评价准确率超过 90%,增加训练数据集能明显提高信用评价模型的精准性;通过对比不同信息维度模型的评价准确率,也可验证所构建的 P2P 借款人信用评价模型是稳健的。

关键词:P2P 网络借贷;借款人信用评价模型;贝叶斯网络

一、引　言

P2P 网贷是指借款人与贷款人通过网络借贷平台完成资金的无抵押借贷,其一般流程为:借款人在 P2P 网贷平台注册,经平台审查合格后发布借款信息，如借款的金额、期限、利率和用途等；贷款人根据借款信息进行符合自身风险偏好的投资决策；当借款信息与投资需求相匹配时，贷款人之间开始竞标并在借贷额度、利率等方面达成一致，最后资金从贷款人账户划拨至借款人账户，P2P 网贷的交易完成。借款人利用获得的资金开展生产经营活动，定期还本付息并向平台支付一定的服务费。由此可见，P2P 网贷是独立于传统金融机构的新型投融资模式，P2P 网贷的健康发展一方面有利于拓宽投融资渠道，降低交易成本和提高金融服务水平，另一方面也有利于加快利率市场化进程，提高金融体系的包容性和普惠性。

然而，在 P2P 网贷平台，由于投融资双方并不认识或熟悉，贷款人的投资决策完全依赖于借款人在平台上披露的个人信息，这样在 P2P 网络借贷过程中就会产生信息不对称现象，借款人具有较强的信息优势，掌握了借贷违约的所有信息，很可能引发逆向选择或道德风险。同时，贷款人不具有较强的信息优势，而且其投资行为也不是完全理性的，如在信息不对称的 P2P 网贷平台，一旦贷款人错误评价借款人的信用状况，市场上盲从的羊群效应就会迅速放大这种错误，从而加剧 P2P 网贷平台的不确定性和违约风险。国内外已有文献主要集中于研究信息不对称和信息披露如何影响 P2P 网络借贷行为，鲜有学者对 P2P 借款人的信用评价模型展开深入研究，而有效的借款人信用评价模型对缓解信息不对称问题、规范 P2P 网络借贷行为以及促进 P2P 网络借贷市场健康发展都具有重要的理论与现实意义。

正是出于这样的认识，同时考虑到大数据征信能够利用先进 IT 技术打破信用强相关和以信贷数据为主要指标的传统征信模式，并且在信用评价中引入大量社交网络、行为习惯和非结构化数据等信用弱相关数据，能够弥补传统信用指标数据维度少和覆盖群体小的缺陷，本文以大数据征信为视角，构建 P2P 借款人信用评价模型，然后还借助贝叶斯网络模型和 Prosper 多维度交易数据对 P2P 借款人信用评价模型进行了有效性检验。

二、文献回顾

国内外文献表明,信息不对称和信息披露对 P2P 网络借贷行为具有不同程度的影响。Freedman & Jin(2008)指出,借款人属性对网络借贷行为具有显著的影响,借款人提供的财务信息越多越容易获取贷款。Lin et al. (2009)认为,借款成功率与借款人信用等级显著正相关,而且借款人信用等级越低其违约率越高。Pope et al. (2011)指出,借款人的年龄、性别、宗族和外貌等特征也会影响网络借贷行为。Herzenstein et al. (2011)运用 Prosper 网站的公开数据进行实证检验,发现贷款人的信用、个人信息等会显著影响借款成功率和借款利率。Michels(2012)的研究表明,对于信用等级较差的借款者,披露的信息越多越有可能获得贷款。李悦雷等(2013)以"拍拍贷"的交易数据分析影响借款成功率的因素,指出借款人的地域、信用等级和年龄等对贷款成功率都有显著影响。王会娟、廖理(2014)以"人人贷"为研究对象,发现借款人信用等级越高,借款成功率越高且借款成本越低。

借款项目属性如借款数量、借款利率、借款目的、期望收益、借款期限和投标人数等会对网络借贷行为产生影响。Iyer et al. (2009)指出,贷款人利用借款项目的非标准化信息能够显著提高对违约率的预测精度,如借款人最大可接受利率、竞标时间、借款目的和借款人所在城市等。Puro et al. (2011)根据借款项目的属性信息为 P2P 借款人量化最优借款策略,如设定初始利率和借款金额等,帮助借款人在成功借款的前提下实现借款成本最小化。Herzenstein et al. (2011)和 Larrimore et al. (2011)的研究表明,借款人关于借款的文字陈述也与借款成功率和违约率相关,如提到过去的经营成就会提高贷款成功率,但陈述内容过多则往往有较高的违约风险。Kawai et al. (2014)认为,贷款人的最大可接受利率能够作为其能否得到贷款和是否偿还贷款的信号。廖理等(2014)对"人人贷"数据进行检验,其结论是,中国网络借贷的非市场化利率部分能够反映借款人的违约风险,贷款人能够借助借款人的公开信息识别相同利率背后所包含的不同违约风险。

另外,非正式的社会网络关系也会影响 P2P 网络借贷行为。La Ferrara (2003)指出,非正式或小额贷款机构利用借款人的社会网络关系进行风险管理,从而比传统金融机构更具信息优势。Freedman & Jin(2014)认为,社会网络关系(如朋友背书)能够缓解网络借贷的信息不对称问题。Agrawal et al. (2011)的研究发现,社会网络关系对网络借贷行为发挥重要的作用,线下交易的社会关系摩擦并未随着线上交易的距离缩小而消失。Lin et al. (2009)分析了 Prosper 的 P2P 网贷交易数据,结果表明借款人可证实的社会网络关系不仅能够显著减少逆向选择问题,而且能够增加贷款的成功率和降低借款的利率和违约率。Freedman & Jin(2014)认为,社会网络关系在缓解网络借贷信息不对称问题的同时也可能向贷款人传递错误的信号。

上述文献主要从理论上解释 P2P 网络借贷中的信息不对称现象,以及信息披露如何影响 P2P 网络借贷行为,但没有将借款人的信息纳入统一评价模型以准确评价借款人的信用状况,而这样的缺失不利于 P2P 网络借贷市场的健康发展。基于此,本文以大数据征信为视角,构建 P2P 借款人信用评价模型,并借助贝叶斯网络将 P2P 借款人信用指标纳入统一的评价模型,进而实现对借款人信用状况的精准评价。

三、P2P 借款人信用评价的理论模型

P2P 借款人信用评价的目的在于通过搜集和挖掘借款人已有和潜在的信息数据,为准确评价借款人的信用状况提供依据。借款人的信用状况通常与其信贷记录紧密联系,因此传统征信主要从借款人的信贷记录挖掘其信用信息。然而,借款人的信贷记录并非与信用状况一一对应关系,信贷记录对借款人信用状况的解释能力是有限的,而借款人的其他行为信息则会在较大程度上反映其信用状况。随着互联网和信息储存技术的飞速发展,记录人们各种行为的多维数据不断增加和累积,大数据征信的思维逐渐被人们所关注,受

到互联网金融和资本市场的追捧。征信和大数据有着密切的关系,一方面征信数据是天然的大数据,理论上与消费者和企业相关的数据都可以用来做征信;另一方面征信其实就是将分散在不同信贷机构,以及碎片化的局部信息,加工融合成为具有完整视图效果的全局信息,从中挖掘出风险信息,以解决交易过程中的信息不对称问题。

大数据征信为借款人空间维度上多角度、多层次行为信息的交叉复现和时间维度上与人或社会有机体相关联信息的持续呈现创造了条件,能够准确映射借款人的还款意愿和还款能力。大数据征信除了包括传统征信所依赖的银行信贷数据,同时也涵盖与借款人还款能力和还款意愿相关的一些描述性信息,如借款人的基本信息,包括职业、收入、街区、工作状况、假日活动和居住稳定性等;借贷信息,包括车贷、房贷、信用卡和助学贷款等;消费信息,包括在商场和网络消费频次、额度等;公共信息,包括法院判决、税务拖欠、地铁逃票、交通违章和亲友欠款等。这些看似杂乱无章的多维信息,经过交叉分析和索引处理后,可以转换成准确反映个人信用状况的有用信息。基于大数据征信的价值逻辑,结合 P2P 网贷的特征,本文构建了图 1 所示的 P2P 借款人信用评价的理论模型。

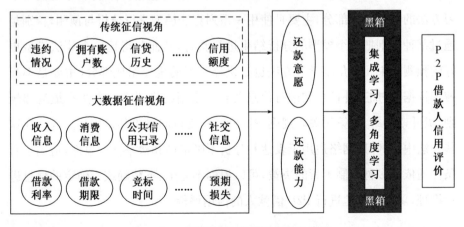

图 1 P2P 借款人信用评价的理论模型

图 1 显示，传统的 P2P 借款人信用评价主要依据借款人的银行信贷数据，如违约情况、拥有账户数、信贷历史和信用额度等。由于受维度少和覆盖群体小的制约，银行信贷数据难以准确和有效反映借款人的还款意愿和还款能力[①]。大数据征信则利用 P2P 借款人的其他行为数据，在很大程度上弥补了传统评价机制的缺陷。大数据征信除包括信贷数据外，还利用借款人的收入信息、消费信息、公共信用记录和社交信息等来交叉复现 P2P 借款人的信用状况。根据以往的研究经验，本文还增加了能够影响 P2P 借款人信用状况的借款标的信息，如借款利率、借款期限、竞标时间和预期损失等来评价 P2P 借款人的信用状况。尽管多维的信息数据能够交叉复现 P2P 借款人的信用状况，但随着数据维度的增加，信用评价模型的运算会趋于复杂，若选用的评价模型不当，很容易因"数据噪音"的干扰而导致信用评价结果失真。因此，选用合适的信用评价模型是 P2P 借款人信用评价的重要环节，本文假设这一重要环节是一个既不能打开，也不能从外部直接观察内部状态的"黑箱"。那么，在数据维度较大条件下研究事物之间相互联系和相互作用的有效方法就是集成学习或多角度学习的机器学习方法。

机器学习方法在生产、科研和生活中有着广泛应用。集成学习是机器学习方法的重要组成部分，主要是使用一系列算法模型进行分析与预测，特别是通过某种规则把单个模型的分析结果进行整合，从而获得比单个算法模型更好的预测效果。多角度学习方法也是机器学习的重要组成部分，主要是不断搜集证据、增加互补信息和进行信息融合。常用的机器学习方法有最近邻规则、贝叶斯网络、决策树关联规则、神经网络、支持向量机和遗传算法等。在这些方法中，贝叶斯网络适用于表达和分析不确定性和概率性的事件，适用于有条件地依赖多种控制因素的决策，可以根据不完全、不精确或不确定的信息进行推理，从而有效地进行 P2P 借款人的信用评价。

---

① 截至 2013 年底，中国人民银行的征信系统中有征信记录的约为 3.2 亿人，仅占总人口数的 23.7%，远低于美国征信体系 85% 的覆盖率。

贝叶斯网络是一种有向无环图模型(Directed Acycline Graph,DAG),其结构如图 2 所示。贝叶斯网络可表示为 $G=(V,A)$,其中 $V=(X_1,X_2,\cdots,X_n)$ 是节点的集合,节点表示随机变量;$A=(w_{12},w_{13},w_{23},\cdots)$ 是弧(或称为边)的集合,弧的箭头表示随机变量之间的概率相依性,指向节点 X_i 的所有节点称为 X_i 的父节点,X_i 则称为父节点的子节点。例如,随机变量 X_1 是 $(X_2,X_3,\cdots,X_n)$ 等节点的父节点,X_2 又是 X_3 和 X_n 的父节点,X_3 是 X_2 的子节点等。

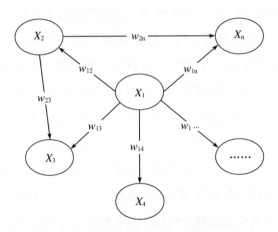

图 2　贝叶斯网络结构简图

图 2 中,节点 X_1 和 X_2 都指向节点 X_3(粗线部分),这种结构关系称为汇连,在贝叶斯网络中也被称为 v-结构,此时节点 X_1 和 X_2 不是条件独立的,在给定节点 X_3 时,可以由贝叶斯网络的马尔科夫性质[①]解释其条件依赖情况,即 $P(X_1,X_2,X_3)=P(X_3|X_2,X_3)P(X_2)P(X_3)$。同样,$X_1$ 和 X_2 与 X_n 也是 v-结构。贝叶斯网络定义了一个涵盖全体节点的联合概率分布,称为全局概率分布。相对的,与每个随机变量关联的为局部概率分布。全局概率分布的形式由贝叶斯网络的马尔科夫性质给出,每个随机变量的概率密度只依

---

① 马尔可夫性质是概率论中的概念:当一个随机过程在给定现在状态及所有过去状态情况下,其未来状态的条件概率分布仅依赖于当前状态,即该随机过程的历史路径是条件独立的。

赖于其父节点，即 $P(X_1,X_2,\cdots,X_n)=\prod_{i=1}^{n}P_{X_i}(X_i\mid\prod_{X_i})$，其中 $\prod_{X_i}$ 为随机变量 X_i 的父节点的集合。条件独立的随机变量与相应节点间的联通或分割延伸至节点集合中任意不相交子集的 v-结构。[①]

贝叶斯网络模型的估计过程分为两步：首先，确定各随机变量的结构关系（联通或分割），即在给定一个数据样本集的前提下，寻找一个与训练样本集匹配最好的网络结构，该过程称为结构学习；然后，在给定网络结构和训练样本集后，利用先验知识确定贝叶斯网络各节点的条件概率分布，该过程称为参数学习。这种两步法的优势在于每次估计只需考虑一个局部概率分布函数，而无须估计全局概率分布函数，这就大大降低了模型估计的复杂性。贝叶斯网络参数确定后，即可利用贝叶斯网络结构和各节点的条件概率表，在已知证据节点集合的取值状态下，计算非证据节点的后验概率分布。贝叶斯网络能够根据各变量所对应的数据信息，估计出相互之间复杂的概率相依性，并通过节点之间的边遍历整个网络，从而为多个变量之间的复杂依赖关系提供统一的表达模型。可以认为，贝叶斯网络不仅克服了人为主观判断的局限性和盲目性，而且能够避免传统线性和非线性预测模型的过度拟合问题，这有助于整合多维度信息，进而提高目标变量预测的精准性。

四、P2P 借款人信用评价的实证模型

（一）数据选取和说明

本文选取 Prosper 官网上发布的已到期历史借贷数据为样本，时间跨度为 2009 年 7 月 13 日至 2014 年 11 月 13 日。[②] 之所以这样选择，是因为：

---

① Pearl(2014)称不相交子集的 v-结构为"d-分割"，设 A、B、C 是 3 个不相交的节点集合，若在 A、B 之间有一个节点 Y 满足下列之一：(1)Y 在 C 中且没有汇连；(2)Y 有一条汇连的边，且 Y 或它的子节点都不在 C 中，称 C"d-分隔"A、B(也称有向分隔)。此时，若 C 已知，则 A 和 B 在给定 C 时条件独立。

② 该时间点代表标的上线的时间。

（1）Prosper是目前世界上最大的 P2P 网贷平台，公开可用的数据始于 2005 年 11 月 9 日，至今不仅已积累庞大的数据资源，而且所包含的变量更加多维和完整（包含 81 个变量），是国外学者研究 P2P 网络借贷的重要数据来源。[①] 本文以大数据征信为视角，所构建的 P2P 借款人信用评价模型需要量大和多维的数据进行有效性检验；（2）Prosper 于 2009 年 7 月 13 日采取新的信用评分办法，增加了有效收益率、预期损失和预期回报等变量，进而使该时间节点之后的数据更加完备。为消除信用评分办法变更和处理缺失值对研究结果带来的扰动，本文选择 2009 年 7 月 13 日之后的可得数据作为样本；（3）Prosper 要求借款人提供的资料经过严格的认证和评估，如由美国三大征信机构之一的益佰利（Experian）提供个人信用评分，因此能使借款人的资料更为客观和翔实，这在很大程度上可以避免因虚假信息造成的研究结果偏差；（4）本文重点检验信用评价模型对借款人还款或违约概率的预测精度，预测结果准确与否需要历史数据作为参照，因此选择 Prosper 上成功贷款且已到期的所有标的数据。

历史借贷数据来源于 Prosper 官方网站（https://www.prosper.com/tools/DataExport.aspx）的数据输出文件，包括借款人指标信息、借款项目指标信息和借款人社会网络关系信息三大类。在实证检验之前，需要对原始数据做必要的处理：剔除事后才生成的变量，如逾期持续时间、逾期本金、信用评分变动等；剔除识别型变量，如标的编号、借款人编号、小组编号等；整合意义相同的变量，如贷款收入比和是否验证收入、Prosper 等级的数字表示和字母表示等；处理相关性较大的变量，如信用积分取上界和下界的平均值等；处理时间变量，如计算竞标时间和借款人开始信用积分的时间。本文最终选取的样本变量为 48 个，样本数量为 41 438 个，其中已按时还款 32 356 个，违约9 082 个。

---

① Prosper 至今已经获得超过 8 000 万美元的风险投资，其用户已超过 137 万，所提供贷款金额累计超过 3.54 亿美元，是目前世界上最大的 P2P 网贷平台。

（二）信用评价模型的结构学习

贝叶斯网络的结构学习算法分为三类：基于约束的算法、基于得分的算法，以及混合算法。约束算法的思路是，节点 X_i 和 X_j 在节点 X_z 给定的条件下，若满足条件独立，则 X_i 和 X_j 被 X_z "d-分隔"，X_i 和 X_j 之间没有边；若不满足条件独立，则 X_i 和 X_j 之间存在边。基于约束的算法有增长收缩法、增量关联法、快速增量关联法和内部增量关联法等。基于得分的算法是运用优化中的贪婪算法[①]，对每个"备选"的网络结构指定一个表示拟合优度的得分，然后选取得分最高的网络结构。基于得分的算法有贪婪搜索算法、遗传算法和模拟退火算法等。混合算法结合了约束算法和得分算法，在更为广泛的范围内能够抵消两者的缺点而产生可靠的网络结构，混合算法有最大最小爬山法和两阶段限制最大化法。不同的结构学习算法得到不同的贝叶斯网络结构，本文根据常用的交叉验证（Cross-validation）来评判和选择最优的贝叶斯网络结构学习算法。交叉验证是检验模型拟合优度无偏估计的标准方法，它通过对比不同的学习算法、拟合技术和对应参数的组合，并根据每个模型的损失函数计算网络得分，从而选出最优的模型结构（Koller & Friedman，2009）。[②] 损失函数为对数似然损失，该值越小表明模型越有效。本文假设 P2P 借款人的还款状态是所有其他信用指标的父节点，并将其称之为根节点，从而使得这些信用指标都成为评判借款人还款状态的依据。图 3 显示不同算法下贝叶斯网络的期望损失。因为贪婪搜索法的期望损失最小，所以本文选择该算法作为贝叶斯网络的结构学习算法。

---

① 贪婪算法指在对问题求解时，总是做出在当前看来是最好的选择。即不从整体最优上加以考虑，所做出的仅是在某种意义上的局部最优解。贪婪算法的基本思路是：建立数学模型来描述问题；把求解的问题分成若干个子问题；对每一子问题求解，得到子问题的局部最优解。

② 交叉验证（Cross validation），亦称循环估计，是一种统计学上将数据样本切割成较小子集的实用方法。可以先在一个子集上做分析，其他子集则用来做后续对此分析的确认及验证。本文选择 k-folder 验证方法：k 个子集，每个子集均做一次测试集，其余的作为训练集。交叉验证重复 k 次，每次选择一个子集作为测试集，并将 k 次的平均交叉验证识别损失率作为结果，k 值取 10。

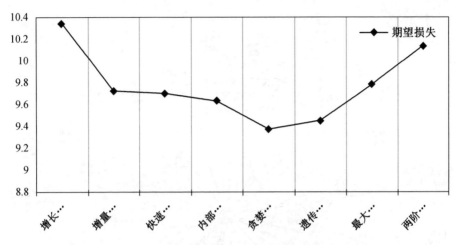

图 3 最优贝叶斯网络结构算法选择

贪婪搜索法下 P2P 借款人信用评价模型的贝叶斯网络结构如图 4 所示。其中,还款状态指向所有节点,是所有节点的父节点(或称根节点)。总借款时间的子节点包括预期收益率、有效收益率、借款用途、竞标时间、借款数量、年化利率、借款期限、利息费用、期望损失、累计还款、就业持续时间和是否推荐,而同时又被还款状态、就业状态、借款等级和按时还款额等节点所指向。借款等级是预期收益率、期望损失、借款数量、总借款时间、有效收益率、信用评分、累计还款和年化利率等节点的父节点,同时又是信用卡额度、贷款收入比率和半年咨询量等节点的子节点。贝叶斯网络各节点之间的依赖关系具有传递性,如借款等级与总借款时间的概率相依性又可根据各自的网络关系传递到其他节点,这样就捕捉到所有节点之间直接或间接的相关关系。贷款人收益率不是任何节点的父节点,并且仅是还款状态和借款利率的子节点。1 年公共记录也是如此,仅是还款状态和 10 年公共记录的子节点。

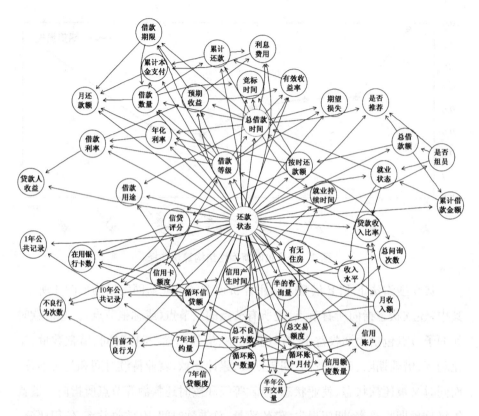

图 4　P2P 借款人信用评价模型的贝叶斯网络结构

　　为更清晰地展示 Prosper 借款人信用指标间复杂的相互依赖关系,图 5 显示借款人各信用指标对应节点的边的数量。信用评价模型的贝叶斯网络结构共有 48 个节点,156 条边。网络结构中每个随机变量的概率密度只依赖其父节点,因此借款人信用指标的子节点越多,其在网络结构中的关联度越大。根节点还款状态是 47 个节点的父节点,表明这些节点对应的借款人信用指标都与还款状态有概率依赖关系。除根节点外,总借款时间的边的总数为 16 条,是 14 个属性变量的父节点;借款等级的边的总数为 13 条,是 9 个属性变量的父节点;表明总借款时间和借款等级在整个网络结构中的关联度较大。贷款人收益率和 1 年公共记录的边都为最少的 2 条,且均是子节点,说明贷款人收益率和 1 年公共记录在网络结构中的关联度最小。除此之外,其他节点的边分布在 3～8 条,父节点在 5 个以内。

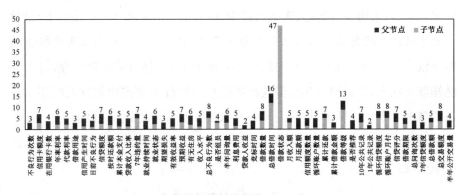

图 5　节点变量的边的数量

（三）信用评价模型的参数学习

确定 P2P 借款人信用评价模型的贝叶斯网络结构后,即可通过参数学习估计出各节点的参数,生成条件概率表。参数学习算法有最大似然估计和贝叶斯估计两种。其中,贝叶斯估计算法将待估参数作为一个随机变量,在学习过程中充分利用参数的先验分布和选取规则,从而比最大似然估计算法更为合理,所以本文选择贝叶斯估计算法进行贝叶斯网络的参数学习。表 1 展示了节点就业状态的条件概率表,就业状态有三个父节点,分别为是否组员[①]、总借款额和还款状态。是否组员是二值变量（是或否）;总借款额是三值变量（0,或<5 000,或>5 000）,0 表示借款人没有在 Prosper 借款的历史,对于有借款历史的借款人,按 5 000 美元的临界值分割;还款状态包括还款和违约两种状态。表 1 中的概率值表示就业状态的三个父节点在一定取值下借款人处于不同就业状态的概率,如第一行的含义为在借款人未加入群组、没有借贷历史和还款的情况下,借款人处于被雇佣状态的概率为 0.783,处于全职、其他、

---

① Prosper 平台上具有相同兴趣爱好或好友关系的会员可以成立一个群组,由一个领导人进行管理,领导人有拒绝和接受入组申请和分配奖励的权限。一旦被批准入组,组员的信贷行为就会对群组产生影响。为了获得奖励,组长具有确保组员按时还款的动机和压力。同时,领导人也会发布公开信息为组员做担保,或者直接投资于组员的借款标的。另外,同组组员之间也可能发展成为朋友,为彼此的借款标的做背书或直接投资于朋友标的。

兼职、自营和失业状态的概率依次为 0.119、0.034、0.005、0.045 和 0.014。同样,第二行表明,在借款人未加入群组、没有借贷历史和违约的情况下,借款人处于被雇佣状态的概率为 0.754,处于全职、其他、兼职、自营和失业状态的概率依次为 0.085、0.065、0.002、0.063 和 0.031。利用贝叶斯定理,可以在已知就业状态、是否组员和总借款额等信息的情况下逆推出借款人的还款或违约概率。表 1 还显示,贷款人只需考虑根节点与其父节点之间的关系,这使得模型估计的复杂程度大大降低,有利于处理大规模网络的不确定和多属性决策问题。

表 1　就业状态的条件概率表

还款状态	是否组员	总借款额	P(就业状态 ∣ 是否组员,总借款额,还款状态)					
			被雇佣	全职	其他	兼职	自营	失业
还款	否	0	0.783	0.119	0.034	0.005	0.045	0.014
违约	否	0	0.754	0.085	0.065	0.002	0.063	0.031
还款	是	0	0.476	0.382	0.019	0.015	0.094	0.015
违约	是	0	0.532	0.234	0.021	0.021	0.149	0.043
还款	否	<5 000	0.560	0.337	0.022	0.013	0.047	0.021
违约	否	<5 000	0.560	0.273	0.043	0.021	0.070	0.033
还款	是	<5 000	0.351	0.520	0.000	0.016	0.077	0.036
违约	是	<5 000	0.304	0.533	0.011	0.011	0.130	0.011
还款	否	>5 000	0.638	0.285	0.015	0.003	0.045	0.014
违约	否	>5 000	0.668	0.206	0.026	0.004	0.080	0.016
还款	是	>5 000	0.406	0.483	0.011	0.011	0.066	0.026
违约	是	>5 000	0.471	0.368	0.022	0.022	0.066	0.051

表 2 展示了借款用途的条件概率表。Prosper 数据中的借款用途设置 7 个类别,1～7 分别为债务合并、改善生活、生意需要、个人贷款、学生贷款、汽车贷款,以及其他。借款用途的三个父节点为还款状态、总借款时间和循环信贷额度,累计借款时间被 25 个月和 38 个月分为三个区间,循环信贷额度被

4 040美元和12 900美元分割成高、中和低三个区间。假定 P2P 网贷平台仅用借款人的借款用途、总借款时间和循环信贷额度三个维度的信息,则可根据表2的条件概率表逆推该借款人的还款或违约概率。然而,如果仅以此得出借款人的还款或违约概率可能会面临较大的不确定性,但若结合就业状态的条件概率(见表1),则可增加三个维度的信息对借款人从另外三个侧面进行交叉检验。如果将还款状态47个子节点的条件概率信息全部作为判断借款人还款或违约概率的依据,那么贷款人会对借款人多个侧面的信用状况进行综合评价,这就能明显提高对借款人信用评价的精准性。[①]

表2　借款用途的条件概率表

还款状态	总借款时间	循环信贷额度	P(借款用途 | 还款状态,总借款时间,循环信贷额度)						
			1	2	3	4	5	6	7
还款	(25,38]	高	0.566	0.134	0.086	0.070	0.000	0.031	0.114
违约	(25,38]	高	0.538	0.142	0.114	0.068	0.000	0.018	0.119
还款	(38,64]	高	0.551	0.097	0.091	0.000	0.012	0.037	0.213
违约	(38,64]	高	0.563	0.098	0.107	0.000	0.016	0.031	0.186
还款	(38,64]	中	0.533	0.088	0.084	0.000	0.018	0.052	0.225
违约	(38,64]	中	0.552	0.089	0.106	0.000	0.008	0.048	0.198
还款	[0,25]	中	0.735	0.081	0.031	0.072	0.000	0.017	0.063
违约	[0,25]	中	0.657	0.116	0.054	0.078	0.000	0.021	0.073
还款	(25,38]	低	0.339	0.175	0.108	0.108	0.000	0.090	0.181
违约	(25,38]	低	0.382	0.165	0.123	0.106	0.000	0.055	0.169
还款	[0,25]	低	0.460	0.163	0.064	0.137	0.000	0.044	0.132
违约	[0,25]	低	0.426	0.157	0.074	0.143	0.000	0.038	0.162

---

① 限于篇幅,本文不再展示还款状态其他父节点的条件概率表,但不影响本文的研究合理性。

五、P2P 借款人信用评价模型的有效性检验

确定 P2P 借款人信用评价模型的贝叶斯网络结构和各节点的条件概率表后,即可利用给定的借款人信用指标评价其信用状况。本文认为,信用评价模型之所以有效,主要表现为其预测借款人还款或违约概率的精准性高和稳健性好。

（一）信用评价模型的精准性检验

1. 样本内信用评价的精准性

本文构建的信用评价模型能够整合借款人在 P2P 网贷平台上提供的多维个人信息,以信用指标的相依结构和条件概率密度为评价依据,事前估计借款人的还款或违约概率。为使有效性检验更加合理,本文从样本内和样本外的预测结果两个方面,检验信用评价模型的精准性。[①] 样本内信用评价的思路是,首先根据所有 41 438 组借款人的信用指标构建信用评价模型,然后对该 41 438 组不包括还款状态指标的数据,利用所构建信用评价模型预测借款人的还款状态,最后比较还款状态的预测值与真实值计算样本内信用评价的准确率。表 3 显示 Prosper 借款人的样本内信用评价的精准性,总体的评价准确率为 87%。其中,32 356 个还款案例中,通过贝叶斯网络推理实现正确评价的有 27 926 例,准确率达到 86%;9 082 个违约案例中,实现正确评价的有 8 079 例,准确率达到 89%。由此可见,本文构建的 P2P 借款人信用评价模型能够有效整合借款人的多维度指标信息,在很大程度上准确判断了借款人的还款或违约概率,从而为 P2P 网贷平台提供了精准性很高的借款人信用评分方法。

---

① 所谓样本内预测是指用全部观测值来估计模型,然后用估计得到的模型对其中的观测值进行预测;样本外预测是指将全部观测值分为两部分,一部分观测值用来估计模型,然后再用估计模型对另一部分观测值进行预测。

表 3　样本内信用评价结果

预测	还款	违约	准确率
还款	27 926	1 003	86%
违约	4 430	8 079	89%
总计	32 356	9 082	87%

　　本文的根节点,即还款状态是二值变量(还款或违约),判断还款或违约的概率值临界点为 0.5。然而现实中 0.51 和 0.99 的概率常常具有本质上的差别,概率越高说明做出正确判断的把握越大,概率越小则说明做出正确判断的把握越小。本文通过分析概率值临界点的分布情况,探究信用评价模型做出正确判断的把握性大小。图 6 显示信用评价模型对 41 438 个借款人信用评价的概率值分布特征,左图为 36 005 个正确评价的概率值分布特征、右图为 5 433 个错误评价的概率值分布特征。正确评价概率值分布的上四分位为 0.99,中位数为 0.97,下四分位为 0.84,下边缘超过了 0.6,0.5~0.6 的概率值为离群值;相比之下,错误评价中概率值分布的上四分位仅为 0.84,中位数为 0.72 左右,下四分位为 0.6,下边缘为 0.5。由此可知,贝叶斯网络对借款人信用正确评价的概率值大多分布在超过 0.84 的高位,对借款人信用错误评价的概率值大多分布在小于 0.84 的低位,特别是错误评价概率值分布的上四

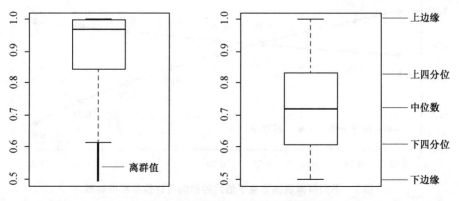

图 6　信用评价的概率值分布特征

分位仅达到正确评价概率值分布的下四分位水平,错误评价概率值分布的下四分位仅达到正确评价概率值分布的下边缘水平。根据信用评价模型正确和错误判断的把握性差别,本文可做出这样的推理,即通过提高信用评价的概率值临界点能够增加信用评价的精准性。

图 7 显示不同概率值临界点下信用评价模型的精准性,横轴为不同概率值临界点,纵轴为信用评价的可评价率和准确率,可评价率为信用评价概率值大于临界点的借款标的数量与总借款标的数量之比。从表 7 可以发现,随着信用评价概率值临界点的增大,可评价率呈现等差性递减,由 0.5 临界点时的100%,递减至 0.9 时的 67%;相反,信用评价的准确率则随着概率值临界点的增大而递增,即从 0.5 临界点时的 87%递增至 0.9 时的 97%,这表明本文构建的信用评价模型能够灵活和精准地对 P2P 借款人的信用状况进行评价。不同概率值临界点下借款人信用评价模型的精准性可以为不同风险偏好的贷款人提供灵活的投资策略,如风险承受能力强的贷款人可以设置较低的概率值临界点,在较大的投资空间选择适合自己的借款标的,而风险承受能力弱的贷款人则可设置较高的概率值临界点,在较小的投资空间选择相对安全的借款标的。

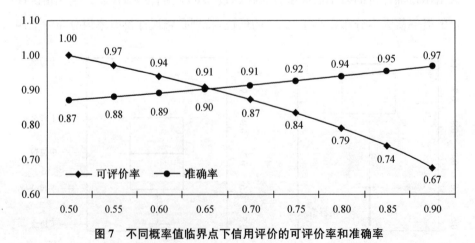

图 7　不同概率值临界点下信用评价的可评价率和准确率

2. 样本外信用评价的精准性

样本外信用评价的思路是,首先按一定比例将总样本分为训练数据集和测试数据集两部分[①],其次利用训练数据集估计出信用评价模型的结构和参数,然后对该信用评价模型输入测试数据集并获得预测值,最后比较预测值和真实值,计算出样本外信用评价的准确率。本文从两个角度衡量所建信用评价模型的样本外信用评价精准性:一是用固定数量的训练数据集估计信用评价模型的结构和参数,进行样本外滚动预测借款人的还款或违约概率,并利用真实数据测算该信用评价模型样本外信用评价的精准性;二是设定不同数量的训练数据集,利用所构建的若干信用评价模型进行样本外滚动预测借款人的还款或违约概率,进而比较不同信用评价模型的样本外信用评价精准性。由于实证涉及 48 个变量和 156 条边,需要估计大量的参数,并且还要求较大的训练数据集支撑信用评价模型的结构学习和参数学习,因此本文确定25 000、30 000 和 35 000 三个不同规模的训练数据集,样本外预测长度为1 000,滚动窗口为 1 000,共滚动 5 次。[②]

图 8 为三个不同信用评价模型的样本外信用评价精准性比较,横轴代表25 000、30 000 和 35 000 个训练数据集下构建的信用评价模型,纵轴为三个信用评价模型 6 次信用评价的准确率。总体上看,样本外信用评价较样本内更为精准,原因是样本内的信用评价对象时间跨度较大,而随着时间演进贷款人和借款人对 P2P 网贷平台的理解和认识可能发生变化,从而改变借款人信用指标之间的因果关系,并最终影响信用评价的精准性。不同训练数据集下的信用评价模型在信用评价精准性上有明显差别。随着训练数据集的增加,信用评价模型的预测准确率不断提高,在 6 次信用评价中,三个信用评价模型预

---

① 训练数据集(Test Data)用于构建模型。测试数据(Test Data)用于检测模型,以评估模型的准确率。测试数据不能用于模型构建过程,否则会导致过渡拟合问题。

② 以 25 000 个训练数据集为例:第一次滚动预测之前以 1~25 000 个训练数据集估计信用评价模型的结构和参数,并预测 25 001~26 000 的 1 000 个测试数据集;第一次滚动 1 000 个训练数据集后,用 1 001~26 000 的 25 000 个训练数据集估计信用评价模型的结构和参数,并预测 2 6001~27 000的 1 000 个数据,以此类推,共滚动 5 次。

测准确率的均值依次为 0.91、0.95 和 0.96，方差依次为 0.04、0.01 和 0.02，表明在信用评价模型的预测过程中，信用指标数据的充足性有利于提高预测的纠错能力和自我学习能力，能够及时更新后验信息并提高结构学习和参数学习的精度，从而达到准确评价借款人信用状况的要求。

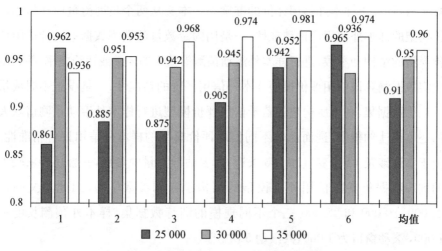

图 8　样本外信用评价的精准性比较

（二）信用评价模型的稳健性检验

对 P2P 借款人信用评价模型的稳健性进行检验，主要是考察借款人信息维度的大小是否和如何影响信用评价模型的精准性。稳健性检验的思路是，首先将超过 8 条边的 8 个重要信用指标作为公共信用指标[①]，然后依次增加信用指标，进而构建不同信息维度的信用评价模型；接着利用所构建的信用评价模型做样本内信用评价，最后对不同信用评价模型的信用评价准确率进行比较。检验结果如图 9 所示：随着信息维度的增加，信用评价模型样本内信用评价的精准性不断提高，特别是信用指标达到 32 个时的准确率产生断崖式激增，随后平稳在 87% 左右。该结果表明，信用评价模型能够根据新增信息及

---

① 如图 5 可知，8 个公共信用指标为总不良行为数、借款数量、总借款时间、还款状态、借款等级、循环信贷额度、循环账户月付和总交易额度。

时更新后验信息并提高结构学习和参数学习的精度,当信息维度达到 32 个时,信用评价模型便具备足够的信息,以准确评价借款人的信用状况。同时,随着信息维度的进一步增加,信用评价的准确率可平稳在 87% 左右,表明信用评价模型避免了传统线性和非线性预测模型的过度拟合问题。因此,可以认为本文构建的 P2P 借款人信用评价模型是稳健的。

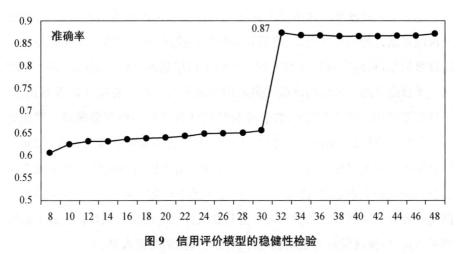

图 9　信用评价模型的稳健性检验

六、结论与启示

本文以大数据征信为视角,构建 P2P 借款人信用评价模型,并利用贝叶斯网络和 Prosper 多维度交易数据检验 P2P 借款人信用评价模型的有效性(精准性和稳健性),其主要结论是:(1) 基于交叉验证的评判结果,选择贪婪搜索法作为贝叶斯网络结构学习的最优方法,能够克服人为主观判断的局限性和盲目性;(2) 贝叶斯网络的参数学习可以利用先验知识确定 P2P 借款人信用指标的条件概率表,能够为 P2P 借款人多维信息之间复杂的因果关系提供统一的表达方式;(3) 本文所构建信用评价模型的样本内信用评价准确率在 87% 左右,而且提高信用评价的概率值临界点能够显著增加信用评价模型的精准性;(4) 本文所构建信用评价模型的样本外信用评价准确率超过 90%,

增加训练数据集有利于提高信用评价模型样本外信用评价的精准性；(5) 通过对比不同信息维度下信用评价模型的准确率，本文还验证了所构建信用评价模型是稳健的。总之，本文构建的 P2P 借款人信用评价模型是有效的，可以为 P2P 借款人的信用评价问题提供有理论和应用价值的解决方法。

从本文研究结论中可得到的启示是：(1) 空间维度上借款人多角度、多层次信息的交叉复现和时间维度上借款人与社会有机体相关联的信息呈现，能够反映借款人的信用状况，改进借款人的信息披露，并为贷款人提供充足的信用评价依据，从而有效缓解 P2P 网贷平台上的信息不对称问题；(2) 由于 P2P 网贷平台提供的个人信用评级大多采用传统的线上线下相结合评级方式，这不仅需要消耗大量的人力和时间，而且信用评价的精准性难以保障。因此要建立信息共享机制，加强不同部门、不同层次信息系统的交流与合作，以实现信息资源合理配置和利用；(3) 构建有效的信用评价模型能够提高贷款人对借款人的风险识别能力，避免羊群效应带来的不确定性和违约风险；(4) P2P 网贷平台和互联网金融协会有必要为贷款人提供与借款人信用评价相关的培训或咨询，以提高贷款人根据信用评价模型预测的决策水平。

主要参考文献

[1] AGRAWAL A K, CATALINI C, GOLDFARB A. The geography of crowdfunding [R]. National Bureau of Economic Research, 2011.

[2] FREEDMAN S, JIN G Z. Do social networks solve information problems for peer-to-peer lending? evidence from prosper. com[R]. NBER Working Paper, 2008.

[3] FREEDMAN S, JIN G Z. The signaling value of online social networks: lessons from peer-to-peer lending[R]. National Bureau of Economic Research, 2014.

[4] HERZENSTEIN M, DHOLAKIA U M, ANDREWS R L. Strategic herding behavior in peer-to-peer loan auctions[J]. Journal of Interactive Marketing, 2011, 25(1): 27 - 36.

[5] POPE D G, SYDNOR J R. What's in a Picture? Evidence of Discrimination from Prosper. com[J]. Journal of Human Resources, 2011, 46(1): 53 - 92.

[6] IYER R, KHWAJA A I, LUTTMER E F P, et al. Screening in new credit markets:

Can individual lenders infer borrower creditworthiness in peer-to-peer lending? [C]/ AFA 2011 Denver Meetings Paper. 2009.

[7] KAWAI K, ONISHI K, UETAKE K. Signaling in Online Credit Markets[R]. NBER Working Paper, 2014.

[8] KOLLER D, FRIEDMAN N. Probabilistic graphical models: principles and techniques[M]. Cambridge: MIT press, 2009.

[9] LA FERRARA E. Kin groups and reciprocity: A model of credit transactions in Ghana [D]. Milan: Bocconi University, 2003.

[10] LARRIMORE L, JIANG L, LARRIMORE J, et al. Peer to peer lending: the relationship between language features, trustworthiness, and persuasion success[J]. Journal of Applied Communication Research, 2011, 39(1): 19 - 37.

[11] LIN M, PRABHALA N R, VISWANATHAN S. Can social networks help mitigate information asymmetry in online markets? [J]. ICIS 2009 Proceedings, 2009: 202.

[12] LIN M, PRABHALA N R, VISWANATHAN S. Judging Borrowers by the company they keep: social networks and adverse selection in online Peer-to-Peer lending[J]. SSRN eLibrary, 2009.

[13] MICHELS J. Do unverifiable disclosures matter? Evidence from peer-to-peer lending [J]. The Accounting Review, 2012, 87(4): 1385 - 1413.

[14] PEARL J. Probabilistic reasoning in intelligent systems: networks of plausible inference[M]. Morgan Kaufmann, 2014.

[15] PURO L, TEICH J E, WALLENIUS H, et al. Bidding strategies for real-life small loan auctions[J]. Decision Support Systems, 2011, 51(1): 31 - 41.

[16] 李悦雷,郭阳,张维. 中国 P2P 小额贷款市场借贷成功率影响因素分析[J]. 金融研究, 2013,(7).

[17] 廖理,李梦然,王正位. 聪明的投资者:非完全市场化利率与风险识别——来自 P2P 网络借贷的证据[J]. 经济研究,2014,(7):125 - 137.

(与郭永济合作,《中国经济问题》2017 年第 2 期)

大学生的消费行为、网贷意愿和网贷平台偏好

摘要:大学生消费与网络借贷问题不仅是互联网金融研究的热点,而且还涉及高校的人才培养和校园安全。本文采用江苏省大学生问卷调查数据,综合运用半对数 OLS 模型、Logit 模型和多项 Logit 模型,对影响大学生消费行为、网贷意愿和网贷平台偏好的因素进行实证分析。结果表明:恋爱和冲动消费等因素会显著增加月均消费支出,而记账习惯会抑制消费;月均消费支出、性别、购物方式和冲动消费等因素显著影响网贷意愿,大学生所在年级对网贷意愿的影响呈现"倒 U 形",大学四年级学生网贷意愿最强;购物方式、分期期数、消费场景和安全性等因素显著影响网贷平台偏好。在此基础上,本文为引导大学生理性消费和加强网贷平台监管提出了建议。

关键词:大学生;消费行为;网络借贷;网贷平台

一 引 言

2016 年,南京某大学大四学生通过名校贷、蚂蚁花呗等网贷平台,以帮忙刷单和提升业绩为由,利用多位同学身份信息骗取资金近 150 万元。[①] 近年

[①] 新华网:http://www.xinhuanet.com/legal/2016 - 12/21/c_1120161633.htm.

来,不少大学生通过网络借贷欠下巨额贷款①、女大学生"裸贷"②、利用他人身份信息多方借贷等恶性事件频发,这已经引起社会和监管层的高度关注。一方面,作为有旺盛消费欲望和借贷潜力的大学生群体已成为网贷平台急于涉足的商业"蓝海",一些网贷平台不遗余力地宣传借贷消费,"花明天的钱,圆今天的梦"成为时尚;另一方面,互联网金融知识匮乏、财商教育欠缺、风险意识淡薄,以及高校管理缺位等原因也使不少大学生跌入无良网贷平台设置的陷阱。为研究大学生的消费行为、网贷意愿和网贷平台偏好,作者在江苏省高校大学生中进行问卷调查,并对问卷调查数据做了规范性实证分析,目的是促进大学生网贷市场健康发展。

二、文献回顾

对我国大学生消费行为的研究起步较迟。梁前德(2009)对调查数据进行统计分析,发现大学生主要收入来自父母,其消费水平与家庭经济状况有显著关系。刘喜怀(2013)研究发现大学生消费行为存在多样化、个性化。消费水平差距明显以及追求时尚和从众攀比等特征。兰竹虹等(2013)采用技术接受模型发现商品特性、网站安全、零售服务和消费者个性会影响大学生群体网上购物行为。邹婷(2016)对东北财经大学的大学生收入和消费的调查发现,大学生面临高消费与实际经济能力有限之间的矛盾。林明惠(2017)的问卷调查发现大学生消费总体上处于理性状态,但也存在超前消费,网上购物已成为主要消费方式。苏婵娟(2017)认为当代大学生存在及时享乐、追求时尚、互相攀比、盲目从众等畸形消费心理。叶大扬等(2018)的研究表明,大学生消费受到示范效应、认同效应、惯性效应和虚假效应的影响。

网络借贷是指借贷双方通过网络平台产生的小额无抵押担保贷款,是实

---

① 新华网:http://www.xinhuanet.com/fortune/2016-11/21/c_1119954611.htm。
② 央视财经:http://jingji.cctv.com/2017/08/22/VIDElAy7g4m6suOircmqSF5R170822.shtml。

现普惠金融的重要途径,而且很快覆盖大学生群体。顾天竹、余庆哲(2017)研究发现,大学生对电商消费金融持开放态度,当收入无法满足消费时,大学生主要通过蚂蚁花呗、京东白条等平台进行付款以满足其消费需求。逄索、程毅(2017)采用上海市高校大学生的消费行为调查数据,从需求端和供给端两方面分析了大学生校园贷的成因。冯辉(2017)认为,以"电商+网贷"为代表的大学生网络借贷消费发展迅猛,大学生的网贷行为主要受消费主义、网贷平台和大众传媒等影响,但也存在消费法律意识欠缺和对网贷风险了解不足的问题。王克岭等(2018)基于感知价值和风险视角研究大学生网贷意愿,其主要结论是:网贷平台不可靠和金钱损失风险负向影响网贷意愿,信息被盗用风险对网贷意愿无显著影响。

　　以上相关文献值得借鉴,但也存在不足之处:一是用统计学、社会学以及教育学理论和方法所做的研究较多,而用规范经济学进行实证分析的研究较少;二是部分文献存在实证分析简单,说教意味浓厚,理论分析不足等缺陷;三是研究消费者网贷接受意愿的文献较少,特别是研究影响网贷平台偏好因素的文献几乎没有。因此,本文基于江苏省高校问卷调查数据对影响大学生消费支出、网贷意愿和网贷平台偏好因素进行规范性实证分析,目的是促进大学生网络借贷的健康发展,同时也可弥补相关研究的不足。

三、大学生的消费行为与网贷意愿

　　2016年初,作者通过"问卷星"专业在线调研平台对江苏省高校大学生(包括在校本科生和研究生)展开了问卷调查。之所以采用在线调查的方式,是因为被调查者应有较高的触网率,高触网率的大学生进行网贷的可能性较大。调查问卷涉及大学生的个人特征、所在学校、生活习惯、理财计划、消费支出以及网贷意愿等方面问题,除去主要数据缺失、非江苏高校样本以及重要变量存在极端异常值的问卷,得到有效问卷448份。填写有效问卷的学生主要来自南京农业大学、南京理工大学、南京林业大学、江苏理工学院和苏州大学等高等院校。

（一）收入来源和消费方式

大学生的收入来源包括父母、奖助学金、兼职收入、投资理财及其他。在被调查的 448 名大学生中,有 402 名大学生的主要收入来自父母,占有效问卷总数的 89.7%;依靠学校和社会奖助学金获取收入的有 22 人,占有效问卷总数的 4.9%;通过各种形式做兼职获得收入的有 14 人,占有效问卷总数的 3.1%。由此可见,大学生消费的收入来源绝大多数是父母,其收入来源的渠道比较单一。

同时,城镇户籍的大学生占有效问卷的 75.7%,农村户籍的大学生占 24.3%,城镇户籍的大学生消费支出明显高于农村户籍大学生。除了基本生活消费外,大学生在过去一年的主要消费为教育培训、电子产品和旅游。另外,恋爱中的大学生平均消费支出明显高于单身的大学生。与过去相比,大学生的消费水平有显著提升,并更多地追求精神方面的消费。

善于接受新鲜事物,追求时尚的大学生对网上购物有较强的适应性。问卷调查发现,在购物方式方面,有 65.0% 的大学生表示平时消费以网络购物为主,35.0% 以实体店购物为主。在浏览和使用的购物平台方面,大学生对购物网站的使用呈现多元化、梯队分布的特征。淘宝(90.4%)和天猫(76.6%)[①]是大学生青睐的两大网购平台,稳稳占据第一梯队;京东、亚马逊和当当网占据了第二梯队,其支持率在 20%～30%;小红书、唯品会和苏宁易购为第三梯队,其支持率在 10%～20%。

（二）消费的环境和动机

随着科技进步,各种电子产品不断丰富大学生的校园生活,拥有多种电子

---

① 在问卷调查中,部分问题是多项选择,故其比值加总不等于百分之百。下文中如出现加总不为百分之百的情况,不再赘述。

产品已成为大学生的"标配"。有效问卷数据显示,拥有笔记本电脑和智能手机的大学生占比分别高达 97.3% 和 98.2%,并有 48.4% 的大学生拥有平板电脑。硬件端的普及为大学生线上消费与网贷创造了便捷条件。虽然在校大学生电子产品的拥有率居高不下,但随着电子产品的更新换代越来越快,还有 61.6% 的大学生打算购买或更换笔记本电脑和智能手机等电子产品。大学生喜欢追求技术进步潮流,其旺盛的消费欲望可见一斑。

大学生有限的收入很难满足其旺盛的消费欲望。在无法一次性购买大件商品时,有效问卷中 35.5% 的大学生会选择网贷消费;当分期付款无手续费和利息时,23.2% 的大学生会选择网贷消费;当分期付款产品有折扣,17.0% 的大学生会选择网贷消费。从网贷消费的动机来看,大学生主要想在网购平台上购买电子产品、服装鞋帽和化妆品,其中有 72.1% 的大学生选择购买电子产品,远高于购买其他产品。有效问卷显示,大学生热衷于购买电子产品,而这类产品往往价格不菲,在自身收入不足以支撑购买电子产品的情况下,就会萌发在网贷平台上分期付款的想法。在分期付款购买电子产品时,选择一年以下的占 93.8%,这表明大学生网络借贷更倾向于一年以下的短期借贷。

(三)消费观和网贷行为

大学生有限的收入与旺盛的消费欲望之间的冲突会让其"捉襟见肘"。有效问卷中,有 80.4% 的大学生遇到过资金短缺情况。在回答能否接受网贷消费的问题时,65.0% 的大学生表示能接受网贷消费,可以认为超前消费已被大部分大学生所接受。有效问卷数据显示,93.5% 的大学生有过冲动消费;42.6% 的大学生从不记账,经常记账的大学生仅有 11.6%;37.3% 的大学生从不理财,仅有 11.2% 的大学生经常理财。

根据问卷调查,重要网贷平台的知名度排序为花呗 79.5%、天猫分期 53.6%、分期乐 37.5%、京东白条 32.1%,有 10.5% 的大学生表示没听说过这些网贷平台。一些重要的网贷平台在大学生中的知名度都在 30% 以上,大学生可选择的网贷平台比较多。其中,"花呗"因知名度高、使用便捷、适用范围广等优点受到 62.7% 的大学生喜爱,远高于其他几个网贷平台。

在选择网贷平台的主要考虑因素中,信用额度、安全性和还款方式分别以 52.0%、51.1% 和 49.8% 的比例占据前三,而逾期处理方式以 20.3% 的关注度处于末位。在被问及使用互联网消费信贷产品最担忧的问题时,42.4% 的大学生关注商家是否会盗用个人资料,31.0% 的大学生关注自身是否能按时还款,23.7% 的大学生关注逾期还款是否对个人信用有较大影响,还有 2.9% 的大学生关注其他方面的问题。

四、实证分析的变量设定和模型构建

描述性统计分析的结果并不能解释各因素间的相互影响。因此,在描述性统计分析的基础上,本文进一步构建计量经济模型,实证分析大学生月均消费支出是否存在性别差异以及哪些因素会影响大学生的网贷意愿和网贷平台偏好。

(一) 变量设定

1. 被解释变量

在本文所构建的 3 个计量经济模型中,被解释变量分别为大学生月均消费支出、网贷意愿和网贷平台偏好。表 1 显示,被调查大学生的月均消费支出均值为 1 779.54 元;被调查大学生中 65% 有网贷意愿;网贷平台偏好均值为 1.80。

表 1　被解释变量的统计性描述

变量	均值	标准误	变量说明
月均消费支出	1779.54	884.82	采用间接推算法[①],计算平均每月支出
网贷意愿	0.65	0.48	"接受"=1,"不接受"=0
网贷平台偏好	1.80	1.26	花呗=1,天猫分期=2,京东白条=3,分期乐=4,其他=5

---

① 间接核算法,是指利用收支平衡关系来推算消费支出,根据大学生的可支配收入扣除储蓄剩余,其差额即为消费支出。

2. 解释变量

在本文所构建的 3 个计量经济模型中，半对数 OLS 模型包括性别、户籍、恋爱状况、年级、专业、收入来源、购物方式、理财计划、记账习惯、冲动消费和资金短缺等解释变量。Logit 模型包括月均消费支出、性别、户籍、恋爱状况、年级、购物方式、资金短缺、理财计划和冲动消费等解释变量。多项 Logit 模型包括月均消费支出、性别、户籍、年级、购物方式、分期期数、理财计划、记账习惯、资金短缺、消费场景、信用额度、还款方式和还款期限等解释变量。为了节省篇幅，将 3 个计量经济模型中的解释变量汇总在表 2，由于前文已对大部分解释变量做过描述和统计分析，此处不再重复。

表 2　各解释变量定义

变量	变量说明	取值范围
性别	"男生"=1，"女生"=0	0~1
户籍	"城镇"=1，"农村"=0	0~1
恋爱状况	"恋爱"=1，"单身"=0	0~1
年级	大一=1，大二=2，大三=3，大四=4，大五=5，研究生=6	1~6
专业	理工类=1，农林类=2，医学类=3，经管类=4，法学类=5，文哲史类=6，艺术体育类=7，其他=8	1~8
收入来源	来自父母=1，奖助学金=2，兼职=3，投资=4，其他=5	1~5
购物方式	"网购"=1，"实体店购物"=0	0~1
理财计划	"从不"=0，"偶尔"=1，"经常"=2	0~2
记账习惯	"从不"=0，"偶尔"=1，"经常"=2	0~2
冲动消费	"从不"=0，"偶尔"=1，"经常"=2	0~2
资金短缺	"从不"=0，"偶尔"=1，"经常"=2	0~2
分期期数	"一次性付款"=1，"3 个月"=2，"6 个月"=3，"9 个月"=4，"12 个月"=5，"12 个月以上"=6	1~6
消费场景	"是"=1，"否"=0	0~1
信用额度	"是"=1，"否"=0	0~1

(续表)

变量	变量说明	取值范围
还款方式	"是"=1,"否"=0	0~1
还款期限	"是"=1,"否"=0	0~1
分期费率	"是"=1,"否"=0	0~1
逾期处理方式	"是"=1,"否"=0	0~1

（二）模型构建

1. 半对数 OLS 模型

本文采用半对数 OLS 模型分析大学生月均消费支出行为,其函数关系式如下：

$$\log expend_i = \beta_1 x_{i1} + \beta_2 x_{i2} + \cdots + \beta_k x_{ik} + \varepsilon_i \quad (i=1,\cdots,n) \tag{1}$$

式(1)中,$\log expend$ 是大学生月均消费支出的对数表达式；x_{i1}、$x_{i2}\cdots x_{ik}$ 分别表示每位大学生的冲动消费、资金短缺、记账习惯、理财计划、户籍、性别、恋爱状况、收入来源、专业、年级和购物方式；β_1、$\beta_2\cdots\beta_k$ 分别表示对应解释变量 x_{ik} 的弹性系数；ε_i 是不可观测的随机误差项。

2. Logit 模型

本文采用 Logit 模型分析大学生网贷意愿。大学生网贷意愿分为"接受"和"不接受"两种,此为二值变量。模型具体形式如下：

$$Logit(P) = \mathrm{Ln}\left(\frac{P}{1-P}\right) = \beta_0 + \sum \beta_j X_j + \varepsilon \tag{2}$$

式(2)中,P 表示大学生选择接受网贷的概率,$P/(1-P)$ 表示大学生接受网贷的概率与不接受网贷的概率之比,定义为大学生网贷意愿的机会比率。解释变量 X_j 的含义为大学生选择网贷意愿的影响因素,具体变量设定见表 3。对(2)式两边取 e 的指数得：

$$odds = \frac{P}{1-P} = \exp(\beta_0 + \sum \beta_j X_j + \varepsilon) = e^{\beta_0} \times e^{\sum \beta_j X_j} \times e^{\varepsilon} \tag{3}$$

式(3)中,e^{β_j} 为发生比率(odds ratio),它提供了解释变量变动一个单位时,发生比变动的倍数,即解释变量的单位变化引起发生比的变化为$(e^{\beta_j}-1)$ $\times 100\%$。

3. 多项 Logit 模型

本文采用多项 Logit 模型分析网贷平台偏好。由于对网贷平台的偏好没有高低优劣之分,也没有数值上的顺序之别,而且选项也表现为离散无序的数值形式。因此,本文采用多项 Logit 模型(Multinomial Logit)来考察网贷平台偏好与大学生特征、财商习惯等影响因素之间的关系。

采用随机效用法,设定可供大学生选择的网贷平台为 $y=1,2,\cdots,J$,其中 J 为正整数,大学生 i 的偏好可用以下效用函数表示:

$$U_{ij}=x_i'\beta_j+\varepsilon_{ij}\,(i=1,\cdots,n;j=1,\cdots,J) \tag{4}$$

式(4)中,x_i 是特征变量,只随个体 i 而变,ε_{ij} 是不可观测的随机误差项。如果大学生 i 选择网贷平台 j 的概率大于其他所有可能的选择,这就可以反映大学生 i 的网贷平台偏好。假设扰动项$\{\varepsilon_{ij}\}$为 iid(独立同分布)且服从 I 型极值分布(type I extreme value distribution),则可证明:

$$P(y_i=j\mid x_i)=\frac{\exp(x_i'\beta_j)}{\sum_{k=1}^{J}\exp(x_i'\beta_k)} \tag{5}$$

式(5)中,选择各项方案的概率之和为 1,即 $\sum_{k=1}^{J}P(y_i=j\mid x_i)=1$。因为无法同时识别式(5)中所有的系数 $\beta_k,k=1,\cdots,J$,所以通常将某一方案作为"参照方案"(base category)。因此,大学生选择方案 j 的偏好概率为:

$$P(y_i=j\mid x_i)=\begin{cases}\dfrac{1}{1+\sum_{k=2}^{J}\exp(x_i'\beta_k)} & (j=k)\\[3ex]\dfrac{\exp(x_i'\beta_j)}{1+\sum_{k=2}^{J}\exp(x_i'\beta_k)} & (j\neq k)\end{cases} \tag{6}$$

式(6)中,"$j=k$"所对应的方案是参照方案,可使用最大似然函数法 (MLE)对相应的非线性模型进行估计。

五、实证分析结果及其说明

(一) 大学生月均消费支出

1. 全样本实证分析

为考察大学生消费行为特征变量对月均消费支出的影响机制,将 4 组特征变 量和其他控制变量统一纳入半对数 OLS 模型进行实证分析,结果如表 3 所示。

表 3　大学生月均消费支出回归结果①

解释变量		全样本		男性样本		女性样本	
		系数	标准误	系数	标准误	系数	标准误
户籍		0.131**	0.051	0.097	0.075	0.125*	0.072
性别		−0.018	0.042	—	—	—	—
恋爱状况		0.090**	0.041	0.197***	0.071	0.047	0.051
购物方式		0.046	0.040	0.119*	0.070	0.012	0.050
年级		0.046**	0.018	0.084***	0.027	0.028	0.024
专业	农林类	−0.059	0.066	0.011	0.096	−0.095	0.093
	医学类	0.161	0.197	0.486**	0.241	−0.053	0.239
	经管类	0.113**	0.048	0.148**	0.075	0.084	0.068
	法学类	−0.155	0.171	−0.245*	0.128	−0.131	0.226
	文史哲类	−0.140	0.088	−0.032	0.139	−0.193*	0.108
	艺体类	−0.008	0.114	0.052	0.110	−0.0009	0.176
	其他	−0.148*	0.076	−0.140	0.285	−0.184**	0.087

---

① 本模型考虑的变量较多,为了防止可能出现的多重共线性问题,进行方差膨胀因子的 VIF 检 验,各变量的 VIF 都小于 10(为了减少篇幅,省去表格),故不存在多重共线性问题。

（续表）

解释变量		全样本		男性样本		女性样本	
		系数	标准误	系数	标准误	系数	标准误
收入来源	奖助学金	−0.256***	0.095	−0.281**	0.139	−0.260*	0.145
	兼职	−0.031	0.161	0.059	0.243	−0.168	0.254
	投资	0.100	0.298	0.114	0.156	−0.013	0.416
	其他	−0.263**	0.120	−0.324***	0.092	−0.247	0.222
冲动消费	偶尔	0.162**	0.072	0.108	0.106	0.216**	0.099
	经常	0.332***	0.079	0.465***	0.125	0.349***	0.110
资金短缺	偶尔	0.144***	0.045	0.156*	0.094	0.147***	0.056
	经常	0.091	0.069	0.014	0.110	0.140	0.096
记账习惯	偶尔	−0.093**	0.042	−0.109*	0.065	−0.085	0.055
	经常	−0.093	0.065	−0.0006	0.140	−0.084	0.076
理财计划	偶尔	−0.003	0.041	−0.046	0.071	−0.002	0.051
	经常	−0.020	0.067	−0.042	0.132	−0.061	0.088
样本量		444		149		295	
R-square		0.210		0.374		0.186	

注:上标*、**、***分别表示10%、5%、1%的显著性水平,回归模型 $Prob > F = 0.0000$, 模型整体显著。

　　表3显示,冲动消费是影响大学生月均消费支出的重要因素之一。偶尔和经常性的冲动消费对大学生月均消费支出的影响为正,分别在5%和1%的水平上通过了显著性检验。从变量系数看,经常冲动消费的大学生月均消费支出高出从不冲动消费的大学生33.2%。偶尔冲动消费的大学生月均消费支出高出从不冲动消费的大学生16.2%。互联网技术的商业应用,带来消费形式和场所的多样化,丰富了大学生的消费选择。面对形形色色的消费诱惑,大学生敢于尝试、崇尚个性、追求时尚、攀比心理强,更容易产生消费。

　　表3显示,偶尔资金短缺对大学生月均消费支出的影响为正,在1%水平

上通过了显著性检验。而且偶尔资金短缺的大学生月均消费支出高出从不资金短缺的大学生14.4%。偶尔资金短缺会导致大学生间歇性地透支消费,进而增加了月均消费支出。偶尔记账对大学生月均消费支出影响为负,在5%水平上通过了显著性检验,而且偶尔记账的大学生月均消费支出低于从不记账的大学生9.3%,说明记账习惯会抑制大学生月均消费支出。恋爱状况对大学生月均消费支出的影响为正,在5%水平上通过了显著性检验,而且恋爱中的大学生月均消费支出高出单身大学生9.0%,说明校园恋爱让人"沉迷",容易引发非理性消费和过度消费。

表3显示:户籍对大学生月均消费支出的影响为正,在5%水平上通过了显著性检验,而且城镇户籍大学生月均消费支出高出农村户籍大学生13.1%,说明户籍差异对大学生月均消费支出影响较大。年级对大学生月均消费支出的影响为正,在5%的水平上通过了显著性检验。而且相对一年级的大学生,随着年级的增加月均消费支出也会增加。经管类专业对大学生月均消费支出的影响为正,在5%水平上通过了显著性检验,经管类大学生月均消费支出高出理工类大学生11.3%,而其他专业(除了列出的专业外)的大学生月均消费支出则低出理工类大学生14.8%,说明经管类大学生"更爱"花钱。收入来源依靠奖助学金对大学生月均消费支出的影响为负,在1%水平上通过了显著性检验。而且依靠奖助学金生活的大学生月均消费支出要低出收入来自父母的大学生25.6%。

2. 进一步讨论:分性别子样本实证分析

为判断相同变量对男性和女性两类不同大学生群体的月均消费支出影响是否一致,以及考虑到男女大学生消费机制的差异。本文构建分性别半对数OLS模型进行讨论,实证分析结果也列入表3中。

表3显示,在男性样本中,经常冲动消费对大学生月均消费支出影响为正,在1%水平上通过了显著性检验,经常冲动消费的大学生月均消费支出高出从不冲动消费大学生46.5%。偶尔记账对大学生月均消费支出影响为正,在10%水平上通过了显著性检验,偶尔记账的大学生月均消费支出低于从不

记账大学生 10.9％。恋爱状况对大学生月均消费支出影响为正,在 1％水平
上通过了显著性检验,恋爱中的大学生月均消费支出比单身大学生高出
19.7％。购物方式对大学生月均消费支出为正,在 10％水平上通过了显著性
检验,网购大学生月均消费支出高出实体店购物 11.9％。

表 3 显示,在女性样本中,户籍对大学生月均消费支出影响为正,在 10％
水平上通过了显著性检验,城市户籍大学生月均消费支出高出农村户籍大学
生 12.5％。偶尔、经常冲动消费对大学生月均消费支出影响为正,分别在 5％
和 1％水平上通过了显著性检验,偶尔、经常冲动消费的大学生月均消费支出
分别高出从不冲动消费大学生 21.6％和 34.9％。

(二)大学生网贷意愿

本文构建 Logit 模型对大学生网贷意愿进行实证分析,结果见表 4。

表 4　大学生网贷意愿回归结果

变量		概率比	标准误	变量		概率比	标准误
月均消费支出		1.485***	0.223	年级	大二	1.502	0.767
恋爱状况		0.814	0.188		大三	3.127**	1.520
性别		1.645**	0.398		大四	3.926***	1.689
购物方式		1.550**	0.344		大五	3.253*	2.203
户籍		1.353	0.339		研究生	2.603*	1.435
冲动消费	偶尔	3.401***	1.474	资金短缺	偶尔	1.174	0.320
	经常	2.956**	1.415		经常	1.279	0.479
理财计划	偶尔	1.350	0.304	统计量		LR chi2(16)＝50.30 Prob＞chi2＝0.0000 Pseudo R^2＝0.087	
	经常	1.943*	0.768				

注:上标 *、**、*** 分别表示 10％、5％、1％的显著性水平。

　　表 4 显示,在控制其他变量情况下,月均消费支出[①]对网贷意愿有正向影响,在 1% 的水平上通过了显著性检验,月均消费支出每提高 1%,大学生网贷意愿增加 48.5%。性别对网贷意愿有正向影响,在 5% 水平上通过显著性检验,而且男性大学生比女性大学生网贷意愿高出 64.5%。购物方式对网贷意愿有正向影响,在 5% 水平上通过了显著性检验,而且热衷网购的大学生比在实体店购物的大学生网贷意愿高出 55.0%。

　　偶尔和经常冲动消费对网贷意愿有正向影响,分别在 1% 和 5% 的水平上通过了显著性检验,而且偶尔和经常冲动消费的大学生比从不冲动消费的大学生网贷意愿分别高出 2.40 倍和 1.96 倍。经常理财的大学生对网贷意愿有正向影响,在 10% 的水平上通过了显著性检验,而且经常理财比从不理财的大学生网贷意愿高出 94.3%。所在年级对网贷意愿有正向影响,而且概率比呈现“倒 U 形”,大学四年级学生的网贷意愿处于“峰顶”,也最为显著。正值毕业季的大四学生,各种社交消费支出显著增加,而且有即将获得工资收入的预期,他们会有更强的超前消费和透支消费意愿。

(三) 大学生网贷平台偏好

　　本文将接受问卷调查大学生可选择的网贷平台分为花呗、天猫分期、京东白条、分期乐和其他网贷平台,并以其他网贷平台(不包括上述四个平台)为对照组(表 5)。

表 5　影响大学生网贷平台偏好的参数估计

变量	花呗		天猫分期		京东白条		分期乐	
	β_1	Std.	β_2	Std.	β_3	Std.	β_4	Std.
月均消费支出	0.636	0.561	−0.257	0.628	0.061	0.678	0.423	0.753
户籍	0.223	0.486	0.050	0.545	−0.039	0.584	−0.143	0.651

---

　　① 采用数值算法可以很好完成 MLE 估计,但是量纲的选择很重要。本文的月均消费支出直接带入模型,会导致最大的标准差和最小标准差之间的比值很大,可能导致无法收敛或得到的估计结果与理论预期严重偏离,故本文对月均消费支出做除以 1000 处理。

（续表）

变量		花呗		天猫分期		京东白条		分期乐	
		β_1	Std.	β_2	Std.	β_3	Std.	β_4	Std.
性别		−0.469	0.449	−0.379	0.505	0.061	0.549	0.186	0.607
购物方式		1.004**	0.452	0.786	0.503	0.632	0.554	0.412	0.620
年级		0.636***	0.181	0.461**	0.202	0.650***	0.221	0.344	0.249
分期期数		0.177	0.140	0.084	0.159	0.353**	0.167	0.365**	0.184
资金短缺	偶尔	0.914*	0.488	0.864	0.553	0.193	0.608	1.403*	0.784
	经常	−0.232	0.613	−0.557	0.743	−0.129	0.748	−0.303	1.024
理财计划	偶尔	0.784	0.479	0.777	0.535	0.426	0.581	0.813	0.642
	经常	0.680	0.786	0.755	0.871	−0.663	1.026	−13.66	699.2
记账习惯	偶尔	−0.327	0.507	−0.482	0.557	−0.238	0.619	0.040	0.667
	经常	−1.408**	0.640	−1.737**	−0.318	−0.318	0.781	−1.746	1.238
消费场景		1.038*	0.541	0.881	0.594	0.792	0.639	−0.334	0.829
信用额度		0.683	0.497	0.727	0.550	0.892	0.600	0.119	0.672
还款方式		0.588	0.523	0.667	0.579	0.378	0.622	0.395	0.691
还款期限		0.448	0.544	0.746	0.600	0.369	0.648	0.458	0.720
分期费率		−0.107	0.501	−0.188	0.559	−0.397	0.608	0.455	0.655
逾期处理方式		−0.845	0.666	−1.003	0.737	0.338	0.776	0.471	0.860
安全性		0.330	0.439	1.072**	0.500	0.059	0.552	−0.089	0.639

观测值 N=444；log likelihood=−445.429

LR chi2(76)=130.64；Prob>chi2=0.000；Pseudo R^2=0.128

注：上标*、**、***分别表示10%、5%、1%的显著性水平。

表5显示，对大学生选择花呗产生显著影响的因素是购物方式、年级、偶尔资金短缺、经常记账和消费场景。与其他网贷平台相比，购物方式对大学生选择花呗的概率有正向影响，在5%水平上通过了显著性检验，说明习惯网购的大学生更偏好使用花呗。年级对大学生选择花呗的概率有正向影响，在

1％水平上通过了显著性检验,说明随着年级的增加,大学生更偏好使用花呗。偶尔资金短缺对大学生选择花呗的概率有正向影响,在10％水平上通过了显著性检验,说明资金短缺的大学生有"入不敷出"情况,这时他们更偏好使用花呗。消费场景对大学生选择花呗的概率有正向影响,在10％水平上通过了显著性检验,越重视消费场景的大学生越偏好使用花呗。经常记账对大学生选择花呗的概率有负向影响,在5％水平上通过了显著性检验,说明经常记账的大学生具有较强的理财意识,选择花呗借贷的偏好较弱。

对大学生选择天猫分期产生显著影响的因素是年级、经常记账和安全性。与其他网贷平台相比,年级对大学生选择天猫分期的概率有正向影响,在5％水平上通过了显著性检验。也就是说,年级越高的大学生越偏好使用天猫分期。经常记账对大学生选择天猫分期的概率有负面影响,在5％水平上通过了显著性检验,即经常记账的大学生更不偏好于使用天猫分期。安全性对大学生选择天猫分期的概率有正向影响,在5％水平上通过了显著性检验,越重视安全性的大学生越偏好使用天猫分期。

对大学生选择京东白条产生显著影响的因素有年级和分期期数。与其他网贷平台相比,年级对大学生选择京东白条的概率有正向影响,在1％水平上通过了显著性检验,年级越高的大学生越偏好使用京东白条。分期期数对大学生选择京东白条的概率有正向影响,在5％水平上通过了显著性检验,分期期数越长,大学生越偏好使用京东白条。对大学生选择分期乐产生显著影响的因素是分期期数和偶尔资金短缺。与其他网贷平台相比,偶尔资金短缺对大学生选择分期乐的概率有正向影响,在10％水平上通过了显著性检验,偶尔资金短缺的大学生更偏好使用分期乐。分期期数对大学生选择分期乐的概率有正向影响,在5％水平上通过了显著性检验,分期期数越长,大学生越偏好使用分期乐。

六、结论与建议

本文以江苏省高校大学生为问卷调查对象,基于 448 位大学生有效问卷所提供的数据,综合运用半对数 OLS 模型、Logit 模型和多项 Logit 模型,对大学生的消费行为、网贷意愿和网贷平台偏好进行了统计描述和实证分析,其主要结论如下。(1)大学生偶尔或经常性冲动消费会显著增加月均消费支出和强化网贷意愿,这表明非理性消费在大学生中普遍存在,也是大学生选择网络借贷的主要原因。(2)越是习惯记账和理财的大学生,其月均消费支出越低,这意味着财商教育和金融知识能够有效缓解大学生过度消费问题。(3)大学生年级越高,月均消费支出越高。大学生所在年级对网贷意愿的影响呈现"倒 U 形",大学四年级学生网贷意愿最强。这说明不良校园网贷事件主要发生在高年级大学生群体中,因为高年级大学生更容易受到"入不敷出"问题的困扰。(4)贫困大学生的收入来源依靠奖助学金,其月均消费支出要低于收入来自父母的大学生,这表明贫困大学生更舍不得花钱。(5)恋爱中的大学生月均消费支出更高,恋爱会显著增加消费。(6)男性大学生比女性大学生的网贷意愿更强;热衷网购的大学生有着更强的网贷意愿。(7)消费场景越好,大学生越偏爱使用花呗;安全性越强,大学生越偏爱使用天猫分期;这说明大学生更注重消费场景和安全性问题。

为引导大学生理性消费,防范不良校园网贷事件的发生,本文提出的主要建议如下。(1)大学生消费欲望旺盛和消费观念转变会引起消费支出增加,非理性消费往往使大学生"入不敷出"。因此要加强大学生理性消费的观念,减少冲动消费的发生。同时要加强大学生的财商教育,培养大学生的记账习惯,让大学生对自身财务状况有所了解,进而抑制大学生的过度消费。高校管理者还要关注贫困大学生的生活,引导大学生树立正确的恋爱消费观。(2)加大网贷知识的宣传,提高大学生网贷风险意识,杜绝非法网贷宣传进入校园,防范不良校园网贷事件的发生。(3)网贷平台应联合建立行业规范,加强行业自律,重视对自身平台消费场景的建设和安全性问题的解决,防止网络借贷市场上出现"劣币驱逐良币"现象。(4) 政府部门要大力整治违法违规的网贷平台,打击非法网贷宣传,并在此基础上建立对网贷平台监管的长效机制。

主要参考文献

[1] 梁前德. 家庭经济状况与大学生消费的实证分析——以武汉地区 2 662 名大学生消费调查数据为例[J]. 江汉论坛,2009(08):131-135.

[2] 刘喜怀. 当代大学生消费行为特征及市场开发[J]. 学术交流,2013(03):216-219.

[3] 兰竹虹,屈改柳,崔鹏勇. 大学生群体网上购物消费行为的影响因素分析——基于成都地区高校的实证调查[J]. 消费经济,2013,29(04):58-63.

[4] 邹婷. 大学生收入与消费调查报告[J]. 财经问题研究,2016(S2):164-166.

[5] 林明惠. 大学生网贷消费行为调查分析及引导策略[J]. 思想理论教育,2017(05):79-83.

[6] 苏婵娟. 校园网贷背景下大学生畸形消费心理剖析及教育引导[J]. 广西社会科学,2017(07):218-220.

[7] 叶大扬,王蓉,李书凝等. 大学生网络借贷消费行为调查及引导机制[J]. 教育评论,2018(02):18-22.

[8] 顾天竹,余庆哲. 大学生参与电商消费金融意愿研究[J]. 江苏理工学院学报,2017,23(01):36-41.

[9] 逄索,程毅. 大学生网贷成因分析及其风险规避路径——基于上海市大学生消费行为调查的实证研究[J]. 思想理论教育,2017(02):107-111.

[10] 冯辉. 论互联网金融的私法规制——以大学生网络信贷消费合同的效力问题为例[J]. 南京社会科学,2017(12):82-86.

[11] 王克岭,魏明,吴东. 大学生网络借贷意愿影响因素研究——基于感知价值与感知风险的视角[J]. 企业经济,2018(01):142-149.

(与傅顺、顾天竹合作,《兰州学刊》2019 年第 11 期)

美国互联网众筹及其对我国的启示

摘要:随着2012年美国JOBS法案的颁布,借助互联网平台、大数据技术,美国互联网众筹迅速发展,已逐渐成为美国个人和小微企业为项目筹资的主要渠道之一。本文通过论述美国互联网众筹的发展现状,特别是分析美国两大互联网众筹平台 Kickstarter & AngelList 的实际案例,进而提出美国互联网众筹对我国互联网众筹健康发展的有益启示。

关键词:美国;互联网众筹;模式;经验与启示

一、引 言

互联网众筹,作为互联网技术革新和金融服务创新相结合的产物,以其受众范围广、发起融资项目门槛低、投资金额准入少等优点迅速风靡全球,为各行各业的创意人员提供实践创意的资金、为小微企业提供重要融资途径、为普通投资者提供投资渠道、为金融市场提供融通资金的方式。近年来,互联网众筹在中国异军突起,发展迅猛。但较之发达国家,中国互联网众筹起步晚、理论研究尚不充分,发展过程中存在诸多问题,市场尚不成熟。因此,借鉴互联网众筹最发达的国家——美国的理论成果和实践经验,显得十分必要,不仅能够弥补中国互联网众筹市场的缺陷,还能够为其发展指明方向。

二、文献回顾

"众筹"一词由 Michael Sullivan 于 2006 年提出，Belleflamme，et al. (2010)把"众筹"定义为一种在互联网平台上发起的、对金融资源的公开要约，响应要约的金融资源提供者可以无偿捐献这种金融资源，或者要求发起要约者给予一定的奖励或股权。Poetz & Schreier(2012)指出，众筹作为一种经济学意义上的自觉融资行为，起源于众包。众包是一种利用互联网远程分配工作、收集商业创意、解决技术难题的行为，众筹正是借鉴了众包的运作方式，把融资任务分配给众多投资者。Tomezak & Brem(2013)则认为，众筹把传统意义上由指定机构进行的放贷行为以公开要约的形式外包给众多普通投资人。

互联网众筹可以按筹资模式和回报方式进行分类。根据筹资模式，Belleflamme，et al(2010)认为，互联网众筹可以被分为两大类，分别为 All or Nothing 和 Keep it All。All or Nothing 模式是指如果一个项目没有达到预期的筹资金额，那么所有投资人先前投入的所有金额都将被退回，项目发起者得不到一分钱，比较著名的案例有 Kickstarter。Keep it All 模式是即使项目在众筹平台的规定时间内没有筹措到预计的金额，项目发起者还是可以获得已经筹集的账目资金，例如美国的 Indiegogo。

根据回报方式，美国经济学界主流观点可以把互联网众筹分为四类。

（1）捐赠模式。投资人通过网络选择捐赠小额现金给某个特定项目，但是并不要求任何形式的回报。Burtch et al. (2013)指出，捐赠模式便利了人们向公共产品的私人捐献，而这种捐献常常是建立在利他主义上的。

（2）奖励模式。按照 Belleflamme et al. (2014)的定义，奖励模式的众筹平台项目流程如下：在项目处于构想设计阶段时，发起人把该项目的草案放在众筹平台上，中意该项目的投资人通过为预先为项目提供资金来换取一定的"奖励"，该"奖励"不是现金或股权形式的，而是对项目产品或服务的优先购买权、较低的购买价格等。Rossi(2014)指出,该模式通常用于创意型公司或者小商品的生产,因为奖励型众筹的预先融资方式可以为产品提供需求测试,一旦项目融资达到预期,发起人就可以确定市场的可得性。奖励模式最著名的例子即 Kickstarter & Indiegogo。

(3)债权模式。即国内熟知的 P2P 借贷。投资人以获取利息为目的,把自身资金当作贷款贷给项目发起人。Kirby & Worner(2014)又进一步把债权模式按众筹平台的作用大小分为客户账户分离型、公证型和回报保障型。在客户账户分离型中,众筹平台的作用相当有限,仅仅局限于匹配发起人和投资人。所筹资金全部存入和众筹平台分离的银行账户中,众筹平台对该账户没有任何权利。在公证型中,众筹平台不仅可以匹配发起人项目和投资人要求,还会向投资人出具单据以证明投资人的投资行为和投资金额。在回报保障型中,众筹平台作用最大,不仅具有以上类型的所有功能,还可以规定贷款的条款和情况,为投资人设定特定的投资回报率。在债权模式中,众筹平台一方面需要选择、评估可以上线的投资项目,监督贷款期限内项目的实施情况并及时通报投资人;另一方面还需要为投资人提供在二级市场上卖出未到期贷款的服务,以控制流动性风险。美国的 P2P 借贷市场主要由 Lending Club & Prosper 组成。

(4)股权模式。投资人投入自身资金以获取目标企业的股权,投资人在项目成功后转变为公司股东,并且根据公司业绩和投资份额获得红利。Wilson & Testoni(2014)与 Deffains-Crapsky & Sudolska(2014)都认为,在风险资本和私募股权基金难以充分支持小微企业在早期阶段的发展时,股权模式是一种很好的替代方法。但是,股权模式下投资人需要承担比债权模式下更大的、由于信息不对称带来的风险,当局对于股权模式的众筹平台监管也更加严格。AngelList、Anaxnago、Crowdcube 是美国股权众筹的典型。

美国经济学界对于互联网众筹的评价也观点各异。Gubler(2013)认为,众筹具有无穷潜力,表现在它可以革新小微企业的融资方式、可以迅速把 Facebook 等社交媒体的百万用户变为风险资本家、可以让原本很难得到融资的有价值的商业创意得到实现。Agrawal,et al. (2013)指出,互联网众筹让众筹发起人获得资金的成本降低、获取的信息来源增多,让投资人获得更多的投资机会、更早得到项目承诺的产品。但是,由于严重的信息不对称和投资人的经验不足,互联网众筹导致了更大的项目风险和欺诈风险。Colgren(2014)认为,运用互联网技术,众筹大规模革新了小微企业(SMEs)获得融资的途径,使之高效省时。Viotto(2015)指出,众筹作为新兴企业融资的可选途径,能够通过互联网匹配潜在企业家、项目所有者和潜在投资者。

由于互联网众筹是近年来新出现的融资工具,美国经济学界的研究多以理论叙述、发展情况总结为主。我国互联网众筹的学术研究更是稀缺,加之我国众筹市场尚未成型,实践经验尚且不足,难以支持理论的发展。所以,在我国国内小微企业融资难、互联网金融发展如火如荼的大背景下,亟须对美国有关互联网众筹的文献进行研究,以积累理论经验,为发展我国的互联网众筹打下理论基础,也为我国互联网金融的发展做出贡献。

本文将在第三部分论述美国互联网众筹的理论分析,从而全面理解美国众筹市场。在本文的第四部分中,将基于美国最具特色的两大众筹平台Kickstarter 和 AngelList,在实例的基础上进一步了解美国众筹平台的业务范围、操作流程等实务。最后,本文将在对我国互联网众筹发展情况进行分析后,为我国互联网众筹的发展和监管提出建议。

三、美国互联网众筹的理论分析

（一）发展现状

众筹作为一种全新的筹资模式,在过去几年中取得了巨大发展。全球众筹平台的数量由 2009 年的 200 家上升到 2014 年的 1 250 家,2014 年中全球众筹平台共交易 162 亿美元,对比 2012 总交易金额 27 亿美元,总增长 5 倍有余(图 1)。

在众筹平台数量和交易量急剧增长的同时,众筹平台的分布范围也由发展初期的欧美国家延伸到了世界各地。

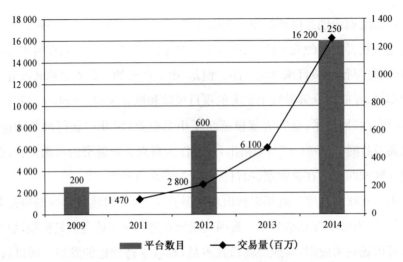

图 1　全球众筹平台数目和交易数量

数据来源：Massolution 2013 Crowdfunding Market：Software and Solution
Report；Crowdfunding Industry Reports of 2013 and 2015。

（二）兴起原因

互联网众筹的迅猛发展主要得益于以下四点原因。

（1）小微企业融资难的现状愈发严重。小微企业因为自身资本实力薄
弱、财务制度不完善、内部控制制度不健全，难以使用传统融资方式（银行贷
款、风险资本投资、发行股票）获得融资。尤其在现今情况下，2002 年
Sarbanes-Oxley 法案的颁布使得上市筹资成本和合规成本大幅增加，小微企
业愈发难以通过公司上市发行股票融资。同时，在金融危机之后美国银行惜
贷的心理更为严重。根据美国联邦存款保险公司（FDIC）统计，金融危机之
后，美国银行业净息差在 2010—2012 年期间居高不下，分别为 3.76％，
3.60％和3.42％。高净息差水平主要是由于在经济危机的余波中，银行不愿
意向工商业企业发放贷款，导致银行贷款供不应求，贷款利率居高不下。在惜
贷的情况下，银行会更愿意选择资金实力雄厚的公司放款，首先被淘汰的贷款
对象就是小微企业。因此，一方面小微企业对资金存在巨大需求，另一方面，
传统金融市场只能为小微企业提供少量资金供给，供需如此不平衡的情况下，

互联网众筹敏锐察觉到了商机,开始组织普通投资人为小微企业提供资金,因其潜在投资人数量众多、投资门槛低,受到小微企业和普通投资人的双重欢迎,美国互联网众筹因此如火如荼地发展起来。

(2) 互联网的普及。互联网不仅为互联网众筹提供了技术依托和发展平台,还为其提供了广阔的潜在用户资源。在全球互联网用户大规模增加、运用互联网进行通信的进入门槛进一步降低的情况下,互联网众筹的潜在项目发起人和投资人都大幅增加,互联网的亿万用户都成为广阔无边、开放共赢的互联网中的潜在投资者和企业合作者。

(3) 大数据的运用。传统的商业战略建立在对具有核心竞争力资产的绝对控制上,忽略了通过综合利用亿万普通人的智慧来获得惊人效果的可能性。如果一种商业模式或平台不只是利用稀缺资源(如专业投资人、单个重点信息流等),而是重视一般资源(如普通的潜在投资人、大量普通的信息流),那么它不仅会成为商业游戏的改变者,还会彻底动摇教条式商业战略的根本基础。大数据的运用就是这样一种"多者异也"思想在商业上的充分运用,使得金融服务创新向收集、处理、运用海量信息流的方向发展,为互联网众筹的构建做好了技术支持和理论准备,数据库的软件技术让互联网众筹平台可以在短时间迅速捕获、流程化处理、快速保存海量资金供给和需求者信息,大数据的指导思想让互联网众筹平台对发起人和投资人信息进行整合、分类、匹配、运用,向人们展示一个项目不依赖于独特的资源、高昂的固定支出和无与伦比的天赋、人才,同样可以获得巨大成功。

(4) 创业者和企业对于个性化筹资计划的需求与日俱增。在银行惜贷的同时,创业者和企业也同样对银行贷款不满意。现代创业者更希望贷款形式有所创新,能够尽可能地连接生产者和消费者,使得消费市场的反馈迅速传递给生产者。这种需求为互联网众筹的出现提供了市场。互联网众筹的投资人通常能够先于普通消费者优先试用他们投资的产品,能够为创业者及时提供产品反馈,帮助创业者进行产品调整以适应未来市场需求。另外,涉及知识产权、版权的行业更加需要新型筹资方式帮助他们解决产权、版权限制访问的问题。众筹以投资人进行投资交换在线内容的访问权、制造权的方式解决了在线内容生产时的搭便车问题,因为投资人为维护自身利益不可能外泄在线内容。

(三)模式特点

根据文献综述,美国经济学界将互联网众筹模式分类如图 2。

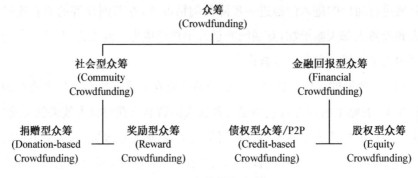

图 2 众筹模式分类

资料来源:作者绘制。

上述四种众筹平台近年来在美国的发展情况如下(见图 3)。

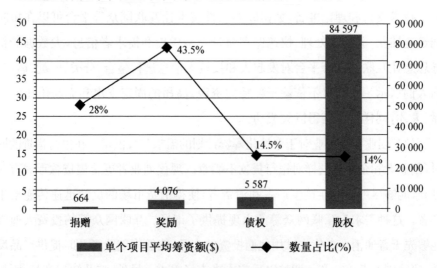

图 3 2012 年四种众筹模式发展情况

数据来源:Massolution 2013 Crowdfunding Market:Software and Solution Report;Crowdfunding Industry Reports of 2013 and 2015;www. crowdsourcing. org/research

由图3可见,奖励模式在美国众筹平台中占据主流地位,而股权模式由于其高风险性和专业性占比较低,但是高风险对应的高投入和高回报使得股权模式的单个项目筹资金额极高。另外,在我国极受欢迎的债权模式在美国众筹模式中反而占比较低。

上述四种众筹模式有其自身的特点(表1)。

表1 四种互联网众筹模式及其特点

	捐赠模式	奖励模式	债权模式	股权模式
投资本质	捐款	捐款/预购	贷款	投资
报酬形式	精神满足感	无形奖励	本息和(部分公益性贷款无息)	股权。如企业经营顺利,可获得红利。部分情况下存在无形奖励
建成难易	易,门槛极低		难,平台需要承担尽职调查,经过合规检查	
投资动机	利他主义/内心需求/社会激励	社会激励/内心需求	内心需求/社会激励/投资需求	
项目类型	公益性	资本要求低	资本要求高	

四种众筹模式在融资特点上也存在不同。在总结特点方面的不同之处时,一般分为非股权型众筹(捐赠模式、奖励模式、债权模式)和股权型众筹。

1. 非股权型众筹的特点

(1) 融资不再受到地域限制。当早期众筹平台 Sellaband 开始提供服务时,超过86%的投资人来自项目发起人60千米以外的地方。到现在,投资人和发起人之间的平均距离大约是3 000千米。

(2) 筹资高度倾斜。2006—2009年,Kickstarter 上0.7%的项目得到了超过整个平台总筹资金额73%的资金。在成功筹到目标资金的项目中,1%的项目占据了总金额的36%,10%的项目占据了总金额的63%。

(3) 筹资速度与已筹集资金的数目成正比,投资人群体存在羊群效应。

在众筹平台 Sellaband 给定的一个星期中，已筹集目标金额 80％的项目所获得的新投资者数目是已筹集目标金额 20％项目所获得新投资者数目的 2 倍。在融资过程中，已筹集资金数目越大，潜在投资人对项目的信心就越充足，导致筹资速度加快。筹资速度的提高进一步巩固了投资人的信心，由此吸引更多资金投入，形成良性循环。

（4）亲朋好友在早期融资过程中起到关键作用。亲朋好友相比其他投资人，和发起人之间信息更对称，因此在早期融资中占据了一大部分，为后来一般投资人的加入提供积极信号。

（5）资金流向遵循传统规律。虽然众筹平台使得投资人来源不再受地域限制，但是众筹资金的流入地和传统融资中一致，都会流向人力资源丰富、互补资源充足、后续融资便利的地方。

另外，在非股权型众筹中，投资人和项目发起人都会对结果过分乐观。在 Sellaband 上，在第一波受资助的艺术家不能向投资人兑现有形回报后，投资人在后续投资中降低了自己的期望值。相似的是，在 Kickstarter 上，由于众多评级较高的项目推迟投资报酬承诺的时间或公开宣布不能兑现投资报酬（在技术和设计类项目中超过 50％的产品交付延迟），管理层不得不调整平台对项目的评价方法。

2. 股权型众筹的特点

（1）不同于非股权型众筹的投资人投资主要基于他们自身对于项目的兴趣，股权型众筹投资人选择投资项目时主要考量项目的收益。

（2）由于非股权型众筹不仅能够为小微企业融资，还能避免股权的分散和稀释，使得小微企业在度过早期发展难关后易于向实力雄厚的投资者筹集更大规模的资金，因此具有对企业发展有高质量规划的发起人不会轻易选择股权型众筹。

（3）股权型众筹投资人常常会支付比传统股权投资人更高的价格，因为传统股权投资人能够进行面对面的实地尽职调查，从而更准确地评估风险和回报。

（4）非股权型众筹和股权型众筹最重要的不同点在于信息不对称的表现形式上。在非股权型众筹中,信息不对称主要表现在发起人兑现承诺的可能性,而在股权型众筹的信息不对称表现在发起人成功建立公司以实现股权价值的可能性。由于缺乏严格的公司治理、公开披露、会计制度和其他在公开交易证券市场的一般要求,股权型众筹的投资人将承担更大的风险。

另外,股权型众筹平台一般会在项目正式上线前,对项目,尤其是创业项目,进行尽职调查以保护非专业投资人。76％的股权型众筹平台会进行事前的尽职调查,24％的股权型众筹平台在项目筹到目标金额后会进行尽职调查。

（四）营运模式

虽然互联网众筹被分为多种模式,但是它们的经营流程具有相似之处。众筹平台是整个众筹操作流程的核心,连接投资人和项目发起人。项目投资人把经过平台审核的项目上传到众筹平台上以信用信号吸引投资人关注,投资人通过众筹平台了解项目、寻找投资机会并和发起人沟通。一旦确定投资,投资人会通过银行账户或支付平台进行转账,众筹平台会暂时帮投资人保管这笔资金。如果筹集资金达到目标金额或未达到目标金额但平台依据 Keep it All 模式,众筹平台会把所筹资金转交给发起人,且平台会收取手续费和交易费用;如果筹集资金未达到目标金额,平台依据 All or Nothing 模式,资金将会退还给投资人。在项目运行时,平台保持监督。项目成功后,发起人向投资人直接向投资人兑现承诺。具体流程如下(见图 4)。

在上述营运模式中,信用信号是项目发起人能够获得投资人投资的最主要因素。在众筹机制的设置中,项目发起人公开的信息都是他们愿意公开的部分,然后他们对外界发出"相信我!"的信号,以此来吸引投资人注意。一般存在三种发出信用信号的方式。

（1）质量信号。在众筹市场上最简单的提供质量信号的方式就是参与者通过利用品牌声誉发出可信赖的质量信号。但是由于众筹项目涉及的企业都刚刚创立或还未创立,难以提供可信赖的品牌支撑。所以,发起人提供的项目

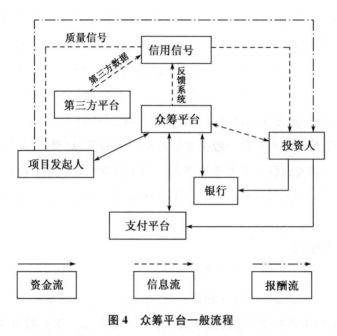

图 4　众筹平台一般流程

资料来源：作者绘制。

信息数量越大、可得性越高，所发出的质量信号就越可信，例如，eBay 上同种层次二手车的价格会随着自愿披露信息量的增加而提高。其他可以发出可信的质量信号的方法，包括寻找担保人、参与在线平台的慈善捐款等。另外，项目发起人教育水平的高低（如是否具有 MBA 学位）与项目的质量信号好坏也成正比。

（2）反馈系统。大多数众筹平台都会设立反馈系统，从而投资人和发起人提交他们的意见以建立双方的信用系统。反馈系统最基本的版本是双方反馈交易情况，最为复杂的版本依赖于双方提供的各项评分来完善信用信息。

（3）可信赖的第三方数据。独立于发起人、投资人和众筹平台的第三方往往能够提供最为公正客观的信用数据。众筹平台常常会使用大型社交平台如 Facebook、Twitter、LinkedIn 和支付平台的数据来完善客户的个人信用信息。

（五）监管规则和法律

对于互联网众筹这一新兴的金融工具，众筹平台和监管层都制定了相应的规则和法律来规范互联网众筹平台的发展，解决市场失灵问题。

（1）平台规则。主要包括设置发起人和投资人的准入条件、对项目介绍的真实性要求、投资人投资金额的限制、项目实施中对发起人定期反馈项目进度的要求等。

（2）法律法规。2012年4月5日，美国总统奥巴马正式签署了《工商初创企业推动法》（Jumpstart Our Business Startups Act，简称 JOBS 法案）。JOBS 法案要求美国证券交易委员会（SEC）为股权型众筹设立交易规则。该规则在 2013 年上半年出台。在该交易规则中有如下几点值得重视。

第一，投资人在单个项目中投资金额不得超过一定限额。具体来说，《众筹法案》（Crowdfund Act，S. 219021）规定投资人对单个项目的投资金额不得超过年收入的 10%，最高不得超过 100 000 美元（Sec. 2. a. B. ii）。另外，年收入不足 100 000 美元的投资人所投金额不得超过年收入的 5%，最高不得超过 2 000 美元（Sec. 2. a. B. i）。

第二，众筹平台必须在 SEC 登记注册，必须履行教育投资人（在风险程度、流动性风险等多个方面）、采取措施逐步减少欺诈风险（如对投资人和投资人进行历史信用记录审查，尤其是持有公司股权超过 20% 的投资人）、确保投资人没有在投资金额限额方面违反规定等责任。

第三，众筹法案明确规定股权型众筹平台必须设置融资门槛，不允许未达到目标金额的项目使用已获得的筹资金额，即股权型众筹必须使用 All or Nothing 模式。

（3）众筹尽职调查。对比传统投资人，众筹投资人在尽职调查方面面临不利局面，因为单个众筹投资人持有的投资份额非常小，难以有动力耗时耗力投入金钱调查项目发起人。因此众筹平台必须承担起尽职调查的责任，可以利用的方法包括：利用数量极为庞大的投资人群体提供的多个视角收集项目反馈和质疑、要求大型项目的发起人进行项目阐述和简报等。

四、美国互联网众筹的案例分析

（一）美国奖励型众筹平台 Kickstarter

奖励型众筹是互联网众筹四大模式中数量占比最多的一种模式，值得重点研究。Kickstarter 是美国奖励型众筹平台中成立最早、规模最大的众筹平台，因此本文以 Kickstarter 为例论述美国奖励型众筹平台的基本情况。

1. Kickstarter 概述

Kickstarter 由 Perry Chen 创办于 2009 年，在初期主要发展艺术类众筹项目，如图画、电影、音乐等项目。如今 Kickstarter 已经发展成为全球最大的在线众筹平台，涵盖设计、技术、戏剧等 15 类项目，宗旨在于让创意照亮生活，通过帮助音乐家、街头艺术家、设计师等创意工作从业者寻找资金和赞助，让他们的创意在现实生活中得以实现。

Kickstarter 作为一个全球性的众筹平台，吸引着全球创意工作从业者把他们的创意项目上传到 Kickstarter 上。从谷歌趋势数据（见图 5）可以看出，除了 Kickstarter 早期阶段，在 2011 年中期以后，Kickstarter 作为新兴融资手段，比传统风险资本更受人们关注。

截至 2015 年 12 月 25 日，Kickstarter 拥有在世界各地超过 10 109 570 位投资者，总筹资金额为 2 149 269 316 美元，共成功运行 98 690 个项目，成功筹资项目比例为 36.46%，成功筹资金额为 1 870 000 000 美元。图 6 展示了截至 2015 年 12 月 25 日 Kickstarter 上 15 类项目的成功数和成功项目占总体的比例。

图 6 显示，Kickstarter 践行了自己的创建宗旨，音乐、影视、出版、艺术类成功筹资的项目数位列前四，舞蹈、戏剧、音乐、漫画类项目成功融资的比例最高。

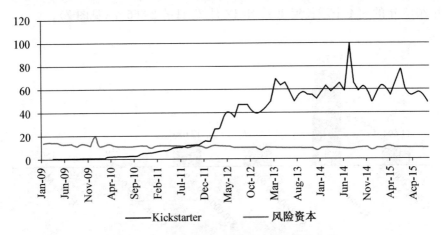

图 5　Kickstarter 与风险资本的谷歌趋势指数

数据来源：http://www.google.com/trends/explore＃q—kickstarter。

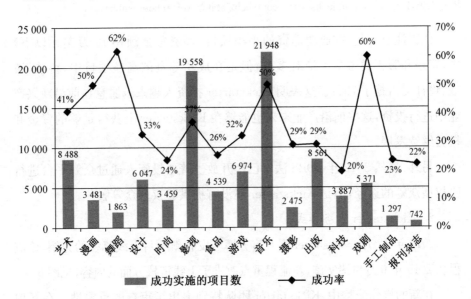

图 6　Kickstarter 各类别成功项目数和比例

数据来源：https://www.kickstarter.com/help/stats? ref＝about_subnav。

　　由于 Kickstarter 主要是为个人创意项目进行融资，因此成功融资的项目金额主要在 1 万美元以下，但是高额项目（筹资总金额在 10 万美元以上）数量由 2013 年的 854 个增长到 2015 年 12 月 25 日的 2 666 个(见图 7)。

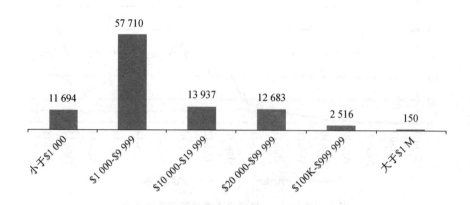

图 7　Kickstarter 成功融资的项目金额分类

数据来源:https://www.kickstarter.com/help/stats? ref=about_subnav。

　　值得注意的是,在成功筹资的小额项目(筹资总金额在 10 万美元以下)中,音乐和影视类占据了绝对多数,但是在成功筹资的高额项目中,科技、游戏、设计类占据了 75%。这表明 Kickstarter 投资人越来越愿意在前沿新兴产业中进行投资,这些前沿产业未来也能够在 Kickstarter 上获得足够的资金和机会继续发展。

　　另外,虽然 2012 年 JOBS 法案已经开放了普通投资人通过众筹平台进行股权型众筹的途径,但是 Kickstarter 还没有提供股权型众筹服务。

　　2. Kickstarter 业务模式

　　2015 年 12 月,Kickstarter 在其官方博客发布新项目上线流程的介绍,该流程从 2015 年 6 月付诸实施,新流程重点改进了上线审核方面的内容(见图 8)。

　　在新的操作流程中,Kickstarter 团队特别突出了审核的重要性。在新项目上线之前,首先由计算机程序进行审查。计算机程序会分析新项目中的上千个要素,根据要素内容匹配过去人工处理的相似项目,对比新项目和老项目,如果程序判定项目通过,则发起人可以立刻在平台上发布该项目或寻求 Kickstarter 团队的帮助进行优化。如果程序判定不通过,则继续由

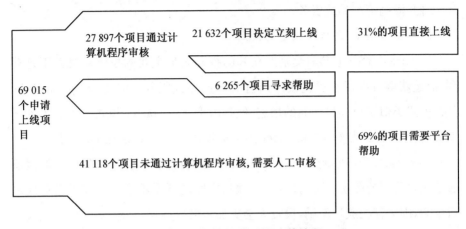

图 8　Kickstarter 新项目上线流程

数据来源：http://www.kickstarter.com/blog/how-projects-launch-on-kickstarter.

Kickstarter 特设的审核小组审查，以保证项目符合平台规定。图 8 表明了自 2015 年 6 月实行该制度至 2015 年 12 月 25 日新项目的上线情况，31％的新项目不加修改直接上线筹资，9％的项目寻求了 Kickstarter 团队帮助，60％的项目需要人工审核。

新流程在三个方面有重要意义：首先，它为曾经能够迅速被批准上线的项目保留了快捷通道；其次，它能够为项目发起人提供向 Kickstarter 专业团队寻求帮助的便利途径；最后，它能够给予 Kickstarter 团队更多时间对需要人工审核的项目做出决定。随着更多的项目提出申请，计算机审核程序会进一步提高效率和精准度，帮助更多的发起人把创意分享给全世界。

对于项目筹集资金的时限，Kickstarter 有一个非常特殊的规定，即采用定点机制（Provision Point Mechanism）：由于 Kickstarter 采用 All or Nothing 模式，发起人必须在 60 天之内完成目标筹资金额，在 60 天内如果不能完成目标，已经筹集的资金必须全部返还到投资人账户；如果在 60 天内完成了目标金额，发起人可以提出所融资金，同时把融资金额的 5％作为手续费和交易费用支付给 Kickstarter，把融资金额的 3％～5％支付给 Kickstarter 的支付服务提供商亚马逊。在项目运行后，发起人需要按承诺向投资人提供奖励，如唱片、T恤、漫画等产品或服务。

3. Kickstarter 与风险投资的区别

在 Kickstarter 上参与奖励型众筹的投资人最主要的投资动机并不是获利,而是获得与投资项目直接产出有关的产品或服务。因此,Kickstarter 的经营模式类似于对项目产品的预定,但是由于 Kickstarter 模式下投资人处于平等的投资环境,使得 Kickstarter 的融资效率要远高于传统风险投资。

Kickstarter 与风险投资的区别还在于在项目运行之后,风险投资的报酬通常包含公司的股份分配,投资人与项目之间的联系不会在事前承诺兑现之后中断,因为存在股权激励,投资人会更加积极地参与到公司运营中直到股份被卖出。而在 Kickstarter 模式中投资人只是获得单纯的产品或服务作为奖励,所以在获得预定回报之后就与项目断绝了联系。

最后,投资的风险大小也是 Kickstarter 和风险投资不同之处。在 Kickstarter 模式下,投资人有权在获得产品或服务之前撤回投资资金,因而可以避免投资风险。但是在风险投资中,一旦确定投资,投资人无法撤回资金。如果项目失败,在没有其他特定条款的规定下,投资人将会失去所有投资资金。

(二)美国股权型众筹平台 AngelList

股权型众筹作为互联网众筹四大模式中平均筹资额最高、最有发展潜力的一种,需要特别关注。AngelList 是美国股权型众筹平台中成立较早、规模最大、发展最为成熟的众筹平台,因此本文以 AngelList 为例论述美国股权型众筹平台的基本情况。

1. AngelList 概述

AngelList 是美国最著名的股权型众筹平台之一,由 Naval Ravikant & Babak Nivi 创立于 2010 年,其宗旨在于为初创的成长型企业提供融资。

作为一个专业的股权型众筹平台,在 2012 年 JOBS 法案放宽股权在线众筹的要求后,AngelList 共设立了三种融资模式:联合投资(Syndicate)、自主联合投资(Self-Syndicate)和基金(Fund)。除基金模式只向美国本土投资人开放外,前两种投资模式均向全球投资人开放。另外,AngelList 还提供在线平台,为求职者寻找合适的初创企业和为初创企业寻找员工。

在 AngelList 上,个人用户分为平台用户、投资人、求职者等。经过简单注册,网站访客即可成为平台用户,但是如果需要进行交易、投资,则必须通过美国证券交易委员会(SEC)认证成为投资人。投资人按照投资经验被分为普通投资人、顶级投资人、领投人,按照资产由少到多被分为个人投资人、信托投资人、公司或基金投资人。求职者则需要平台用户上传简历。

AngelList 上的机构用户可以分为创业企业、投资机构、企业孵化器和加速器。创业企业按照筹资情况、成长情况分为初创企业、热门企业和精选企业。AngelList 用户分类如图 9 所示:

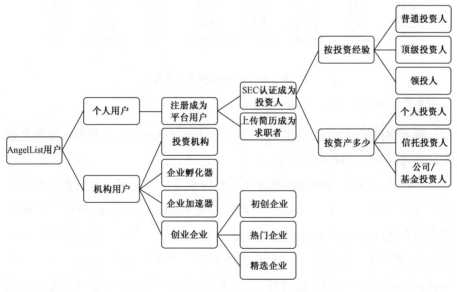

图 9　AngelList 用户分类

资料来源:作者绘制。

截至 2015 年底,共有 722 696 家企业在 AngelList 上注册。注册企业中 208 983 家企业有融资需求,其中初创企业 30 085 家;15 796 家企业有招聘需求；企业孵化器 4 196 家，接受申请的有 1 682 家；专业投资公司 6 748 家。共有 24 368 位投资人，其中 144 位是专业领投人。AngelList 共筹资 240 000 000 美元，620 家企业成功筹资。

作为 2012 年起才逐渐发展起来的股权型众筹平台，AngelList 的项目数和投资人数难以和 Kickstarter 相比，但是截至 2015 年 12 月 25 日，AngelList 上项目的估值远远超过 Kickstarter（图 10）。

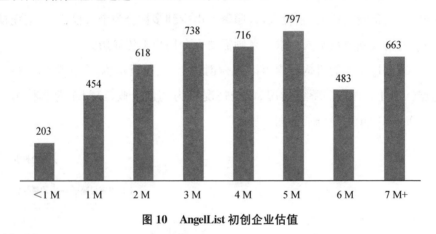

图 10　AngelList 初创企业估值

数据来源：https://angel. co/valuations。

除了项目估值外，截至 2015 年 12 月 25 日，AngelList 上项目的筹资金额也远远超过 Kickstarter（图 11）。

AngelList 对大数据和数据分类上有极其成功的运用。在企业浏览中以标签"所有企业（All Companies）""融资企业（Claimed Companies）""有招聘需求的企业（Hiring Companies）"区分，并在每一类别下进一步按企业类别（初创企业、投资企业、孵化器等）、地区、行业类型、运用的技术类型（Javascript、iOS、Android、HTML5 等）、创建者背景、发展阶段、热度进行细分。在市场数据查询中，AngelList 用"信息技术""生命科学""保险"等 500 个标签为所有注册企业分类，并且罗列出每个类别的上游行业（Parent）和下游行业（Children），提供每个类别的企业数、投资人数、关注人数、提供工作数等数据。表 2 列出了截至 2015 年 12 月 25 日 AngelList 上公司数前十的标签类别。

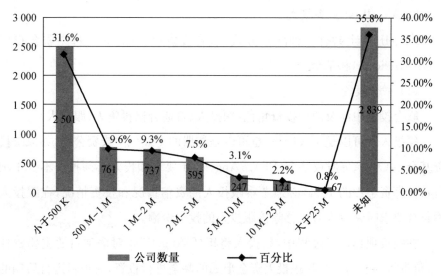

图 11　AngelList 项目融资金额分布

数据来源：https://angel.co/valuations。

表 2　AngelList 公司数前十行业

行业	公司数	投资人数量	关注人数量	工作数量	公司数占比
信息技术	113 406	2 540	8 618	24 024	15.69%
消费	78 520	2 540	8 618	24 024	10.86%
企业服务	48 621	1 253	4 073	11 506	6.73%
媒体	12 689	1 661	5 591	1 918	1.76%
医疗保健	10 661	29 242	153 255	2 122	1.48%
教育	9 866	4 076	13 986	1 860	1.37%
金融	9 568	1 871	6 365	2 479	1.32%
健康福利	5 700	2 220	8 051	909	0.79%
生命科学	5 463	1 401	4 639	561	0.76%
社交平台	5 337	1 319	4 389	1 047	0.74%

数据来源：https://angel.co/markets。

2. AngelList 业务模式

AngelList 上共有三种融资方式：联合投资（Syndicate）、自主联合投资（Self-Syndicate）和基金（Fund）。

（1）联合投资

联合投资中涉及两个投资角色：领投人、普通合格投资人（跟投人）。

领投人既可以是个人用户，也可以是注册的专业风险投资公司，如风险投资基金（VC）、私募股权基金（PE）。AngelList 要求领投人必须投资不少于项目目标筹资金额的 10％，必须考察跟投人的资信情况和投资情况，在跟投人不符合要求时领投人有权移除该跟投人的投资份额。

在投资项目运行过程中，领投人将担任 AngelList 对该项目的主要责任人，负责将自己的资金和跟投人资金形成的基金进行投资，对项目进行后期的监督，在初创企业股东大会上的表决、买卖股份。同时，领投人必须向跟投人和 AngelList 公布自己在该项目中所做的决定以及股份的买卖情况。

另外，如果领投人是投资公司，那么它所获得领投人的收益必须与其基金的管理合伙人（LP）分享。如果领投人是个人用户，那么他所获得领投人收益则不需与任何人分享。

跟投人不直接对筹资企业投资或直接持有企业的股权，而是把资金投入 AngelList 为该项目设置的基金，该基金由 AngelList 特定人员担任顾问并进行管理，负责把跟投人的资金向筹资企业投资。

联合投资由领投人发起，在发起投资项目之前，领投人需要公布项目的相关信息，如投资规模、跟投人投资最低和最高限额、附带收益等。在上述信息公开后，其他普通合格投资人可以向领投人申请进行跟投，领投人可以选择接受或拒绝跟投人的申请。跟投人确定后，投资项目正式形成，AngelList 会对项目计划进行审核，审核通过后，所有投资人都会收到投资邀请。

如果项目成功，AngelList 会收取投资利润的 5％，领投人可以获得不超过 25％的投资利润作为附带收益，跟投人则按投资比例分享剩余投资收益。如果项目失败，领投人仅损失自己的投资资金，不对跟投人负责。

AngelList 中还由不需要领投人带领、普通合格投资人可以直接投资的项目。但是对所有项目,领投人都有优先投资权。

在联合投资模式下,对于领投人来说,可以集合大量资金进行专业投资,在项目实施过程中可以干涉项目的运营以保证自己的利益,但领投人责任重大,需要维护所有跟投人的经济利益。对于跟投人而言,可以在项目选择、项目跟进上花费较少的精力,还能享受领投人的专业投资知识。但是这也导致跟投人在投资中自主性较低,可能被领投人拒绝跟投,在项目实施中不具有发言权,只能听从领投人的决定,而且在项目获利后利润需要和领投人、AngelList 分享。

(2)自主联合投资

自主联合投资只面向已经获得优质投资人至少 10 万美元投资保证的筹资企业。与联合投资不同的是,自主联合投资中的率先投资人并不是领投人,而是普通合格投资人,他们不承担对项目的后期监督和投资资金的运用,而是由 AngelList 全程负责资金募集和后期管理。因此,AngelList 在项目成功后会收取投资利润的 10% 作为附带收益。

在自主联合投资模式下,所有投资人都是平等的,项目利润只需要和 AngelList 分享,因此具有更大的盈利空间。但是在项目实施过程中不再有投资人的参与,只有 AngelList 负责跟进,由于跟进者和该项目不存在直接利益关系,跟进者可能玩忽职守,甚至和融资者合伙对投资人进行欺诈。

(3)基金

所有投资人都可以通过 AngelList 自身设立的投资基金对筹资企业进行投资。由于每个基金的投资领域并不相同,投资人可以根据自身偏好选择基金。基金由天使投资人或专业投资公司负责管理运营。在项目成功之后,基金管理者收取利润的 15% 作为附带收益,AngelList 平台则收取项目利润的 5% 作为附带收益。

在基金模式下,投资人可以依据自己的投资偏好选择投资基金,并可以享受专业投资人的投资知识。另外,基金集合了众多投资人的资金,可以获得更多投资收益。但是,在项目实施过程中,投资人会丧失对自己资金的管理权,项目利润需要与基金管理者和 AngelList 分享。

以下是三种投资方式的比较(表 3):

表 3　AngelList 三种投资方式比较

	联合投资	自主联合投资	基金
项目选择者	领投人	普通合格投资人	AngelList
投资项目数	领投人决定	自主决定	100 个左右
最低投资额	领投人决定	$1 000	$25 000
中途能否退出	在支付投资款之前,跟投人随时可以退出	不能单独退出	
附带收益	领投人收取 5%～25% 投资收益,AngelList 收取 5%	AngelList 收取 10%	运营者收取 15%,AngelList 收取 5%

数据来源:作者绘制。

不同于其他股权型众筹平台,AngelList 不收取任何撮合费用,盈利主要来自以上三种模式中项目成功后的附带收益和增值服务费用。附带收益主要来自联合投资中跟投人投资利润的 5%、联合投资中跟投人资金形成的基金获利的 5%、自主联合投资中普通合格投资人投资利润的 10%、平台基金获利的 5%。增值服务费用主要包括筹资项目向平台申请文书、法律、合同、会计、审计等服务时支付的费用。

3. 求职与招聘平台

AngelList 求职与招聘平台于 2012 年 8 月上线,宗旨是为求职者和筹资失败的创业者提供进入初创企业的机会,同时也为初创企业提供优质员工资源。

虽然求职与招聘平台和投融资没有直接关联,AngelList 对求职和招聘平台也不收取任何费用,但获得了经济利益之外的其他收益。AngelList 上活跃的大部分用户都来自求职招聘平台,许多著名的新型企业如 Uber 等也会在 AngelList 上招聘员工。通过求职招聘平台,AngelList 大大提高了用户的忠诚度和活跃度,不失为一种人力资源的众筹。

4. 社交功能

AngelList 还为用户提供了极其强大的、基于创业和融资的社交平台,主要功能包括:从 Facebook、Twitter 等社交平台导入联系人、关注特定投资人和投资机构、为企业或投资项目点赞或评论、通过查看用户关系构建自己的创业投资人际网络、向联系人和企业发送消息、为朋友写推荐信。

这些功能并不是单纯用来进行社交,而是使得平台上个人用户内部、机构用户内部、个人用户和机构用户之间的壁垒被打破,有利于用户之间的信息流快速流动,从而带动资金流动。另外,这一功能还加强了用户对平台的归属感和忠诚度,同时为平台带来更多的关联用户。

五、对我国互联网众筹发展的启示

在美国众筹平台发展得如火如荼之际,我国的众筹平台同样开始迅速兴起。房地产企业、大型券商,特别是互联网巨头如百度、阿里巴巴、腾讯、京东以及民间团体都已经加入中国在线众筹这片蓝海市场,比较著名的互联网众筹平台见图 12。我国第一个众筹平台"点名时间"创立于 2011 年,截至 2014 年年底我国共有 128 家众筹平台。

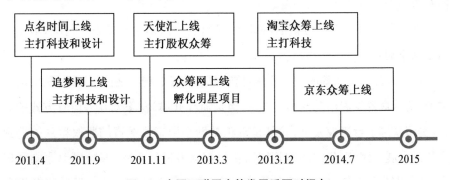

图 12　中国互联网众筹发展重要时间点

资料来源:作者绘制。

中国互联网众筹平台不仅数量在进一步增加,其筹资规模也在不断扩大(图 13)。

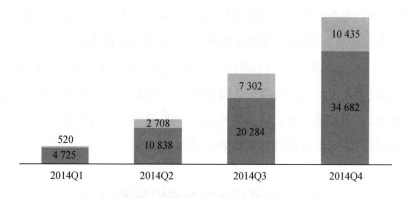

图 13　中国众筹平台筹资规模

数据来源:2015 年互联网众筹研究报告。

虽然中国互联网众筹已经取得了长足的进步,但对比美国,中国互联网众筹在发展过程中以下问题值得重点关注:监管阻力大、知识产权保护制度不完善、征信系统和信用文化建设落后、众筹平台对申请上线项目的审批和项目后期监管不到位、众筹平台盈利点单一、股权型众筹项目退出机制不完善、互联网众筹专业人才不足。

在对美国众筹平台分析的基础上,结合我国众筹平台的发展情况,本文得出了如下启示。

(1) 完善有关众筹的法律法规,监管要走在发展现状之前。JOBS 法案出台之前,美国众筹发展情况并不如人意,但是随着 JOBS 法案对众筹监管方式的更新,美国众筹平台迅速发展,尤其是真正帮助小微企业融资的股权型众筹得到了长足发展。因此,我国的监管层需要根据众筹发展现状,兼顾谨慎原则和包容原则,借鉴各众筹平台已有的规章制度,尽快出台针对在线众筹的规范性文件,引导众筹平台规范发展,加强众筹市场管理,尤其要注重如何界定"互联网众筹"和"非法集资"为互联网众筹松绑、如何恰当引导股权型众筹的发展、如何加强对众筹平台和项目发起人的资格认定并进行备案、如何惩戒欺诈行为。

（2）利用大数据，加快建设我国的征信系统。信用是众筹文化的基石，美国良好的银行信用系统和信用文化孕育了快速发展的众筹市场。除了央行要进一步完善个人征信系统以外，众筹平台还可以和支付宝等第三方平台合作，共享客户信用记录，对信用风险防患于未然。

（3）制定关于知识产权保护机的平台规则和法律法规。众筹平台对于知识产权保护的忽视会导致任何平台用户都能随意查看项目发起人的商业计划书、产品创意，对项目发起人造成巨大风险，使得众筹平台用户流失。政府对知识产权保护的忽视则会导致整个互联网众筹市场的用户流失。因此，众筹平台必须严格审核投资人的资质，并把投资人可以查看的项目信息层次和投资人投资资质、投资金额相联系，使得投资人出于保护自身利益而自觉保护项目发起人的知识产权。政府则需要制定严格的法律法规惩罚侵犯知识产权的行为，可以将投资人侵犯知识产权的行为记录在案并对众筹平台进行公开。

（4）我国的众筹平台应当着重学习美国众筹平台的项目准入审查制度和后期管理制度，形成一整套完整的投资流程，对大型的融资项目召开说明会、审查会，要求项目发起人到场说明并提供相关证明，鼓励项目发起人和潜在投资人进行线下面谈，防范欺诈风险。另外，一旦项目成功融资，众筹平台应当跟进项目的实施进度、监督所筹资金的运用并及时通告投资人。

（5）众筹平台应当有意识地选择项目的侧重点，提供特色服务，形成自己的平台特色，避免千篇一律，以增强用户忠诚度和黏性，创造盈利增长点。众筹平台应当真正为投资人提供优质的投资项目，推动我国新兴行业的发展，而不是让互联网众筹成为无意义项目的营销和炒作工具。

（6）引入第三方平台管理众筹平台资金流。在互联网众筹中，项目的融资多涉及资金的累积，极容易导致众筹平台对资金的挪用，使得项目发起人和投资人都遭受巨大损失。因此，众筹平台应当与第三方资金托管机构合作，由资金使用者和托管机构协商托管费用。

（7）加强投资者的风险教育。互联网众筹涉及千万普通投资人，这些普通投资人并没有丰富的投资经验和风险意识，容易把互联网众筹和预售混为一谈，意识不到互联网众筹中存在的风险。另外，互联网众筹作为新型投资方式，和传统融资手段有很大不同，经验丰富的投资人也可能因为不了解众筹规则或自负老练而遭遇投资风险。因此，监管部门和众筹平台应当加强对投资人的风险意识教育，普及众筹知识和平台规则，让投资人全面了解互联网众筹中存在的风险，使之梳理正确的投资观念。

主要参考文献

[1] GRANOVETTER M. Economic action and social structure: the problem of embeddedness[J]. American Journal of Sociology, 1985: 481 - 510.

[2] BOURDIEU P. The forms of capital[J]. Handbook of Theory and Research for the Sociology of Education, 1986: 241 - 258.

[3] BA S, PAVLOU P A. Evidence of the effect of trust building technology in electronic markets: Price premiums and buyer behavior[J]. MIS Quarterly, 2002: 243 - 268.

[4] GREINER M, WANG H. Building consumer-to-consumer trust in e-finance marketplaces[R]. AMCIS 2007 Proceedings, 2007.

[5] KARLAN D S. Social connections and group banking[J]. The Economic Journal, 2007, 117(517): 52 - 84.

[6] BARASINSKA N. The Role of gender in lending business: Evidence from an online market for Peer-to-Peer lending[R]. Working Paper, 2009.

[7] LYER R, KHWAJA A I, LUTTMER E F, et al. Screening in New Credit Markets: Can Individual Lenders Infer Borrower Creditworthiness in Peer-to-Peer Lending? [J]. National Bureau of Economic Research, 2009.

[8] M LIN. Peer-to-Peer lending: An Empirical Study [R]. AMCIS 2009 Doctoral Consortium, 2009.

[9] BERGER S C, GLEISNER F. Emergence of financial intermediaries in electronic markets: The case of online P2P lending[J]. BuR-Business Research, 2009, 2(1): 39 - 65.

[10] BELLEFLAMME P, LAMBERT T, SCHWIENBACHER A. Crowdfunding: An Industrial Organization Perspective[R]. SSRN Working Paper, 2010, No. 2151179.

[11] FREEDMAN S, JIN G Z. Learning by Doing with Asymmetric Information: Evidence from Prosper. com[R]. Nber Working Papers, 2011.

[12] POETZ M, SCHREIER M. The Value of Crowdsourcing: Can Users Really Compete with Professionals in Generating New Products Ideas? [J]. Journal of Product Innovation Management, 2012, 29(2): 245 - 256.

[13] GUBLER Z. Inventive Funding Deserves Creative Regulation[N]. Wall Street Journal, 2013 - 1 - 31.

[14] AGRAWAL A, CATALINI C, GOLDFARB A. Some Simple Economics of Crowdfunding[R]. NBER Working Paper Series, 2013: 19133.

[15] TOMCZAK A, BREM A. A conceptualized investment model of crowdfunding[J]. Venture Capital: An International Journal of Entrepreneurial Finance, 2013, 15(4): 335 - 359.

[16] BURTCH G, GHOSE A, WATTL S. An Empirical Examination of the Antecedents and Consequences of Contribution Patterns in Crowd-Funded Markets[J]. Information Systems Research, 2013, 24(3): 499 - 519.

[17] KIRBY E, WORNER S. Crowd-funding: An Infant Industry Growing Fast[R]. IOSCO Staff Working Paper, 2014.

[18] WILSON K, TESTONI M. Improving the Role of Equity Crowdfunding in Europe's Capital Markets[R]. Bruegel Policy Contribution, 2014.

[19] ROSSI M. The New Ways to Raise Capital: An Exploratory Study of Crowdfunding. International[J]. Journal of Financial Research, 2014, 5(2): 8 - 18.

[20] DEFFAINS-CRAPSKY C, SUDOLSKA A. Radical Innovation and Early Stage Financing Gaps: Equity-Based Crowdfunding Challenges[J]. Journal of Positive Management, 2014, 5(2): 3 - 19.

[21] BELLEFLAMME P, LAMBERT T, SCHWIENBACHER A. Crowdfunding: Tapping the Right Crowd[J]. Journal of Business Venturing, 2014, 29 (5): 585 - 609.

[22] COLGREN D. The Rise of Crowdfunding: Social Media, Big Data, Cloud

Technologies[J]. Strategic Finance，2014，95(10)：56-57.

[23] VIOTTO J. Competition and Regulation of Crowdfunding Platforms：A Two-sided Market Approach[J]. Communications & Strategies，2015，99(3)：33-50.

[24] 梁前德. 家庭经济状况与大学生消费的实证分析——以武汉地区 2662 名大学生消费调查数据为例[J]. 江汉论坛，2009(08)：131-135.

[25] 辛宪. P2P 运营模式微探[J]. 商业现代化，2009(21)：19-22.

[26] 张蔷. 粉丝力量大[M]. 北京：中国人民大学出版社，2010.

[27] 尤瑞章，张晓霞. P2P 在线借贷的中外比较分析——兼论对我国的启示[J]. 金融发展评论，2010(3)：97-105.

[28] 陈初. 对中国"P2P"网络融资的思考[J]. 人民论坛，2010(9)：128-129.

[29] 张玉梅. P2P 小额网络贷款模式研究[J]. 生产力研究，2010(12)：162-165.

[30] 张职. P2P 网络借贷运营模式的比较、问题及对策研究[D]. 上海：华东理工大学，2013.

[31] 刘喜怀. 当代大学生消费行为特征及市场开发[J]. 学术交流，2013(03)：216-219.

[32] 李悦雷，郭阳，张维. 中国 P2P 小额贷款市场借贷成功率影响因素分析[J]. 金融研究，2013(7)：126-138.

[33] 兰竹虹，屈改柳，崔鹏勇. 大学生群体网上购物消费行为的影响因素分析——基于成都地区高校的实证调查[J]. 消费经济，2013，29(04)：58-63.

[34] 宋晨. P2P 网络借贷影响因素的实证研究[D]. 扬州：扬州大学，2014.

[35] 李焰，高弋君，李珍妮，等. 借款人信息描述对投资人决策的影响——基于 P2P 网络借贷平台的分析[J]. 经济研究，2014(1)：143-155.

[36] 白志如. 国内众筹出版项目的内容分析与发展建议[J]. 出版科学，2014(05)：71-74.

[37] 廖理，李梦然，王正位. 聪明的投资者：非完全市场化利率与风险识别[J]. 经济研究，2014(7)：125-137.

[38] 郭泽德. 众筹出版模式对出版业创新的启示[J]. 出版发行研究，2014(08)：57-59.

[39] 武小菲. 书籍众筹：问题与对策——基于构建以出版社为主导的书籍众筹出版传播模式的思考[J]. 编辑之友，2014(09)：10-12.

[40] 徐琦，杨丽萍. 大数据解读国内众筹出版的现状与问题[J]. 科技与出版，2014(11)：14-20.

[41] 李婷,杨海平. 众筹出版新模式研究[J]. 中国编辑,2015(04):33-33.

[42] 王雯,许洁,李阳雪. 论众筹出版的三个功能[J]. 出版科学,2015(05):58-62.

[43] 熊劲,马超群. 我国 P2P 网络借贷市场散标出借人出资偏好实证分析[J]. 武汉金融,2015(11):19-22.

[44] 于晓燕. 我国众筹出版的现状与问题分析[J]. 新闻世界,2015(11):127-129.

[45] 邹婷. 大学生收入与消费调查报告[J]. 财经问题研究,2016(02):164-166.

[46] 裴平,师晓亮. 美国互联网众筹及其对中国的启示[J]. 南京财经大学学报,2016(04):1-13.

[47] 裴平,蔡越. 群组制度对 P2P 网贷平台借款成功率和借款利率的影响——基于 Prosper.com 样本数据的实证检验[J]. 经济理论与经济管理,2016(10):5-15.

[48] 裴平. 中国互联网金融发展研究(论文集)[M]. 南京:南京大学出版社,2017.

[49] 裴平,印文. 互联网+金融:金融业的创新与重塑[M]. 南京:凤凰科技出版社,2017.

[50] 顾天竹,余庆哲. 当代大学生消费行为研究——基于问卷调查的实证分析[J]. 南京广播电视大学学报,2017(01):73-76.

[51] 逄索,程毅. 大学生网贷成因分析及其风险规避路径——基于上海市大学生消费行为调查的实证研究[J]. 思想理论教育,2017(02):107-111.

[52] 林明惠. 大学生网贷消费行为调查分析及引导策略[J]. 思想理论教育,2017(05):79-83.

[53] 苏婵娟. 校园网贷背景下大学生畸形消费心理剖析及教育引导[J]. 广西社会科学,2017(07):218-220.

[54] 冯辉. 论互联网金融的私法规制——以大学生网络信贷消费合同的效力问题为例[J]. 南京社会科学,2017(12):82-86.

[55] 王克岭,魏明,吴东. 大学生网络借贷意愿影响因素研究——基于感知价值与感知风险的视角[J]. 企业经济,2018(01):142-149.

[56] 叶大扬,王蓉,李书凝,等. 大学生网络借贷消费行为调查及引导机制[J]. 教育评论,2018(02):18-22.

[57] 傅顺,裴平,顾天竹. 大学生的消费行为、网贷意愿和网贷平台偏好——基于江苏省高校问卷调查数据的实证分析[J]. 兰州学刊,2019(11):108-120.

(与师晓亮合作,《南京财经大学学报》2016 年第 4 期)

下篇

风险防范与社会责任

稳中求进，保障互联网金融健康发展

摘要：2013 年后，中国互联网金融异军突起，在为国民经济可持续增长提供强有力金融支持的同时，也引发了不可轻视的风险。为稳中求进，保障互联网金融健康发展，本文从重视和承担起社会责任、大力加强互联网金融消费者教育、积极推进互联网金融监管创新以及正确引导金融科技发展四个方面进行思考，进而提出了对策性建议。

关键词：社会责任；消费者教育；监管创新；金融科技发展

一、引　言

互联网金融的本质是金融，而任何金融活动都是有风险的。互联网金融安全是一项系统工程，不仅要求网络运营者承担起网络技术和平台运行的安全保障义务，也要求从互联网金融平台社会责任、合格投资者教育、金融监管创新以及正确引领金融科技发展等方面加强互联网金融风险防范。只有做好这项系统工程，互联网金融才能够实现健康发展。自 2014 年 12 月 18 日《私募股权众筹融资管理办法（试行）》发布，到 2016 年 4 月 14 日中央颁布《互联网金融风险专项整治工作实施方案》，我国已出台近十个针对互联网金融的法律法规和整治文件。2016 年 11 月 7 日，全国人大常委会又通过了《网络安全法》，并于 2017 年 6 月 1 日起正式实施。《网络安全法》从立法高度明确了网络运营者的安全保障义务，这有利于从网络技术和平台运行层面夯实互联网金融健康发展的基础。

二、重视和承担起社会责任

2013 年后,我国互联网金融异军突起,对降低融资成本、提高金融效率,更好地提供普惠金融服务发挥了积极作用。但是,互联网金融发展过程中泥沙俱下,鱼龙混杂,风险频发,对互联网金融风险进行专项整治势在必行。截至 2017 年 4 月 5 日,中国互联网金融信息举报平台已经累计收到举报信息2 635 条,举报信息覆盖了所有互联网金融业态,而且涉及全国 31 个省(区、市)。非法集资、擅自发行股票(股权众筹)、合同诈骗、侵害消费者权益乃至携款潜逃等现象不仅影响了社会经济的稳健运行,而且严重抹黑了互联网金融。

互联网金融健康发展要求互联网金融平台主动承担起应有的社会责任,如果不能坚守这样的道德底线,互联网金融就失去了存在的意义和发展的基础。近年来的互联网金融专项整治表明,互联网金融平台不能唯利是图,而是要在合法经营的同时,承担起一定的社会责任。事实上,主动承担社会责任不仅是互联网金融健康发展的基石,而且还有利于形成互联网金融平台的软实力和核心竞争力。

1. 守法与诚信

市场经济是法治经济和信用经济。互联网金融平台要自觉遵守有关法律法规,合法经营,照章纳税,承担政府规定的其他责任和义务,并接受监管部门的监督和管理。在日常经营中,互联网金融平台更要做到守法和诚信,重视职业操守,老少无欺,信守承诺,维护公平与正义。

2. 致力于普惠金融

互联网金融平台要发挥与生俱来的普惠金融优势,努力开拓由草根金融和碎片金融构成的"长尾市场",积极帮助小微企业、中低收入群体和"三农"解决融资难、融资贵等问题,还要大力支持"大众创业、万众创新",积极为社会公众提供小额、快捷、便民的金融产品和服务。

3. 搭建安全的互联网交易平台

互联网金融平台有责任按照电信主管部门、互联网信息管理部门以及公安部门的技术和监管要求，搭建安全的互联网交易平台，在提高资金融通效率的同时，确保用户的资金、信息和隐私不被非法获取与侵犯，并且保证交易过程不被技术故障所中断。

4. 提高征信和风控能力

在大数据、云计算、人工智能以及移动互联网技术推广和应用的今天，几乎所有的社会关系皆可用数据表征，几乎所有的人类活动都会留下数据足迹，万物皆可被数据化。因此，互联网金融平台要在完善现有征信和风控手段的同时，高度重视大数据的存储、共享、分析与运用的硬件和软件建设，全面提升自己的征信和风控能力，以适应互联网金融健康发展的要求。

5. 保护消费者权益

互联网金融产品与服务的消费者，既包括借款人，也包括投资者。在互联网金融平台上，消费者权益主要涉及资金安全、信息透明、投资收益和隐私保护等，其中最重要的是资金安全。因此，互联网金融平台应该把保护消费者权益放在十分重要的地位，如根据有关法律法规，清晰界定消费者的权利和义务，充分披露相关信息，及时提示业务风险，建立有效的风险隔离机制和客户权益保障机制等。

三、大力加强互联网金融消费者教育

普惠性使互联网金融能够深植于由众多小微企业和中低收入人口构成的"长尾市场"。"长尾市场"的需求潜力大，但其结构"小、散、乱"，该市场上的投资者在许多方面是不合格的。如小微企业和中低收入人口的金融知识欠缺，风险识别和承担能力较弱，他们的决策具有较大盲目性，容易遭受误导、欺诈和不公正待遇；互联网金融平台上资金融通的金额小、笔数多，消费者没有足够动力对互联网金融平台进行监督，由此产生的"搭便车"和"内部人控制"问题更加突出；"长尾市场"中的个体非理性或个体理性之集合并不能导致集体理性，互联网金融存在内生的不确定性等。因此，互联网金融消费者教育不可或缺，要及时补课，不断加强。

首先，要从国家层面构建互联网金融消费者教育体系。在美国，美联储设立了消费者金融保护局，并由其下设的金融知识办公室专门负责投资者教育；美国证券交易委员会也设立了投资者教育及援助办公室，专门负责投资者教育和投资者权益保护。我国可借鉴美国等发达国家的经验，把互联网金融消费者教育提升到国家层面来统一规划、落实和规范。

其次，在全社会开展互联网金融消费者教育。要大力普及互联网金融消费者教育，甚至要从娃娃抓起，为中老年人补课，让身处互联网时代的所有居民都尽可能地熟悉互联网金融的基本内涵、基本技能、基本场景、基本法规，并且能够接受互联网金融健康发展所必需的理念和文化。

最后，优化整合互联网金融消费者教育资源。从政府部门、行业协会到微观主体，都要积极优化整合各种教育资源，努力提高互联网金融消费者教育的实际效果。例如，要把互联网金融纳入不同层级的国民教育之中，举办大讲堂和培训班，发放宣传册，播放视频节目，推出学习型游戏和体验场景，组织相关知识和模拟投资大赛，设立互联网金融消费者权益保护的模拟法庭……通过多层次和全方位的消费者教育，从根本上提高互联网金融消费者理性借贷、识别风险和自我保护的能力。

四、积极推进互联网金融监管创新

针对互联网金融平台从事超出经营范围或未经许可的金融业务，特别是互联网金融平台无法可依、有法不依或游走在创新与监管的灰色地带等监管缺失导致的混乱局面，依传统的思维和方法尤其是简单地以行政手段加强监管，虽能扼制互联网金融风险频发的势头，但并不能实现互联网金融发展的"长治久安"。这是因为，加强互联网金融监管不是要把优胜劣汰的竞争市场转变为严格管理的动物园，而是要通过监管创新，营造生机勃勃和规范有序的良好环境。

积极推进互联网金融监管创新，目的是提高监管的有效性，可在四个方面多下功夫。（1）适度监管，对互联网金融的监管应有足够的包容性，对创新行为不能过于严厉，更不能简单地用行政手段进行封杀。（2）一致性监管，不论是哪一类互联网金融平台，只要从事互联网金融业务，就必须接受基本一致的市场准入政策和审慎监管要求。（3）协同监管，在金融分业监管体制下，"一行三会"既要有分工，也要有协作，以避免互联网金融监管中的相互推诿或"三不管"；同时，协同监管还要求企业内控、行业自律和政府监管相辅相成，形成多层次有机整合的监管构架。（4）创新监管，针对互联网金融风险具有隐蔽性、传播性、广泛性和突发性的特点，要设定新的监管原则和监管指标体系，探索负面清单管理方法，借助大数据、云计算和人工智能等技术，加强国际合作，使互联网金融监管不留空白、及时到位，能够达到预期效果。

值得注意的是，通过在互联网金融专项整治过程中的实践与探索，我国互联网金融监管的创新模式已经浮出水面。一是借鉴英国金融行为监管局提出的"监管沙盘"模式，结合基本国情，通过设立"缩小版"的真实市场，允许互联网金融产品、服务和渠道的大胆创新，在试错中及时发现相关的缺陷和风险，同时有针对性地完善互联网金融监管的法律法规和主要措施。一旦时机成熟，就将"缩小版"的真实市场拓展为全国性的真实市场。二是在我国金融实行分业监管和不同互联网金融业务相互交织的背景下，中央在专项整治方案中提出的"穿透式监管"模式，即在互联网金融业务链条的关键环节嵌入监控探针，透过金融创新的表象来分析金融业务的本质，强化监管的深度、广度和频度，进而解决"铁路警察，各管一段"，或是"谁的孩子，谁抱走"，又或是"事不关己，高高挂起"等互联网金融监管过程中"没人管"和"谁来管"的问题。"监管沙盘"模式和"穿透式监管"模式的优势正在逐步显现，但还需要从理论与实践上进一步完善。

五、正确引导金融科技发展

金融科技（Fintech）源于发达经济体，互联网金融（Internet Finance）则是我国本土化的名称，二者的内涵既有联系又有区别。如果说互联网金融的基因是"互联网技术＋金融"，那么金融科技的基因就是"科学技术＋金融"。金融科技是互联网金融的升级版，它不仅基于互联网、大数据和云计算等技术，而且还将电子货币、区块链、生物验证、智慧合同、人工智能以及虚拟现实技术运用到金融活动中去，从而得以进一步降低资金融通成本，提高金融活动效率，甚至重新塑造整个金融业。

从 2013 年互联网金融异军突起，到今天互联网金融开始升级为金融科技，这样的"中国速度"让世界为之惊叹不已。尽管如此，我国金融科技还是处于探索和初步发展阶段，如何正确引领金融科技发展，仍有不少理论与实践问题需要思考。

互联网金融的本质是金融，作为互联网金融的升级版，金融科技的本质也是金融。因此，科技金融的发展不能违背金融规律，不能放松金融风险防范，不能忽视必要的审慎监管。只是炒作"科技＋金融"的概念，或是将科技要素简单地与金融业务捆绑，或是在风险管理中硬性嵌入不成熟技术等，这些都是彻头彻尾的伪金融科技。在实践中，如果不对伪金融科技加以限制和打击，就会造成"金融风险＋技术风险"的风险倍数放大，其后果将是十分严重的。

与互联网金融相比，金融科技的主要商业模式、业务流程、产品与服务以及风险特征并没有发生根本性改变，它对互联网金融的升级在很大程度上表现为科技的进步与应用。鉴于此，从互联网金融升级为金融科技没有必要"摸着石头过河"，金融科技发展也没有必要交大量学费"试错前行"。金融科技发展应该以现有的互联网金融为基础，充分汲取过去的经验教训，具有前瞻性地对金融科技发展进行顶层设计、全面规划、行业布局、业务创新和风险管控，进而以较小的代价和风险取得较好的实际效果。

　　科技进步给金融业注入了新的动力,但"水能载舟,亦能覆舟"。先进技术如果在金融领域运用不当,就会使金融风险的传导性更强、波及面更广、传播速度更快,很容易导致灾难性的金融危机。因此,在处理金融科技发展过程中安全与发展、风险与监管的关系时,应该更加重视金融科技安全和提高科技金融监管有效性,以金融科技的"稳中求进"替代互联网金融的"异军突起";同时要坚持审慎监管和行为监管相结合的原则,积极探索金融科技的监管方法,构建起对金融科技领域全覆盖、能够及时预警和有效防范金融风险的金融科技监管体系。

(裴平,《群众》2017 年第 13 期)

互联网支付发展与金融风险防范

摘要:基于支付经济学的视角,从互联网支付系统、商业银行互联网支付、第三方互联网支付和非法定数字货币四条传导路径,研究了互联网支付发展与金融风险防范之间的关系。基于指数构建的两阶段实证结果表明,互联网支付对金融风险具有显著的正向效应,且不同传导路径间存在差异性。互联网支付在为金融市场和实体经济服务的同时,客观上也产生了相应的金融风险,并为金融风险传播提供了通道。为更好地防范金融风险,提出了优化支付结算机制设计、建立应对系统故障和流行病冲击等的压力测试框架以及加强对非法定数字货币的金融风险监管等政策建议。

关键词:互联网支付;金融风险;支付监管

一、引　言

互联网支付发轫于互联网技术与支付的融合。互联网技术应用到支付领域,打破了时间和空间对支付的限制,进而产生了互联网支付这一新的支付业态。中国互联网支付发展迅猛,为人们生活和企业生产带来极大便利,改变了经济主体的交易行为和支付习惯,大幅提高了整个经济体支付结算的效率并降低了支付结算的成本,为中国金融市场的稳健运行和实体经济的快速增长提供了坚实保障。2020年一季度,即使是在新冠肺炎疫情的影响下,第三方互联网支付业务金额仍达到了60.90万亿元,同比增长4.99%。支付是一切经济金融活动的基础,但互联网支付的迅猛发展,客观上也产生了相应的金融风险,并为金融风险的传播提供了通道,对金融稳定造成了一定的影响。2020年3月5日,中国人民银行等六部委联合印发了《统筹监管金融基础设施工作方案》,明确了金融基础设施是防范金融风险和实施宏观审慎管理的重要抓手,互联网支付则是金融基础设施的重要组成部分。面对互联网支付领域的新型风险,国内经济学界和普通民众对互联网支付的认知却大多还停留在网上银行使用或手机支付软件扫码应用的简单层面,对互联网支付发展与金融风险防范背后所隐含的经济学逻辑缺乏深入了解。

中国在互联网支付的发展上独树一帜,处于不断变革、创新和重塑的历史进程当中,在西方发达国家难以直接找到成熟的发展模式作为参照和借鉴,加之数字货币相关的研究在全球逐渐兴起,这些均导致了中国在互联网支付的理论研究上面临着更加不稳定的发展模式和更大的挑战,并缺乏具有中国特色的互联网支付发展与金融风险防范的理论分析框架。对于金融监管部门而言,研究互联网支付发展与金融风险防范有助于其全面和客观地把握中国互联网支付的现状、问题和未来发展方向,进而可以优化互联网支付系统的支付结算机制设计,制定出符合中国互联网支付发展阶段性特征的政策方针和法律法规,促进中国互联网支付的健康发展、金融风险的前瞻性防范以及金融稳定的长效化维护。同时,对于利用互联网支付产品进行违法违规支付结算操作的用户,研究如何创新互联网支付监管模式将有利于打击这部分违法犯罪分子的恶劣行径。因此,研究互联网支付发展与金融风险防范之间的关系,对于防范金融风险和维护金融稳定具有重要的理论和现实意义。

二、文献回顾

互联网支付如何影响金融风险这一前沿问题目前没有得到国内外学者的足够关注。国内外学者从互联网支付与金融风险的角度所做的研究比较有限,文献相对匮乏,尤其是对近几年中国互联网支付快速发展影响金融风险的研究不够系统、全面和深入。

　　部分文献研究了互联网支付系统的支付结算机制设计问题。具备系统重要性的互联网支付系统应至少符合以下一个条件：一个国家只有一个互联网支付系统或处理业务金额最大的互联网支付系统；该互联网支付系统处理的单笔支付金额很大；为金融市场交易或其他互联网支付系统提供资金结算。在这个意义上，大额支付系统是所有互联网支付系统中最重要和最核心的系统，其连接着小额支付系统、证券结算系统、外汇结算系统和中央对手方等系统和重要机构。对于互联网支付系统，尤其是大额支付系统应使用实时全额结算还是延迟净额结算，学界存在理论上的争议。虽然实时全额结算降低了结算时的信用风险，但其带来的流动性成本（主要是抵押品和准备金）要大于延迟净额结算所导致的信用风险成本。各国央行强迫或鼓励将延迟净额结算系统转换为实时全额结算系统，是对延迟净额结算系统分配信用风险方式的根本误解。但是，由于延迟净额结算方式存在固有结算风险，即使是中央对手方①也不能完全消除这种固有的结算风险，而且目前全球各国互联网支付系统的核心——大额支付系统处理的主要是货币市场和债券市场的银行同业间支付业务，金额比较大，一旦出现问题将对金融稳定带来巨大威胁，因此大额支付系统应普遍采用实时全额结算模式。世界银行于2018年进行的全球互联网支付系统调查数据显示，在受访的103个经济体中，91%的经济体至少使用一个实时全额结算系统，倾向于开发实时全额结算系统的国家比例预计更高，并且高收入国家更倾向于使用实时全额结算系统。曾任美联储主席的Greenspan指出，互联网支付系统不仅是技术问题，更是一系列复杂的支付结算机制设计和制度安排问题，互联网支付系统对于整个经济而言至关重要。为避免互联网支付系统成为金融风险扩散的渠道，优化系统的支付结算机制

---

　　① 中央对手方，英文全称为 Central Counter Party，是指在多边延迟净额结算中，当买卖双方不能正常交收时，中央对手方就作为"买方的卖方"和"卖方的买方"进行担保交收，先使得交收得以正常进行，再根据结算规则处理违约方的违约行为。中央对手方降低了互联网支付系统中的金融风险，避免在多边延迟净额结算中因买方或卖方违约，通过链式反应而造成更大规模的系统性金融风险。

设计,增强系统弹性尤为重要。美联储里士满分行行长 Lacker 专门研究了"9·11"给美国互联网支付系统带来的后果以及美联储的应对措施,他指出,美国银行业危机的核心特征是银行间支付中断,而信贷延期则能够减轻银行间支付中断所造成的冲击。李新和周琳杰认为,中央对手方在支付结算方面起到的作用可以有效防范金融风险。苗文龙指出,互联网支付存在跨境洗钱风险和操作风险。

少数文献关注到了流行病对互联网支付系统的冲击所可能带来的金融风险。2006 年 10 月至 11 月,英格兰银行、英国财政部和英国金融服务管理局联合组织了一场超过六周的大型流感暴发情况下的跨市场模拟演练,以检验金融基础设施和金融市场在遭受流行病冲击时的运行状况。演练结果表明,流感导致的缺勤率的大幅增加给金融市场各参与机构的正常运转带来负面影响,劳动密集型行业和部门所受的影响最大,但自动化程度较高的英国大额支付系统 CHAPS 所受的影响相对较小,这说明自动化程度较高的互联网支付系统对流行病的冲击具有较好的稳健性。

对于非法定数字货币带来金融风险的研究也并不多见。数字货币分为法定数字货币和非法定数字货币。法定数字货币对维护金融稳定具有积极作用,可以监测和追踪资本外逃、洗钱和恐怖主义融资等非法金融活动的资金流向;比特币等非法定数字货币具有支付结算等主要功能,其存在、运行、交易和流通与现有的互联网支付体系紧密联系。比特币可被用来在实行资本管制的国家进行资本外逃,并且比特币价格起到了类似非官方汇率的作用。在小型开放经济体对法定货币实施资本管控的情况下,比特币符合无套利理论和一价定律,其用于资本外逃会带来国内比特币价格的上升和福利的损失。针对中国互联网支付对金融风险的影响进行较为全面和系统的理论分析和计量检验的文献目前均未见,本文将尝试弥补该研究领域的空白。

三、理论机制与研究假设

支付经济学研究的主要是包括支付系统、支付工具、参与者和金融中介等在内的各种交换机制，随着互联网在全球主要经济体的不断普及，支付经济学的研究重点开始转向互联网支付。互联网支付是指通过计算机、手机等设备，依托互联网发起支付指令、转移货币资金的服务。在支付经济学的研究视角下，互联网支付可分为互联网支付系统、商业银行互联网支付、第三方互联网支付以及非法定数字货币这四个方面。金融风险是指金融稳定和实体经济在未来一定时期内遭受负面影响的可能性，本文将聚焦于互联网支付影响金融风险的理论机制（图1）。

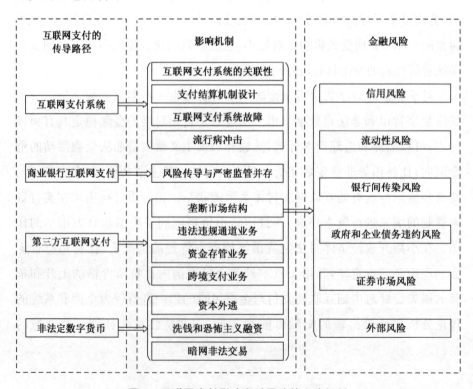

图1　互联网支付影响金融风险的理论机制

图 1 显示,虽然在传导路径和机制上存在差异,但互联网支付最终均会影响到借助各类传导路径产生和传播的金融风险,互联网支付影响金融风险具有以下四条传导路径。

（一）互联网支付系统传导路径

互联网支付系统的关联性是金融风险传播的基础。互联网支付系统是使参与者实现货币资金转移的一系列支付平台、程序和制度的集合,与其相关的支付实体一般包括系统的参与者和运营商。不同互联网支付系统间相互对接和相互影响,进而某个互联网支付系统内部的金融风险就可能传染至其他互联网支付系统,导致链式违约,并外溢至相关金融部门和金融市场,造成系统性金融风险[①],甚至扩散至国际支付结算网络。

互联网支付系统在支付结算机制设计上的不同,决定了金融风险传播范围的大小和传播速度的快慢。支付结算机制设计是指在分散化的互联网支付系统参与者自由发送指令时,互联网支付系统运营商或监管者能够通过设计一套支付结算机制来实现高效和安全的整体目标。一个最优的支付结算机制设计,应能够在维持互联网支付系统高效运转的同时,最大限度地识别和防范金融风险的产生与传播。支付结算机制设计的关键问题是如何及时化解参与者的金融风险,从而避免单个参与者因其自身结算风险所造成的违约扩散至整个互联网支付系统,防止金融风险的传播和扩散。

互联网支付系统故障使其本身成为金融风险的来源,对互联网支付用户的正常交易需求产生心理上和实质上的干扰和障碍。一旦互联网支付系统故障所带来的损失超过了系统弹性设计极限,互联网支付系统就难以完全吸收和覆盖相关的故障和损失,加之链式反应,极易造成金融风险甚至是系统性金融风险,给金融稳定带来实质性威胁。除了央行及其相关机构运营的互联网

[①] 系统性金融风险是指金融市场无法正常运转,并对金融稳定和实体经济造成严重负面影响的金融风险。

支付系统外,中国还存在较大规模的第三方互联网支付系统。如果第三方支付机构所运营的互联网支付系统出现故障,同样会带来较为严重的支付网络瘫痪。

　　互联网支付系统还会受到流行病等外在突发因素的冲击。流行病是短时间内能够造成大量人口感染的传染病,可通过影响人力资源等要素给互联网支付系统带来间接影响,造成金融风险外溢、传播和扩散,波及金融稳定。中国在 2020 年初爆发了新冠病毒疫情,为防范金融风险,互联网支付系统管理需要关注以下四个方面。首先,在流动性参数管理方面,金融机构和企业是互联网支付系统的主要参与方,其员工很有可能因感染流行病而缺勤,进而影响到支付结算业务的正常履约。正常履约的失败会导致互联网支付系统的支付结算业务不能按原程序进行,链式违约进一步引发大规模的流动性短缺,并带来系统性金融风险。此时,互联网支付系统运营商应配合身为最后贷款人的中央银行给金融市场和实体经济注入流动性,并减少对系统参与者的流动性参数限制,例如降低保证金、担保品和质押品价值,以及增加授信额度等。这些措施可以有效缓解金融市场的流动性短缺局面,稳住市场情绪,引导市场预期,防范金融风险,维护金融稳定。其次,在运营时间参数管理方面,应适当延长互联网支付系统运营时间,以满足个人和企业用户的延迟支付、夜间支付、政府紧急流动性划拨以及流行病防疫和救助机构应急款项及时到账的特殊时间需求。再次,在限额参数管理方面,应适当调高互联网支付系统的业务限额,以支持政府专项大额财政拨款和流动性注入的额度需求,避免因货币资金额度超过系统限额而无法支付结算的情况发生。最后,在互联网支付系统人员管理方面,互联网支付系统的高度自动化使其对人员量的需求并没有劳动密集型行业对人员量的需求高,但互联网支付系统的员工有可能因感染流行病而无法正常到岗工作,且疫情时期对经济金融正常运行至关重要的互联网支付系统也有可能发生故障,因此需要安排工作人员 24 小时不间断轮岗值班,尤其针对关键岗位要设置"AB岗"制度,以应对互联网支付系统的任何突发状况,做好系统维护工作。

（二）商业银行互联网支付传导路径

长期以来,中央银行和原银保监会等监管部门已对商业银行在支付结算领域可能造成的金融风险已构建起比较完善的监管框架。但是,商业银行是国内最早提供互联网支付产品和服务的金融机构,也是很多货币资金支付结算的重要通道,是互联网支付与金融风险之间重要的传导路径。因此,商业银行互联网支付增加了金融风险。

（三）第三方互联网支付传导路径

互联网支付可以通过第三方支付这一传导路径对金融风险产生正向影响,具体体现为以下四个方面。一是垄断市场结构,第三方互联网支付机构通过技术手段获取了消费者行为画像,滥用垄断地位,一旦因支付机构内部不当行为或外部监管不力导致支付链条断裂,将直接威胁金融稳定,产生金融风险。二是违法违规通道业务,部分持证或无证的第三方支付机构和聚合支付机构违法违规提供通道业务,未严格遵循KYC(验证客户身份)、KYB(了解企业业务是否违法违规)和AML(反洗钱)准则,通过各种方式直接或间接地私下提供、转接和买卖支付接口,违规搭建、外借和外包支付通道,使得客户资金流向客户并不知晓的公司和非法外汇平台等。三是资金存管业务,第三方支付机构为P2P平台开展资金存管业务,违法违规建立资金池和挪用资金,极易引发信用风险和流动性风险。四是跨境支付业务,当第三方支付机构隐瞒跨境交易真实性,并利用监管漏洞阻碍穿透式监管的实施,则现有外汇管理的有效性将被削弱,由此引发的金融风险也难以被及时发现和遏制。

（四）非法定数字货币传导路径

非法定数字货币是支付经济学的新兴研究分支和互联网支付发展的最新成果，并成为互联网支付的一个重要子集。由于各国央行均未正式推出法定数字货币，下文将以非法定数字货币中最重要的代表比特币为例，论述非法定数字货币是如何作为一条新型的传导路径来产生和传播金融风险的。

中国国内用户可使用比特币实施资本外逃。国内用户通过互联网在国外比特币交易平台进行注册和交易活动，待比特币卖方将比特币转入买方的比特币钱包后，买方确认交易，进而可将钱包内的比特币在国外随时提现成美元等外国货币，成功绕过国内外汇管制，实现资本外逃。利用比特币渠道进行资本外逃的模式并不存在额度限制，根据区块链公司 Clovr 提供的数据显示，在全球有资本管制的国家，使用比特币等非法定数字货币进行资本外逃的金额占资本外逃总金额的比重至少达到了 15%。更进一步地，不法分子再将获得的外汇以合法的外商投资名义投入中国大陆境内进行开办企业等投资活动，由于获得了外商投资的名义，货币资金的原始来源不仅被抹去，相关投资和经营活动在税率上还按照超国民待遇的优惠税率处理，使得国家财政蒙受巨大的税收损失。

比特币还可被用于洗钱和恐怖主义融资。比特币具有匿名性和难以追踪性，洗钱和恐怖主义融资活动的实施者往往将传统的洗钱和恐怖主义融资方式同比特币结合起来进行操作，通过匿名开设跨交易所和跨币种的比特币交易账户进行分批次交易，进而在全球众多的比特币交易区块中掩藏自身违法活动记录。当比特币这类非法定数字货币和暗网相结合，由此带来的金融风险将变得更加隐秘和难以监管。暗网是一种基于多节点中继混淆、P2P 连接和特殊加密传输的匿名互联网技术，传统的利用互联网支付进行的资本外逃、洗钱和恐怖主义融资等非法金融活动逐渐从普通互联网转移到暗网中，同时使用比特币等非法定数字货币来支付结算，这种"非法金融活动—暗网—比特币"结合的犯罪模式，绕过了商业银行账户和中央银行现金进行支付结算，极大地增加了金融监管的难度，为金融风险的传播提供了新型支付结算通道。

结合上文对互联网支付影响金融风险理论机制的分析,本文提出如下研究假设:

假设 1:中国互联网支付发展在总体上增加了金融风险。

假设 2:互联网支付对金融风险的影响在不同传导路径上存在差异:(a) 互联网支付系统增加了金融风险,但由于互联网支付系统较多,不排除个别互联网支付系统降低了金融风险的可能性;(b) 商业银行互联网支付增加了金融风险;(c) 第三方互联网支付增加了金融风险;(d) 非法定数字货币增加了金融风险。

四、研究设计

为验证上述机制,结合图 1 对互联网支付影响金融风险理论机制的分析,本文做如下研究设计:首先,采用主成分分析法构建互联网支付指数作为解释变量,衡量互联网支付发展情况;其次,采用主成分分析法构建金融风险指数作为被解释变量,衡量金融风险变动情况;再次,选取与金融风险相关的其他因素作为控制变量;最后,建立计量模型,通过一阶段和二阶段实证,分别从总体和各个传导路径两个维度来检验互联网支付对金融风险是否具备显著影响。

(一) 互联网支付指数的构建

中国的互联网支付系统种类较多,使用某一个互联网支付系统数据进行实证检验是不够全面的,而互联网支付系统间的关联性导致直接使用多个并列的互联网支付系统数据可能产生变量经济含义重叠和多重共线性。在很多情况下,商业银行互联网支付、第三方互联网支付和非法定数字货币是需要通过互联网支付系统进行支付结算的,这意味着存在数据交叉。此时,使用主成分分析法构建互联网支付指数,能够全面客观地反映互联网支付的发展情况,并符合实证要求。主成分分析法可在损失较少数据信息的基础上对多个变量做降维处理。为了消除量纲不同和季节因素的影响,遵循指数构建的一般方法,本文使用各变量的同比增长率来构建指数。综合考虑数据可得性、代表性和完备性,选取表 1 中的数据构建互联网支付指数。

表 1　互联网支付指数指标集

传导路径	选用指标
互联网支付系统	大额支付系统业务金额同比增长率 X1、小额支付系统业务金额同比增长率 X2、银行业金融机构行内支付系统业务金额同比增长率 X3、网上支付跨行清算系统业务金额同比增长率 X4、银行卡跨行交易清算系统业务金额同比增长率 X5、境内外币支付系统业务金额同比增长率 X6
商业银行互联网支付	商业银行互联网支付业务金额同比增长率 X7
第三方互联网支付	非银行支付机构处理互联网支付业务金额同比增长率 X8
非法定数字货币	比特币成交量同比增长率 X9

注:(1)除了比特币成交量同比增长率的数据是全球性的数据外,其他所有指标均是中国范围内的数据;(2)数据频率为季度数据,时间区间为 2014 年第四季度至 2019 年第四季度,受新冠疫情影响,2020 年相关数据出现较大程度非正常扰动,对经济金融变量之间关系的准确识别造成干扰,因此样本不包括 2020 年的数据;(3)比特币成交量同比增长率数据来自 Wind,其他数据来自中国人民银行。

对表 1 中的九个指标采用较为常见的基于相关系数矩阵的主成分分析,可得九个主成分 PXC1 至 PXC9 的特征根、贡献率和累积贡献率,PXC1 至 PXC4 这四个主成分的累积贡献率已达到 87.4%。同时,主成分分析的经验做法是剔除特征根小于 1 的主成分,第五个主成分 PXC5 的特征根已降至 1 以下,第五至第九个主成分 PXC5 至 PXC9 应予以剔除,因此应选取 PXC1 至 PXC4 作为计算中国互联网发展指数的四个主成分①。为避免人为赋予权重的主观性,采用 PXC1 至 PXC4 这四个主成分的方差贡献率占四个方差总贡献率的比值作为权重进行加权,中国互联网支付指数(Internet Payment

---

① 篇幅所限,主成分分析详细过程未列示,备索。

Index，简称 IPI)可表示为：

$$IPI=0.384 \times PXC1 + 0.273 \times PXC2 + 0.193 \times PXC3 + 0.149 \times PXC4$$

$$(1)$$

根据式(1)可计算出互联网支付指数的具体数值。采用每一时点之前所有时点数据的 75％分位数作为该时点的临界值[①]，得到互联网支付指数及其临界值曲线。互联网支付指数增大表示互联网支付发展加快，互联网支付指数减小表示互联网支付发展减缓。如果互联网支付指数高于临界值，表明互联网支付发展过于迅速；如果互联网支付指数低于临界值，表明互联网支付发展较为平缓(图 2)。

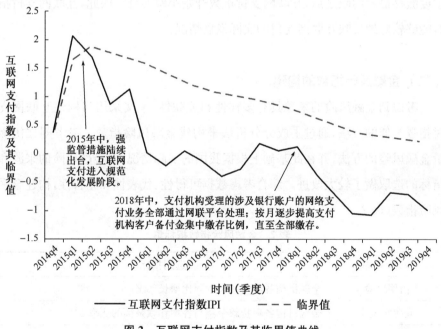

图 2 互联网支付指数及其临界值曲线

① 在构建临界值曲线时，如果采用每一时点之前所有时点数据的 25％或 50％分位数作为该时点的临界值，则样本值太靠前，难以有代表性和预测性，容易低估临界值真实大小；如果采用每一时点之前所有时点数据的 100％分位数作为该时点的临界值，很容易高估临界值的真实大小。选取 75％分位数是一个较为合理和稳健的方案。

图 2 显示,2015 年中,我国陆续出台了互联网支付强监管措施,互联网支付行业进入规范化发展阶段。互联网支付指数从 2015 年中开始下降,说明互联网支付发展速度开始放缓。2015 年第二季度以后,互联网支付指数开始低于临界值,并持续下降,说明强监管措施成效显著,虽然减缓了互联网支付行业的发展速度,但在很大程度上释放了前期积累的风险库存,这对于防范金融风险和维护金融稳定起到了重要作用。2018 年中,第三方支付机构所受理的涉及银行账户的支付业务全部通过网联系统处理,并且第三方支付机构必须按月逐步提高客户备付金集中缴存比例,直至 2019 年 1 月 14 日 100％缴存,这导致在 2018 年中互联网支付指数达到顶点后开始大幅下滑。2019 年第一季度缴存最后期限之后,互联网支付指数开始小幅回升。因此,互联网支付指数能够较好地反映互联网支付的实际发展情况。

（二）金融风险指数的构建

考虑到金融风险的来源具有多样性和关联性,本文采用与构建互联网支付指数类似的方法,通过主成分分析法来构建金融风险指数。参考刘仁伍衡量金融风险的方法,并在此基础上根据我国的实际情况,对金融风险的来源和指标的选取做了较大改进。综合考虑数据可得性、代表性和完备性,构建金融风险指数(表 2)。

表 2　金融风险指数指标集

风险类型	选用指标
信用风险	金融机构各项贷款余额同比增长率 Y1
流动性风险	金融机构各项贷款余额与各项存款余额的比率 Y2
银行间传染风险	银行间人民币市场成交金额同比增长率 Y3
政府和企业债务违约风险	中央政府债务余额同比增长率 Y4、社会融资规模——企业债券融资同比增长率 Y5

风险类型	选用指标
证券市场风险	上证综合指数涨跌幅 Y6、深证综合指数涨跌幅 Y7
外部风险	货币当局国外资产同比增长率 Y8、其他存款性公司国外资产同比增长率 Y9

注：(1) 所有指标均是中国范围内的数据；(2) 数据频率为季度数据，时间区间为 2014 年第四季度至 2019 年第四季度；(3) 上证综合指数涨跌幅数据来自上海证券交易所，深证综合指数涨跌幅数据来自深圳证券交易所，中央政府债务余额同比增长率数据来自财政部，其他数据来自中国人民银行。

对表 2 中的九个指标采用基于相关系数矩阵的主成分分析，可以得到这九个主成分 PYC1 至 PYC9 的特征根、贡献率和累积贡献率，PYC1 至 PYC4 这四个主成分的累积贡献率已达到 86.5%。同时，第五个主成分 PYC5 的特征根已降至 1 以下，第五至第九个主成分 PYC5 至 PYC9 应予以剔除，因此应选取 PYC1 至 PYC4 作为计算中国金融风险指数的四个主成分①。为避免人为赋予权重的主观性，本文采用 PYC1 至 PYC4 这四个主成分的方差贡献率占四个方差总贡献率的比值作为权重进行加权，可将中国金融风险指数 FRI 表示为：

$$FRI = 0.350 \times PYC1 + 0.299 \times PYC2 + 0.217 \times PYC3 + 0.133 \times PYC4 \quad (2)$$

根据式(2)可计算出金融风险指数的具体数值。采用每一时点之前所有时点数据的 75% 分位数作为该时点的临界值，得到金融风险指数及其临界值曲线。金融风险指数增大表示金融风险在累积，金融稳定程度在下降；金融风险指数减小表示金融风险在释放，金融稳定程度在提高。如果金融风险指数高于临界值，表明金融风险快速累积，有可能导致系统性金融风险，进而威胁到金融稳定；如果金融风险指数低于临界值，表明金融风险处于可控范围，金融稳定程度较高(图 3)。

———————

① 篇幅所限，主成分分析详细过程未列示，备索。

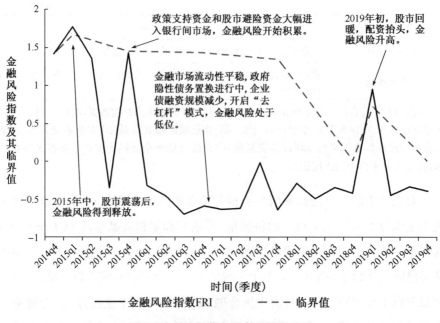

图3 金融风险指数及其临界值曲线

图3显示，根据金融风险指数及其临界值的变化，可将金融风险的波动分为三个阶段。第一阶段是2015年初至2016年初，中国股市震荡，在政府救市措施的支持下，中国金融体系未爆发系统性金融风险，金融风险指数由2015年初超过临界值的危险状态开始大幅下降，金融风险得到释放。与此同时，政策支持资金和股市避险资金开始进入银行体系，银行间市场业务金额大幅提升，金融风险指数再次提高，金融风险开始累积。第二阶段是2016年初至2018年底，金融市场流动性平稳，经济中各部门开启"去杠杆"模式，政府持续进行隐性债务置换，企业债融资规模减小。在这一阶段，金融风险指数处于低位，金融体系中无明显触发系统性金融风险的因素，金融稳定程度较高。第三阶段是2018年底至今，股市回暖，配资抬头，金融风险指数上升较快，带来较大的金融风险隐患，但受证券市场整体走势和监管政策影响，金融风险指数开始下降。因此，金融风险指数能够较好地反映中国金融风险变化的实际动态情况。

五、实证检验与结果分析

（一）一阶段实证检验与结果分析

一阶段实证检验的目的是从总体上验证互联网支付发展对金融风险所产生的影响，即实证检验研究假设 1 是否成立。在构建互联网支付指数 IPI 和金融风险指数 FRI 的基础上，本文选取互联网支付指数 IPI 作为解释变量，金融风险指数 FRI 作为被解释变量，以实证检验互联网支付发展对金融风险的影响。同时，通过梳理以往研究金融风险的相关文献，综合考虑指标的经济学含义、代表性、完备性和可得性以及中国的实际情况，本文选取名义国内生产总值 GDP 同比增长率、广义货币供应量 $M2$ 同比增长率、公共财政支出 PFE 同比增长率和中国银行人民币跨境指数 CRI 同比增长率作为控制变量，其中中国银行人民币跨境指数涵盖了所有经常项目和有代表性的资本项目和境外流转项目，能够较好地反映人民币跨境及境外的使用活跃程度。上述 GDP、$M2$、PFE 和 CRI 这四个控制变量的数据分别来自国家统计局、中国人民银行、国家统计局和中国银行，数据频率为季度数据，样本时间区间为 2014 年第四季度至 2019 年第四季度。

由于控制变量的选取已尽可能地考虑到所有能够对金融风险指数产生影响的因素，故可认为不存在遗漏变量问题。但是，金融风险指数的上升会促使监管层加强金融监管，这会减缓互联网支付的发展速度，因此互联网支付指数和金融风险指数之间存在双向因果关系，具有内生性问题。面对上升的金融风险，金融监管措施的加强只能影响到当期及以后各期的互联网支付发展，不会影响到之前几期的互联网支付发展，故选取互联网支付指数的滞后一阶变量作为工具变量（IV）。在使用普通最小二乘法（OLS）的基础上，本文通过广义矩估计法（GMM）和有限信息极大似然估计法（LIML）来识别和解决内生性问题，构建实证回归方程为：

$$FRI_t = \alpha + \beta_1 IPI_t + \beta_2 GDP_t + \beta_3 M2_t + \beta_4 PFE_t + \beta_5 CRI_t + u_t \qquad (3)$$

式(3)中,FRI_t 表示金融风险指数,IPI_t 表示互联网支付指数,GDP_t 表示国内生产总值,$M2_t$ 表示广义货币供应量,PFE_t 表示公共财政支出,CRI_t 表示中国银行人民币跨境指数,α 为截距项,u_t 为随机扰动项。ADF 单位根检验结果表明,IPI_t、GDP_t、$M2_t$、PFE_t 和 CRI_t 均是一阶单整序列,存在单位根,变量不平稳;FRI_t 为零阶单整序列,不存在单位根,变量平稳。Johansen 协整检验结果表明,FRI_t、IPI_t、GDP_t、$M2_t$、PFE_t 和 CRI_t 这六个变量间存在显著的协整关系,因此原方程不存在“伪回归”问题,t 检验和 F 检验依旧有效[①]。普通最小二乘法(OLS)、广义矩估计法(GMM)和有限信息极大似然估计法(LIML)的估计结果见表 3。

表 3　互联网支付影响金融风险的实证检验结果

变量类型	变量名称	普通最小二乘法(OLS)	广义矩估计法(GMM)	有限信息极大似然估计法(LIML)
解释变量	互联网支付指数 IPI_t	0.757*** (0.096)	0.651*** (0.103)	0.651*** (0.103)
控制变量	国内生产总值 GDP_t	−0.144** (0.050)	−0.147*** (0.023)	−0.147*** (0.023)
	广义货币供应量 $M2_t$	−0.082* (0.040)	−0.088** (0.036)	−0.088** (0.036)
	公共财政支出 PFE_t	−0.024*** (0.006)	−0.020*** (0.003)	−0.020*** (0.003)
	中国银行跨境人民币指数 CRI_t	0.003 (0.012)	0.001 (0.005)	0.001 (0.005)
截距项	C	2.257*** (0.677)	2.279*** (0.550)	2.279*** (0.550)

---

① 篇幅所限,单位根检验和协整检验详细过程未列示,备索。

（续表）

变量类型	变量名称	普通最小二乘法（OLS）	广义矩估计法（GMM）	有限信息极大似然估计法（LIML）
其他统计量		Adjusted $R^2=0.653$	LM Statistic$=4.147^{**}$	LM Statistic $=4.147^{**}$
		Prob(F Statistic)$=0.000$	Wald F Statistic $=22.538^{***}$	Wald F Statistic $=22.538^{***}$
		DW Statistic$=1.896$	Hansen J Statistic$=0.000$	Hansen J Statistic $=0.000$ k Statistic$=1.000$

注：(1)"( )"内的数值为稳健标准误；(2) *** 、** 和 * 分别代表在 1%、5% 和 10% 的显著性水平下显著；(3) LM statistic 全称为 Kleibergen-Paap rk LM statistic，Wald F statistic 全称为 Kleibergen-Paap rk Wald F statistic。

表 3 显示，普通最小二乘法（OLS）下拟合度较好，不存在自相关问题。广义矩估计法（GMM）下，LM Statistic、Wald F Statistic 和 Hansen J Statistic 的数值分别表明不存在识别不足、弱工具变量和过度识别的问题。使用对弱工具变量更不敏感的有限信息极大似然估计法（LIML），结果与广义矩估计法（GMM）高度一致。普通最小二乘法（OLS）、广义矩估计法（GMM）和有限信息极大似然估计法（LIML）的估计结果没有在估计系数大小和显著性等方面出现显著差异，这说明实证结果具有较好的稳健性。

表 3 显示，互联网支付指数 IPI 对金融风险指数 FRI 的影响系数为 0.757，在 1% 水平上通过显著性检验，这说明互联网支付发展导致了金融风险指数 FRI 的增大，FRI 增大意味着金融风险的增加和金融稳定程度的下降。因此，实证结果表明，互联网支付发展在为金融市场和实体经济服务的同时，客观上也产生了相应的金融风险，并为金融风险的传播提供了通道。因此，研究假设 1 成立。

表 3 还显示，控制变量国内生产总值 GDP、广义货币供应量 M2 和公共财政支出 PFE 对金融风险指数 FRI 的影响系数分别为 −0.144、−0.082 和

—0.024,分别在 5%、10% 和 1% 水平上通过显著性检验,这说明 GDP、$M2$ 和 PFE 的增加使金融风险指数 FRI 减小,FRI 减小意味着金融风险的降低和金融稳定程度的提高。GDP 的增加意味着经济形势向好和经济主体预期的改善,$M2$ 的增加意味着金融体系流动性的增强,PFE 的增加意味着政府在加大基建等积极的财政政策力度,在 GDP、$M2$ 和 PFE 的共同作用下,金融风险逐步降低,金融稳定程度不断提高。中国银行人民币跨境指数 CRI 对金融风险指数 FRI 的影响系数为 0.003,但不显著,这说明中国在人民币国际化方面还有待进一步加强。由于中国对经常项目和资本项目等跨境资金流动采取了严格的监管措施,外部风险因素尚不能直接对中国金融体系的整体稳定带来威胁。

（二）二阶段实证检验与结果分析

二阶段实证检验的目的是在一阶段实证结果和互联网支付指数主成分分析结果的基础上,验证互联网支付对金融风险在不同传导路径上的具体影响情况,即假设 2 的正确性。验证时所遵循的逻辑是:一阶段实证检验结果已经证明互联网支付指数 IPI 对金融风险指数 FRI 具有正向影响,但为了避免直接使用原始指标 X1—X9 进行计量检验所产生的多重共线性问题,二阶段实证检验只需得出 X1—X9 这九个指标与互联网支付指数 IPI 之间的正负向关系,便可间接得出 X1—X9 与金融风险指数 FRI 之间的正负向关系。

参照 Baker & Wurgler 的计算方法,我们在前文计算互联网支付指数 IPI 时,通过主成分分析将主成分的特征向量矩阵表示成:

$$\begin{pmatrix} PXC1 \\ PXC2 \\ PXC3 \\ PXC4 \end{pmatrix} = \begin{pmatrix} a_{11} & \cdots & a_{19} \\ \vdots & \ddots & \vdots \\ a_{41} & \cdots & a_{49} \end{pmatrix} \begin{pmatrix} X1 \\ X2 \\ \vdots \\ X8 \\ X9 \end{pmatrix} \tag{4}$$

式(4)中,$PXC1—PXC4$ 为通过主成分分析提取出的四个主成分,$X1—X9$ 为计算互联网支付指数 IPI 的 9 个原始指标,a_{mn}(m,n 为正整数且 $m\leqslant4$,$n\leqslant9$)组成了特征向量矩阵,每一个主成分 PXC_m 均由 a_{mn} 与对应的 X_n 相乘并加总后得到,进而可将式(1)改写为:

$$IPI = 0.384 \times PXC1 + 0.273 \times PXC2 + 0.193 \times PXC3 + 0.149 \times PXC4$$
$$= 0.086X1 - 0.112X2 + 0.288X3 + 0.148X4 + 0.164X5 - 0.062X6$$
$$+ 0.287X7 + 0.204X8 + 0.044X9 \tag{5}$$

式(5)中,与表 1 相对应,$X1—X6$ 是互联网支付系统指标,分别为大额支付系统业务金额同比增长率、小额支付系统业务金额同比增长率、银行业金融机构行内支付系统业务金额同比增长率、网上支付跨行清算系统业务金额同比增长率、银行卡跨行交易清算系统业务金额同比增长率以及境内外币支付系统业务金额同比增长率;$X7$ 是商业银行互联网支付指标,具体指商业银行互联网支付业务金额同比增长率;$X8$ 是第三方互联网支付指标,具体指非银行支付机构处理互联网支付业务金额同比增长率;$X9$ 是非法定数字货币指标,具体指比特币成交量同比增长率。

式(5)的计算结果表明,除了 $X2$ 和 $X6$ 的系数是负数外,$X1$、$X3$、$X4$、$X5$、$X7$、$X8$、$X9$ 的系数均为正数,这说明虽然总体上互联网支付发展对金融风险具有正向影响,但不同传导路径上的影响具有差异性。具体而言:

一是互联网支付系统传导路径。式(5)中,$X2$ 是小额支付系统业务金额同比增长率,$X2$ 的系数为 -0.112,说明小额支付系统对金融风险具有负向影响,这与我们在理论分析部分的预期有所不同,究其原因,小额支付系统对接的是互联网支付零售业务,与实体经济和正常金融业务关联性较强,且其所处理的业务金额较小,不仅不会造成金融风险,甚至有可能对纾解金融风险产生积极作用;$X6$ 是境内外币支付系统业务金额同比增长率,$X6$ 的系数为 -0.062,说明境内外币支付系统对金融风险具有负向影响,这主要是因为境内外币支付系统是为中国境内的银行等金融机构提供外币支付结算服务的,其更多的是满足金融机构间头寸调拨和商品劳务交易等正常业务需求,且在很大程度上隔离了离岸人民币汇率变动所带来的外部风险,同样不仅不会造成金融风险,反而有可能对纾解金融风险产生积极作用。但由于 $X1$、$X3$、$X4$、$X5$ 的系数为正,即其他主要的互联网支付系统对金融风险具有正向影响,因此可以认为,总体上互联网支付系统对金融风险具有正向影响,研究假设 2(a)成立。

二是商业银行互联网支付传导路径。式(5)中,商业银行互联网支付业务金额同比增长率 $X7$ 的系数为 0.287,说明商业银行互联网支付对金融风险具有正向影响。因此,研究假设 2(b)成立。

三是第三方互联网支付传导路径。式(5)中,非银行支付机构处理互联网支付业务金额同比增长率 $X8$ 的系数为 0.204,说明第三方互联网支付对金融风险具有正向影响。因此,研究假设 2(c)成立。

四是非法定数字货币传导路径。式(5)中,比特币成交量同比增长率 $X9$ 的系数为 0.044,说明非法定数字货币对金融风险具有正向影响,包括比特币在内的各类非法定数字货币为资本外逃、洗钱和恐怖主义融资提供了隐秘且便捷的通道。因此,研究假设 2(d)成立。

六、结论与建议

本文基于支付经济学的视角,研究了互联网支付发展与金融风险防范的关系,主要从互联网支付系统、商业银行互联网支付、第三方互联网支付和非法定数字货币这四条传导路径,论述了互联网支付发展影响金融风险的理论机制。本文在分别构建互联网支付指数和金融风险指数的基础上进行两阶段实证检验,结果表明,互联网支付指数对金融风险指数具有显著正向影响,且不同传导路径存在差异性,这说明互联网支付的发展在为金融市场和实体经济服务的同时,客观上也产生了相应的金融风险,并为金融风险的传播提供了通道,导致了金融稳定程度的下降。为了更好地防范金融风险,我们提出三点政策建议：

一是优化支付结算机制设计。中国对互联网支付系统的研究大多停留在技术标准、运行规范和业务处理等方面，在支付结算机制设计上的创新和推进还不够，尤其在识别和防范结算风险甚至是系统性金融风险的理论储备和实践经验方面均有待提升。中国人民银行应在参照国际先进经验的基础上，增加互联网支付系统合格质押品的范围并适当降低质押融资利率，与引入流动性节约机制形成协同效应，使节约流动性的效果达到最大化。同时，可考虑在下一代互联网支付系统建设中引入政府和社会资本合作（PPP）模式，以便在互联网支付系统建设初期就引入更加贴近市场需求的支付结算机制设计，减少后期对互联网支付系统进行维护和升级的成本，形成合理的成本和效益分配模式，网联平台的建设模式是一个较好的范例。

二是建立互联网支付系统压力测试框架。应针对互联网支付系统故障和流行病冲击等因素，将互联网支付系统、金融机构和金融市场纳入压力测试框架，开展跨互联网支付系统、跨部门和跨市场的模拟演练，通过常态化压力测试不断调整互联网支付系统参数设置，完善应急预案，尤其要关注金融基础设施的关键节点——大额支付系统的金融风险状况。

三是加强对非法定数字货币的金融风险监管。面对这类新型互联网支付风险，金融监管部门应通过与专业技术公司合作等方式，加快研究大数据、云计算、区块链和人工智能等金融科技底层技术，以便对利用非法定数字货币进行资本外逃、洗钱、恐怖主义融资和暗网非法交易的新型互联网支付犯罪模式进行监测、追踪和打击。

未来，随着大数据、云计算、移动互联、区块链、物联网和人工智能等金融科技底层技术进步，互联网支付系统可以借助上述新技术更好地收集、处理和利用支付结算数据，成为防范金融风险的新型有力工具，通过什么样的技术手段和分析模式来充分利用互联网支付系统数据，将是未来重要的研究方向。同时，要重视法定数字货币的发展方向与应用模式，这将是未来中国互联网支付发展道路上不可或缺而又极其重要的一部分。

主要参考文献

[1] 十国集团中央银行支付结算体系委员会. 支付体系发展指南[M]. 北京：中国金融出版社，2007.

[2] SCHOENMAKER D. A comparison of alternative interbank settlement systems[R]. London School of Economics, Financial Markets Group Discussion Paper No. 204, 1995.

[3] SELGIN G. Wholesale payments：Questioning the market-failure hypothesis[J]. International Review of Law and Economics, 2004, 24(3)：333 – 350.

[4] NAKAJIMA M. The evolution of payment systems[J]. The European Financial Review, 2012(2)：8 - 9.

[5] WORLD BANK GROUP. Payment system worldwide：A snap shot[R]. Summary Outcomes of the Fourth Global Payment Systems Survey, 2018.

[6] GREENSPAN A. Remarks on evolving payment system issues[J]. Journal of Money, Credit and Banking, 1996, 28(4)：689 – 695.

[7] CPMI-IOSCO（Committee on Payment and Market Infrastructures-International Organization of Securities Commissions）. Cyber resilience and financial market infrastructures[R]. 2016.

[8] LACKER J M. Payment system disruptions and the federal reserve following September 11, 2001[J]. Journal of Monetary Economics, 2004, 51(5)：935 – 965.

[9] 李新，周琳杰. 中央对手方机制防范系统性金融风险研究[J]. 财贸经济，2011(10)：63 - 68.

[10] 苗文龙. 互联网支付：金融风险与监管设计[J]. 当代财经，2015(2)：55 – 65.

[11] BANK OF ENGLAND. Financial stability report[R]. Issue No. 22. 2007.

[12] Ju L, Lu T J, Tu Z. Capital flight and bitcoin regulation[J]. International Review of Finance. 2016, 16(9)：445 – 455.

[13] PIETERS G C. Bitcoin reveals exchange rate manipulation and detects capital controls[J]. SSRN Electronic Journal, 2016(1)：1 – 32.

[14] 刘壮，袁磊. 开放经济、比特币流动与资本外逃研究[J]. 技术经济与管理研究，2019

(12):75 - 83.

[15] LACKER J M，Weinberg J A. Payment economics：Studying the mechanics of exchange[J]. Journal of Monetary Economics，2003(3)：381 - 387.

[16] 中国人民银行，工业和信息化部，公安部，等. 关于促进互联网金融健康发展的指导意见[EB/OL]. (2015 - 07 - 18)[2020 - 02 - 02]. http://www. pbc. gov. cn/goutongjiaoliu/113456/113469/2813898/index. html.

[17] IMF. Key aspects of macroprudential policy-Background paper[R]. Washington：IMF，2013.

[18] 穆长春. 科技金融前沿：Libra 与数字货币展望[DB/MT]. 得到 App 课程，2019.

[19] 刘仁伍. 宏观审慎管理：框架、机制与政策[M]. 北京：社会科学文献出版社，2012.

[20] BAKER M，WURGLER J. Investor sentiment and the cross-section of stock returns [J]. The Journal of Finance，2006(8)：1645 - 1680.

（与吴心弘合作，《南京审计大学学报》2021 年第 1 期）

中国支付体系发展对金融稳定的影响

摘要：本文通过分析中国支付体系发展对金融稳定的影响机制，探讨了中国支付体系发展对金融稳定所带来的问题，其主要结论是：支付体系是包含结算账户、支付工具、支付方式、支付系统、支付组织和支付机制等在内的，主要服务于实体经济运行中交易、清算和结算的有机整体。近几年中国支付体系发展所带来的新型支付风险主要来自支付系统、市场结构、资金存管、跨境支付这四个方面，其对金融稳定产生了一定的影响。基于所做的研究，本文还提出了发展监管科技以增强监管有效性、注重支付微观审慎监管和支付宏观审慎监管相协调、完善支付市场准入退出机制以及加快央行数字货币研发进程的对策性建议。

关键词：支付体系；金融稳定；审慎监管；金融科技

一、引 言

支付体系是一国重要的金融基础设施，它是指包含结算账户、支付工具、支付方式、支付系统、支付组织和支付机制等在内的，主要服务于实体经济运行中交易、清算和结算的有机整体。近几年来，互联网、大数据、云计算、移动互联、区块链以及人工智能等技术的进步与应用，逐步对支付体系渗透，并与支付体系不断交叉、融合和迭代，使中国支付体系有了新的发展，有力地提升了金融系统的运行效率，较好地赋能于实体经济的转型升级。然而，支付体系的新发展也带来了有别于以往的新型支付风险,这些风险的累积对金融稳定已构成潜在的威胁,必须引起理论界和实务部门的高度重视。

本文聚焦于中国支付体系发展对金融稳定的影响,在界定支付体系、金融稳定及其相互关系的基础上,分析支付体系发展对金融稳定产生影响的机制,探讨中国支付体系发展所带来的主要问题,进而为防范支付风险和维护金融稳定提供审慎监管的政策建议。

二、文献回顾

2008年由美国次贷风险引发的国际金融危机爆发后,国内外学者对金融风险与审慎监管进行了比较深入的研究,但从支付体系与金融稳定角度所做的研究还比较有限。

长期以来,国外以银行卡作为主流支付方式,因此国外的相关研究主要聚焦于银行卡定价机制以及支付系统与金融稳定的关系。例如,Manning, et al.(2013)的研究表明,大额支付系统(LVPS)的风险来源主要是信用风险、流动性风险、操作风险和业务风险,他认为中央银行应该对支付系统进行公共政策干预,以维护一国的金融稳定。

国内相关研究主要涉及支付体系与金融稳定之间的关系。杨彪和李冀申(2012)认为,相较于实时全额结算(RTGS)方式,第三方支付所主要采用的延迟净额结算(DNS)方式更容易产生信用风险,进而威胁到金融稳定。同时,他们也认为,第三方支付系统连接着资金市场和实体经济,因此第三方支付系统具有外部性风险。周金黄(2015)认为,支付体系中的风险主要包括信用风险、流动性风险、法律风险、系统运行风险和欺诈风险等,而支付体系与金融稳定的关系主要体现为上述风险发生切断了支付链并产生多米诺骨牌效应,进而造成严重的支付体系风险,甚至引发金融危机。张志杰(2016)指出,支付清算组织通过其所存在的外部风险和内部风险来影响金融稳定,外部风险包括市场准入和退出风险、竞争效率风险和货币传导机制风险;内部风险包括道德风险、系统技术风险、法律风险、操作风险、流动性风险和洗钱风险。王超（2018）强调了非银行支付机构网络支付清算平台（简称"网联"）的建立对于金融稳定的重要性，认为网联有助于将支付风险的外部性内部化，是我国支付体系实现跨越式发展的关键。

也有一些研究关注到了支付体系发展所带来的新型支付风险。刘肯（2013）指出，非金融机构人民币跨境支付业务存在缺乏政策依据、降低资本项目管制有效性、违规使用沉淀资金和违反海关监管规定等风险。其他学者还关注到了第三方支付业务所带来的洗钱风险（陈国忠，2013）、应对支付风险的审慎监管模式（杨涛，2014）、我国支付体系风险评估的整体框架（欧韵君，2014），以及区块链技术应用于支付结算领域可能带来的爆炸式存储风险、数字货币风险和系统应用风险（马理和朱硕，2018）。马方方等（2019）测量了中国第三方支付体系的金融风险，结论是第三方支付体系的市场风险源于洗钱问题，制度风险则源于交易规模。孙天琦（2020）强调了无牌照的"跨境交付"类金融服务可能带来的金融风险，并认为应重点加强对这类金融服务的监管。

上述文献主要从支付体系的某一方面研究支付体系与金融稳定的关系，特别是对近几年来中国支付体系的新发展及其与金融稳定的关系，相关的研究浅尝辄止，广度和深度都还不够。在借鉴国内外文献基础上，特别是针对相关研究的不足，本文从支付体系的整体角度，系统研究中国支付体系新发展及其所带来的新型支付风险，目的是为维护金融稳定提供审慎监管的政策建议。

三、中国支付体系和金融稳定的基本内涵

按照国际清算银行（BIS）下设的支付和市场基础设施委员会（CPMI）与支付和结算体系委员会（CPSS）的定义，支付是付款人向收款人转移可接受货币债权的过程；清算是传递、调解以及在某些情况下先于结算确认交易的过

程;结算是按照合同条款履行货币债权转移义务(CPSS,2016)。按照支付经济学的逻辑,支付的范畴最大,依次包括了交易、清算和结算三个过程。

支付体系是包含结算账户、支付工具、支付方式、支付系统、支付组织和支付机制等在内的,主要服务于实体经济运行中交易、清算和结算的有机整体。在中国的支付体系架构中,从顶层向底层延伸依次为中央银行、各类支付系统运营机构、商业银行和各类非银行支付清算组织以及企业和个人。中央银行行使货币政策和宏观审慎监管职能,进而为整个支付体系提供流动性和制度性安排以维护金融稳定。各类支付系统运营机构指中央银行和其他单位运营的各类支付系统,例如大额支付系统、小额支付系统、银行卡跨行交易清算系统、中国证券登记结算系统和上海清算所登记结算系统等。商业银行和各类非银行支付清算组织主要包括商业银行、银联、网联和第三方支付机构等。企业和个人基于其实际经济活动的需要,依托结算账户、支付工具、支付系统等进行自身的支付活动。

在支付体系中,除商业银行所提供的传统支付方式外,本文依据《非金融机构支付服务管理办法》(中国人民银行令〔2010〕第 2 号)对非金融机构支付方式,尤其是各类新型支付方式进行划分。非金融机构支付方式包括网络支付、预付卡发行与受理和银行卡收单等,其中网络支付包括互联网支付、移动电话支付、固定电话支付和数字电视支付等。需要特别说明的是,从中国支付体系发展历程来看,第三方支付早年主要作为交易担保服务于电商平台,后期开始涉及更多的支付场景,甚至拓展到货币基金等业务领域。因此,非银行支付机构或非金融支付机构通常是指第三方支付机构。按支付方式划分,目前第三方支付主要分为第三方互联网支付和第三方移动支付两大类,这类似于商业银行的互联网支付(网上银行)和移动支付(手机 App)。

国内外对金融稳定尚无严格统一的定义。金融稳定通常被认为是一种金融体系能够承受冲击的条件,即不存在对储蓄用于投资机会的分配以及对经济中的支付过程产生损害的积聚过程(周金黄,2015;Millard & Willison,2003)。中国人民银行金融稳定分析小组发布的《中国金融稳定报告(2005)》

将金融稳定定义为能够发挥其关键功能的状态,在这种状态下,宏观经济健康运行,货币和财政政策稳健有效,金融生态环境不断改善,金融机构、金融市场和金融基础设施能够发挥资源配置、风险管理、支付结算等关键功能,而且在受到外部因素冲击时,金融体系整体上仍然能够平衡运行。可以看出,不论在何种定义下,金融稳定对支付体系在受到冲击时的可靠性和弹性具有很高的要求,支付体系发展对金融稳定至关重要。

四、中国支付体系发展对金融稳定的影响机制

支付体系包含结算账户、支付工具、支付方式、支付系统、支付组织和支付机制等诸多要素。从支付体系切入,可以更系统和深入地研究支付对金融稳定的影响机制。在中国支付体系发展前期,影响金融稳定的风险因素主要集中在支付机构客户备付金被挪用和法律制度不完善等方面。随着 2018 年年中支付机构客户备付金集中存管等制度的出台和不断完善以及 2019 年年底非银行支付机构备付金结息的实施和非银行支付行业保障基金的建立,由支付机构客户备付金所带来的相应风险因素已逐步降至最低,甚至消除。本文重点关注近几年中国支付体系新发展带来的新型支付风险,即从支付系统、市场结构、资金存管和跨境支付四个方面来研究支付体系发展对金融稳定的影响机制。

(一)支付系统对金融稳定的影响

支付系统是支付体系的底层技术架构,支付系统的可靠性和弹性是整个支付体系稳定运行的关键所在。经过多年建设、运营和维护,中国主要的支付系统已在社会经济实践中发挥着极其重要的作用(表1)。

表 1 中国主要的支付系统

主管和运营单位	系统名称
中国人民银行支付系统（由中国人民银行清算总中心等机构负责实际运营）	大额支付系统
	小额支付系统
	网上支付跨行清算系统
	人民币跨境支付系统
	境内外币支付系统
	中央银行会计核算数据集中系统
	全国支票影像交换系统
	同城票据交换系统
其他单位运营的系统	银行业金融机构行内支付系统
	银行卡跨行交易清算系统
	城商行支付清算系统和汇票处理系统
	农信银支付清算系统
证券登记结算系统	上海票据交易所电子商业汇票系统
	中央债券综合业务系统
	中国证券登记结算系统
	上海清算所登记结算系统

资料来源：中国人民银行支付结算司《中国支付体系发展报告（2017）》。

表 1 显示，中国主要支付系统按照主管或运营单位可分为三大类，分别是中国人民银行支付系统、其他单位运营的系统和证券登记结算系统。这些支付系统对金融稳定具有时间维度和空间维度两方面的影响。时间维度上，支付系统处理的支付业务量巨大，其自身可能因技术风险导致系统故障或崩溃。空间维度上，随着我国经济活动的日益频繁和不断深化，各支付系统间可能出现大规模的业务交叉，这很可能导致支付系统间的风险传染和扩散，同时风险还会外溢到其他金融部门和金融市场。例如，在证券交易中经常涉及的券款对付，可能因为技术风险而未能实现证券与现金的及时结算，又因为现金结算

一方所在的其他支付系统采用了延迟净额结算的支付方式,且急于通过这笔现金进行其他业务的结算,这就会出现风险敞口和链式违约,导致"死锁"的情况发生,若不及时处理,极易产生系统性金融风险。

值得一提的是,2018年1月25日,上海票据交易所成功试运行了数字票据交易平台。该平台使用了区块链等新技术,并在真实环境中测试运行。考虑到可能带来的风险,相关部门此次选择了业务量较小、环节较为封闭、影响有限的票据交易平台进行测试,在维护金融稳定的前提下对新技术进行了有益尝试。

(二)第三方支付市场结构对金融稳定的影响

中国第三方支付市场的市场集中度很高,呈现为寡头垄断的市场结构。以第三方互联网支付交易规模计算,支付宝、银联商务和财付通三者就占据了61.70%的市场份额;以第三方移动支付交易规模计算,支付宝和财付通两者就占据了93.70%的市场份额(图1)。

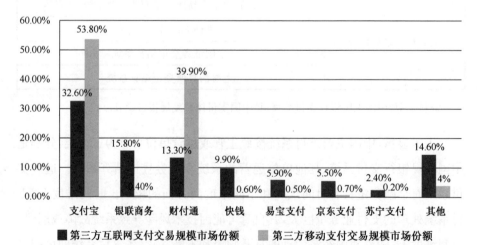

图1 2019年第一季度第三方互联网/移动支付交易规模市场份额

数据来源:艾瑞咨询《2019Q1中国第三方支付季度数据发布》。

图 1 显示,不论从第三方互联网支付还是第三方移动支付的角度来看,支付宝和财付通这两家第三方支付机构均占据了较高的市场份额,具有"大而不倒"的特征。第三方支付与实体经济尤其是社会公众的消费息息相关,第三方支付的发展提高了实体经济运行的效率,降低了实体经济运行的成本,但支付宝和财付通也控制了大量的支付资源,占据了支付通道,在大数据、云计算和人工智能等金融科技底层技术的加持下,甚至能够知悉并影响消费者行为,一旦因第三方支付机构内部不当行为或外部监管不力导致支付链条断裂等情况发生,则将直接威胁到金融稳定,产生系统性金融风险。由于这类第三方支付机构具有"大而不倒"的特征,一旦出现支付风险、影响到金融稳定,则有可能绑架整个金融体系,此时监管部门不得不动用公共资源对其进行救助。

(三)第三方支付机构开展资金存管业务对金融稳定的影响

近期,监管部门采取各种措施,大力整治违规 P2P 平台,特别是清查第三方支付机构违规为 P2P 平台开展的资金存管业务。按照规定,为避免 P2P 平台建立资金池和挪用资金,P2P 平台资金应交由商业银行存管,但因商业银行存管成本高、某些领域技术水平又不如第三方支付机构等,许多 P2P 平台寻求与第三方支付机构合作,第三方支付机构出于利益考量,也违规开展 P2P 平台的资金存管业务。限于数据可得性,第三方支付机构为 P2P 平台开展资金存管的业务规模难以被准确估算,但使用 P2P 行业月成交额可以大致体现资金存管业务规模的变化趋势(图 2)。

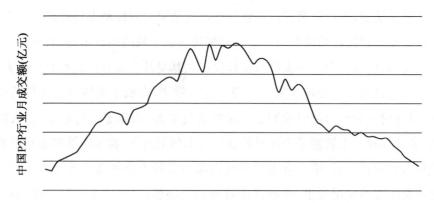

图2　2015—2019年中国P2P行业月成交额

数据来源：网贷之家，Wind资讯。

图2显示，从2017年中旬开始，我国P2P行业月成交额呈现整体下降态势，这与近期监管部门对P2P平台的强力整治不无关系。2019年12月，P2P月成交额为428.89亿元。428.89亿元的月成交额并不能直接代表第三方支付机构为P2P平台开展资金存管的业务量，但由此可推断第三方支付机构为P2P平台开展资金存管的业务规模仍然不可低估。按照监管要求，第三方支付机构可以为P2P平台开展支付通道业务，但不能开展资金存管业务。第三方支付机构违规介入P2P平台资金存管业务，为P2P平台建立资金池和挪用资金提供了便利，容易引发信用风险和流动性风险。

（四）跨境支付对金融稳定的影响

2018年中旬以来，支付机构客户备付金集中存管制度的逐步落实使得第三方支付机构不能再获取备付金利息，其盈利增长点转向手续费收取，尤其是转向跨境支付手续费收取。近几年来，我国人民币跨境支付系统所承担的业务金额快速增加（图3）。

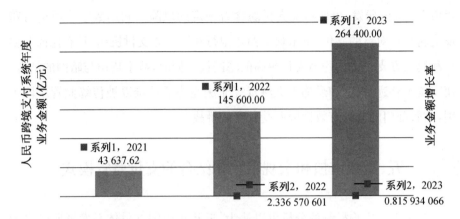

图 3　人民币跨境支付系统业务金额和增长率

注:系列 1,年度业务金额;系列 2,业务金额增长率。

数据来源:中国人民银行,Wind 资讯。

　　跨境支付业务金额的快速增加也带来了潜在的支付风险。一般来讲,跨境支付的实现主体主要包括商业银行和第三方支付机构等,商业银行跨境支付具有一整套完备的合规流程,但第三方支付机构的跨境支付则存在诸多灰色地带。目前,监管部门对第三方支付机构开展跨境支付业务强调要持证经营,而拥有跨境支付牌照的第三方支付机构在所有第三方支付机构中占比仅为 60%。

　　跨境支付影响金融稳定主要体现在两个方面:一是某些第三方支付机构利用监管漏洞,为客户或支付机构自身利益在跨境支付灰色地带开展业务,使得跨境资金的流向和金额与其真实性不相符,而且还有不少第三方支付机构无证开展跨境支付业务;二是国内客户与国外持牌支付机构(非国内持牌,不受国内监管部门的监管)合作,使得国内商业银行或持证第三方支付机构在整个资金流和信息流中不处于主导地位,国内监管部门也难以掌握跨境交易的真实性,无法实施穿透式监管。资金的主导权掌握在国内客户或国外持牌支付机构手中,极易形成资金池,对我国现有外汇管理的有效性造成冲击。

　　以比特币为代表的非法定数字货币的出现以及基于社交网络的新型数字

货币 Libra 的研发,也使跨境支付隐含着一定的风险。利用数字货币进行跨境支付是点对点的支付,不依赖于商业银行和第三方支付机构,具有比商业银行和第三方支付机构跨境支付更高的隐匿性。同时,数字货币与暗网的结合,使得资本外逃、洗钱和恐怖主义融资等非法经济活动难以被传统监管手段识别,监管部门的监管有效性因此受到严峻挑战。

五、微观审慎和宏观审慎相结合的支付监管模式

基于上述影响机制的分析可以认为:近几年中国支付体系发展所带来的新型支付风险主要来源于支付系统、市场结构、资金存管和跨境支付这四个方面,而且涉及支付体系中的支付工具、支付方式、支付系统、支付组织等要素。为在支付体系发展中有效防范支付风险,进而维护金融稳定,本文提出微观审慎与宏观审慎相结合的支付监管模式。

微观审慎与宏观审慎相结合的支付监管模式分为支付微观审慎监管和支付宏观审慎监管两部分,这两部分在对于支付风险来源的理解、监管对象、监管目的和监管手段上有所差异。在对于支付风险来源的理解上,支付微观审慎监管假设支付风险是外生的,单个支付机构不影响支付体系、金融稳定和实体经济,且各支付机构之间也不相互影响;支付宏观审慎监管假设支付风险是内生的,支付机构的同质化行为会影响支付体系、金融稳定和实体经济,支付机构之间也会发生风险传染。在监管对象和监管目的上,支付微观审慎监管注重单个支付机构的风险,目的是保护支付机构客户的利益;支付宏观审慎监管注重整个支付体系的系统性风险,目的是维护支付乃至金融和经济体系的稳定。支付风险来源、监管对象和目的的不同,决定了支付微观审慎监管与支付宏观审慎监管在监管手段上的不同,前者是自下而上实施,后者则是自上而下实施。鉴于支付微观审慎监管和支付宏观审慎监管在上述各方面的不同,二者的监管指标自然也有所不同(表2)。

表 2 微观审慎和宏观审慎相结合的支付监管指标

支付监管指标	支付微观审慎监管	支付宏观审慎监管
对单个支付机构最低资本要求	✓	✗
特定支付机构风险权重	✓	✗
系统性资本附加要求与行业保障基金	✗	✓
流动性要求	✓	✓
链式违约应急机制	✗	✓
差别现场检查	✓	✗
技术风险容错与灾备机制	✓	✓
跨境支付额度限制	✓	✓
通道与存管业务	✓	✗
客户备付金集中存管	✓	✓
风险管理标准	✓	✗
外部冲击演练与压力测试	✓	✓
资本外逃、洗钱和恐怖主义融资监测	✓	✗

资料来源：作者整理。

表2显示，针对支付系统、市场结构、资金存管和跨境支付等中国支付体系发展所带来的新型支付风险，本文提出了13项支付监管指标。支付系统监管指标包括链式违约应急机制、技术风险容错与灾备机制，以及外部冲击演练与压力测试。市场结构监管指标包括对单个支付机构最低资本要求、特定支付机构风险权重、流动性要求，以及系统性资本附加要求与行业保障基金。资金存管监管指标包括通道与存管业务、客户备付金集中存管。跨境支付监管指标包括跨境支付额度限制。非法交易监管指标包括资本外逃、洗钱和恐怖主义融资监测。一般性监管指标则包括差别现场检查和风险管理标准。

在这13项监管指标中，不同的支付监管指标在支付微观审慎监管和支付宏观审慎监管中的实施与否和实施方式不同。其中，仅属于支付微观审慎监管范畴的指标包括对单个支付机构最低资本要求、差别现场检查、通道与存管业务、风险管理标准，以及资本外逃、洗钱和恐怖主义融资监测这 5 项，仅属于支付宏观审慎监管范畴的指标包括系统性资本附加要求与行业保障基金、链式违约应急机制这 2 项，同时属于支付微观审慎监管和支付宏观审慎监管范畴的指标包括特定支付机构风险权重、流动性要求、技术风险容错与灾备机制、跨境支付额度限制、客户备付金集中存管，以及外部冲击演练与压力测试这 6 项。

六、基于审慎监管的对策性建议

（一）发展监管科技①，增强监管有效性

不论是支付微观审慎监管，还是支付宏观审慎监管，对支付监管指标的真实性、及时性和可靠性均有很高的要求，监管数据是否达标直接影响着监管是否有效。一是要制定监管科技管理标准，从数据收集、技术应用、系统架构到风险评估，对监管科技管理标准进行系统化的顶层设计，标准的统一有利于增强监管的穿透性和有效性。二是要建立智能化监管系统，基于从各个渠道收集来的监管数据，通过人工智能和深度学习等技术从微观审慎和宏观审慎的角度对风险态势进行全面感知、识别和处理，提高应对跨部门、跨市场、跨支付系统交叉性风险的能力。三是通过监管沙盒，在风险可控和维护金融稳定的前提下，积极开发并应用各类新技术，抢占金融科技制高点。

（二）注重支付微观审慎监管和支付宏观审慎监管相协调

微观审慎和宏观审慎的最终目标都是维护金融稳定，但在监管实践过程中的具体监管指标上，二者可能存在冲突。例如，同时属于支付微观审慎监管

---

① 监管科技是金融科技的一个分支，指将互联网、大数据、云计算、移动互联、区块链，以及人工智能等技术应用于监管领域，以提高监管效率、降低合规成本、增强监管有效性。

和支付宏观审慎监管范畴的指标包括特定支付机构风险权重、流动性要求、技术风险容错与灾备机制、跨境支付额度限制、客户备付金集中存管，以及外部冲击演练与压力测试这 6 项，对于那些处于寡头垄断地位的支付机构而言，其在支付微观审慎监管指标上的要求通常要小于在支付宏观审慎监管指标上的要求，因为宏观审慎更加注重整个支付体系可能带来的系统性风险。此时，监管部门不应局限于关注某个监管指标，而更要注重支付微观审慎监管和支付宏观审慎监管的协调，根据单个支付机构、整个支付体系和金融稳定的实际情况，采取折中方案并进行动态调整，以达到维护金融稳定的最佳效果。

（三）完善支付市场准入退出机制

一是要坚持支付机构必须在取得相关支付牌照后，才能依法合规开展相应支付业务，尤其是对于资金存管和跨境支付等灰色地带或监管机制不够完善的业务领域，要尽快开展清理整顿和牌照发放准入工作，规范支付市场秩序，杜绝无牌照开展业务。二是对于支付机构违法违规开展业务要严厉处罚，必要时吊销支付牌照，令其退出支付市场，尤其要关注处于寡头垄断地位的、可能引发系统性风险的支付机构，防止出现风险漫灌的状况，以维护金融稳定。

（四）加快央行数字货币（DC/EP）研发进程

央行数字货币是法定数字货币，具备国家信用背书。在维护金融稳定方面，央行数字货币主要有三个方面的功能。一是央行数字货币可以优化支付市场结构，应对支付宝和财付通等第三方支付平台的垄断，维护央行货币的地位，更好地保护合法持币者的隐私。二是央行数字货币可以充分应用金融科技底层技术，实现对货币流向的实时统计与监测，优化我国现有货币体制并增强货币政策有效性，打击非法经济活动。三是央行数字货币可以应对非法定数字货币对金融稳定带来的潜在威胁，维护我国货币主权，维持外汇管理和跨境资本管制有效性。

主要参考文献

[1] 艾瑞咨询. 2019Q1 中国第三方支付季度数据发布[R]. 上海：艾瑞咨询研究报告,2019.

[2] 陈国忠. 第三方支付业务潜存洗钱风险[J]. 中国金融,2013(18):94-94.

[3] 刘肯. 非金融机构人民币跨境支付业务的风险、监管制度及业务办理流程[J]. 金融理论与实践,2013(4):116-119.

[4] 马方方,胡朝阳,冯倩茹,等. 中国第三方支付系统金融风险测量方法及实证分析[J]. 统计与信息论坛,2019(7):54-60.

[5] 马理,朱硕. 区块链技术在支付结算领域的应用与风险[J]. 金融评论,2018(4):83-94.

[6] 欧韵君,张玲,刘占稳. 我国支付体系风险评估构想[J]. 中国金融,2014(12):73-74.

[7] 孙天琦. 金融科技背景下"跨境交付"类金融服务的开放与监管[EB/OL]. 财经网. January2020. http://m.caijing.com.cn/article/174918? target=blank.

[8] 王超. 网联平台维护央行支付清算体系稳定的重要性[J]. 金融电子化,2018(2):85-86.

[9] 杨彪,李冀申. 第三方支付的宏观经济风险及宏观审慎监管[J]. 财经科学,2012(4):44-52.

[10] 杨涛. 加强支付风险的量化分析[J]. 中国金融,2014(9):77-77.

[11] 张志杰. 支付清算组织风险管理与金融稳定[J]. 金融会计,2006(11):27-30.

[12] 中国人民银行金融稳定分析小组. 中国金融稳定报告(2005)[M]. 北京：中国金融出版社,2005.

[13] 中国人民银行支付结算司. 中国支付体系发展报告(2017)[M]. 北京：中国金融出版社,2018.

[14] 周金黄. 现代支付体系与支付经济研究[M]. 北京：中国金融出版社,2015.

[15] CPSS. A Glossary of Terms Used in Payments and Settlement Systems(Updated 17 October 2016)[R]. BIS, 2016.

[16] MANNING M, NIER E, SCHANZ J. 大额支付结算的经济学分析：中央银行视角的理论与政策[M]. 田海山,童牧,李汉,等,译. 北京：中国金融出版社,2013.

[17] STEPHEN M, MATTHEW W. The Welfare Benefits of Stable and Efficient Payment System [R]. The Bank of England's Working Paper ISSN 1368 - 5562, 2003.

（与吴心弘合作,《新金融》2020 年第 4 期）

数字金融发展与商业银行信用风险

摘要：本文以 2009—2019 年中国 37 家上市银行为样本，实证检验了数字金融发展对商业银行信用风险的影响。其主要结论是：数字金融发展与商业银行信用风险呈现非线性的倒 U 形关系，并且当前数字金融发展的测度指标值位于拐点右侧，继续发展数字金融有利于降低商业银行信用风险；负债成本和负债结构在数字金融发展与商业银行信用风险的倒 U 形关系中发挥着中介作用；数字金融发展未对"工农中建交"五大行的信用风险产生显著影响，而与非五大行的信用风险间有显著的倒 U 形关系。

关键词：数字金融；商业银行；信用风险；中介效应

一、引　言

守住不发生系统性金融风险始终是金融领域的重要工作。实践经验表明，商业银行信用风险管理是防范化解系统性金融风险的关键所在。近十年来，以互联网企业为平台的数字金融蓬勃发展，对商业银行信用风险产生了重大影响。数据显示，我国商业银行不良贷款余额和不良贷款率两项指标呈现"双升"趋势①。数字金融是互联网金融的升级版，它利用大数据、云计算、区

---

① 数据来源：原中国银保监会官网。2009 年年末商业银行不良贷款余额为 0.5 万亿，不良贷款率为 1.58%；截至 2019 年年末，商业银行不良贷款余额为 2.41 万亿，不良贷款率为 1.86%。

块链和人工智能等技术优势加快与金融业务的深度融合,对商业银行信用风险管理带来了挑战与机遇。因此,深入研究数字金融发展对商业银行信用风险的影响及其传导渠道,对加强商业银行信用风险管理能力无疑具有重要的理论价值与现实意义。

本文主要在三方面对已有研究做出了边际贡献。(1)本文的研究表明,数字金融发展对商业银行信用风险的影响并非简单的线性关系,而是非线性的"倒 U 形"关系,这为正确认识数字金融发展与商业银行信用风险间的关系提供了经验证据。(2)在传导渠道分析方面,本文构建了中介效应模型,将负债成本和负债结构作为中介变量,实证检验了数字金融发展通过银行负债端的变化,进而影响资产端信用风险的传导渠道,这弥补了相关研究的空白。(3)在异质性分析方面,本文将 37 家上市银行划分为"工农中建交"五大行和非五大行,考察了数字金融发展影响不同类型商业银行信用风险的异质性差异,这进一步丰富了相关文献所做的研究。

二、文献回顾

实践经验表明,商业银行信用风险是引发系统性金融风险的导火索。因此,商业银行信用风险成为学术界和监管部门高度关注的热点问题。张乐和韩立岩(2016)基于 2006—2013 年 16 家上市银行数据,采用混合效应模型进行实证分析,发现民营大股东持股比例越大,则商业银行信用风险越低;外资持股比例越小,则商业银行信用风险越高。许坤和苏扬(2016)基于 2007—2014 年 168 家银行数据,采用双重差分模型进行实证分析,发现逆周期资本监管政策有利于缓解商业银行信用风险。孙光林等(2017)基于 2005—2014 年省级面板数据,采用 SYS - GMM 模型进行实证分析,发现要素扭曲显著加剧了商业银行信用风险。刘冲和郭峰(2017)基于 2002—2013 年 101 家城市商业银行数据,采用 SYS - GMM 模型进行实证分析,发现银监局局长任职时间长短与城市商业银行信用风险呈现负相关,而市委书记任职时间长短与城市商业银行信用风险呈现正相关。管衍锋和徐齐利（2019）基于 2007—2017 年 225 家银行数据，采用 GMM 模型进行实证分析，发现紧缩的货币政策增加了商业银行信用风险，并且这种相关性主要体现在上市银行。王蕾等（2019）基于 2007—2015 年 14 家上市银行数据，采用固定效应和 SYS‐GMM 模型进行实证分析，发现代理成本在内部控制与商业银行信用风险的负向关系中发挥着中介作用。李佳（2019）基于 2011—2017 年 94 家银行数据，采用 SYS‐GMM 模型进行实证分析，发现资产证券化与商业银行信用风险呈现"倒 U 形"关系。于博和吴菡虹（2020）基于 2008—2017 年 107 家银行数据，采用 OLS 模型和 2SLS 模型进行实证分析，发现同业杠杆率与商业银行信用风险呈现"U 形"关系。顾海峰和于家珺（2020）基于 2008—2017 年 245 家银行数据，采用固定效应模型进行实证分析，发现跨境资本流动显著加剧了商业银行信用风险。

关于数字金融发展对商业银行信用风险影响的文献较少，且以定性研究和描述性统计分析为主。陈君（2016）基于大数据视角，认为数字金融发展通过降低银企间信息不对称，以及完善征信体系，能够降低商业银行信用风险。吴丹（2016）基于 2013—2015 年季度数据，采用误差修正模型进行实证分析，发现数字金融发展加剧了商业银行信用风险。袁媛（2018）指出，数字金融通过大数据、云计算、区块链和人工智能等技术，整理、分析以及应用大数据来解决银行所面临的信息不对称问题，并构建覆盖风险识别、信用评估、贷后监督和逾期催收等全流程数字化的信贷风险监控体系。王荣康（2019）的研究表明，数字金融发展冲击了商业银行信用风险管理体系，银行只有积极吸收数字金融的技术创新，才能降低自身的信贷风险。陆岷峰和王婷婷（2020）认为，在数字金融蓬勃发展背景下，银行要通过金融科技实现信贷风险管理的全流程数字化转型。

上述文献为本文的研究提供了理论支撑和计量方法的借鉴。但是，纵观已有文献，关于数字金融发展与商业银行信用风险的研究尚缺少完整的分析框架和翔实的经验证据。因此，本文基于 2009—2019 年中国 37 家上市银行数据,采用 SYS－GMM 模型和中介效应模型,实证检验了数字金融发展对商业银行信用风险的影响及其传导渠道,目的是为银行加强信用风险管理能力提供经验证据和现实指引。

三、理论分析与研究假设

　　商业银行既是数字金融发展竞争效应的承受者,也是技术溢出效应的受益者。以竞争效应为理论视角,数字金融发展与商业银行存贷业务直接竞争,降低了商业银行利息收入和非利息收入,商业银行为扩大市场份额和提高利息收入而倾向于增加高风险贷款项目的投放,进而加剧商业银行信用风险。以技术溢出效应为理论视角,数字金融是大数据、云计算、区块链和人工智能等技术与金融业务的深度融合,其蓬勃发展会对商业银行产生技术溢出,商业银行在吸收数字金融发展的技术溢出效应后,能够利用大数据和云计算技术减少信息获取的难度和存储成本,缓解银企之间的信息不对称;区块链技术改变了传统信用风险定价模式,提高商业银行对信用风险的定价能力;人工智能技术改变了信贷业务审批流程,提高了整个流程的风险识别能力,进而降低商业银行信用风险。在数字金融发展初期,商业银行会通过高息揽储,或是降低贷款门槛以应对数字金融发展的竞争压力,这会导致商业银行贷款质量下滑,进而增加商业银行信用风险;随着对数字金融的认识加深,商业银行会逐渐吸收数字金融的技术优势,这能够提高商业银行对信用风险的预警、识别和管理能力,提高贷款业务的资源配置效率和信贷质量,进而降低商业银行信用风险。数字金融发展与商业银行信用风险很可能呈现非线性的"倒 U 形"关系,即在数字金融发展初期,数字金融发展加剧了商业银行信用风险,但经过一段时间后,数字金融发展会对商业银行信用风险产生抑制作用。因此,本文提出研究假设 1。

　　研究假设 1:数字金融发展与商业银行信用风险呈现非线性的"倒 U 形"关系。

随着以互联网企业为平台的数字金融迅速发展,其在存款市场与商业银行的竞争日趋激烈。数字金融凭借降低交易成本、提高资金收益和改善客户体验等方面的优势吸收了大量客户资金,这些资金最终会以利率更高的银行间市场拆借、协议存款以及委托理财等方式重新回到商业银行,这无疑间接增加了商业银行的负债成本,商业银行因而不得不投资于高风险贷款项目以覆盖其不断增加的揽储成本,进而会加剧商业银行信用风险。另一方面,商业银行为增加利息收入,可能会发生过度投资行为,企业被商业银行的过度投资所激励,会扩大自身产能,导致产能过剩现象。企业产能过剩会导致产品市场竞争加剧,企业现金流回笼难度加大,偿还商业银行贷款压力增加,进而加剧商业银行的信用风险。因此,本文提出研究假设 2。

研究假设 2:数字金融发展通过负债成本传导渠道对商业银行信用风险产生影响。

数字金融发展间接增加了银行负债成本,但是银行整体负债规模并未因此而减少,只是负债结构会发生较大变化,即银行越来越依赖同业负债等融资渠道补充资金。因同业负债无须缴纳存款准备金以及只需计提较少的风险资产准备,这就导致基于同业负债的贷款投放规模大幅增加。首先,基于同业负债的贷款投放需经过多层通道,其融资链条较长,贷款项目信息不对称情况较严重,贷后管理难度较大,这会增加商业银行信用风险;其次,基于同业负债的贷款投放需经过多层通道,其融资成本较高,融资需求方项目风险也较大,这也会增加商业银行的信用风险;最后,基于商业银行同业负债的资产投放多对接特定的“通道类”会计投资项目,例如应收款项类投资、交易性金融资产或持有至到期金融资产类项目,这类套利型资产项目通常只有较少的风险资本准备,具有较高的信用风险。因此,本文提出研究假设 3。

研究假设 3:数字金融发展通过负债结构传导渠道对商业银行信用风险产生影响。

四、研究设计

（一）变量选取

1. 被解释变量

商业银行信用风险是指借款者主观上不愿意或是客观上没有能力按时履行贷款合同而造成实质性违约，导致银行贷款无法按时收回。本文选取不良贷款率作为商业银行信用风险（RISK）的测度指标，该指标能够直接反映商业银行信用风险的实际情况。

2. 解释变量

数字金融主要业务模式是第三方支付、网络借贷和互联网货币基金等。考虑到网络借贷出现大面积违约风险，截至 2020 年年底已被监管部门基本清零，同时互联网货币基金业务的开展依赖于第三方支付，两者间的相关性较强，本文选取第三方支付规模作为数字金融发展（DF）的测度指标①。实际上，这一选择也得到了战明华等（2020）、许月丽等（2020）、刘孟飞和王琦（2021）等专家、学者的认同。

3. 中介变量

根据前文的理论分析，负债成本（CD）和负债结构（DS）是数字金融发展影响商业银行信用风险的传导渠道。本文选取负债成本和负债结构作为中介变量，采用利息支出/计息负债总额作为负债成本的测度指标，采用同业负债/计息负债总额作为负债结构的测度指标②。

4. 控制变量

已有研究和商业银行信用风险管理实践表明，银行规模（*SIZE*）、拨备覆盖率（*PC*）、创新能力（*NII*）、贷款占比（*LOAN*）、净利差（*NRM*）、管理能力（*MA*）、

---

① 考虑到变量量纲的合理性，本文对第三方支付规模进行对数化处理。

② 本文的同业负债包括同业拆入和同业存放。

总资产净利率(ROA)、国内经济发展(GDP)和货币政策($M2$)等,也会在一定程度上影响商业银行信用风险。因此,本文选取这些变量作为控制变量。

选定变量的类型、名称、符号和计算方法见表1。

表1　变量定义及其说明

变量类型	变量名称	变量符号	计算方法
被解释变量	商业银行信用风险	$RISK$	不良贷款额/贷款余额总额
解释变量	数字金融发展	DF	第三方支付规模的自然对数
中介变量	负债成本	CD	利息支出/计息负债总额
	负债结构	DS	同业负债/计息负债总额
控制变量	银行规模	$SIZE$	银行总资产规模的自然对数
	拨备覆盖率	PC	贷款减值准备余额/不良贷款余额
	创新能力	NII	非利息收入/总营业收入
	贷款占比	$LOAN$	贷款总额/总资产
	净利差	NRM	(总利息收入/生息资产期初期末均值)-(总利息支出/计息负债期初期末均值)
	管理能力	MA	管理费用/营业收入
	总资产净利率	ROA	净利润/总资产期初期末均值
	国内经济发展	GDP	$(GDP_t - GDP_{t-1})/GDP_{t-1}$
	货币政策	$M2$	$(M2_t - M2_{t-1})/M2_{t-1}$

(二)样本数据选择

本文选择 2009—2019 年中国 37 家上市银行[①]年度数据为研究样本,这

[①]　37家上市银行为:工商银行、建设银行、农业银行、中国银行、交通银行、平安银行、浦发银行、华夏银行、民生银行、招商银行、兴业银行、光大银行、中信银行、浙商银行、邮储银行、宁波银行、江阴银行、张家港行、郑州银行、青岛银行、青农商行、苏州银行、无锡银行、江苏银行、杭州银行、西安银行、南京银行、渝农商行、常熟银行、北京银行、上海银行、长沙银行、成都银行、紫金银行、贵阳银行、苏农银行、厦门银行。

主要是基于以下三方面的考虑。一是样本数据的代表性,截至 2019 年年底,样本银行资产累计为 188.3 万亿人民币,约占银行业整体资产的 66.7%,可以较好体现数据选择的代表性①。二是样本数据的可靠性,上市银行披露的财务数据不仅经过第三方机构审核,而且还要接受市场投资者和监管部门的监督,相关数据具有可靠性。三是样本数据的可得性,因为难以获得 2009 年前数字金融发展的公开统计数据,所以本文选择的样本区间是 2009—2019 年。本文研究选取的第三方支付规模和 37 家上市银行相关数据来自 Wind 咨询,宏观经济数据来自国家统计局官网。

(三) 描述性统计

在选定研究变量和样本数据后,本文先对其进行描述性统计,以观察各变量的统计特征(表 2)。

表 2   变量描述性统计结果   单位:%

变量	均值	标准差	最小值	最大值
RISK	1.26	0.52	0.16	3.88
DF	10.47	3.29	5.96	14.63
CD	2.39	0.50	1.30	3.85
DS	0.13	0.08	0.001	0.34
SIZE	9.04	1.83	5.75	12.62
PC	262.43	104.86	105.37	830.70
NII	17.76	10.61	0.26	51.09
LOAN	47.22	8.90	18.56	64.40
NRM	2.42	0.55	0.06	4.48
MA	0.33	0.07	0.20	0.73
ROA	1.04	0.25	0.34	1.82
GDP	7.82	1.36	6.10	10.60
M2	13.91	5.22	8.28	26.50

---

① 样本银行资产数据来自 Wind 咨询。根据中国人民银行官网提供的数据,截至 2019 年底,银行业总资产为 282.5 万亿人民币。

表 2 显示,被解释变量商业银行信用风险($RISK$)的均值为 1.26％,最小值和最大值分别为 0.16％和 3.88％,表明不同上市银行在样本时期内的信用风险具有明显差异;解释变量数字金融发展(DF)的均值为 10.47％,最小值和最大值分别为 5.96％和 14.63％,表明数字金融在样本时期内发展迅速;中介变量负债成本(CD)的均值为 2.39％,最小值和最大值分别为 1.30％和 3.85％,表明不同上市银行在样本时期内的负债成本差异较大;中介变量负债结构(DS)的均值为 0.13％,最小值和最大值分别为 0.001％和 0.34％,表明不同上市银行在样本时期内对同业负债依赖程度差异大。考虑到本文研究的重点,就不再一一描述控制变量的统计特征。

（四）实证模型构建

1. 基准模型

在检验数字金融发展对商业银行信用风险的影响时,因为商业银行信用风险一般存在时间上的连续性以及模型可能出现遗漏变量、测量误差以及反向因果等导致的内生性问题,所以本文选择动态面板模型并采用 SYS-GMM 两步法进行估计[①]。本文通过在实证模型中加入商业银行信用风险的多阶滞后项,以期较准确地反映商业银行信用风险的连续性特征,其具体滞后阶数由序列相关检验和过度识别检验共同确定。另外,本文在实证模型中纳入解释变量平方项,以检验数字金融发展对商业银行信用风险的非线性关系。本文设定的基准模型表达式为:

$$RISK_{it} = \alpha_0 + \sum \psi_j RISK_{i,t-j} + \alpha_1 DF_t + \alpha_2 DF_t \times DF_t +$$

$$\sum_{k=3}^{k=9} \alpha_k Control_{kit} + \alpha_{10} GDP_t + \alpha_{11} M2_t + \varepsilon_{it} \tag{1}$$

式(1)中,i 表示上市银行,$i=1,2,\cdots,37$;t 表示年份,$t=2009,2010,\cdots,$

2019;$RISK_{it}$ 表示 i 银行第 t 年的信用风险;$\sum \psi_j RISK_{i,t-j}$ 表示 $RISK$ 的 1 至 j 阶滞后项与系数项乘积之和;DF_t 表示第 t 年的数字金融发展;$DF_t \times DF_t$ 表示第 t 年数字金融发展的平方项;$Control_{kit}$ 表示银行层面的控制变量,k 表示控制变量个数,$k = 3,4,\cdots,9$,其包含的控制变量 $SIZE_{it}$ 表示 i 银行第 t 年的银行规模,PC_{it} 表示 i 银行第 t 年的拨备覆盖率,NII_{it} 表示 i 银行第 t 年的创新能力,$LOAN_{it}$ 表示 i 银行第 t 年的贷款占比,NIM_{it} 表示 i 银行第 t 年的净利差,MA_{it} 表示 i 银行第 t 年的管理能力,ROA_{it} 表示 i 银行第 t 年的总资产净利率;宏观经济层面控制变量 GDP_t 表示第 t 年的国内经济发展,$M2_t$ 表示第 t 年的货币政策;α_0 表示常数项;α_1 表示数字金融发展对商业银行信用风险的影响系数;α_2 表示数字金融发展平方项对商业银行信用风险的影响系数;$\alpha_3 \cdots \alpha_{11}$ 分别表示各控制变量对商业银行信用风险的影响系数;ε_{it} 表示随机误差项。当系数 α_1 显著为正,系数 α_2 显著为负,则表示数字金融发展与商业银行信用风险之间是非线性的"倒 U 形"关系。

2. 中介效应模型

参考裴平和傅顺(2020)的研究,采用中介效应模型检验数字金融发展通过负债成本传导渠道和负债结构传导渠道对商业银行信用风险产生的影响。在式(1)的基础上,本文设定的中介效应模型表达式为:

$$MED_{lit} = \beta_0 + \beta_1 DF_t + \beta_2 DF_t \times DF_t +$$

$$\sum_{k=3}^{k=9} \beta_k Control_{kit} + \beta_{10} GDP_t + \beta_{11} M2_t + \varepsilon_{it} \tag{2}$$

$$RISK_{it} = \delta_0 + \sum \varphi_j RISK_{i,t-j} + \delta_1 DF_t + \delta_2 DF_t \times DF_t +$$

$$\gamma BarMED_{jit} + \sum_{k=3}^{k=9} \delta_k Control_{kit} + \delta_{10} GDP_t + \delta_{11} M2_t + \varepsilon_{it} \tag{3}$$

式(2)中,MED_{lit} 分别表示两个被解释变量,$l = 1,2$,即 i 银行第 t 年的负债成本或负债结构;β_0 表示常数项;β_1 表示数字金融发展对负债成本或负债结构的影响系数;β_2 表示数字金融发展平方项对负债成本或负债结构的影响系数；$\beta_3\cdots\beta_{11}$分别表示各控制变量对负债成本或负债结构的影响系数。式（2）中其他变量含义与式（1）中一致，在此不做赘述。

式（3）中，$BarMED_{lit}$分别表示两个中介变量，$l=1,2$，即i银行第t年的负债成本或负债结构；δ_0表示常数项；δ_1表示数字金融发展对商业银行信用风险的影响系数；δ_2表示数字金融发展平方项对商业银行信用风险的影响系数；γ表示负债成本或负债结构对商业银行信用风险的影响系数；$\delta_3\cdots\delta_{11}$分别表示各控制变量对商业银行信用风险的影响系数。式（3）中其他变量含义与式（1）中一致，在此不做赘述。

在判断中介效应存在性时，借鉴张红伟等（2020）、王晰等（2020）的研究，如果模型（2）中系数β_1或β_2、模型式（3）中系数γ均显著，则说明中介效应存在。进一步观察模型（3）中系数δ_1或δ_2，若系数显著，则说明中介变量起到了部分中介效应；若系数δ_1和δ_2均不显著，则说明中介变量起到了完全中介效应。最后，若模型式（3）中系数β_1和β_2、模型（4）中系数γ仅有一个显著，则需要通过 Sobel 检验判断中介效应是否存在。

五、实证检验结果及其说明

（一）基准回归结果

为检验数字金融发展对商业银行信用风险的影响，将解释变量和控制变量分别纳入基准模型式（1）中，并采用 SYS－GMM 两步法进行估计。基准模型式（1）的序列相关检验和过度识别检验共同表明，式（1）纳入商业银行信用风险的二阶滞后项最为合理。表 3 列（1）是只纳入数字金融发展及其平方项的回归结果；表 3 列（2）是纳入数字金融发展及其平方项和银行层面控制变量的回归结果；表 3 列（3）是纳入数字金融发展及其平方项和所有控制变量的回归结果。

表 3　数字金融发展对商业银行信用风险的影响

变量	(1) RISK	(2) RISK	(3) RISK
L. RISK	0.975 0*** (0.005 6)	0.582 0*** (0.040 3)	0.625 0*** (0.035 7)
L2. RISK	−0.222 0*** (0.006 5)	−0.131 0*** (0.022 0)	−0.134 0*** (0.021 8)
DF	0.281 0*** (0.008 6)	0.092 8*** (0.012 9)	0.122 0*** (0.019 3)
DF×DF	−0.012 7*** (0.000 4)	−0.004 5*** (0.000 8)	−0.0066*** (0.001 1)
SIZE		−0.050 0*** (0.014 2)	−0.0440*** (0.014 1)
PC		−0.002 4*** (0.000 2)	−0.002 4*** (0.0002)
NII		−0.002 6*** (0.000 6)	−0.002 7*** (0.000 6)
LOAN		0.005 9*** (0.001 1)	0.005 8*** (0.001 4)
NRM		0.142 0*** (0.027 1)	0.127 0*** (0.020 5)
MA		−1.254 0*** (0.402 0)	−0.945 0** (0.469 0)
ROA		−0.53 50*** (0.043 5)	−0.451 0*** (0.048 7)
GDP			−0.019 0** (0.00 91)
M2			−0.015 5*** (0.004 6)
Sargan test	0.283	0.522	0.512
AR(1) test	0.010	0.068	0.070
AR(2) test	0.187	0.291	0.311

注:L. RISK 和 L2. RISK 分别表示商业银行信用风险的滞后一阶项和二阶项,括号内数值为回归系数的标准误,*、**、*** 分别代表10%、5%和1%的显著性水平,下同。

表 3 中，$AR(1)test$ 的 P 值均小于 0.1，且 $AR(2)test$ 的 P 值均大于 0.1，表明动态面板模型通过一阶序列相关检验而未通过二阶序列相关检验，因此满足 SYS－GMM 估计的前置条件；工具变量的 $Sargan\ test$ 结果均未通过 10％水平的显著性检验，表明动态面板模型使用的工具变量是有效的。表 3 中，$L.RISK$ 和 $L2.RISK$ 系数均在 1％水平上通过显著性检验，表明商业银行信用风险的调整存在时间上的连续性，即选择动态面板模型是合理的。另外，在逐步加入银行层面和宏观层面控制变量的过程中，表 3 中数字金融发展及其平方项的系数正负号和显著性水平均未发生实质性改变，三个回归结果表明数字金融发展对商业银行信用风险的影响是一致的。因为表 3 列(3)是纳入了所有控制变量的回归结果，能够较好地控制银行层面和宏观层面因素对商业银行信用风险产生的影响，所以本文主要对表 3 列(3)的回归结果进行分析。

表 3 列(3)显示，数字金融发展(DF)及其平方项($DF \times DF$)的影响系数分别为 0.122 0，－0.006 6，均通过 1％的显著性水平检验，表明数字金融发展与商业银行信用风险呈现非线性的"倒 U 形"关系，即数字金融发展初期以竞争效应为主，增加了商业银行信用风险，而当数字金融发展超过拐点后，数字金融发展就以技术溢出效应为主，会降低商业银行信用风险。进一步计算得到拐点值为 9.24[①]，表明当数字金融发展的测度指标值低于 9.24 时，数字金融发展会增加商业银行信用风险，而当数字金融发展的测度指标值超过 9.24 时，数字金融发展则会降低商业银行信用风险。因此，研究假设 1 成立，即数字金融发展与商业银行信用风险呈现非线性的"倒 U 形"关系。

表 3 列(3)还显示，银行规模($SIZE$)的影响系数为－0.044 0，通过 1％的显著性水平检验，表明银行规模越大，商业银行信用风险越小；拨备覆盖率(PC)的影响系数为－0.002 4，通过 1％的显著性水平检验，表明拨备覆盖率越大，商业银行信用风险越小；创新能力(NII)的影响系数为－0.002 7，通过

---

① 拐点值计算公式为：$-\alpha_1/2\alpha_2 = -0.122\ 0/2 \times (-0.006\ 6) = 9.24$

1%的显著性水平检验,表明创新能力越强,商业银行信用风险越小;贷款占比
(LOAN)的影响系数为 0.005 8,通过 1% 的显著性水平检验,表明贷款占比
越高,商业银行信用风险越大;净利差(NRM)的影响系数为 0.127,通过 1%
的显著性水平检验,表明净利差越高,商业银行信用风险越大;管理能力
(MA)的影响系数为−0.945,通过 5% 的显著性水平检验,表明管理能力越
强,商业银行信用风险越小;总资产净利率(ROA)的影响系数为−0.451,通
过 1% 的显著性水平检验,表明总资产净利率越大,商业银行信用风险越小;
国内经济发展(GDP)的影响系数为−0.019,通过 5% 的显著性水平检验,表
明国内经济发展水平越高,商业银行信用风险越小;货币政策(M2)的影响系
数为−0.0155,通过 1% 的显著性水平检验,表明货币政策越宽松,商业银行
信用风险越小。

(二)中介效应检验

基于前文的理论分析,这里对数字金融发展影响商业银行信用风险的负
债成本传导渠道和负债结构传导渠道进行中介效应检验。

1. 负债成本传导渠道

数字金融发展与银行直接竞争,分流了部分客户存款,间接提高了计息负
债成本,银行为稳定收益,会被迫向风险较高的项目投放贷款,进而对信用风
险产生影响。本文以负债成本为中介变量,检验数字金融发展通过负债成本
传导渠道对商业银行信用风险产生的影响。表 4 列(1)的回归结果是数字金
融发展对商业银行信用风险的影响,表 4 列(2)的回归结果是数字金融发展对
负债成本的影响①,表 4 列(3)的回归结果是加入中介变量负债成本后,数字
金融发展对商业银行信用风险的影响。

---

① 在对银行负债成本采用动态面板模型 SYS-GMM 两步法进行估计时发现,银行负债成本的
滞后项不显著,也未通过序列自相关检验,表明数字金融发展对银行负债成本的影响仅存在于当期,
不存在时间上的连续性,故采用静态面板模型的固定效应估计。

表 4　中介效应检验结果

变量	(1)	(2)	(3)	(4)	(5)
	RISK	*CD*	*RISK*	*DS*	*RISK*
L. RISK	0. 625 0*** (0. 035 7)		0. 438 0*** (0. 045 2)		0. 743 0*** (0. 066 0)
L2. RISK	−0. 134 0*** (0. 021 8)		−0. 150 0*** (0. 028 2)		−0. 331 0*** (0. 068 3)
DF	0. 122 0*** (0. 019 3)	0. 417 0*** (0. 061 8)	0. 235 0*** (0. 043 6)	0. 028 3*** (0. 009 8)	0. 670 0*** (0. 077 2)
DF×DF	−0. 006 6*** (0. 001 1)	−0. 029 3*** (0. 003 0)	−0. 012 1*** (0. 002 3)	−0. 001 7*** (0. 000 5)	−0. 030 8*** (0. 003 5)
CD			−0. 196 0*** (0. 027 8)		
DS					−1. 020 0*** (0. 261 0)
SIZE	−0. 044 0*** (0. 014 1)	0. 497 0*** (0. 122 0)	−0. 063 3*** (0. 014 7)	−0. 010 8 (0. 014 7)	−0. 013 1 (0. 029 7)
PC	−0. 002 4*** (0. 000 2)	−0. 000 4* (0. 000 2)	−0. 002 7*** (0. 000 1)	−0. 000 1*** (3. 00e−05)	−0. 002 1*** (0. 000 2)
NII	−0. 002 7*** (0. 000 6)	0. 002 3 (0. 003 1)	0. 000 1 (0. 001 1)	−0. 000 6 (0. 000 4)	−0. 000 8 (0. 001 2)
LOAN	0. 005 8*** (0. 001 4)	0. 008 4** (0. 004 1)	0. 002 5* (0. 001 4)	−0. 004 0*** (0. 000 6)	0. 006 6*** (0. 002 5)
NRM	0. 127 0*** (0. 020 5)	−0. 312 0*** (0. 073 4)	0. 166 0*** (0. 033 4)	−0. 009 3 (0. 007 9)	0. 025 0 (0. 043 2)
MA	−0. 945 0** (0. 469 0)	0. 492 0 (0. 656 0)	0. 125 0 (0. 536 0)	−0. 175 0* (0. 096 7)	−1. 379 0** (0. 564 0)
ROA	−0. 451 0*** (0. 048 7)	0. 037 8 (0. 164 0)	−0. 433 0*** (0. 071 2)	0. 022 8 (0. 022 4)	−0. 801 0*** (0. 215 0)
GDP	−0. 019 0** (0. 009 1)	−0. 164 0*** (0. 031 8)	−0. 017 9 (0. 011 5)	−0. 009 9** (0. 004 4)	0. 015 6 (0. 031 5)

（续表）

变量	(1)	(2)	(3)	(4)	(5)
	RISK	*CD*	*RISK*	*DS*	*RISK*
M2	−0.015 5***	−0.056 5***	−0.056 3***	−0.001 7	−0.028 6***
	(0.004 6)	(0.007 7)	(0.008 8)	(0.001 1)	(0.009 6)
Sargan test	0.512		0.749		0.926
AR(1) *test*	0.070		0.056		0.005
AR(2) *test*	0.311		0.126		0.3646
R-squared		0.640		0.471	

　　根据中介效应检验规则，表4列(2)中数字金融发展及其平方项对负债成本的影响系数，表4列(3)中负债成本对商业银行信用风险的影响系数，均在1‰水平上通过显著性检验；表明负债成本的中介效应是存在的。表4列(3)还显示，在加入中介变量负债成本后，数字金融发展及其平方项对商业银行信用风险的影响系数仍然显著，这表明负债成本传导渠道只是部分中介效应。因此，研究假设2成立，即数字金融发展通过负债成本传导渠道对商业银行信用风险产生影响。

　　2. 负债结构传导渠道

　　数字金融发展与银行在零售存款市场的竞争削弱了银行吸储能力，银行越来越依赖同业负债等批发性融资渠道来补充资金，银行负债结构因此而改变，进而会影响商业银行信用风险。本文以负债结构为中介变量，检验数字金融发展通过负债结构传导渠道对商业银行信用风险产生的影响。表4列(4)的回归结果是数字金融发展对负债结构的影响[①]，表4列(5)的回归结果是加

---

　　①　在对银行负债结构采用动态面板模型 SYS－GMM 两步法进行估计时发现，银行负债结构的滞后项不显著，也未通过序列自相关检验，表明数字金融发展对银行负债成本的影响仅存在于当期，不存在时间上的连续性，故采用静态面板模型的固定效应估计。

入中介变量负债结构后,数字金融发展对商业银行信用风险的影响[1]。

根据中介效应检验规则,表 4 列(4)中数字金融发展及其平方项对负债结构的影响系数,表 4 列(5)中负债结构对商业银行信用风险的影响系数,均在 1% 水平上通过显著性检验,表明负债结构的中介效应是存在的。表 4 列(5)还显示,在加入中介变量负债结构后,数字金融发展及其平方项对商业银行信用风险的影响系数仍然显著,这表明负债结构传导渠道只是部分中介效应。因此,研究假设 3 成立,数字金融发展通过负债结构传导渠道对商业银行信用风险产生影响。

(三)异质性检验

在检验数字金融发展对商业银行信用风险影响的基础上,为进一步考察数字金融发展对不同类型商业银行信用风险影响的差异,本文将全样本划分为五大国有控股银行[2](简称五大行)和其他银行(简称非五大行)两个子样本进行实证检验。表 5 列(1)的回归结果是数字金融发展对五大行信用风险的影响[3];表 5 列(2)的回归结果是数字金融发展对非五大行信用风险的影响。

表 5　按商业银行类型的异质性检验结果

变量	(1)	(2)
	RISK	*RISK*
L.RISK		0.610 0*** (0.044 7)

① 本文选用商业银行信用风险的四阶滞后项得到表 5 列(3)的回归结果。因为式(3)的序列相关和过度识别检验共同表明其纳入商业银行信用风险四阶滞后项最为合理。由于商业银行信用风险的滞后项并不影响本文研究的重点,在此未列出商业银行信用风险三阶和四阶滞后项的回归结果,如读者需要,可与作者联系。

② 五大国有控股银行分别为:中国工商银行、中国农业银行、中国银行、中国建设银行和中国交通银行。

③ 在对五大行子样本的动态面板模型估计时发现,被解释变量滞后项不显著,也未通过序列自相关检验,故采用静态面板模型的固定效应估计。

（续表）

变量	(1)	(2)
	RISK	*RISK*
L2. RISK		−0. 151 0*** (0. 022 7)
DF	−0. 068 9 (0. 115)	0. 099 5** (0. 039 0)
DF×*DF*	0. 003 0 (0. 005 6)	−0. 005 0** (0. 002 1)
SIZE	−0. 013 5 (0. 531)	−0. 066 1*** (0. 016 8)
PC	−0. 005 8*** (0. 000 6)	−0. 002 3*** (0. 000 3)
NII	−0. 001 9 (0. 006 8)	−0. 001 1 (0. 001 2)
LOAN	0. 005 9 (0. 011 6)	0. 004 6*** (0. 001 7)
NRM	0. 073 0 (0. 107 0)	0. 123 0*** (0. 035 8)
MA	4. 811 0** (1. 842 0)	−0. 547 0 (0. 578 0)
ROA	−0. 165 0 (0. 516 0)	−0. 458 0*** (0. 117 0)
GDP	−0. 093 8*** (0. 029 9)	−0. 028 1** (0. 012 2)
M2	−0. 008 7 (0. 013 3)	−0. 011 8* (0. 006 6)
Sargan test		0. 834
AR(1) *test*		0. 070
AR(2) *test*		0. 523
R-squared	0. 928	

表 5 列(1)显示,数字金融发展及其平方项的影响系数分别为－0.068 9、0.003 0,但均未通过显著性检验,其可能的原因是五大行在政府资源、资金规模和客户基础等方面具有明显优势,面对数字金融异军突起,五大行具有较强抵抗力;另外,五大行多将信贷资金配置给国有企业或者信用程度较高的民营大企业,对信用风险的管理水平也较高,因此数字金融发展对五大行产生的冲击不显著。

表 5 列(2)显示,数字金融发展及其平方项的影响系数分别为 0.099 5、－0.005 0,均通过 5％的显著性水平检验,这表明数字金融发展与非五大行信用风险呈现"倒 U 形"关系,且拐点值为 9.95[①],即当数字金融发展的测度指标值低于 9.95 时,数字金融发展会增加非五大行信用风险,而当数字金融发展的测度指标值超过 9.95 时,数字金融发展会降低非五大行信用风险。

(四) 稳健性检验

为确保基准回归结果的可信性和非随机性,本文从对样本数据进行缩尾处理、更改商业银行信用风险的测度指标和更改数字金融发展的测度指标三方面验证基准回归结果的稳健性。

(1) 对样本数据进行缩尾处理。对选定连续变量进行 1％水平的双边缩尾处理,以减轻离群值对回归结果产生的偏误,其结果见表 6 列(1)。

(2) 更改商业银行信用风险的测度指标。银行通常会对自身信用风险大小进行预判,并且用贷款减值准备金来覆盖实际信用风险的发生。因此,可以用贷款减值准备与贷款总额的比值(LLR)代替不良贷款率作为商业银行信用风险的测度指标,对式(1)重新回归,其结果见表 6 列(2)。

(3) 更改数字金融发展的测度指标。借鉴谢绚丽等(2018)的研究,数字金融发展是以互联网为底层技术的,两者间密切相关,可以用互联网普及率

---

① 拐点值计算公式为:$-\alpha_1/2\alpha_2=-0.099\,5/2\times(-0.005\,0)=9.95$。

（INT）①代替第三方支付规模作为数字金融发展的测度指标，对式（1）重新回归，其结果见表6列（3）。

表6 稳健性检验结果

变量	（1）	（2）	（3）
	RISK	LLR	RISK
L. RISK	0.592 0*** (0.035 8)	1.091 0*** (0.035 7)	0.601 0*** (0.029 2)
L2. RISK	−0.121 0*** (0.022 8)	−0.305 0*** (0.030 0)	−0.121 0*** (0.016 2)
DF	0.107 0*** (0.019 4)	0.256 0*** (0.060 9)	
DF×DF	−0.005 7*** (0.001 1)	−0.013 5*** (0.003 1)	
INT			0.057 5*** (0.012 6)
INT×INT			−0.000 6*** (0.000 1)
SIZE	−0.040 9*** (0.012 2)	−0.049 6 (0.044 5)	−0.045 3*** (0.011 9)
PC	−0.002 5*** (0.000 2)	0.000 9*** (0.000 2)	−0.002 3*** (0.000 1)
NII	−0.002 7*** (0.000 6)	0.011 0*** (0.002 5)	−0.002 1*** (0.000 7)
LOAN	0.005 9*** (0.001 4)	−0.005 1* (0.003 0)	0.008 1*** (0.000 9)
NRM	0.140 0*** (0.018 5)	0.206 0*** (0.055 8)	0.142 0*** (0.018 0)

---

① 互联网普及率数据由作者根据《中国互联网发展状况统计报告》整理而得。

（续表）

变量	(1) RISK	(2) LLR	(3) RISK
MA	−0.922 0** （0.453 0）	−2.870 0*** （0.830 0）	−0.961 0** （0.409 0）
ROA	−0.470 0*** （0.049 5）	−0.685 0*** （0.183 0）	−0.383 0*** （0.085 8）
GDP	−0.022 0*** （0.007 93）	0.098 5*** （0.022 5）	−0.032 1*** （0.009 6）
M2	−0.011 2** （0.004 6）	−0.070 7*** （0.012 4）	−0.014 6*** （0.003 9）
Sargan test	0.496	0.789	0.353
AR(1) test	0.096	0.000	0.068
AR(2) test	0.296	0.910	0.238

　　表 6 列（1）显示，数字金融发展及其平方项的影响系数分别为 0.107 0、−0.005 7，均通过 1%的显著性水平检验，表明在对样本数据进行 1%水平的双边缩尾处理后，数字金融发展与商业银行信用风险间仍呈现"倒 U 形"关系，基准回归结果是稳健的。

　　表 6 列（2）显示，数字金融发展及其平方项的影响系数分别为 0.256 0、−0.013 5，均通过 1%的显著性水平检验，表明在改变商业银行信用风险的测度指标后，数字金融发展与商业银行信用风险间仍呈现"倒 U 形"关系，基准回归结果是稳健的。

　　表 6 列（3）显示，数字金融发展及其平方项的影响系数分别为 0.057 5、−0.000 6，均通过 1%的显著性水平检验，表明在改变数字金融发展的测度指标后，数字金融发展与商业银行信用风险间仍呈现"倒 U 形"关系，基准回归结果是稳健的。

六、结论与建议

在数字金融蓬勃发展的背景下,本文将数字金融发展纳入商业银行信用风险的理论分析框架中,并基于 2009—2019 年中国 37 家上市银行的样本数据,采用 SYS－GMM 模型和中介效应模型,实证检验了数字金融发展对商业银行信用风险的影响及其传导渠道,其主要结论如下。(1) 从总体看,数字金融发展与商业银行信用风险呈现"倒 U 形"关系,即数字金融发展初期以竞争效应为主,加剧了商业银行信用风险;当数字金融发展越过拐点后,数字金融发展就以技术溢出效应为主,会降低商业银行信用风险,并且当前数字金融发展的测度指标值位于拐点右侧,继续发展数字金融有利于降低商业银行信用风险。该结论经过四个方面的稳健性检验后,仍然成立。(2) 数字金融发展与银行直接竞争,分流了部分客户存款,增加了银行负债成本,削弱了银行吸储能力,改变了银行负债结构,并通过负债成本和负债结构传导渠道对商业银行信用风险产生影响。(3) 数字金融发展对不同类型商业银行信用风险的影响具有异质性,即数字金融发展并未对五大行信用风险产生显著影响,数字金融发展与非五大行信用风险呈现"倒 U 形"关系。

基于上述研究结论,特别是为加强商业银行信用风险管理能力,本文的主要建议有四个。(1) 现阶段,数字金融发展对商业银行信用风险的影响已越过拐点值,其竞争效应正在减弱,技术溢出效应逐渐增强。银行应该积极吸收数字金融发展带来的技术溢出效应,在发挥自身原有优势的同时,充分运用大数据、云计算和人工智能等技术降低信用风险管理成本和提高信用风险管理效率,进而为加强商业银行信用风险管理夯实基础。(2) 面对存款业务领域的激烈竞争,银行不应该过度依赖同业负债等融资渠道,而是要运用大数据、云计算、区块链和人工智能等技术优势扩宽存款渠道,以不断增加低成本的客户存款,降低计息负债成本;并且积极拓展中长期客户存款,优化同业负债在银行负债结构中的比重,以降低对短期批发性融资的依赖。(3) 银行要根据自身发展现状实行有差别的信用风险管理数字化转型。五大行资金雄厚、客户基础稳固和人才储备充足,数字金融发展对其信用风险产生的负面影响较小。在信用风险可控的前提下,五大行应通过自建科技子公司或与知名互联网企业合作,加快商业银行信用风险管理数字化转型。非五大行则要关注数字金融发展对其存款业务产生的冲击,减轻对高成本负债来源的依赖和优化自身的负债结构,并且与其他中小银行结成数字金融科技联盟,实现成本和风险共担,进而稳步提高信用风险管理水平。(4)不论是五大行还是非五大行,都要积极引进高层次的 IT 人才,打造一支既懂金融风险管理又懂信息技术的复合型信用风险管理团队,同时将大数据技术应用到信用风险管理和信用评级中,建立有效的信用风险监控和预警模型,进而为防范化解信用风险提供必要的人才和技术支撑。

主要参考文献

[1] 张乐,韩立岩. 混合所有制对中国上市银行不良贷款率的影响研究[J]. 国际金融研究,2016(07):50-61.

[2] 许坤,苏扬. 逆周期资本监管、监管压力与银行信贷研究[J]. 统计研究,2016,33(03):97-105.

[3] 孙光林,王雪标,艾永芳. 要素价格扭曲对商业银行不良贷款率的影响研究——基于省际数据的实证分析[J]. 经济学家,2017(12):75-82.

[4] 刘冲,郭峰. 官员任期、中央金融监管与地方银行信贷风险[J]. 财贸经济,2017,38(04):86-100.

[5] 管衍锋,徐齐利. 资本约束、货币政策与信贷风险[J]. 经济与管理研究,2019,40(08):49-62.

[6] 王蕾,张向丽,池国华. 内部控制对银行信贷风险的影响——信息不对称与代理成本的中介效应[J]. 金融论坛,2019,24(11):14-23,54.

[7] 李佳. 资产证券化能否缓解银行信用风险承担?——来自中国银行业的经验证据[J]. 国际金融研究,2019(06):57-66.

[8] 于博,吴菡虹. 银行业竞争、同业杠杆率攀升与商业银行信用风险[J]. 财经研究,2020,

46(02):36 - 51.

[9] 顾海峰,于家珺.跨境资本流动加剧了银行信贷风险吗——基于资本流入、流出与总量的考察[J].国际贸易问题,2020(09):144 - 159.

[10] 陈君.大数据背景下商业银行信贷风险研究[J].财会通讯,2016(23):91 - 93.

[11] 吴丹.互联网金融对商业银行不良贷款增长的影响分析[J].兰州财经大学学报,2016,32(05):56 - 62.

[12] 袁媛.金融科技与银行信用风险管理[J].中国金融,2018(09):67 - 68.

[13] 王荣康.基于互联网金融发展下的商业银行信贷管理的对策分析[J].现代经济信息,2019(03):318.

[14] 陆岷峰,王婷婷.基于数字银行背景下数字信贷风险控制管理的战略研究[J].金融理论与实践,2020(01):21 - 26.

[15] 刘孟飞,王琦.互联网金融降低了商业银行盈利能力吗?——基于收入来源与结构的视角[J].北京理工大学学报(社会科学版),2021(23),127(06):96 - 109.

[16] 许月丽,李帅,刘志媛.数字金融影响了货币需求函数的稳定性吗?[J].南开经济研究,2020(05):130 - 149.

[17] 战明华,汤颜菲,李帅.数字金融发展、渠道效应差异和货币政策传导效果[J].经济研究,2020,55(06):22 - 38.

[18] 刘孟飞,王琦.互联网金融对商业银行绩效的影响机理与异质性研究[J].经济理论与经济管理,2021,41(08):78 - 95.

[19] 裴平,傅顺.互联网金融发展对商业银行流动性的影响——来自中国 15 家上市银行的经验证据[J].经济学家,2020(12):80 - 87.

[20] 张红伟,陈小辉,刘春梅,等.消费者法治意识:促进还是约束中国 FinTech 创新——来自 P2P 网贷的证据[J].经济理论与经济管理,2020(10):65 - 82.

[21] 王晰,王雪标,白智奇.存贷比与商业银行盈利能力的倒 U 形关系研究——引入不良贷款率的中介效应模型[J].科研管理,2020,41(07):230 - 238.

[22] 谢绚丽,沈艳,张皓星,等.数字金融能促进创业吗?——来自中国的证据[J].经济学(季刊),2018(17),70(04):1557 - 1580.

(与傅顺、孙杰合作,《北京理工大学学报(社会科学版)》2023 年第 1 期)

加强互联网金融的风险防范与监督管理

摘要：我国互联网金融异军突起，迅速发展，极大地提高了金融服务的质量和效率，也为社会经济发展提供了强有力的金融支持。与此同时，互联网金融领域的风险频发，这不仅严重抹黑了互联网金融的合法性和正当性，而且还对我国社会经济可持续发展构成了直接威胁。本文分析了与互联网金融关联度较高的征信风险、道德风险、信息技术风险、声誉风险、"长尾"风险、法律风险以及侵犯产权和隐私风险等，并基于 2015 年 7 月中国人民银行等十部委联合颁布的《关于促进互联网金融健康发展的指导意见》，论述了互联网金融监管的主要原则、业务分工，以及建立互联网金融监管长效机制的主要措施。

关键词：互联网金融风险；风险防范与监管

一、引 言

我国互联网金融异军突起，迅速发展，极大地提高了金融服务的质量和效率，也为社会经济发展提供了强有力的金融支持。与此同时，互联网金融领域的风险频发，非法集资、违规众筹、合同诈骗、侵害消费者权益，乃至携款潜逃等现象屡见不鲜，触目惊心。这不仅严重抹黑了互联网金融的合法性和正当性，而且还对我国社会经济可持续发展构成了直接威胁。因此，加强对互联网金融的风险防范和监督管理势在必行。

二、互联网金融的主要风险

在互联网金融发展过程中，机构和个人不仅面临传统金融所面临的信用风险、流动性风险、市场风险、操作风险和合规风险，而且还面临与互联网金融关联度较高的征信风险、道德风险、信息技术风险、声誉风险、"长尾"风险、法律风险，以及侵犯产权和隐私风险等。

1. 征信风险

我国大多数互联网金融机构的经营时间短，规模和实力有限，它们尚未积累大量必要和信息完备的客户信用评价数据，其客户信用评估体系还不够完善，而且大数据挖掘所需要的设备、技术和人才也不到位。再加上互联网世界的虚拟性，大多数互联网金融机构还难以对不同用户，特别是借款者进行真实、准确、全面和有效的信用评价。一旦征信失败，就会造成因金融交易参与者违约而导致的风险与损失。

2. 道德风险

在互联网金融领域，道德风险首先来自借款人，即借款人取得贷款之后，不按借贷合同规定使用贷款，或者从事高风险活动，进而导致贷款本息不能如期归还。道德风险也来自互联网金融平台本身，一是在获取管理费或者中介费的诱惑下，互联网金融平台降低对借款人的要求，将信用状况不好但愿意给出高利率的借款人提供给出借人，并在大量借贷交易违约后就关门跑路；二是诈骗，互联网金融平台市场准入的监管不严，不少怀有不良企图的人通过建立互联网金融平台欺骗投资者，如不少 P2P 平台创始人建立 P2P 平台的出发点就是圈钱走人。另外，还有一些互联网金融平台违规为自己融资，它们通过设立虚假标的，诱骗投资者购买理财产品，大量资金不是流向投资项目，而是被互联网金融平台截留使用。

3. 信息技术风险

在互联网金融平台，每天都会出现计算机病毒入侵、电脑黑客攻击、网络金融诈骗、金融钓鱼网站、客户资料泄露、账号被非法盗取和篡改等信息技术安全问题。同时,基础设施和硬件设备老化、系统和应用软件缺陷、相关人员违规操作以及由地震、雷雨和群体事件引起的物理环境变化等,也会产生信息技术风险,甚至还会造成信息系统的崩溃。根据中国互联网信息中心公布的数据,截至 2016 年 12 月,全国感染过病毒木马程序的 PC 数量为 2. 47 亿台,感染恶意程序的安卓智能手机共 1. 08 亿台。更为严重的是,我国 80% 的高端芯片、90% 的基础软件依赖进口,80% 的通用协议和标准都是采用国外的,如果国外邪恶势力故意使坏,就会对我国的金融安全形成巨大威胁。

4. “长尾”风险

互联网金融的草根性、碎片性和普惠性使互联网金融能够深植于由众多小微企业和中低收入人口构成的“长尾市场”。“长尾市场”总体需求潜力大,但“长尾市场”结构呈现明显的“小散乱”。例如,小微企业和中低收入人口的金融知识相对欠缺,风险识别和承担能力较低,容易遭受误导、欺诈和不公正待遇;互联网金融平台上资金融通的金额小、笔数多,融资双方都没有足够动力对互联网金融平台进行监督,由此产生的“搭便车”和“内部人控制”问题更加突出;金融市场上的个体非理性或个体理性之集合并不能产生集体理性,所以“长尾市场”上个体交易者和小额融资的交叉融合具有内生的不确定性。“长尾市场”结构的“小散乱”是监管部门难以管控的,很可能引发危害较大的“长尾”风险。

5. 侵犯产权和隐私风险

保护产权和隐私是市场经济运行的重要基础。但在互联网金融迅速发展的今天,数据产权是属于数据采集者,或属于被采集对象,还是属于数据存储者? 谁拥有数据财富的所有权、使用权、储存权和删除权? 政府数据是否应该向纳税人开放? 这些问题还需要在法律与监管层面加以研究和解决。同时,大数据将人们置于“第三只眼”的严密监视之下,反复和交叉使用的数据会暴露人们的许多隐私。在互联网世界,传统方法已不能有效保护产权和隐私。因此,互联网金融的参与者就会因无法可依,有法不依或奔走在创新与监管的灰色地带,而被卷入"说不清"的法律诉讼之中,甚至会出现群体性恐慌,这些都可能导致市场秩序的混乱和交易体系的崩溃。

有人认为,互联网金融风险会产生"蝴蝶效应",即偶然的风险事件也可能引发系统性金融风险。也有人认为,互联网金融风险只是"黑天鹅",即风险事件引发系统性金融风险的概率很小,但难以预测。还有人认为,互联网金融风险已经成为"灰犀牛",即风险事件引发系统性金融风险的概率很大,其造成的后果将是十分严重的。我们认为,由于认知偏差,特别是互联网金融风险的隐蔽性强、扩散速度快,而且各种风险还会交叉传染,我国的互联网金融风险及其影响被轻视或低估了。其实,近几年来互联网金融风险事件频发,负面影响较大,甚至引发了区域性金融风险,这些风险都是能够被观察到的,其破坏力也是可以被预测的,"灰犀牛"就站在不发生系统性金融风险红线的不远处。因此,2015 年下半年后在全国开展互联网金融风险专项整治是必要的,而且对防范互联网金融风险、促进互联网金融健康发展具有重要意义。

三、互联网金融监管的主要原则

2015 年 7 月,中国人民银行等十部委联合颁布《关于促进互联网金融健康发展的指导意见》(下文简称《指导意见》)。《指导意见》是在研究和总结互联网金融发展实践,并且考虑未来金融监管体制改革的基础上提出来的,被称为中国互联网金融发展的"基本法"。根据《指导意见》,对互联网金融进行监管的五项原则如下。

1. 依法监管

在建立和完善法律法规体系的背景下,监管职权的设定和行使都必须依据法律、行政法规的规定,如任何监管职权都必须基于法律的授权才能存在;任何监管职权的行使都要依据法律、遵守法律;任何监管职权的授予及其运用都必须有法律依据。在实施监管过程中,依法监管原则还要求在制定规章和其他规范性文件时,应当遵守法律法规的规定,不得与其相抵触;在实施行政许可、现场检查和非现场监管以及行政处罚时,必须以法律法规为依据,没有依据的,不得实施;按照有关法律法规的规定,设立互联网金融协会等行业自律组织,填补立法之前的监管空白,由自律组织承担部分政府的监管职能。

2. 适度监管

互联网金融是新生事物,在其发展过程中难免会出现一些问题,但其发展方向是正确的,且有广阔前景。因此,对互联网金融的监管应有足够的包容性,不能过于严厉,更不能简单地用行政手段进行干预和封杀。国内外的经验教训都表明,过于严苛的金融监管会造成金融抑制,导致金融效率低下;而过于放松的金融监管则会使金融脆弱性加剧,很可能触发系统性金融风险。因此,要坚持适度监管原则,在不触发系统性金融风险的前提下,保证金融机构的自主权,尊重市场运行规律,做到对互联网金融的监管"管而不死、活而不乱"。

3. 分类监管

互联网金融的参与主体多、业务品种多元化、操作流程较复杂,而且不同互联网金融平台所面临的风险差异大。因此,监管部门要有针对性地对互联网金融平台及其业务进行分类监管,而不是采取"一刀切"或"含糊不清"的方法进行监管。《指导意见》明确提出要按互联网支付、网络借贷、互联网众筹、互联网消费金融、互联网保险、互联网基金销售以及互联网信托等模式对互联网金融业务进行分类,由人民银行、原银保监会和证监会实施监管。尽管分类监管可能存在"谁家的孩子谁抱走"的相互推诿或监管空白等问题,但在国家金融稳定委员会的协调与管理下,这些问题在很大程度上是能够得到解决的。

4. 协同监管

协同监管是指各个金融监管主体为实现金融监管的整体有效性,努力实现监管工作的协调与配合。相对于过去"一行三会"的监管体制框架,目前的"一委一行两会"监管体制框架更有利于中央与地方以及不同监管部门之间的协调与配合,因为国家金融稳定委员会是统筹协调金融稳定与改革发展重大问题的议事和协调机构,其主要职能就是加强协同监管。同时,协同监管还要求中央监管、地方监管、行业自律以及企业内控之间相辅相成,形成多层次有机结合的全方位监管,这有利于解决重复监管与监管缺位等问题,进而全面提高对互联网金融监管的有效性。

5. 创新监管

互联网金融是信息技术与金融深度融合而产生的新金融业态,如果以传统的思维和方式对其进行监管,其监管效果势必低下,甚至还会适得其反。同时,互联网金融的创新层出不穷,并且对传统金融不断提出新的挑战,如果金融监管的思维和方法不能与时俱进或缺乏预见性,那就难免会出现"监管真空",进而使互联网金融风险在"监管真空"处产生、集聚和扩散。各级金融监管部门都要以互联网思维创新金融监管理念,以信息技术创新金融监管方法。也只有这样,才能有效地对互联网金融实施监管。

三、互联网金融监管的业务分工

根据中国人民银行等十部委联合颁布的《关于促进互联网金融健康发展的指导意见》以及有关国家部委相继颁布的政策法规,在国家金融稳定委员会的指导和协调下,许多政府部门和行业协会都在实施或配合对互联网金融的监管,其监管的业务分工大致如下:

(1) 人民银行:负责监管互联网支付业务;牵头负责对从业机构履行反洗钱义务进行监管;会同有关部门,组建中国互联网金融协会;会同有关部门,负责建立和完善互联网金融数据统计监测体系。

(2) 原银保监会:负责监管网络借贷业务、互联网消费金融业务、互联网保险业务和互联网信托业务。

(3) 证监会:负责监管互联网基金销售业务和股权众筹业务。

(4) 地方金融监管局:负责监管小额贷款、融资性担保(再担保)、区域性股权交易、典当、融资租赁以及商业保理等业务。

(5) 工商行政管理部门:依法办理互联网企业工商注册登记。

（6）电信主管部门：监管互联网金融业务涉及的电信业务；开设网站从事互联网金融业务的企业，需按规定在电信主管部门办理网站备案手续。

（7）工业和信息化部：负责对互联网金融业务涉及的电信业务进行监管。

（8）国家互联网信息管理部门：负责对金融信息服务、互联网信息内容等业务进行监管，积极支持互联网金融业务。

（9）公安部：负责打击互联网金融犯罪工作；制定监管细则与技术安全标准，参与监管相关从业机构的网络与信息安全保障；公安机关和司法机关依法、及时查询、冻结涉及洗钱和金融犯罪的财产。

（10）中国互联网金融协会：负责按照业务类型的不同，制订管理规则和行业标准，提高行业规则和标准的约束力，建立和落实行业自律惩戒机制；推动机构之间的业务交流和信息共享等。

实践证明，明确互联网金融监管的业务分工有利于落实具体监管责任，有利于互联网金融业务的发展与创新，进而有利于防范互联网金融风险，更好地发挥互联网金融服务经济社会发展的积极作用。

四、建立互联网金融监管的长效机制

互联网金融的本质是金融，金融的核心是风险控制，而建立互联网金融监管的长效机制则是控制风险的有效路径。为了从根本上防范互联网金融风险，促进互联网金融健康发展，2016 年 4 月 12 日，国务院颁布《互联网金融风险专项整治工作实施方案》，提出要建立适应互联网金融发展特点的监管长效机制，其主要内涵是：

（1）正确引领互联网金融发展。互联网金融的本质是金融，互联网金融发展不能违背金融规律，不能放松金融风险防范，不能没有必要的金融监管。只是炒作"金融＋互联网"的技术概念，或是将技术要素简单地与金融业务捆绑，或是在风险管理中硬性嵌入不成熟技术等，都是彻头彻尾的伪互联网金融。在实践中，如果不对伪互联网金融加以限制和打击，就会造成"金融风险

＋技术风险"的风险倍数放大,就会使金融风险的传染性更强、波及面更广,传播速度更快,这很容易导致系统性金融风险。因此,在互联网金融发展过程中,要处理好安全与发展、风险与监管的关系,使互联网金融始终朝着正确方向实现可持续发展。

（2）完善规章制度。加快研究互联网金融领域的相关规章制度,及时制定适应互联网金融业务创新的监管规则和政策要求。立足实际,发现并解决与现行监管体制不适应的互联网金融业务经营问题。对于跨界、交叉型互联网金融产品,强化综合监管和功能监管,创新"穿透式"监管方式。

（3）加强风险监测。为实现对互联网金融的常态化监测,建立健全互联网金融产品的集中登记制,设立统一的互联网金融平台资金账户,通过对资金账户的严格管理和集中监测,提高监管效率。加快推进信用体系建设,加强对征信机构的监管,利用征信机构所提供的信息更好地监管互联网金融。扩展技术应用,强化互联网金融监管的技术支持,提高安全监管能力。建立部门信息共享机制,提高预警信息传递、核查、处置效率。

（4）加强行业自律。组建中国互联网金融协会,充分发挥行业自律组织的作用。根据协会相关章程与管理办理,制定管理规则、行业标准、信息披露和反不正当竞争等制度,推动业务交流和信息共享,开展风险教育,完善自律惩戒机制,形成依法依规监管与自律管理相结合的监管长效机制。

（5）加强行业自律。行业自律是政府监管的有力补充,也是企业承担社会责任的重要内容。按照由中国人民银行等十部委联合颁布的《指导意见》的要求,要建立健全各级互联网金融协会。根据协会章程与管理办法,要制订经营管理规则和行业行为标准,推动平台之间的业务交流和信息共享;明确自律惩戒机制,提高行业规则和标准的约束力;强化守法、诚信、自律意识,树立互联网金融服务于经济社会发展的正面形象,打造互联网金融发展的良好生态。

（6）加强互联网金融消费者教育。互联网金融消费者包括互联网金融平台上的投融资双方。如果缺乏必要的互联网金融知识和技能,就会陷入"灵魂赶不上步伐"的困境。加强互联网金融消费者教育势在必行。首先,要从国家安全的高度构建互联网金融消费者教育体系,把互联网金融消费者教育提升到国家层面来统一规划、落实和规范化。其次,要在全社会开展互联网金融消费者教育,让所有机构和居民都尽可能熟悉互联网金融的基本内涵、基本技能、基本场景和基本法规。最后,要优化整合互联网金融消费者教育的资源。从政府部门、行业协会,到互联网金融平台等,都要优化整合各种教育资源,把互联网金融纳入不同层级的国民教育之中,并且通过举办大讲堂和培训班、发放宣传册、播放视频节目、推出学习型游戏和体验场景、组织相关知识大赛以及设立互联网金融消费者权益保护模拟法庭等丰富多彩的形式,从根本上提高互联网金融消费者理性借贷、识别风险和自我保护的能力。

主要参考文献

[1] 福建南平银监分局课题组.P2P网络借贷监管的效益与路径——基于演化博弈论视角的研究[J].金融监管研究,2014(07):23-39.

[2] 俞林,康灿华,王龙.互联网金融监管博弈研究:以P2P网贷模式为例[J].南开经济研究,2015(05):126-139.

[3] 人民银行等十部委.关于促进互联网金融健康发展的指导意见[R].2015.

[4] 曾建光.网络安全风险感知与互联网金融的资产定价[J].经济研究,2015(07):131-145.

[5] 张海洋.信息披露监管与P2P借贷运营模式[J].经济学(季刊),2017(01):371-392.

[6] 占韦威,任森春.中国P2P网络借贷运营模式异化及其监管研究[J].现代经济探讨,2019(03):125-132.

(与孙杰合作,重大项目结题报告《互联网金融发展研究——基于中国的实践与理论探索》2021年2月)

互联网借贷平台的信息审核与政府监管

摘要:本文通过构建互联网借贷平台与监管部门的演化动态博弈模型,对互联网借贷平台是否建立信息审核制度与监管部门是否实施严格监管的博弈进行研究,得到演化动态博弈的演化稳定策略。通过对演化动态博弈的复制动态相位图的进一步分析,本文发现:当监管部门对不建立信息审核制度的互联网借贷平台所处罚金小于互联网借贷平台不建立信息审核制度获得的超额收益与支付的超额成本之差时,互联网借贷平台获得的超额收益、互联网借贷平台建立信息审核制度的成本、互联网借贷平台向贷款人承诺的平均投资收益率是影响互联网借贷平台是否建立信息审核制度的主要因素;当监管部门对不建立信息审核制度的互联网借贷平台所处罚金大于互联网借贷平台不建立信息审核制度获得的超额收益与支付的超额成本之差时,互联网借贷平台将建立信息审核制度。

关键词:互联网借贷平台;信息审核制度;政府监管

一、引 言

2015 年 7 月 18 日,中国人民银行等十部委联合印发的《关于促使互联网金融健康发展的指导意见》,明确了互联网金融的主要商业模式,如互联网借贷、网络众筹、互联网基金、互联网信托、互联网保险、消费金融和第三方支付等。在这些商业模式中,互联网借贷提供点对点的融资信息服务,具有门槛低、覆盖面广、交易效率高等特点,已成为最具代表性的互联网金融模式。根据网贷之家统计,截至 2018 年 6 月末,全国共有正常运营的互联网借贷平台[①]1 880 家,累计成交量 74 789.41 亿元,为满足不同层次的融资需求提供了便捷的渠道与服务。

互联网金融的本质仍然是金融,互联网技术在金融领域的运用增加了金融服务的可获得性,提升了金融消费者的用户体验,但其无序发展也增加了金融风险。"信融财富""善林金融"和"牛板金"等互联网借贷平台重大风险事件的爆发引起了政府和全社会的高度关注。根据网贷之家统计,截至 2018 年 6 月末,全国累计转型、停业及有问题的互联网借贷平台数量为 4 303 家,约为正常运营互联网借贷平台数量的 2.3 倍。2016 年 8 月,原银监会等四部委联合印发了《网络借贷信息中介机构业务活动管理暂行办法》,明确互联网借贷平台是专门从事网络借贷信息中介业务活动的金融信息中介公司,应对借款人[②]的资格条件、信息的真实性、融资项目的真实性与合法性进行必要的审核。互联网借贷平台发布的融资项目是否真实与合法在很大程度上影响贷款人[③]对投资风险的判断,更是互联网借贷平台能否健康发展的关键所在。

互联网借贷平台不建立信息审核制度,其发布的融资项目会存在大量不对称信息,这不仅会严重削弱互联网借贷平台的资源配置功能,还会导致逆向选择、道德风险,甚至引发系统性风险。因此,政府部门有必要对互联网借贷平台是否建立信息审核制度实施监管。然而,监管与发展既互相对立又相互促进。实施严格监管,会增加政府部门的监管成本,也会增加互联网借贷平台的运营成本,对互联网借贷行业的发展有抑制作用;实施宽松监管,互联网借贷平台又会因追逐利润,而不愿意建立信息审核制度,很可能导致风险事件发

[①]　本文所指互联网借贷平台即原银监会等四部委在《网络借贷信息中介机构管理暂行办法》中定义的网络借贷信息中介机构。鉴于在《网络借贷信息中介机构管理暂行办法》公布之前,普遍将网络借贷信息中介机构称为互联网借贷平台,为保持延续性,本文仍将网络借贷信息中介机构称为互联网借贷平台。

[②]　本文所指借款人是指互联网借贷平台上的资金需求者。

[③]　本文所指贷款人是指互联网借贷平台上的资金供给者。

生。监管部门与互联网借贷平台只有经过长期的演化动态博弈过程,通过不断学习和调整,才能找到演化稳定策略。本文所做研究的目的就是通过分析监管部门与互联网借贷平台长期的演化动态博弈过程,进而得到双方的演化稳定策略。

二、文献回顾

国外学者 Freedman & Jin(2008)对美国互联网借贷平台 Prosper 的研究发现,互联网借贷平台上借款人提供的信息越完善,其借款的成功率越高。Rajkamal, et al. (2009)选取 Prosper 的样本数据对借款人的借款信息进行检验,发现互联网借贷平台可以通过一些潜在设置来要求借款人增加借款信息,贷款人可以通过这些潜在设置带来的信息判断借款人的信用度。Michal, et al. (2011)认为,借款人描述的个人身份信息越多,可获得的贷款就越多,但贷款逾期率也相应有所提升。Jeremy(2012)指出,即使借款人提供无法验证且可能并不可靠的信息,也可以有效降低借款利率,提升投标活跃度。Ruyi, et al. (2017)采用来自中国互联网借贷平台的贷款数据与来自流行社交媒体网站的数据组合而成的样本,分析了社会信息对于互联网借贷的影响,他们认为借款人的社会信息不仅可以用于信用筛查,还可以用于债务减免和债务催收。

国内学者李焰等(2014)将借款人的信息特征分为诚信、稳定、顾家、追求生活品质、有事业心、道德、刷信用[1]和试一试[2] 8 个类别,并通过对拍拍贷[3]的借贷数据进行研究,发现稳定、顾家、追求生活品质、刷信用和试一试 5 个信息特征对借款成功率有较大影响,其中稳定、刷信用和试一试等 3 个信息特征为

---

[1] 李焰、高弋君等将刷信用定义为借款人为了累积在拍拍贷上的信用,提高信用等级而进行借款。

[2] 试一试是指借款人出于体验互联网借贷的目的而进行借款。

[3] 拍拍贷是我国成立的第一家互联网借贷平台。

正面影响,而顾家和追求生活品质为负面影响。王会娟和廖理(2014)基于对人人贷样本数据的研究发现,相对于单纯的线上信用认证方式,线上和线下相结合的信用认证方式更能够揭示信用风险和缓解借贷双方的信息不对称问题。王会娟和何琳(2015)以人人贷的交易数据为样本,发现借款人的信用等级越低越倾向于添加借款信息,以降低借贷双方的信息不对称;而借款信息展示的借款人人格信息越完善,就越能提高投标活跃度,并且缩短满标时间。吴庆田等(2016)基于拍拍贷的交易数据,对影响互联网借贷平台贷款人放贷行为的主要因素进行实证检验,得出影响贷款人放贷行为的因素依次为借款人的声誉、借款特征、个人特征和财务特征,并提出对互联网借贷平台的监管应要求互联网借贷平台确保借款人借款信息的真实性,建立网贷信用体系和行业评价体制,而且还要完善借款人权益保护制度。叶德珠和陈霄(2017)以人人贷 2012 年 3 月到 2014 年 12 月的借贷标的为研究样本,发现借款人借款信息描述字数的增加与借款成功率呈正相关关系,标点数[①]的增加与借款成功率呈负相关关系。

在互联网借贷平台的监管方面,福建南平银监分局课题组(2014)运用演化动态博弈理论,从互联网借贷平台之间、互联网借贷平台与监管部门之间两个层面构建演化动态博弈模型,并通过对相关参数的推演分析,认为仅依靠市场力量的驱动,互联网借贷平台的发展不会达到理想状态,监管部门因此要加大对违规行为的处罚力度,消除互联网借贷平台的违规冲动。俞林等(2015)通过建立包括企业、借款人、贷款人和监管部门在内的博弈模型,并结合人人贷的实际案例进行研究,提出了互联网借贷平台的监管思路与措施,包括建立行业统一信用评级系统、引入保险制度、提倡理性投资、建立利率定价机制和市场退出机制等。夏爽等(2016)利用不完全信息动态博弈模型对互联网借贷平台的借贷行为进行博弈分析,认为互联网借贷平台的声誉决定了平台的用户黏性、新用户的增长和用户的投资额;互联网借贷平台的贷款人应根据借款

---

① 标点数是指借款人借款信息文字描述中标点符号的数量。

人的学历、收入和资产等身份信息做出投资决策。

综上,目前对影响互联网借贷平台上贷款人投资行为的主要因素以及互联网借贷平台如何缓解借贷双方信息不对称等问题的研究取得了一定的进展,但对互联网借贷平台是否建立信息审核制度以确保借贷项目的真实性与合法性等方面的研究较为缺乏。同时,在现有文献中采用博弈论研究互联网借贷平台信息审核与政府监管的研究几乎还是空白。本文在考虑互联网借贷平台与监管部门有限理性的基础上,运用演化动态博弈思想,构建了互联网借贷平台是否建立信息审核制度及监管部门是否实施严格监管的演化动态博弈模型,并通过对演化动态博弈的复制动态相位图分析,对互联网借贷平台是否建立信息审核制度与监管部门是否实施严格监管的长期演化趋势做出判断,指出影响互联网借贷平台是否建立信息审核制度的主要因素,为监管部门合理制定对互联网借贷平台的监管政策提供依据与参考。

三、互联网借贷平台与监管部门演化动态博弈模型

演化动态博弈是生物演化思想和博弈论思想的有机结合,考察的是群体规模和策略选择的演化过程。在运用演化动态博弈方法分析互联网借贷平台是否建立信息审核制度与监管部门是否严格实施监管的问题时,首先需要对博弈双方所处的环境做出必要的理论假设,然后再构建演化动态博弈模型。

(一)理论假设与模型构建

本文构建的演化动态博弈模型有两个博弈方群体,即互联网借贷平台和监管部门。互联网借贷平台的策略空间为建立信息审核制度,不建立信息审核制度,建立信息审核制度的互联网借贷平台占比为 $P_l(0 \leqslant P_l \leqslant 1)$,不建立信息审核制度的互联网借贷平台占比为 $(1-P_l)$。监管部门的策略空间为(严格监管,宽松监管),实施严格监管的监管部门占比为 $P_r(0 \leqslant P_r \leqslant 1)$,实施宽松监管的监管部门占比为 $(1-P_r)$。在对互联网借贷平台是否建立信息审

核制度与监管部门是否实施严格监管的演化动态博弈进行分析时,有必要提出以下理论假设:

(1)互联网借贷平台和监管部门都是有限理性的,其相互作用是随机的,目的都是获得自身效用的最大化。互联网借贷平台的效用最大化是实现利润最大化,监管部门的效用最大化是社会效益最大化,即保护贷款人利益和防范金融风险。

(2)互联网借贷平台建立信息审核制度或监管部门实施严格监管都可以有效避免金融风险的发生。

(3)互联网借贷平台建立信息审核制度的成本为 C_l(不建立信息审核制度的成本为0),监管部门实施严格监管的成本为 C_r(实施宽松监管的成本为0)。在建立信息审核制度的情况下,互联网借贷平台正常运营的收益为 R,贷款人通过互联网借贷平台投资获得的正常收益为 M,且 $R>C_l,M>C_r$。

(4)在不建立信息审核制度的情况下,互联网借贷平台获得超额收益 ΔR,贷款人获得超额收益 ΔM。互联网借贷平台获得的超额收益 ΔR 是指因互联网借贷平台不建立信息审核制度,为提供虚假借贷信息的借款人创造信贷撮合机会而实现的收益。贷款人获得的超额收益 ΔM 是指因互联网借贷平台不建立信息审核制度,贷款人通过互联网借贷平台向提供虚假借贷信息的借款人投资获得的收益。

(5)互联网借贷平台向贷款人承诺的平均投资收益率为 i。在建立信息审核制度的情况下,贷款人通过互联网借贷平台投资的金额为 N,在不建立信息审核制度的情况下,贷款人通过互联网借贷平台向提供虚假借贷信息的借款人投资金额为 ΔN。因此,$M=N \cdot i,\Delta M=\Delta N \cdot i$。

(6)在监管部门实施严格监管的情况下,不建立信息审核制度的互联网借贷平台需缴纳罚金 f,同时,互联网借贷平台会被监管部门要求采取更有力的措施防止风险的发生,互联网借贷平台为此需支付的成本为 $C_s,C_s>C_l$。在监管部门实施严格监管的情况下,不建立信息审核制度的互联网借贷平台被监管部门要求防止风险发生所采取措施的成本 C_s 与互联网借贷平台建立信息审核制度的成本 C_l 之差，即（C_s-C_l）为互联网借贷平台支付的超额成本。

（7）在监管部门实施宽松监管且互联网借贷平台不建立信息审核制度时，会发生违约风险。违约风险给互联网借贷平台造成的损失为 L，给贷款人造成的损失为 D，给监管部门造成的损失为 F（包含监管部门处置风险的成本和监管部门的声誉损失）。

（8）发生违约风险给互联网借贷平台造成的损失 L 大于互联网借贷平台不建立信息审核制度产生的总收益（正常收益与超额收益之和，$R+\Delta R$），即 $L>R+\Delta R$；也大于监管部门实施严格监管时，对不建立信息审核制度的互联网借贷平台所处罚金 f 与监管部门为防止发生风险要求互联网借贷平台采取相应措施所需支付的成本 C_s 之和，即 $L>f+C_s$。

基于以上理论假设，可得互联网借贷平台与监管部门演化动态博弈的收益矩阵（图 1）。

监管部门

		严格监管	宽松监管
互联网借贷平台	建立信息审核制度	$(R-C_l, N\cdot i-C_r)$	$(R-C_l, N\cdot i)$
	不建立信息审核制度	$(R+\Delta R-f-C_s,$ $N\cdot i+\Delta N\cdot i+f-C_r)$	$(R+\Delta R-L, -D-F)$

图 1　互联网借贷平台与监管部门演化动态博弈的收益矩阵

（二）互联网借贷平台与监管部门的演化动态博弈模型

演化动态博弈模型主要用于考察博弈方群体的规模和策略选择的演化动态过程。Jorgen（1995）认为，演化动态过程含有两个基本要素：一是产生多样性的变异机制；二是偏向于某一策略的选择机制。以本文中演化动态博弈模型考察的博弈方群体互联网借贷平台为例，互联网借贷平台的变异机制强调的是在由建立信息审核制度与不建立信息审核制度的博弈策略构成的策略空间中，互联网借贷平台所采取的博弈策略是随机变动的；选择机制强调的是互联网借贷平台在策略空间中选择某种博弈策略的个体占比的变化过程，通常用复制动态（replicator dynamics）过程来表示这种变化。其基本原理是：在由有限理性的互联网借贷平台组成的博弈方群体中，期望效用值比平均期望效用值高的博弈策略会被更多的互联网借贷平台选择，从而选择该策略的互联网借贷平台的占比会增加，最终选择该博弈策略的互联网借贷平台的期望效用值等于群体的平均期望效用值，即选择该博弈策略的互联网平台占比达到稳定状态。在对演化动态博弈过程进行分析时，常采用一阶常微分方程表示某一博弈方群体中选择某种博弈策略个体占比的动态变化规律，称为该博弈方群体的复制动态方程。在对互联网借贷平台进行复制动态分析时，只需要考虑选择某一博弈策略的互联网借贷平台占比的变化过程即可，采用另一博弈策略的互联网借贷平台占比的变化过程与之此消彼长。同样，本文也采用一阶常微分方程表示监管部门群体的复制动态方程。

1. 互联网借贷平台的复制动态分析

根据图 1，建立信息审核制度的互联网借贷平台的效用函数为：

$$U_{l1} = P_r(R - C_l) + (1 - P_r)(R - C_l) = R - C_l \tag{1}$$

其中，U_{l1} 为建立信息审核制度的互联网借贷平台的期望效用值。

不建立信息审核制度的互联网借贷平台的效用函数为：

$$U_{l2} = R + \Delta R - L + P_r(L - f - C_s) \tag{2}$$

其中，U_{l2} 为不建立信息审核制度的互联网借贷平台的期望效用值。

由式（1）和式（2）可得互联网借贷平台的平均效用函数为：

$$\overline{U_l} = R + \Delta R - L + P_l(L - \Delta R - C_l) + P_r(1 - P_l)(L - f - C_s) \tag{3}$$

其中，$\overline{U_l}$ 为互联网借贷平台的平均期望效用值。

基于前文对互联网借贷平台采取不同博弈策略所获得的期望效用分析，用 $F(P_l)$ 表示互联网借贷平台的复制动态方程，如式（4）所示：

$$F(P_l) = \frac{\mathrm{d}P_l}{\mathrm{d}t} = P_l(U_{l1} - \overline{U}_l) = P_l(1-P_l)(L - \Delta R - C_l + P_r f + P_r C_s - P_r L)$$

$$(4)$$

根据微分方程的稳定性理论,令 $F(P_l)=0$,可得微分方程(4)的三个稳定状态为: $P_r = \dfrac{\Delta R + C_l - L}{f + C_s - L}$、$P_l=0$ 和 $P_l=1$。

(1)当实施严格监管的监管部门占比 $P_r = \dfrac{\Delta R + C_l - L}{f + C_s - L}$ 时,建立信息审核制度的互联网借贷平台占比 P_l 取任意值均为稳定状态[1],建立信息审核制度的互联网借贷平台占比不变。

(2)当建立信息审核制度的互联网借贷平台占比 $P_l=0$ 时,若 $P_r > \dfrac{\Delta R + C_l - L}{f + C_s - L}$,有 $F'(P_l=0)<0$,则 $P_l=0$ 是稳定状态,所有互联网借贷平台都不建立信息审核制度;若 $P_r < \dfrac{\Delta R + C_l - L}{f + C_s - L}$,有 $F'(P_l=0)>0$,则 $P_l=0$ 是不稳定状态,建立信息审核制度的互联网借贷平台的占比将增加。

(3)当建立信息审核制度的互联网借贷平台占比 $P_l=1$ 时,若 $P_r > \dfrac{\Delta R + C_l - L}{f + C_s - L}$,有 $F'(P_l=1)>0$,则 $P_l=1$ 是不稳定状态,建立信息审核制度的互联网借贷平台占比将减少;若 $P_r < \dfrac{\Delta R + C_l - L}{f + C_s - L}$,有 $F'(P_l=1)<0$,则 $P_l=1$ 是稳定状态,所有互联网借平台都建立信息审核制度。

2. 监管部门的复制动态分析

根据图1,实施严格监管的监管部门的效用函数为:

---

[1] 在此情况下,互联网借贷平台建立信息审核制度和不建立信息审核制度获得的期望效用值相同。因此,未建立信息审核制度的互联网借贷平台没有动力去建立信息审核制度;已建立信息审核制度的互联网借贷平台会维持所建立的信息审核制度,从而建立信息审核制度的互联网借贷平台占比不发生变化,即处于稳定状态。

$$U_{r1}=P_l(N \cdot i-C_r)+(1-P_l)(N \cdot i+\Delta N \cdot i+f-C_r)$$

$$=N \cdot i-C_r+(1-P_l)(\Delta N \cdot i+f) \tag{5}$$

其中，U_{r1} 是实施严格监管的监管部门的期望效用值。

实施宽松监管的监管部门的效用函数为：

$$U_{r2}=P_l \cdot N \cdot i+(1-P_l)(-D-F)=P_l(N \cdot i+D+F)-D-F \tag{6}$$

其中，U_{r2} 是实施宽松监管的监管部门的期望效用值。

由式（5）和式（6）可得监管部门的平均效用函数为：

$$\overline{U}_r=P_r(N \cdot i-C_r)+P_r(1-P_l)(\Delta N \cdot i+f)+(1-P_r)$$

$$P_l(N \cdot i+D+F)-(1-P_r)(D+F) \tag{7}$$

其中，$\overline{U}_r$ 为监管部门的平均期望效用值。

基于前文对监管部门采取的不同博弈策略所获得的期望效用分析，用 $F(p_r)$ 表示监管部门的复制动态方程，如式（8）所示：

$$F(P_r)=\frac{\mathrm{d}P_r}{\mathrm{d}t}=P_r(U_{r1}-\overline{U}_r)=P_r(1-P_r)[N \cdot i+\Delta N \cdot i+f+D$$

$$+F-C_r-P_l(N \cdot i+\Delta N \cdot i+f+D+F)] \tag{8}$$

根据微分方程的稳定性理论，令 $F(P_r)=0$，可得微分方程（8）的三个稳定状态为：

$$P_l=\frac{N \cdot i+\Delta N \cdot i+D+F+f-C_r}{N \cdot i+\Delta N \cdot i+D+F+f}、P_r=0 \text{ 和 } P_r=1。$$

（1）当建立信息审核制度的互联网借贷平台占比 $P_l=\dfrac{N \cdot i+\Delta N \cdot i+D+F+f-C_r}{N \cdot i+\Delta N \cdot i+D+F+f}$ 时，实施严格监管的监管部门占比 P_r 取任意值均为稳定状态，实施严格监管的监管部门占比不变。

（2）当实施严格监管的监管部门占比 $P_r=0$ 时，若 $P_l>\dfrac{N \cdot i+\Delta N \cdot i+D+F+f-C_r}{N \cdot i+\Delta N \cdot i+D+F+f}$，有 $F'(P_r=0)<0$，则 $P_r=0$ 是稳定状态，所有

监管部门都实施宽松监管;若 $P_l < \dfrac{N \cdot i + \Delta N \cdot i + D + F + f - C_r}{N \cdot i + \Delta N \cdot i + D + F + f}$,有

$F'(P_r = 0) > 0$,则 $P_r = 0$ 是不稳定状态,实施严格监管的监管部门占比将增加。

(3)当实施严格监管的监管部门占比为 $P_r = 1$ 时,若 $P_l > \dfrac{N \cdot i + \Delta N \cdot i + D + F + f - C_r}{N \cdot i + \Delta N \cdot i + D + F + f}$,有 $F'(P_r = 1) > 0$,则 $p_r = 1$ 是不稳定状态,实施严格监管的监管部门占比将减少;若 $P_l < \dfrac{N \cdot i + \Delta N \cdot i + D + F + f - C_r}{N \cdot i + \Delta N \cdot i + D + F + f}$,有 $F'(P_r = 1) < 0$,则 $P_r = 1$ 是稳定状态,所有监管部门都实施严格监管。

(三)互联网借贷平台与监管部门的演化稳定策略分析

演化稳定策略(Evolutionary Stable Strategy,简称 ESS)是演化动态博弈方法的核心概念。演化稳定策略由 Maynard Smith(1973)和 Price(1974)提出,是指如果博弈方群体中大部分个体选择演化稳定策略,那么选择其他博弈策略的个体将改变原有的博弈策略而选择演化稳定策略,不然就将退出该博弈方群体。以本文中演化动态博弈模型考察的互联网借贷平台为例,假设互联网借贷平台群体无限大,且建立信息审核制度是其演化稳定策略,如果大部分互联网借贷平台选择建立信息审核制度,选择不建立信息审核制度的互联网借贷平台将改变原有策略,转向建立信息审核制度,不然就将退出互联网借贷行业。由互联网借贷平台与监管部门的复制动态分析可知,相关的演化动态博弈存在 5 个均衡点:

(1)在均衡点$(P_l = 0, P_r = 0)$,所有互联网借贷平台都不建立信息审核制度,所有监管部门都实施宽松监管。

(2)在均衡点$(P_l = 1, P_r = 0)$,所有互联网借贷平台都建立信息审核制度,所有监管部门都实施宽松监管。

(3)在均衡点$(P_l = 1, P_r = 1)$,所有互联网借贷平台都建立信息审核制度,所有监管部门都实施严格监管。

（4）在均衡点$(P_l=0, P_r=1)$，所有互联网借贷平台都不建立信息审核制度，所有监管部门都实施严格监管。

（5）在均衡点$\left(P_l=\dfrac{(N+\Delta N)i+D+F+f-C_l}{(N+\Delta N)i+D+F+f}, P_r=\dfrac{\Delta R+C_l-L}{f+C_s-L}\right)$，

$\dfrac{(N+\Delta N)i+D+F+f-C_r}{(N+\Delta N)i+D+F+f}$比例的互联网借贷平台建立信息审核制度，

$\dfrac{\Delta R+C_l-L}{f+C_s-L}$比例的监管部门实施严格监管。

Frideman（1998）认为，演化动态博弈的稳定性与演化动态博弈的雅克比矩阵[①]的稳定性是一致的。为更好地判断互联网借贷平台与监管部门之间演化动态博弈的稳定性，根据博弈双方的复制动态方程，构建演化动态博弈的雅克比矩阵J，如式（9）所示：

$$J=\begin{bmatrix} (1-2P_l)(-\Delta R-C_l+L+P_r f+P_r C_s-P_r L) & P_l(1-P_l)(f+C_s-L) \\ -P_r(1-P_r)(N \cdot i+\Delta N \cdot i+D+F+f) & (1-2P_r)[N \cdot i+\Delta N \cdot i+D+F+f-C_r-P_l(N \cdot i+\Delta N \cdot i+D+F+f)] \end{bmatrix} \tag{9}$$

根据式（9），可得雅克比矩阵的行列式$|J|$和迹$TR(J)$，如式（10）和式（11）所示：

$$|J|=\begin{vmatrix} (1-2P_l)(-\Delta R-C_l+L+P_r f+P_r C_s-P_r L) & P_l(1-P_l)(f+C_s-L) \\ -P_r(1-P_r)(N \cdot i+\Delta N \cdot i+D+F+f) & (1-2P_r)[N \cdot i+\Delta N \cdot i+D+F+f-C_r-P_l(N \cdot i+\Delta N \cdot i+D+F+f)] \end{vmatrix} \tag{10}$$

$$TR(J)=(1-2P_l)(-\Delta R-C_l+L+P_r f+P_r C_s-P_r L)+(1-2P_r)[N \cdot i+\Delta N \cdot i+D+F+f-C_r-P_l(N \cdot i+\Delta N \cdot i+D+F+f)] \tag{11}$$

利用式（10）和式（11）对互联网借贷平台与监管部门之间的演化动态博弈的稳定性进行分析，其结果见表1。

---

① 在向量微积分中，雅可比矩阵是一阶偏导数以一定方式排列成的矩阵。演化动态博弈模型的雅克比矩阵是由博弈双方复制动态方程的一阶偏导数排列形成的矩阵。

表 1 互联网借贷平台与监管部门演化动态博弈稳定性结果

情形		均衡点	$|J|$符号①	$TR(J)$的符号②	均衡点的稳定性③
$f<\Delta R-(C_s-C_l)$	A	$P_l=0, P_r=0$	＋	＋	不稳定
	B	$P_l=1, P_r=0$	＋	－	稳定
	C	$P_l=1, P_r=1$	＋	＋	不稳定
	D	$P_l=0, P_r=1$	＋	－	稳定
	O	$P_l=\dfrac{N\cdot i+\Delta N\cdot i+D+F+f-C_r}{N\cdot i+\Delta N\cdot i+D+F+f}$ $P_r=\dfrac{\Delta R+C_l-L}{f+C_s-L}$	－	0	鞍点
$f>\Delta R-(C_s-C_l)$	A	$P_l=0, P_r=0$	＋	＋	不稳定
	B	$P_l=1, P_r=0$	＋	－	稳定
	C	$P_l=1, P_r=1$	－	不确定	鞍点
	D	$P_l=0, P_r=1$	－	不确定	鞍点
	O	$P_l=\dfrac{N\cdot i+\Delta N\cdot i+D+F+f-C_r}{N\cdot i+\Delta N\cdot i+D+F+f}$ $P_r=\dfrac{\Delta R+C_l-L}{f+C_s-L}$	在此情况下，由于 $P_r=\dfrac{\Delta R+C_l-L}{f+C_s-L}>1$ 与假设条件 $0\leqslant P_r\leqslant1$ 相矛盾，故 O 点对应的情况不予分析。		

由表 1 可知，在两种情形下互联网借贷平台与监管部门之间演化动态博弈的演化稳定策略是：

（1）当监管部门对不建立信息审核制度的互联网借贷平台所处罚金小于互联网借贷平台不建立信息审核制度获得的超额收益与支付的超额成本之差，即 $f<\Delta R-(C_s-C_l)$ 时，互联网借贷平台与监管部门演化动态博弈的演

---

① $|J|$ 的符号为＋，表示行列式的值为正；$|J|$ 的符号为—，表示行列式的值为负。

② $TR(J)$ 的符号为＋，表示迹的值为正；$TR(J)$ 的符号为—，表示迹的值为负；迹的符号不确定，是指通过计算无法判断迹的值为正或为负。

③ 当博弈双方的博弈策略在某一均衡点都是收敛的（即博弈方采取该博弈策略的期望效用值等于该博弈方群体的平均期望效用值），则该均衡点就是稳定的；当博弈双方的博弈策略在某一均衡点都是发散的，则该均衡点是不稳定的；当博弈双方的博弈策略，在某一均衡点，一方是收敛的，另一方是发散的，则该均衡点是鞍点（鞍点也是不稳定的）。

化稳定策略为：一是所有互联网借贷平台都建立信息审核制度，所有监管部门都实施宽松监管，即 ($P_l=1$, $P_r=0$)；二是所有互联网借贷平台都不建立信息审核制度，所有监管部门都实施严格监管，即 ($P_l=0$, $P_r=1$)。

（2）当监管部门对不建立信息审核制度的互联网借贷平台所处罚金大于互联网借贷平台获得的超额收益与支付的超额成本之差，即 $f>\Delta R-(C_s-C_l)$ 时，互联网借贷平台与监管部门的演化动态博弈的演化稳定策略为：所有互联网借贷平台都建立信息审核制度，所有监管部门都实施宽松监管，即 ($P_l=1$, $P_r=0$)。

（四）互联网借贷平台与监管部门演化动态博弈的复制动态相位图

演化动态博弈的复制动态相位图反映博弈双方所选择的博弈策略的变化趋势以及向演化稳定策略收敛的轨迹。为更好地探讨影响互联网借贷平台与监管部门的博弈策略向演化稳定策略收敛的因素，本文对互联网借贷平台与监管部门的演化动态博弈的复制动态相位图进行分析。

1. 当 $f<\Delta R-(C_S-C_l)$ 时，演化动态博弈的复制动态相位图分析

当监管部门对不建立信息审核制度的互联网借贷平台所处罚金小于互联网借贷平台不建立信息审核制度获得的超额收益与支付的超额成本之差，即 $f<\Delta R-(C_s-C_l)$ 时，互联网借贷平台与监管部门的演化动态博弈的复制动态相位图为图 2。

图 2 中，由不稳定点 A、鞍点 O 及不稳定点 C 连接形成的折线 AOC 是演化动态博弈模型向不同演化稳定策略收敛的分界线，其将图 2 中的区域 $ABCD$ 划为 $AOCD$ 和 $AOCB$ 两个区域，博弈双方的博弈策略向哪个演化稳定策略收敛取决于区域 $AOCD$ 和区域 $AOCB$ 大小。由图 2 可知，区域 $AOCB$ 越大，则博弈双方的博弈策略收敛于稳定点 B 对应的演化稳定策略 ($P_l=1$, $P_r=0$)的概率越大；区域 $AOCD$ 越大，则博弈双方的博弈策略收敛于稳定点 D 对应的演化稳定策略 ($P_l=0$, $P_r=1$)的概率越大。

根据图 2，得区域 $AOCB$ 的面积公式为：

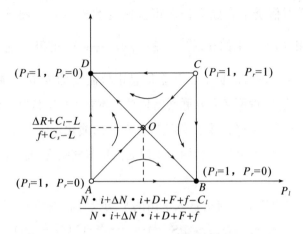

图 2 $f < \Delta R - (C_s - C_l)$ 时的复制动态相位图

注：由表 1 可知，B 点和 D 点是稳定点，A 点和 C 点是不稳定点，O 点是鞍点。

$$S = \frac{1}{2}\left(\frac{\Delta R + C_l - L}{f + C_s - L} + \frac{C_r}{N \cdot i + \Delta N \cdot i + D + F + f}\right) \qquad (12)$$

其中，S 表示区域 $AOCB$ 的面积。

为简化分析，假定贷款人通过互联网借贷平台投资的金额 N 不变，贷款人通过互联网借平台向提供虚假借贷信息的借款人投资金额 ΔN 不变，发生违约风险给互联网借贷平台、贷款人及监管部门造成的损失 L、D、F 不变，对影响区域 $AOCB$ 面积变化（演化动态博弈模型的演化稳定策略选择变化）的主要因素做如下分析：

（1）互联网借贷平台不建立信息审核制度获得的超额收益 ΔR。将式（12）中区域 $AOCB$ 的面积 S 对 ΔR 求偏导，$\frac{\partial S}{\partial \Delta R} = \frac{1}{2}\frac{1}{f + C_s - L} < 0$，可得 S 是 ΔR 的单调减函数。因此，当互联网借贷平台不建立信息审核制度获得的超额收益 ΔR 减少时，区域 $AOCB$ 的面积增加，说明随着互联网借贷平台不建立信息审核制度获得的超额收益 ΔR 减少，博弈双方的博弈策略收敛于稳定点 B 对应的演化稳定策略（$P_l = 1, P_r = 0$）的概率增加，互联网借贷平台倾向于建立信息审核制度，监管部门倾向于实施宽松监管。

(2) 互联网借贷平台建立信息审核制度的成本 C_l。将式(12)中区域 $AOCB$ 的面积 S 对 C_l 求偏导，$\frac{\partial S}{\partial C_l} = \frac{1}{2} \frac{1}{f + C_s - L} < 0$，可得 S 是 C_l 的单调减函数。因此，当互联网借贷平台建立信息审核制度的成本 C_l 减少时，区域 $AOCB$ 的面积增加，说明随着互联网借贷平台建立信息审核制度的成本 C_l 减少，博弈双方的博弈策略收敛于稳定点 B 对应的演化稳定策略 ($P_l = 1, P_r = 0$) 的概率增加，互联网借贷平台倾向于建立信息审核制度，监管部门倾向于实施宽松监管。

(3) 互联网借贷平台向贷款人承诺的平均投资收益率 i。将式(12)中区域 $AOCB$ 的面积 S 对 i 求偏导，$\frac{\partial S}{\partial i} = \frac{1}{2} \frac{-C_r(N + \Delta N)}{(N \cdot i + \Delta N \cdot i + D + F + f)^2} < 0$，可得 S 是 i 的单调减函数。因此，当互联网借贷平台向贷款人承诺的平均投资收益率 i 减少时，区域 $AOCB$ 的面积增加，说明随着互联网借贷平台向贷款人承诺的平均投资收益率 i 减少，博弈双方的博弈策略收敛于稳定点 B 对应的演化稳定策略 ($P_l = 1, P_r = 0$) 的概率增加，互联网借贷平台倾向于建立信息审核制度，监管部门倾向于实施宽松监管。

(4) 监管部门对不建立信息审核制度互联网借贷平台所处罚金 f。将式(12)中区域 $AOCB$ 的面积 S 对 f 求偏导，$\frac{\partial S}{\partial f} = \frac{1}{2} \left[\frac{L - \Delta R - C_l}{(f + C_s - L)^2} + \frac{-C_r}{(N \cdot i + \Delta N \cdot i + D + F + f)^2} \right]$，无法判断区域 $AOCB$ 的面积 S 关于 f 的单调性。因此，当监管部门对不建立信息审核制度的互联网借贷平台所处罚金小于互联网借贷平台不建立信息审核制度获得的超额收益与支付的超额成本之差时，增加罚金 f 不一定是促使互联网借贷平台建立信息审核制度的有效手段。

(5) 监管部门实施严格监管的成本 C_r。将式(12)中区域 $AOCB$ 的面积 S 对 C_r 求偏导，$\frac{\partial S}{\partial C_r} = \frac{1}{2} \frac{1}{N \cdot i + \Delta N \cdot i + D + F + f} > 0$，可得 S 是 C_r 的单调增函数。因此，当监管部门实施严格监管的成本 C_r 减少时，区域 $AOCB$ 的面积

减少,说明随着监管部门实施严格监管的成本 C_r 减少,博弈双方的博弈策略收敛于稳定点 B 对应的演化稳定策略($P_l=1$, $P_r=0$)的概率减少,收敛于稳定点 D 对应的演化稳定策略($P_l=0$, $P_r=1$)的概率增加,互联网借贷平台倾向于不建立信息审核制度,监管部门倾向于实施严格监管。

可以认为,当监管部门对不建立信息审核制度的互联网借贷平台所处罚金小于互联网借贷平台不建立信息审核制度获得的超额收益与支付的超额成本之差,即 $f < \Delta R - (C_s - C_l)$ 时,互联网借贷平台不建立信息审核制度获得的超额收益 ΔR 越低、互联网借贷平台建立信息审核制度的成本 C_l 越低、互联网借贷平台向贷款人承诺的平均投资收益率 i 越低,越有利于促使互联网借贷平台建立信息审核制度;监管部门增加对不建立信息审核制度的互联网借贷所处罚金 f 不一定是促使互联网借贷平台建立信息审核制度的有效手段;监管部门实施严格监管的成本 C_r 越低,越有利于促使监管部门实施严格监管。

2. 当 $f > \Delta R - (C_s - C_l)$ 时,演化动态博弈的复制动态相位图分析

监管部门对不建立信息审核制度的互联网借贷平台所处罚金大于互联网借贷平台不建立信息审核制度获得的超额收益与支付的超额成本之差,即 $f > \Delta R - (C_s - C_l)$ 时,互联网借贷平台与监管部门的演化动态博弈的复制动态相位图为图 3。

图 3 中,虚线 $P_l = \dfrac{N \cdot i + \Delta N \cdot i + D + F + f - C_l}{N \cdot i + \Delta N \cdot i + D + F + f}$ 将区域 $ABCD$ 分为区域 I 和区域 II。如果博弈双方的博弈策略落在区域 I 内,由于区域 I 内的点均处于不稳定状态(鞍点也处于不稳定状态),所以区域 I 内的点会动态演化到区域 II 内,并最终收敛于稳定点 B,即博弈双方的博弈策略收敛于稳定点 B 对应的演化博弈策略($P_l=1$, $P_r=0$),所有互联网借贷平台都建立信息审核制度,所有监管部门都实施宽松监管。如果博弈双方的博弈策略落在区域 II 内的稳定点 B,则博弈双方的博弈策略不再发生变化,此时,所有互联网借贷平台都建立信息审核制度,所有监管部门都实施宽松监管;如果博弈双方的博

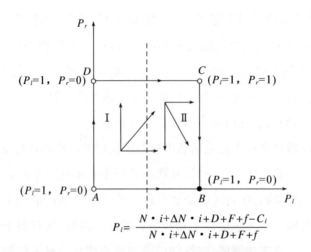

$$P_l = \frac{N \cdot i + \Delta N \cdot i + D + F + f - C_l}{N \cdot i + \Delta N \cdot i + D + F + f}$$

图3 $f > \Delta R - (C_s - C_l)$ 时的复制动态相位图

注:由表2可知,B 点是稳定点,A 点是不稳定点,C 点和 D 点是鞍点;当 $0 \leqslant P_r \leqslant 1$ 时,直线 $P_l = \dfrac{N \cdot i + \Delta N \cdot i + D + F + f - C_l}{N \cdot i + \Delta N \cdot i + D + F + f}$ 所对应的点均处于不稳定状态,故直线 $P_l = \dfrac{N \cdot i + \Delta N \cdot i + D + F + f - C_l}{N \cdot i + \Delta N \cdot i + D + F + f}$ 为虚线。

弈策略落在区域 II 内稳定点 B 以外的点,由于在区域 II 内稳定点 B 以外的点均处于不稳定状态,博弈双方的博弈策略将动态演化并最终收敛于稳定点 B 对应的演化博弈策略($P_l=1,P_r=0$),所有互联网借贷平台都建立信息审核制度,所有监管部门都实施宽松监管。

可以认为,在监管部门对不建立信息审核制度的互联网借贷平台所处罚金大于互联网借贷平台不建立信息审核制度获得的超额收益与支付的超额成本之差,即 $f > \Delta R - (C_s - C_l)$ 时,博弈双方的博弈策略最终都会收敛于 B 点对应的演化稳定策略($P_l=1,P_r=0$),所有互联网借贷平台都建立信息审核制度,所有监管部门都实施宽松监管。

四、结论与建议

本文构建互联网借贷平台与监管部门的演化动态博弈模型,并通过对博弈双方的演化稳定策略及复制动态相位图所做的分析,深入研究了互联网借贷平台的信息审核与政府监管问题,其主要结论如下。

（1）当监管部门对不建立信息审核制度的互联网借贷平台所处罚金小于互联网借贷平台不建立信息审核制度获得的超额收益与支付的超额成本之差时,互联网借贷平台与监管部门的演化动态博弈的演化稳定策略为:一是所有互联网借贷平台都不建立信息审核制度,所有监管部门都实施严格监管;二是所有互联网借贷平台都建立信息审核制度,所有监管部门都实施宽松监管。

（2）当监管部门对不建立信息审核制度的互联网借贷平台所处罚金大于互联网借贷平台不建立信息审核制度获得的超额收益与支付的超额成本之差时,互联网借贷平台与监管部门的演化动态博弈的演化稳定策略为:所有互联网借贷平台都建立信息审核制度,所有监管部门都实施宽松监管。

（3）进一步分析表明,当监管部门对不建立信息审核制度互联网借贷平台所处罚金小于互联网借贷平台不建立信息审核制度获得的超额收益与支付的超额成本之差时,互联网借贷平台不建立信息审核制度所获得的超额收益越低、互联网借贷平台建立信息审核制度的成本越低、互联网借贷平台向贷款人承诺的平均投资收益率越低,越有利于促使互联网借贷平台建立信息审核制度。而此时,监管部门通过增加对不建立信息审核制度的互联网借贷平台所处罚金不一定是促使互联网借贷平台建立信息审核制度的有效手段。

在互联网借贷平台是否建立信息审核制度与监管部门是否实施严格监管的演化动态博弈过程中,中国的互联网借贷平台和监管部门需要寻找符合基本国情的,且有利于促使互联网借贷平台健康发展的演化稳定策略。目前,在互联网借贷平台为追逐利润而不愿意建立信息审核制度且互联网借贷平台监管机制尚不健全的背景下,为有效防范互联网借贷风险,监管部门应对互联网借贷平台实施严格监管,加强监管力度和监管频率,坚决整治互联网借贷平台的违法乱纪行为。随着互联网借贷平台的行为趋于规范,监管部门则可以通过降低互联网借贷平台建立信息审核制度的成本、减少不建立信息审核制度给互联网借贷平台带来的超额收益,以及降低互联网借贷平台向贷款人承诺的平均投资收益率等方式,促使互联网借贷平台建立信息审核制度。在互联网借贷平台的行为趋于规范后,政府监管可以逐步放宽,让市场竞争规律更多地影响互联网借贷平台是否建立信息审核制度的决策,进而实现互联网借贷平台的健康发展。

主要参考文献

[1] FREEDMAN S, JIN G Z. Do Socai Network Solve Information Problems for Peer-to-Peer Lending? Evidence from Prosper. com [ED], http://www. NETinst. org, November 2008: 1 – 38.

[2] IYER R, KHWAJA A J, ERZO F P, et al. Screening Peers Softly: Inferring the Quality of Small Borrowers[R]. NBER Working Paper NO. 15242, 2009.

[3] HERZENSTEIN M, SONENSHEIN S, DHOLAKIA U M. Tell Me a Good Story and I May Lend You Money: The Role of Narratives in Peer-to-Peer Lending Decisions[J]. Journal of Markting Research. 2011(8): 138 – 149.

[4] JEREMY M. Do Unverifiable Discloures Matter? Evidence from Peer-to-Peer Lending [J]. The Accounting Review. 2012(4): 1385 – 1413.

[5] GE R, FENG J, GU B, et al. Predicting and Deterring Default with Social Media Information in Peer-to-Peer Lending[J]. Journal of Management Information Systems, 2017, 34(2): 401 – 424.

[6] 李焰,高弋君,李珍妮,等. 借款人描述性信息对投资人决策的影响——基于 P2P 网络借贷平台的分析[J]. 经济研究,2014(增1):143 – 155.

[7] 王会娟,廖理. 中国 P2P 网络借贷平台信用认证机制研究——来自"人人贷"的经验证据[J]. 中国工业经济,2014(4):136 – 147.

[8] 王会娟,何琳. 借款描述对 P2P 网络借贷行为影响的实证研究[J]. 金融经济学研究,

2015(1):77 - 85.

[9] 吴庆田,卢香,潘彬.P2P 网贷平台出借人投资决策的影响因素及其监管要点——基于借款人信息视角[J].中南大学学报(社会科学版),2016(4):107 - 115.

[10] 叶德珠,陈霄.标点与字数会影响网络借贷吗? ——来自人人贷的经验数据[J].财贸经济,2017(5):65 - 79.

[11] 福建南平银监分局课题组.P2P 网络借贷监管的效益与路径——基于演化动态博弈论视角的研究[J].金融监管研究,2014(7):23 - 39.

[12] 俞林,康灿华,王龙.互联网金融监管博弈研究:以 P2P 网贷模式为例[J].南开经济研究,2015(5):126 - 139.

[13] 夏爽,郭进利.基于纯平台模式的 P2P 网络借贷行为博弈分析[J],技术与创新管理,2016(6):673 - 677.

[14] 乔根·W.威布尔.演化动态博弈论[M].王永钦,译.上海:上海人民出版社,1987.

[15] MAYNARD S J. The Theory of Games and the Evolution of Animal Conflict [J]. Journal of Theory Biology, 1974, (47).

[16] MAYNARD S J, PRICE G R. The Logic of Animal Conflicts[J]. Nature, 1974 (246): 15 - 18.

[17] FRIEDMAN D. On economic applications of evolutionary game theory[J]. Journal of Evolutionary Economics. 1998(8): 15 - 43.

(与朱桂宾合作,重大项目结题报告《互联网金融发展研究——基于中国的实践与理论探索》2021 年 2 月)

网络借贷行业的顺周期性及其逆周期监管

摘要：本文构建 TVP - VAR 模型，选取 2014 年 1 月至 2019 年 3 月的样本数据，对网络借贷行业的顺周期性进行实证检验，发现网络借贷行业的业务规模呈现显著顺周期性且具有时变性特征。为防范网络借贷行业顺周期性所引发的系统性金融风险，本文还以逆周期监管为理论视角，从宏观审慎与微观审慎的结合、行业监管体系的构建、逆周期监管目标的确定、逆周期监管工具的选择、监管科技的应用等方面提出了对网络借贷行业实施逆周期监管的建议。

关键词：网络借贷；顺周期性；逆周期监管

一、引　言

基于行业内所有金融机构是稳健的，则整个金融系统也是稳健的假设，各国金融监管部门在很长时期只注重对单个金融机构的监管。但由于金融市场存在"合成谬误""羊群效应"及市场参与主体的有限理性，单个金融机构的风险很可能通过风险传导机制引发系统性金融风险。因此，2008 年国际金融危机爆发后，各国金融监管部门在微观审慎监管的基础上引入了宏观审慎监管框架，以防范系统性金融风险。逆周期监管被公认为宏观审慎监管的核心，即利用逆周期监管工具，对金融系统实施逆经济波动方向的调节，以缓释金融系统存在的顺周期性，从而熨平经济波动对金融风险的放大效应。

互联网金融有利于提升市场配置金融资源的效率，特别是网络借贷能够较好地满足不同层面的融资需求。但由于互联网金融的发展在总体上还处于探索阶段,网络借贷行业的监管体制尚不健全,中国网络借贷行业的业务拓展呈现较强的逐利性和盲目性。因此,在宏观经济上行期,网络借贷平台为追逐利润而盲目扩大资金借贷业务,放款者[①]也会顺势增加投资,网络借贷行业的业务规模迅速扩张;在宏观经济下行期,网络借贷平台为规避风险而减少资金借贷业务,再加上网络借贷行业违约借款者的增加,网络借贷行业的业务规模也随之缩小。网络借贷行业的这种顺周期性会加大网络借贷市场的行情波动和金融风险,因此有必要高度关注网络借贷行业的顺周期性,并且实施必要的逆周期监管,进而防范网络借贷行业顺周期性引发的系统性金融风险。

二、文献回顾

进入 21 世纪,学术界和实务部门就开始关注金融行业的顺周期性。Borio(2001)通过对 OECD 国家的样本研究发现,商业银行的资产和信贷在经济上行时期快速增加,在经济下行时期明显下降。Bikker & Haixia(2002)对 26 个国家 1979—1999 年的样本数据做了实证检验,发现在经济上行时期,商业银行获得资本的能力和贷款规模都在增加;在经济下行时期则相反。Bikker & Metzenmakers(2005)对 29 个国家 8 000 家商业银行 1991—2001 年的数据进行分析,他们认为在经济下行期商业银行提取的贷款损失准备金快速增加,这会导致商业银行的放贷减少,进而使商业银行的业务规模呈现顺周期性。Laudau(2009)将金融行业的顺周期性定义为金融变量在经济周期中围绕一个趋势波动的倾向,顺周期性增加意味着幅度更大的波动。

国内学者对金融行业的顺周期性也做了不少研究。陆晓明(2009)认为,评价信贷业务周期性的主要维度包括:贷款增量、贷款利率、贷款发放标准、资本金以及损失准备金。冯科等(2010)利用 VEC 模型及互谱分析,发现中国

---

① 放款者是指网络借贷平台上的资金供给者。借款者是指网络借贷平台上的资金需求者。

商业银行的信贷规模存在顺周期性。金雯雯和杜亚斌（2013）构建 TVP –
VAR 模型对 2000—2012 年中国商业银行信贷的顺周期性进行实证检验，发
现中长期贷款的顺周期效应大于短期贷款的顺周期效应。张琳和廉永辉
（2015）对中国 16 家国有股份制商业银行和 60 家城市商业银行 2004—2012
年的非平衡面板数据进行资本缓冲的顺周期性检验，其结论是城市商业银行
的资本缓冲具有顺周期性，而国有股份制商业银行的资本缓冲具有逆周期性。
方先明和权威（2017）对中国信贷型影子银行 2006 年 1 月至 2016 年 1 月的样
本数据进行实证检验，发现信贷型影子银行总体具有顺周期性，且其顺周期行
为具有时滞性。严宝玉（2018）从商业银行外汇资产负债的变动、资本和金融
项目的流动以及跨境收付结售汇意愿等方面检验中国跨境资金流动的顺周期
性，认为中国资本和金融项目随着宏观经济变化会发生明显的顺周期变化，且
市场主体收付结汇行为与宏观经济变化呈现出趋同调整特征。隋建利和龚凯
林（2018）的研究表明，新兴市场国家的信贷顺周期性普遍较弱，信贷与经济周
期的协同性程度较低，这些国家的整体信贷呈现出阶段性的顺周期或逆周期
特征，且两者间的异步性随时间推移有所增强。

　　随着对金融行业顺周期性研究的不断深入，对金融系统实施逆周期监管
为核心的宏观审慎监管也得到了学术界和实务部门的高度关注。Gordy &
Howells（2006）通过对美国 20 家商业银行 2 000 笔贷款组合进行模拟跟踪，
发现 Basel II 的最低资本监管要求具有明显的顺周期性。他们还构建了逆周
期资本缓释模型，以缓冲资本监管的顺周期性。Nier, et al. （2011）认为，为及
时和有效地利用宏观审慎政策工具，应建立有效的信息分享机制，同时要将宏
观审慎任务分配给能够实现监管目标的部门或决策委员会。Nicolò, et al.
（2012）讨论了资本要求、流动性要求、对经营活动的限制，以及税收等宏观审
慎政策工具的作用，他们认为资本附加费可以在宏观审慎监管中发挥重要作
用。Cesaroni（2015）对意大利非金融公司 2006—2012 年的违约概率进行分
析，指出利用事后平滑违约概率（probability default, PD）对非金融公司的信
用情况进行评估，能够缓释经济周期对其违约评估结果的影响。Ghilardi &

Peiris(2016)构建开放经济 DSGE 模型,评估对资本流动、宏观金融和新兴市场实施宏观审慎监管政策的效果,发现逆周期的宏观审慎监管政策有助于减少宏观经济波动和增加社会福利。Lastra(2016)指出,影子银行、金融市场基础设施、市场参与者和金融工具都会对国内和跨国金融稳定构成严重的系统性威胁,因此宏观审慎政策应将整个金融系统包含在内。Alrunbas, et al.(2018)通过研究 61 个国家商业银行的风险状况,发现宏观审慎监管工具对商业银行的系统风险有重大影响,且商业银行对宏观审慎监管工具变化的反应受银行资产负债表的影响而各不相同,资产规模小、批发性贷款比例小的商业银行对宏观审慎监管工具变化的反应更强烈。Richter et al. (2018)实证检验了最大贷款价值比率(Loan-to-value,LTV)对产出和通货膨胀的影响,发现收紧贷款价值比率比放松贷款价值比率具有更大的经济效应。Agénor et al.(2018)通过对 64 个国家 1990—2014 年的面板数据进行分析,发现防范系统性风险的宏观审慎监管有利于促进经济稳健增长。

国内学者李文泓(2009)对宏观审慎监管框架下的逆周期监管政策进行了探讨,建议引入诸如逆周期资本要求、杠杆率指标和前瞻性拨备计提规则等逆周期监管政策工具,并通过建立逆周期调控机制,防范系统性金融风险。彭建刚等(2010)分析了 Gordy et al. 和 Repullo et al. 提出的资本缓释机制的不足,提出新的缓释乘数,并通过实证检验发现新的缓释乘数更能有效地解决巴塞尔新资本协议的顺周期效应。邹传伟(2013)认为,BaselIII 逆周期资本缓冲在应对资产价格驱动的信贷顺周期性方面的效果有限,他提出应发挥货币政策的逆周期调控功能,并且与逆周期资本监管相协调,缓解信贷的顺周期性。陈守东和张丁育(2016)利用 LT - TVP - VAR 模型对 2005—2015 年逆周期资本监管对金融稳定的作用进行实证检验,其结论是,在样本期时变监管资本对金融稳定的影响总体上是负面的,但在实施逆周期资本监管后该负面影响有所减弱,说明逆周期资本监管有助于实现金融稳定。胡继晔和李依依(2018)认为,以社会融资规模/GDP 指标及其季度移动平均值作为逆周期资本缓冲的挂钩指标,可以细化逆周期资本计提具体标准,能够较好地预测金融体系的脆弱期,并且抑制信贷的过度扩张。本文在借鉴国内外相关文献的基础上,针对现有研究的不足或空白,特别是结合中国互联网金融发展的实践,通过构建 TVP - VAR 模型和选取 2014 年 1 月至 2018 年 9 月的样本数据,深入研究中国网络借贷行业的顺周期性及其逆周期监管,目的是丰富相关领域的研究成果,并为中国网络借贷行业健康发展提供理论指引和决策依据。

三、网络借贷行业顺周期性的实证检验

在实践中,网络借贷行业的顺周期性主要表现为:资金来源的顺周期性、资金需求的顺周期性以及信息供给的顺周期性,而无论是资金来源、资金需求还是信息供给,最终都会反映在网络借贷行业的业务规模变化。因此,本文选择网络借贷行业业务规模作为反映网络借贷行业顺周期性的指标。本文所研究的网络借贷行业顺周期性是指网络借贷行业业务规模与经济增长的同向变动,即在经济上行期,网络借贷行业业务规模扩张;在经济下行时,网络借贷行业业务规模萎缩。在对网络借贷行业是否存在顺周期性进行实证检验过程中,本文以网络行业借贷余额增长率替代网络借贷行业业务规模变量,以国内生产总值增长率(GDP 增长率)替代经济增长变量。因为放款者风险关注度是影响网络借贷行业业务规模的重要因素,故本文采用网络借贷行业放款者风险关注度作为实证检验模型的外生控制变量。

(一)样本选择与数据处理

网络借贷行业的统计数据从 2014 年 1 月开始由第三方机构发布,因此确定实证检验样本区间为 2014 年 1 月至 2019 年 3 月,数据频率为月度。网络借贷行业借贷余额数据来源于网贷之家的统计数据。GDP 数据来源于国家统计局网站,由于缺乏 GDP 的月度数据,为此本文采用统计分析软件 Eviews 的二次匹配平均方法将季度数据转换成月度数据。借鉴曾建光(2015)利用"余额宝被盗"的百度搜索指数,衡量互联网金融平台上放款者网络安全感知

的方法,本文以"P2P 跑路"的百度搜索指数的月度平均值衡量网络借贷行业放款者风险关注度①。百度搜索指数的数据来源于百度指数网站。

本文以 2014 年 1 月通货膨胀率(CPI)为基准,对 GDP、网络借贷行业借贷余额利用定基 CPI 进行价格调整,以消除物价因素对各变量数值的影响。因为百度搜索指数不受物价因素的影响,因此无需对放款者风险关注度作数值调整处理。在做定基调整后,为了消除变量中包含的季节性因素,利用 CensusX‑12 方法对所有变量进行季节性调整,然后本文对季节性调整后的 GDP、网络借贷行业借贷余额数据,以及衡量放款者风险关注度的百度搜索指数进行对数差分处理,可得到各个变量的环比增长率。故本文中所指 GDP 增长率、网络借贷行业借贷余额增长率及放款者风险关注度增长率均指其环比增长率。

(二)TVP‑VAR 模型构建与参数估计方法

为深入分析网络借贷行业的顺周期性,特别是检验 GDP 增长率对网络借贷行业顺周期性影响的时变性,本文构建 TVP‑VAR 模型,选取 2014 年 1 月至 2019 年 3 月 GDP 增长率、网络借贷行业借贷余额增长率,以及放款者风险关注度增长率的样本数据,对网络借贷行业顺周期性进行实证检验。

1. TVP‑VAR 模型构建

TVP‑VAR 模型将所有变量纳入同一个系统中,不区分变量的内生和外生性,且允许系数矩阵和协方差矩阵具有时变性。这有利于捕捉各变量之间非线性结构的变化,也可避免传统模型设定上的先验错误。本文基于 GDP 增长率、网络借贷行业借贷余额增长率、放款者风险关注度增长率等观测变量构建 TVP‑VAR 模型,并以此实证检验中国网络借贷行业的顺周期性。

TVP‑VAR 模型源于结构 VAR 模型,结构 VAR 模型的表达式为:

$$Ay_t = F_1 y_{t-1} + F_2 y_{t-2} + \cdots F_s y_{t-s} + u_t, \quad t = s+1, \cdots, n \tag{1}$$

---

① 百度搜索指数的月度平均值越高,反映放款者对网络借贷行业的风险关注度越高。

　　式(1)中，y_t 表示由观测变量构成的 3×1 维向量，$E,F_1,F_2 \cdots F_s$ 表示待估计的 3×3 维系数矩阵，用于反映观测变量的滞后项对当前项的影响，s 表示滞后期数；扰动项 u_t 表示给予式(14)的结构性冲击，假设 u_t 服从正态分布，即 $u_t \sim N(0,\sum\sum)$，其中 $\sum$ 表示结构性冲击的标准差矩阵，则有：

$$\sum = \begin{pmatrix} \sigma_1 & 0 & 0 \\ 0 & \sigma_2 & 0 \\ 0 & 0 & \sigma_3 \end{pmatrix} \tag{2}$$

　　假设 A 为下三角矩阵：

$$A = \begin{pmatrix} 1 & 0 & 0 \\ a_{21} & 1 & 0 \\ a_{31} & a_{32} & 1 \end{pmatrix} \tag{3}$$

　　因此，式(1)可以简化为：

$$y_t = B_1 y_{t-1} + B_2 y_{t-2} + \cdots B_s y_{t-s} + A^{-1}\varepsilon_t, \quad \varepsilon_t \sim N(0,I_3) \tag{4}$$

　　式(4)中，$B_i = A^{-1}F_i, i = 1,2\cdots s$。将所有 B_i 中的行向量进行堆叠，形成一个 $9s \times 1$ 维的新矩阵 β，并定义 $X_t = I_3 \otimes (y'_{t-1}, \cdots, y'_{t-s})$，其中 $\otimes$ 代表克罗内克积，从而可以将式(4)进一步简化为：

$$y_t = X_t\beta + A^{-1}\sum\varepsilon_t \tag{5}$$

　　式(5)中，参数 β、A、$\sum$ 都不随时间推移而变化，这是结构 VAR 模型的典型表达式。结构 VAR 模型为检验网络借贷行业顺周期性提供了一个可行的分析框架，但在不同阶段，GDP 增长率变化对网络借贷行业借贷余额增长率的影响存在较大的差异。因此，结构 VAR 模型不能有效地捕捉各变量之间非线性结构的变化。而 TVP-VAR 模型假设参数 β、A、$\sum$ 都是随时间推移而变化的，这就可以克服结构 VAR 模型的缺陷。因此，为研究网络借贷行业的顺周期性及其时变性影响，本文将式(5)中参数 β、E、$\sum$ 都加入时变特

征,得到检验网络借贷行业顺周期性的 TVP – VAR 模型的表达式:

$$y_t = X_t\beta_t + A_t^{-1}\sum\nolimits_t \varepsilon_t, \quad t = s+1, \cdots n \tag{6}$$

式(6)中,y_t 表示由观测变量 GDP 增长率、网络借贷行业借贷余额增长率、放款者风险关注度增长率构成的 3×1 维向量;β_t 刻画的是 GDP 增长率、网络借贷行业借贷余额增长率和放款者风险关注度增长率滞后项对当前项的非线性影响。假定式(6)中所有参数服从随机游走过程,则有:

$$\beta_{t+1} = \beta_t + u_{\beta t}, \ a_{t+1} = a_t + u_{at}, \ h_{t+1} = h_t + u_{ht}, \begin{pmatrix} \varepsilon_t \\ \mu_{\beta t} \\ \mu_{at} \\ \mu_{ht} \end{pmatrix} \sim N\left(0, \begin{pmatrix} I & 0 & 0 & 0 \\ 0 & \sum_{\beta} & 0 & 0 \\ 0 & 0 & \sum_a & 0 \\ 0 & 0 & 0 & \sum_h \end{pmatrix}\right)$$

$$\tag{7}$$

式(7)中,$t = s+1, \cdots, n, h_t = (h_{1t}, h_{2t}, h_{3t})'$,其中:$h_{jt} = \log\sigma_{jt}^2, j = 1, 2, 3, \beta_{s+1} \sim N(u_{\beta 0}, \sum_{\beta 0}), \ a_{s+1} \sim N(u_{a0}, \sum_{a0}), h_{s+1} \sim N(u_{h0}, \sum_{h0})$,即时变参数之间的新息冲击是不相关的,并且 $\sum_{\beta}, \sum_a, \sum_h$ 为对角矩阵。

2. 参数估计方法

Nakajima(2011)的研究表明,利用马尔科夫链蒙特卡洛(MCMC)算法对式(6)参数进行估计,可以解决随机波动性冲击带来的似然函数参数难以有效估计的问题,并使模型参数估计更加精确。因此,本文利用 MCMC 算法对式(6)中的参数进行估计。首先令 $y = \{y_t\}_{t=1}^n, \omega = (\sum_{\beta}, \sum_a, \sum_h)$,假定 $\pi(\omega)$ 表示 ω 的先验概率。

利用 MCMC 算法对式(6)中参数进行估计的步骤如下:

(1) 对 β, a, h, ω 进行初始化;

(2) 在给定 $a, h, \sum_{\beta}, y$ 条件下,按照后验条件分布对 β 进行抽样;

(3) 在给定 β 条件下,对 $\sum_{\beta}$ 进行抽样;

（4）在给定 $\beta, h, \sum_a, y$ 的条件下，按照后验条件分布对 a 进行抽样；

（5）在给定 a 的条件下，对 $\sum_a$ 进行抽样；

（6）在给定 $\beta, a, \sum_h, y$ 的条件下，按照后验条件分布对 h 进行抽样；

（7）在给定 h 的条件下，对 $\sum_h$ 进行抽样；

（8）返回步骤（2）。

（三）实证检验及其结果

本文利用式（6）并采用 MCMC 算法，借助 OxMetrics6.0 软件对网络借贷行业顺周期性进行实证检验。

1. 变量序列的平稳性检验

为避免对式（6）中参数进行估计时出现伪回归问题，本利用 Eviews 软件对 GDP 增长率、网络借贷行业借贷余额增长率和放款者风险关注度增长率这 3 个变量的时间序列进行平稳性检验，其结果见表 1。

表 1　研究变量的平稳性检验结果

变量名称	检验形式 (c, t, n)	T 检验值	1% 临界值	P 值
GDP 增长率	$(c, 0, 1)$	$-9.779\,115$	$-3.544\,063$	$0.000\,0$
网络借贷行业借贷余额增长率	$(c, 1, 1)$	$-6.348\,549$	$-4.1156\,84$	$0.000\,0$
放款者风险关注度增长率	$(c, 0, 0)$	$-6.317\,193$	$-3.542\,097$	$0.000\,0$

注：(c, t, n) 中 c 表示含有常数项；$t=0$ 表示不含趋势项，$t=1$ 表示含有趋势项；$n=0$ 表示不含滞后阶数，$n=1$ 表示滞后阶数为 1。

由表 1 可知，GDP 增长率、网络借贷行业借贷余额增长率和放款者风险关注度增长率这 3 个变量的时间序列在 1% 置信水平下均表现显著，说明 GDP 增长率、网络借贷行业借贷余额增长率和放款者风险关注度增长率这 3

个变量的时间序列均为平稳时间序列。

2. 参数设定和模型适用性检验

本文利用 GDP 增长率、网络借贷行业借贷余额增长率和放款者风险关注度增长率等 3 个变量构建 TVP - VAR 模型,即式(6)。Nakajima(2011)在研究 TVP - VAR 模型时提出,对于模型参数的先验分布,可进行人为假定,如将参数的先验分布假定为:

$$\mu_{\beta 0} = \mu_{a0} = \mu_{h0} = 0, \sum\nolimits_{\beta 0} = \sum\nolimits_{a0} = \sum\nolimits_{h0} = 10 \times I,$$

$$(\sum\nolimits_{\beta})_i^{-2} \sim Gamma(40, 0.02), (\sum\nolimits_{a})_i^{-2} \sim Gamma(4, 0.02),$$

$$(\sum\nolimits_{h})_i^{-2} \sim Gamma(4, 0.02)。$$

本文利用 AIC 准则对式(6)的最优滞后阶数进行判断,确定式(6)的最优滞后阶数为 3 阶;再利用 MCMC 算法对式(6)进行 10 000 次模拟,可得样本自回归系数和样本路径,见图 1。

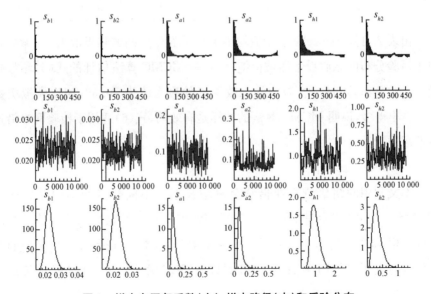

图 1 样本自回归系数(上)、样本路径(中)和后验分布

图 1(上)显示,抽样样本数据的自相关系数稳定下降,且在 0 值附近波动,说明抽样样本之间不存在相关性。图 1(中)显示,样本路径表现稳定,表明抽样样本数据具有平稳性,得到了不相关的有效样本。

利用 MCMC 算法可得到式(6)中参数的估计结果,见表 2。

表 2　参数估计结果

参数	均值	标准差	95%置信区间	Geweke 诊断值	无效因子
$(\Sigma_\beta)_1$	0.022 8	0.002 6	(0.018 4, 0.028 6)	0.190	2.93
$(\Sigma_\beta)_2$	0.022 2	0.002 4	(0.018 1, 0.027 6)	0.954	3.60
$(\Sigma_a)_1$	0.084 9	0.035 3	(0.042 3, 0.163 2)	0.455	35.65
$(\Sigma_a)_2$	0.088 3	0.044 7	(0.042 7, 0.209 4)	0.022	55.93
$(\Sigma_h)_1$	0.987 4	0.233 0	(0.631 0, 1.519 3)	0.020	76.59
$(\Sigma_h)_2$	0.328 9	0.142 1	(0.125 0, 0.668 5)	0.139	41.60

由表 2 可知,Geweke 诊断值均小于 95%置信区间的临界值 1.96,参数收敛于后验分布的原假设不能被拒绝,也就是 MCMC 算法估计的式(6)参数收敛于后验分布;同时,式(6)中的无效因子的最大值为 76.59,相比模拟次数 10 000 小得多,说明 MCMC 算法的抽样是有效的,式(6)适用于检验网络借贷行业顺周期性。

3. 脉冲响应分析

本文利用网络借贷行业借贷余额增长率在不同时点和不同滞后期对 GDP 增长率冲击的脉冲响应图来分析网络借贷行业的顺周期性及其时变性特征。根据样本期间内 GDP 增长率的变化趋势,本文选择 GDP 增长率的两个低谷时点 2015 年 1 月、2017 年 1 月以及 GDP 增长率的一个波峰时点 2015 年 4 月进行脉冲响应分析,见图 2。

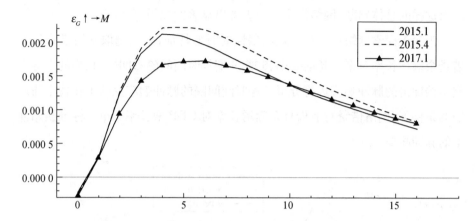

图 2　网络借贷行业借贷余额增长率对 GDP 增长率初始冲击时点脉冲响应

注:图 2 中 G 表示 GDP 增长率,M 表示网络借贷行业借贷余额增长率,纵坐标表示网络借贷行业借贷余额增长率对 GDP 增长率 1 单位标准差初始冲击的脉冲响应值,横坐标表示脉冲响应的滞后期。

图 2 显示,网络借贷行业借贷余额增长率对 GDP 增长率初始冲击的脉冲响应函数的走势基本相同,在冲击的零时刻,网络借贷行业借贷余额增长率对 GDP 增长率初始冲击的脉冲响应值为负,随后迅速转为正值,且随时间推移呈现先增加后减小的趋势。在时点 2015 年 4 月,网络借贷行业借贷余额增长率对 GDP 增长率初始冲击的脉冲响应最大。在该时点网络借贷行业借贷余额增长率对 GDP 增长率冲击的脉冲响应在滞后 4 期达到最大值 0.002 2,随后呈现下降趋势;在时点 2015 年 1 月,网络借贷行业借贷余额增长率对 GDP 增长率冲击的脉冲响应在滞后 4 期达到最大值为 0.002 1,随后呈现下降趋势;在时点 2017 年 1 月网络借贷行业借贷余额增长率对 GDP 增长率初始冲击的脉冲响应值在滞后 5 期达到最大值 0.001 7,在滞后 6 期的脉冲响应值与滞后 5 期相同,随后下降。

从图 2 可以看出,在三个代表性时点,除了 0 时刻网络借贷行业借贷余额增长率对 GDP 增长率初始冲击的脉冲响应值为负外,其他滞后期网络借贷行业借贷余额增长率对 GDP 增长率初始冲击的脉冲响应值均为正。因此可以做出这样的总体判断,网络借贷行业表现出显著的顺周期性。

　　为深入探索网络借贷行业顺周期性的时变特征,本文选取网络借贷行业借贷余额增长率对来自超前 3 期、6 期、9 期等时间间隔 GDP 增长率的 1 标准差初始冲击的脉冲响应进行分析。等时间间隔的脉冲响应反映了在特定滞后期的条件下,网络借贷行业借贷余额增长率对 GDP 增长率 1 单位标准初始冲击的脉冲响应,见图 3。

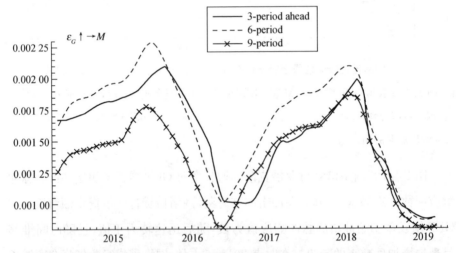

图 3　网络借贷行业借贷余额增长率对 GDP 增长率冲击的等时间间隔脉冲响应

注:图 3 中 G 表示 GDP 增长率,M 表示网络借贷行业借贷余额增长率,纵坐标表示网络借贷行业借贷余额增长率对 GDP 增长率冲击的脉冲响应值,横坐标表示年月。

　　图 3 显示,网络借贷行业借贷余额增长率对来自超前 3 期 GDP 增长率 1 单位标准差初始冲击的脉冲响应在 2015 年 8 月份之前缓慢上升,并在 2015 年 8 月份达到最大值 0.002,在 2015 年 8 月份至 2016 年 10 月份之间快速下降,在 2016 年 10 月份至 2018 年 2 月份经历波动上升,又出现下降;网络借贷行业借贷余额增长率对来自超前 6 期 GDP 增长率 1 单位标准差初始冲击的脉冲响应在 2015 年 6 月份之前缓慢上升,并在 2015 年 6 月份到达最大值 0.002 25,在 2015 年 6 月份至 2016 年 5 月份之间快速下降,在 2016 年 5 月份至 2018 年 1 月份经历波动上升,又快速下降;网络借贷行业借贷余额增长率

对来自超前 9 期 GDP 增长率 1 单位标准初始冲击的脉冲响应在 2015 年 5 月份之前缓慢上升,并在 2015 年 5 月份达到最大值 0.001 75,在 2015 年 5 月份至 2016 年 5 月份快速下降,在 2016 年 5 月份至 2018 年 1 月份经历波动上升,又快速下降。

从图 3 可以看出,网络借贷行业借贷余额增长率对来自超前 3 期、6 期、9 期 GDP 增长率 1 单位标准差初始冲击的脉冲响应值基本为正,走势大体相同,且呈现出波动性。这说明网络借贷具有明显的顺周期性,且这种顺周期性具有时变性特征。

因此,可以认为中国的网络借贷行业具有明显的顺周期性,而且经济增长对网络借贷行业顺周期性的影响具有时变性,这样的顺周期性在经济增长出现波动时会放大网络借贷行业的风险;同时,这种具有时变性特征的顺周期性还会使网络借贷行业的风险在经济增长波动的时点上突显和放大,容易引发系统性金融风险。为缓释网络借贷行业的顺周期性,熨平经济增长波动对网络借贷行业带来的风险放大效应,进而有效防范系统性金融风险,有必要对网络借贷行业实施逆周期监管。

四、网络借贷行业的逆周期监管建议

2016 年中国银监会、工信部、公安部和国家网信办联合颁布的《网络借贷信息中介机构业务活动管理暂行办法》,明确指出网络借贷平台是实现资金撮合的信息中介,不得提供增信服务,不具备从事信用中介的资质。因此,监管部门对网络借贷行业的监管没有资本充足率、拨备覆盖率、损失准备金以及杠杆率等方面的要求,决定了网络借贷行业逆周期监管与传统金融业逆周期监管应有所不同。针对本文实证检验所发现的中国网络借贷行业的顺周期性,为缓释顺周期性造成的风险累积和放大,进而有效防范系统性金融风险,本文提出网络借贷行业逆周期监管的建议主要是:

1. 坚持宏观审慎与微观审慎相结合

网络借贷行业的健康发展要求单个网络借贷平台的稳健运行,而网络借贷平台的稳健运行又离不开整个行业的健康发展。因此,实施网络借贷行业的逆周期监管,要加强宏观审慎监管与微观审慎监管的协调,逐步消除宏微观审慎监管的分歧。在宏观层面,要把网络借贷行业的宏观审慎监管纳入整个金融系统的宏观审慎监管范围,强化与货币政策和财政政策的配合,更要防止单个网络借贷平台的最优选择行为所导致整个行业风险累积和放大。在微观层面,要严格网络借贷平台的市场准入,从设立人资格、资本金规模、高管人员任职条件等方面加强监管,提升网络借贷平台的抗风险能力。但不论在宏观层面还是微观层面,都要加强网络借贷行业的合格放款者教育。在经济上行期,通过合格放款者教育,提升放款者的风险识别能力,帮助其纠正盲目乐观的行为偏差;在经济下行期,要加强对放款者的合理引导,帮助其树立正确的投资理念,并且提升风险防范意识。同时,监管部门还要对网络借贷行业合格放款者教育的有效性开展评估,系统考察放款者的风险识别能力和风险防范意识,进而对逆周期监管政策进行调整。

2. 构建统一和权责分明的监管体系

实施网络借贷行业逆周期监管,需要以权责分明的网络借贷行业监管体系为基础。由于网络借贷业务的开展在很大程度上突破了时空限制,而且其产生的风险具有强传染性,因此对网络借贷行业的逆周期监管需要从国家层面进行顶层设计,明确统一的监管主体,建立跨地区、跨部门的监管工作协调机制,并且还要实现不同地区和不同部门协同监管。同时,还要完善金融监管的法律法规,对需要地方金融监管部门配合逆周期监管的事项,应通过立法的方式授权地方金融监管部门,进而提高地方金融监管部门对网络借贷行业实施逆周期监管的合法性。

3. 制定清晰的逆周期监管目标

制定清晰明确的逆周期监管目标,有利于降低监管部门实施逆周期监管的外部压力,提升监管工作的有效性。网络借贷行业的逆周期监管目标,主要是缓释网络借贷行业顺周期性导致的风险累积和放大。因此,在经济上行期,要对网络借贷行业实施严格监管,防止行业业务规模的盲目扩张;在经济下行期,逆周期监管目标要体现对行业风险的容忍度,进而熨平经济增长波动对网络借贷行业风险的放大效用,维护金融系统的稳定性。

4. 合理选择逆周期监管工具

网络借贷平台是资金撮合的信息中介,不具备信用中介功能,因此针对传统金融机构逆周期性的资本要求、拨备要求、存贷比要求等逆周期监管工具不适用于网络借贷行业的逆周期监管。网络借贷行业的逆周期监管要选择符合自身业务特点的逆周期监管工具,如在考量业务规模与风险覆盖的前提下,以网络借贷平台的净资本为基础,结合经济增长的变化构建动态的杠杆率监管工具,进而对网络借贷行业的业务规模进行有效调控,防止在经济上行期网络借贷行业业务规模的过度扩张,在经济下行期网络借贷行业业务规模的急剧萎缩。

5. 提升监管科技应用水平

监管科技是指监管部门综合运用大数据、云计算、区块链、人工智能等科技手段开展金融系统的数据分析、风险识别与预测、查找分析监管中存在的问题,开展实时化、智能化、自动化监管,提升监管工作的质量和效率。实施网络借贷行业的逆周期监管,需要提升监管科技应用水平。首先,要加强监管部门与人民银行、统计部门、财政部门和税务部门之间的信息交流,打破部门之间的"信息孤岛",利用大数据、云计算等技术对各部门的信息进行综合分析,进而判断宏观经济运行情况,为逆周期监管政策的制定提供依据;其次,要实现监管部门与网络借贷平台的系统对接,实时获取网络借贷平台的数据,利用大数据、云计算、人工智能等技术建立网络借贷平台的风险画像,为监管部门实施逆周期监管提供风险监测预警,提升逆周期监管的针对性;最后,还可以利用区块链技术具有的透明性、不可篡改特点,针对网络借贷业务开展的关键环节设置控制点,形成可追溯机制,进而实现对网络借贷行业的穿透式监管。

主要参考文献

［1］ BORID C FURFING G, LOWE P. Procycliacality of the financial system and financial stability: issue and policy options［R］. BIS Working Paper, 2001(1): 1 - 57.

［2］ BIKKER J A, HU H X. Cycliacal patterns in profits, provisioning and lending of banks and procycliacality of the new Basel capital requirements［J］. BNL Quarterly review, 2002(221): 1 - 21.

［3］ BIKKER J A, METZENMAKERS P A J. Bank provisioning behaviour and procyclicality［J］. Journal of International Financila Markets, Institution and Money, 2005, 15(2): 141 - 157.

［4］ LAUDAU J P. Procycliacality: what it means and what could be done［R］. Bank of Spain's conference on Procyclicality and the Role if Financial Regulation, 2009.

［5］ 陆晓明. 银行住房贷款逆向周期发展模式探讨［J］. 国际金融研究, 2009(4): 40 - 47.

［6］ 冯科, 刘静平, 何理, 等. 中国商业银行顺周期行为及逆周期资本监管研究［J］. 经济与管理研究, 2012(10): 91 - 96.

［7］ 金雯雯, 杜亚斌. 中国信贷是持续顺周期吗？——基于期限结构视角的时变参数研究［J］. 当代经济科, 2013(5): 12 - 19.

［8］ 张琳, 廉永辉. 中国商业银行资本缓冲周期性研究——基于银行资本补充能力的视角［J］. 管理世界, 2015(5): 42 - 53.

［9］ 方先明, 权威. 信贷型影子银行顺周期行为检验［J］. 金融研究, 2017(6): 64 - 80.

［10］ 严宝玉. 中国跨境资金流动的顺周期性、预警指标和逆周期管理［J］. 金融研究, 2018(6): 22 - 39.

［11］ 隋建利, 龚凯林. 新兴市场国家存在信贷顺周期还是逆周期？——结构转变视阈下的阶段性识别与协同性测度［J］. 经济管理, 2018(9): 18 - 40.

［12］ GORDY M B, HOWELLS B. Procyclicality in Basel II: Can we treat the disease without killing the patien［J］. Journal of Financial Intermediation, 2006, 15(3): 395 - 417.

［13］ NIER E W, OSINSKI J, JACOME L I, et al. Institutional Models for Macroprudential Policy［R］. IMF Working Paper, 2011(1): 1 - 25.

[14] NICOLO G D, FAVARA G, RATNOVSKI L. Externalities and Macroprudential Policy[R]. IMF Working Paper, 2012.

[15] CESARON T. Procyclicality of credit rating system: how to manage it[J]. Journal of Economics and Business, 2015(82): 62 - 83.

[16] GHILARD M F, PEIRIS S J. Capital Flows, Financial Intermediation, and Macroprudential Policies[J]. Open Economic Reviews, 2016(27): 721 - 746.

[17] LASTRA R M. System Risk and Macroprufential supervision[EB/OL]. http://qmro. qmul. ac. uk/xmlui/handle/123456789/11497.

[18] YENE A, BINICI M, GAMBACORTA L. Macroprudential policy and bank risk[J]. Journal of International Money and Finance, 2018(81): 203 - 220.

[19] RICHTER B, SCHUIARICK M, SHIM I. The macroeconomic effects of macroprudential policy[R]. BIS Working Papers, 2018(740): 1 - 45.

[20] AGENOR P R, GAMBACORTA L, KHARROUBI E, et al. Pereira da Silva: The effects of prudential regulation, financial development and financial openness on economic growth[R]. BIS Working Papers, 2018(752): 1 - 41.

[21] 李文泓. 关于宏观审慎监管框架下逆周期政策的探讨[J]. 金融研究, 2009(7):7 - 24.

[22] 彭建刚,钟海,李关政,等. 对巴塞尔新资本协议亲周期效应缓释机制的改进[J]. 金融研究, 2010(9):183 - 197.

[23] 邹传伟. 对 Base Ⅲ逆周期资本缓冲效果的实证分析[J]. 金融研究, 2013(5):60 - 72.

[24] 陈守东,张丁育. 逆周期资本监管与金融稳定[J]. 吉林大学社会科学, 2016(5):48 - 57.

[25] 胡继晔,李依依. 中国宏观审慎逆周期监管指标初探[J]. 宏观经济研究, 2018(5):20 - 33.

[26] 曾建光. 网络安全风险感知与互联网金融的资产定价[J]. 经济研究, 2015(7):131 - 145.

[27] JOUCHINAKAJIMA. Time-varing Parameter VAR Model with Stochastic Volatility: An Overview of Methodology and Empiricial Applications[J]. Monetary and Economic Studies, 2011(29): 107 - 142.

（与朱桂宾合作,重大项目结题报告《互联网金融发展研究——基于中国的实践与理论探索》2021 年 2 月）

互联网金融平台的社会责任

摘要：2013 年后，中国互联网金融迅速发展，鱼龙混杂、泥沙俱下。一些互联网金融平台，特别是互联网借贷平台不讲社会责任，造成了不良影响，不仅抹黑了互联网金融，而且对社会经济稳健运行产生了负面冲击。本文论述了企业社会责任的基本内涵，分析了互联网金融平台承担社会责任的必要性，指出互联网金融平台社会责任的缺失及其原因，进而提出互联网金融平台切实承担社会责任的对策。

关键词：互联网金融平台；社会责任；社会责任的缺失与对策

一、引　言

互联网金融平台是指从事互联网金融业务的平台，包括具有独立法人身份的互联网金融企业和内嵌于独立法人企业的互联网金融部门。像其他企业一样，互联网金融平台都要积极承担主要由诚信责任、经济责任、法律责任、伦理责任，以及慈善责任等有机整合而成的社会责任。也只有这样，互联网金融平台才可能树立起良好的品牌与形象，获得较高的信任度和美誉度，从而为互联网金融平台可持续发展奠定坚实的基础。

二、对企业社会责任的理解

企业是社会经济的基本单元之一,承担社会责任是企业理应肩负的使命。企业承担社会责任,不能出于功利主义的动机,而应该将承担社会责任作为自身的内在价值来理性地追求。然而,由于文化背景的差异和社会发展阶段的不同,国内外专家学者对企业社会责任的理解不尽相同,尚未形成共识。

鲍恩(Bowen,1953)首次提出社会责任的概念。他认为,社会责任就是商人按照社会的目标和价值,主动向政府的政策方针靠拢,并做出相应决策和采取具体行动的义务。戴维斯(Davis,1973)将企业社会责任定义为一家企业"对超越狭隘的经济、技术和法律之外的要求"的考虑与反应。他指出,为承担社会责任,企业管理者不仅要遵守法律,而且还要超越利润最大化逻辑下的传统管理方式。卡罗尔(Carroll,1979)提出企业社会责任的金字塔模型,他认为企业的社会责任应包含经济责任、法律责任、伦理责任和慈善责任,其中经济责任是社会责任的起点和基础。刘俊海(1999)指出,企业不应该把股东权益最大化作为唯一目标,还应该高度重视除股东之外其他群体的利益,如员工的利益、社区的利益、顾客的利益、中小竞争者的利益以及债权人的利益等。卢代富(2002)认为,企业社会责任是对传统的股东权益最大化原则的修正和补充,企业在谋求股东权益最大化之外,还要为企业的其他利益相关者提供服务或做出贡献。张维迎(2007)指出,企业家的社会责任是在诚实守信的基础上,通过为客户创造价值,赚取利润,同时给更多的人创造就业机会,并且向国家上缴更多的税收来实现的。

关于企业社会责任的理解和讨论还有很多,目前能够产生较大影响的观点主要有以下几种。

诺贝尔经济学奖获得者米尔顿·弗里德曼(Milton Friedman,1970)认为,在法律和规章制度许可的范围内,企业有利用资源和创造利润的社会责任。他指出,盈利也是一种社会责任,因为企业盈利才有经济效益,有经济效益,才能有社会效益,即承担起社会责任。

著名企业家史蒂夫·乔布斯(Steve Jobs,2005)认为,改变世界,让生活更加美好,是企业追求的最高境界,也是企业社会责任最极致的体现。

世界银行(2005)将企业社会责任定义为企业与利益相关者的关系、价值观、遵纪守法、尊重人格以及与社区和环境相关政策和实践的集合,企业社会责任是企业为改善利益相关者的生活质量而贡献于可持续发展的一种承诺。

《中华人民共和国公司法》(2013)第五条明确规定,公司从事经营活动,必须遵守法律法规,遵守社会公德、商业道德,诚实守信,接受政府和社会公众的监督,承担社会责任。

基于卡罗尔(Carroll,1979)提出的企业社会责任金字塔模型,特别是综合上述专家学者、国际组织和有关法律条款的表述,企业社会责任可以被概括为诚信责任、经济责任、法律责任、伦理责任和慈善责任的有机统一。

1. 诚信责任

诚信责任是企业的基础性社会责任。市场经济在很大程度上是信用经济,因此企业更要讲诚信,及时向利益相关者及社会公众披露真实的经营信息、公开真实的经营业绩,揭示可能出现的风险,并信守自己做出的承诺。

2. 经济责任

企业的基本职能就是有效利用资源,为所有者和全社会创造财富。企业只有取得良好的经济效益,才能承担社会责任,为改善人们的生活做出贡献。反之,如果占用了资源却不能取得良好的经济效益,甚至陷入亏损,这样的企业不但不能承担起社会责任,而且还会损害所有者的利益并造成全社会的损失。

3. 法律责任

法律是企业履行社会契约的主要规则,是判断企业的经营行为是否规范的重要标准。企业必须主动承担法律责任,即在法律框架内组织生产经营,处理好与相关利益者的关系。

4. 伦理责任

法律条文和执法行动并不能涉及企业行为和社会生活的方方面面,因此企业还必须遵守社会公德和职业道德,坚持公平与正义,重视公民权利,不去坑蒙拐骗,恶意损害利益相关者和全社会的利益。

5. 慈善责任

慈善责任是企业根据自己的经营状况以及企业文化建设和品牌与形象塑造等方面的考虑,自愿为利益相关者或非利益相关者承担的公益性责任,如救助困难群体、改善社区环境、参与城市改建与开发、支持文化与艺术发展、保护自然资源以及组织其他公益活动等。承担慈善责任既非法律的要求,也非伦理的要求,而是企业在高层次上的精神追求。

从诚信责任到慈善责任,既是基础责任到高层次责任的递进与提升,也是各种责任的相辅相成和有机统一。大道至简,德行天下。企业要自觉地承担起社会责任,而绝不能把承担社会责任视为自己的负担与成本。其实,勇于承担社会责任,不仅能够提升企业的软实力,而且能够提升企业的核心竞争力,是企业成长壮大和经久不衰的重要前提之一。

三、互联网金融平台承担社会责任的必然性

互联网金融平台利用互联网、通信技术和大数据向社会提供金融产品和服务,并以此取得经济和社会效益,它的企业属性决定了它承担社会责任的必然性。

(1)互联网金融平台作为社会经济的基本单位,理应成为相应的社会责任主体。互联网金融平台在社会分工体系中发挥着资金的支付、转账,以及投融资等社会再生产不可或缺的重要职能,因而必须根据市场和用户的需求提供优良的金融产品和服务。

(2)互联网金融平台发展的外部性要求其必须承担相应的社会责任。互联网金融平台日常运营依赖于公共基础设施建设、市场体系完善和社会经济

发展等外部条件,而且还会受到社会环境和居民生活产生的外溢效应的冲击。这些外部性对互联网金融平台的发展有很大影响,互联网金融平台因此也有责任解决外部环境中出现的问题,促使外部环境更加和谐友好。

(3)互联网金融平台的社会身份决定了它具有承担社会责任的法律义务。在现代社会,包括互联网金融平台在内的所有企业都被赋予公民的社会身份,大多数互联网金融平台作为法人组织享有民事权利与行为能力,同时也有承担社会责任的法律义务。

(4)互联网金融平台承担社会责任也是构建和谐社会所必需的。互联网金融平台作为金融市场上契约关系的主导方、平台利益的支配者,应该在关爱员工、支持公益事业、促进公平与正义,以及维护社会秩序与稳定等方面发挥"正能量";同时,构建和谐社会也有利于互联网金融平台的长远发展。

四、互联网金融平台社会责任的缺失

2013年后,中国的互联网金融异军突起,对激活金融要素、提高金融效率、完善金融市场、服务于小微企业以及推动经济发展的转型升级发挥了积极作用。与此同时,互联网金融平台也呈现"鱼龙混杂"和"野蛮生长"的态势,互联网金融平台违规经营、欺骗公众和侵犯投资者权益等不讲社会责任的现象屡见不鲜,不仅严重损害了互联网金融平台的声誉,而且还引发了不少金融风险,甚至危及社会经济的健康发展。

近几年来,我国的金融犯罪案件和社会群体事件频发,其中大多数与互联网金融平台有关。仅以P2P网络借贷的非法集资为例,2015年的非法集资犯罪较2014年上升48.8%,出现问题的P2P网络借贷平台迅速增加到896家。截至2016年3月底,P2P网络借贷平台累计达到3 984家,其中出现停业、清盘、提现困难、失联关门和卷款而逃的问题平台则高达1 523家,约占总数的39%。

这些问题平台无视自己应该承担的社会责任,违法乱纪和不讲道德底线,突出表现在以下五个方面。

1. 资金运作不规范

按照有关规定,P2P网络借贷平台只是资金借贷双方的信息中介平台,只能提供金融信息服务,不能做资金收付和集中投资业务,这要求平台与资金完全隔绝,应该将借贷资金放在银行或符合资质的第三方托管机构。但在现实中,不少P2P网络借贷平台并没有真正地把借贷资金放在银行或符合资质的第三方托管机构,而且其资金运作很不规范。一是建立资金池,将平台用户的借贷资金放在平台自有资金账户中,平台对这些资金拥有绝对管理权,而且在投资者不知情的情况下挪用资金进行其他投资。二是自融,通过虚构借款人和借款标的来骗取投资资金,并把募集来的资金用于关联企业,或投资于其他高风险行业。三是借短贷长,对借款标的进行期限拆分,将长期借款拆分为若干短期借款,形成新债还旧债的资金循环。在缺乏必要的透明度和监督管理情况下,建立资金池、自融和借短贷长等不规范的资金运作,容易造成平台挪用和侵占投资者资金的现象。一旦平台所做的投资失败,或关联企业不能及时归还本息,就会造成资金链断裂,导致逾期或坏账,给投资者带来严重损失。

2. 恶意欺诈

有些互联网金融平台的发起者不是为了向社会提供金融服务,而纯粹是为了骗取投资者的资金。他们设立虚假的"钓鱼网站",伪造网站的注册地址、联系方式、高管人员,以及项目信息,以高利息和高额现金返还,或是以高档物品和旅游奖励来引诱投资者,并对发展他人加入平台投资的参与者发放推荐奖,进而达到吸引投资者和骗取投资资金的目的。这类互联网金融平台本身没有实际投资和盈利能力,其运作方式类似庞氏骗局,即借新还旧,利用后来投资者的钱资金支付前期投资者的利息和本金,以制造赚钱的假象,骗取更多的投资资金。一旦所骗取的资金达到一定规模,或平台的资金链断裂,或恶意欺诈的行为被识破,这些互联网金融平台的发起者就卷款而逃,玩起"人间蒸发"。

3. 误导性宣传

一些互联网金融平台为吸引投融资双方前来进行交易，以收取较多的信息服务费，或达到获取其他收入的目的，往往采用线上线下的多种手段，大肆进行误导性宣传。例如，为了吸引投融资双方进入平台，它们拉银行、保险和担保机构为平台信用做无实际意义的背书，或是将风险保证金的保障与用户资金的安全联系在一起，或是不实宣称自己与著名的银行或第三方机构建立了资金托管关系，或是通过举办"高档次的"会议与论坛为平台造势，或是谎称平台拥有一流的风控手段和理财高手。此类误导性宣传没有根据地制造或夸大正面信息，有意识地回避或掩盖存在的风险，以骗取投融资双方对平台的信任。被误导的投融资双方，特别是投资方常因此而做出错误决策，进而遭受重大经济损失。

4. 用户信息泄露

为确保交易的真实性，互联网金融平台通常会要求用户上传自己的个人信息，包括用户姓名、身份证号、手机号、银行卡号、家庭住址等。一些互联网金融平台在获得用户的个人信息后却不重视用户信息的安全，又不愿意为提高网络安全防护能力做必要的投入，因此平台的网站很容易被计算机病毒入侵，或遭到电脑黑客攻击，导致用户个人信息大量泄露并被非法利用。还有一些互联网金融平台为收取所谓的信息费，将自己掌握的用户姓名、手机号、银行卡号等敏感信息打包出售给其他公司或个人。更有甚者，一些互联网金融平台的内部保密与安全制度存在重大缺陷，平台客服人员能够比较方便地私自下载用户敏感信息，并在社会上进行公开贩卖。目前，因用户信息泄露造成的经济损失和法律诉讼居高不下，这不仅损害了用户的基本权益，使互联网金融平台的形象受损，而且对社会经济运行的秩序与安全产生了负面冲击。

5. 内外勾结

在现实中，还有一些互联网金融平台与其他机构相互利用，共同谋划和实施非法集资活动，以获取不正当的收益。例如，一些互联网金融平台明知借款人身份虚假和借款信息不实，仍然默许借款人在平台上发布借款标的；或在网站上提供虚假的"征信信息"，为虚假的借款人和借款标的进行粉饰；或招募兼职的保险从业人员诱骗保险消费者退保或进行保单质押融资，然后将所得款项投入平台。内外勾结的非法集资行为比较复杂，而且具有较高的隐蔽性，其产生的危害往往十分严重。

在社会主义市场经济初级阶段，特别是在我国互联网金融起步迟、发展快的背景下，一些互联网金融平台不讲社会责任的原因纷繁复杂，但主要可归结为以下三方面。（1）相关法律法规不健全和诚信文化建设滞后，互联网金融平台缺乏承担社会责任的理念和自觉性，同时不讲社会责任的行为也不会面临严厉的法律制裁和道德审判。（2）从业人员素质不高、信息安全技术不到位以及平台治理和盈利能力低下等，使互联网金融平台难以承担应有的社会责任。（3）互联网金融的监管体系尚未建立，监管标准和措施不能满足监管的需要，成立不久的互联网金融协会尚未制定实质性的行业自律制度，因此互联网金融平台运行还得不到强制性的规范和必要的指引。

五、互联网金融平台要切实承担起社会责任

与其他企业一样，互联网金融平台也是社会经济的基本单位之一，它与外部环境相辅相成，必须承担起应有的社会责任。同时，主动承担应有的社会责任，也有利于互联网金融平台赢得社会资源和公众信任，进而实现做强做大的发展目标。因此，对互联网金融平台不讲社会责任的乱象进行综合治理，提高互联网金融平台承担社会责任的意识和水平，对互联网金融的健康发展和社会经济的稳健运行具有重要意义。

2014年10月23日，中国共产党十八届四中全会通过了《中共中央关于全面推进依法治国若干重大问题的决定》（以下简称《决定》）。《决定》第四条提出要加强企业社会责任立法，表明企业承担社会责任将成为法律规定，这就为推动中国企业积极承担社会责任奠定了法律基础。为促进互联网金融健康发展，2015年7月18日中国人民银行等十部委按照党中央、国务院的决策部

署,遵循"鼓励创新、防范风险、趋利避害、健康发展"的总体要求,联合颁布《关于促进互联网金融健康发展的指导意见》(以下简称《指导意见》)。《指导意见》对互联网金融平台的社会责任做了清晰的界定,并将其纳入政府监管和行业自律的范畴。如今,经过近几年的"折腾",越来越多的互联网金融平台已经认识到承担社会责任的重要性,但采取的实际行动及其效果还不尽如人意。为使互联网金融平台切实承担起应有的社会责任,从互联网金融平台到政府部门,乃至社会各界都需要做进一步的努力,其中比较重要的有以下几点。

1. 自觉增强社会责任意识

互联网金融平台的社会责任不是外界强加的,而是内生的,即是与互联网金融平台产生与发展相伴而来的。例如,正是因为互联网金融的普惠性能够使互联网金融平台较好地承担起服务于小微企业和"草根"人群的社会责任,互联网金融才得以迅速发展;也正是因为互联网金融平台能够较好地承担服务小微企业和"草根"人群的社会责任,社会公众才对互联网金融平台抱有热切的期望,给予大力的支持。所以,互联网金融平台要自觉增强社会责任意识,将承担诚信责任、经济责任、法律责任、伦理责任和慈善责任的思维融入经营理念、平台治理、业务模式和企业文化之中。只有这样,互联网金融平台才能做到不忘初心,守住底线,趋利避害,在业务拓展和承担社会责任的过程中成长壮大。

2. 恪守诚信与依法经营

市场经济是信用经济和法治经济。任何金融交易都是以诚信为基础的,不讲诚信,互联网金融平台就不能取信于民、防范风险和保障用户权益,也就会因此而失去生存的价值与空间。从长远发展考虑,互联网金融平台也必须恪守诚信,如真实展示互联网金融平台及其提供的产品与服务,及时披露经营业绩与风险,认真兑现各项承诺,以及履行保护用户权益的义务等。同时,作为企业法人,互联网金融平台还要遵守法律法规,合法经营、照章纳税,承担政府规定的其他责任和义务,并且接受有关部门的监督管理。

3. 搭建安全的互联网金融交易平台

在开放的互联网金融平台上,每天都会出现计算机病毒入侵和电脑黑客攻击等,很可能造成客户信息泄露、账号和密码被盗取、原始数据被篡改,甚至资金被非法转移等网络安全问题。同时,基础设施和硬件设备老化、系统和应用软件缺陷、相关人员违规操作,以及由自然灾害引起的物理环境变化等,也会造成网络安全问题,甚至还会导致互联网金融平台的崩溃。为保证金融活动正常进行和对社会公众负责,互联网金融平台有责任按照电信主管部门、互联网信息管理部门,以及公安部门的技术和监管要求,投入必要的人财物和其他资源,搭建安全的互联网金融交易平台。

4. 致力于普惠金融

致力于普惠金融是互联网金融平台理应承担的社会责任。互联网金融平台要坚守“分享、协作、自由、平等、民主”的理念,发挥互联网、移动通信和大数据的技术优势,打破传统金融“嫌贫爱富”的二八定律,大力拓展由草根金融、碎片金融和普惠金融构成的长尾市场,积极帮助小微企业、中低收入群体和“三农经济”解决融资难和融资贵问题。互联网金融平台还要为社会公众提供小额、快捷、低成本的金融产品和服务,并且为“大众创业、万众创新”提供有力的金融支持。

5. 提高征信和风控水平

互联网金融不但没有改变金融风险的隐蔽性、传染性、广泛性和突发性,而且还增加了网络技术带来的不确定性,这就对互联网金融平台的征信和风控提出了更高的要求。与此同时,我国大多数互联网金融平台尚未积累必要的客户信用数据,大数据挖掘与运用的设备、技术和人才也不够完备,一旦征信和风控失败,就会造成因违约而导致的经济损失和法律诉讼,甚至冲击社会的秩序与稳定。因此,互联网金融平台要充分认识征信和风控的重要性,针对互联网金融的风险和技术特征,建立有效的征信和风控体系,特别是积极拥抱大数据,尽快增强大数据收集、存储、清洗、分析和应用的能力,全面提高自己的征信和风控水平。

6. 保护互联网金融消费者权益

在"互联网＋"时代,所有经济活动都是以用户为中心,并且是围绕着用户需求而展开的,保护用户权益无疑是重要的社会责任之一。互联网金融平台的用户,不论是投资者还是借款者,都是互联网金融消费者,他们的权益主要包括资金安全、信息透明、投资收益和隐私保护等,其中最重要的是资金安全。为保护互联网金融消费者权益,互联网金融平台要认真研究消费者权益保护法,并结合互联网金融的特殊性和互联网金融消费者的诉求,清晰界定互联网金融平台和互联网金融消费者的权利与义务,建立合理的风险隔离和风险补偿机制,将互联网金融消费者可能面临的损失降低到最低程度。

7. 加强互联网金融监管

由于互联网金融监管的法规体系与监管细则还处于探索阶段,对互联网金融平台承担社会责任的监管往往不到位,很多还只是软约束,这就使互联网金融平台不讲社会责任的现象屡禁不止,时有发生。因此,要尽快完善相关的法律法规和监管细则,明确互联网金融平台应承担的社会责任,强化互联网金融平台承担社会责任的底线,并通过金融监管模式与方法的创新,及时发现和惩处互联网金融平台不讲社会责任的行为。

8. 完善行业自律机制

行业自律是政府监管的重要补充,是指通过组建行业协会,制定行业规则,实行自我约束和同行监督,以避免同行恶性竞争,配合政府监管。中国互联网金融协会刚成立不久,行业自律机制还有待建立和改进。针对互联网金融平台社会责任缺失的问题,中国互联网金融协会要有所作为,积极探讨互联网金融平台社会责任的内涵,尽快制定互联网金融行业承担社会责任的标准,定期披露并评估互联网金融平台履行社会责任的状况,并将自律和惩戒的措施落到实处。

主要参考文献

[1] 朱慈蕴. 公司的社会责任:游走于法律责任与道德准则之间[J]. 中外法学,2008,20

(1):29 - 35.

[2] 夏明月. 现代企业社会责任问题研究述评[J]. 伦理学研究,2008(4):100 - 104.

[3] 李彦龙. 企业社会责任的基本内涵、理论基础和责任边界[J]. 学术交流,2011(2):
    64 - 69.

[4] 张兆国,梁志钢,尹开国. 利益相关者视角下企业社会责任问题研究[J]. 中国软科学,
    2012(2):139 - 146.

[5] 彭冰. P2P 网贷与非法集资[J]. 金融监管研究,2014(6):13 - 25.

[6] 吴晓求. 互联网金融:成长的逻辑[J]. 财贸经济,2015(2):5 - 15.

[7] 周梁. 互联网经济视角下的企业社会责任[J]. 中国商论,2015:65 - 68.

（与朱桂宾、陈昌平合作,《互联网金融发展研究》(论文集),南京大学出版
社,2017 年 4 月）

坚决整治网络媒体不端行为

摘要：在中国互联网金融发展过程中，网络媒体对丰富新闻传播体系、引导网络空间舆论、传播社会正能量起到了积极作用。但也有一些网络媒体从业人员为了一己私利，无视法律法规，丧失职业操守，进行新闻敲诈和舆论绑架，产生了严重的不良后果。本文分析了无良网络媒体进行新闻敲诈与舆论绑架的主要手段、原因和危害，进而提出坚决整治网络媒体不端行为的对策性建议。

关键词：网络媒体；新闻敲诈；舆论绑架；危害与对策

一、引　言

网络媒体对丰富我国新闻传播体系、引导网络空间舆论、传播社会正能量起到了积极作用。但某些网络媒体从业人员为了一己私利，无视法律法规，丧失职业操守，进行新闻敲诈和舆论绑架，严重背离了习近平总书记提出的新闻舆论工作者要做社会进步推动者、公平正义守望者的要求。同时，他们的不端行为也严重影响了企业的生产经营，破坏了网络媒体的公信力，妨碍了社会文明的进步。

二、以"舆论监督"之名谋取不正当利益

无良网络媒体的新闻敲诈主要是指某些网络媒体从业人员以舆论监督和

新闻批评的名义,对所谓有"道德瑕疵"或"违规嫌疑"的行为主体进行敲诈勒索的行为。根据已经查处的案例,其手段如下。(1)某些网络媒体从业人员在发稿前或发稿后主动联系被敲诈对象,要么暗示已掌握对方的负面信息,迫使对方"破财消灾",要么直接威胁"如要撤稿删帖就要花钱,否则还有后续报道"。(2)如果被敲诈对象打算"息事宁人",要么向某些网络媒体从业人员直接付款,要么就购买网络公关公司的"舆情应对"报告,然后网络媒体平台再删除负面新闻并刊登正面报道。某些时候,网络公关公司与网络媒体平台结成利益联盟,当网络媒体从业人员直接敲诈不果时,网络公关公司就主动向被敲诈对象提供"舆情应对服务"并索要高价,这种软硬兼施的"双簧戏"使被敲诈对象备受困扰、损失更大。(3)如果被敲诈对象不妥协,某些网络媒体从业人员除发布"进一步的报道"外,还会将相关的负面报道通过新闻网站、微博和微信公众号大范围转发,让被敲诈对象屈从。(4)强迫被敲诈对象签订长期"舆情应对服务"合同。

无良网络媒体的舆论绑架主要是指某些网络媒体从业人员以社会公正的代言人自居,不顾事实真相、断章取义、捕风捉影,刻意制造话题、吸人眼球、大肆炒作,误导社会公众,强行绑架被报道对象,以达到不可告人的目的。

新闻敲诈与舆论绑架的主要区别在于,前者谋求的是向被敲诈对象直接或间接索要财物,而后者则是博取公众关注,以获得随之而来的"眼球经济"效应,即裹挟民意以谋取私利。尽管两者的表现有所不同,但其本质都是某些网络媒体从业者利用新闻报道与舆论监督的权力谋取不正当利益。近几年来,无良网络媒体的新闻敲诈和舆论绑架呈愈演愈烈之势,其主要原因有三方面。

一是对网络媒体的监管尚需加强。迄今为止,我国还没有正式出台网络媒体监管相关的法律法规。地方网络信息管理部门监管网络媒体的主要依据是 2000 年颁布的《互联网信息服务管理办法》和 2005 年颁布的《互联网新闻信息服务管理规定》,这些办法和规定还存在着一定的不足。同时,网络媒体的传播模式和商业模式不断创新也对有效监管形成了巨大挑战,特别是基于社交网络的自媒体还处于监管的灰色地带。

二是网络媒体行业的恶性竞争。网络媒体平台大多采取企业化的经营模式，自负盈亏。因此，某些网络媒体平台为了生存和盈利，而置新闻媒体的社会责任和职业操守于不顾。

三是网络媒体从业人员的良莠不齐。为弥补从业人员缺口，某些网络媒体平台在招聘时大幅降低对从业人员的入职标准，让一些政治素质低、业务能力差，甚至缺乏社会责任和道德水平的人员混进网络媒体队伍。同时，一些网络媒体平台只关注从业人员的经营绩效，而忽视从业人员的责任与道德方面的教育。

三、新闻敲诈和舆论绑架危害大

在互联网与社会经济高度融合的今天，无良网络媒体的新闻敲诈和舆论绑架危害极大，应该引起党和政府以及社会各界的高度警惕。

破坏党和政府的形象。某些网络媒体从业人员行为不端，甚至打着"央媒"旗号，不择手段地进行新闻敲诈和舆论绑架，严重破坏了党和政府的形象，而且还容易引发不利于社会稳定的群体事件。

降低网络媒体的公信力。无论是新闻敲诈还是舆论绑架，都是通过歪曲真相和恶意炒作，使舆论监督的权力异化为谋取私利的工具。这些行为不仅与公众的期待不相符，而且践踏了媒体人应有的职业操守。由于存在心理联想机制，公众还会将新闻敲诈和媒体绑架看成是网络媒体行业的普遍现象，进而不再信任，甚至产生反感情绪。

侵犯公民的名誉权。某些网络媒体从业人员无视道德与法律准则，出于不良动机与自身好恶，滥用媒体话语权，不负责任地进行"道德审判"，任意侵犯公民的名誉权。

阻碍社会的文明与进步。在公众看来，网络媒体应是"社会的良心"，代表着积极向上的力量。然而，一些网络媒体从业人员为满足一己私利或为达到不可告人的目的，在社会丛林中跟踪窥视，到处抓"小辫子"，然后再以"深度曝光"相威胁,人们往往因此而犹如惊弓之鸟。只要投放广告与合作宣传,或是塞红包、给封口费,遇到问题也可以逢凶化吉,拜金主义被无良网络媒体演绎得淋漓尽致。这些都说明无良网络媒体的新闻敲诈和舆论绑架不清除,将严重影响社会的文明与进步。

四、用法律法规约束网络媒体行为

与当前反腐倡廉等同样重要,党和政府以及社会各界也要高度重视新闻敲诈和舆论绑架所造成的严重危害,并及时采取有效措施,坚决整治网络媒体的不端行为。

发挥主流媒体的重要作用。作为党和政府的重要舆论宣传阵地,主流媒体的运作与监管比较完善,主流媒体从业人员的基本素质和职业操守较好,主流媒体的影响力也是深入人心和根深蒂固。面对网络媒体迅速发展和泥沙俱下的复杂情况,主流媒体在与时俱进的同时,还要继续发挥高层次、规范化和权威性的优势,更好地宣传党和政府的方针政策,履行舆论监督的职责,正确引导社会舆论,以强大的正能量挤压新闻敲诈和舆论绑架的空间,促进网络媒体的健康发展。

完善相关的法律法规。网络媒体在拥有公共话语权的同时,也必须遵守相关的法律法规。加快制定相关法律法规的步伐,依法改进对网络媒体的监管,不让网络媒体成为法外之地,进而净化网络舆论空间,提高网络媒体的公信力。

加强对网络媒体的监管力度。政府相关部门要根据法律法规,加强对网络媒体的监管力度。对网络媒体违法违规的行为要一查到底,绝不手软,除吊销相关人员的记者证并将其列入无良从业人员名单外,对于情节严重、内部治理混乱的网络媒体平台也应做出停业整顿或吊销从业执照的处罚,而且还要追究平台负责人的领导责任。此外,网络媒体从业人员众多、身份复杂且行踪不定,仅靠政府相关部门的监管是远远不够的,所以还要调动社会力量对网络媒体进行监督，如向社会公开投诉方式，保证举报渠道畅通，保护投诉人隐私，及时公示受理和处理结果等，让无良网络媒体从业人员无处藏身，得到应有的惩罚。

改进网络媒体平台的内部管理。网络媒体平台要坚持真实性原则，帮助从业人员树立"坚持对事实的客观报道，维护新闻的声誉并保持其严肃性"的观念，要求从业人员遵纪守法和提高业务素养，使越来越多的从业人员能够自觉抵制各种诱惑，坚决与违法违规行为划清界限。同时，网络媒体平台也要建立健全管理制度，对新闻采编和传播进行全过程管理，落实总编辑负责制和相关人员问责制，从源头上避免虚假或片面的报道，特别是杜绝新闻敲诈和舆论绑架等不端行为。对于内部出现的严重问题或不端行为，网络媒体平台不能护短、迁就，而是要明辨是非，严肃处理，做到打铁先要自身硬。

（与张科合作，《中国社会科学报》2016 年 9 月 1 日）

附录 1：中国互联网金融发展大事记
（1997.7—2018.12）

　　作者以金融功能为理论视角，采用历史学断代方法，将中国互联网金融发展的历史演进划分为：萌芽阶段（1997 年 7 月至 2007 年 5 月），以 1997 年 7 月中国银行在互联网上建立网页并支持网上银行业务为这一阶段开始的标志；成长阶段（2007 年 6 月至 2015 年 6 月），以 2007 年 6 月拍拍贷上线运营为这一阶段开始的标志；规范化发展阶段（2015 年 7 月至 2018 年 12 月），以 2015 年 7 月 18 日中国人民银行等十部委联合发布《关于促进互联网金融健康发展的指导意见》为这一阶段开始的标志。2018 年 12 月后，全国上下对各种互联网金融平台及其业务进行清理整顿，有关互联网金融发展的数据、资料和媒体报道越来越少。因此，中国互联网金融发展大事记的时间跨度为 1997 年 7 月至 2018 年 12 月。

　　作者按互联网金融业务模式的主要分类，从报纸杂志、统计年鉴、知名数据库、多媒体网站、企业年报，以及研究文献中全面搜集、筛选、考证、整理出中国互联网金融发展的重要事件，并按由远及近的时间顺序编撰中国互联网金融发展大事记。还需要说明的是，不同信息与资料来源对中国互联网金融发展重要事件发生时点的表述是不一致的，如"××××年×月"、"××××年×月×日"、"××××年×月初"、"××××年×月上旬"、"××××年×月中旬"、"××××年×月下旬"和"××××年×月底"等。出于体例规范化考虑，作者将中国互联网金融发展重要事件发生时点的表述统一为"××××年×月；在同月内发生的重要事件，就不再说明其发生的具体日期，但按其实际发生时点的先后排序。如要了解重要事件发生的具体日期，可以实际发生时点的先后排序为线索,通过搜索引擎等工具或方法获取相关信息。

　　中国互联网金融发展大事记(1997.7—2018.12)在很大程度上就是一部
中国互联网金融发展简史。编撰这部大事记,不仅有利于人们把握中国互联
网金融发展的历史脉络,而且还能够为专家学者深入研究中国互联网金融提
供清晰的时间节点和丰富的实际资料。

一、中国互联网金融的萌芽期(1997.7—2007.5)

(一) 网上银行

1997 年

7 月	中国银行开始支持网上银行业务,成为中国大陆第一个正式提供网上银行服务的银行。
10 月	中国人民银行组织各商业银行发起建设的全国银行卡信息交换总中心在北京人民大会堂正式宣布成立,"金卡工程"因此从各城市、各发卡银行的局部联网通用推向全国联网通用。
12 月	首批 12 个"金卡工程"试点省市全部实现自动柜员机(ATM)与销售终端 POS 机的同城跨行联网运行和信用卡业务联营,电子数据交换 EDI、电子转账 EFT 得到实际应用;中国国家金融数据通信网第二期工程投入试运行。
12 月	中国工商银行网站(www.icbc.com.cn)上线。

1998 年

1 月	中国银行为世纪互联(www.intercom.com.cn)和瑞得在线两家网上商家提供网上支付交易,用户可以通过网络来购买这两个 ISP 厂商的上网机时。
3 月	中国国内的第一笔互联网支付完成交易,世纪互联公司为第一个卖家,中国银行网上银行支付服务为中国国内的第一笔互联网支付提供支持。
3 月	加拿大 SLM 软件公司与中国银行联合宣布,双方合作在北京、天津、上海、广州和青岛 5 个试点城市进行的在线分行连通试验取得成功,上述 5 个城市的用户可以在中国银行系统内任何一家分支机构和 ATM 机上访问自己的账户或进行电子存、贷款交易。

4 月	中国银行宣布为首都公用信息平台发展电子商务提供网上交易支付的认证与授权。招商银行基于"一卡通"业务在深圳地区正式推出网上银行业务——招行"一网通"，并先后开通面向个人和面向企业的网上银行业务。
5 月	中国银行在湖南与电信合作完成了基于 SET 协议的网上代缴电信费项目，致力于建立电子商场，连接银行网络和支付系统，并引入 SET 协议和 CA 安全认证，实现基于互联网的电子购物和银行卡安全支付。
12 月	全国银行卡异地跨行信息交换系统进入试运行，同时也标志着全国银行卡信息交换总中心投入试运行。

1999 年

3 月	中国人民银行出台《银行卡管理办法》，规定持卡人在 ATM 机上进行跨行交易时需交纳一定数额的手续费。
8 月	中国建设银行正式推出自己的网上银行。
9 月	中国银行上海市分行开设中国国内第一家离行式自助银行。
9 月	招商银行在北京、深圳、上海、广州、武汉、宜昌、黄石、长沙、沈阳、丹东、成都、重庆、兰州、西安、南京、无锡、大连、杭州、南昌 19 个城市开通"一网通"联网在线结算功能，实现了招行"一网通"网上支付系统的全国联网。
10 月	建设银行网上银行在北京和广州两市开通。建设银行网上银行是当时唯一一家可以在网上同时代缴中国电信和中国联通手机费的银行，同时提供网上支付的退款服务。建设银行网上银行开通初期没有自己的支付网关，网上结算比较麻烦，许多环节需靠手工完成。
12 月	中国人民银行卫星电子联行系统建成远端小站 1 068 个，日均业务 7 万多笔，日均处理金额 100 多亿元。几家国有商业银行也部分或全部建成了全国性的电子汇总系统，用于系统内资金的汇划。在许多大中城市，同城清算系统、储蓄通存通兑系统、对公业务处理系统以及信用卡自动处理系统都以计算机网络方式投入运行。

2000 年

2 月	中国工商银行网上银行在北京、天津、上海、广州 4 个城市开通，其网上银行业务依托于当时具有国际先进水平的"新资金汇划清算系统"，利用互联网技术开发。
4 月	中国工商银行推出牡丹国际卡网上查询业务。

6 月	中国工商银行在北京与首都信息发展有限公司、北京珠穆朗玛电子商务网络服务有限公司等五家公司签订合作协议,为其提供 B2B(企业对企业的电子商务活动)在线支付服务,实现中国国内 B2B 在线支付零的突破。
8 月	中国工商银行与首信易支付、搜狐、联想、硅谷动力等 8 家企业联手推出 B2C 牡丹信用卡业务,并首先在浙江和北京两省市开通。

2001 年

6 月	《网络银行业务管理暂行办法》出台。

2002 年

1 月	中国人民银行支付科技司宣布银行卡联网通用标识"银联"正式在北京、上海、广州、杭州和深圳五城市推出,并同期发行统一标准的银联卡。
3 月	中国国内银行卡联合发展组织——中国银联股份有限公司在上海成立。
4 月	中国银联出台 POS 终端规范化标准。
4 月	中国人民银行发布《关于落实〈网上银行业务管理暂行办法〉有关规定的通知》,就实施 2001 年颁布的《网上银行业务管理暂行办法》做出具体规定。
4 月	中国银联召开第一次经营管理工作会议,明确银联的职责:以联网通用和推进"314"工程为中心,实施统一的业务规范、技术标准和品牌标识;配合各商业银行推动银联网络覆盖城市;实现 ATM 和 POS 跨行交易笔数、金额的增长,保障同城跨行交易、异地跨行交易平均成功率。
6 月	中国银联经 VISA 亚太区董事会通过成为 VISA 国际组织的主会员。
8 月	中国香港东亚银行电子网络银行服务中国版正式启动,成为首家获准在中国内地经营网上银行业务的境外银行。
10 月	中国银联下属的深圳、南京等 17 个城市银行卡信息交换中心经中国人民银行正式批准全部改制为中国银联各地分公司。中国银联全国统一的公司化组织管理架构正式确立。
10 月	大额实时支付系统(HVPS, High Value Payment System)投产试运行,成为中国人民银行第一代现代化支付系统运行的开端。
10 月	银行信息化领导小组第四次扩大会议召开,对"314"目标责任进行细化分解。

11 月	中国银联深圳分公司联合深圳商业银行推出的中国首个"银行卡 ATM 自助跨行转账"业务正式投入运行。
12 月	由中国银联控股的专门从事银行卡收单专业化服务的全国性公司——银联商务在上海成立。
12 月	中国建成以电子联行系统为核心,同城清算系统、商业银行行内汇兑系统为基础的零售支付服务网络,入网金融机构近 1.8 万家。

2003 年

1 月	中国银联宣布在北京、上海、广州、深圳和厦门 5 个城市的试点银行开通"银行卡 ATM 自助跨行转账"业务。
12 月	中国工商银行总行通过电视会议系统同时在全国各地召开新闻发布会,正式推出其新一代个人网上银行"金融@家"业务。

2004 年

11 月	中国工商银行凭借拥有超过 1 000 万户个人网上银行客户和 11 万余户企业网上银行客户,在线支付交易额累计突破 50 亿元,成为中国国内最大的电子商务在线支付服务提供商。

2005 年

4 月	中国工商银行、中国农业银行、中国建设银行等 16 家商业银行和中国金融认证中心在北京联合启动"网上银行反欺诈联动机制"。
10 月	中国工商银行将移动数字证书(USBKey)升级为"U 盾",中国工商银行移动数字证书因此突破主要服务于大额交易用户的限制,对所有中国工商银行网上银行用户开放使用。
11 月	中国工商银行网上银行新增收费站功能、预留信息验证服务、全国范围的账户管理和牡丹卡自动还款四项服务。其中,预留信息验证服务为国内银行中首次。

2006 年

1 月	中国国家金融数据通信网第三期工程完成,包括中国人民银行、中国建设银行、中国农业银行在内的 8 家中国国内主要金融机构因此可以每天进行 24 小时业务处理。
1 月	银联商务全面受让中国银联产权 POS 终端资产,成为银联体系 POS 终端设备投资主体。

2 月	招商银行推出不必跳转银行支付界面直接付款的新型支付工具"一网通支付——直付通"。
5 月	中国农信社系统首家获准开办的网上银行,同时也是中国银监会批准的全国首家使用指纹识别数字证书技术进行客户身份识别的网上银行——北京农村商业银行"金凤凰网银"上线运行。
6 月	中国银监会下发《关于做好网上银行风险管理和服务的通知》,规定使用网银账户转出资金时,单笔超过 1 000 元或日累计超过 5 000 元,必须使用双重身份认证,以确保网上银行账户资金安全。
7 月	中国工商银行在业内率先推出保障电子银行(包括网上银行和电话银行)安全的新产品——电子银行口令卡。
12 月	银联商务与中国银联达成协议,开展外卡收单合作业务。

（二）电子商务和第三方支付

1998 年

4 月	首都信息发展有限公司成立。
7 月	北京市政府召开首都电子商务工程第一次领导小组会议,成立首都电子商务工程领导小组,共同谋划首都电子商务工程。
9 月	首都电子商务工程领导小组会议决定,由中国人民银行牵头,组织中国工商银行、中国农业银行、中国银行、中国建设银行、交通银行等 12 家商业银行联合建设中国金融行业统一的第三方安全认证机构——中国金融认证中心(China Financial Certification Authority,简称 CFCA)。
11 月	首都电子商务工程正式启动,该工程由首都电子商城和安全认证(CA)组成。其中,首都电子商城是发展重点,它依托首都公用信息平台建立。

1999 年

2 月	中国金融认证中心项目经金融信息化领导小组研究批准正式启动。
3 月	首都电子商城网上支付平台开始运营,中国首家实现跨银行跨地域提供多种银行卡在线交易的第三方网上支付服务平台——首信易支付(Pay Ease)诞生,第三方支付正式登上中国互联网金融的历史舞台。
8 月	IBM 公司和德达/SUN/Entrust 投标联合团体与中国金融认证中心签订项目合同,分别成为中国金融认证中心 SET CA 系统和 Non-SET CA 系统的中标厂商。

8 月	采用 C2C 模式的易趣网在上海成立。
9 月	采用 B2B 模式的阿里巴巴在杭州成立。
11 月	采用 B2C 模式的当当网在北京成立。
11 月	国家科技部在北京召开"城市电子商务试点工程"项目论证会,将"中国淮海食品城"的信息中心作为中国首家"城市电子商务试点工程"列入国家"九五"重大科技攻关项目。
12 月	中国国内首家实现在线实时交易的电子商务公司——云网支付成立。

2000 年

1 月	首都电子商城在中国率先开展国际信用卡在线支付服务。
1 月	中国金融认证中心 Non-SET CA 系统为首都信息发展有限公司、中国银行、联想集团以及世联公司发放第一批试验证书。
3 月	中国金融认证中心 SET CA 系统为中国工商银行、广东发展银行、银行卡信息交换总中心联合支付网关、8848 网站、首都信息发展有限公司、新浪网站、鳖威体育用品公司和一些持卡人试发了第一批 SET 证书。
4 月	国家科技部再次召开"城市电子商务试点工程"论证会,海南省、杭州市、重庆市、上海市和天津市的城市流通领域电子商务试点工程方案通过专家可行性论证,首都电商商务工程被纳入试点工程之列。
5 月	中国移动与各家银行展开合作,通过将手机用户的 SIM 卡更换成 SIK 卡向用户提供银行账户查询和账户变更通知信息服务。
5 月	在中国银行、首都信息发展有限公司主持下,联想集团、世联等公司利用中国金融认证中心的 CA 证书成功进行了第一笔在线大额支付 B2B 电子商务交易。
6 月	中国金融认证中心举行挂牌和开通仪式,正式对外提供 CFCA 金融认证服务。
7 月	环迅支付作为独立运营的第三方支付企业在上海成立。
10 月	易趣网推出全新的网上个人交易配套服务——"易付通",这也是中国最早的保障交易安全的产品。

2001 年

| 1 月 | 中国移动取消点对点短信月租,提供无须申请就可发送短信的服务,同时手机用户可通过短信付费的方式进行小额支付。 |

3 月	北京掌上通网络技术有限公司发布拥有自主知识产权的第三方支付平台——盟卡支付平台,该平台能够将电子货币、手机支付、网上银行整合为一体。
3 月	国研科技旗下国研电子商务(ChinaEB)联合中外商业巨头,在北京发布具有世界领先水平的全面 B2B 电子商务解决方案——全球化电子交易市场,该方案实现了与全球电子商务组织——全球贸易网(Global Trading Web,即 GTW)的成功对接。
4 月	中国金融认证中心(CFCA)与中国国内著名数据公司北京握奇数据系统有限公司正式签订合作协议,共同开发中国国内第一个基于 CFCA 的 NON-SET 高级证书接口,以促进 CFCA 证书的推广以及智能卡在电子商务中的应用。
8 月	定位于专门提供移动支付服务的公司——捷银在上海成立。

2002 年

2 月	首都电子商城率先在中国国内与银行合作开展电话银行支付业务。
3 月	eBay 向易趣网投资 300 万美元,引发中国公众对 C2C 电子商务模式的极大关注。
4 月	广东移动深圳分公司开启基于 GSM 网络的移动支付试运行。
5 月	中国建设银行、中国农业银行、中国工商银行、交通银行、深圳发展银行和深圳商业银行开始支持广东移动深圳分公司的手机支付业务。
6 月	中国银联控股的银行卡专业化服务公司——银联电子支付服务有限公司(ChinaPay,简称银联电子支付)成立,专门从事网上电子支付。
7 月	eBay 以 15 亿美元价格收购美国在线支付网站 PayPal,引起中国市场对在线支付平台的关注。
7 月	中国联通和中国银联在北京签署战略合作协议,重点推进银行卡移动支付合作。
8 月	中国电信和中国银联在北京正式签署全面战略合作框架协议,计划在网络与通信、跨行支付及信息交换、互联网应用、代理业务等领域展开多层次、全方位的合作。
9 月	中国网通和中国建设银行签署战略合作协议。
10 月	捷银联合中国建设银行等 7 家银行与上海大众燃气公司和浦东燃气公司共同推出煤气费移动代缴业务。
12 月	捷银与河北华夏银行、河北商业银行及福利彩票管理中心共同推出福利彩票移动投注业务。

2003 年

1 月	中国银联长沙分公司与中国移动湖南公司签订合作协议，正式在湖南推出大范围手机支付业务——将信用卡和手机号码绑在一起，然后通过手机拨打特定号码或发短信进行账户查询和消费。
5 月	阿里巴巴创立专门从事 C2C 电子商务的淘宝网。
6 月	eBay 向易趣网增资 1.5 亿美元引发中国市场轰动。
7 月	阿里巴巴 CEO 马云宣布拿出 1 亿元自有资金重点打造 C2C 网站淘宝网。
8 月	中国移动和中国银联联合成立联动优势科技有限公司，致力于提供专业化的移动支付服务——"手机钱包"服务。
10 月	联龙博通公司与中国联通深圳分公司、中国建设银行深圳分行共同推出中国国内首个真正实现实时在线的手机银行："理财宝典——手机金秘书"。
10 月	淘宝网推出"支付宝"服务，作为支持淘宝网发展的支付工具存在，主要针对淘宝购物信用问题构建"担保交易"模式。

2004 年

4 月	第三方支付机构"快钱"在上海成立。
6 月	联龙博通正式推出中国国内首个全国联网的真正意义上的手机银行，建设银行向联龙博通提供金融服务的接口，中国联通向联龙博通提供通信接入，联龙博通则提供服务平台。
8 月	eBay 旗下 PayPal 在上海注册独资公司——美银宝信息技术有限公司，为进入中国市场做准备。
9 月	阿里巴巴与英特尔合作，搭建中国首个手机无线商务平台。eBay 易趣利用 eBay 平台开通了与全球 31 个国家和地区的对接。
10 月	eBay 易趣联合中国工商银行等多家中国大型金融机构，对"易付通"进行升级，共同推出"安付通"网络安全交易保障服务。
11 月	PayPal 国际业务副总裁及其亚洲副总裁特意拜访工商银行上海分行副行长，针对 PayPal 进入中国的金融门槛问题进行探讨。
12 月	中国金融认证中心(CFCA)建成"国家金融安全认证系统"，开始向网上银行、电子商务、电子政务提供服务。

| 12 月 | 支付宝从淘宝网分拆出来,成立浙江支付宝网络科技有限公司,开始作为独立的第三方支付平台运营。 |

2005 年

1 月	中国第一个专门指导电子商务发展的政策性文件——《国务院办公厅关于加快电子商务发展的若干意见》颁布,对网上支付明确给予高度重视。
1 月	第三方支付机构"快钱"正式上线,成为中国国内第一家提供基于 E-mail 和手机号码的网上支付平台。掌上通支持 19 家银行、60 多种银行卡在线支付,成为中国国内最大的整合电子货币、手机支付、网上银行于一体的第三方支付平台。eBay 宣布将在中国投资 1 亿美元全面狙击淘宝网。
2 月	阿里巴巴宣布全面升级网络交易支付工具"支付宝",www.alipay.com 正式上线,同时宣布"支付宝"推出"全额赔付"制度,对于使用"支付宝"而受骗遭受损失的用户进行全额赔偿,成为国内首家主动提出全额赔付用户的电子商务网站。
4 月	《中华人民共和国电子签名法》和《电子认证服务管理办法》正式实施,电子签名获得与传统手写签名和盖章同等的法律效力。
4 月	北京通融通信息技术有限公司(简称"通融通")推出集在线支付、短信支付、手机充值和电话支付于一体的多元化支付平台——YeePay 电子支付平台。
4 月	支付宝与 VISA 国际组织宣布达成战略合作协议,联手开拓中国电子商务在线支付市场,国内外任何一张带有 VISA 标志的银行卡都可以使用支付宝。VISA 验证服务也正式应用于支付宝在线支付系统,支付宝成为中国首家正式推出"VISA 验证服务"的网上支付平台。
4 月	淘宝和搜狐达成战略联盟。
5 月	淘宝顺利租下微软 MSN 拍卖频道。
6 月	阿里巴巴 CEO 马云与盛大 CEO 讨论加盟 IPTV(交互式网络电视)的具体事宜。
6 月	eBay 易趣诚信支付工具"安付通"完成升级,开始对使用"安付通"的买卖双方实行全额赔付;支付宝全面升级完成,开始支持淘宝网之外的商家和买家使用。
6 月	中国人民银行发布《支付清算组织管理办法(征求意见稿)》,进一步明确了电子签名的合法地位,同时将电子支付纳入监管框架之中。

6 月	全球 C2C 巨头 eBay 宣布与环球资源建立战略联盟关系,进军中国 B2B 领域。
6 月	阿里巴巴与招商银行达成"银企战略合作协议",由招商银行为阿里巴巴提供"票据通"、网上中国国内信用证、多模式集团现金管理等多种中国国内领先的金融服务,并协助阿里巴巴建立安全、高效、便捷的资金结算网络,保证阿里巴巴的网上支付工具"支付宝"和招商银行系统无缝对接。
7 月	PayPal 与上海网付易信息技术有限公司联合推出"贝宝"网站——PayPal China,PayPal 因此绕过外资进入中国互联网行业的政策门槛正式进入中国市场。网易、TOM 在线和银联电子支付(ChinaPay)成为贝宝首批合作伙伴。同日,支付宝启动支付联盟计划,集结千余家购物平台和网站加入该联盟,其中包括金山、中关村在线、百度、搜狐等知名互联网公司。
8 月	中国国内域名注册和虚拟主机第一服务商中国万网与银联电子支付实现战略合作,万网所有业务的资金运转全部使用银联电子支付提供的网上支付系统。
8 月	雅虎与阿里巴巴联合宣布,雅虎以 10 亿美元加上雅虎中国的全部资产获得阿里巴巴集团 39％的股权。
8 月	快钱宣布获得硅谷 Doll 资本管理公司(Doll Capital Management,简称"DCM")和半岛资本公司的风险投资。
8 月	中国金融认证中心(CFCA)通过国家信息产业部审查,获得《电子认证服务许可证》,成为《中华人民共和国电子签名法》颁布后首批获得电子认证服务提供者资质的 CA 机构之一。
8 月	网银在线宣布推出支持《中华人民共和国电子签名法》的新一代网上支付平台。
9 月	腾讯推出自己的电子商务网站"拍拍网"和第三方支付工具"财付通",正式进入 C2C 电子商务领域。
9 月	信息产业部电子认证服务管理办公室为首批获得资格的 8 家电子认证服务机构颁发许可证书。
10 月	中国人民银行公布针对电子支付的首个行政规定——《电子支付指引(第一号)》。
11 月	招商银行与腾讯在北京联合推出银行联名卡"QQ 一卡通",并宣布向广大用户提供方便实用的银行卡关联消费服务,成为银行与互联网企业跨界合作的又一创新举措。

11 月	中国金融认证中心(CFCA)承担建设的"中国金融 IC 卡借记/贷记应用根 CA 系统"顺利通过人民银行项目验收。
12 月	中国国内出现的"手机钱包"支持的服务发展包括:查缴手机话费、动感地带充值、个人账务查询、购买彩票、手机订报、购买 IP 卡、手机捐款、远程教育、手机投保、公共事业缴费等多项业务。

2006 年

1 月	推出仅三个月的"财付通"在国内网上支付流量排名中跻身第二,仅次于支付宝。
6 月	中国工商银行为支付宝公司出具《客户交易保证金托管报告》,这是中国银行界第一次为第三方支付平台做资金托管的审核报告。诺基亚携手厦门易通卡公司以及厦门移动,启动中国首个 NFC 手机支付试验。
7 月	"北京市公共缴费服务联盟(数字北京缴费通)成立暨会员签约仪式"在北京海淀区社区服务中心举行,北京银联、首信易支付、恒信通、东方海达、贝多通信、首通万维和银联商务首批七家联盟成员企业现场签署了服务承诺书。
8 月	诺基亚与银联商务联合宣布在上海"第一八佰伴百货公司"启动 NFC 手机积分卡支付现场试验。
12 月	TOM 在线和 eBay 易趣宣告合并,易趣的管理权再次落入中国本土职业经理人手中。

2007 年

1 月	快钱与中国国内最大游戏在线门户网站联众世界达成合作协议,快钱为联众世界全球用户提供方便快捷的支付手段和增值服务。
3 月	淘宝网在中国国内率先推出"卖家先行赔付"机制。

(三)互联网证券

1997 年

8 月	闽发证券推出网上证券交易系统。

1998 年

3 月	99^{99}股票多媒体网站(www. 99stock. com. cn)开始试运行。

4 月	招商银行北京分行开通银证联网实时资金划转业务。
9 月	中国建设银行北京分行推出银证联网实时资金划转业务。
12 月	中国工商银行北京分行推出银证联网实时资金划转业务。

2000 年

3 月	证监会颁布《网上证券委托暂行管理办法》和《证券公司网上委托业务核准程序》，对网上交易的业务资格和运作方式做出了明确的规定。
4 月	国泰君安证券公司与北京庄明易联信息技术有限公司联手在深圳推出基于 WAP 无线通信技术的手机证券交易服务系统——"庄明易联无线证券交易服务"，成为中国国内首个为中国证券业提供手机证券交易操作的服务系统。
10 月	中国国内开展网上委托业务的证券经营机构达到 200 多家。

2001 年

3 月	证监会根据《网上证券委托暂行管理办法》有关规定，核准首批 23 家证券公司获得开展网上证券委托业务资格。
3 月	在当时 104 家证券公司中，正式开通网上交易业务的有 71 家，占证券公司总数的 68.27%，通过证监会网上业务资格核准的达到 45 家。
10 月	中国网上证券委托交易量占沪深交易所总交易量的比例上升到 5.74%；网上开户数 319 万户，占证券市场总开户数的比例达到 9.7%。

（四）互联网保险

1997 年

| 11 月 | 中国第一个面向保险市场和保险公司内部信息化管理需求的专业中文网站——中国保险信息网正式开通，并促成由新华人寿保险股份有限公司承保的中国网上投保第一单。 |

1998 年

| 7 月 | 中国保险信息网同中宏人寿签订委托上网协议，至此，中国保险信息网承建的公司网站包括中国太平洋、泰康人寿、中宏人寿、新华人寿、天安、华泰财产、华安财产等多家中国国内保险公司。 |

2000 年

3 月	朗络电子商务有限公司推出中国国内首家电子商务保险网站——"网险"(www. orisk. net),并与首批进驻"网险"的中国太平洋保险公司北京分公司共同推出网上个人保险和网上企业(团体)保险两大类保险,网上投保得以真正实现。同年,另一家电子商务保险网站——易保网上保险广场(www. eBao. com)成立。
6 月	中国保险信息网先后同法国国家人寿、英国标准人寿、瑞士再保险、美国林肯国民、德国慕尼黑再保险、荷兰全球人寿、科隆再保险等国际知名保险公司的在华机构签订会员协议,中国保险信息网的国内外保险公司永久性机构会员上升为 28 家。
5 月	中国人民保险广州分公司与建行广东省分行合作推出网上保险业务。
7 月	中国保险信息网推出围绕保险消费者的全新网站,并正式更名为"中国保险网",同时推出三大寿险导购系统。
8 月	太平洋保险和平安保险开通各种全国性网站,太平洋保险开通的太保网站成为中国保险业第一个贯通全国、连接全球的保险网络系统。
9 月	泰康人寿开通泰康在线网站,成为全国第一个应用数字认证技术的保险电商网站,实现了保险全过程的网络化。
12 月	易保网上保险广场(www. eBao. com)开通保险方案竞标平台,供保险消费者先在平台上匿名发布保险需求和基本情况,等待经过网站专业资格认证的保险公司提供量身定制的投保方案。

2001 年

3 月	太平洋保险北京分公司开通"网神"网站,在网站上推出 30 多个险种,开始了真正意义上的保险网销。
6 月	开通一个月的平安货运保险网(cargo. pal8. com)获得上海磁悬浮工程高达人民币 40 亿元的货运保险单,保单完成投保用时仅 10 分钟。

2005 年

4 月	《中华人民共和国电子签名法》颁布,允许保险公司实现全流程电子保单。
4 月	中国人保财险推出中国国内第一张全流程电子保单。

2006 年

1 月	"e 家保险网"在上海创立，并推出旅游交通保险，具体包括：中国国内旅行保险、境外旅行保险、航空意外保险、交通意外保险、出国签证保险等。

（五）互联网基金销售

2003 年

4 月	银联电子支付(ChinaPay)推出新一代开放式基金直销系统——银联通网上基金交易系统，该系统是最早开展基金销售的第三方支付系统。

2004 年

12 月	广州银联网络支付有限公司推出"好易联"（基金一网付通）基金交易系统。

2006 年

4 月	中国农业银行与国联基金签署基金网上直销合作协议及补充协议，拉开了中国银行业开展基金网上直销业务的序幕。
4 月	中国农业银行与鹏华基金签署基金网上直销合作协议。
5 月	中国农业银行在北京与长盛、富国、大成、国泰、长信 5 家基金公司签署基金网上直销业务合作协议，完成首批 7 家基金公司的全部签约工作。农行金穗卡持卡人可以通过基金网上直销业务平台购买以上 7 家基金公司共 30 只基金。
6 月	中国农业银行联合国联、鹏华、长盛、富国、大成、国泰和长信 7 家基金公司在天津召开新闻发布会，宣布与 7 家基金公司开通基金网上直销业务。

2007 年

4 月	已成为中国国内最大的基金代销银行的中国工商银行发布统计结果：2007 年 1 至 3 月，通过网上银行进行基金交易的金额占全行基金交易金额的 32%。

二、中国互联网金融的成长期(2007.6—2015.6)

（一）电子支付

2007 年

7 月	诺基亚 NFC 手机支付正式在中国投入商业运用,首批商业运用城市为厦门、广州和北京。同时,诺基亚在华推出全球第一款全面集成 NFC 技术的手机——诺基亚 6131iNFC 手机。
8 月	支付宝在香港正式推出海外业务,并相继与新加坡、澳大利亚、韩国等国家的商户或机构签约。
11 月	支付宝与中国台湾地区的电子商务服务供应商网劲科技合作,进入台湾市场。支付宝境外签约商户覆盖日本、新加坡、加拿大、美国、澳大利亚、新西兰、韩国、中国香港、中国台湾 9 个国家和地区。
12 月	支付宝与总部位于纽约市的咨询顾问公司 Philliou Selwanes Partners (PSP)达成合作协议,PSP 作为代理负责在北美推广支付宝服务。
9 月	中国移动江西公司基于二维码及彩信技术开发出手机二维码刷码支付兑换业务,并在九江市大学校园进行试点,成为最早推出二维码支付的机构。
10 月	中国农业银行上海分行联合技术提供商"立佰趣"在长宁区支行试运行指纹支付业务——"指付通",成为亚洲将生物识别技术应用于金融支付业务领域的第一家银行。
10 月	快钱联合中国移动在北京、上海、天津 3 个直辖市以及江苏、山东、湖南、四川、福建、广东六省全面推出网上手机充值业务。
11 月	中国人民银行在全国范围内开通小额支付系统跨行通存通兑业务,国内跨行存取款业务得以实现。
12 月	支付宝和招商银行再度携手,联合推出"支付宝卡通"业务,将支付宝特质巧妙嵌入招行"一卡通"之中,支付宝由此加快了与各大银行对接的步伐。

2008 年

1 月	快钱推出一站式信用卡跨行还款业务。
2 月	支付宝宣布推出手机支付业务,正式进军移动支付市场,并发布移动电子商务战略。

7 月	支付宝和网易旗下巨人网络公司宣布达成战略合作,支持巨人网络旗下 3 款游戏的费用支付,国内两大互联网巨头首次实现联手。
8 月	快钱在国内电子支付市场首次推出信用卡分期付款业务。同月,快钱推出新的支付产品——快易付,支持在没有任何人工操作的情况下,完成相关协定的款项支付。支付宝与中国网通徐州分公司签订合作协议,支持徐州网通用户通过支付宝平台缴付网通费用。腾讯财付通与中国电信四川公司、江西公司等达成网上缴费充值合作。支付宝注册用户数超过 1 亿,日交易额突破 4.5 亿元人民币,日交易笔数突破 200 万笔,仅次于用户数为 1.8 亿的美国 PayPal,位列全球第二大第三方支付平台。
9 月	支付宝与中国本土最大民营航空公司深圳航空达成合作,消费者可以在深航网站上通过支付宝在线实时支付订购的机票。
9 月	深圳发展银行宣布推出国际网上银行服务,成为中国较早推出国际网上银行服务的中资银行。
9 月	百度宣布推出 C2C 支付平台"百付宝",正式进入第三方支付领域。
10 月	支付宝与中国电信云南分公司合作的网上银行业务正式上线。中国工商银行上海市分行、中国建设银行上海市分行联合"立佰趣"开通"指付通"指纹支付业务,银行卡指纹支付业务正式进入上海金融业。
10 月	中国工商银行与用友软件签订网上银行战略合作协议,致力于推出小型企业在线财务软件和大型企业跨行资金管理软件两项创新型产品与服务。
10 月	中信银行、民生银行发放的中国金融认证中心(CFCA)第三方数字证书量双双突破百万。在中国开设网上银行业务的 60 多家银行中,有 50 多家银行纳入了中国金融认证中心建设的"统一的金融安全认证体系",有 7 家外资银行引入中国金融认证中心数字证书,中国金融认证中心(CFCA)数字证书共计发放量近 500 万。
11 月	支付宝与中国最大的便利支付网络拉卡拉达成战略合作,推出"网上购物,刷卡支付"新模式。快钱与新东方签署战略合作协议,快钱为新东方集团的全部考试业务提供电子支付服务。
12 月	中国移动和中国银联合资公司"联动优势"与多家合作伙伴启动"手机钱包"新业务平台。
12 月	中国首家实体家居暨网购体验馆——好百年家居 e 购体验中心在洪湖开业,并同步推出中国首例基于银行(兴业银行)自身跨行网上支付结算平台的网络购物平台——好百年家居 e 购网。

2009 年

1 月	中国工信部举办牌照发放仪式,确认向中国移动、中国电信和中国联通 3 家电信运营商发放 3G 牌照,中国移动获得 TD-SCDMA 牌照,中国电信获得 CDMA2000 牌照,中国联通则获得 WCDMA 牌照。
2 月	支付宝与北京天威诚信电子商务服务有限公司合作推出符合中国《电子签名法》要求的中国首个第三方支付平台 U 盾产品——支付盾。快钱与 PayPal 签订合作协议,共同开展国际贸易结算。
3 月	快钱推出 VPOS-CNP 信用卡无卡支付服务,允许信用卡用户通过电话、短信等方式对信用卡进行扣款以购买机票。
4 月	中国联通上海公司、上海公共交通一卡通股份有限公司和上海复旦微电子股份有限公司共同开发出"公交刷卡手机"。中国人民银行发布公告要求从事支付清算业务的非金融机构在 2009 年 7 月 31 日之前进行登记备案,这是中国人民银行首次对第三方支付清算业务进行摸底。
5 月	中国移动与支付宝进行系统对接,支付宝成为浙江移动商城重要支付方式之一,中国移动首次与第三方支付平台实现合作。银联携手各商业银行,进一步完善了银行卡风险管理的"五个系统一个中心"建设,建立银行卡风险信息共享系统、银行卡风险报告与管理系统、银行卡欺诈侦测系统、商户风险监控系统、风险管理公共服务平台系统和银联卡反欺诈服务中心。
5 月	中国电信上海公司正式推出天翼 3G"移动支付"业务,并与交通银行上海市分行签订战略合作协议。
6 月	中国联通在电信运营商中率先开通官方 3G 商城,并与易宝支付达成在线支付合作。
7 月	快钱为中国运动服饰著名品牌李宁提供信用卡无卡支付、人民币支付等多项支付服务。银联电子支付(ChinaPay)与 B2C 企业当当网签订合作协议,银联电子支付首度进入电子商务领域。
7 月	支付宝宣布用户数正式突破 2 亿大关,支付宝超越 PayPal 成为全球用户规模最大的电子支付平台。
9 月	财付通开始为联想、索尼、松下和三星等多家国内外家电厂商提供网上商城支付渠道服务,并计划进一步为这些厂商提供在线信用卡分期付款等针对性服务。
11 月	中国移动推出 RFID-SIM 卡,手机中装有 RFID-SIM 卡的手机用户可以在星巴克等店铺内刷手机消费。中国联通宣布与复旦微电子展开合作,开发通过定制机或者贴卡等方式进行移动支付的新技术。

11 月	支付宝正式推出手机支付服务。淘宝商城（天猫）首创"双十一网购狂欢节"，以开展促销活动，"双十一网购狂欢节"由此诞生。
11 月	支付宝为东方航空网站在线机票业务提供直销平台，同时东方航空在淘宝网开设官方旗舰店，航空业因此摆脱传统的线上、线下代理商模式，全面融入电子商务。
12 月	淘宝推出 3 款定制手机，专门用于手机购物。

2010 年

1 月	城市商业银行资金清算中心网上银行系统投产。
3 月	广东移动与浦发银行签署《股份认购协议》和战略合作备忘录，中国移动通过广东移动持有浦发银行经扩大后 20% 股份，成为浦发银行第二大股东，双方将在包括"现场支付"和"远程支付"在内的手机支付领域开展合作，并将联合研发和推广"手机金融软件"和"手机支付安全解决方案"。
4 月	阿里巴巴旗下"全球速卖通"与 eBay 第三方支付平台 PayPal 达成战略合作，PayPal 成为"全球速卖通"平台的支付方式之一，两大竞争对手也首次实现合作。
5 月	中国联通携手支付宝、财付通等第三方支付机构在国内首创手机营业厅交费充值业务，并允许用户在第三方支付账户余额不足时，从自己的银行账号直接转账完成支付。
5 月	中国银联联合 18 家商业银行、中国联通、中国电信、手机制造商等共同成立"移动支付产业联盟"，意欲打通支付、通信、芯片、智能卡、电子等不同行业间的壁垒，共建一个平台。
5 月	VISA 宣布自 2010 年 8 月 1 日起禁止全球会员银行通过中国银联清算通道受理带 VISA 标志的双币种信用卡，VISA 与银联的渠道之争由此公开化。
6 月	中国人民银行正式公布《非金融机构支付服务管理办法》。
8 月	财付通与 QQ 客户端新推出的"QQ 钱包"进行对接，构建中国第三方支付行业的首个开放式平台。
8 月	中国银联手机支付业务正式在云南开通，至此，其试点范围扩大到上海、山东、宁波、四川、湖南、深圳和云南 7 个省市。
8 月	央行第二代支付系统——网上支付跨行清算系统（IBPS, Internet Banking Payment System）在北京、天津、广州和深圳四个城市正式上线，首批获准接入系统的银行共计有 27 家。

9 月	中国银联宣布推出"银联在线"移动电子商务门户,并分别与成都市人民政府和 TCL 集团签署全面合作协议,发布全国首款经过银联认证的商用"支付手机",TCL 成为银联标准"支付手机"首家生产企业。
10 月	中国人民银行与 3 家电信运营商达成共识——由中国移动牵头,将移动支付标准统一调整为基于 13.56MHz 的、符合金融行业标准的技术标准。
11 月	银联在线商城悄然上线,且只支持银联电子支付(ChinaPay)和"全民付"便民支付。
12 月	中国人民银行发布《非金融机构支付服务管理办法实施细则》,以配合 2010 年 6 月颁布的《非金融机构支付服务管理办法》的实施工作。
12 月	支付宝与中国银行合作推出信用卡快捷支付服务,成为中国互联网支付领域首家推出快捷支付的机构。
12 月	银联商务有限公司、中银通支付商务有限公司与东方传媒集团 SMG 在上海签署合作协议,共同打造银行卡电视支付产品与标准,国际首创的电视支付系统平台正式亮相上海。
12 月	"联通手机一卡通"服务在北京正式上线。

2011 年

1 月	钱袋网针对 iPhone 4 的小 SIM 卡特别研发的 iPhone 4 版手机钱袋卡正式发布,这是中国首款支持 iPhone 4 的手机支付产品。
3 月	中国电信获得由北京市工商局颁发的支付公司营业执照,正式成立中国电信支付公司——"天翼电子商务有限公司"。
3 月	中国人民银行发布《中国人民银行关于推进金融 IC 卡应用工作的意见》,决定在全国范围内正式启动银行卡芯片迁移工作,目标在"十二五"期间全面推进金融 IC 卡应用。
3 月	支付宝与华数淘宝在杭州联合推出电视支付宝,杭州区域内华数电视用户可以在电视上使用支付宝账号进行购物支付。
4 月	中国联通获得支付公司营业执照,正式成立中国联通支付公司——"联通沃易付网络技术有限公司"。
5 月	京东商城表示,由于支付宝费率太高,一周内会完全停止与支付宝的合作,并将联合银联在两个月内推出自己的支付工具。
5 月	第一批 27 支付机构获得中国人民银行批准的支付业务许可证(支付牌照)。

5 月	中国支付清算协会在北京正式成立，主要成员包括中国国内银行、财务公司、第三方支付企业等单位。国务院办公厅转发中国人民银行等七部门联合制定的《关于规范商业预付卡管理的意见》。
6 月	eBay 旗下第三方支付平台 PayPal 宣布，从 2011 年 8 月 3 日起，结束与阿里巴巴旗下跨境小额批发平台——全球速卖通的合作。京东接入"银联在线支付"，成为"银联在线支付"平台 B2C 网上购物商城的首家商户。
6 月	支付宝宣布和中国工商银行达成战略合作，双方将在快捷支付、网络支付、银行卡收单等方面实现合作，此外，工商银行还将成为支付宝的备付金存管银行。
6 月	中国银联联合相关各方正式推出"银联在线支付"和"银联互联网手机支付"两项业务。
6 月	支付宝联手支付产业横向产业链的百家公司成立了中国首个安全支付联盟，以进一步保障支付环境安全。
6 月	中国银联与中国建设银行在上海签署移动支付合作框架协议，约定在移动支付领域全面合作，共同推动银行卡在移动电子商务领域的应用。
7 月	支付宝发布全球第一个手机条码支付产品，正式进入线下支付市场，为小卖店、便利店等微型商户提供低价的收银服务。中国移动获得支付营业执照，正式成立移动支付公司——"中移电子商务有限公司"。
8 月	中国银联与 HTC 联合发布首款银联移动支付智能手机——HTC"惊艳"。
8 月	商务部办公厅印发《关于开展单用途预付卡专项检查工作的通知》，对全国单用途商业预付卡专项检查工作进行统一部署。
8 月	第二批 13 家支付企业获得中国人民银行批准的支付业务许可证。
8 月	支付宝正式启动担保交易开放计划（Open. alipay. com），该计划致力于为网站、社区免费提供资金托管、商品发布、自动分润等多项核心功能。中国银联与京东商城签署战略合作协议，并宣布银联手机支付加载京东商城手机客户端。
9 月	支付宝宣布收购安卡支付，成为中国国内第三方支付领域首次公开披露的重大收购案例。
9 月	财付通宣布与美国网络服务供应商运通公司达成战略合作伙伴关系，双方致力于共同为用户提供跨境网上支付服务。
10 月	腾讯旗下超级电子商务平台——QQ 网购正式上线。

10 月	中国移动与浦发银行推出"中国移动·浦发银行借贷合一联名卡",该卡是全国首张集电子现金小额支付功能、借记卡理财功能和信用卡消费功能的"三卡合一"创新银行卡,也是首款在全国范围内实现手机现场支付的联名卡。
10 月	中国电信推出"银联翼宝"手机支付服务,用户只要更换一张 UIM 卡,便可将手机升级为一台移动支付终端,通过使用绑定在 UIM 卡上的任意个人银行卡进行支付。
11 月	支付宝联合微软推出支付宝定制版 IE 浏览器,以解决网上消费过程中的安全和便捷性问题。
11 月	中国人民银行发布《支付机构客户备付金存管暂行办法(征求意见稿)》,对备付金存管银行、备付金存放和使用划转、沉淀资金利息等业界关注的问题做出详细规定。
11 月	快钱发布专为外贸电商企业量身打造的国际收汇解决方案,成为中国国内首家涉足跨境支付的大型支付企业。
12 月	第三批 61 家支付机构获得中国人民银行批准的支付业务许可证,三大通信运营商旗下支付公司——天翼电子商务、联通沃易付网络技术、中移电子商务全部在本次牌照发放中获得支付牌照。
12 月	卫士通控股子公司成都摩宝网络推出手机支付解决方案——"蝙蝠"超声波支付,声波支付由此诞生。

2012 年

1 月	中国人民银行公布《支付机构互联网支付业务管理办法(征求意见稿)》,要求支付机构应根据审慎性原则,确定开立支付账户客户的资质,并对支付账户的开立实行实名制,并且不得利用信用卡透支为支付账户充值。
3 月	支付宝推出物流 POS 支付方案,并投入 5 亿元推动中国电商"货到付款"体系发展,这是支付宝首次重兵布局线下支付。
4 月	快钱宣布把业务从传统支付领域扩展到为小微企业提供金融服务上来,重点开展资金归集和应收账款融资两项新业务。
4 月	中国银联与 UC 优视共同推出基于 UC 浏览器的银联移动安全支付解决方案,面向整个手机浏览器行业,提供了一个远程支付解决方案和行业标准。
4 月	联想控股成员企业北京拉卡拉正式发布手机刷卡器,全面进军个人移动支付市场。

6 月	财付通与全球知名电子支付提供商 Cybersource、Asiapay 达成战略合作，布局全球支付市场。同时，财付通还与香港卓悦等美容保健产品零售连锁集团达成合作，大陆消费者可通过财付通账户用人民币直接购买这些境外商户的商品。
6 月	微软与支付宝达成战略合作，共同开发和部署设备健康模型，加强网络安全和隐私保护，并运用设备健康模型共同为用户开发全新的支付安全防御体系。
6 月	中国移动与浦发银行联合发布中国移动浦发银行近场支付联名卡以及后期演进产品 NFC 手机、浦发银行代缴话费、生活缴费及手机汇款四款产品。
6 月	中国银联与中国移动签署移动支付业务合作协议，共同探索手机终端更多的支付功能。
6 月	中国人民银行发布《银行卡收单业务管理办法（征求意见稿）》，向社会公开征求意见。
6 月	包括苏宁易付宝在内的第四批 95 家支付企业获得中国人民银行批准的支付业务许可证，其中最引人关注的是四家首次获牌的数字电视支付企业。
6 月	中国首个银行系电商平台——建设银行电子商务金融服务平台"善融商务"上线。
6 月	中国网民数量达到 5.38 亿，手机首次超越台式电脑成为第一大上网终端，"快捷支付类产品支付"超过"网银支付"成为"支付账户余额支付"以外最受欢迎的互联网支付方式。
7 月	汇付天下宣布继京东商城、苏宁易购之后，与互联网巨头腾讯正式达成合作，为其提供手机支付服务。
7 月	支付宝宣布升级现有移动支付方案为"移动快捷支付"。
7 月	中国人民银行发放第五批非金融机构支付业务许可证，山东青岛百达通一家单位获得支付业务许可证。
7 月	支付宝、分众传媒、聚划算开启战略合作，联手进军 O2O 市场，消费者用支付宝手机客户端，拍摄分众显示屏上聚划算推广商品右下角的二维码，即可进行该商品的购买，这是二维码在移动支付领域的创新运用。
7 月	上海、宁波、绍兴、湖州、台州、常熟、兰州和白银 8 个城市，成为"全国城市一卡通互联互通"的首批城市，全面启动公交卡一卡通互联互通。
7 月	支付宝宣布联合中行、农行、招行、平安、深发展 5 家银行推出信用卡分期付款业务。

8月	万事达卡国际组织宣布,其子公司国际支付服务供应商 DataCash 集团与支付宝达成合作协议,共同提供跨境支付解决方案。
8月	百货连锁品牌上品折扣与支付宝达成战略合作,成为传统零售领域首家与支付宝合作的企业,二者致力于运用二维码将线上支付和线下支付融合,助推上品折扣的 O2O 发展进程。
8月	中国银联与中国光大银行签署移动支付战略合作协议。银联表示,移动支付标准已经基本确定为银联主导的 13.56MHz,移动支付银联标准首次得到官方证实。
9月	招商银行与 HTC 联合发布"招商银行手机钱包"移动支付产品,该产品是中国商业银行在移动支付产业新标准下推出的首款移动支付产品。
9月	商务部发布《单用途商业预付卡管理办法(试行)》,以推动逐项落实《关于规范商业预付卡管理的意见》有关实名购卡、非现金购卡、限额发行、业务管理等方面的要求,并规定对发卡企业采取备案制度。
10月	京东完成对第三方支付公司网银在线的收购,正式布局第三方支付领域。
11月	"双十一"购物狂欢节当天,仅仅花了 13 个小时,天猫平台销售额就突破 100 亿,取得历史性突破,成为市场关注的焦点。
11月	中国农业银行联手财付通、中国银联推出全国首张配有"迷你"异型粘贴卡的信用卡——金穗 QQ 联名 IC 信用卡。
11月	财付通与美国运通联合上线"财付通美国运通国际账号",自此,财付通在线支付业务真正实现了"全球购"。
12月	拉赫兰顿、卡得万利、商诚、莱茵达、鑫晟、中锋、富友和成也 8 家商业保理公司获得保理证照,成为首批参加试点的商业保理企业。其中,商诚、卡得万利和富友均具有第三方支付公司背景,第三方支付涉足保理业务的程度进一步加深。
12月	中国银联印发《关于规范与非金融支付机构银联卡业务合作的函》,号召成员银行对第三方支付企业的开放接口进行清理整治。中国跨境贸易电子商务服务试点工作全面启动,上海、重庆、杭州、宁波和郑州成为首批 5 个试点城市。
12月	中国人民银行正式发布《中国金融移动支付系列技术标准》,该系列技术标准涵盖应用基础、安全保障、设备、支付应用和联网通用 5 大类 35 项标准。

2013 年

1 月	第六批 26 家支付机构获得中国人民银行批准的支付业务许可证。
1 月	国家发展改革委发布《关于优化和调整银行卡刷卡手续费的通知》，要求自 2013 年 2 月 25 日起适当下调部分偏高刷卡手续费标准。
1 月	支付宝发布新型移动支付平台"支付宝钱包"。"钱包"除提供之前的转账、扫码、条码支付三种支付方式外，还引入了声波付钱方式，并具有收集和管理优惠券的功能。
3 月	国家外汇管理局下发《支付机构跨境电子商务外汇支付业务试点指导意见》，决定在上海、北京、重庆、浙江、深圳等地开展试点支付机构跨境电子商务外汇支付业务。
3 月	中国银联旗下银联商务推出手机刷卡器"一盒宝"。
4 月	联想宣布携手拉卡拉推出定制版手机刷卡器——联想·拉卡拉手机刷卡器，同时将在超过千万部联想智能手机中预装拉卡拉客户端，这是手机厂商与手机刷卡器制造商的第一次亲密接触。
4 月	南昌、抚顺、锦州、葫芦岛、淮安、永州、江油、昆山和江阴 9 个城市也加入"全国城市一卡通互联互通"项目。
5 月	淘宝网上共有 10 多家店铺接受比特币作为结算货币。
6 月	中国人民银行发布《支付机构客户备付金存管办法》，对客户备付金的存放、使用、划转等活动进行全面规划。
6 月	腾讯将旗下支付平台财付通引入微信公众账户，对一部分公众账号开通在线支付购物功能。
6 月	平安收购深圳市明华智能技术有限公司，控股其旗下第三方支付子公司深圳壹卡会，曲线获得第三方支付牌照。
7 月	包括百度旗下百付宝、新浪旗下新浪支付等在内的 27 家支付企业获得中国人民银行批准的第七批支付业务许可证。至此，获得支付牌照的支付企业累计达到 250 家，腾讯、百度、阿里巴巴、新浪、网易、盛大这 6 家中国互联网巨头都拥有了自己的支付工具和支付牌照。
7 月	中国人民银行颁布《银行卡收单业务管理办法》，将商业银行和支付机构纳入统一监管，以规范收单业务。
7 月	中国银联正式推出移动支付应用"银联钱包"，开始首次试水建设从线上到线下的开放型银行卡增值服务 O2O(online to offline)平台。

7 月	中国银联在董事会上提出《关于进一步规范非金融支付机构银联卡交易维护成员银行和银联权益的议案》,要求 2013 年年底前全面完成非金机构线下银联卡交易业务迁移,统一上送银联转接;2014 年 7 月 1 日前,实现非金机构互联网银联卡交易全面接入银联。
8 月	微信 5.0 版本正式发布,微信支付如期加载在新版微信上,自此,微信平台打通了 O2O(Online To Offline)的闭环。
8 月	包括京东商城、当当网等电商平台,拉卡拉、易宝支付、钱袋网等第三方支付企业在内的 33 家单位联合发起成立中国首个互联网金融领域的行业协会"中关村互联网金融行业协会"。
8 月	银联召集 52 家与其达成协议的第三方支付机构,要求跨法人交易不得绕过银联。
8 月	2013 年中国互联网大会召开,会上中国联通透露将在 8 月底推出手机话费直接购买游戏道具等产品服务。
8 月	国务院办公厅转发商务部等部门发布的《关于实施支持跨境电子商务零售出口有关政策的意见》,以直接打通结汇、退税、通关等方面的瓶颈。
8 月	支付宝发布公告称,将停止所有线下 POS 业务。支付宝此次宣布停止所有线下 POS 业务被视为挑起了抵制银联的大旗。
8 月	独立法人机构民生电子商务有限责任公司(简称"民生电商")在深圳前海注册成立。
8 月	京东将腾讯旗下第三方支付工具财付通从支付环节撤下,京东与财付通长达六年的合作宣告结束。
9 月	广州获批成为跨境电子商务试点城市,跨境电子商务试点城市因此扩大到 6 个。
9 月	支付宝宣布与国内 11 家自动售货机运营商和上游的冰山、易触等自动售货机制造厂商达成合作,将为这些企业的自动售货机接入支付宝当面付系统,以实现交易的电子化。
9 月	支付宝开始针对信用卡付款收取小额支付手续费,手续费率为 1%,并取消 PC 端替他人还信用卡的免费服务,收取 2~25 元的服务费。支付宝付费时代到来。
9 月	外汇管理局正式向支付宝、财付通、银联电子支付等 17 家第三方支付企业下发首批跨境电子商务外汇支付业务试点牌照。

11 月	银泰商业集团与支付宝钱包达成战略合作,在 29 家银泰百货、银泰城门店,为消费者提供手机"当面付"服务,支付宝进军百货领域,正式开辟线下支付市场。
11 月	支付宝宣布,从 2013 年 12 月 3 日开始对在电脑上进行支付宝账户间转账收取手续费,0.5 元起收,10 元封顶,但移动端支付继续享受免费转账服务。支付宝推进移动支付战略开始实施。
12 月	中国人民银行、工业和信息化部、中国银监会、中国证监会和中国保监会五部委联合颁布《关于防范比特币风险的通知》。
12 月	中国工信部正式向三大运营商发布 4G 牌照,中国移动、中国电信和中国联通均获得 TD-LTE 牌照,中国移动通信进入 4G 时代。
12 月	北京成为中国首个大规模支持支付宝钱包支付打车款的城市,市民使用"快的打车"软件打车可通过支付宝付打车款。
12 月	上海自贸区正式启动自己的官方海淘平台——"跨境通",这是全国首个跨境贸易电子商务试点平台。

2014 年

1 月	宁波保税区跨境贸易平台也正式上线运行。
1 月	为应对中国监管层暂停银行和第三方支付机构的充值渠道,比特币中国交易平台自建了通过购买 BTCC 码充值卡的支付通道试图打破监管封锁。
1 月	淘宝发布《淘宝新增比特币等虚拟币等禁售规则公示通知》,禁售包括比特币、莱特币、比奥币、夸克币、无限币、可可币、便士币、PPCoin、NameCoin 等 9 种虚拟货币,同时对比特币等虚拟货币的挖矿教程以及比特币挖矿机等相关软硬件也加以禁售。
1 月	腾讯宣布旗下微信将与打车软件"滴滴打车"合作,在使用"滴滴打车"进行叫车且使用微信支付的情况下,可获得一定现金优惠。
1 月	继建行、民生等 7 家银行系电商上线之后,中国工商银行电商平台"融 e 购"正式上线。
1 月	中国平安推出集团旗下第三方支付平安付研发的电子钱包——"壹钱包"内测版,这也是首款由金融机构开发的集社交、移动支付于一身的移动 App 应用。
1 月	上海跨境电子商务行业协会正式揭牌成立,东航物流当选为会长单位。
1 月	阿里再次宣布,追加 5 亿元用于提高对"快的打车"接单司机的奖励。

1月	中国银联与新浪及其子公司新浪支付达成三方合作协议,以丰富和提升互联网支付服务。
1月	微信新年红包在微信"我的银行卡"里试运营。
2月	中国人民银行上海总部宣布,在上海自贸区启动支付机构跨境人民币支付业务试点。银联支付、东方电子支付、快钱、通联支付和盛付通5家支付机构与合作银行进行了对接签约。
2月	阿里旗下天猫国际正式上线,中国消费者可以直接通过天猫国际购买到海外原装进口商品。
2月	星展中国个人银行部推出"星乐付"手机支付服务,成为中国首家与银联合作开展移动支付业务的外资银行。
3月	国务院政府工作报告提出"要促进互联网金融健康发展",这是中央政府层面首次对互联网金融持支持态度。微信宣布,微信支付接口向已通过认证的服务号开放,同时,微信支付联合中国人民保险对用户因使用微信支付造成的资金被盗等损失提供100%全额赔付保障。
3月	腾讯与京东达成战略合作,腾讯通过向京东出资2.14亿美元(约合13.13亿元人民币),并置入自身旗下大部分电商资产,获得京东15%的股权,交易完成后,腾讯成为京东第三大股东。
3月	支付宝表示,其联合中信银行推出的网络信用卡将于一周后亮相,首批发行100万张,可用于所有在线消费。中信银行信用卡中心宣布,联合腾讯、众安财险正式推出中信银行微信信用卡,并将登录微信平台,首批公测用户为50万。中国人民银行给部分第三方支付机构下发《支付机构网络支付业务管理办法(征求意见稿)》和《关于手机支付业务发展的指导意见》草案,在小范围内进行意见征求,开始着手制定和发布针对第三方支付的监管法规。
3月	中国人民银行下发《中国人民银行关于银行卡预授权风险事件的通报》,针对此前全国发生多起不法分子利用预授权交易进行套现的风险事件,认定部分收单机构存在未落实特约商户实名制、交易监测不到位、风险事件处置不力等问题,最终对10家第三方支付企业进行了处罚。
3月	中国工商银行、中国农业银行、中国银行、中国建设银行先后下调快捷支付转账额度的上限;中国工商银行将以前由多家分行管理的5个支付宝快捷支付接口,缩减为统一由浙江分行1个接口进行管理,并对自己的快捷支付产品——工银e支付进行升级和推广。
3月	海关总署以加急文件的形式向上海、杭州、宁波、郑州、广州和重庆6个城市的海关下发了《海关总署关于跨境贸易电子商务服务试点网购保税进口模式有关问题的通知》,进一步对"保税进口"模式进行了规范。

3 月	中国人民银行下发紧急文件，暂停支付宝、腾讯的虚拟信用卡产品以及线下条码（二维码）支付等面对面支付服务。
4 月	京东集团正式进行分拆，下设京东商城集团和京东金融集团两个子集团公司、拍拍网子公司和海外事业部。
4 月	恒生电子股份有限公司发布公告称，马云通过个人控股的浙江融信以 32.99 亿元现金受让恒生集团 100% 股份，进而通过恒生集团间接持有恒生电子 20.62% 股份，成为恒生电子控股股东。
4 月	百度推出旗下支付业务品牌"百度钱包"，全面更新之前的"百付宝"支付产品。
4 月	百度宣布对外开放自身的"大数据引擎"，成为全球首个开放的大数据引擎的互联网企业。
4 月	中国国内的多家比特币交易网站陆续收到银行停止为其服务的通知。
5 月	中国平安首个面向用户的电子钱包版本——壹钱包 2.0 版正式上线，壹钱包 2.0 同时具备金融增值、消费支付和聊天等功能。
5 月	中国人民银行印发《关于逐步关闭金融 IC 卡降级交易有关事项的通知》，决定在全国范围内统一部署逐步关闭金融 IC 卡降级交易工作，以全面提升银行卡安全交易水平。
5 月	中国建设银行与支付宝签署第三方支付机构备付金存管框架协议，中国建设银行因此取代中国工商银行成为支付宝的备付金存管行。
5 月	支付宝正式公布"未来医院"计划，准备对医疗机构开放自己的平台能力，包括账户体系、移动平台、支付及金融解决方案、云计算能力、大数据平台等。
6 月	中国人民银行发布《中国人民银行年报 2013》，首次从整体上肯定了互联网金融满足社会融资需求的作用。
6 月	微信最新版本增加"零钱"转账和消息撤回两大功能。
6 月	腾讯财付通宣布与韩国新世界免税店集团就境外收单业务达成合作，用户在新世界网上免税店海淘时可使用财付通直接通过人民币付款结算。
7 月	广东、北京、山东等地区的 19 家第三方支付机构获得中国人民银行下发的第八批支付业务许可证。至此，获得支付牌照的支付企业累计达到 269 家。
7 月	支付宝与全球最大的退税机构环球蓝联宣布达成战略合作，联合推广支付宝海外退税服务，开始打通海外线下商家，为中国用户的海外线下消费提供 O2O 服务。

7 月	支付宝钱包联合三星在其三星发布的旗舰机型 GALAXY S 5 上率先推出指纹支付功能,这是中国首次在智能手机上开展指纹支付尝试。
7 月	财政部和商务部联合印发《关于开展电子商务进农村综合示范的通知》,确定在河北、黑龙江、江苏、安徽、江西、河南、湖北和四川 8 个省份开展电子商务进农村示范。
7 月	平安付与台湾银行签署合作备忘录,正式开展跨境电子商务支付合作。
8 月	邮储银行正式在全国推出二维码支付,同时,建行、招行、交行等多家银行也在手机银行 App 里嵌入了二维码功能。
8 月	微信 5.4.0.16 版本上线,新增搜索公众号、二维码识别、面对面收钱的功能。
8 月	万达与百度、腾讯在深圳举行战略合作签约仪式,宣布将共同出资在香港注册成立万达电子商务公司。
8 月	支付宝钱包也在上海地区与全家便利店联手推出"便捷支付 9 折优惠"的活动,推动通过手机支付宝钱包扫码完成交易。
9 月	支付宝联合华为推出中国首个指纹支付标准,并应用到华为 Mate7 手机上。
9 月	中国人民银行正式下发针对汇付天下、富友、易宝、随行付四家第三方支付机构的处罚意见。中国移动旗下中移电子商务有限公司与美国运通举行战略合作启动会,宣布通过与美国运通易世通电子旅行支票绑定,中移电商移动支付工具"和包"可实现快捷海外购物。
9 月	银联国际与希腊最大的收单机构 Alpha Bank 正式达成合作协议,至此,银联卡已获准在欧洲 20 多个国家使用。
9 月	阿里巴巴在纽约证券交易所上市。
9 月	百度和广发银行实现战略合作,双方约定将围绕大数据和 LBS 技术在银行业的应用、互联网金融业务的合作展开深入的探讨。
9 月	微信 5.5 版正式上线,新增卡包功能,可以聚合传统实物钱包里存在的银行卡、优惠券、电影票、会员卡等信息。
10 月	通信设备巨头中兴通讯宣布,旗下全资控股公司深圳市讯联智付网络公司同时获得移动支付、互联网支付和数字电视支付业务许可,成为中国首家一次性获得以上三张牌照的第三方支付机构。
10 月	阿里巴巴在首届浙江县域电子商务峰会上启动"千县万村"计划,计划将在 3—5 年内投资 100 亿元、建立 1 000 个县级运营中心和 10 万个村级服务站。

10 月	阿里巴巴成立小微金融服务集团——"蚂蚁金融服务集团"，旗下业务包括支付宝、支付宝钱包、余额宝、招财宝、蚂蚁小贷和网商银行等。
10 月	中国最大开放式网络缴费平台——光大·云缴费在北京发布，云缴费向第三方支付、同业伙伴等多方开放，打通了 PC 端、手机端、线下 POS 等各式缴费方式。
10 月	国务院常务会议决定，进一步放开和规范银行卡清算市场，提高金融对内对外开放水平。
11 月	中国银联携手中国东方航空在东航波音 777-300ER 客机上正式发布全球首创的"空地互联安全云支付"平台，使乘坐飞机的旅客在飞行途中也可以使用银联卡进行实时交易。
11 月	在"双十一"网购狂欢节，淘宝和天猫全天总交易额为 571 亿元，相比 2013 年"双十一"的 362 亿又一次刷新了纪录。
11 月	支付宝宣布将在澳大利亚悉尼设立子公司 Alipay Australia，为中澳跨境电商发展提供支持，至此，蚂蚁金服已在美国、新加坡、韩国、英国、卢森堡和澳大利亚 6 个国家设立了分支机构。
11 月	支付宝钱包推出"海外直购"服务，以让用户的海淘体验可以像在中国上淘宝网购物一样便捷。
12 月	腾讯财付通与日本恒生软件株式会社旗下网上商城东京 Pretty 达成合作，中国用户在东京 Pretty 上完成购物进行结算时，除了可选择财付通作为支付渠道外，还可以选择微信扫码支付方式，并以人民币结算。至此，财付通与多家国际知名商家达成合作，包括：iHerb、亚洲航空、韩国的知名的新罗免税店、新世界免税店、stylenanda，以及香港地区的卓悦集团、莎莎集团等。
12 月	苹果公司为支付宝开放接口，苹果手机用户可以在手机上安装的支付宝钱包内使用指纹支付功能。
12 月	阿里发起"双十二"支付宝钱包"掌上狂欢节"活动，旨在通过推动线下实体店购物狂潮，扩大支付宝在线下支付市场的占有率。
12 月	万达与快钱联合宣布，万达战略控股快钱，以与即将上线的万达电子商务产生协同效应，打通 O2O 支付环节。

2015 年

1 月	银联正式实行新修订的《银联卡受理市场违规约束实施细则》，该细则被业界称为"史上最严"银联卡监管政策。

1月	太平洋保险在线表示,太平洋保险集团正在申请第三方支付牌照,成为继平安集团后的又一布局第三方支付的大型保险集团。
1月	支付宝通过官方微博发布的"未来医院"成果单显示,截至2014年年底,"未来医院"已在北京、上海、杭州、广州、南昌、郑州、长沙、昆明、武汉等25个省市落地,覆盖37家医院,累计为超过30万名患者提供服务。
1月	京东集团宣布,京东县级服务中心在江苏省宿迁市、湖南省长沙县、四川省仪陇县、山东省平度市等全国多个县市正式开业。
1月	苏宁易购首批两家乡村自营服务站分别在江苏省宿迁市洋河镇和江苏省盐城市龙冈镇正式开业。
1月	芝麻信用在部分用户中公测中国首个个人信用评分——芝麻信用分。
1月	国家外汇管理局发布《关于开展支付机构跨境外汇支付业务试点的通知》,将支付机构跨境外汇支付业务试点范围扩展至全国。
1月	由中国电子商务协会、大学机构等十余家单位联合发起的学术研究机构"中国互联网金融研究院"在北京揭牌。
1月	主营预付卡发行与受理业务的第三方支付机构上海畅购企业服务有限公司倒闭,成为中国首家倒闭的第三方支付机构。
2月	"快的打车"与"滴滴打车"宣布实现战略合并。
2月	各互联网金融红包大战全面展开,在全国掀起了一阵风潮;同时,出国购物消费同样火热。中国人民银行对P2P网络借贷平台下达口头禁令,要求其暂停信用卡充值业务。
3月	在德国汉诺威IT博览会上,马云举起手机,通过支付宝"扫脸"支付,购买了一款1948年汉诺威纪念邮票,这是中国人脸识别技术应用到商业领域的首个产品雏形。
3月	苏宁易付宝在苏宁线下门店和苏宁易购服务站举行"321抢钱行动",首次推广移动支付产品易付宝钱包,并将其接入苏宁易购"海外购"频道。
3月	处于测试阶段的万达O2O平台"飞凡网"曝光,标志着万达O2O进入实战期。
3月	广东广物电子商务有限公司获得中国人民银行下发的第九批支付业务许可证。至此,获得支付牌照的支付企业累计达到270家。
3月	"中国互联网金融开放与创新服务联盟"在北京成立,该联盟聚集了中国互联网金融行业的众多知名第三方服务企业。

4月	企鹅智酷发布的"农村电商用户行为调查"结果显示，手机已成为农村最主要的网购终端，64.2%的农村网民是通过手机进行网购的。
4月	保监会发布公告称，原则上同意中国人民人寿保险发起设立全资子公司北京宝付通有限公司，布局第三方支付。
4月	微信宣布与家乐福中国正式达成全面合作，家乐福全国 237 家门店将陆续接入微信支付。
4月	国务院发布《关于实施银行卡清算机构准入管理的决定》，决定自 2015 年 6 月 1 日起全面放开中国银行卡清算市场。
4月	蚂蚁金服宣布支付宝钱包与商超巨头华润万家、家乐福达成合作，至此，中国大型零售商陆续完成接入微信支付或者支付宝、翼支付等第三方支付商。
4月	京东金融在全球移动互联网大会（Global Mobile Internet Conference，简称 GMIC）上正式宣布，"网银钱包"更名为"京东钱包"，"网银＋"更名为"京东支付"。
4月	微信和支付宝两大支付平台进一步在北上广深等城市抢夺便利店移动支付市场。
5月	苏宁香港门店接入第三方支付工具易付宝钱包，苏宁云商正式将移动支付体系拓展至海外。
5月	商超巨头沃尔玛宣布与支付宝达成合作，其深圳的 25 家门店率先开始支持支付宝付款，全国其他门店也将陆续接入支付宝。
5月	大型国有控股百货零售企业广百股份宣布推出"广百荟·跨境购"电商频道，将跨境电商发展推向新高度。
6月	京东钱包 FIDO 指纹支付正式上线，这是联想云服务集团与京东金融实现战略合作后的首个产品。
6月	民生银行总行营业部联合网贷之家等互联网业内知名机构共同发起成立"北京市小微企业合作社互联网产业分社"。
6月	微信正式推出"指纹支付"功能，支持所有消费及转账场景，单账户日累计金额不超过 5 000 元。
6月	平安银行率先推出光子支付。
6月	国务院办公厅印发《关于促进跨境电子商务健康快速发展的指导意见》，强调通过"互联网＋外贸"发挥我国制造业大国优势，实现优进优出，促进企业和外贸转型升级。

7月	蚂蚁金服宣布完成首轮增资,共引入了8家机构:社保基金、中国人保、中国人寿、太平洋保险、新华人寿、国开金融、春华基金和上海金融发展投资基金。
7月	肯德基在北京的300余家餐厅开始接受支付宝钱包支付。同日,支付宝9.0版本发布,将支付宝和支付宝钱包合二为一,并在原有服务的基础上,新增亲情账户、AA付款、借条、口碑平台等多种功能。
7月	中国平安对外宣布,将旗下第三方支付平台平安付和万里通进行业务整合。

（二）网络借贷

2007 年

6月	拍拍贷上线,全称"上海拍拍贷金融信息服务有限公司",成为中国首家纯信用无担保 P2P 网络借贷平台。
10月	宜信 P2P 网络借贷平台网站正式上线。

2008 年

7月	齐放网在上海成立,致力于发展 P2P 小额信贷开放式助学平台。

2009 年

3月	红岭创投电子商务股份有限公司正式上线运营,专注做互联网金融服务。

2010 年

5月	人人友信集团旗下公司及独立品牌"人人贷"平台正式上线。
6月	阿里巴巴集团联合复星集团、银泰集团、万向集团在杭州宣布成立中国首个专门面向网商放贷的小额贷款公司——浙江阿里巴巴小额贷款股份有限公司。

2011 年

6月	阿里巴巴集团在重庆两江新区成立电子商务融资领域的第二家小额贷款公司——重庆市阿里巴巴小额贷款股份有限公司,简称"重庆阿里小贷"。

9 月	哈哈贷在垫付借出者未收回的款项后，正式关闭网站，全面停止服务，成为中国第一家关闭的具备一定规模的 P2P 网络借贷平台。
9 月	银监会发布《关于人人贷有关风险提示的通知》，要求银行业金融机构务必建立与人人贷中介公司之间的"防火墙"。平安集团旗下成员上海陆家嘴国际金融资产交易市场股份有限公司在上海注册成立。

2012 年

1 月	安心贷成立，成为中国首家获得 ICP 经营许可证（电信业务经营许可证）的网络借贷平台。
3 月	陆金所网络投融资平台正式上线运营。
11 月	京东商城与中国银行北京分行签订战略合作协议，推出"供应链金融服务平台"。
12 月	P2P 网络借贷行业中第一家纯国有企业开鑫贷网站正式上线，并引入首批 30 余家江苏省监管评级 A 级以上的小额贷款公司作为合作担保机构，资金托管合作银行为江苏银行。
12 月	苏宁电器集团宣布与境外全资子公司香港苏宁电器有限公司共同出资发起设立"重庆苏宁小额贷款有限公司"，正式进军供应链金融服务领域。
12 月	中国首家"网络信贷服务业企业联盟"和"上海数字化与互联网金融研究中心"成立。
12 月	B2B 电子商务企业聪慧网形成了比较完善的第三方金融机构合作体系，将有贷款需求的商家推荐给第三方金融机构。

2013 年

1 月	慧聪网和民生银行共同发布"民生慧聪新 e 贷"信用卡产品，为慧聪网的买卖通会员企业提供 50 万元以下的信用贷款。
4 月	由"第一网贷"研发、编制成功的中国第一个反映全国 P2P 网贷行业全貌的指标体系"中国 P2P 网贷指数"发布。
6 月	京东集团旗下全资控股独立法人公司上海邦汇商业保理有限公司在上海嘉定区成立。
6 月	汇付天下总裁在参加"2013 年陆家嘴论坛"期间表示，汇付天下在江苏、浙江两省各选了一地级市做试点，联手银行做了半年的小微贷款。

7 月	中国人民银行向各家 P2P 网络借贷平台发放"网络金融发展状况调查问卷",对 P2P 网络借贷行业进行全面"摸底"。
8 月	中国人民银行牵头,联合银监会、证监会和保监会等七部委共同组建了"互联网金融发展与监管研究小组",并专程赴沪、杭两地进行调研。
8 月	平安银行全资子公司平安金科和全球在线交易平台 eBay 达成战略合作,由平安金科为 eBay 卖家提供融资解决方案,推出"贷贷平安商务卡"。
8 月	中国小额信贷联盟在北京正式对外发布中国首部 P2P 网络借贷行业自律公约——《个人对个人(P2P)小额信贷信息咨询服务机构行业自律公约》。
9 月	宜信宜人贷推出中国首款专业借款服务手机 App 应用,中国 P2P 网络借贷开始进入移动互联网时代。
9 月	招商银行通过其小企业融资平台"小企业 e 家"推出"e＋稳健"P2P 网络借贷项目,成为中国首家涉足 P2P 网络借贷业务的银行。
9 月	京东和百度在上海设立实体小额贷款公司的申请获得批准。
10 月	中国人民银行牵头,联合银监会、证监会和保监会等七部委共同组建的"互联网金融发展与监管研究小组"再次出动,奔赴深圳重点针对 P2P 网络借贷进行调查。
11 月	在处置非法集资部际联席会议上,中国人民银行对 P2P 网络借贷行业非法集资行为进行清晰界定,概括为三类情况:资金池模式、不合格借款人导致的非法集资风险以及庞氏骗局。
11 月	中国首家产业链金融投资平台——八陆融通成立。腾讯旗下财付通网络金融小额贷款有限公司(简称"财付通小贷")正式获批成立。
12 月	浙江省经济和信息化委员会发布全国第一个专门针对融资性担保公司与 P2P 网络借贷平台开展合作作出规定的政府文件《关于加强融资性担保公司参与 P2P 网贷平台相关业务监管的通知》。
12 月	中国第一个由金融监管系统主管的,专门针对互联网金融的行业自律机构"互联网金融专业委员会"宣布成立,10 家 P2P 网络借贷平台入围"互联网金融专业委员会"发起单位之列。
12 月	京东"京保贝"业务上线,供应商可凭采购、销售等数据快速获得融资,且无须任何担保和抵押。
12 月	"网络信贷服务业企业联盟"发布中国网络借贷行业首个行业标准《网络借贷行业准入标准》。

2014 年

1 月	中信银行联合银联商务在广州共同推出"POS 商户网络贷款"业务，开启了银行利用大数据开展信贷业务的先河。
3 月	北京银行与中关村互联网金融行业协会签署战略合作协议，并与广联达、卡联、天使汇、91 金融等互联网金融企业达成合作协议，同时发布运用互联网技术分析账单流水数据为小微企业提供融资的信用贷款产品——"小微贷"。
5 月	1 号店面向供应商、入驻商户、第三方合作伙伴和顾客的全方位金融平台"1 金融"正式上线，并发行面向供应商的"1 保贷"及面向用户的"1 元保险"两种产品。
5 月	广州从化柳银村镇银行与广州 P2P 网络借贷平台"贷贷网"合作，为其平台上的借贷项目提供担保，成为银行介入 P2P 网络借贷行业从事担保的首例，引起同行和监管层的极大关注。
6 月	百度财富携手多家银行在上海区域正式上线基于大数据的信贷产品——"帮帮贷"。
7 月	民生电商旗下 P2P 网络借贷平台——民生易贷正式上线。
9 月	P2P 网络借贷平台银豆网宣布获得 1000 万元人民币 A 轮融资，联想控股旗下联想之星为领投方。搜狐旗下的 P2P 网贷业务平台"搜易贷"正式上线，首批项目聚焦在房贷领域。
9 月	小米宣布投资 P2P 网络借贷平台积木盒子。
9 月	中国银监会创新监管部主任王岩岫首次提出 P2P 网络借贷行业监管的"十项原则"。
10 月	拍拍贷与长沙银行、华安基金在上海举行战略合作发布会，三方实现战略合作。
10 月	京东金融旗下小贷业务"京小贷"正式上线，京东在供应链金融领域再次布局。
11 月	慧聪网与其股东神州数码合资的小贷公司"神州数码慧聪小贷"获得牌照，开始向慧聪网平台上的商家试验性地提供贷款业务。广州从化柳银村镇银行收到地方监管层的叫停令，银行为 P2P 网络借贷平台提供担保的行为受到了监管层面的限制。
12 月	开鑫贷与江苏银行再次展开合作，将自身交易账户和江苏银行直销银行支付账户打通，这在业内属于首创。

2015 年

1 月	宜信与中信银行在北京签署战略合作协议，成为第一家真正与银行达成资金结算监督意向的 P2P 网络借贷平台。
2 月	民生银行"网络交易平台资金托管系统"对首批 4 家 P2P 网络借贷平台加以开放；京东旗下邦汇保理注册资本扩大到 15 亿元。
6 月	宜信旗下宜人贷与广发银行达成全面资金托管合作，实现了平台自有资金和网络借贷交易资金的完全隔离，银行 P2P 网络借贷资金托管进入实操阶段。
7 月	P2P 网络借贷平台积木盒子正式启动资金托管迁移，将平台资金托管从之前的第三方支付机构切换至民生银行资金托管系统，民生银行 P2P 资金托管进入实操阶段。

（三）互联网消费金融

2009 年

7 月	银监会在其公布的《消费金融公司试点管理办法》中对消费金融公司的概念加以界定，并对消费金融公司的设立、监管等事项提出了具体要求。

2010 年

1 月	银监会批准首批 3 家消费金融公司北银消费金融有限公司、中银消费金融公司和四川锦程消费金融公司筹建的申请，消费金融公司正式登上中国的历史舞台。
2 月	银监会批准首家外商独资消费金融公司捷信消费金融（中国）有限公司。

2013 年

2 月	京东正式上线消费金融产品"京东白条"。
3 月	中银消费金融公司与财付通共同研发的线上信用支付产品正式上线公测，这是中国首个由专业消费金融公司与第三方支付平台合作开展的互联网消费金融产品。
6 月	中国最大的信用卡积分商城"亿佰购物"已经倒闭。在互联网金融崛起的背景下，传统的信用卡网上分期商城陷入了困境。

7 月	国务院办公厅颁布《关于金融支持经济结构调整和转型升级的指导意见》，提出"扩大消费金融公司试点城市范围""尝试由民间资本发起设立自担风险的消费金融公司"。
7 月	阿里旗下天猫推出的消费金融产品天猫分期购正式上线。
8 月	兴业银行宣布将于 2013 年 8 月 31 日正式关闭兴业信用卡网上分期商城。
8 月	国务院颁布《关于促进信息消费扩大内需的若干意见》，提出加快推动信息消费持续增长。
9 月	京东金融在对外发布消费金融战略的同时宣布上线其第二款白条产品——"校园白条"。
10 月	全国首家针对大学生的互联网小微金融服务平台"分期乐"正式上线运营，中国的互联网消费金融模式正式出现。
11 月	为贯彻落实国务院文件《关于金融支持经济结构调整和转型升级的指导意见》中提出的要求，银监会发布修订后的《消费金融公司试点管理办法》。
12 月	中国首家由产业发起设立的消费金融公司——海尔消费金融公司正式开业。

2015 年

1 月	京东金融正式推出"校园白条"。
3 月	招联消费金融公司获批开业，成为中国第一家在《内地与香港关于建立更紧密经贸关系的安排》(CEPA)框架下成立的消费金融公司。
4 月	蚂蚁金服个人消费金融产品——"花呗"正式上线。
4 月	蚂蚁金服正式推出纯信用类个人消费贷款产品"借呗"，并嵌入支付宝中。
4 月	华中地区首家全国性消费金融公司——湖北消费金融公司正式开业。
5 月	苏宁消费金融公司在南京正式开业，成为全国首家由大型零售商主发起的民营资本控股的消费金融公司。
6 月	中国首家线上线下结合的互联网消费金融公司——马上消费金融公司正式开业。

（四）互联网众筹

2011 年

6 月	中国第一个发起和支持创意项目的中文综合型众筹平台点名时间正式上线。
8 月	会籍式众筹"3W"咖啡店筹资成功,成为典型的众筹网络融资案例。
9 月	类 kickstarter 众筹模式网站——追梦网正式上线,网站平台主要分为科技、设计、影像、音乐和出版专区。
11 月	中国首家股权众筹网络平台天使汇正式上线,以供创业者在网站上发布创业计划,并通过出售股权的方式获得天使投资。

2012 年

2 月	中国首家垂直型众筹平台淘梦网正式上线,主要从事电影类项目融资。
10 月	"美微会员卡在线直营店"在淘宝店铺开通,消费者可在该淘宝店拍下相应金额的会员卡,获得消费权利和"美微传媒"原始股份 100 股,中国首例股权众筹诞生。
12 月	私募股权投融资平台众帮天使网正式上线。

2013 年

2 月	网信集团旗下众筹网站"众筹网"正式上线,致力于为项目发起者提供募资、投资、孵化、运营一站式综合众筹服务。
7 月	众帮天使网更名为"大家投"。
9 月	大家投和兴业银行联合首创第三方银行监管账号"投付宝"。
9 月	中国证监会通报了此前淘宝网上部分公司涉嫌擅自发行股票的行为并予以叫停,利用网络平台向社会公众发行股票的行为被监管层首次界定为"非法证券活动"。
10 月	天使汇联合中关村天使投资协会、青年天使会等组织在北京发布《中国天使众筹领投人规则》。

2014 年

3 月	"淘星愿"改名为"淘宝众筹",淘宝正式建立了自己的众筹平台。
4 月	点名时间宣布将转型为智能硬件首发平台,但依然是一个众筹网站,只是与过去相比出路更清晰了。

6 月	平安好房网正式上线，主打房地产众筹。
7 月	京东金融宣布京东众筹平台正式上线。
7 月	有机有利众筹平台正式上线，成为中国首家农业众筹平台、中国首家生活服务众筹平台、山东省首家众筹平台。
9 月	百度与中信出版集团合作，开启出版行业 O2O 出版众筹项目。
10 月	"三个爸爸"孕妇儿童空气净化器项目筹资额突破 1 000 万元，达 11 226 231 元，支持人数 3 732 人，中国首个千万级众筹就此诞生。
10 月	九家股权众筹平台在深圳举办"中国（深圳）第一届股权众筹大会"，发起中国众筹行业首个股权众筹联盟——中国股权众筹行业联盟。
11 月	京东金融联手远洋地产推出房产众筹项目。
11 月	国务院常务会议要求建立资本市场小额再融资快速机制，并首次提出"开展股权众筹融资试点"。
12 月	中国证券业协会起草《私募股权众筹融资管理办法（试行）（征求意见稿）》，中国的私募股权众筹开始进入正规的立法程序和监管时代。

2015 年

1 月	股权众筹领域的国家队——"中证众筹平台"正式上线。
3 月	京东私募股权众筹平台——"京东东家"正式上线。
4 月	"众投邦"联合"创东方"建立新三板股权众筹基金——"创东方主投基金"，由创东方领投新三板公司，直接参与华人天地的新三板挂牌和定增。
4 月	苏宁众筹正式上线，平台包含六大品类，涵盖科技、设计、公益、农业、文化、娱乐等众筹产品。
5 月	天使客旗下新三板领投基金投资拟挂牌公司威勒科技，成功融资 504 万，且不到半小时就全部打款到位，创造新三板众筹史上最快打款速度。
5 月	在 A 轮融资估值已达 10 亿美元（约 65 亿人民币）的 WiFi 万能钥匙在筹道股权众筹平台向大众发起股权众筹投资计划，目标筹资额为 6 500 万元人民币，转让股权 1%。
6 月	700bike 城市自行车项目在淘宝众筹发起盲订，成为淘宝众筹乃至全国的首个盲订众筹项目。"和谢霆锋一起做公益"项目在京东众筹上线，开启了京东众筹"明星＋公益＋众筹"的新模式。

6 月	房地产界巨头万达联手快钱推众筹产品"稳赚 1 号",涉足互联网金融。
6 月	蚂蚁金服从黄浦区工商局拿到了股权众筹的营业执照,成为上海首家获得股权众筹营业执照的公司。
6 月	国务院在印发的《关于大力推进大众创业万众创新若干政策措施的意见》中着重提到要引导和鼓励众筹融资平台规范发展。
6 月	36 氪股权众筹平台正式上线,除采用"领投＋跟投"模式降低投资风险之外,36 氪股权众筹平台首创老股发行产品。
7 月	中国首个由政府指导、企业自发形成的股权众筹联盟"中关村股权众筹联盟"在北京中关村成立。
7 月	国产动画《西游记之大圣归来》上映 62 天,狂揽 9.25 亿人民币票房,创造中国电影众筹史上的第一次成功。
7 月	小米众筹平台上线。

（五）互联网理财

2007 年

12 月	证监会下发《关于基金销售第三方支付有关问题的通知》指出,证监会至今未批准任何专业第三方支付机构为基金管理公司或基金代销机构提供基金销售支付服务。

2008 年

2 月	中国农业银行携手 42 家基金公司在北京启动基金网上直销新平台——基金 e 站。

2010 年

5 月	汇付天下完成证监会备案,获批准开展网上基金销售支付服务,成为首家获得证监会批准从事基金销售第三方支付的机构。
5 月	华夏基金正式登陆"天天盈",成为首家引入第三方支付开展基金销售业务的基金公司。
10 月	通联支付获准开展网上基金销售支付服务。

| 11 月 | 汇付天下正式发布其为基金网上销售提供支付服务的产品"天天盈"，并宣布与博时、易方达、南方、华安、华宝兴业、国泰、银华、鹏华、银河和海富通 10 家基金管理公司达成合作。 |

2011 年

5 月	易方达、博时、上投摩根基金公司发布公告称，自 2011 年 6 月 1 日起，将全面停止和广州银联网络支付有限公司合作提供的"好易联"基金认/申购、定投、开户业务。
6 月	中国证监会公布《证券投资基金销售管理办法（修订稿）》，新办法主要调整了基金销售机构准入资格，对第三方基金销售平台进行开闸。
8 月	中国证监会发布《证券投资基金销售结算资金管理暂行规定（征求意见稿）》，鼓励基金销售机构与第三方支付机构合作。
12 月	中国证监会基金部副主任对外表示，证监会已完成基金销售机构注册平台的建设工作。

2012 年

1 月	银联电子支付(ChinaPay)完成证监会备案，获准开展基金销售第三方支付业务。
2 月	证监会正式颁发首批独立基金销售牌照，众禄基金、好买财富、诺亚正行和东方财富网四家机构获得独立基金销售牌照，被允许开展公募基金的销售，基金业的第三方销售终于开闸。
4 月	数米基金网、同花顺和上海长量信息科技三家机构获得第二批基金第三方销售牌照。
4 月	博时基金发布公告称，其旗下博时现金收益货币市场基金新增诺亚正行为代销机构，博时现金收益成为第三方销售机构代销的首只公募基金，诺亚正行则成为第一家开通公募基金销售业务的机构。
4 月	上投摩根基金宣布与诺亚正行签订了上投摩根货币市场基金代销协议。
5 月	证监会发放新一批基金销售支付结算企业资质，支付宝、财付通和快钱 3 家第三方支付机构获牌。
12 月	华安基金开通"货币通"业务，允许华安基金电子直销业务的投资者直接使用其账户内的"华安现金富利货币基金"份额在京东商城、红孩子、母婴之家等 8 家电子商务购物网站进行消费款项的实时支付。

| 12 月 | 证监会公布《证券投资基金销售机构通过第三方电子商务平台开展证券投资基金销售业务指引（试行）（征求意见稿）》，并向社会公开征求意见。 |

2013 年

5 月	数米基金网推出"数米现金宝"，充值"数米现金宝"相当于购买海富通货币基金 A，取出的资金直接到达投资人的银行账户。
6 月	支付宝上线余额理财产品"余额宝"。
6 月	东方财富旗下天天基金网宣布推出一款与"余额宝"相似的产品"活期宝"。
7 月	在"新浪中国银行业发展论坛 2013"上，新浪宣布推出微银行服务，正式涉足理财市场。
8 月	外贸信托启动微信订阅号"五行财富"，成为首家开通微信订阅号的信托公司。
10 月	中国银联旗下银联商务宣布，启动"天天富"互联网金融理财平台。
10 月	淘宝网获得基金销售第三方电子商务牌照，成为首家具有基金代销资格为基金提供销售服务的第三方电子商务平台。
11 月	广发银行淘宝店上线，成为首家与淘宝理财频道合作的银行。
12 月	华宝兴业基金完成微信公众号功能升级，开通"现金宝"货币基金直通交易功能，可以实现 T＋0 快速取现业务。
12 月	兴业银行推出互联网理财平台"钱大掌柜"，开始布局互联网理财。
12 月	好买财富宣布获得腾讯 B 轮投资，这也是腾讯首次投资中国国内独立第三方财富管理公司。

2014 年

1 月	苏宁与广发基金、汇添富合作的"类余额宝"产品"零钱宝"正式对外开放。
1 月	腾讯与华夏基金、汇添富基金、易方达基金和广发基金四家基金公司合作推出的金融理财开放平台——理财通在微信上正式上线。
2 月	平安集团旗下陆金所率先推出 P2P 网络借贷平台系的"宝宝"类余额理财产品"陆金宝"。

2 月	苏宁联合银行搭建的面向平台第三方商户及合作供应商的对公理财产品正式上线。
2 月	入驻淘宝网基金店的基金公司达到 31 家。
3 月	"信托 100"平台成立，开始试水"互联网＋信托"业务。
3 月	兴业银行在自己的互联网理财平台"钱大掌柜"上面推出自己的余额理财产品"掌柜钱包"。
3 月	北京京东叁佰陆拾度电子商务有限公司成为继淘宝网基金店后的第二家网络基金销售机构。
3 月	新浪旗下第三方支付新浪支付正式对外宣布，获得中国证监会下发的基金销售第三方支付牌照。
4 月	新浪理财平台"微财富"正式上线，首只产品为"存钱罐"，对接的是汇添富现金宝货币基金。
4 月	百度宣布旗下第三方支付"百付宝"获得基金销售第三方支付牌照。阿里全资注册的子公司上海招财宝金融服务信息有限公司对外宣布成立，阿里将招财宝定位为定期理财产品平台。
4 月	京东金融正式推出定期基金产品"国泰安康养老定期支付混合型证券投资基金"，开始拓展能够提供稳定现金流的家庭理财产品。
4 月	信托业协会发表声明，明确指出"信托 100"网站不属于合法从事信托业务的机构。
4 月	"信托 100"将触角进一步伸向资管产品的拆分，投资门槛为 1 万元。
6 月	"信托 100"共推出 120 个信托类产品。
6 月	网易旗下第三方支付网易宝获得证监会颁发的基金销售第三方支付牌照，成为继新浪和百度之后，又一家获得基金销售第三方支付牌照的互联网公司。
8 月	前海航空航运交易中心正式开业，成为中国首家航空航运交易所。
8 月	阿里小微金融服务集团正式对外发布定期理财产品平台"招财宝"，并推出其核心主打功能"变现"。
9 月	京东金融开卖招商银行人民币岁月流金 546 号理财计划，但由于突破了《商业银行理财产品销售管理办法》规定的首次购买"面签"的规定，在产品销售第二天就被监管层书面叫停。
9 月	数米基金网正式登陆淘宝，成为第一家在淘宝开店的第三方基金销售机构。

12 月	中信信托正式推出"中信宝"消费信托互联网平台,同时还推出全国首单养老消费型信托产品——"中信和信居家养老消费信托"。
12 月	"宝宝"类余额理财产品数量达到 79 只,规模为 15 081.47 亿元,较上一季度减少 557.46 亿元,自余额宝上线以来,宝宝类理财产品首次出现整体规模负增长。
12 月	68 家信托公司都建立了自己的官方网站,其中大多数开通了微博,37 家信托公司在微信平台开通了公众号或订阅号,7 家信托公司在移动端推出了手机 App。
12 月	"信托 100"对业务进行整合与拓展,推出"展业通""如意存"和"随心转"服务。

2015 年

1 月	中国人民银行下发《关于银行业金融机构远程开立人民币银行账户的指导意见(征求意见稿)》,对银行远程开立账户提出框架性意见,显示出监管层开始逐步放松银行理财产品销售首次购买"面签"的门槛,远程开户进入实验阶段。网易正式推出中国首家互联网贵金属交易平台"网易贵金属",同名手机客户端也同步上线。
2 月	顺丰集团与易方达基金合作推出理财产品"顺手赚"。
3 月	由壹钱包自主研发的"任性"系列理财产品登陆壹钱包 App 销售,标志着平安集团旗下第三方支付机构平安付壹钱包平台与平安集团各业务部门金融资产开始正式对接。
4 月	恒生电子发布公告称,旗下第三方基金销售机构数米基金网拟实施增资扩股,蚂蚁金服以 1.99 亿元入股,获得数米基金网 61% 股份。
5 月	中国东方资产管理公司与蚂蚁金服签署全面战略合作协议。具体合作模式是,东方资产拿出一些存量资产,通过天津金融资产交易所挂牌后,在蚂蚁金服的招财宝平台上进行对接。
5 月	万达在全国各地为其与快钱共同打造的首款互联网金融理财产品"快利来"做宣传,拉开进军互联网金融的序幕。

（六）互联网银行

2013 年

2 月	民生银行直销银行正式上线运行,并陆续上线了如意宝、民生金、轻松汇、定活宝、称心贷、薪资贷等产品,涵盖个人存款、汇款、理财、贷款等业务。

3 月	中国银行深圳市分行举行 VTM(Virtual Teller Machine)远程银行揭幕仪式。
3 月	时任中国银监会主席尚福林公开表示,银监会选择了一些民营资本共同参加首批 5 家民营银行的试点工作,试点地点分别为天津、上海、浙江和广东。
7 月	中国银监会批准筹建首批三家民营银行:深圳前海微众银行、温州民商银行、天津金城银行。
9 月	阿里巴巴和中国民生银行达成战略合作,计划在传统的资金清算与结算、信用卡业务等方面以及理财业务、直销银行业务、互联网终端金融、IT 科技等诸多方面开展合作。
9 月	北京银行宣布正式开通直销银行服务模式,中国第一家直销银行破土而出。
12 月	微众银行正式获得银监会批准开业,注册资本 30 亿元,腾讯认购 30%股份,为最大股东。
12 月	微众银行官网正式开通,微众银行成为中国首家纯线上互联网银行。

2014 年

1 月	李克强总理考察微众银行,通过互联网给卡车司机徐军发放了 3.5 万元贷款,中国纯线上互联网银行发放的第一笔贷款产生。
1 月	微众银行开始试营业。
5 月	微众银行首款个人小额信用循环消费信贷产品"微粒贷"在手机 QQ 钱包上线内测。
6 月	浙江网商银行在杭州宣布正式开业。

（七）互联网证券

2009 年

6 月	中国股民开户数超过 1 亿户,网上交易占证券行业交易市场份额的 70%。

2012 年

8 月	安信证券、国泰君安证券、国信证券、海通证券、兴业证券和中信证券 6 家证券公司联合发表题为《再造我国证券公司作为投行的三大基础功能》的署名文章,呼吁恢复证券公司作为投资银行的基础金融功能。
11 月	光大证券获得客户证券资金账户消费支付首个试点资格。
11 月	光大证券向客户推出证券资金消费支付产品——金阳光支付通,中国证券账户首次实现支付消费功能。
12 月	华创证券率先引入第三方支付公司,致力于开发在风险可控前提下的创新客户账户管理模式,为投资者提供保证金账户的支付功能。
12 月	中国证券公司网上委托交易额突破 30 万亿元,占沪、深证券交易所全年股票(A、B 股)、基金总交易额的比重达 96%。

2013 年

3 月	中国证券业协会发布《证券公司开立客户账户规范》,明确证券公司不仅可以在经营场所内为客户现场开立账户,也可以通过见证、网上及中国证监会认可的其他方式为客户开立账户。
3 月	齐鲁证券率先在手机上完成资金账户开立,成为第一家进行非现场资金账户开立的实践者。
5 月	国泰君安证券完成一轮业务调整,将零售客户部全部取消,以网络金融部替代,成为首家成立网络金融部的证券公司,开始全面进军互联网金融。
7 月	中国证券登记结算有限责任公司组织国泰君安证券、齐鲁证券、国信证券、宏源证券开展数字证书认证业务试点。其中,国泰君安、齐鲁证券通过各自的网上开户系统为投资者开立了证券账户,网上开户正式启动。
8 月	东方证券、中信证券、安信证券、华创证券、东海证券、国泰君安、华泰证券和招商证券 8 家证券公司获得证券资金消费支付试点资格。其中,国泰君安证券还获准以特许参与者身份直接接入中国人民银行大额支付系统(HVPS),直接与银行进行结算,成为首家获准直接接入中国人民银行大额支付系统(HVPS)的证券公司和非银行金融机构。
10 月	海通证券获得证券资金消费支付试点资格。
11 月	国金证券宣布与腾讯签订为期两年的《战略合作协议》,双方将在网络证券公司、在线理财、线下高端投资活动等多个方面开展合作。

2014 年

2 月	银河证券获得证券资金消费支付试点资格。
2 月	国金证券与腾讯合作率先推出中国第一只互联网和经纪业务结合的金融产品——佣金宝。
3 月	中山证券、中信证券、海通证券、同信证券、湘财证券和民族证券 6 家证券公司相继与腾讯达成合作，7 家证券公司将顺序出现在"腾讯自选股手机移动终端"。
3 月	中山证券宣布与腾讯联合推出移动金融平台"零佣通"，提供证券交易零佣金。次日，证监会宣布中山证券"零佣通"服务涉嫌违规，已被叫停。
4 月	中信证券、平安证券、长城证券、华创证券、银河证券和国泰君安 6 家证券公司宣布获得首批互联网证券业务试点资格，开始了围绕账户管理为核心的证券行业革命。
4 月	华泰证券支持网上开户功能的新一代移动理财服务终端"涨乐财富通"正式上线。
5 月	国元证券宣布与上海万得信息技术股份有限公司签署《国元万得战略合作框架协议》，主要合作内容为通过万得手机客户端为国元提供在线开户、理财产品销售、线下投资活动，以及拓展对冲基金业务等服务。
5 月	中信证券手机客户端正式上线。
5 月	市场报道中信、国君等几家大型证券公司牵头 30 家机构发起"证券版银联"，试图将"证券版银联"作为支点来撬动证券公司支付革命，整个市场为之震动。
5 月	证监会发布《关于进一步推进证券经营机构创新发展的意见》指出，将推进统一证券账户平台建设，建立与私募市场和互联网证券业务发展相适应的账户体系，规范证券行业支付系统，研究建设支付平台。
6 月	中金公司推出自建的互联网财富管理平台中金金网；海通证券推出炒股软件"e 海通财"手机 App，全面整合证券公司的交易、理财、投资、融资和支付五大功能。
9 月	证监会批准广发证券、国信证券、海通证券兴业证券申银万国、华泰证券、中信建投和万联证券第二批 8 家证券公司开展互联网证券业务试点。
10 月	银河证券与上海银行合作正式推出联名信用卡，将客户证券资金账户和信用卡绑定，开展证券资金信用卡还款的服务，实现了证券资金账户的消费支付功能。
11 月	国海证券宣布拟出资 2 500 万元参股证通股份有限公司。

11 月	兴业证券宣布拟出资 5 000 万元参股证通股份有限公司。
11 月	招商证券宣布拟出资 5 000 万元，参与发起证通股份有限公司，"证券版银联"进入实质性创立阶段。
11 月	证监会批准财富证券、财通证券、德邦证券、东海证券、方正证券、国金证券、国元证券、长江证券、招商证券和浙商证券第三批 10 家证券公司开展互联网证券业务试点。
12 月	证监会批准第四批 11 家证券公司开展互联网证券业务试点。

2015 年

2 月	国海证券获得证券资金消费支付试点资格。
3 月	招商证券获得证券资金消费支付试点资格。
3 月	证监会批准第五批 20 家证券公司开展互联网证券业务试点，至此，证监会批准开展互联网证券业务试点的证券公司数量达到 55 家，约占证券公司总数的一半。
4 月	太平洋证券获得证券资金消费支付试点资格。
4 月	中国证券业协会举办"互联网＋资本市场"培训研讨会，会上明确指出，监管层将积极推动证券行业与互联网企业的融合发展。
7 月	蚂蚁金服正式宣布，支付宝钱包将于 7 月底开通炒股功能。

（八）互联网保险

2007 年

| 9 月 | 中国工商银行与泰康保险合作在业内率先推出通过网上银行买卖的投连险业务——泰康安心理财投资连结保险。 |

2009 年

3 月	华泰财险与蒙迪艾尔救援公司、春秋航空公司合作推出电子化航空意外险、旅行险，开始探索开展保险产品的电子商务业务。
4 月	中国第一家专业汽车保险公司——天平汽车保险股份有限公司率先在北京和上海两地成功开通车险电子商务平台。
12 月	中国保监会发布《保险公司信息化工作管理指引》，要求各保险公司把信息化工作纳入公司全面发展框架进行统筹考虑。

2010 年

6 月	太保寿险网上商城首期建设完成，并在行业内率先实现网上实时出单。
7 月	华泰财险与淘宝网联合推出中国第一款针对公众互联网生活的保险产品——"网络购物运费损失保险"。

2011 年

2 月	华泰财险联合春秋航空在春秋航空官网上销售境外旅行险。
9 月	太平财险与快钱公司达成合作，太平财险借助快钱在第三方支付领域创新的行业解决方案，打造电子化财务集中管理平台。
9 月	中国保监会下发《保险代理、经纪公司互联网保险业务监管办法（试行）》，明确了保险代理、经纪公司从事互联网保险业务采取事后报告的方式，并在中国保监会核准后通过中国保监会网站公示；设立了保险代理、经纪公司从事互联网业务的准入门槛。

2012 年

1 月	快钱率先实现对财险核心企业的全覆盖，在财险行业第三方支付市场中所占份额位列第一。中国太平洋保险集团成立一站式保险电子商务平台——太平洋保险在线商城。中国保监会批复中国首批互联网保险销售备案资格，北京慧保保险经纪有限公司自办网站慧保网和中国货运保险网双双核准备案成功。
8 月	华泰财险与携程旅行网共同推出中国首创的酒店取消险。
9 月	太平集团斥资 2.65 亿元打造电子商务公司，主要为旗下太平人寿、太平财险提供保险产品的电子分销渠道。
12 月	国华人寿在淘宝网上推出偏重理财收益、弱化保险功能的短期理财型保险产品，三天销售额突破 1 亿元，在业界引起轰动，其他保险公司纷纷加以效仿。

2013 年

1 月	华泰财险与永乐票务网合作推出中国第一款票务取消险。
4 月	支付宝联合平安产险在业内首次推出"快捷支付被盗刷保险"。
8 月	中国保监会发布《关于专业网络保险公司开业验收有关问题的通知》，对专业网络保险公司在开业验收时需实现的信息安全和风险防控措施加以规定。

11 月	由中国平安、阿里巴巴和腾讯等筹资建立的中国首家纯线上互联网保险公司"众安保险"正式上线开业。
11 月	中国人寿保险集团斥资 10 亿元全资成立一级子公司中国人寿保险电子商务有限公司,专门开展保险产品的网销电销业务。
11 月	泰康人寿与淘宝保险联合推出中国首个针对电子商务创业人群的保障平台"乐业保"。
	以万能险为代表的理财型保险引爆第三方电子商务平台市场。

2014 年

1 月	平安保险通过收购第三方支付公司的方式取得支付牌照。
1 月	华泰财险与苏宁易购联合开发的互联网综合保障计划"马年春节旅途综合保"正式上线,包括"人在囧途险"和"老板莫怪险"两个保险产品,目的是帮助春节期间出行人群有效应对在乘坐交通工具时可能遇到的意外和延误风险。
3 月	新华保险成立全资子公司新华世纪电子商务有限公司,注册资本 1 亿元。
4 月	华泰财险与京东金融达成战略合作,推出针对互联网个人账户资金安全的"个人账户安全保障保险",以为在京东上线的"小金库"产品用户提供账户安全保障。
9 月	支付宝推出"账户安全险",保障范围为支付宝账户上的支付宝余额资金、余额宝资金和快捷支付资金,用户可登录支付宝购买。
9 月	中国太平保险集团投资设立的"太平电子商务有限公司"在深圳正式开业。
12 月	中国保监会发布《互联网保险业务监管暂行办法(征求意见稿)》,向社会公开征求意见。
12 月	平安集团推出 3.0 版壹钱包,其中新加入保险产品以服务保险客户。

2015 年

2 月	慧择网联手中国人寿推出了互联网保险电子发票,迈出了中国互联网保险深入融合电子化的重要一步。
2 月	众安保险与小米支付公司合作推出的小米盗刷险上线,全面保障小米支付用户的账户安全。

7 月	全球领先的新一代产、寿险软件和服务提供商——易保（eBaoTech）宣布与阿里云签署全面合作协议，推出全球首个互联网保险云平台（eBaoCloud）。

三、中国互联网金融的规范期(2015.7—2018.12)

（一）电子支付

2015 年

7 月	中国电信与中国银联联合推出 4G-NFC 移动支付新产品，中国电信在其 4G-NFC 手机钱包客户端中开辟了"银联专区"。
7 月	中国人民银行发布《非银行支付机构网络支付业务管理办法（征求意见稿）》，对第三方支付机构从事支付业务的额度按照安全验证等级进行了限制。
8 月	中国人民银行取消浙江易士企业管理服务有限公司（简称"浙江易士"）的支付业务许可证，成为全国首例支付业务许可证注销事件。
8 月	全国共有 26 家支付机构参与跨境外汇支付业务试点，累计办理跨境收支 51.9 亿美元。
9 月	招商银行宣布，自当月 21 日起进入"网上转账汇款全免费"时代，所有个人客户通过招商银行网上个人银行、手机银行 App 办理境内任何转账业务（包括异地和跨行转账）均享受免费待遇。
9 月	国务院办公厅印发《关于推进线上线下互动加快商贸流通创新发展转型升级的意见》提出，重点发展农村和农产品电子商务，大力发展跨境电子商务。
9 月	阿里巴巴集团及其旗下蚂蚁金服共同宣布，"战略"投资印度最大移动支付和商务平台 Paytm，向 Paytm 注入新资本。
10 月	北京等城市的一些线下中小商家收银处陆续贴出"微信支付"和"支付宝钱包"的标签。
10 月	江苏银行宣布，自当月 11 日起个人网银及手机银行转账全部实行零费率。

10 月	中信股份宣布其间接全资附属公司中信控股与正大海外、信投国际、伊藤忠、中国移动，以及 Wealth Partner 共同出资 4.838 8 亿美元成立合资公司"见见面开曼群岛控股有限公司"，以在中国经营跨境电子商务业务。
10 月	微信支付转账功能结束免费时代，对每人每自然月转账金额超过 2 万元的部分收取 0.1％的手续费。
10 月	蚂蚁金服宣布，支付宝从 2015 年四季度起正式进军中国台湾，并推出中国台湾市场跨境 O2O 业务。
11 月	上海银行开始实施个人网银及手机银行转账零费率政策，不论金额大小、本地异地、本行跨行，转账全免费。
11 月	中国银联正式宣布，试点银联卡小额免密免签服务，银联持卡人在银联合作商户处使用银联卡"闪付"功能，300 元以下的交易无须签名和输密，实现"一挥即付"。
11 月	"天猫双十一全球狂欢节"总交易额达到惊人的 912.17 亿元，与 2014 年双十一的 571 亿元总交易额相比，几乎翻番。
11 月	微信支付团队宣布将向境外商户全面开放微信支付功能，巨量的中国 O2O 市场因此得以进一步向境外打开。
11 月	五矿发展股份有限公司与阿里创业投资有限公司联合宣布，双方达成协议共同向五矿发展下属子公司五矿电子商务有限公司进行增资，打造钢铁交易 B2B 平台，开展在线交易、物流、金融等各种电商服务。
11 月	中国人民银行正式发布智能电视支付标准《智能电视支付应用规范》，规定了智能电视支付的交易处理、报文接口、数据通信、受理终端等所应遵循的要求。
12 月	中信银行进入"网银转账全免费"时代。
12 月	国家外汇管理局发布《关于个人本外币兑换特许机构通过互联网办理兑换业务有关问题的通知》，允许特许机构通过互联网、移动终端等电子渠道向个人提供外币现钞或电子旅行支票的预定。
12 月	浙商银行开始对个人客户结算电子渠道全免费。
12 月	中国银联联合 20 余家商业银行在北京共同发布新一代移动支付产品"云闪付"。
12 月	百度在北京宣布组建金融服务事业群组，由消费金融业务、钱包支付业务和互联网证券业务组成。
12 月	中国银联宣布，与苹果公司和三星电子达成合作，将在中国推出苹果 Apple Pay 和三星电子 Samsung Pay。

12 月	中国人民银行颁布《关于改进个人银行账户服务加强账户管理的通知》。
12 月	中国人民银行发布《非银行支付机构网络支付业务管理办法》，划定银行账户主导大额支付，支付宝等第三方支付坚持小额定位的新支付版图。

2016 年

1 月	国务院发布《推进普惠金融发展规划（2016—2020 年）》，普惠金融被首次纳入国家战略规划。
1 月	中国人民银行数字货币研讨会在北京召开。第三方支付机构捷付睿通股份有限公司完成股权变更，变更后小米公司持股 65% 对其形成控股。
1 月	招商银行、滴滴出行联合宣布双方达成战略合作，双方将在资本、支付结算、金融、服务和市场营销等方面展开全方位合作。
1 月	由深圳市互联网金融协会主办的"2015 互联网金融行业规范化发展研讨会"在深召开，并发布全国首部多地联盟的《地方互联网金融协会自律联盟（公约）》。
2 月	猴年春节期间，新一轮红包大战上演，BAT（百度、阿里巴巴、腾讯）在支付入口、社交场景再次展开争夺。
2 月	腾讯发布公告表示，自 2016 年 3 月 1 日起微信支付对转账功能停止收取手续费，但对提现功能开始收取手续费。
2 月	Apple Pay 正式登陆中国，开始抢夺中国国内支付市场。
2 月	三星支付（Samsung Pay）正式在中国区公测。
2 月	中国五大国有商业银行联合承诺，将对客户通过手机银行办理的境内人民币转账汇款，无论跨行或异地都免收手续费，对客户 5 000 元人民币以下的境内人民币网上银行转账汇款免收手续费。
2 月	京东金融相关负责人对外宣称，京东钱包将全面布局线下支付业务，争夺第三方支付市场。
3 月	京东商城在台北招商，将一批中国台湾品牌纳入其"全球购"业务，京东商城的跨境电商业务得以覆盖到中国台湾。
3 月	国家发展改革委员会、中国人民银行印发《关于完善银行卡刷卡手续费定价机制的通知》，对境内线下消费的银行卡刷卡手续费定价机制加以完善。

3月	恒大集团旗下互联网金融平台——恒大金服正式上线,至此,恒大金融全牌照的布局明朗。
3月	中国银联和华为公司联合宣布,双方延续移动支付业务合作关系,共同推广华为移动设备上基于安全芯片的 Huawei Pay 服务。
3月	财政部公告称,中国自2016年4月8日起实施跨境电商零售进口税收政策并同时调整行邮税。
3月	中国互联网金融协会成立暨第一次会员代表大会在上海召开,首个国家级别的互联网金融行业协会——中国互联网金融协会在上海挂牌成立,同时在北京设立办公场所。
4月	百度钱包在海外市场低调上线 Monica Pay(译为"魔力卡支付")服务。
4月	支付宝宣布进军欧洲市场,除提供支付服务之外,3年内还将接纳100万家海外商户,为中国出境游用户提供欧洲当地生活服务。微信宣布将在台湾提供"微信支付",主要客群为大陆观光客。
4月	财政部、发展改革委等11个部门共同对外公布《跨境电子商务零售进口商品清单》,共涵盖1142个8位税号商品,包括部分食品饮料、服装鞋帽、家用电器以及部分化妆品、纸尿裤、儿童玩具等。中国人民银行公布《支付结算违法违规行为举报奖励办法》,正式建立支付结算违法违规行为举报奖励制度。
4月	跨境电商税改政策正式实施,同时,支付宝宣布已接入海关系统,成为业内首家接入国家海关总署跨境电子商务进口统一版信息化系统的支付公司。
4月	"2016世界电子商务大会"在浙江义乌举行,大会与平安银行共同主办分论坛——"跨境电商与互联网金融融合创新论坛暨金橙(跨境)电商俱乐部成立仪式"。论坛上,平安银行宣布成立利金橙(跨境)电商俱乐部,并推出创新的线上化跨境金融综合服务平台"跨境e金融"。
4月	百度钱包在泰国上线境外支付业务,首批接入了曼谷、普吉、清迈和芭堤雅四大城市热门商圈的400多家商户。
4月	国务院组织14部委召开会议,决定由人民银行牵头,联合各金融监管部门成立互联网金融风险专项整治小组,在全国范围内启动为期1年的互联网金融风险专项整治工作,并在内部下发了《互联网金融风险专项整治工作实施方案》。
4月	中国人民银行发布《中国人民银行关于信用卡业务有关事项的通知》,把滞纳金、最长免还款期、最低还款额、透支利率等规则的制定权全部转交给商业银行,引导商业银行冲破信用卡同质化开展竞争。

4 月	苏宁云商拟对旗下第三方支付、供应链金融、理财、保险销售、基金销售、众筹、预付卡等金融业务进行整合，搭建苏宁金服平台，并计划通过增资扩股，引进战略投资者苏宁金控投资有限公司。
4 月	蚂蚁金服正式对外宣布，公司完成 B 轮融资，融资额为 45 亿美元（约合 292 亿人民币），成为全球互联网行业迄今为止最大的单笔私募融资。
4 月	中国人民银行向企业下发《非银行支付机构分类评级管理办法》指出，未来支付机构将被分为 5 类 11 级，央行将按照分类评级对支付机构实行差异化、针对性的监管措施。
7 月	中国工商银行在北京宣布推出覆盖线上线下和 O2O 支付全场景的二维码支付产品，并有 20 万的商户支持受理工商银行二维码支付业务。
7 月	中国人民银行官网公布，银联商务和通联支付均违反银行卡收单业务相关法律制度规定，没收违法所得和罚款合计近 4 680 万元。
7 月	中国人民银行支付结算司向支付清算协会和中国银联下发《关于二维码支付监管原则及要求的告知函》，要求支付清算协会和中国银联按要求制定完善二维码相关技术标准和业务规范。
7 月	中信银行、招商银行、浦发银行、光大银行、华夏银行、民生银行、广发银行、兴业银行、平安银行、恒丰银行、浙商银行和渤海银行 12 家银行共同发起设立商业银行网络金融联盟，并宣布：12 家银行之间手机银行、个人网银等电子渠道转账免收手续费，12 家银行账户互认实行免费，资金互通将实行最低市场价格。
8 月	中国人民银行主管的中国支付清算协会向支付机构下发《条码支付业务规范（征求意见稿）》，明确指出支付机构开展条码业务需要遵循的安全标准，二维码支付首次获得官方认可。
8 月	支付宝与欧洲实体零售商签署合作协议，旨在为前往欧洲国家（包括法国、英国、德国以及意大利等）的中国游客提供更多的服务。恒大集团以 5.7 亿元完成对广西集付通的收购，曲线获得支付牌照。
8 月	中国人民银行营业管理部作出处罚随行付支付和北京和融通支付各人民币 6 万元的决定。
8 月	北京海科融通支付被罚款人民币 6 万元。
8 月	支付宝、银联商务、财付通等 27 家首批获得支付业务许可证的非银行支付机构续展牌照获得中国人民银行同意。
8 月	中国人民银行北京营业管理部对易宝支付做出警告处罚，没收违法所得 1 059.22 万元，并处以违法所得 4 倍的罚款。

8 月	中国人民银行北京营业管理部对通商银信支付做出罚款人民币 12 万元的处罚。
8 月	香港金融管理局正式向支付宝钱包、微信支付、TNG（Asia）、HKT Payment 和八达通卡 5 家支付机构发布首批储值支付工具（SVF）牌照。
8 月	华为在北京举行 Huawei Pay 合作发布会，成为全球第三家、中国第一家全面接入银联云闪付的手机厂商。
9 月	小米联合中国银联正式发布小米支付（Mi Pay），成为继华为之后中国第二家全面接入银联云闪付的手机厂商。
9 月	春华资本集团和蚂蚁金服共同向百胜中国投资 4.6 亿美元，蚂蚁金服通过此举将移动支付拓展到了百胜旗下的肯德基、必胜客等高频、小额的消费场景。
9 月	支付宝宣布，从 2016 年 10 月 12 日起，对个人用户超出免费额度的提现资金收取一定比例的服务费，每人累计享有 2 万元免费提现额度，超过额度的提现金额按 0.1% 收取服务费。
9 月	美团点评宣布完成对第三方支付公司钱袋宝的全资收购，借此获得第三方支付牌照，O2O 商业闭环的关键环节得以落实。
9 月	唯品会通过收购浙江贝付，获得支付牌照。
9 月	中国人民银行发布《关于加强支付结算管理防范电信网络新型违法犯罪有关事项的通知》。
10 月	国务院对外公布《互联网金融风险专项整治工作实施方案》。"一行三会"公布细分行业专项整治方案，包括第三方支付、互联网资产管理业务、P2P 网络借贷、股权众筹和互联网保险。工商总局发布了互联网金融广告整治方案。
10 月	由百度金融与中信银行联合首发的基于百度金融的互联网大数据的"中信百度金融联名卡"正式上线。
10 月	蚂蚁金服入股的印度 Paytm 用户数跃升到 1.5 亿，成为全球第四大电子钱包。
11 月	蚂蚁金服与泰国支付企业 Ascend Money 签订战略合作协议。
11 月	中国香港金融管理局向三三金融服务有限公司、快易通有限公司、易票联支付、侨达国际有限公司、Optal Asia、PayPal Hong Kong、UniCard Solution 和通汇（香港）投资咨询 8 家机构发放第二批储值支付工具（SVF）牌照。

11 月	中国建设银行推出同业首个融合 NFC、二维码、人脸识别等技术，覆盖线上线下全场景的全新支付产品组合——"龙支付"。兴业银行银银平台推出聚合移动扫码支付产品"钱 e 付"。
11 月	京东集团宣布对京东金融进行重组，京东集团出让其持有的所有京东金融股份，京东金融成为一家完全独立于京东集团，同时全部股东为中国投资者的纯内资公司。
11 月	中国银联向各非金融支付机构下发《关于商请合作推进银联卡二维码支付产品及相关标准规范的函》，正式邀请非金支付机构共同参与研究和推进银联卡二维码支付产品相关工作。
11 月	中国人民银行印发《关于落实个人银行账户分类管理制度的通知》。
12 月	微信支付和支付宝将支付账户单日转账笔数上限调整为 100 笔（次），单日余额付款限额继续按照《非银行支付机构网络支付业务管理办法》的要求执行。
12 月	中国银联发布《中国银联二维码支付应用规范》《中国银联二维码支付安全规范》两个二维码支付标准，并准备联手中小第三方支付机构挺进二维码支付市场。中国支付清算协会发布公告，同意注销北京润京搜索投资有限公司的支付业务许可证。
12 月	苏宁金融宣布，苏宁银行获银监会批准筹建，"易付宝钱包"App 正式升级为"苏宁金融"。
12 月	绿地集团完成对第三方支付机构——山东省电子商务综合运营管理有限公司（简称"山东电子商务"）的收购。

2017 年

1 月	中国人民银行发布《中国人民银行办公厅关于实施支付机构客户备付金集中存管有关事项的通知》，规定自 4 月 17 日起，第三方支付机构应将客户备付金按照 10%～20% 不等的比例缴存至指定机构专用存款账户。
3 月	国网电子商务有限公司正式推出自主开发的国网电商区块链平台。
3 月	被称作"网联平台"的非银行支付机构网络支付清算平台正式接入央行支付清算系统，开始试运行，支付机构直连银行清算系统的三方模式面临终结。
7 月	基于银联云闪付的"京东闪付"上线。
8 月	中国人民银行下发《中国人民银行支付结算司关于将非银行支付机构网络支付业务由直连模式迁移至网联平台处理的通知》，要求自 2018 年 6 月 30 日起，支付机构受理的涉及银行账户的网络支付业务全部通过网联平台处理，标志着"网联平台"正式上线。

9 月	为防范比特币交易所蕴含的风险,中国监管部门要求比特币交易所制定无风险清退方案,9 月底前关停所有交易场所。
9 月	总部位于上海的国内三大比特币交易所之一的比特币中国宣布关闭交易。
9 月	中国互联网金融协会发布《关于防范比特币等所谓"虚拟货币"风险的提示》,指出比特币交易平台是洗钱、贩毒、走私、非法集资等违法犯罪活动的工具,各类所谓"币"的交易平台在我国无合法设立的依据。
10 月	中国境内所有比特币交易所都被关闭。
11 月	腾讯云正式发布区块链金融级解决方案 BaaS(Blockchain as a Service)。这套方案构建在腾讯金融云上,并整合了腾讯在支付、社交网络、媒体网络、征信平台等众多业界领先领域的资源。
12 月	中国人民银行发布《条码支付业务规范(试行)》,规定非银支付机构提供条码付款服务应当取得网络支付业务许可,同时要按照风险防范能力等级,对条码支付额度进行分级管理。文件还要求,自 2018 年 6 月 30 日起,支付机构受理的涉及银行账户的网络支付业务全部通过网联平台处理。

2018 年

2 月	中国人民银行下发《关于开展金融广告治理工作的通知》,要求加强对与互联网金融相关的广告开展检测及管理。
3 月	深圳市福田区人民法院宣布全国首个互联网和金融审判庭正式运行,审判庭审理范围包括电商平台买卖合同纠纷、涉第三方支付纠纷、P2P 网络借贷纠纷、涉金融和互联网犯罪的刑事案件等 14 类案件。
3 月	中国人民银行发布《关于进一步加强支付结算管理、防范电信网络新型违法犯罪有关事项的通知》,致力于解决电信网络新型诈骗和资金转移等新问题。
4 月	2018 年防范和处置非法集资法律政策宣传座谈会召开,会议表示,全国摸排出的代币发行融资(ICO)平台和比特币等虚拟货币交易场所已基本实现无风险退出。
5 月	蚂蚁金服将包括支付、理财、保险、小微企业金融、农村金融、消费信贷等在内的所有金融产品向金融保险机构开放,推进与金融机构的全方位合作。余额宝宣布由此前的单只货币基金的单一模式转变为多家货币基金入驻的开放模式。
6 月	汇付天下在香港联交所上市,成为国内第一家完成 IPO 的第三方支付公司。

7 月	京东金融宣布增资 130 亿元人民币，估值随即较去年同期扩大 1 倍至 1330 亿元人民币。此次增资获得中金资本、中银投资、中信建投和中信资本等"国字头"大型金融机构参与。
8 月	微信正式对其信用卡还款业务按还款金额的 0.1% 进行收费（部分黄金会员等重度用户可以继续享受免费），拉开了第三方支付信用卡还款收费的序幕。
9 月	中国人民银行累计对 66 家（总公司、分公司合并计算）第三方支付机构开出罚单。其中，2018 年下半年至 9 月 11 日，中国人民银行共开出 42 张罚单。
10 月	中国人民银行、原银保监会、证监会联合发布《互联网金融从业机构反洗钱和反恐怖融资管理办法（试行）》，规定了互联网金融机构反洗钱和反恐怖方面的五大基本义务。
11 月	网联公布"双 11"运行数据显示，网联跨机构交易处理峰值超过 9.2 万笔/秒，超过 90% 的跨机构业务通过网联处理。
12 月	网联数据显示，全部持网络支付牌照的 115 家支付机构以及 424 家银行已接入网联平台，市场存量跨机构业务连接网联平台覆盖率高达 99%。

2019 年

4 月	中国互联网金融协会与公认反洗钱师协会签署互联网金融反洗钱合作谅解备忘录，致力于为互联网金融从业机构提供高标准、高质量的反洗钱服务，并推动相关反洗钱行业标准的建立和搭建国际间的反洗钱交流合作平台。

（二）网络借贷

2015 年

7 月	中国人民银行等十部委联合发布《关于促进互联网金融健康发展的指导意见》，明确网络借贷（P2P 网络借贷和网络小额贷款）由银监会监管，并确定了 P2P 网络借贷的性质和行为规范。
9 月	金融工场与徽商银行实现资金存管合作，标志着国内第一家接入银行资金存管的上市系 P2P 网络借贷平台诞生。同时，约 30 多家 P2P 网络借贷平台正在排队等待与银行签订存管合作协议。
9 月	易宝支付、懒猫金服和中信银行在北京召开产品发布会，宣布推出 P2P 资金联合存管产品，采取"支付＋运营＋银行存管"运作模式。

9 月	中国国内 P2P 网络借贷平台信而富宣布,联手建设银行、第三方支付机构富友金融共同围绕 P2P 网络借贷平台资金存管业务进行合作,P2P 网络借贷平台首次与国有四大行展开资金存管业务。汇付天下宣布与恒丰银行、上海银行达成合作,为 P2P 网络借贷平台提供资金联合存管业务。
11 月	北京银行发布"e 存管"产品及其 P2P 网络借贷行业解决方案,并与多家支付企业代表签订合作协议。
11 月	招商银行宣布,与拍拍贷就 P2P 网络借贷交易资金存管服务达成合作协议,正式涉足 P2P 资金存管业务领域。
12 月	中国 P2P 网络借贷平台宜人贷在美国纽交所上市,成为中国国内 P2P 网络借贷企业赴美上市第一股。
12 月	银监会同工业和信息化部、公安部、国家互联网信息办公室等部门共同颁布《网络借贷信息中介机构业务活动管理暂行办法(征求意见稿)》。
12 月	全国仅有 70 多家 P2P 网络借贷平台与银行签订资金存管协议,签约率尚不足 3%,真正实现接入者更是寥寥无几。

2016 年

1 月	中国农业银行发布《关于立即停止与违规违约支付机构合作的通知》,要求与农业银行有合作的第三方支付机构停止向 P2P 等各类网络借贷平台提供任何网络支付大额充值通道。
2 月	招商银行和交通银行暂停了第三方支付机构给 P2P 网络借贷平台提供支付接口的业务。
2 月	国务院发布《关于进一步做好防范和处置非法集资工作的意见》,指出要充分利用互联网、大数据等技术手段加强对非法集资的监测预警,将非法集资主体纳入全国统一的信用信息共享交换平台。
2 月	人人贷与民生银行合作的资金存管系统正式上线,全国完成银行资金存管的网络借贷平台数升至 11 家。
3 月	小微企业综合金融服务电子交易平台——首金网正式上线,成为首家上线即接入银行存管的互联网金融平台,也是与民生银行实现资金存管合作的第二家互联网金融平台。
5 月	中国农业银行、招商银行等恢复了部分经由第三方支付对接给 P2P 网络借贷平台的支付接口,银行与 P2P 网络借贷之间的关系有所缓和。

5 月	因违规销售贷款 2 200 万美元陷入困局的美国 P2P 网络借贷鼻祖 Lending Club 宣告由盛大集团接盘。
8 月	中国银监会向各家银行下发《网络借贷资金存管业务指引（征求意见稿）》，叫停"第三方联合存管"等模式，禁止 P2P 网络借贷平台以"银行存管"为噱头的营销行为。
8 月	银监会联合工业和信息化部、公安部、国家互联网信息办公室等部门共同颁布《网络借贷信息中介机构业务活动管理暂行办法》正式文件。
10 月	全国真正与银行完成资金存管系统对接的平台有 100 家。
10 月	中国互联网金融协会正式发布《互联网金融信息披露个体网络借贷》标准和《中国互联网金融协会信息披露自律管理规范》。
10 月	国内金融大数据服务平台元宝铺利用自主研发的国内首个针对小额信贷领域的数据化信贷解决方案 FIDE 与富滇银行合作推出"富业 E 融"，与浙江省最大的持牌小额贷款公司合作推出"佐力小贷"产品。
11 月	元宝铺利用自身的数据化信贷解决方案 FIDE 与浙商银行合作的小微钱铺、与贵阳银行合作的电商贷和商超贷、与泰隆银行合作的微时贷等陆续上线。

2017 年

2 月	中国银监会正式公布《网络借贷资金存管业务指引》，明确了网络借贷资金存管业务的指引规范，对"银行＋第三方支付公司"的联合存管模式进行全面禁止。此时，与银行完成直接存管系统对接并上线的平台达 118 家，约占 P2P 网络借贷行业正常运营平台总数的 4.94％。
4 月	银监会下发《中国银监会关于银行业风险防控工作的指导意见》，首次提及"现金贷"，明确要求做好现金贷业务活动的清理整顿工作。
4 月	P2P 网络借贷风险专项整治工作领导小组办公室下发《关于开展"现金贷"业务活动清理整顿工作的通知》，拉开了全国各省市开展"现金贷"业务清理整顿工作的大幕。
6 月	中国互联网金融协会正式上线"互联网金融登记披露服务平台"。
6 月	银监会、教育部、人社部联合印发《关于进一步加强校园贷规范管理工作的通知》，要求从事校园网贷业务的网贷机构一律暂停新发校园网贷业务标的，根据自身存量业务情况，制定明确的退出整改计划。
6 月	互联网金融风险专项整治工作领导小组办公室下发《关于对互联网平台与各类交易场所合作从事违法违规业务开展清理整顿的通知》，要求互联网平台 2017 年 7 月 15 日前，停止与各类交易场所合作开展涉嫌突破政策红线的违法违规业务。

9 月	中国人民银行、中央网信办等七部委联合发布《关于防范代币发行融资风险的公告》,将火爆的 ICO(Initial Coin Offering)定性为非法公开融资行为,要求各类代币发行融资活动立即停止,已完成代币发行融资的组织和个人应当做出清退等安排。
11 月	中国知名 P2P 网络借贷平台拍拍贷正式在美国纽约证券交易所挂牌交易,成为继宜人贷、信而富、趣店、和信贷之后第五家成功在美上市的中国 P2P 网络借贷平台。
11 月	互联网金融风险分析技术平台报告显示:运营现金贷的平台累计达到 2 693 家;有 592 家 P2P 网络借贷平台开展现金贷业务,约占全部 P2P 网络借贷平台总数的 15.8%;有 812 家其他网贷平台(从事网络借贷中介的非 P2P 平台)开展现金贷业务,约占全部其他网贷平台总数的 36.9%。
12 月	互联网金融风险专项整治、P2P 网贷风险专项整治工作领导小组办公室正式下发《关于规范整顿"现金贷"业务的通知》(141 号文)。《通知》要求暂停新批和批准开业小额贷款公司;明确相关 ABS 产品需要并表;要求持牌消费金融公司放贷资金余额不得超过资本净额的 10 倍左右,网络小贷公司总体上放贷资金余额不得超过资本净额的 2~4 倍。
12 月	中国互联网金融协会正式下发《互联网金融个体网络借贷资金存管业务规范》和《互联网金融个体网络借贷资金存管系统规范》。
12 月	银监会发布《小额贷款公司网络小额贷款业务风险专项整治实施方案》,将跨区域、全国性的纯网络经营的小贷公司和线上线下结合模式的小额贷款公司纳入专项整治范围内,要求网络小额贷款在 2018 年 3 月底完成整改,同时要求与小贷公司合作的 P2P 必须拿到 ICP 许可。同日,P2P 网络借贷风险专项整治工作领导小组办公室各地 P2P 借贷整治联合工作办公室下发《关于做好 P2P 网络借贷风险专项整治整改验收工作的通知》,要求各地在 2018 年 4 月底前完成辖内主要 P2P 机构的备案登记工作、6 月底之前全部完成。
12 月	为满足《小额贷款公司网络小额贷款业务风险专项整治实施方案》对小额贷款的最低资本要求,蚂蚁金服对旗下花呗、借呗所在的两家网络小贷公司进行 82 亿元的注资,其注册资本大幅提升至 120 亿元。
12 月	全国合计有 116 家互联网金融平台对接了中国互联网金融协会上线的"互联网金融登记披露服务平台";全国合计有 879 家正常运营平台与银行签订直接存管协议,约占同期正常运营平台数量的 44.98%;全国合计有 663 家正常运营平台与银行完成直接存管系统对接并上线,占 P2P 网贷行业正常运营平台总数量的 33.93%。

2018 年

2 月	中国人民银行官网发布"设立经营个人征信业务的机构许可信息公示表"，百行征信有限公司获批开展个人征信业务，这是中国人民银行颁发的首张个人征信牌照，标志着基于互联网数据的个人征信业务得以正式开展。
6 月	网络借贷平台出现大规模"暴雷潮"，7 月网络借贷新增问题平台高达 253 家，行业整体形象和声誉严重受损。
8 月	国家网贷整治办向各省市网贷整治办下发了《关于开展 P2P 网络借贷机构合规检查工作的通知》及《问题清单》。随后，中国互联网金融协会分别下发《关于加强对 P2P 网络借贷会员机构股权变更自律管理的通知》《关于防范虚构借款项目、恶意骗贷等 P2P 网络借贷风险的通知》和《关于开展 P2P 网络借贷机构自律检查工作的通知》三项重要通知。
9 月	中国互联网金融协会正式披露网络借贷资金存管银行白名单，首批 25 家银行通过系统测评入选。

2019 年

3 月	央视"3·15"晚会曝光"714 高炮"高息现金贷等业务乱象，对于现金贷的监管再次引发关注。中国互联网金融协会随即发布《关于开展高息现金贷等业务自查整改的通知》，对高息现金贷的乱象提出排查整改等要求。

（三）互联网消费金融

2015 年

7 月	中国平安集团宣布"平安普惠"业务集群整合完成，以业务规模计，平安普惠是此时中国最大的消费金融公司。
9 月	微众银行推出的个人小额消费信贷产品"微粒贷"正式在微信钱包中上线，个人可以贷款的额度上限在 2 万元至 20 万元。
9 月	京东金融发行"京东白条应收账款债权资产支持专项计划"（简称"京东白条 ABS"），"京东白条 ABS"的基础资产为"京东白条应收账款"债权，首期融资总额为 8 亿元。
10 月	首期"京东白条 ABS"的 6 亿元优先 1 级和 1.04 亿元优先 2 级在深交所挂牌，成为国内首只在交易所挂牌的真正意义上的互联网消费金融 ABS 产品。

11 月	中邮消费金融公司正式开业。
12 月	杭银消费金融公司正式开业。

2016 年

1 月	互联网消费金融平台分期乐发行融资规模为 2 亿元的互联网消费贷款 ABS 产品,成为国内首单在上交所成功发行的互联网消费贷款 ABS 产品。
3 月	中国人民银行和银监会联合印发《关于加大对新消费领域金融支持的指导意见》,降低消费金融公司设立的门槛,拓展消费金融公司业务到汽车金融领域。
4 月	宜人贷成功发行 2.5 亿元互联网消费贷款 ABS,并于 2016 年 6 月成功挂牌深交所。
5 月	微众银行公布旗下"微粒贷"上线 1 周年成绩单,截至 2016 年 5 月 15 日,"微粒贷"累计发放贷款超 400 亿元,主动授信客户超 3 000 万,参与借款的人员分布覆盖全国 31 个省市的 549 座城市。
7 月	百度投资信用评估公司 Zest Finance,双方致力于依据百度的搜索数据开发信用评分产品。
8 月	蚂蚁花呗消费信贷资产支持证券项目第一期在上海证券交易所挂牌交易。
10 月	中国信贷宣布以人民币 8 亿元收购在线消费金融平台北京掌众金融 48% 的股权。
11 月	陕西长银消费金融公司正式开业。

2017 年

3 月	江苏银行与德邦证券在上海共同发起设立国内首只消费金融 ABS 创新投资基金,规模 200 亿。
5 月	中国银行、建设银行、招商银行分别推出各自的针对大学生群体的互联网校园贷产品"中银 E 贷·校园贷""金蜜蜂校园快贷"和"学生零零花"。
5 月	捷信消费金融将注册资本从 44 亿元增加到 70 亿元。
12 月	捷信消费金融再次增资 10 亿元。中国银行间市场交易商协会、沪深交易所对于消费贷和现金贷类 ABS 的审核均暂缓。

2018 年

1 月	中邮消费金融增加注册资本 20 亿元并调整股权结构；招联消费金融将注册资本从 20 亿元增加至 28.53 亿元。经过这一轮注资，捷信消费金融、中邮消费金融、招联消费金融注册资本在消费金融公司中分列前三位。
1 月	得益于蚂蚁金服对旗下花呗、借呗所在的两家网络小贷公司的迅速增资，以蚂蚁小贷消费金融为基础资产的 ABS 产品再次获准发行。
5 月	蚂蚁金服旗下消费信贷产品花呗宣布向银行等金融机构开放。
8 月	由中国银行承销的国内首单互联网消费金融 ABN"债券通"——"北京京东世纪贸易有限公司 2018 年度第一期资产支持票据（债券通）"在银行间市场成功发行。
8 月	中国 22 家持牌消费金融公司中，共有 6 家在 2018 年完成增资，1 年多的增资潮使得 22 家持牌消费金融公司的总注册资本金增加了接近 40%。
9 月	中信消费金融获监管机构审批通过，注册资本 3 亿元，中信信托为主要发起人，全国首家"信托系"消费金融公司产生。
10 月	厦门金美信消费金融有限责任公司在厦门正式开业，该公司是两岸首家合资消费金融公司。

（四）互联网众筹

2015 年

8 月	中国证监会下发《关于对通过互联网开展股权融资活动的机构进行专项检查的通知》。
8 月	平安众筹上线，取名为"平安众＋"，共包括四类产品：非公开股权融资产品、公司债众筹产品、特色金融众筹产品和非金融众筹产品。
9 月	为应对证监会针对股权众筹采取监管核查，股权众筹领域的国家队——"中证众筹平台"更名为"中证众创平台"。此外，绝大多数在线股权融资平台也都对名称进行了调整，但其此前业务基本保持不变。
10 月	出境旅游服务平台积木旅行宣布，获得来自知名风投机构的 A 轮融资，之前 41 位投资人在这次 A 轮融资中全部退出，积木旅行成为中国国内首个股权众筹退出案例。
10 月	世界众筹大会在贵阳举办，大会汇聚全球 12 000 多名嘉宾、1 000 多家企业参展，以及 1 500 个项目参赛。

11 月	蚂蚁金服旗下股权融资平台"蚂蚁达客"测试版上线,其定位为非公开股权投资。
12 月	股权众筹平台 36 氪首推股权众筹退出机制"下轮氪退",致力于让股权众筹的投资者在下一轮融资中退出,这引起了业内对于股权众筹退出机制的探讨。
12 月	国务院政策例行吹风会上,证监会副主席方星海明确表示 2016 年将开启股权众筹融资试点工作,这为股权众筹的发展提供了明确的信号灯。

2016 年

1 月	360 公司旗下私募股权众筹平台"360 淘金"正式亮相。
2 月	京东私募股权融资平台京东东家第一个完全退出项目"老炮儿"工体演唱会诞生,成为中国国内文娱产业参与股权众筹的第一个退出项目。
3 月	十二届全国人大四次会议举行全体会议表决通过了《慈善法》为互联网公益众筹的发起确定了基本框架。
3 月	深圳互联网金融协会下发《关于严禁开展"众筹炒楼"房地产金融业务,加强金融风险防控的通知》,叫停房地产众筹。
4 月	苏宁集团在南京举办"2016KK 钟山创业创想预言聆听会",并在会上宣布上线私募股权融资平台,正式涉足股权众筹领域。
4 月	深圳互联网金融协会下发《深圳市互联网金融协会关于停止开展房地产众筹业务的通知》,进一步叫停房产众筹。
4 月	百度旗下私募股权众筹平台"百度百众"正式上线。
4 月	"京东东家"成为中国国内最大的互联网私募股权众筹平台。
4 月	广州金融业协会、广州互联网金融协会、广州市房地产中介协会联合发布《关于停止开展首付贷、众筹购房等金融业务的通知》,全面叫停首付贷和房地产众筹业务。
7 月	点名时间被 91 金融收购,中国国内首家众筹平台衰落。
8 月	民政部门户网站发布通告,公示了首批慈善组织互联网募捐信息平台遴选结果,这标志着互联网公益众筹获得官方认可。
9 月	小米科技上线互联网股权融资平台"米筹金服"。
10 月	证监会、中央宣传部等 15 部门联合公布于 2016 年 4 月 14 日经国务院同意而联合制定的《股权众筹风险专项整治工作实施方案》。

10 月	"WE IP"2016 京东众筹 Bigger 大会在上海召开,京东众筹发布"IP+产品"文化类众筹模式。
10 月	网易众筹平台"网易三拾"正式上线运营,专注于搜罗和探寻游戏、影视、音乐、动漫等泛文娱领域。
10 月	由于以山东为主的汽车众筹平台出现大爆发,众筹行业整体成功筹资金额暴涨,历史首次单月突破 20 亿元。
12 月	国务院印发的《"十三五"国家战略性新兴产业发展规划》将众筹纳入"十三五"期间国家战略新兴产业 69 个重点任务之一。

2017 年

7 月	盈灿咨询发布的众筹行业月报显示,自 2016 年 10 月起,众筹正常运营平台数量几乎持续呈现下降趋势。其中,股权众筹平台只剩下 87 家,并且大部分平台处于"休眠"状态。
12 月	盈灿咨询发布的《2017 年中国众筹行业年报》显示,截至 2017 年 12 月底,全国正常运营众筹平台共有 209 家,相较于 2016 年底减少51.05%。

（五）互联网理财

2015 年

7 月	平安保险拟以 3.07 亿购入深圳前海金融资产交易所 65%股权,购置完成后,前海金融资产交易所将成为平安保险旗下全资子公司。
8 月	蚂蚁金服旗下智慧理财平台蚂蚁聚宝 App 正式上线,用户可以使用一个账号在蚂蚁聚宝平台上实现余额宝、招财宝、存金宝、基金等各类理财产品的交易。
11 月	蚂蚁金服入股天津金融资产交易所,旨在实施其"互联网推进器"计划,帮助天津金融资产交易所引入云计算技术。

2016 年

1 月	理财通正式开通其在微信钱包中的"零钱入口",打通微信红包和理财通这两大产品。
5 月	支付宝全部终止基金公司官网渠道业务,基金淘宝店也正式下线,与此同时,蚂蚁金服与基金的合作全面转移至移动理财 App 蚂蚁聚宝上,支付宝重点支持移动端的基金业务。

| 5 月 | 宜信财富推出智能理财平台投米 RA,正式进军智能投顾领域。 |
| 7 月 | 蚂蚁金服成为嘉实基金旗下国内首个基于"聪明的贝塔"(Smart Beta)策略打造的证券组合投资平台"金贝塔"A 轮融资唯一引入的新股东。 |

2018 年

| 1 月 | 腾讯全资控股公司腾安信息科技(深圳)有限公司获得深圳证监局发布的证券投资基金销售业务资格,腾讯因此正式获得第三方基金销售牌照。 |
| 3 月 | 互联网金融风险专项整治工作领导小组发布《关于加大通过互联网开展资产管理业务整治力度及开展验收工作的通知》,明确通过互联网开展资产管理业务的本质是资产管理业务,须纳入金融监管,要求依托互联网公开发行、销售资产管理产品,须取得中央金融管理部门颁发的资产管理业务牌照或资产管理产品代销牌照。 |

（六）互联网银行

2015 年

8 月	前海微众银行 App 正式上线,并推出三类产品:"活期＋""定期＋"和股票基金,产品面向所有公众开放。
11 月	百度牵手中信集团,共同宣布发起设立百信银行。百信银行采取直销模式,成为中国首家由互联网公司与传统银行联合发起的独立法人。
11 月	蚂蚁金服宣布,其联手韩国电信等公司共同发起设立的互联网银行——K Bank 获得韩国政府批准筹建。

2016 年

| 12 月 | 苏宁云商宣布江苏苏宁银行正式获得中国银监会批准筹建,苏宁银行定位为线上线下融合和全产业链融合的互联网银行,拟注册资本不超过 40 亿元。 |
| 12 月 | 四川新网银行宣布成立,成为四川首家民营银行,同时也是继腾讯微众银行、阿里网商银行之后全国第三家、中西部首家互联网银行。 |

2017 年

| 3 月 | 阿里巴巴集团、蚂蚁金服集团与中国建设银行签署三方战略合作协议。 |

6 月	京东金融集团与中国工商银行签署金融业务合作框架协议。
6 月	中国农业银行与百度签署战略合作协议，双方约定将围绕金融科技领域开展合作。
6 月	中国银行与腾讯合作成立"中国银行——腾讯金融科技联合实验室"，双方将重点基于云计算、大数据、区块链和人工智能等方面开展深度合作。
8 月	苏宁控股集团、苏宁金融与交通银行签署《智慧金融战略合作协议》。
12 月	腾讯 2017 年年报显示，截至 2017 年年底，其旗下微众银行负债总额达 733.72 亿元，核心产品——无担保消费贷款业务"微粒贷"的贷款余额超过 1 000 亿元。

（七）互联网证券

2015 年

12 月	百度与国金证券联合推出国内首只大数据量化基金——"国金百度大数据基金"，互联网企业与传统证券机构基于底层数据完成首次深入对接。
12 月	中证协纳入样本统计的 95 家证券公司中，有 83 家证券公司拥有证券 App。

2016 年

12 月	海通证券制定出 IT 战略 5 年规划，目标是实现在硬件和软件支撑上从传统金融机构真正变成开展互联网服务模式的机构。

2017 年

5 月	华信证券与招商银行展开合作，招商银行手机银行 App 为华信证券开通开户通道，券商通过银行客户端开户和交易的模式产生。
9 月	中金公司与腾讯签署战略合作协议，由腾讯作为战略投资者认购中金公司股份。认购完成后，腾讯成为中金第三大股东。

2018 年

1 月	由于监管层窗口指导，停止了部分银行 App 为证券公司提供的开户与交易服务，上海华信证券公告称：即日起，暂停在招商银行 App 上进行证券开户及交易功能。

1 月	东方财富证券公告称：即日起，暂停在工商银行 App 平台上的证券服务。

2019 年

2 月	证监会就《证券公司交易信息系统外部接入管理暂行规定》向社会公开征求意见，2015 年因股市异常波动被叫停的量化私募系统（程序化交易）直连券商得到重新开放，私募量化交易再次走入市场。

（八）互联网保险

2015 年

7 月	中国保监会印发《互联网保险业务监管暂行办法》正式稿件，同时，《保险代理、经纪公司互联网保险业务监管办法（试行）》予以废止。
7 月	中国人民保险深圳分公司为煜隆集团旗下 P2P 网络借贷平台的广大投资人提供履约保证保险，这是 P2P 网络借贷行业首个为投资者提供的履约保证保险。
9 月	盒子支付在其线下收单工具"钱盒"客户端中推出数款保险产品，发力互联网保险业务，钱盒用户可直接申购。
9 月	中国保险行业协会印发《中国保险行业协会互联网保险业务信息披露管理细则》，网销万能险等互联网保险产品的信息披露因此有了明确依据。
11 月	泰康人寿宣布，旗下全资子公司——泰康在线获得第二张互联网保险牌照，并落户武汉。
11 月	百度联手国际保险巨头德国安联保险和本土投资集团高瓴资本发起成立纯线上保险公司——百安保险，致力于利用互联网和大数据技术将保险服务覆盖到互联网场景中。

2016 年

1 月	中国国内第三家获得中国保监会互联网保险牌照的纯线上互联网保险公司——安心财产保险有限责任公司（简称"安心保险"）在北京正式开业。
2 月	中国国内第四家互联网保险公司易安财产保险股份有限公司（简称"易安保险"）获得中国保监会批准正式开业。
2 月	携程旅行网与去哪儿网联合启动战略保险平台。

3 月	安心保险与广东创悦保险代理股份有限公司(简称"创悦保代")签署战略合作协议,创悦保代成为安心财险广东唯一的销售渠道,互联网因此在重塑保险业,使得保险产品从"被动销售"转向"主动寻找需求"。
4 月	"银行卡安全险"保险产品在支付宝 App 内正式上线,自此,非支付宝渠道的银行账户资金也能得到保障。
4 月	中国保监会联合 14 个部门印发《互联网保险风险专项整治工作实施方案》,推进专项整治工作。
6 月	太平洋产险与百度签署战略合作协议,共同发起设立新的互联网保险公司,致力于建立中国国内首家真正基于大数据的科技型互联网汽车保险公司。
7 月	台湾国泰金控大陆子公司国泰产险获蚂蚁金服增资事宜正式获批。
11 月	投融长富旗下互联网保险平台投保家移动端 App 正式上线,并将人脸识别技术引入应用当中。
12 月	保监会针对万能险业务经营存在的问题,对整改不到位的前海人寿采取停止开展万能险创新业务的监管措施。

2017 年

1 月	和泰人寿获保监会批准正式成立,成为中国国内首家轻资产、与互联网高度融合的寿险公司。腾讯则通过旗下子公司持有和泰人寿 15% 股份。
6 月	中国保险业协会报告显示,2017 年上半年,互联网人身保险市场累计实现保费规模同比下滑 10.9%;互联网人身保险保费在行业人身险公司累计保费收入的占比为 4.7%,同比下滑 0.5%。互联网人身保险市场经营主体与去年同比保持一致,共有 61 家人身险公司开展互联网保险业务。
9 月	中国国内首家纯线上互联网保险公司"众安保险"在港交所主板上市。
9 月	蚂蚁金服全资子公司保进保险代理有限公司获保监会批准经营保险代理业务。蚂蚁金服因此成为第一家获得保险中介牌照的互联网巨头。
10 月	微民保险代理有限公司获得保监会批准经营保险代理业务,腾讯通过旗下公司间接持有 57.8% 股份,富邦财产保险持有 31.10% 股份。
10 月	百度通过旗下子公司百度鹏寰资产管理(北京)有限公司全资控股的黑龙江联保龙江保险经纪有限责任公司获得保险中介牌照。

11 月	微民保险代理正式上线,腾讯因此在互联网保险体系中完成"一财(众安保险)—寿(和泰人寿)—保代(微民保险代理)"的布局。
12 月	中国保险行业协会发布的《2017 年互联网人身保险市场运行情况分析报告》显示,2017 年互联网人身保险全年累计实现规模保费 1 383.2 亿元,同比下滑 23%,为近几年第一次出现负增长。但数据同时显示,业务的互联网化程度在提升,在经营互联网人身保险业务的 61 家人身保险公司中,48 家公司有自建在线商城(官网),55 家公司与第三方电子商务平台进行深度合作,其中的 47 家公司采用官网和第三方合作"双管齐下"的商业模式。

2018 年

8 月	原银保监会发布《关于切实加强和改进保险服务的通知》,要求各保险公司、各保险中介机构加强互联网保险业务的管理,规范相关宣传、销售、理赔、纠纷解决等服务行为。
11 月	京东入股的安联财产保险(中国)有限公司获准更名为京东安联财产保险公司。
12 月	中国保险行业协会发布的《2018 年度互联网人身保险市场运行情况分析报告》显示,2018 年共有 62 家经营互联网人身保险业务的保险公司,其中,中资公司 38 家,外资公司 24 家;2018 年全年累计实现规模保费 1 193.2 亿元,同比下降 13.7%。报告将 2018 年的热卖的产品——"相互保"定性为产品创新不当。

（与印文合作编撰）

附录2：南京市互联网金融发展的
主要问题与政策建议

说明:南京市互联网金融发展的主要问题与政策建议,是向南京市政府提交的决策咨询报告。在对南京市互联网金融发展状况进行深入调研的基础上,该报告系统和深入地分析了南京市互联网金融发展在全国的地位、南京市互联网金融发展中的主要问题,并且还提出了南京市互联网金融发展的政策建议。南京市市长 2017 年 6 月 5 日对该报告做了肯定性批示,并由办公厅转发有关部门研究和落实。南京金融协会会刊《南京金融业》2017 年第 3 期转载了该报告。

一、引　言

互联网与金融的快速融合,促进了金融创新,提升了金融效率,也为产业升级和经济转型注入了新的活力。但互联网金融的无序发展,也加大了金融风险。2016 年中央经济工作会议明确提出"把防控金融风险放到更加重要的位置,下决心处置一批风险点"。为防范金融风险,鼓励和保护有价值的互联网金融创新,2016 年后国务院在全国范围部署和组织了互联网金融风险专项整治行动,取得了初步成效。通过调查研究,特别是参与此次专项整治工作,我们在分析南京市互联网金融发展及其存在主要问题的基础上,提出南京市互联网金融发展的政策建议。

二、南京市互联网金融发展在全国的地位

　　根据相关统计,截至 2016 年末,全国正常运营的 P2P 网络借贷平台 1 625 家,行业整体贷款余额 8 303 亿元,累计贷款 3.36 万亿元,其中 2016 年交易额 1.95 万亿元;正常经营的各类众筹平台 337 家,整体筹资规模在 220 亿元左右,其中股权众筹平台 156 家,筹资规模 65.5 亿元;互联网保险保费总计 2 347.97 亿元,占总体保费收入的 7.5%;持牌消费金融公司 18 家,全行业资产总额 1 400 余亿元,贷款余额 1 250 亿元;第三方支付机构 268 家,其中互联网支付总交易额为 19.3 万亿元,移动支付交易规模 38.6 万亿元;通过互联网销售的基金 72 只,基金总规模为 1.93 万亿元。

　　根据相关统计,南京市目前正常经营的 P2P 网络借贷平台 40 家,注册资本约 21.97 亿元,累计成交金额约 450 亿元;众筹平台 7 家,其中股权众筹平台 3 家,融资成功项目 2 项,融资金额 1 000 余万元;持牌第三方支付机构 7 家,其中 2 家互联网支付机构存量客户近 2 700 万户,客户资金余额规模超过 14 亿元;消费金融公司 1 家,注册资本金 6 亿元。

　　南京市互联网金融平台数量在全国占比情况大致为:P2P 网络借贷平台数量占 2.46%;众筹平台数量占 2.07%,其中股权众筹平台数量占全国股权众筹平台数量的 1.92%;第三方支付机构数量占 2.61%,其中互联网支付机构数量占全国第三方支付机构数量的 1.72%;消费金融公司数量占 5.55%(图 1)。

　　与深圳、广州、杭州、合肥、武汉和成都等城市相比,南京市有 P2P 网贷平台 40 家,低于深圳、杭州和广州等东部城市,也低于中部城市武汉;南京市 P2P 网贷平台的平均注册资本 5 482.35 万元,低于广州、深圳和合肥(图 2)。

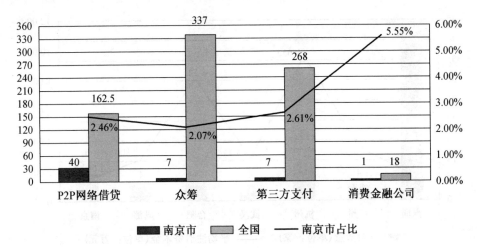

图 1　南京市部分互联网金融平台在全国占比

资料来源：Wind 数据库。

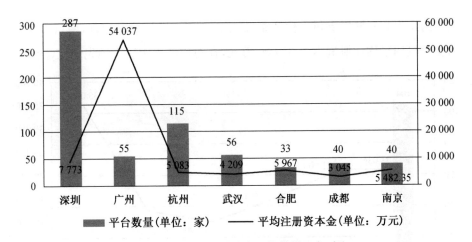

图 2　南京市与兄弟城市网络借贷平台对比

资料来源：Wind 数据库。

　　南京市有众筹平台 33 家，低于深圳和杭州；南京市众筹平台的平均注册资本 1 503.57 万元，低于杭州、广州和深圳等东部城市，也低于合肥、武汉和成都等中西部城市（图 3）。

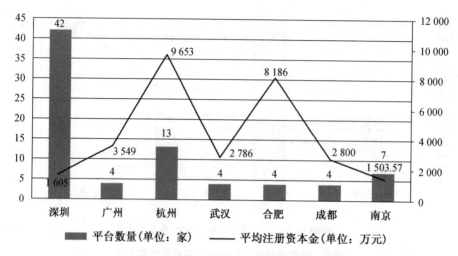

图3 南京市与兄弟城市众筹平台对比

资料来源：Wind 数据库。

南京市有互联网支付机构 2 家,低于深圳、杭州、广州和成都;南京市互联网支付机构平均注册资本为 35 000 万元,在对比城市中居于领先地位(图 4)。

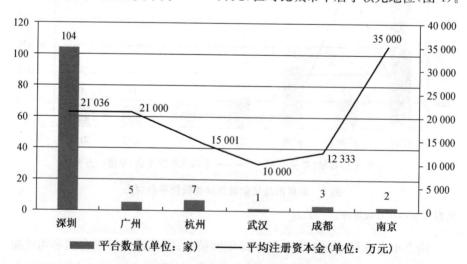

图4 南京市与兄弟城市互联网支付机构对比

资料来源：Wind 数据库。

　　南京市有消费金融公司 1 家，属于产业系消费金融公司，注册资本 60 000 万元，低于深圳和广州的水平，但明显好于其他同类城市（表 1）。

表 1　南京市与兄弟城市消费金融公司比较

城市	公司名称	成立日期	注册资本（万元）	类别	主要产品
成都	锦程消费金融	2010.2	32 000	银行系	丽人贷、健康贷、车饰贷、时尚数码
深圳	招联消费金融	2015.3	200 000	银行系	好期待、信用付
武汉	湖北消费金融	2015.4	50 000	银行系	嗨花、嗨贷
南京	苏宁消费金融	2015.5	60 000	产业系	任性借、任性付、任性游、任性学、任性租、任性美家等
广州	中邮消费金融	2015.11	100 000	银行系	邮你花、邮你贷、邮你购
杭州	杭银消费金融	2015.12	50 000	银行系	综合消费贷、消费分
合肥	华融消费金融	2016.1	60 000	产业系	极客贷、美丽贷、居家贷、教育贷、喜庆贷、畅游贷

　　注：银行系消费金融公司是由银行主导设立的消费金融公司；产业系消费金融公司是由商业企业主导设立的消费金融公司。

　　总体看来，南京市第三方支付、消费金融等需中央金融管理部门许可经营的行业在平均注册资本金方面处于全国上游水平；而在 P2P 网络借贷、众筹等尚不需要经营许可或备案的互联网金融行业，南京市与深圳、广州和杭州等东部城市还存在较大差距，有的甚至与武汉、成都和合肥等中西部城市相比也有一些差距。

三、南京市互联网金融发展的主要问题

　　（1）互联网金融发展缺乏"领头羊"。南京市不乏注册资本 1 亿元以上，累计成交额百亿元以上的互联网金融平台，但缺少像"蚂蚁金服""京东金融"

这样在全国具有较高知名度和影响力的互联网金融平台。南京市互联网金融行业发展与规范缺乏实力强大的"领头羊"及其发挥的示范带动作用。在南京区域经营的苏宁金融、开鑫金服虽在资金规模和业务规模方面居于全国行业前列,但在金融技术的研发运用、互联网金融的影响力上还难以发挥示范带动作用,而且它们的注册地均不在南京(苏宁金融注册地为上海,开鑫金服注册地为无锡)。

(2)互联网金融发展的业态失衡。南京市互联网金融的发展基本上呈现低水平重复特征,本市的互联网金融平台多数为网络借贷平台,占本市互联网金融平台数的75%以上。而具有广阔发展前景的互联网众筹、互联网保险、互联网信托和互联网证券等平台的数量少、规模有限,知名度也低。

(3)互联网金融发展的科技驱动力不足。近年来,全球兴起了 Fintech(金融科技)的发展浪潮。金融科技能够帮助互联网金融平台提高效率、降低成本和防范风险,特别是大数据、云计算、机器学习、人工智能和区块链等金融科技已推动互联网金融迈上高层次的发展阶段。但南京市的互联网金融平台还大多停留在信息发布和交易撮合等互联网金融发展的初始阶段,在金融科技的研发与运用方面较深圳、广州和杭州等东部城市存在明显差距,甚至还落后于西部城市贵阳。这不但与南京市的科教资源优势和特大城市定位不相匹配,而且也制约了南京市互联网金融的创新与升级。

(4)互联网金融发展存在局部性风险隐患。南京市互联网金融发展存在的局部性风险隐患主要表现在四个方面。一是信息披露风险。互联网金融平台信息披露水平良莠不齐,一些平台发布的信息仅是对融资者提供信息的简单复制,信息审核把关不严,有的甚至未制定信息披露制度,披露信息的真实性无法有效考证。二是操作风险。部分互联网金融平台风控管理制度不健全、操作不规范、工作人员不专业,有的平台风险控制全凭实际控制人"一张嘴",风险控制流于表面。三是道德风险。部分平台利用互联网金融概念,以有悖于市场规律的所谓"金融创新"进行自我包装、虚假宣传,诱导投资者,还有一些机构以"互联网＋非法集资"形式,恶意进行金融诈骗。四是环境风险。

仍有一些投资者不了解互联网金融的本质与功能,简单地将互联网金融与非法集资相联系,一提及互联网金融就认定其为非法集资,这种混沌与噪音不利于互联网金融发展,同时也给互联网金融发展带来了环境风险。

(5)互联网金融专业人才不足。互联网金融人才是互联网金融创新与升级发展的重要支撑。南京市的互联网金融人才存在严重不足,主要表现为互联网金融的高层次人才十分短缺。例如,互联网金融平台的从业人员大多是营销型人员和基本一线操作人员,能够在金融风险控制、风险定价和互联网金融产品设计等方面大显身手的人才严重不足;同时,能够掌握大数据、云计算、机器学习、人工智能和区块链等技术的专业人才也远不能满足互联网金融创新与升级的需要。

四、南京市互联网金融发展的政策建议

(1)加大政策引导力度。要真正落实南京市政府颁发的《关于加快互联网金融产业发展的实施办法的通知》,推出一批互联网金融重点示范项目,鼓励传统金融机构及互联网金融平台利用大数据、云计算、机器学习、人工智能和区块链等金融技术,加大互联网金融产品与服务的创新力度,鼓励符合条件的互联网金融平台做大做强,打造2~3个能够引领行业发展与规范的"领头羊"。

(2)加强金融技术的研发和运用。发挥南京市科教资源优势,调动驻宁高校、科研机构和IT企业的积极性,加强金融技术的研发和运用,培养金融技术专业人才,夯实南京市互联网金融发展的技术支撑和人才基础,建立具有国际先进水平的金融技术专家智库,助推南京市互联网金融迈上更高层次的发展阶段。

(3)探索建立"监管沙盒"试验区。"监管沙盒"是构建一个金融创新的"安全空间",在这个安全空间内,金融创新企业可以测试其创新的金融产品、服务和营销方式。监管者在保护消费者权益、严防风险外溢的前提下,通过适

度放宽监管规定,减少金融创新规则障碍,从而实现金融科技创新与有效风险管控的双赢局面。为此,可选取南京市某个区域建立"监管沙盒"实验区,放松参与实验的互联网金融产品和服务创新的监管约束,激发创新活力,取得经验后在全市复制,甚至向全国推广。

(4)丰富互联网金融业态。在规范发展现有互联网金融业态的同时,要鼓励有条件、有实力的企业设立互联网众筹、互联网消费金融、互联网保险、互联网信托和互联网证券等多种形式的互联网金融平台,丰富南京市的互联网金融业态,在提供更多更好的互联网金融产品与服务的同时,也为把南京市建设成泛长三角区域金融中心添砖加瓦。

(5)完善互联网金融信息披露制度。信息公开是投资者判断互联网金融平台及其项目风险大小的主要途径,也是互联网金融平台生存和发展的基础。南京市可以组建由互联网金融研究机构、相关行业组织和各类金融机构共同参与的南京市互联网金融行业协会,通过互联网金融行业协会制定信息披露的规范与要求,并且严格行业自律和处罚违规行为。

(6)优化互联网金融发展的社会环境。良好的社会环境是互联网金融健康发展所不可或缺的。首先,互联网金融平台应加强自律,规范发展,积极承担社会责任,树立良好的行业形象。其次,有关单位应通过媒体宣传、社会大讲坛和场景辅导等方式普及"合格消费者"教育,提高互联网金融消费者(如借款人和投资者)的风险识别能力,强化互联网金融消费者的信用意识和契约精神,使其能够为自己的投融资行为承担法律责任。最后,监管部门应探索建立中央和地方定位明确、权责清晰的互联网金融监管体制,不断充实地方金融管理部门的监管资源,进而加强对互联网金融的有效监管。

(与朱桂宾合作,《南京金融业》2017 年第 3 期)

附录3：国家社会科学基金重大项目（14ZDA043）主要研究成果

2014年后，在互联网金融研究领域，裴平，以及裴平与他指导的博士生或硕士生等合作，已出版8部著作，发表39篇论文，完成3篇研究报告和4篇后续研究论文，还有8篇博士学位论文通过了专家评审和正式答辩。附录3中仅列出公开出版的著作、正式发表的论文，以及可以公开的研究报告。

一、出版著作

1. 裴平、印文著，《互联网＋金融：金融业的创新与重塑》，凤凰科技出版社，2017年4月。获第三十一届华东地区科技出版社优秀科技图书一等奖（2018）。

2. 裴平主编，《互联网金融发展研究》（论文集），收入"中国互联网金融研究丛书"（主编裴平），南京大学出版社，2017年4月。

3. 刘永彪、裴平著，《南京金融发展与创新》（含南京市互联网金融），南京大学出版社，2017年4月。

4. 印文、裴平著，《中国互联网金融发展的历史演进》，收入"中国互联网金融研究丛书"（主编裴平），南京大学出版社2021年11月。

5. 吴心弘、裴平著，《中国互联网支付研究》，收入"中国互联网金融研究丛书"（主编裴平），南京大学出版社，2022年1月。

6. 章安辰、裴平著，《互联网金融冲击下的主流经济学——基于中国实践的理论探索》，收入"中国互联网金融研究丛书"（主编裴平），南京大学出版社，

2022 年 7 月。

7. 查华超、裴平著,《互联网金融时代普惠金融发展研究》,收入"中国互联网金融研究丛书"(主编裴平),南京大学出版社,2022 年 9 月。

8. 裴平等著,《中国互联网金融发展的理论与实践》,收入"中国互联网金融研究丛书"(主编裴平),南京大学出版社,2023 年 12 月。

二、发表论文

1. 裴平、印文,中国影子银行的信用创造及其规模测算,《经济管理》2014 年第 3 期。

2. 裴平,互联网金融的发展、风险和监管,《唯实》2014 年第 11 期。

3. 裴平,异军突起的中国互联网金融,《市场周刊》2014 年第 11 期。

4. 裴平、郭永济,中国互联网金融的发展与监管,《市场周刊》2014 年第 11 期。

5. 印文、裴平,中国的货币电子化与货币政策有效性,《经济学家》2015 年第 3 期。

6. 裴平,互联网金融平台应肩负社会责任,《互联网金融观察》2015 年第 1 期。

7. 裴平、师晓亮,美国互联网众筹及其对我国的启示——以 Kickstarter、AngelList 为例,《南京财经大学学报》2016 年第 4 期。

8. 裴平、张科,信息不对称、贷款人类型与羊群效应——基于人人贷网络借贷平台数据的研究,《经济管理》2016 年第 6 期。

9. 裴平、张科,坚决整治网络媒体不端行为,《中国社会科学报》2016 年 9 月 1 日。

10. 裴平、蔡越,群组制度对 P2P 网贷平台借款成功率和借款利率的影响——基于 Prosper.com 样本数据的实证检验,《经济理论与经济管理》2016 年第 10 期。

11. 印文、裴平，电子货币的货币供给创造机制与规模——基于中国电子货币对流通中纸币的替代，《国际金融研究》2016 年第 12 期。《新华文摘》2017 年第 5 期全文转载。

12. 裴平、郭永济，基于贝叶斯网络的 P2P 网贷借款人信用评价模型，《中国经济问题》2017 年第 2 期。

13. 裴平、蔡雨茜，众筹出版在中国的发展——基于众筹网平台成功项目的案例分析，《互联网金融发展研究》（论文集），南京大学出版社，2017 年 4 月。

14. 裴平、朱桂宾、陈昌平，我国互联网金融平台的社会责任，《互联网金融发展研究》（论文集），南京大学出版社，2017 年 4 月。

15. 裴平、陈楚，"人人贷"网络借贷平台的借款成功率——基于借款人角度的实证检验，《互联网金融发展研究》（论文集），南京大学出版社，2017 年 4 月。

16. 裴平，稳中求进保障互联网金融健康成长，《群众》2017 年第 13 期。

17. 裴平、朱桂宾，南京市互联网金融发展主要问题与政策建议，《南京金融业》2017 年第 3 期。

18. 章安辰、裴平，凯恩斯货币需求理论在互联网金融时代的局限性，《学海》2018 年第 3 期。

19. 章安辰、裴平，互联网金融与经济学"边际革命"，《南京社会科学》2018 年第 6 期。

20. 章安辰、裴平，互联网金融对中国货币政策中介目标的冲击，《经济问题探讨》2018 年第 8 期。

21. 裴平、方毅，我国资产管理行业健康发展的思考，《江苏商论》2019 第 2 期。

22. 裴平、孙明明，金融科技：保险企业的创新与重塑，《保险业高质量发展纵横论》（论文集），南京出版传媒集团，2019 年 9 月。

23. 傅顺、裴平、顾天竹，大学生的消费行为、网贷意愿和网贷平台偏

好——基于江苏省高校问卷调查数据的实证分析,《兰州学报》2019 年第
11 期。

24. 吴心弘、裴平,何涛,金融科技服务实体经济的传导机制,《江苏国际
金融》2020 年第 2 期。

25. 吴心弘、裴平,中国支付体系发展对金融稳定的影响研究,《新金融》
2020 年第 4 期。

26. 裴平、傅顺,互联网金融发展对商业银行流动性的影响——来自中国
15 家上市银行的经验证据,《经济学家》2020 年第 12 期。

27. 吴心弘、裴平,互联网支付发展与金融风险防范——基于支付经济学
视角的研究,《南京审计大学学报》2021 年第 1 期。

28. 裴平、占韦威,数字普惠金融与包容性增长,《南大商学评论》2021 年
第 4 期。

29. 孙明明、裴平、孙杰,保险科技发展对保险企业产品创新能力的影响
研究,《兰州学刊》2021 年第 10 期。

30. 李琴、裴平,银行系金融科技发展与商业银行经营效率——基于文本
挖掘的实证检验,《山西财经大学学报》2021 年第 11 期。

31. 孙明明、裴平、何涛,保险科技、经营效率及传导机制研究,《华东经济
管理》2022 年第 1 期。

32. 傅顺、裴平,互联网金融发展与商业银行净息差——来自中国 36 家
上市银行的经验证据,《国际金融研究》2022 年第 2 期。

33. 吴心弘、裴平,法定数字货币:理论基础、运行机制与政策效应《苏州
大学学报(哲学社会科学版)》2022 年第 2 期。

34. 裴平,构建前沿性理论框架——读《金融科技创新监管机制构建研
究》,《金融时报》2022 年 3 月 4 日。

35. 吴心弘、裴平,金融科技、全要素生产率与数字经济增长,《经济与管
理研究》2022 年第 7 期。

36. 李琴、裴平,数字化转型、中间业务创新与银行盈利能力,《山西财经

大学学报》2022 年第 8 期。

37. 傅顺、裴平、孙杰，数字金融发展与商业银行信用风险——来自中国 37 家上市银行的经验证据，《北京理工大学学报（社会科学版）》2023 年第 1 期。

38. 孙杰、裴平，论数字金融推动经济高质量发展，《江苏国际金融》2023 年第 1 期。

39. 何涛、裴平，联盟链型供应链金融系统的构建与运行，《西安交通大学学报（社科版）》2023 年第 6 期。

三、研究报告

1. 裴平，关于"十三五"南京金融产业发展的建议（含南京互联网金融发展），《决策咨询报告》，南京市市长 2016 年 9 月 19 日做肯定性批示，市政府办公厅转发有关部门研究和落实。

2. 裴平（首席专家），《互联网金融发展研究——基于中国的实践与理论探索》，研究总报告，通过全国哲学社会科学工作办公室组织的专家评审，同意结项（结项证书号 2021&J025），2021 年 2 月。